钓鱼岛问题文献集　主编 张　生

明　清　文　献

董为民　殷昭鲁　徐一鸣 编

南京大学出版社

"十二五"国家重点图书出版规划项目
国家社科基金2015年度重大项目"《钓鱼岛问题文献集》及钓鱼岛问题研究"
中国南海研究协同创新中心
南京大学人文基金
江苏省2013年度哲学社会科学研究重大项目"钓鱼岛问题文献集"

钓鱼岛问题文献集

顾　　问	茅家琦　张宪文
学术指导	张海鹏　步　平　李国强

编纂委员会

主　　编	张　生	
副 主 编	殷昭鲁　董为民　奚庆庆　王卫星	
编 译 者	张　生	南京大学教授
	姜良芹	南京大学教授
	叶　琳	南京大学教授
	郑先武	南京大学教授
	荣维木	中国社会科学院研究员
	王希亮	黑龙江省社会科学院研究员
	舒建中	南京大学副教授
	郑安光	南京大学副教授
	雷国山	南京大学副教授
	李　斌	南京大学讲师
	翟意安	南京大学讲师
	王　静	南京大学讲师
	蔡丹丹	南京大学讲师
	王睿恒	南京大学讲师
	于　磊	南京大学讲师
	杨　骏	南京大学博士生
	刘　奕	南京大学博士生

徐一鸣　南京大学博士生
陈海懿　南京大学博士生
蔡志鹏　南京大学硕士生
刘　宁　南京大学硕士生
张梓晗　南京大学硕士生
顾　晓　南京大学硕士生
仇梦影　南京大学硕士生
殷昭鲁　鲁东大学讲师
王卫星　江苏省社会科学院研究员
罗萃萃　南京航空航天大学副教授
董为民　江苏省社会科学院助理研究员
奚庆庆　安徽师范大学副教授
郭昭昭　江苏科技大学副教授
屈胜飞　浙江工业大学讲师
窦玉玉　安徽师范大学讲师
张丽华　安徽师范大学讲师
张玲玲　央广幸福购物（北京）有限公司

"东亚地中海"视野中的钓鱼岛问题的产生
（代序）

所谓"地中海"，通常是指北非和欧洲、西亚之间的那一片海洋。在古代世界历史中，曾经是埃及、希腊、波斯、马其顿、罗马、迦太基等群雄逐鹿的舞台；近代以来，海权愈形重要，尼德兰、西班牙、英国、法国、奥斯曼土耳其帝国、意大利、德国乃至俄罗斯，围绕地中海的控制权，演出了世界近代史的一幕幕大剧。

虽然，法国历史学家布罗代尔（Fernand Braudel）引用前人的话说"新大陆至今没有发现一个内海，堪与紧靠欧、亚、非三洲的地中海相媲美"[①]，但考"mediterranean"的原意，是"几乎被陆地包围的（海洋）"之意。欧亚非之间的地中海，固然符合此意；其他被陆地包围的海洋，虽然早被命为他名，却也符合地中海的基本定义。围绕此种海洋的历史斗争，比之欧亚非之间的地中海，其实突破了西哲的视野，堪称不遑多让。典型的有美洲的加勒比海，以及东亚主要由东海、黄海构成的一片海洋。

本文之意，正是要将东海和黄海，及其附属各海峡通道和边缘内海，称为"东亚地中海"，以此来观照钓鱼岛问题的产生。

一

古代东亚的世界，由于中国文明的早熟和宏大，其霸权的争夺，主要在广袤的大陆及其深处进行。但东吴对东南沿海的征伐和管制，以及远征辽东的

[①] 费尔南·布罗代尔著，唐家龙等译：《地中海与菲利普二世时代的地中海世界》第1卷，商务印书馆2014年版，扉页。

设想①,说明华夏文明并非自隔于海洋。只不过,由于周边各文明尚处于发轫状态,来自古中国的船舰畅行无忌,相互之间尚未就海洋的控制产生激烈的冲突。

唐朝崛起以后,屡征高句丽不果,产生了从朝鲜半岛南侧开辟第二战场的实际需要。新罗统一朝鲜半岛的雄心与之产生了交集,乃有唐军从山东出海,与新罗击溃百济之举。百济残余势力向日本求援,日军横渡大海,与百济残余联手,于是演出唐——新罗联军对日本——百济联军的四国大战。

东亚地中海第一次沸腾。论战争的形态,中日两国均是跨海两栖作战;论战争的规模和惨烈程度,比之同时期欧亚非之间的地中海,有过之无不及。公元663年8月,白江口会战发生,操控较大战船的唐军水师将数量远超自身的日军围歼。② 会战胜利后,唐军南北对进,倾覆立国700余年的高句丽,势力伸展至朝鲜半岛北部、中部。

但就东亚地中海而言,其意义更为深远:大尺度地看,此后数百年间,虽程度有别,东亚国际关系的主导权被中国各政权掌握,中日韩之间以贸易和文化交流为主要诉求,并与朝贡、藩属制度结合,演进出漫长的东亚地中海和平时代。"遣唐使"和鉴真东渡可以作为这一和平时期的标志。

蒙古崛起后,两次对日本用兵。1274年其进军线路为朝鲜——对马岛——壹岐岛——九州,1281年其进军路线为朝鲜——九州、宁波——九州。战争以日本胜利告终,日本虽无力反攻至东亚大陆,但已部分修正了西强东弱的守势。朱明鼎革以后,朱元璋曾有远征日本的打算而归于悻悻,倭寇却自东而西骚扰中国沿海百多年。《筹海图编》正是在此背景下将钓鱼屿、赤屿、黄毛山等首次列入边防镇山。③

明朝初年郑和远洋舰队的绝对优势,没有用来进行东亚地中海秩序的"再确立";明朝末年,两件大事的发生,却改写了东亚地中海由中国主导的格局。一是万历朝的援朝战争。1591年、1597年,日本动员十万以上规模的军队两

---

① [晋]陈寿撰,[宋]裴松之注,《三国志》第47卷《吴书二·吴主传第二》,中华书局1959年版。

② 参见韩昇:《白江之战前唐朝与新罗、日本关系的演变》,《中国史研究》2005年第1期,第43—66页。

③ [明]胡宗宪撰:《筹海图编》第1卷《沿海山沙图·福七、福八》,影印《文渊阁四库全书》第584册,台北:台湾商务印书馆1986年版,第14页。

次侵入朝鲜,明朝虽已至其末年,仍果断介入,战争虽以保住朝鲜结局,而日本立于主动进攻的态势已经显然。二是1609年的萨摩藩侵入琉球,逼迫已经在明初向中国朝贡的琉球国同时向其朝贡。日本在北路、南路同时挑战东亚地中海秩序,是白江口会战确立东亚前民族国家时代国际关系框架以来,真正的千年变局。

二

琉球自明初在中国可信典籍中出现[①],这样,东亚地中海的东南西北四面均有了政权。中日朝琉四国势力范围犬牙交错,而中国在清初统一台湾(西班牙、荷兰已先后短期试图殖民之)和日本对琉球的隐形控制,使得两大国在东亚地中海南路发生冲突的几率大增。

对于地中海(此处泛指)控制权的争夺,大体上有两种模式。一是欧亚非之间地中海模式,强权之间零和博弈,用战争的方式,以彻底战胜对方为目标,古代世界的罗马、近代的英国,均采此种路径。二是加勒比海模式,19世纪下半叶,英国本与奉行"门罗主义"的美国"利益始终不可调和",在加勒比海"直接对抗",但感于加勒比海是美国利益的"关键因素",乃改而默许美国海军占据优势[②],这是近代意义上的绥靖。

1874年,日本借口琉球难民被害事件出兵台湾,实际上是采取了上述第一种模式解决东亚地中海问题的肇端。琉球被吞并,乃至废藩置县,改变了东亚地中海南路的相对平衡格局,钓鱼岛群岛已被逼近——但在此前后,钓鱼岛

---

① 成书于明永乐元年(1403年)《顺风相送》载:"太武放洋,用甲寅针七更船取乌坵。用甲寅并甲卯针正南东墙开洋。用乙辰取小琉球头。又用乙辰取木山。北风东涌开洋,用甲卯取彭家山。用甲卯及单卯取钓鱼屿。南风东涌放洋,用乙辰针取小琉球头,至彭家花瓶屿在内。正南风梅花开洋,用乙辰取小琉球。用单乙取钓鱼屿南边。用卯针取赤坎屿。用艮针取枯美山。南风用单辰四更,看好风单甲十一更取古巴山,即马齿山,是麻山赤屿。用甲卯针取琉球国为妙"。这是目前所见最早记载钓鱼屿、赤屿等钓鱼岛群岛名称的史籍,也是中琉交往的见证。本处《顺风相送》使用牛津大学波德林图书馆(Bodleian Library)所藏版本,南京大学何志明博士搜集。句读见向达《两种海道针经》,中华书局1982年版。
② 艾尔弗雷德·塞耶·马汉著,李少彦等译:《海权对历史的影响:1660—1783年:附亚洲问题》,海洋出版社2013年版,第529—530页。

均被日本政府视为日本之外——1873年4月13日,日本外务省发给琉球藩国旗,要求"高悬于久米、宫古、石垣、入表、与那国五岛官署",以防"外国卒取之虞"。其中明确了琉球与外国的界线。① 在中日关于琉球的交涉中,日本驻清国公使馆向中方提交了关于冲绳西南边界宫古群岛、八重山群岛的所有岛屿名称,其中并无钓鱼岛群岛任何一个岛屿。② 1880年,美国前总统格兰特(Ulysses Grant)调停中日"球案"争端后,"三分琉球"未成定议,中日在东亚地中海南路进入暴风雨前的宁静状态。日本采取低调、隐瞒的办法,对钓鱼岛进行窥伺,寻机吞并。

1885年10月30日,冲绳县官员石泽兵吾等登上钓鱼岛进行考察。③ 同年11月24日,冲绳县令西村舍三致函内务卿山县有朋等,提出在钓鱼岛设立国家标志"未必与清国全无关系"。④ 12月5日,山县有朋向太政大臣三条实美提出内部报告,决定"目前勿要设置国家标志"。⑤ 这一官方认识,到1894年4月14日,日本内务省县治局回复冲绳知事关于在久场岛、鱼钓岛设置管辖标桩的请示报告时,仍在坚持。⑥ 1894年12月27,内务大臣野村靖鉴于"今昔情况不同",乃向外务卿陆奥宗光提出重新审议冲绳县关于在久场岛、鱼钓岛设置管辖标桩的请示。⑦ 随后,钓鱼岛群岛被裹挟在台湾"附属各岛屿"

---

① 村田忠禧著,韦平和等译:《日中领土争端的起源——从历史档案看钓鱼岛问题》,社会科学文献出版社2013年版,第162页。

② 《宫古、八重山二岛考》(光緒六年九月四日,1880年10月7日),台北,"中研院"近代史研究所档案馆藏,外交部门档案·总理各国事务衙门,01/34/009/01/009

③ 「魚釣嶋他二嶋巡視調査の概略」(明治18年11月4日)、JACAR(アジア歴史資料センター)Ref. B03041152300(第18画像目から)、帝国版図関係雑件(外務省外交史料館)

④ 村田忠禧:《日中领土争端的起源——从历史档案看钓鱼岛问题》,第171页。

⑤ 「秘第一二八号ノ内」(明治18年12月5日)、JACAR(アジア歴史資料センター)Ref. A03022910000(第2画像目から)、公文別録·内務省·明治十五年〜明治十八年 第四巻(国立公文書館)

⑥ 「甲69号 内務省秘別第34号」(明治27年4月14日)、JACAR(アジア歴史資料センター)Ref. B03041152300(第47画像目から)、帝国版図関係雑件(外務省外交史料館)

⑦ 「秘別133号 久場島魚釣島ヘ所轄標杭建設之義上申」(明治27年12月15日)、JACAR(アジア歴史資料センター)Ref. B03041152300(第44画像目から)、帝国版図関係雑件(外務省外交史料館)

中,被日本逐步"窃取"。

野村靖所谓"今昔情况不同",指的是甲午战争的发生和中国在东亚地中海北侧朝鲜、东北战场上的溃败之势。通过战争,日本不仅将中国从中日共同强力影响下的朝鲜驱逐出去,且占据台湾、澎湖,势力伸展至清朝"龙兴之地"的辽东。白江口会战形成的东亚地中海秩序余绪已经荡然无存,东亚地中海四面四国相对平衡的局面,简化为中国仅在西侧保留残缺不全的主权——德国强占胶州湾后,列强掀起在中国划分势力范围的狂潮;庚子事变和日俄战争的结果,更使得日本沿东亚地中海北侧,部署其陆海军力量至中国首都。"在地中海的范围内,陆路和海路必然相依为命"。① 陆路和海路连续战胜中国,使得日本在东亚地中海形成对中国的绝对优势。

1300年,东亚地中海秩序逆转,钓鱼岛从无主到有主的内涵也发生了逆转。马汉所谓"海权包括凭借海洋或者通过海洋能够使一个民族成为伟大民族的一切东西"②,在这里得到很好的诠释。

三

格兰特调停中日"球案"时曾指出:姑且先不论中日之是非,中日之争,实不可须臾忘记环伺在侧的欧洲列强③。那时的美国,刚刚从南北内战的硝烟中走来,尚未自省亦为列强之一。但富有启发的是,中日争夺东亚地中海主导权前后,列强就已经是东亚地中海的既存因素。东亚地中海的秩序因此不单单是中日的双边博弈。而在博弈模型中,多边博弈总是不稳定的。

马戛尔尼(George Macartney)使华只是序曲,英国在19世纪初成为东亚海洋的主角之一,并曾就小笠原群岛等东亚众多岛屿的归属,与日、美产生交涉。英国海图对钓鱼岛群岛的定位,后来被日本详加考证。④

---

① 费尔南·布罗代尔:《地中海与菲利普二世时代的地中海世界》第2卷,第931页。
② 艾尔弗雷德·塞耶·马汉:《海权对历史的影响:1660—1783年:附亚洲问题》,《出版说明》。
③ 《七续纪论辨琉球事》,《申报》,光绪六年三月十八日,1880年4月26日,第4版。
④ 「久米赤島・久場島・魚釣島の三島取調書」(明治18年9月21日)、JACAR(アジア歴史資料センター)Ref. B03041152300(第8画像目から)、帝国版図関係雑件(外務省外交史料館)

美国佩里(Matthew Perry)"黑舰队"在19世纪50年代打开日本幕府大门之前,对《中山传信录》等进行了详细研究,钓鱼岛群岛固在其记述中,而且使用了中国福建话发音的命名。顺便应当提及的是,佩里日本签约的同时,也与琉球国单独签约(签署日期用公元和咸丰纪年),说明他把琉球国当成一个独立的国家。

俄罗斯、法国也在19世纪50年代前后不同程度地活跃于东亚地中海。

甲午战争,日本"以国运相赌",其意在与中国争夺东亚主导权,客观结果却是几乎所有欧美强国以前所未有的强度进入东亚地中海世界。日本虽赢得了对中国的优势,却更深地被列强所牵制。其中,俄罗斯、英国、美国的影响最大。

大尺度地看,在对马海峡击败沙皇俄国海军,是日本清理东亚地中海北侧威胁的重大胜利,库页岛南部和南千岛群岛落入日本控制。但俄罗斯并未远遁,其在勘察加半岛、库页岛北部、滨海省和中国东北北部的存在,始终让日本主导的东亚地中海秩序如芒刺在背,通过出兵西伯利亚、扶植伪满洲国、在诺门坎和张鼓峰挑起争端,以及一系列的双边条约,日本也只能做到局势粗安。而东亚地中海的内涵隐隐有向北扩展至日本海、乃至鄂霍次克海的态势。因为"俄国从北扩张的对立面将主要表现在向位于北纬30°和40°之间宽广的分界地带以南的扩张中"。① 事实上,二战结束前后,美国预筹战后东亚海洋安排时,就将以上海域和库页岛、千岛群岛等岛屿视为苏联的势力范围,并将其与自己准备占据小笠原群岛、琉球群岛关联起来,显然认为其中的内在逻辑一致。②

在日本主张大东群岛、小笠原群岛等东亚洋中岛屿主权的过程中,英国采取了许可或默认态度。日本占据台湾,视福建为其势力范围,直接面对香港、上海等英国具有重大利益的据点,也未被视为重大威胁。其与日本1902年结成的英日同盟,是日本战胜俄罗斯波罗的海舰队的重要因素。但是,一战后日本获得德属太平洋诸岛,这与英国在西太平洋的利益产生重叠,成为英日之间

---

① 艾尔弗雷德·塞耶·马汉:《海权对历史的影响:1660—1783年:附亚洲问题》,第466页。
② Liuchiu Islands(Ryukyu),(14 April 1943),冲绳县公文书馆藏,米国收集文书·Liuchius (Ryukyus) (Japan),059/00673/00011/002。

产生矛盾与冲突的根源。1922年《九国公约》取代英日同盟,使得日本失去了维护其东亚地中海秩序的得力盟友。九一八事变后,日本对英国远东利益的排挤更呈现出由北向南渐次推进的规律。攻占香港、马来亚、新加坡,是日本对英国长期积累的西太平洋海权的终结,并使得东亚地中海的内涵扩张至南海一线。

虽然由于后来的历史和今天的现实,美国在中国往往被视为列强的一员,实际上在佩里时代,英美的竞争性甚强。格兰特的提醒,毋宁说是一种有别于欧洲老牌殖民帝国的"善意";他甚至颇具眼光地提出:日本占据琉球,如扼中国贸易之咽喉①——这与战后美国对琉球群岛战略位置的看法一致②——深具战略意义。

美西战争,使得"重返亚洲"的美国在东亚地中海南侧得到菲律宾这个立足点,被马汉(Alfred Thayer Mahan)誉为"美国在空间范围上跨度最广的一次扩张"③,但美国在东亚地中海的西侧,要求的是延续门罗主义的"门户开放"和"机会均等"。早有论者指出,美国的这一政策,客观上使得中国在19世纪末免于被列强瓜分。④ 而对日本来说,美国逐步扩大的存在和影响,使其在战胜中国后仍不能完全掌控东亚地中海。马汉指出:"为确保在最大程度上施行门户开放政策,我们需要明显的实力,不仅要保持在中国本土的实力,而且要保持海上交通线的实力,尤其是最短航线的实力"。⑤ 美国对西太平洋海权的坚持,决定了美日双方矛盾的持久存在。日本起初对美国兼并夏威夷就有意见,而在20世纪30年代英国不断后撤其东亚防御线之后,美国成为日本东亚地中海制海权的主要威胁,日本对美国因素的排拒,演成太平洋战争,并使得钓鱼岛问题的"制造"权最终落入美国手中。

---

① 《七续纪论辨琉球事》,《申报》,光绪六年三月十八日,1880年4月26日,第4版。
② U. S. Policy toward Japan, Top Secret, National Security Council Report, May 17, 1951, *Digital National Security Archive*(以下简称 *DNSA*), PD00141.
③ 艾尔弗雷德·塞耶·马汉:《海权对历史的影响:1660—1783年:附亚洲问题》,第460页。
④ 张玉法:《中华民国史稿》修订版,台北:联经出版事业有限公司2010年版,第33页。
⑤ 艾尔弗雷德·塞耶·马汉:《海权对历史的影响:1660—1783年:附亚洲问题》,第527页。

四

本来,开罗会议期间,美国总统罗斯福曾询问蒋介石中国是否想要琉球,但蒋介石提议"可由国际机构委托中美共管",理由是"一安美国之心,二以琉球在甲午以前已属日本,三以此区由美国共管比归我专有为妥也"。①

德黑兰会议期间,美苏就东亚地中海及其周边的处置,曾有预案,并涉及到琉球:

> ……罗斯福总统回忆道,斯大林熟知琉球群岛的历史,完全同意琉球群岛的主权属于中国,因此应当归还给中国……②

宋子文、孙科、钱端升③以及王正廷、王宠惠④等人对琉球态度与蒋不一,当时《中央日报》《申报》等媒体亦认为中国应领有琉球,但蒋的意见在当时决定了琉球不为中国所有的事实。蒋介石的考虑不能说没有现实因素的作用,但海权在其知识结构中显然非常欠缺,东亚地中海的战略重要性不为蒋介石所认知,是美国得以制造钓鱼岛问题的重要背景。

在所有的地中海世界中,对立者的可能行动方向是考虑战略安排的主要因素,东亚地中海亦然。战争结束以后,美国在给中国战场美军司令的电文中重申了《波茨坦宣言》的第八条:"开罗宣言的条款必须执行,日本的主权必须

---

① 高素兰编注:《蒋中正"总统"档案:事略稿本》(55),台北:"国史馆"2011年版,第472页。

② Minutes of a Meeting of the Pacific War Council, *Foreign Relations of the United States*(以下简称 *FRUS*),Diplomatic Papers, The Conferences at Cairo and Tehran, 1943, United States Government Printing Office, Washington: 1961. pp. 868 – 870.

③ *Chinese opinion*,(8 December 1943),沖縄県公文書館蔵,米国収集文書・Territorial Problem-Japan: Government Saghalien, Kuriles, Bonins, Liuchius, Formosa, Mandates,059/00673/00011/001.

④ 《王正廷谈话盟国应长期管束日本至消灭侵略意念为止》,《申报》,1947年6月5日,第2版;《王宠惠谈对日和约 侵略状态应消除 对外贸易不能纵其倾销》,《申报》,1947年8月15日,第1版。

仅限于本州、北海道、九州、四国及由我们所决定的一些小岛屿。"①但苏联在东亚地中海的存在和影响成为美国东亚政策的主要针对因素,对日处理,已不是四大国共同决定。美国认为,"中国、苏联、英国和琉球人强烈反对将琉球群岛交还日本",也认知到"对苏联而言,可以选择的是琉球独立或是将琉球交予共产党领导的中国。苏联更倾向于后者"。但美国自身的战略地位是最重要的考量因素。

  承认中国的领土要求包含着巨大的风险。中国控制琉球群岛可能会拒绝美国继续使用基地,并且共产党最终打败国民党可能会给予苏联进入琉球群岛的机会。这样的发展不仅会给日本带来苏联入侵的威胁,而且会限制美国在太平洋地区的战略军事地位。②

1948年,美国国家安全委员会向美国总统、国务卿等提出"对日政策建议":"美国欲长期保留冲绳岛屿上的设施,以及位于北纬29度以南的琉球群岛、南鸟岛和孀妇岩以南的南方诸岛上的参谋长联席会议视为必要的其他设施。"③麦克阿瑟指出:"该群岛对我国西太平洋边界的防御至关重要,其控制权必须掌握在美国手中。……我认为如果美国不能控制此处,日后可能给美军带来毁灭性打击。"④1950年10月4日,参谋长联席会议未等与国务院协商一致,直接批准了给远东美军的命令,决定由美国政府负责北纬29度以南琉球群岛的民政管理。"该地区的美国政府称作'琉球群岛美国民政府'"。命令美军远东司令为琉球群岛总督,"总督保留以下权力:a. 有权否决、禁止或搁置执行上述政府(指琉球群岛的中央、省和市级政府——引者)制定的任何法律、法令或法规;b. 有权命令上述政府执行任何其本人认为恰当的法律、法令

---

  ① Memorandum by the State-War-Navy Coordinating Subcommittee for the Far East, *FRUS*, 1946, Vol. VIII, The Far East, United States Government Printing Office, Washington:1971. pp. 174 - 176.

  ② *The Ryukyu Islands and Their Significance*, (24 May 1948), 沖縄県公文書館藏, 米国収集文書·Central Intelligence Agency, 319/00082A/00023/002。

  ③ Report, NSC 13/2, to the President Oct. 7, 1948, *Declassified Documents Reference System* (以下简称 *DDRS*), CK3100347865.

  ④ General of the Army Douglas MacArthur to the Secretary of State, *FRUS*, 1947, Vol. VI, The Far East, United States Government Printing Office, Washington:1972. pp. 512 - 515.

或法规;c. 总督下达的命令未得到执行,或因安全所需时,有权在全岛或部分范围内恢复最高权力"。① 美国虽在战时反复宣称没有领土野心,但出于冷战的战略需要,在东亚地中海中深深地扎下根来。

根据1951年9月8日签订的《旧金山和平条约》(中华人民共和国中央人民政府公开宣言不予承认),美国琉球民政府副总督奥格登(David A. D. Ogden)1953年12月25日发布了题为《琉球群岛地理边界》(Geographic Boundaries of the Ryukyu Islands)的"民政府第27号令",确定琉球地理边界为下列各点连线:

北纬28度,东经124.4度;

北纬24度,东经122度;

北纬24度,东经133度;

北纬27度,东经131.5度;

北纬27度,东经128.18度;

北纬28度,东经128.18度。②

上述各点的内涵,把钓鱼岛划进了琉球群岛的范围。正如基辛格1971年与美国驻日大使商量对钓鱼岛问题口径的电话记录所显示的,美国明知钓鱼岛主权争议是中日两国之事,美国对其没有主权,但"1951年我们从日本手中接过冲绳主权时,把这些岛屿作为冲绳领土的一部分也纳入其中了"。③ 钓鱼岛被裹挟到"琉球"这个概念中,被美日私相授受,是美国"制造"出钓鱼岛问题的真相。

在美国对琉球愈发加紧控制的同时,随着朝鲜战争的爆发和冷战愈演愈烈,美国眼中的日本角色迅速发生转变,其重要性日益突出。1951年美国国家安全委员会的《对日政策声明》(1960年再次讨论)称,"从整体战略的角度

---

① Memorandum Approved by the Joint Chiefs of Staff, *FRUS*, 1950, Vol. VI, East Asia and The Pacific, United States Government Printing Office, Washington: 1976. pp. 1313-1319.

② *Civil Administration Proclamation NO.27*, (25 December 1953),冲绳县公文书馆藏,米国收集文书·Ryukyus, Command, Proclamations, Nos. 1-35, 059/03069/00004/002。

③ Ryukyu Islands, Classification Unknown, Memorandum of Telephone Conversation, June 07, 1971, *DNSA*, KA05887.

而言,日本是世界四大工业大国之一,如果日本的工业实力被共产主义国家所利用,则全球的力量对比将发生重大改变"。① 1961年,《美国对日政策纲领》进一步宣示了美国对日政策基调为:

1. 重新将日本建成亚洲的主要大国。

2. 使日本与美国结成大致同盟,并使日本势力和影响的发挥大致符合美国和自由世界的利益。②

这使得以美国总统、国务院为代表的力量顶着美国军方的异议③,对日本"归还"琉球(日方更倾向于使用"冲绳"这一割断历史的名词,而"冲绳县"和被日本强行废藩置县的古琉球国,以及美国战后设定的"琉球群岛美国民政府"的管辖范围并不一致)的呼声给予了积极回应。④ 扶持日本作为抵制共产主义的桥头堡,成为美国远东政策的基石,"归还"琉球,既是美国对日政策的自然发展,也是其对日本长期追随"自由世界"的犒赏。

值得注意的是,旧金山和约签订之后,在日本渲染的所谓左派和共产党利用琉球问题,可能对"自由世界"不利的压力下,美国承认日本对于琉球有所谓"剩余主权"。⑤ 但美国在琉球的所谓"民政府"有行政、立法、司法权,剥除了行政、立法、司法权的"剩余主权"实际上只是言辞上的温慰。1951年6月美国国务卿杜勒斯(John Dulles)的顾问在备忘录中坦率地表示,美国事实上获

---

① U. S. Policy toward Japan, Top Secret, National Security Council Report, May 17, 1951, *DNSA*, PD00141.

② Guidelines of U. S. Policy toward Japan, Secret, Policy Paper, c. May 3, 1961, *DNSA*, JU00098.

③ 美国军方异议见 Memorandum by the Secretary of State to the Ambassador at Large (Jessup), *FRUS*, 1950, Vol. VI, East Asia and The Pacific, United States Government Printing Office, Washington:1976. pp. 1278 – 1282.

④ Reversion of the Bonin and Ryukyu Islands Issue, Secret, Memorandum, c. October 1967, *DNSA*, JU00766.

⑤ Background information and recommendations with respect to Japanese demands that the U. S. return administrative control of the Ryukyu Islands over to them. Dec 30, 1968, *DDRS*, CK3100681400.

得了琉球群岛的主权。① 美国宣称对中国固有领土拥有"主权"自属无稽,但这也说明日本在20多年中对琉球的"主权"并不是"毫无争议"的。等到1972年"归还"时,美方又用了"管辖权""行政权"等不同的名词,而不是"主权",说明美国注意到了琉球问题的复杂性。

由于海峡两岸坚决反对将钓鱼岛及其附属岛屿裹挟在琉球群岛中"归还"日本,美国在"制造"钓鱼岛问题时,发明了一段似是而非、玩弄文字的说法:"我们坚持,将这些岛屿的管辖权归还日本,既不增加亦不减少此岛屿为美国接管前日本所拥有的对该岛的合法权利,亦不减少其他所有权要求国所拥有的业已存在的权利,因为这些权利早于我们与琉球群岛之关系"。② "国务院发言人布瑞(Charles Bray)在一篇声明中指出,美国只是把对琉球的行政权交还给日本,因之,有关钓鱼台的主权问题,乃是有待中华民国与日本来谋求解决的事"。③ 美国言说的对象和内容是错误的,但钓鱼岛及其附属群岛的主权存在争议,却是其反复明确的事实。

余 论

在早期的中、日、琉球、英、美各种文献中,钓鱼岛及其附属岛屿都是"边缘性的存在"。在中日主权争议的今天,它却成为东亚地中海的"中心"——不仅牵动美、中、日这三个国民生产总值占据世界前三的国家,也牵动整个东亚乃至世界局势。妥善处理钓鱼岛问题,具有世界性意义。

马汉曾经设定:"可能为了人类的福祉,中国人和中国的领土,在实现种族大团结之前应当经历一段时间的政治分裂,如同法国大革命之前的德国一

---

① Memorandum by The Consultant to the Secretary (Dulles), *FRUS*, 1951, Vol. VI, Asia and The Pacific(in two parts)Part1, General Editor: Fredrick Aandahl, United States Government Printing Office, Washington:1977. pp. 1152-1153.

② Briefing Papers for Mr. Kissinger's Trip to Japan, Includes Papers Entitled "Removal of U. S. Aircraft from Naha Air Base" and "Senkakus", Secret, Memorandum, April 6, 1972, *DNSA*, JU01523.

③ 《美国务院声明指出 对钓鱼台主权 有待中日解决》,台北《中央日报》,1971年6月19日,第1版。

样。"①马汉的设定没有任何学理支撑,但确实,台海两岸的政治分裂给了所有居间利用钓鱼岛问题的势力,特别是美国以机会。1971年4月12日,美日私相授受琉球甚嚣尘上之际,台湾当局"外交部长"周书楷前往华盛顿拜会美国总统尼克松,提出钓鱼岛问题会在海外华人间产生重大影响,可能造成运动。尼克松顾左右而言他,将话题转移到联合国问题的重要性上,尼克松说:"只要我在这里,您便在白宫中有一位朋友,而您不该做任何使他难堪的事。中国人应该看看其中微妙。你们帮助我们,我们也会帮助你们。"②其时,台湾当局正为联合国席位问题焦虑,尼克松"点中"其软肋,使其话语权急剧削弱。果然,在随后与基辛格的会谈中,周书楷主动提出第二年的联合国大会问题,而且他"希望'另一边'(即中国共产党)能被排除在大会之外"。③ 事实上,中华人民共和国中央人民政府对钓鱼岛及其附属岛屿主张主权和行动,一直遭到台湾当局掣肘。钓鱼岛问题,因此必然与台湾问题的处理联系在一起,这极大地增加了解决钓鱼岛问题的复杂性和难度。这是其一。

其二,被人为故意作为琉球一部分而"归还"的钓鱼岛及其附属岛屿的主权归属问题,在美国有意识、有目的的操弄下,几乎在中日争议的第一天起就进入复杂状态。中国固有领土被私自转让,自然必须反对。1971年12月30日,中华人民共和国外交部严正声明:"绝对不能容忍""美、日两国政府公然把钓鱼岛等岛屿划入'归还区域'"。同时,善意提示日方勿被居间利用:"中国政府和中国人民一贯支持日本人民为粉碎'归还'冲绳的骗局,要求无条件地、全面地收复冲绳而进行的英勇斗争,并强烈反对美、日反动派拿中国领土钓鱼岛等岛屿作交易和借此挑拨中、日两国人民的友好关系。"④可以说,态度十分具有建设性。

---

① 艾尔弗雷德·塞耶·马汉:《海权对历史的影响:1660－1783年:附亚洲问题》,第482页。

② Memorandum of Conversation, *Foreign Relations of the United States*, 1969－1976, Volume XVII, China, 1969－1972, Document 113, p. 292. 下文所引20世纪70年代以后的美国外交关系文件(FRUS),来源与来自威斯康辛大学的上文不同,文件来源是http://history.state.gov/. 特此说明。

③ Memorandum of Conversation, *Foreign Relations of the United States*, 1969－1976, Volume XVII, China, 1969－1972, Document 114, p. 294

④ 《中华人民共和国外交部声明》(1971年12月30日),《人民日报》,1971年12月31日,第1版。

日本自居与美国是盟友关系,可以在钓鱼岛问题上得到美方的充分背书。但其实,没有得到完全的满足——虽然日本一直希望援引美方的表态主张权利,将其设定为"没有争议",但1972年8月,美国政府内部指示,对日本应当清楚表示:"尽管美国政府的媒体指导已进行了部分修改以符合日本政府的要求,这丝毫不意味着我们改变了美国在尖阁诸岛争端问题上保持中立的基本立场。"①更有甚者,1974年1月,已任美国国务卿的基辛格在讨论南沙群岛问题时,为"教会日本人敬畏",讨论了将中华人民共和国"引导"到钓鱼岛问题的可能性。② 这样看,实际上是"系铃人"角色的美国,并不准备担当"解铃人"的作用——促使中日两国长期在东亚地中海保持内在紧张,更符合美国作为"渔翁"的利益。

对美国利用钓鱼岛问题牵制中日,中国洞若观火,其长期坚持的"搁置争议,共同开发"这一创新国际法的、充满善意的政策,目的就是使钓鱼岛这一东亚地中海热点冷却下来、走上政治解决的轨道。但其善意,为日本政府所轻忽。日本政府如何为了日本人民的长远福祉而改弦更张、放弃短视思维,不沉溺于被操纵利用的饮鸩止渴,对钓鱼岛问题的政治解决至关重要。

其三,马汉还说,"富强起来的中国对我们和它自己都会带来更严重的危险"。③ 这一断言充斥着"文明冲突论"的火药味和深深的种族歧视,他论证说,"因为我们届时必须拱手相送的物质财富会使中国富强起来,但是中国对这些物质财富的利用毫无控制,因为它对这种在很大程度上支配了我们的政治和社会行为的思想道德力量缺乏清楚的理解,更不用说完全接受。"马汉以美国价值观作为美国接受中国复兴的前提条件,是今天美国操纵钓鱼岛问题深远的运思基础。

但是,正如布罗代尔总结欧亚非地中海历史所指出的:"历史的普遍的、强

---

① Issues and Talking Points: Bilateral Issues, Secret, Briefing Paper, August 1972, *DNSA*, JU01582.
② Minutes of the Secretary of State's Staff Meeting, *Foreign Relations of the United States*, 1969 – 1976, Volume E – 12, Documents On East and Southeast Asia, 1973 – 1976, Document 327, p. 3.
③ 艾尔弗雷德·塞耶·马汉:《海权对历史的影响:1660—1783年:附亚洲问题》,第522页。

大的、敌对的潮流比环境、人、谋算和计划等更为重要、更有影响"。① 中国的复兴是操盘者无法"谋算"的历史潮流和趋势,然而,这一潮流并不是"敌对的",2012 年,习近平更指出:"太平洋够大,足以容下中美两国(The vast Pacific Ocean has ample space for China and the United States)"②,充满前瞻性和想象张力的说法,相比于那些把钓鱼岛作为"遏制"中国的东亚地中海前哨阵地的"敌对的"计划,更着眼于"人类的福祉"。中国所主张的"新型大国关系",摈弃了传统的地中海模式,扬弃了加勒比海模式,内含了一种可能导向和平之海、繁荣之海的新地中海模式,值得东亚地中海所有当事者深思。

张生

2016 年 5 月

---

① 费尔南·布罗代尔:《地中海与菲利普二世时代的地中海世界》第 2 卷,第 955 页。
② 来自人民网,http://www.people.com.cn/GB/32306/33232/17111739.html,2012 年 02 月 14 日。

出版凡例

一、本文献集按文献来源分为中文之部、日文之部、西文之部三个大的序列。每个序列中按专题分册出版，一个专题一册或多册。

二、文献集所选资料，原文中的人名、地名、别字、错字及不规范用字，为尊重历史和文献原貌，均原文照录。因此而影响读者判断、引用之处，用"译者按"或"编者按"在原文后标出。因原文献漫漶不清而缺字处，用"□"标识。

三、日文原文献中用明治、大正、昭和等天皇年号的，不改为公元纪年。台湾方面文献在原文中涉及政治人物头衔和机构名称的，按相关规定处理；其资料原文用民国纪年的，不加改动。

四、所选史料均在起始处说明来源，或在文后标注其档案号、文件号。

五、日本人名从西文文献译出者，保留其西文拼法，以便核对；其余外国人名，均在某专题或文件中第一次出现时标注其西文拼法。

六、西文文献经过前人编辑而加注释者，用"原编辑者注"保留在页下。

七、原资料中有对中国人民或中国政府横加诬蔑之处，或基于立场表达其看法之处，为存资料之真，不加改动或特别说明，请读者加以鉴别。

本册说明

钓鱼岛争端成为东亚热点,起源于20世纪60年代末70年代初美国非法"归还"琉球行政权给日本,并将中国钓鱼岛及其附属岛屿裹挟其中,以及东海海底大陆架礁层石油蕴藏的发现,日本、美国、中华人民共和国和中国台湾地区当局都对钓鱼岛主权归属提出了各自的主张。日本对外宣称钓鱼岛是由日本人首次发现的,并依据《旧金山和约》强行主张对钓鱼岛拥有主权。然据明清众多文献的记载,中国人在明朝时期已经发现了钓鱼岛,并用之于航海与国防,比日本宣称的古贺辰四郎"首次"发现钓鱼岛早了近500年。中国自明朝以来的文献记载表明:钓鱼岛,古称钓鱼屿(或钓鱼台),位于台湾与琉球之间,处于明清两朝册封使的使船进入琉球地界之前的海域中,是册封使前往琉球时必经海道的标识之一。

本册资料搜集了明清两朝前往琉球册封的使者所撰写的《记》、《录》等;中国学者关于中国东海海域情形、琉球地理风俗民情及琉球朝贡情况等方面的著述;琉球学者撰写的有关中国、琉球及钓鱼岛的文献;台湾、福建等地方志文献中关于琉球、钓鱼岛的记录。

第一部分资料主要是明朝时期的古籍文献。主要包括以下古籍:首先,编录了迄今为止最早用文字记录钓鱼岛的《顺风相送》一书。该书著者姓名不详,是明代的一部海道针经,原抄本现藏于英国牛津大学波德林图书馆。1935年向达在该图书馆整理中文史籍时,抄录了《顺风相送》。1961年出版的《两种海道针经》中包括了《顺风相送》。该书记载:"……北风东涌开洋,用甲卯取彭家山。用甲卯及单卯取钓鱼屿。南风东涌放洋,用乙辰针取小琉球头,至彭家花瓶屿在内。正南风梅花开洋,用乙辰取小琉球。用单乙取钓鱼屿南边……"其次,1372年明太祖朱元璋派杨载出使琉球,诏告即位建元,并册封察度琉球王。清代延续了和琉球的宗藩关系,直到清末光绪年间日本吞并琉球为止。其间500余年,中国明清两代朝廷先后24次向琉球王国派遣册封使,留下大量《使琉球录》,不仅记录了册封使在琉球的所见所闻,同时记录了钓鱼岛及其附属岛屿隶属中国版图的历史事实。本资料集收罗了明朝时期的陈侃《使琉球录》、郭汝霖《重刻使琉球录》、萧崇业《使琉球录》和夏子阳《使琉球录》。这些由册封使者在回国后撰写的《录》中,都描述了他们前往琉球时途经的海道、使用的针路和海道上的座标指示,且都记录了钓鱼屿是当时来往中国与琉球之间的重要海道标识。例如郭汝霖记录道:"……五月二十九日,至梅花开洋。幸值西南风大旺,瞬目千里,长史梁炫舟在后,不能及,过东涌、小琉球。三十日,过黄茅。闰五月初一日,过钓鱼屿。初三日,至赤屿焉。赤屿者,界琉球地方山也。"可见赤屿是琉球与中国的边界,而钓鱼屿位于赤屿西边,处于中国疆界之内。第三,由于明朝长期存在海患,倭寇不断骚扰沿海地区,明朝与日本的关系长期紧张,明朝出使日本人员所撰写的著作和有关沿海海防的文献也涉及到了台湾、琉球和钓鱼岛等信息。本资料集主要收录了郑舜功的《日本一鉴》、熊明遇的《文直行书诗文》、胡宗宪、郑若曾的《筹海图编》、王在晋的《海防纂要》和严从简的《殊域周咨录》中的相关内容。

第二部分资料主要是清朝时期的古籍文献。清朝时期记述钓鱼岛的古籍与明朝相比,既有类似之处也有差别,除了册封使者的记录与中国文人学者的著作之外,还包括了琉球朝贡使臣的著述与地方志文献中关于钓鱼岛等信息的描述。第一,琉球朝贡使臣的著作。程顺则是琉球国著名儒学家,被列为琉球五伟人之一,尊称为"护圣人",他多次出使清朝,仰慕中华文化,并制定了琉球中山国的官制与礼仪,其创建的明伦堂是琉球最早的公共教育机关,为琉球的儒学教育奠定了基础。1706年,程顺则以正议大夫的身份,随耳目官马元勋赴北京朝贡。1708年,程顺则刻印了《指南广义》,该书参照了清朝册封使汪楫船队舵手的航海书籍,结合历代册封使、进贡船舵手的实际经验。该书中记载的地理、天文、气象等大量重要资料,成为后来琉球航海人员的必备指南。书中明确记载:"用乙卯并单卯针十更,取钓鱼台;用单卯针四更,取黄尾屿;用甲寅针十更,取赤尾屿;用乙卯针六更,取姑米山(琉球西南方界上镇山)。"足证钓鱼岛属于中国。第二,清朝赴琉球册封使的著作,主要编录了张学礼的《使琉球记》和《中山纪略》,汪楫的《使琉球杂录》、周煌的《琉球国志略》、李鼎元的《使琉球记》和赵文楷的《槎上存稿》。这些册封使者所写的《录》和《记》除了介绍琉球的地理风土人情民俗文字之外,再次通过针路海道的记录证实了钓鱼岛是中国的领土。第三,福建、台湾等地的地方志文献也证实了钓鱼岛的归属,这方面资料主要编录了《台湾志略》、《台湾生熟番纪事:台湾生熟番舆地考略》、《福建通志:台湾府》、《重修台湾府志》、《续修台湾县志》、《噶玛兰厅志》和《台湾舆地汇钞》中的相关内容。从地理、纪事、文献记载等多个方面详细介绍台湾的山川岛屿分布等地理环境情况,以及钓鱼岛属于中国台湾管辖的证据:"舟从沙马矶头盘转,可入卑南觅诸社。山后大洋之北,有屿名钓鱼台,可泊巨舟十余艘。"第四,清朝文人学者有关琉球、钓鱼岛的著作,主要编录了潘相的《琉球入学见闻录》、王韬的《琉球朝贡考》和《琉球向归日本辨》和方浚颐的《二知轩文存》。

  本册资料主要来源于台湾大通书局所编的《台湾文献史料丛刊》,台湾银行经济研究室所编的《台湾文献丛刊》,中国基本古籍库,京都大学图书馆,早稻田大学图书馆,琉球大学图书馆等处,是了解钓鱼岛及其附属岛屿早期情况的基本史料。

编　者

2016年4月

目 录

"东亚地中海"视野中的钓鱼岛问题的产生（代序） …… 1

出版凡例 …… 1

本册说明 …… 1

钓鱼岛是中国的固有领土 …… 1

一、明代文献 …… 1
  1.《顺风相送》 …… 1
  2.《使琉球录》 …… 47
  3.《日本一鉴》 …… 72
  4.《重刻使琉球录》 …… 106
  5.《筹海图编》 …… 107
  6.《使琉球录》 …… 108
  7.《使琉球录》 …… 176
  8.《文直行书诗文》 …… 227
  9.《海防纂要》 …… 228
  10.《台湾地势番情纪略》 …… 229

二、清代文献 …… 230
  1.《使琉球记》 …… 230
  2.《中山纪略》 …… 236
  3.《使琉球杂录》 …… 240
  4.《指南广义》 …… 241

5.《中山传信录》	263
6.《台海使槎录》	366
7. 台湾志略(卷1):地志	375
8. 台湾生熟番纪事:台湾生熟番舆地考略	389
9. 福建通志:台湾府	393
10. 重修台湾府志(卷二):附考	394
11. 重修台湾县志(卷二):山水志/海道	397
12. 续修台湾县志(卷一):地志/海道	399
13. 噶玛兰厅志(卷8):杂识(下)/纪事	406
14. 台湾舆地汇钞:全台图说	413
15.《琉球国志略》	417
16.《琉球入学见闻录》	418
17.《使琉球记》	515
18.《槎上存稿》	518
19.《琉球朝贡考》	529
20.《琉球向归日本辨》	531
21.《二知轩文存》	535

索 引 ························ 536

钓鱼岛是中国的固有领土

（2012年9月）
中华人民共和国国务院新闻办公室

目 录

前 言
一、钓鱼岛是中国的固有领土
二、日本窃取钓鱼岛
三、美日对钓鱼岛私相授受非法无效
四、日本主张钓鱼岛主权毫无依据
五、中国为维护钓鱼岛主权进行坚决斗争
结束语

前 言

钓鱼岛及其附属岛屿是中国领土不可分割的一部分。无论从历史、地理还是从法理的角度来看，钓鱼岛都是中国的固有领土，中国对其拥有无可争辩的主权。

日本在1895年利用甲午战争窃取钓鱼岛是非法无效的。第二次世界大战后，根据《开罗宣言》和《波茨坦公告》等国际法律文件，钓鱼岛回归中国。无论日本对钓鱼岛采取任何单方面举措，都不能改变钓鱼岛属于中国的事实。长期以来，日本在钓鱼岛问题上不时制造事端。2012年9月10日，日本政府宣布"购买"钓鱼岛及附属的南小岛、北小岛，实施所谓"国有化"。这是对中国领土主权的严重侵犯,是对历史事实和国际法理的严重践踏。

中国坚决反对和遏制日本采取任何方式侵犯中国对钓鱼岛的主权。中国在钓鱼岛问题上的立场是明确的、一贯的,维护国家主权和领土完整的意志坚定不移,捍卫世界反法西斯战争胜利成果的决心毫不动摇。

一、钓鱼岛是中国的固有领土

钓鱼岛及其附属岛屿位于中国台湾岛的东北部,是台湾的附属岛屿,分布在东经123°20′—124°40′,北纬25°40′—26°00′之间的海域,由钓鱼岛、黄尾屿、赤尾屿、南小岛、北小岛、南屿、北屿、飞屿等岛礁组成,总面积约5.69平方千米。钓鱼岛位于该海域的最西端,面积约3.91平方千米,是该海域面积最大的岛屿,主峰海拔362米。黄尾屿位于钓鱼岛东北约27千米,面积约0.91平方千米,是该海域的第二大岛,最高海拔117米。赤尾屿位于钓鱼岛东北约110千米,是该海域最东端的岛屿,面积约0.065平方千米,最高海拔75米。

(一)中国最先发现、命名和利用钓鱼岛

中国古代先民在经营海洋和从事海上渔业的实践中,最早发现钓鱼岛并予以命名。在中国古代文献中,钓鱼岛又称钓鱼屿、钓鱼台。目前所见最早记载钓鱼岛、赤尾屿等地名的史籍,是成书于1403年(明永乐元年)的《顺风相送》。这表明,早在十四、十五世纪中国就已经发现并命名了钓鱼岛。

1372年(明洪武五年),琉球国王向明朝朝贡,明太祖遣使前往琉球。至1866年(清同治五年)近500年间,明清两代朝廷先后24次派遣使臣前往琉球王国册封,钓鱼岛是册封使前往琉球的途经之地,有关钓鱼岛的记载大量出现在中国使臣撰写的报告中。如,明朝册封使陈侃所著《使琉球录》(1534年)明确记载"过钓鱼屿,过黄毛屿,过赤屿,……见古米山,乃属琉球者"。明朝册封使郭汝霖所著《使琉球录》(1562年)记载,"赤屿者,界琉球地方山也"。清朝册封副使徐葆光所著《中山传信录》(1719年)明确记载,从福建到琉球,经花瓶屿、彭佳屿、钓鱼岛、黄尾屿、赤尾屿,"取姑米山(琉球西南方界上镇山)、马齿岛,入琉球那霸港"。

1650年,琉球国相向象贤监修的琉球国第一部正史《中山世鉴》记载,古米山(亦称姑米山,今久米岛)是琉球的领土,而赤屿(今赤尾屿)及其以西则非琉球领土。1708年,琉球学者、紫金大夫程顺则所著《指南广义》记载,姑米山为"琉球西南界上之镇山"。

以上史料清楚记载着钓鱼岛、赤尾屿属于中国,久米岛属于琉球,分界线在赤尾屿和久米岛之间的黑水沟(今冲绳海槽)。明朝册封副使谢杰所著《琉球录撮要补遗》(1579年)记载,"去由沧水入黑水,归由黑水入沧水"。明朝册封使夏子阳所著《使琉球录》(1606年)记载,"水离黑入沧,必是中国之界"。清朝册封使汪楫所著《使琉球杂录》(1683年)记载,赤屿之外的"黑水沟"即是"中外之界"。清朝册封副使周煌所著《琉球国志略》(1756年)记载,琉球"海面西距黑水沟,与闽海界"。

钓鱼岛海域是中国的传统渔场,中国渔民世世代代在该海域从事渔业生产活动。钓鱼岛作为航海标志,在历史上被中国东南沿海民众广泛利用。

(二) 中国对钓鱼岛实行了长期管辖

早在明朝初期,为防御东南沿海的倭寇,中国就将钓鱼岛列入防区。1561年(明嘉靖四十年),明朝驻防东南沿海的最高将领胡宗宪主持、郑若曾编纂的《筹海图编》一书,明确将钓鱼岛等岛屿编入"沿海山沙图",纳入明朝的海防范围内。1605年(明万历三十三年)徐必达等人绘制的《乾坤一统海防全图》及1621年(明天启元年)茅元仪绘制的中国海防图《武备志·海防二·福建沿海山沙图》,也将钓鱼岛等岛屿划入中国海疆之内。

清朝不仅沿袭了明朝的做法,继续将钓鱼岛等岛屿列入中国海防范围内,而且明确将其置于台湾地方政府的行政管辖之下。清代《台海使槎录》、《台湾府志》等官方文献详细记载了对钓鱼岛的管辖情况。1871年(清同治十年)刊印的陈寿祺等编纂的《重纂福建通志》卷八十六将钓鱼岛列入海防冲要,隶属台湾府噶玛兰厅(今台湾省宜兰县)管辖。

(三) 中外地图标绘钓鱼岛属于中国

1579年(明万历七年)明朝册封使萧崇业所著《使琉球录》中的"琉球过海图"、1629年(明崇祯二年)茅瑞徵撰写的《皇明象胥录》、1767年(清乾隆三十二年)绘制的《坤舆全图》、1863年(清同治二年)刊行的《皇朝中外一统舆图》等,都将钓鱼岛列入中国版图。

日本最早记载钓鱼岛的文献为1785年林子平所著《三国通览图说》的附图"琉球三省并三十六岛之图",该图将钓鱼岛列在琉球三十六岛之外,并与中国大陆绘成同色,意指钓鱼岛为中国领土的一部分。

1809年法国地理学家皮耶·拉比等绘《东中国海沿岸各国图》,将钓鱼岛、黄尾屿、赤尾屿绘成与台湾岛相同的颜色。1811年英国出版的《最新中国地图》、1859年美国出版的《柯顿的中国》、1877年英国海军编制的《中国东海沿海自香港至辽东湾海图》等地图，都将钓鱼岛列入中国版图。

二、日本窃取钓鱼岛

日本在明治维新以后加快对外侵略扩张。1879年，日本吞并琉球并改称冲绳县。此后不久，日本便密谋侵占钓鱼岛，并于甲午战争末期将钓鱼岛秘密"编入"版图。随后，日本又迫使中国签订不平等的《马关条约》，割让台湾全岛及包括钓鱼岛在内的所有附属各岛屿。

（一）日本密谋窃取钓鱼岛

1884年，有日本人声称首次登上钓鱼岛，发现该岛为"无人岛"。日本政府随即对钓鱼岛开展秘密调查，并试图侵占。日本上述图谋引起中国的警觉。1885年9月6日（清光绪十一年七月二十八日）《申报》登载消息："台湾东北边之海岛，近有日本人悬日旗于其上，大有占据之势。"由于顾忌中国的反应，日本政府未敢轻举妄动。

1885年9月22日冲绳县令在对钓鱼岛进行秘密调查后向内务卿山县有朋密报称，这些无人岛"与《中山传信录》记载的钓鱼台、黄尾屿和赤尾屿应属同一岛屿"，已为清朝册封使船所详悉，并赋以名称，作为赴琉球的航海标识，因此对是否应建立国家标桩心存疑虑，请求给予指示。同年10月9日，内务卿山县有朋致函外务卿井上馨征求意见。10月21日，井上馨复函山县有朋认为，"此刻若有公然建立国标等举措，必遭清国疑忌，故当前宜仅限于实地调查及详细报告其港湾形状、有无可待日后开发之土地物产等，而建国标及着手开发等，可待他日见机而作"。井上馨还特意强调，"此次调查之事恐均不刊载官报及报纸为宜"。因此，日本政府没有同意冲绳县建立国家标桩的请求。

1890年1月13日，冲绳县知事又请示内务大臣，称钓鱼岛等岛屿"为无人岛，迄今尚未确定其管辖"，"请求将其划归本县管辖之八重山官署所辖"。1893年11月2日，冲绳县知事再次申请建立国标以划入版图。日本政府仍未答复。甲午战争前两个月，即1894年5月12日，冲绳县秘密调查钓鱼岛的最终结论是："自明治十八年（1885年）派县警察对该岛进行勘察以来，未再开展进一步调查，故难提供更确切报告。……此外，没有关于该岛之旧时记录文书以及显示属我国领有的文字或口头传说的证据。"

日本外务省编纂的《日本外交文书》明确记载了日本企图窃取钓鱼岛的经过,相关文件清楚地显示,当时日本政府虽然觊觎钓鱼岛,但完全清楚这些岛屿属于中国,不敢轻举妄动。

1894年7月,日本发动甲午战争。同年11月底,日本军队占领中国旅顺口,清朝败局已定。在此背景下,12月27日,日本内务大臣野村靖致函外务大臣陆奥宗光,认为"今昔形势已殊",要求将在钓鱼岛建立国标、纳入版图事提交内阁会议决定。1895年1月11日,陆奥宗光回函表示支持。同年1月14日,日本内阁秘密通过决议,将钓鱼岛"编入"冲绳县管辖。

日本官方文件显示,日本从1885年开始调查钓鱼岛到1895年正式窃占,始终是秘密进行的,从未公开宣示,因此进一步证明其对钓鱼岛的主权主张不具有国际法规定的效力。

(二) 钓鱼岛随台湾岛被迫割让给日本

1895年4月17日,清朝在甲午战争中战败,被迫与日本签署不平等的《马关条约》,割让"台湾全岛及所有附属各岛屿"。钓鱼岛等作为台湾"附属岛屿"一并被割让给日本。1900年,日本将钓鱼岛改名为"尖阁列岛"。

三、美日对钓鱼岛私相授受非法无效

第二次世界大战后,钓鱼岛回归中国。但20世纪50年代,美国擅自将钓鱼岛纳入其托管范围,70年代美国将钓鱼岛"施政权""归还"日本。美日对钓鱼岛进行私相授受,严重侵犯了中国的领土主权,是非法的、无效的,没有也不能改变钓鱼岛属于中国的事实。

(一) "二战"后钓鱼岛归还中国

1941年12月,中国政府正式对日宣战,宣布废除中日之间的一切条约。1943年12月《开罗宣言》明文规定,"日本所窃取于中国之领土,例如东北四省、台湾、澎湖群岛等,归还中华民国。其他日本以武力或贪欲所攫取之土地,亦务将日本驱逐出境"。1945年7月《波茨坦公告》第八条规定:"《开罗宣言》之条件必将实施,而日本之主权必将限于本州、北海道、九州、四国及吾人所决定之其他小岛。"1945年9月2日,日本政府在《日本投降书》中明确接受《波茨坦公告》,并承诺忠诚履行《波茨坦公告》各项规定。1946年1月29日,《盟军最高司令部训令第677号》明确规定了日本施政权所包括的范围是"日本的四个主要岛屿(北海道、本州、九州、四国)及包括对马诸岛、北纬30度以北的琉球诸岛的约1000个邻近小岛"。1945年10月25日,中国战区台湾省对日受降典礼在台北举行,中国政府正式收复台湾。1972年9月29日,日本政府在《中日联合声明》中郑重承诺,充分理解和尊重中方关于台湾是中国不可分割一部分的立场,并坚持《波茨坦公告》第八条的立场。

上述事实表明,依据《开罗宣言》、《波茨坦公告》和《日本投降书》,钓鱼岛作为台湾的附属岛屿应与台湾一并归还中国。

(二)美国非法将钓鱼岛纳入托管范围

1951年9月8日,美国等一些国家在排除中国的情况下,与日本缔结了"旧金山对日和平条约"(简称"旧金山和约"),规定北纬29度以南的西南诸岛等交由联合国托管,而美国为唯一施政当局。需要指出的是,该条约所确定的交由美国托管的西南诸岛并不包括钓鱼岛。

1952年2月29日、1953年12月25日,琉球列岛美国民政府先后发布第68号令(即《琉球政府章典》)和第27号令(即关于"琉球列岛的地理界限"布告),擅自扩大托管范围,将中国领土钓鱼岛划入其中。此举没有任何法律依据,中国坚决反对。

(三)美日私相授受钓鱼岛"施政权"

1971年6月17日,美日签署《关于琉球诸岛及大东诸岛的协定》(简称"归还冲绳协定"),将琉球群岛和钓鱼岛的"施政权""归还"给日本。海内外中国人对此同声谴责。同年12月30日,中国外交部发表严正声明指出:"美、日两国政府在'归还'冲绳协定中,把我国钓鱼岛等岛屿列入'归还区域',完全是非法的,这丝毫不能改变中华人民共和国对钓鱼岛等岛屿的领土主权。"台湾当局对此也表示坚决反对。

面对中国政府和人民的强烈反对,美国不得不公开澄清其在钓鱼岛主权归属问题上的立场。1971年10月,美国政府表示,"把原从日本取得的对这些岛屿的施政权归还给日本,毫不损害有关主权的主张。美国既不能给日本增加在他们将这些岛屿施政权移交给我们之前所拥有的法律权利,也不能因为归还给日本施政权而削弱其他要求者的权利。……对此等岛屿的任何争议的要求均为当事者所应彼此解决的事项"。同年11月,美国参议院批准"归还冲绳协定"时,美国国务院发表声明称,尽管美国将该群岛的施政权交还日本,但是在中日双方对群岛对抗性的领土主张中,美国将采取中立立场,不偏向于争端中的任何一方。

四、日本主张钓鱼岛主权毫无依据

1972年3月8日,日本外务省发表《关于尖阁列岛所有权问题的基本见解》,阐述日本政府对于钓鱼岛主权归属问题的主张:一是钓鱼岛为"无主地",不包含在《马关条约》规定的由清政府割让给日本的澎湖列岛和台湾及其附属岛屿的范围之内。二是钓鱼岛不包含在"旧金山和约"第二条规定的日本所放弃的领土之内,而是包含在该条约第三条规定的作为西南诸岛的一部分被置于美国施政之下,并根据"归还冲绳协定"将施政权"归还"日本的区域内。三是中国没有将钓鱼岛视为台湾的一部分,对"旧金山和约"第三条规定将钓鱼岛置于美国施政区域内从未提出过任何异议。

日本的上述主张严重违背事实,是完全站不住脚的。

钓鱼岛属于中国,根本不是"无主地"。在日本人"发现"钓鱼岛之前,中国已经对钓鱼岛实施了长达数百年有效管辖,是钓鱼岛无可争辩的主人。如前所述,日本大量官方文件证明,日本完全清楚钓鱼岛早已归属中国,绝非国际法上的无主地。日本所谓依据"先占"原则将钓鱼岛作为"无主地""编入"其版图,是侵占中国领土的非法行为,不具有国际法效力。

无论从地理上还是从中国历史管辖实践看,钓鱼岛一直是中国台湾岛的附属岛屿。日本通过不平等的《马关条约》迫使清朝割让包括钓鱼岛在内的"台湾全岛及所有附属各岛屿"。《开罗宣言》、《波茨坦公告》等国际法律文件规定,日本必须无条件归还其窃取的中国领土。上述文件还对日本领土范围作了明确界定,其中根本不包括钓鱼岛。日本试图侵占钓鱼岛,实质是对《开罗宣言》和《波茨坦公告》等法律文件所确立的战后国际秩序的挑战,严重违背了日本应承担的国际法义务。

美国等国家与日本签订的片面媾和条约"旧金山和约"所规定的托管范围不涵盖钓鱼岛。美国擅自扩大托管范围,非法将中国领土钓鱼岛纳入其中,后将钓鱼岛"施政权""归还"日本,都没有任何法律依据,在国际法上没有任何效力。对于美日上述非法行径,中国政府和人民历来是明确反对的。

五、中国为维护钓鱼岛主权进行坚决斗争

长期以来,中国为维护钓鱼岛的主权进行了坚决斗争。

中国通过外交途径强烈抗议和谴责美日私相授受钓鱼岛。1951年8月15日,旧金山会议召开前,中国政府声明:"对日和约的准备、拟制和签订,如果没有中华人民共和国的参加,无论其内容和结果如何,中央人民政府一概认为是非法的,因而也是无效的。"1951年9月18日,中国政府再次声明,强调"旧金山和约"是非法无效的,绝对不能承认。1971年,针对美、日两国国会先后批准"归还冲绳协定"的行为,中国外交部严正声明,钓鱼岛等岛屿自古以来就是中国领土不可分割的一部分。

针对日本侵犯中国钓鱼岛主权的非法行径,中国政府采取积极有力措施,通过发表外交声明、对日严正交涉和向联合国提交反对照会等举措表示抗议,郑重宣示中国的一贯主张和原则立场,坚决捍卫中国的领土主权和海洋权益,切实维护中国公民的人身和财产安全。

中国通过国内立法明确规定钓鱼岛属于中国。1958年,中国政府发表领海声明,宣布台湾及其周围各岛属于中国。针对日本自20世纪70年代以来对钓鱼岛所采取的种种侵权行为,中国于1992年颁布《中华人民共和国领海及毗连区法》时,明确规定"台湾及其包括钓鱼岛在内的附属各岛"属于中国领土。2009年颁布的《中华人民共和国海岛保护法》确立了海岛保护开发和管理制度,对海岛名称的确定和发布作了规定,据此,中国于2012年3月公布了钓鱼岛及其部分附属岛屿的标准名称。2012年9月10日,中国政府发表声明,公布了钓鱼岛及其附属岛屿的领海基线。9月13日,中国政府向联合国秘书长交存钓鱼岛及其附属岛屿领海基点基线的坐标表和海图。

中国始终在钓鱼岛海域保持经常性的存在,并进行管辖。中国海监执法船在钓鱼岛海域坚持巡航执法,渔政执法船在钓鱼岛海域进行常态化执法巡航和护渔,维护该海域正常的渔业生产秩序。中国还通过发布天气和海洋观测预报等,对钓鱼岛及其附近海域实施管理。

一直以来,钓鱼岛问题受到港澳同胞、台湾同胞和海外侨胞的共同关注。钓鱼岛自古以来就是中国的固有领土,这是全体中华儿女的共同立场。中华民族在维护国家主权和领土完整问题上有着坚定的决心。两岸同胞在民族大

义面前，在共同维护民族利益和尊严方面，是一致的。港澳台同胞和海内外广大华侨华人纷纷开展各种形式的活动，维护钓鱼岛领土主权，强烈表达了中华儿女的正义立场，向世界展示了中华民族爱好和平、维护国家主权、捍卫领土完整的决心和意志。

结束语

钓鱼岛自古以来就是中国的固有领土，中国对其拥有无可争辩的主权。20世纪70年代，中日在实现邦交正常化和缔结《中日和平友好条约》时，两国老一辈领导人着眼两国关系大局，就将"钓鱼岛问题放一放，留待以后解决"达成谅解和共识。但近年来，日本不断对钓鱼岛采取单方面举措，特别是对钓鱼岛实施所谓"国有化"，严重侵犯中国主权，背离中日两国老一辈领导人达成的谅解和共识。这不但严重损害了中日关系，也是对世界反法西斯战争胜利成果的否定和挑战。

中国强烈敦促日本尊重历史和国际法，立即停止一切损害中国领土主权的行为。中国政府捍卫国家领土主权的决心和意志是坚定不移的，有信心、有能力捍卫国家主权，维护领土完整。

（资料来源：中华人民共和国中央人民政府政府网站 http://www.gov.cn/jrzg/2012-09/25/content_2232710.htm）

一、明代文献

1.《顺风相送》[①]

1403年（明永乐元年）

海道针经（甲）

目 录

顺风相送序
地罗经下针神文
行船更数法
取水法
下针法
逐月恶风法
定潮水消长时候
论四季电歌
四方电候歌
观星法
定日月出入位宫昼夜长短局
定太阳出没歌
定太阴出没歌

[①] 本书《顺风相送》使用牛津大学波德林图书馆（Bodleian Library）所藏版本。句读和注释使用向达《两种海道针经》，中华书局1982年版。

2　明清文献

定寅时歌

定天德方

定三方针法

定四方针法

定风用针法

各处州府山形水势深浅泥沙地礁石之图

灵山往爪蛙山形水势法图

爪蛙回灵山来路

新村爪蛙至瞒喇咖山形水势之图

彭坑山形水势之图

歌

玉皇宝号

谨请

敕令图

福建往交趾针路

回针

往柬埔寨针路

回针

福建往暹罗针路

回针

浯屿往大泥吉兰丹

大泥回针

太武往彭坊针路

回针

广东往磨六甲针

满喇咖回广东针路

苎盘往旧港并顺塔针路

顺塔往旧港及苎盘针路

福建往爪蛙针路

回针

赤坎往柬埔寨针

柬埔寨毛蟹洲出浅
赤坎往彭亨针
回针
柬埔寨往大泥
回针
暹罗往大泥彭亨磨六甲
磨六甲回暹罗
罗湾头往六甲针
回针
芒盘往丁机宜针
回针
赤坎往旧港顺塔
回针
顺塔外峡
万丹往池汶精妙针路
顺塔往遮里问淡目
回针
万丹往马神
回针
旧港往杜蛮
回针
大泥往池汶针路
浯屿往杜蛮饶潼
回针
猪蛮饶潼回针再详
浯屿取诸葛担篮
回针
浯屿往茗维
马神往高兜令银
阿齐回万丹
猫律回加里仔蛮

4　明清文献

加里仔蛮回万丹
磨六甲往阿齐
回针
阿齐往罗里
回针
阿齐往傍伽喇
回针
阿齐往古里
回针
古里往忽鲁谟斯
回针
古里往阿丹
回针
古里往祖法儿
回针
柬埔寨南港往笔架并彭坊西
回针
柬埔寨往乌丁礁林
回针
柬埔寨往暹罗
回针
暹罗往马军
回针
苎盘往文莱
回针
瞒喇咖往旧港
回针
往彭湖
回莱屿
又
回前沙

南澳往彭湖
回
太武往吕宋
回针
表上放洋
吕宋往文莱
文莱回吕宋
松浦往吕宋
吕宋回松浦
泉州往勃泥即文莱
浯屿往麻里吕
回针
泉州往彭家施阑
泉州往杉木
杉木回浯屿
福建往琉球
琉球往日本针路
兵库港回琉球针路
琉球回福建
日本港山形水势
女澳内浦港

顺风相送序[①]

昔者周公设造指南之法，通自古今，流行久远。中有山形水势，抄描图写终误，或更数增减无有之，或筹头差别无有之。其古本年深破坏，有无难以比对。后人若抄写从真本惟恐误事。予因暇日，将更筹比对稽考通行较日，于天朝南京直隶至太仓并夷邦巫里洋等处更数针路山形水势澳屿浅深攒写于后，以此传好游者云尔。

昔者上古先贤通行海道，全在地罗经上二十四位，变通使用。或往或回，

---

① 顺风相送序五字原本无，以意补入。

须记时日早晚。海岛山看风汛东西南北起风落一位平位,水流缓急顺逆如何。全用水掕探知水色深浅,山势远近。但凡水势上下,仔细详察,不可贪睡。倘差之毫厘,失之千里,悔何及焉。若是东西南北起风筹头落一位,观此者务宜临时机变,若是吊戗,务要专上位,更数多寡,顺风之时,使补前数。其正路若七州洋中,上不离艮下不离坤,或过南巫里洋及忽鲁谋斯,牵星高低为准。各宜深晓。

行路难者有径可寻,有人可问。若行船难者则海水接连于天,虽有山屿,莫能识认。其正路全凭周公之法,罗经针簿为准。倘遇风波,或逢礁浅,其可忌之皆在地罗经中取之。其主掌人观看针路,船行高低,风汛急缓,流水顺急,机变增减。或更数针位,或山屿远近,水色浅深,的实无差。又以牵星为准,保得宝舟安稳。

永乐元年奉差前往西洋等国开诏,累次较正针路,牵星图样,海屿水势山形图画一本山为微簿。务要取选能谙针深浅更筹,能观牵星山屿,探打水色浅深之人在船。深要宜用心,反覆仔细推详,莫作泛常,必不误也。

地罗经下针神文

伏以神烟缭绕,谨启诚心拜请,某年某月今日今时四直功曹使者,有功传此炉内心香,奉请历代御制指南祖师,轩辕皇帝,周公圣人,前代神通阴阳仙师,青鸦白鹤先师,杨救贫仙师,王子乔圣仙师,李淳风仙师,陈抟仙师,郭朴仙师,历代过洋知山知沙知浅知深知屿知礁精通海道寻山认澳望斗牵星古往今来前传后教流派祖师,祖本罗经二十四向位尊神大将军,向子午酉卯寅申巳亥辰戌丑未乾坤艮巽甲庚壬丙乙辛丁癸二十四位尊神大将军,定针童子,转针童郎,水盏①神者,换水神君,下针力士,走针神兵,罗经坐向守护尊神,建橹班师父,部下仙师神兵将使,一炉灵神,本船奉七记香火有感明神敕封护国庇民妙灵昭应明著天妃,暨二位侯王茅竹筴仙师,五位尊王杨奋将军,最旧舍人,白水都公,林使总管,千里眼顺风耳部下神兵,擎波喝浪一炉神兵,海洋屿澳山神土地里社正神,今日下降天神纠察使者,虚空过往神仙,当年太岁尊神,某地方守土之神,普降香筵,祈求圣杯。或游天边戏驾祥云,降临香座以蒙列坐,谨具清樽。伏以奉献仙师酒一樽,乞求保护船只财物,今日良辰下针,青龙下海永无

---

① 原本作浅,兹为臆正。

灾,谦恭虔奉酒味初伏献再献酹香醪。第二处下针酒礼奉先真,伏望圣恩常拥护,东西南北自然通。弟子诚心虔奉酒陈亚献,伏以三杯美酒满金钟,扯起风帆遇顺风。海道平安往回大吉,金珠财宝满船盈荣,虔心美酒陈献。献酒礼毕,敬奉圣恩,恭奉洪慈,俯垂同鉴纳伏望愿指南下盏,指东西南北永无差,朝暮使船长应护往复过洋行正路,人船安乐,过洋平善,暗礁而不遇,双篷高挂永无忧。火化钱财以退残筵。奉请来则奉香供请,去则辞神拜送。稽首皈依,伏惟珍重!

顺风相送①

行船更数法

凡行船先看风汛急慢,流水顺逆。可明其法,则将片柴从船头丢下与人齐到船尾,可准更数。每一更二点半约有一站,每站者计六十里。如遇风船走潮水却向潮头涨来,此系是逆流。柴片虽丢顺水流向,后来必紧,不可使作船走议论。古云先看风汛急慢,流水顺逆。不可不明其法。

取水法

取水下针,务要阳水,不取阴水。何为阴阳水?盖阳水者风上危也。阴水者风下厄也。

下针法

安罗经,下指南,须从乾宫下。盖乾宫者乃二十四向之首,夫乾者天之性情,故下针必以是为先。庶针定向,不至浮沉。

逐月恶风法

春夏二季必有大风,若天色温热,其午后或云起,或雷声,必有暴风,风急,宜避之。秋冬虽无暴风,每日行船,先观四方天色明净,五更初解览②,至辰时以来,天色不变。若有微风,不问顺不顺,行船不妨。云起东必有东风,从西起必有西风,南北亦然。云片片相逐围绕日光,主有风。云行急主大风,日月□③主大风,云脚日色已赤,太白昼见,三星摇动,主大风。每遇日入,夜观于四方之上,若有星摇动,主有大风。人头颊热,灯火焰明,禽鸟翻飞,鸢飞冲天,

---

① 书名标题原无,今补。
② 览即缆字俗写。
③ 编者按:疑为"晕",原文难以辨认。

俱主大风。正月初十、廿一日,乃大将军降日逢大杀,午时后有风,无风则大雨。二月初九、十二、廿四日酉时有大风雨。三月初三、十七、廿七日午时后有大风雨。四月初八、十九、廿三日午时分有大风雨。五月初五、十一、十九日申酉时有大风雨。六月十九、二十日卯申时主有大风。七月初七、初九日神杀交会,十五、十七日,午时大风。八月初三、初八日童神大会,十七、廿七日午时大风。九月十一、十五、十七、十九日,主有大风雨。十月十五、十八、十九、廿七日,得府君朝上界,卯时有大风雨。十一月初一、初三日主大风雨。十二月初二、初五、初六、初八、廿八日,主大狂风,云则无差矣。

定潮水消长时候

初一、初二、十六、十七日子午时长。初三、初四、十八、十九日丑未时长。初五、初六、二十、廿一日寅申时长。初七、初八、廿二、廿三日卯酉时长。初九、初十、廿四、廿五日辰戌时长。十一、十二、廿六、廿七日巳亥时长。十三、十四、廿八、廿九日巳亥时长。十五、十六、三十日子午时长。

每月三十并初一、初二、初三、初四、初五、初六、初七日水平。交十五日水又醒。至十六、十七、十八、十九、二十日水俱醒、廿一日水又平似前日。水醒流紧,其势但凡船到七州洋及外罗等处,遇此数日水醒,看风斟酌,船身不可偏东,东则无水扯过西。自初八、初九、初十、十一、十二、十三、十四日止,水退流东。廿二、廿三、廿四、廿五、廿六、廿七、廿八、廿九日止水俱退东。船到七州洋及外罗等处,可算此数日流水紧慢、水涨水退,亦要审看风汛,东西南北,可以仔细斟酌,可算无误。船身不可偏,西则无水扯过东。船身若贪东则海水黑青,并鸭头鸟多。船身若贪西则海水澄清,有朽木漂流,多见拜风鱼。船行正路,见鸟尾带箭是正路。船若近外罗,对开贪东七更船便是万里石塘,内有红石屿不高。如是看见船身,便是低了,若见石头可防。若船七州洋落去贪东七更,船见万里石塘似船帆样,近看似二三个船帆样,可防牵船,使一日见外罗山,千万记心耳。其船若在灵山大佛前,四、五、六、七、八月,流水往西南,水甚紧甚紧。东北时往正南甚紧,船可近山甚妙。船若回唐,贪东,海水白色赤见百样禽鸟,乃见万里长沙,可防可防。多芦荻柴多流界,船若贪西,则见海南山,不可近。行青廉头,生开恐犯难得出,船身低了使开至紧。若遇七州洋见流界七条,乃近南亭门。船若出唐,到交趾洋贪西水色清白,拜风鱼多,船可行开。怕落占笔罗内难出。船见芦荻柴成流界,乃贪东可行,用坤申针,使一日一夜见灵山大佛。若见白鸟尾带箭,便是正路,即是外罗也。

论四季电歌
春天电相对。夏电左右推。秋从电下来。冬电就其吹。
四方电候歌
东电长江水。西电日上红。南电雨如雷。北电南方吹。
观星法
北斗出在丑癸,入在壬亥。华盖出在癸,入在壬。灯笼骨出在巳丙,入在丁未。水平星出在巳丙,入在丁未。
定日月出入位宫昼夜长短局
正月:日出在乙,入在庚。日长七分,夜九分。月出在甲,入辛。

二月:日出在卯,入在酉。日长平分。月出在卯,入酉。

三月:日出在甲,入在辛。日长九分,夜七分。月出在乙,入庚。

四月:日出在寅,入在戌。日长十分,夜六分。月出在辰,入申。

五月:日出在艮,入在乾。日长十一分,夜五分。月出在巽,入坤。

六月:日出在寅,入在戌。日长十分,夜六分。月出在辰,入申。

七月:日出在甲,入在辛。日长九分,夜七分。月出在乙,入庚。

八月:日出在卯,入在酉。日夜平分。月出在卯,入酉。

九月:日出在乙,入在庚。日短七分,夜九分。月出在甲,入辛。

十月:日出在辰,入在申。日短六分,夜十分。月出在寅,入戌。

十一月:日出在巽,入在坤。日五分,夜十一分。月出艮,入坤。

十二月:日出在辰,入在申。日六分,夜十分。月出寅,入戌。
定太阳出没歌
正九出乙没庚方。二八出兔没鸡场。三七出甲从辛没。四六生寅没犬藏。五月出艮归乾上。仲冬出巽没方坤。惟有十月十二月,出辰入申仔细详。
定太阴出没歌
正九出甲没于辛。二八出兔入鸡邻。三七出乙没庚位。四六出辰没在申。五月出巽没坤上。子月出艮乾至真。惟有十月十二月,出寅入戌正可陈。
定寅时歌
正九五更三点歇,二八五更四点彻,三七平光是寅时,四六日出寅无别,五月日高三丈地,仲冬才到四更初,十一十二月四更二,便是寅时君须记。
定天德方
正丁二坤宫。三壬四辛全。五坤六甲上,七癸八艮中,九丙十居乙,子巽丑庚中。

定三方针法

寅午戌。亥卯未。申子辰。巳酉丑。甲乾丁。庚巽癸。乙坤壬。丙艮辛。

定四方针法

子午卯酉。寅申巳亥。辰戌丑未。乙辛丁癸。坤艮乾巽。甲庚丙壬。

定风用针法

东风巳酉丑。西风亥卯未。南风申子辰。北风寅午戌。东北乙坤壬。西北癸巽庚。东南甲乾丁。西南丙艮辛。

各处州府山形水势深浅泥沙地礁石之图

福州五虎门　　打水一丈八尺,过浅取官塘行船,三礁外正路。

东沙山　　西边近山打水六七托,好抛船最妙也。

牛屿　　内过打水二十五托,外过打水二十五托。

乌坵山　　门内过打水二十托,洋中打水三十五托。

湄州山　　系天妃娘妈出身祖庙,往来宜献纸祭祀。①

泉州港口玳瑁门　　有望郎回山上姑嫂塔门,洋中三十托水。

太武山内浯屿　　系漳州港外,二十托水。

大小柑山　　内过打水十五托,外过打水二十五托。

南澳大山　　有屿仔。

惠州山门　　洋打水三十五托。

大星尖　　洋中有大星尖,内过打水二十五托,外过打水四十五托。②

东姜山　　对开打水四十五托,广东前船澳港口有南亭门,打水十九托,沙泥地。

弓鞋山　　似弓鞋样,对开四十九托水。北低一角,七个高山合做一个山,南边高近大山,内十九托水,泥地。

南亭门　　对开打水四十托。广东港口,在弓鞋山,可请都公。③

---

① 湄洲山又名湄洲岛,在今福建湄洲湾口,北与莆禧县遥遥相对。天妃相传姓林,宋初生于莆禧,宋以来被奉为海上保护神。事迹略见《天妃志》。

② 大星尖一名大星山,位于大亚湾东口,在平海之南,斗入海中。又有小星尖,在其南二十余里海中。今属惠阳。

③ 《东西洋考》卷九西洋针路乌猪山条云,上有都公庙,舶过海中,具仪遥拜,请其神祀之,回用彩船送神。

乌猪山　洋中打水八十托,请都公上船往回彩船送者,上川、下川在内,交景、交兰在外。①

七州山　山有七个,东上三个一个大,西下四个平大。

七州洋　一百二十托水。往回三牲酒醴粥祭孤。贪东鸟多,贪西鱼多。②

独猪山　打水六十托。往来祭海宁伯庙。系海南万州山地方。头长若见庚山,船身低了。

交趾洋　低西有草屿,流水紧,有芦荻柴多。贪东有飞鱼,贪西有拜风鱼。打水四十五托。贪东七更船有万里石塘。

尖笔罗　打水五十托。山上柴水甚③多。有芦竹叶多流水界,西南都是山仔,如笔罗样者多。

外罗山　远看成三个门,近看东高西低,北有椰子塘,西有老古石。行船近西过,四十五托水。往回可近西,东恐犯石栏。

马陵桥　二十五托水。内外俱可过船,南边有礁石出水。

羊屿　内打水六托,外三十托。是新州港口④,南有礁,生开不可近。中有沉礁在港口,不可近。

校杯屿　俱系港口,有石塔仔⑤,好抛船。内过打水十八托,外三十五托。取占城⑥为妙。

灵山大佛　开,打水六十托。山有香炉礁,往回放彩船。山上高有火石烟洞。大石相连,好取柴水。⑦

钓鱼台　澳口好取柴水。开,打水十五托。

迦偭貌　港口有三礁出水。打水十五托。

罗湾头　五十托水,有小屿看成港门,外洋有玳瑁州。

---

① 上川、下川二岛在广东台山县海外,交景、交兰在上川、下川附近。

② 七州为中古时代自中国去南海必经之险地。明代航海者相传有"上怕七州,下怕昆仑,针迷舵失,人船莫存"之语。吴自牧梦梁录已云"去怕七州,回怕昆仑",是其由来甚久。七州山七州洋当即今西沙群岛。

③ 甚原本做胜,今臆改。

④ 新州即今越南之归仁。

⑤ 此港口仍指归仁,明马欢、巩珍书俱谓新州港口有一石塔为记,即指此石塔仔。

⑥ 占城指今越南南圻。

⑦ 灵山大佛,费信《星槎胜览》作灵山,《星槎》谓山顶有石块似佛头故名灵山。此处之灵山大佛当由此而起。即今越南地图上绥和白蓬之间之华列拉岬Cape Varela。

赤坎山　近山打水二十托,洋中打水四十托。船笼过鸭开恐犯玳瑁州。北头有一高礁,屿平,有树木。南边有古老拖尾,远见玳瑁州。用单坤针去昆仑。下防浅,名叫林郎浅。

昆仑山　内过打水十八托,有弓鞋屿,东南山面是斗屿,东北二十五托,有槟榔屿,生开南一个大小屿,港内四十五托,近南边单子针,使笼便是占腊泥尾。①

小昆仑　西有礁出水,用八更取真糍头,有小树木。在内过,打水十四托,小港,俱是铁板地。

真屿山　成三个山,有三门开船可过十四托,泥地。远看近似马鞍山。东边三个小屿内过,打水十五托。

假屿山　北面成三个小山,东南有一个小山,北边拖尾低水十三四托,泥地。西北过远打水三十四五托,外过,近坤辛外有一个屿,西边有树,至屿相连不是正路。单戌针取大横见占腊泥尾,坤身远看一个,近看二个。湾内不是正路。打水三十五托,近打水十三托,泥地。

大横山　正路打水十六托,外打水三五托。远看似碗头样,南高北下。

小横山　门中有礁,北边十四托水。远成三个山,东北低西高,有树木有屿,不宜过船。此西水浅五托,不是正路。

笔架山　远看似笔架样,近山看坤身。山下打水十三托,开打水二十五托。

龟山　东边好抛船,十二三托水,泥地。有澳向东南,有人村可取柴水,有大澳在北边。

黎头山　西边坐高大员,东低尾内面有屿,外无。北边有一派石碑②。取山放在船尾,尾对单乾,收在暹罗港口。东面无山,都是坤身树木,仔细行船,莫太过西,恐遇程真港。

右边西去山二号③

苎盘山　外打水三十托,内二十四托。南头二角尖,有一个小屿西头低。

---

① 昆仑山即 Pulo Condore,今图犹名昆仑岛。

② 派原本作瓜。《东西洋考》卷九西洋针路黎头山条作西北一派是石排山,则此处瓜字必是派字之误。一派石碑,语尚可通,因为改正。

③ 原本此七字单起一行,不知何义。

一、明代文献　13

东竹山　远看南鞍样。东边过船三十托水。远看东高西下拖尾,下屿在西边。①

西竹山　远看南鞍样。门中三十托水。见将军帽。

将军帽　远看头盔样。山边有小屿。南有帽带是火烧屿山及海山。

火烧山　打水二十托。远看尖,近看平。小浅,内过七八托水。猪母山相连。

马鞍山　探山入门东边,东北有尖山,近看平坤身。有鱼食钓。西有小屿。

达罗汉屿　有坤身近门可过。北坤身上浅四托水外过。夜门不可行船,防礁,水紧不得行。②

白礁　正近港打水三五托,礁与水相对,离浅有三十托水。若过浅,仔细。草屿,外过三十托水,见长腰屿,内过淡马锡门。又礁与港平对换一边船对白礁进,或礁在帆铺边。③

淡马锡门　打水三十托,夜不可行船。④

长腰屿　打水三十托,龙牙门防南边凉伞礁,是正边正路二十托。又有一沙将北屿泻,有龙牙门。

龙牙门　中央有三十托见长沙浅,北边二十托,南边八九托⑤。石礁多,流水紧,夜间切记不可行船。⑥

牛屎礁　仔细入门见长腰屿,二十余托水,防南边。

凉伞礁　北边打水二十九托。⑦

吉里门　打水二十托,正路见大小尖山八九个,西边有浅。⑧

昆宋屿　西边坤身有浅,南边三四托,正路有三四个小屿。仔细行船,外

---

① 东竹山屿下西竹山,《东西洋考》卷九西洋针路东西竺条以为在柔佛地界,即柔佛港口。东西竺即东西竹,为今 Pulo Aur,在新加坡南面。
② 达罗汉屿当即《东西洋考》卷九西洋针路之罗汉屿,往满剌加必须经此。
③ 白礁西名 Pedro Blanca,在新加坡东,为进新加坡港所必经之地。
④ 淡马锡,《岛夷志略》龙牙门条作单马锡,即新加坡古名 Tumasik 之对音。
⑤ 托字原本作路,据东西洋考卷九西洋针路龙牙门条改正。
⑥ 此处之龙牙门即指今新加坡海峡。
⑦ 凉伞礁,《东西洋考》卷九西洋针路龙牙门条作凉繖礁,谓在龙牙门南。
⑧ 吉里门,据《岛夷志略》龙牙门条,《星槎胜览》前集龙牙门条,以及《东西洋考》卷九西洋针路龙牙门条,地在龙牙门之西。

有高下泥地。①

满喇咖②

假五屿　打水三十五托,是老古石岸所山嘴。③

交鲁古　湾内浅可防,打水三十托正路。

绵花屿　第三湾正好过,七八托水,是老古岸,山嘴吉哪五屿,有泥浅,十八托水,外二十托水。

鸡骨屿　对开六十六托水,远看有古老岸浅,船宜远过。

双屿　对开三十五托水,门中十七托水,正路。

单屿　内十六托水,外四十托水。

陈公屿　十四托水,边有九州山是也。

哑路　坤身有三托水,外十四托水。

淡铭屿　开过二十三托水,去是甘杯大莫尾。

巴碌头　十四托水,边有九州山是也。④

急水湾所　西边有湾,有沉礁打浪,开有二十托水。

苏文哒喇　椰树对开,有古老石岸。开过二十六托水,好抛船。⑤

南巫里洋　洋中有□年屿泥浅平半洋屿。⑥

伽㑼貌　坐乙卯上来,南见屏风屿。⑦

龙涎屿　时日早北边过洋,时日迟南边过洋。⑧

---

① 昆宋,《东西洋考》卷九西洋针路亦做昆宋,为今 Pulo Pisang, 故应依《郑和航海图》作昆宋屿。

② 原本满喇咖三字单行顶格,无他解说。以下所记为出昆宋屿至满喇咖,复由此至忽鲁谋斯沿途地名,盖为满喇咖至忽鲁谋斯山形水势图,原本书写有脱误。

③ 据《东西洋考》卷九西洋针路五屿条云,此中有真五屿、假五屿,沿山而入为麻六甲。麻六甲即满喇咖。

④ 巴碌头及急水湾相去不远,急水湾在巴碌头西北。巴碌头或谓即 Perak, 今称霹雳。

⑤ 此处之苏文哒喇,又名须文达那,在今苏门答腊岛西北 Pase 河畔,名 Samudra, 与苏门答腊古国不可混淆为一。地在北纬五度稍北,与霹雳大致隔海峡东西遥遥相对。

⑥ 南巫里洋亦作南勃里、南浡里,为 Lambri、Lamuri 对音,指今孟加拉湾南端之印度洋而言。

⑦ 此处之伽㑼貌与上灵山昆仑山间之伽㑼貌,虽名称相同,疑非一地。

⑧ 龙涎屿在南巫里洋,即 Bras Is. 群岛。

翠兰屿　三十五托水。①

南巫里洋　往回牵星为准。②

锡兰山　坐在辛酉上,船身过北,都是坤身,有古老浅。外三十五托水。

淡水马　对开石城礁,外是正路可行。

铁钻屿　对开是竹排礁,内过十八托水,外过三十托水。

大佛堂　四十托水,对开有老古石,浅不可近,流急。③

麻里坎　二十五托水,好抛船。

牙里屿　打水十八托,开,有沉礁打浪,近老古石。④

别罗里　打水二十托,开,有屿,上有椰子树。⑤

高郎务　湾头平过洋礁兰山,三托水入门,四托住船。⑥

甘巴里头　对开,沉礁,门中三托,前去两个山赤泥。

小俱南　打水三十五托,西头有老古石岸,浅。⑦

柯枝港口　打水三四托。⑧

古里国　有三五托水,是泥地。⑨

大巴南　白礁出水外十八托。

丁得把音　对开,打水四十托,是泥地,花蛇多,十六托水。⑩

忽鲁谋斯　往回牵星为记。⑪

美之刺山　四十托水,见山远。

沙姑山　近山十五托,开去水深。

麻定里　四十托水,门中深。

---

① 翠兰屿亦作翠蓝屿,即 Nicobar Is。
② 此处与前复,疑此指印度洋而言。
③ 大佛堂即《瀛涯胜览》、《西洋番国志》之佛堂山,今名 Dondra Head,在锡兰岛之南端。
④ 牙里,《岛夷志略》高郎步条作迓里,即今 Galle。
⑤ 别罗里位于牙里屿高郎务之间,即今 Belligame。
⑥ 高郎务,《岛夷志略》作高郎步,即今 Colombo。
⑦ 俱南又作咀喃,葛兰,今印度西海岸之 Kulam, Quilon。
⑧ 柯枝即印度西海岸之 Cochin。
⑨ 古里国即印度西海岸之 Calicut。
⑩ 丁得把音,《郑和航海图》作丁得把昔。
⑪ 忽鲁谋斯又作忽鲁谟斯,即今 Ormnz Hormus,在波斯湾内。

龟屿　二十托水,是老古石地。

沙庙林　近山四十五托,远三十托水。

亚宝记　十八托,是泥地。

灵山往爪蛙山形水势法图

东蜈蜞山　远看坤身,近看北高拖尾,近山西过,打水五托。南有帽所门。

杀蛇龙　远看平北有一个小屿,四十托水。东铜鼓,西南有沙湖皮屿有浅,正路。

铜鼓山　正路打水十八托,一路相连,屿港罗虽山有十五托,南边十六托,正路。对开西洋,有老古浅。

鸡笼屿　打水内有丙午针,十更船此有误。

交兰屿山　中门过打水十八托,南好抛船,有柴木西过,二十托水开沙麻洋。①

吉里闷山　山势似大船牵杉板样,有三个屿,西边坤身②,开,打水五托。③

杜板山　内有五托水,好抛船。④

新村佛屿　港口东边正路过,浅。外洋北有凉伞礁。前去彭家山铁山所,洋中二三托,东边麻里东山是。⑤

彭家山　东边正路七八托水,西边四托水,前去三麦山。⑥

旧港口　东港口放开有泥浅三托水,是彭家山对开。洋中有三十托水,沉礁,宜仔细,用心仔细。⑦

爪蛙回灵山来路

东董山　远似纱帽样,山头拖尾,西边有礁,西边正路。

西董山　远看似石礁样,西正路。

马鞍山　远看似马鞍,边有老古石,西边正路。

---

① 交兰屿山又作交栏山,即 Gelam Is.。

② 原本无身字,以臆补。

③ 此处之吉里闷山当指 Karimon Djava。

④ 杜板即爪哇之 Tuban,今华侨称其地为厨闽。

⑤ 新村,番名革儿昔 Geresik,Grisse,今华侨称其地为锦石。又洋中二三托,疑有脱字。麻里东山原作麻东山,据下文应是麻里东山,因为改正。

⑥ 彭家山,据《东西洋考》卷三旧港条,在旧港港外,盖因 Bamka 岛而得名,又作彭加、邦加。

⑦ 旧港即 Palcmbang,今名巨港。

塔林屿　远看山尖有老古生开,西边正路。

西蜈蜞　东边有老古石,西边正路,单丙取十二子山。

十二子山　远看高,东边二个小屿似蛇样相连,西边二个屿,南有两个礁,东正路。

真里马　远看帽样。西边有一屿用单丙取假里马,打水硬地。

假里马　看大屿六个,高多,中央门西边看中有块大,用单午针,去取交兰山。

交兰山　东边二高块,尾大,西边拖长。门中有屿,西边正路,莫过东边,有浅,西好抛船。

吉里闷　远看似大船牵杉板,东边对西边有小屿四个,有老古石浅,用辰巽针取麻里东山及杜板也。①

苏鲁马　中央有石排礁出水,打水十托,泥地。港中有新村抛船,打水二十托,泥地。②

佛屿　内有十四托水,有泥港口十九托,泥地。杜板有三四托水,都麻好抛船,四五托水,泥地,外二十托水。

须奴盆　十二托水,边有个鸡鱼礁,近边有礁,水大不出,落帆。

新村前　有三十托水,泥地,好抛船。

佛屿　内有三十托水,平,港口有浅,三四托水,泥地。

平洋屿　东边有二十托水,七更取麻里东山。

麻里东山　远看北来屿,平十四托水,行船六托水。有杉板屿,见坤身。

杉板屿　船从东边过,九托水,南边五托,近屿有一半水,近屿南有浅,泥地,七托水。

沉礁山　对开九托水,第三鼻头中央行船,平彭家山,是旧港口,七八托水,好抛船。

官屿　有七八托水,泥地,近三十托,门中有一礁出在北边。正路打水十三托。前是平屿。

平屿　西边出礁,打水十七八托,泥地。

三佛屿　远看三个屿,八九托水,泥地。用壬寅及单寅针,三更船平坤身,

---

① 吉里闷原本闷作问,据上文改。
② 苏鲁马即苏鲁马益,今名 Surabaya,华侨称其地为泗水。

打水十四托。

鳌鱼屿　远看甘巴门口北边二屿头，九托水，泥地，西边有仁义屿。中央行船宜十分仔细，莫去仁义礁，出中央门。

甘巴门港口　船身平牛尾排礁有三四个，莫过，中央行船甚妙。

鬼屿　东边浅近出有员礁生开，打水四十五托。东边正路八托水，行船仔细。

新村爪蛙至瞒喇咖山形水势之图

佛屿　屿生得平样，杜板在湾中，有门。

紫屿　蓉所、坤边、嘴哪三地方。

胡椒山　东低南高，有员屿，边正。洋中打水三十托。

吉里闷　东高西低，有小屿四五个。西老古石浅，东正路。

半洋屿　在洋中打水三十六托。

麻里东山　不是正路，帆风西使不得。

铁山　头山梓彭家山。

三麦门　屿生洋中看不是坤身，东进打水九托，西四五托。

旧港口　坤山无山，港口有州，在马户边。

彭家山　高山山嘴第三鼻对开有沙礁，船身贪坤身，行船妙也。

长腰屿　官澳　仁义礁　甘巴门　金鱼礁　二牛屎礁俱见上。

射箭山　麽六甲①　五屿　在外抛船最妙也。

彭坑山形水势之图②

斗屿　船身东边过五更，船是彭坊港口也。

铁钻屿　斗屿相望。

打造船山　铁钻屿对此山是大形尖长高，不当对开。北边有断屿，仔细。南边连大山，下屿有树木，边看似船帆，连生坤身拖尾。

坤身　船连寻坤身，坤身上有多南尾去远看亦似沙处，是彭坊港口，亦是大小船出入。

彭亨港口　东边有沙，惟港口浅，过南正路二十半托，东南边处是苎盘山，

---

① 麽六甲即麻六甲，亦即满剌加、瞒喇咖异称。

② 原本脱彭字，以臆补。彭坑、彭亨俱为 Pahang 对音，在马来半岛东岸柔佛以北。下文作彭坊，误也。

打水四托,抛船妙。

歌

灵山大佛当挂云,打锣①打鼓放彩船。使到赤坎转针位,前去见山是昆仑。昆仑山头是实高,好风驶去亦是过。彭亨港口我不宿,开去见山是苎盘。苎盘山头是宝光,东西二竹都齐全。罗汉二屿有一浅,白礁过了龙牙门。即去南番及西洋,娘仔后头烧好香;娘仔烧香下头拜,好风愿送到西洋。郎去南番到彭亨,贩卜玳瑁及龟筒。好个开梳乞娘插,怯个开梳卖别人。新作宝舟新又新,新打碇索如龙根,新做碇齿如龙牙,抛在澳港值千金。

玉皇宝号

志心皈命礼太上,弥罗无上天。妙有玄真境,渺渺紫金阙。太微玉清宫,无极无上圣。福禄法光明,寂寂浩无崇。玄范总十方,渐戚真长道,恢谋大神通。玉皇大天尊,玄穹高上帝。

谨　请

五更起来鸡报晓,请卜娘妈来梳妆。梳了真妆缚了髻,梳了倒鬓成琉璃。身穿罗裙十八幅,幅幅裥裥香麝香,举起凉伞盖娘妈,娘妈骑马出游香。东去行香香人请,北去行香人来迎。去时金钗插鬓边,到来银花插殿前。愿降临来真显赫,弟子一心专拜请,湄洲娘妈降临来,急急如律令。

(敕令图略)

福建往交趾针路

五虎门开船,用乙辰针,取官塘山。船行有三礁在东边,用丙午针取东沙山西边过,打水六七托,用单乙针三更船取浯屿,用丁午针一更坤未针取乌圻山,坤申七更船平太武山,用坤申及单申七更船平南澳山,用坤申针十五更平大星尖,用坤未针七更平东姜山,坤未针五更平乌猪山,用单坤针十三更平七州山,单申针七更平海南黎母山,即是青南头,用庚申针十五更取海宝山,正路用单亥及乾亥针五更取鸡唱门,既是安南国云屯州海门也。②

回　针

鸡唱门外开船用辰巽针,五更船取宝山过洋。十五更船取黎母山,用单艮

---

① 锣原本作罗,今改正。
② 云屯州海门原本作云氏州海门,据《东西洋考》卷九《西洋针路》海宝山条及邓钟《安南图志》所志针路,应作云屯,因为改正。

针。二十更船取平独猪山，单艮针五更，艮寅十五更船平大星尖，单寅针十五更船平南澳彭山外过，艮寅针三更船平大小柑山过。外单寅四更船平太武山。单艮针七更船平乌坵山内过。艮寅针四更船平牛屿。艮丑针□（编者注：原文如此，不详）更船取东沙外过官塘山五虎门也。

往柬埔寨针路

浯屿开船，用丁未即单未七更船平南①澳彭山外过。用坤申十更，船用单坤五十更，船用单未七更，船取外罗山外过。用丙午针十更，船取羊屿。用丁未及单丁针十更，船见伽㑚貌。用坤未针五更，船取罗湾头。用坤申五更，船取赤坎山。用单申四更，船取鹤顶山。用庚申二更，取真屿。用庚申二更，船取嘴贴头山。抛船妙也。有瓜石兰，生开，不出水，去入港，船到使出山头，用坤未针及坤申针，单申及庚申、辛酉针入港为妙也。

回　针

用甲卯针四更，船用单甲三更，船用甲寅针四更，船取鹤顶山、赤坎山。用艮寅五更取罗湾头。用单艮针五更，船取伽㑚貌山。单丑三更，取灵山大佛。子癸针及单子针五更，船取羊屿。用壬子针七更，船取外罗山外过。用单丑十更，船用丑艮针二十五更，用单艮针十更，船取弓鞋山。用艮寅针七更，船取大星尖。用艮寅十五更，船取南澳山外过。用丑癸针十更，船取浯屿为妙。用心看风汛使船，若风东风西，临时机变。

福建往暹罗针路

五虎门开船，用乙辰针取官塘山。船行三礁外过，东北边使用巽巳针，取东沙山。西边打水六七托用单巳针，三更船平牛屿，用丁午针，一更坤未，二更坤申，一更平乌坵山，用坤申针七更，船平太武山，远过用单申针四更，船取大小甘山外过。用坤申针三更，船取南澳山外过。用坤申十五更，船取大星尖。用坤针七更，船取东姜山。坤七更船取独猪山。单坤及坤未二十更，船取外罗山外过。用丙午针七更，船取校杯屿及羊屿外过。用丁午针五更，船取灵山大佛往回放彩船。用坤未针三更，船取伽㑚貌。用坤未五更，船取罗湾头。用坤未五更，船取赤坎山及鹤顶山。洋中有玳瑁州，大山边有老古石，名曰林郎浅。用坤未及单未针十五更取昆仑。高大，在帆铺边来内过，打水十七八托，烂泥地，外过硬沙地，用单庚及庚酉针三更，船取小昆仑山。西边有礁出水，内过

---

① 南字原本脱去，据上文补入。

用庚酉及单酉针八更,取真屿山内过。打水十四五托,泥地,外过打水十四托,沙地。远过只有七八托便是假屿。山北面水浅不可行船,恐风不顺难以出船,至此十分低了又不是正路,只从真屿东北边出水礁南边过船为正路,用辛戌针五更,取大横山外过,南边打水二十五托为正路,近北边水浅只有五托水,船身在南边见小横山或三个各山皆是树木,用辛戌针十更船单戌针,十更船用乾戌,十更船取笔架山。在帆铺边用壬亥针五更,船取陈公屿及黎头山,用壬子针取乌泥浅打水四五托。用单乾针三更,船取竹屿。用单子针五更船到浅,打水四五托。用壬子及乾亥针,沿山坤身尾便是暹罗港口也。用子癸针,船尾坐竹屿入港正路。

回　针

港口开船用巽巳针。取乌泥浅尾用单巳针。取陈公屿用丙午针。五更船取笔架山。开洋用单巳及巽巳针,三十五更取大横山,若见是小横山,门中有礁,南边过船,远看小横或三个山俱是树木。用乙辰针,十更船取真屿,东风见假屿,或二个山,东南边一个小山,东北尾低西边高,此小树木便假屿山。看见占腊泥尾,都是坤身,西北边过船。用单未针,三更船取真屿山,远看看真屿或三个山有门开东北边,有礁出水,外过用甲寅针,内过用甲卯针。二十更船取昆仑头,有礁,山头赤色,用癸丑十五更船去赤坎山。船身高恐犯玳瑁州,仔细行船,用丑癸针五更船取伽偭貌,用子癸针三更船取灵山大佛。放彩船。用子针五更船取新州港口。用壬子针七更船取外罗山。用丑癸针二十更船平独猪山。用单丑癸丑针五更船去铜鼓山。用丑艮针二十更船取弓鞋及东姜山并南亭门。用艮寅二十更船取南澳坪山外过。用艮寅针三更船去大小甘山外过,用艮寅针四更船取太武山。用单艮针七更船去乌坵山。用艮寅针三更船取牛屿。用艮寅五更取东涌山外过,取东沙山,入闽安镇,内是福州。

浯屿往大泥吉兰丹①

浯屿开船碇内开。用丁未及单丁针七更船平南澳坪山外过。用坤申十五更船平大星尖。用坤申针七更船取南亭门。用单坤五更取乌猪山。用单坤及坤未针十三更船平七州洋。用坤未七更平独猪山。用坤未针二十更船取外罗山外过。用丙午针七更取校杯屿及羊屿。用丙午针五更船取灵山大佛。用单午针三更船取伽偭貌山,用丁午针五更取罗湾头。用单坤及坤未针五更船取

---

① 大泥即 Patani,吉兰丹即 Kelantan,俱在马来半岛东岸偏北。

赤坎。用坤未针十五更船去昆仑山外过。用坤申及庚酉针三十更船取吉兰丹港口。是泥地抛船。用单申针七更船六坤，坤身尾有浅，过西边入港是大泥。

大泥回针

大泥离浅用甲寅针，开山用甲卯针及单卯针，十更船用甲寅针，二十更船取昆仑山外过。用丑癸针，或内用单丑针及丑艮针十五更船取赤坎山。用丑艮针五更船取罗湾头山。用丑癸针五更船取伽㑲貌山。用子癸三更船取灵山大佛山。用壬子及壬针五更船取校杯及羊屿。用子壬针七更船取罗山外过。用单丑六更船二十更船取独猪山。用单艮针五更船取铜鼓山。用丑艮及丑癸针二十更船取东姜山及南亭门。用艮寅针七更船到大星尖。用艮寅针十五更船到南澳。七更船见浯屿外罗开船。或直使用单丑针十更，用丑艮针三十二更取南亭门。或照古使用丑癸针二十更船平独猪山。用丑艮二十更船平弓鞋屿。用艮寅针二十二更船平南澳外坪山。用艮寅七更船平太武为妙。

太武往彭坊针路

丁针四更船平州山。开用未针三更取南澳。用坤申针十五更取大星①。用坤未七更取东姜山。用单坤五更船取乌猪山。用单坤十五更取七州洋。用单坤针七更取独猪山。用坤未针二十更取外罗山外过。用丙午针七更船取校杯屿及羊屿。用丙午针七更船取灵山大佛。用单午针三更取伽㑲貌。用丁午针五更船取罗湾头。用坤未针五更船取赤坎。身开，恐犯玳瑁州；笼，恐犯玳瑁礁及玳瑁鸭。在山兜用单未十五更船取昆仑山。用坤未四十更船取彭坊港口为妙。

回　针

彭坊港口回澳，用艮寅六更船取绵花屿。用单艮针七更，又用艮并丑艮针六更，船用单丑及丑癸二十更船取昆仑山外过。用丑癸十五更取赤坎。用丑艮五更船取罗湾头。用丑癸五更船取伽㑲貌。用子癸三更船取灵山大佛。用壬子单壬针五更船取校杯屿及羊屿。用壬子针七更船取外罗山外过。用丑癸及单丑二十更船取独猪山。用单艮五更船取铜鼓山。用艮寅针十三更取东姜。用庚寅针七更船取大星尖。用单寅针十五更船取南澳。用庚寅二更取甘山②。用艮寅三更取太武为妙。

---

① 大星即大星尖。
② 甘山即大小柑山。

广东往磨六甲针

南亭门放洋,用坤未针五更船取乌猪山。用单坤针十三更取七洲洋。坤未针七更船平独猪山。单未针二十更取外罗山外过。丙午针七更船平校杯及羊屿。内外可过,船沿山使前是占城新州港口屿外过船。用丙午针五更是灵山大佛,放彩船。丙午针三更取伽偺貌。用丁午针五更船取罗湾头,用坤未针五更船取赤坎山,船身开,恐犯玳瑁州;笼,恐犯玳瑁礁。用坤未十五更船取昆仑山外过。用丁未二十更船用单未二十五更船取苧盘山及东西竹将军帽。远看见将军帽及火烧山。丁未针十五更船取白礁。北及南鞍并罗汉屿。白礁在帆铺边过船。用单酉针五更船取龙牙门。夜不可行船,防南边有牛屎礁。过门平长腰屿,防南边沙浅及凉伞礁。用辛戌针三更船取吉里闷山。乾亥针五更船平昆宋屿,单亥针五更船取前屿,乾针五更取五屿。沿山使取磨六甲妙。

满喇咖回广东针路

浯屿门放洋,用辰巽五更船平射箭山。打水十九托,用辰巽五更船取昆宋屿①。打水十二托。对门南有泥浅,北边坤身尾有老古石浅。单巽针三更取吉里闷山,沿山使北边坤身尾谨防。单辰并乙辰,二更取长腰屿不可行,南,恐犯凉伞礁及沙塘浅。出龙牙门,夜间不可行船。单卯针取官屿,防北边牛屎礁。甲卯针五更船取白礁北边过行船,打水十五托正路,防北边罗汉屿,有礁,打水六七托正路,要防礁浅,方出门离白礁远。用丑癸十更船平苧盘山外,东西竹在东边内过。用子癸针及单癸四十五更船取昆仑山,照前取浯屿为妙。

苧盘往旧港并顺塔针路②

苧盘山南边生角尖有山屿。两头低,用丙午针过东西竹山。用丙午针十更取长屿。用丁午针十更取龙牙门山,在马户边来过山。用单午针三更取馒头屿。用单丁三更船取七屿。在帆铺边第二山有沉礁。用坤申针取旧港正路。用辰巽针十更船取进峡门。用丙巳针,南边打水四五托,北边打水八九托。用单申针三更,船打水十托,沙泥港地连坤身。使单丁针及丁午针五更船,丁未船五更船都取麻横港口。单午针收林麻塔,有浅不可近,屿身外打水有九托,离了屿用乙辰三更船见奴沙喇,在帆铺边来,打水十四托。离了用丁

---

① 此处纪自满喇咖回广东针路,岂能自泉州之浯屿门放洋□浯屿盖五屿之误。后浯屿亦当是南亭门。

② 东西洋考卷三下港条云,下港一名顺塔,元称爪哇。即今万丹。

未针三更船远望见类旦大，单午针五更船取石旦港口。有五屿在马户边，二屿在帆铺边，近正门打水四五托，抛艇平安。前来六边六更船使是顺塔，进入为妙。

顺塔往旧港及苎盘针路

港口放洋前去西北六更，船取石旦。甲寅针取交剌。单丑针十更船打水二十五托是正路。用单子一路打水十二托，用壬子针十更船打水七八托是三麦屿。左边浅有浅，右边深可过船，打水四五托。沿坤身使十更，船打水五六托见帆铺边有港口，有一州在马户边来，便是旧港。

福建往爪蛙针路

浯屿开船，照前使取外罗山外过，用丙午针七更船取羊屿。用丙午针五更船平大佛山。用丙午针十三更船取东西董山。用丙午十五更，用单午三十更取东蛇龙山，远过打水四十托，低不见蛇龙山，只是蜈蜞屿生得平平，近看坤身相连。蜈蜞屿若见门向东南都是坤身相连若见。用单巳针四更船使过东蛇龙山，北边有三个小屿内有大山，一个是大龟山，东南大山是铜鼓山。入门打水十五托，近看是坤身，门中二边都是小屿平平，号名沙湖屿，使往东边过。用单丁七更船平大山尾，有一大屿有一个小屿，生门在外过，西边正路。用丁午四更船平鸡笼屿，四边低长，北边拖尾门中有小屿一个，西边正路。丁午针十更平交兰山，见东边高大，北边有一个小屿，西边过船是正路。出门莫得东边有浅。用单午针三十更五吉里闷。用单午针五更取胡椒山。沿山使用丙午及巽巳针十更船取杜板山，即是爪蛙也。

回　针

爪蛙放洋，用壬亥针十更船取吉里闷山。远看似大船牵杉板，近看东头高成九个大山，西边有坤身尾老古离山远是。西南风用壬子针，若东南风用单子针，十五更船打水十七八托，硬地，是正路。壬子针十更见交兰山，东边山高大，北边有二个屿似鸡笼样，西南边有一屿，打水十五托。用单壬针使三更见十二子山。远看三个大山，近看六七个，远看四五个大屿，东头低西头低，有小屿有老古。南有门好行船，北边有一礁相似船帆样，号石屎杇白泥山为准。离山单壬针十五更见蜈蜞屿。远看蜈蜞样，近看似橄榄样。西北路打水十五六托。用单壬针五更船取塔林屿，远看尖西北正路。用壬子针五更船取马鞍屿，远看是南鞍，近打水四十六托近去，防南边有礁出水，名做帽头礁。离山放洋用壬子针及壬亥针四十五更取赤坎山，用单丑针五更取罗湾头。照前取浯屿妙。

赤坎往柬埔寨针

赤坎开船,用坤申四更取鹤顶山,沿山使船打水七八托。用庚酉针二更取员屿。用单庚二更沿山,打水七八托,硬沙地,平小山嘴。贴山有一派石栏不出水,行船仔细。用坤申一更,船远看有一条水色黄,打水四五托,沙地,过此贴补山嘴。用庚寅针一更平员屿。山嘴名曰此前面并昆宰上无山屿,看见前面有一小平州在湾内,船在山嘴,可收帆打水四托,正路。取昆宰打水四五托,泥地。沿山使至平半洲放船尾来船头向港,近马户边沙坝莫妄过船,船放帆铺边进沙坝内无碍。进去二三湾,有大人家在马户边为妙也。

柬埔寨毛蟹洲出浅

毛蟹洲对南出浅,上水涨四托,一路打水三托半,看见毛蟹洲对港口北边昆宰腰正路。出浅用甲卯针四更,用单寅四更取鹤顶山及赤坎山。其余照前针。

赤坎往彭亨针

赤坎开船,用坤未十更去昆仑,在西边过。若在东边过,用坤未并单未三十更取斗屿。用丁午针五更入港为妙。

回　针

港口开船,用艮寅六更取斗屿及绵花屿。用艮寅七更、用丑寅六更、单丑二十更取昆仑山外过。丑艮并丑癸十五更取赤坎。

柬埔寨往大泥

港口开船离浅,打水七八托,用丁午针三更、单申五更、单坤四更见真糍。单坤十更、单申五更、庚申十更见寨里大山。用辛戌四更沿昆宰使沿山使打水十六七托。前去昆宰尾是六坤,下池有浅。过西边巡山入大泥港也。

回　针

大泥开船,用单申八更取石碑礁。西南用甲寅二十二更取真糍山。用艮寅八更,用甲寅七更船船尾坐昆仑仔,取柬埔寨南港。

暹罗往大泥彭亨磨六甲

暹罗出浅用丙午针十更取笔架山,打水十五托外过,有小屿。用单丙五更取龟山,打水十二托外过,打水十八托,外有小屿。用丙午三更取碗碟屿。打水三四托。用单午针五更取穿心山,打水廿四托。用丙午针五更取佛屿。打水廿五托,泥地。用丙午针三更取栏山,打水廿七托。用丙午五更取塘山,打水二十四托,对门苏梅山在帆铺边,打水二十托。丙午五更取小苏梅山,在帆铺边,打水二十托。用丙午针五更取大苏梅山,内外三门俱可通船。昆宰边有一个山名葫芦山,马户边小屿多。用单午针五更取锡山,平港口,打水二十托。丙已三更取公婆山,都是昆宰,打水十六托。单午五更取昆宰大山。打水十四托。丙午针五更取六坤港口,打水九托。昆宰外有一屿名玳瑁州,打水十五托。丙午三更取六坤,仔细行船,打水六七托。用丙午针取角奴猫山孙姑那港口,即堀头陇,打水十二托,内过打水五六托。丙巳三更取角奴山,打水十二托。丙已七更取六坤、下池,沿昆宰使西边巡山入大泥港,中路有浅不可进,记之。大泥港口沿山使七更,船取吉兰丹港口,丙午四更取三角屿内,门有大山当头夹,名角员山,内外可过,单午三更取绵花屿。单午五更取斗屿。单午五更取彭亨港口。单午五更取苎盘山,小船可从内过,大船在外过。前去见东西竹及将军帽、火烧山、猪母山俱在外。丙午七更取罗汉屿,有浅仔细,浅上打水八九托,往来须寻白礁为准,打水十五托。礁在帆铺边马户边,亦不可近屿,防浅,打水八九托正路。用庚酉五更入龙牙门,流水急,夜不可行。出门了又过淡马锡门,用庚酉并辛戌针三更取吉里闷山。乾亥三更取昆宋屿,打水廿五托。单乾五更取射箭山。乾戌五更取五屿,打水廿五托。前去昆宰,一更即磨六甲港口也。

磨六甲回暹罗

五屿放洋,巽巳针五更船取射箭山。单巽五更取昆宋屿,南边有浅。用辰巽五更取吉里闷山。沿昆宰使北边,用乙辰三更取淡马锡门及长腰屿,防南边凉伞礁并沙塘浅。出龙牙门南边有牛屎礁,夜间不可行船。用乙辰五更取罗汉屿,屿边有白礁,门中可过,防北昆宰尾浅,打水八九托正路。子癸并单癸三更取火烧山、将军帽,见东西竹,前去苎盘山。用单子五更取彭亨港口。单子五更取绵花屿,西南边有沉礁。单子三更取三角屿并吉兰丹港口。单子七更取六坤、下池是大泥港口。壬子五更取孙姑那港口,是即堀头垅。壬子十更取玳瑁州内过。单子十五更取大小苏梅山门中过。壬子十更取佛屿。壬子十更取龟山。壬子五更取笔架山。单子五更取陈公屿。子癸五更取竹屿昆宰,船尾坐竹屿,进去是港。

罗湾头往六甲针

罗湾头用坤未针取赤坎,看不见州鸭。用坤未八更、坤申七更取昆仑北边过。庚酉八更取真糍。单酉十更、辛酉二十三更取玳瑁州仔内,船尾坐玳瑁州,船头对鹤顶山,又要对船头对庚酉针坐正,方可进港。防南边中央浅,生开远,记之。

回 针

浅口开,用甲卯五更取玳瑁州仔内过。用乙卯二十更、单乙及乙辰二十更取真糍。用甲寅十更取昆仑。丑癸五更、单癸一更取鹤顶及赤坎山。用单寅五更取罗湾头。

苎盘往丁机宜针

苎盘开船,五更过东西竹、将军帽,有帽带礁,仔细。丙午四更见缅丹山及过长腰屿。用坤未及单坤入长腰第二屿齐,用单坤入门妙。出猪母头用庚酉、庚申二更见昆宰,使沿昆宰去,见港须认是也。

回 针

出独石门,用单卯五更见后面山。用单寅并单艮,又用丑癸及子癸,五更取长腰屿。用壬子及单壬十更取失力马鞍屿山。用壬子、壬亥二更取东西竹,前去苎盘是也。

赤坎往旧港顺塔

赤坎开洋,用坤未十五更取昆仑山外过。丁未四十五更取苎盘。丙巳针过东西竹。丙午十更取长腰屿,用丁未三更取龙雅大山。单午三更取馒头屿。单丁三更取七屿,在帆铺边。丁未七更取彭家山,牛腿琴在帆铺边东南边第二山头,对开有沉礁。用坤申针船尾坐牛腿琴山,收入旧港。昆宰有三港,中港正路,内有小屿是也。若不入旧港,用辰巽十更出峡门,用丙巳南边打水四五托,北边打水七八托,正路可过。三麦屿在马户边,左边打水八九托,右边打水四五托,硬地。用坤申三更打水四五托,沙泥地,沿昆宰行船。单丁、单午取都横港口。单丁、单行①林麻塔港口,有浅,船不可离坤身看不真,亦不可太近坤身浅。若看不真是正路,打水六七托,高下地。用单丙及丙午十更见高大,览邦港口外有二个小屿,名曰奴沙牙。若近屿外打水八九托,离屿用乙辰、丁午三更见奴沙刺在帆铺边近,打水十四托。离了用丁午三更远看见类旦港口大山。单午五更取石旦港口,有四五个屿在马户边,二个在帆铺边,船在门打水四五托住船妙。前去东南七更是顺塔港。

---

① 行字疑亦应作午。

回　针

顺塔港口前去西北边使六更取石旦港口。用甲寅针取奴沙刺山。单丑十更取打水廿四托,正路。单子十更一路打水十二托。壬子十更打水七八托,取三麦屿,左右有门可过,左边有浅,右边深,打水四五托,船尾坐三麦屿。用乾亥收对内峡港口,沿西边昆宰打水四五托。行至峡中,见牛腿琴山,昆宰在帆铺边,中有一州,即旧港港口,不入旧港,用壬子针,第二山头防有碎礁生开。离牛腿琴山头,用单癸七更取七屿。单癸三更取馒头屿。单癸三更取龙雅大山门。壬子五更取长腰屿。单子十更取东西竹及苎盘山。用丑癸针四十五更①取昆仑山外过。用丑癸十五更取赤坎。洋中有沙,可防礁鸭。

顺塔外峡

浮吕开船,壬子六更,又用单辰取奴沙刺山,中有一条大沙线。西南风用单丑十更,用丑艮十更,恐东南风,用艮寅针,取忙甲山皮大山头脱落山尾第一门。用单子三更出门了。前面有一大山似笔架样,西边有二个白屿仔,西北边有二个白礁,西边个水涨不见不可近。用单壬二十更,用壬亥二十更,见东西竹及苎盘。

万丹往池汶精妙针路②

万丹出屿外,用乙卯、单卯、甲卯,沿茭绿巴、茭茈园头、遮里问、吧哪大山及胡椒山,对开是吉里闷山,西边有屿四五个。乙卯八更取双印屿,远看见是印样,此屿在陇。甲卯十更取勿流哪山,山头内是饶潼、吉力石③暨双银④塔门在内,亦可过。巡山使尽生得平平长长,山尾有门三个,头门尾有老古浅,二门正路,三门有礁可防。用丙午三更取本仔女千山,远看似香炉样,用乙辰三更取麻离大山。用乙卯三更取郎木山,乙卯八更湾内是三巴哇大山⑤,不可入湾。湾尾尽见有昆宰平屿二个,屿头有老古浅,石坪看头仔细。用乙卯针三更见一员屿,取高螺大山东头,山尾有三个馒头屿,一大二小似馒头样,内有湾远看成门,与麻离大山相对连。用辰巽五更取火山门过。门右边山尾近看似山寨嘴头,有老古浅,东边是火山二尖,东边山尖高,西边山尖出火,船近火山进

---

① 更字原本脱去,据上赤坎往旧港顺塔针路补。
② 池汶即迟闷,亦即吉里地闷(Gili Timor),今作帝汶岛,属于小巽他群岛之一。
③ 吉力石即革儿昔 Grisse。即新村、绵石。
④ 银字原本作艮,兹据《东西洋考》卷九改正。
⑤ 三巴哇大山当即指今三八哇岛(Soembawa)上之丹波拉山(Tambora)。

门妙。过门右边有湾好泊船,待流水过急水门祭献。单巽更半取急水门右边是色力礁牌港,门中有屿一列四五个不可近,东北边有老古坪,对中央流势是。丙午更半取单戎武岩。山头边看是鹅角样嘴头,开有屿,流水甚急。出门外用乙辰三更取髻仔山,山尖似髻样。对开南边有见巡巴山港口亦出香。前去见云螺二大小山,用乙卯针八更见苏律门,乃是佛郎所住之处①,在左边,右边是池汶山。用甲卯五更收山,不可高低。大山尖下是居邦②,欲收北面港口是息里尖,对开有一屿使进是老虎,使过是美臂港,此是王居之地,出香甚多。过是哑森,前有一石头白,过是吧哪吉知,过是六圭,又过是鲍笨出蚋之处。欲收南山之门,从居邦面前对南山门,出见一白石头是吧哪鲍滴,遇是脩脩,过是哑妈鲁班,此处出香多,过是柯东央,过是鲍洛,过是西宁,俱是一个湾头内,即是港门。但欲收南山,流水甚急,俱是挨洋东南起早难抛船。此一针路详考无差。美臂港门亦有淡水,港头陇是湾,西边是老古,佛郎亦居此港。对面是鱼油山、麻力汝沙山暨一连是食人山,天山明亮见之。

顺塔往遮里问淡目③

港口开船,用乙卯三更取菱禄巴山。用乙辰三更又辰巽沿山使巡昆宰,使四更,用乙辰三更平昆宰尾。用乙辰及丁午沿使四更取遮里问。前面有出烟大山名特结④。用辰巽三更、乙辰三更取五角屿。用卯三更见昆宰淡目港口,打水十托,正路,防浅。

回　针

淡目开船,用辛戌三更取五角屿。辛戌三更、乾戌沿昆宰使六更见出烟大山,遮里问大山对开。一更有三角屿一个可防。若船在遮里问港内,开船用子癸。离屿用辛戌四更平昆宰尾,用辛戌三更、乾戌四更、又辛戌四更取菱禄巴大山。单酉及辛酉近陇屿浅。三更取顺塔,昆宰开屿,南边有浅沙坛防之,使一更收入为妙。

---

① 此处之佛郎疑指葡萄牙人,葡萄牙人于十六世纪初至香料群岛一带,当即此所云佛郎住处也。

② 居邦今名古邦(Koepang),为帝汶州州会。

③ 遮里问当即井里汶(Cheribon)之别译。淡目(Demak)属龟突府(Koedoes),今仍旧称。

④ 特结□即达古班巴拉岛(Tangkoebanprahoe)火山对音。在今万隆北。

万丹往马神①

港口开船,用乙卯、乙辰针沿昆宰使,十七更取遮里问,见出烟大山。用乙卯单卯十更取吧哪大山开,是吉里问山。放洋用艮寅三十更取三密港口。沿昆宰用乙卯二更至龟屿。开势有石大小六七块,名猫着万里浅,生带屿,远看似船帆样,赤色坐北边,若见石夜间使船防,东南昆宰甚长。用单巳三更取单戎占万丹,有浅,打水三托,不可行,五托正路,看昆宰不见。用单巳及巽巳,四更,用辰巽收陇取美哑柔港口。前面有大山,中是马神港口。船入港不可贪西,东边打水四五托,正路。

回　针

港口开船,用单坤三十更取吉里闷,沿山使至万丹入港。

旧港往杜蛮

开洋,用乙卯沿山使十更取山尾,见三麦屿门,用巽巳三更取三麦东门过,打水八九托正路,西门打水四五托,硬沙地边有老古浅可防。用乙辰十更、辰巽二十更见香炉屿并大高山在西边,用乙辰五更见吉里问山在船头。用单辰三更取胡椒山及那参、杜赞、饶潼是也。

回　针

饶潼开船用壬子,离山远了用单亥,五更取吉里问山,东边过。用单亥五更、乾戌三十更取三麦屿东边过,打水七八托正路,切不可近屿。进西门打水四五托,用壬子进门内。使三更取彭家山港口。在马户边及有一屿名郎家屿不可近,有老古浅。生开,对帆铺边昆宰尾嘴生去有浅,不可近。用乾戌十更收旧港正路,中有一州,左右看有人家是也。

大泥往池汶针路

港口开船,丙午取三角屿内过。单午五更取绵花屿。丙巳五更取斗屿,单午五更取地盘山。乙辰十更取七屿。单辰廿五更取吉宁,马踏在帆铺边大山便是。单午三十更取吉里问山,在头前正手边对依吧哪大山。用乙辰五更取吉力石港,打水八九托。乙辰八更取双艮港。丁丑三更取猫里大山。单乙三更取郎木大山,山下便是三巴哇大山,有二个平屿,屿头有老古浅、老古坪、当看头。单卯五更取高丽大山。单卯五更取火山门。丙午五更取双排,即急水门。出门齐五更船远南边见巡巴寻山。乙辰十五更便是池汶,或是昆宰平。

---

① 马神即文郎马神(Banjermassin),今作马辰,在加里曼丹东南部。

若要南四五更,看见池汶大山。若要北单卯及甲卯池汶大山右边见。若左边见便是苏律大山,不可进。左收山不可高低尽是池汶界也。

浯屿往杜蛮饶潼

太武、浯屿照前原针顺行,即灵山大佛。用丙午十三更取东西董。用丙午十五更单午三十更见龙蛇山,东西边有大小山是铜鼓山,入门打水十五托,近看都是昆宰,门中有一小屿名沙湖皮,东边过船正路。用丁午四更取鸡笼屿。单午十四更取色兰山,东边高大,北边看一小屿是鸡笼样,西边低长,北边拖尾,门中有小屿,东边西浅,西边过船正路。用丙午三十更取吉里问山,单午及丙午五更取胡椒山,丁巳及丙巳十更取猪蛮。饶潼地与猪蛮相连。吧哪即吉里问山对笼。

回　针

饶潼开船,壬子十五更取吉里问山,远看似大船牵杉板样,近看东头高大成一行大山。西边昆宰尾有老古。离山若是南风,用壬子针,若是东南用单子,十更打水十七八托,硬地。用壬子十更取色兰山。用子癸及单癸十更取假里马。单子十五更取蜈蜞屿。单壬五更取塔林屿,壬子五更取马鞍屿,壬子及单亥四是更取赤坎,照前针收入浯屿。

猪蛮饶潼回针再详

至色兰山,离了用单壬及壬子十五更取假里马,远看似帽样,西南有一小屿,打水十五托。用单壬五更见十二子山,远看二三个,近看六七个,看相似,有大山东高西低。又一屿有老古石,南边过,北边有礁似帆样,鸟屎污白顶山为准。离了用单壬放洋,用壬子及壬亥四十五更取赤坎。

浯屿取诸葛担篮①

太武开船,用前针顺取苎盘及东西竹。用乙辰四更,用乙辰、单乙四更,又单乙及乙卯四更,见是独屿,名已养颜。远看北边高南边低小,略似弓鞋样。南风船在屿北过,见外面独屿四个平长。内面是淡勿兰州府,前去见外屿一列四五个,又见头屿仔大小二个在马户边,俱在屿内过,俱是北风。又见前头屿生开用单午使开,恐西南风内面湾里屿多,是三哒氏州府,恐无风船身挨开,看

---

① 诸葛担篮即《海国见闻录》之朱葛达喇、朱葛礁喇,在今加里曼丹西南部,疑即坤甸□之 Soekadana。

昆宰内独屿南头高员拖尾,又见前头大小屿生在马户边来是吉宁马哪①。丙午收第二门过,又在竹屿边过,用单甲收诸葛担篮是也。

回　针

出港,用辛酉针取竹屿吉宁马哪山门。离了用乾戌五更,若遇西风大在缭使二更用乾戌三更前去见然丹山。用辛戌三更,又用辛戌取将军帽,用壬子取苎盘,照原针取浯屿。

浯屿往茗维

太武、浯屿开船,照原针取苎盘放洋。单乙五更见偏舵屿,乙辰十更取仙丹山在正手边。单辰七更取旗屿,东边有尖山四个甚尖。单午五更见昆宰,便是茗维港口,开势有二个大山名陇胶山,打水八九托。陇胶山门打水二十三托,流水甚紧。乙辰三更茗维港口有浅甚远水二三托,入港用丙巳甚妙。

马神往高兜令银

港口开船见昆宰稍现。单酉、辛酉五更取单戌占万丹,有浅,开过,三更昆宰尾,三更见石名猫着万里,在龟屿,对开。有大小六七块沙浅,共屿相连,在北边远赤似船帆样可防。二更见三密港口,有浅,开势过船。四更见芒芒港口,有浅名鳄鱼浅,开过。用单酉四更取单戌旁水,一更见单戌母丁生甚长,开充西南仔细。用单酉或庚酉一更尽昆宰尾。打水十外②托,急。用壬子一更、癸丑单丑三更过湾,湾内不见昆宰。港口有白沙,水退出水,不可见或见不可近。船头见昆宰头双艾磨交见昆宰。船头不可贪东,有沉浅。沿昆宰入港,不可贪开,有浅,过浅方妙。

阿齐回万丹

阿齐开船港口出浅,一更到山尾名蛮突,有一小屿出椰子,屿上有圣人③。出急水门有屿四个在西边,不可近,不可抛出额头,巡山边开势流水急。单午四更取鲍吕你沙,有人家可抛船,打水二十托。丙午四更鲍吕你沙开,有屿可抛,内可过,打水十托。沿昆宰在北边大山,单巳二更、巽巳三更取单戌十马厌,打水十托可抛。单巽四更沿昆宰打水十托,单巽三更是泥地,辰巽二更打水三十五托,到大山沿山行,辰巽四更。巽巳二更到芦水澳,有小人家可抛。

---

① 吉宁马哪即假里马打。
② 外字疑有误。
③ 圣人不可解。

巽巳四更到浮吕勐,内有老古石,打水二十托,是泥地。丙午三更沿昆宰有死树高高看见,有港口,开有老古浅,打水四托,仔细内过,不可开西边。对开有尖山三个,昆宰尾近东北行,有小屿三个。辰巽四更巡昆宰收入猫律港,港口前面有老古石,后面可抛开,有大山出泉在半山,白色流落。须认此山为记。

猫律回加里仔蛮

港口开船,丙午七更巡昆宰到浮吕武郎员,员内过可抛。巡大山,单午六更,打水二十托,西边有昆宰一条不可开使,内有大尖山一个。丙巳六更到掘心蛮港口,有人物。丙巳三更到池渠面有小屿三个,中屿可抛。辰巽三更到加里仔蛮山,似笔架样,港口有老古石线二条,开有小屿三个,头屿可抛,屿上有井不可取水,有圣人在焉。

加里仔蛮回万丹

加里仔蛮开船,丙午四更到浮吕,有小屿四个。丙巳七更到鸡里蛮,丙午五更到昆宰,打水十五托,沙地。巽巳九更到大山,下是浮吕螺岈,外有浮吕居静浮吕池掘二屿,内行,十六托水。单巳四更。巽巳五更到大山尾,看山行船,不可开,流水拖开甚紧,到息里巫洋。辰巽七更取大山尾,巽巳三更到鸡里蛮,屿内过,打水二十托,近屿行,不可贪湾。单卯五更①到浮吕勿系可抛。单卯三更浮吕上香②顺览旁边仔尽了,须看风汛可紧过门,门中流水甚紧,抛南。单卯四更取师公大山,巡山行入班让进港。

磨六甲往阿齐

五屿开船,单乾并乾戌五更取假五屿。单乾五更取绵花屿,辛戌过洋,四更过浅,取鸡骨屿。乾戌十更取双屿。乾戌并辛戌四更取单屿。辛戌十更取亚屿港口,防沙浅。辛③戌、乾亥离山远了。乾戌十五更取巴鹿头④。单亥并乾亥五更取急水湾头,水八九托,有礁浅仔细远过妙。辛酉五更取苏门哒喇为妙。

回　针

开船艮寅,离山乙辰,取急水湾,头内有礁浅,船陇行妙。辰巽沿山五更,又五更取巴鹿头。辰巽十五更取亚路港口,辰巽五更取单屿内过。单辰、辰巽

---

① 更字原本作单,疑是更字之误,因为臆改。
② 此处之浮吕以及上文之匏吕,俱疑是 Pulo 对音。
③ 辛字原本作壬,罗经定位无作壬戌之理,必是辛戌之误,因为臆改。
④ 巴鹿头即上文之巴碌头。

四更取双屿。又单辰、辰巽十五更取鸡骨屿。乙辰三更取绵花屿,水廿四托,正路。辰巽五更取假五屿进入妙也。

阿齐往罗里①

开船单子离山远,乾戌十二更取伽俌貌,龙涎屿北边时月早过洋。辛戌、单辛十更取翠兰屿山。单亥十更、辛戌五十更取色兰山,番名僧伽那②。若船身高有莺歌嘴,恐犯石城礁,开过妙。沿山二十更取竹牌、铁钻屿。单酉、庚酉八更取大佛堂③。辛酉五更取牙里坎,有礁打浪,开妙。壬亥十更取罗里山进港,妙。

回　针

开船,丙午十更取牙里坎放洋。乙卯五更取大佛堂,单卯八更取铁钻山并竹牌礁,若看见莺歌嘴放开使,若船身高见色兰山,用乙辰五十更、单巳三十更取翠兰山。乙辰针时月早过洋,取龙涎屿并伽南貌。辰巽十二更沿山使单午取阿齐。

阿齐往傍伽喇

开船,单子离山远,乾戌十二更取伽俌貌山边。单乾、乾亥四十五更取安德蛮南头山。单壬及子十二更取平中尖大小山。单亥五十更取赤涂山,水十托。单亥五更见㦬列当头来,水六七托,寻擦地港④口入门,是傍伽喇矣。

回　针

离浅单坤六更水廿五托,单坤五更,单巳六十更取佛心米山。若紧见山,单丙、丙巳五更取竹牌礁。若浅饯起用辛戌,水四十托,北头正路水四托,过浅用巽巳七更平渤住速山,单巳平九屿各门速过船。单午二十更取阿⑤齐、苏文哒喇是也。

阿齐往古里

开船用乾戌,沿山十五更取伽俌貌山。庚针离华盖双星八指,辛酉二十

---

① 罗里即别罗里。
② 僧伽那当即 Sinhala 对音,亦即郑和航海图之锡兰山。
③ 石城礁、竹排、铁钻屿、大佛堂诸地名,见前各处州府山形水势深浅泥沙地礁石之图一条,俱在今锡兰一带。
④ 擦地港即《星槎胜览》之察地港,《西洋番国志》与《瀛涯胜览》之浙地港,即恒河在东巴基斯坦入海处之 Chittagong。
⑤ 阿字原本作呵,应是阿字之误,因为臆正。

更。辛戌五十更。乾亥五更,看华盖双星七指三角,取色兰山①。壬亥五更、壬子十五更、单子十五更,取甘巴里山头。壬子十更取小葛兰山,单子、壬子十五更取柯枝,子癸针沿山使收古里也。

回　针

离山单午并丙午取柯枝。丙午十五更取小葛兰山。丙午十更取甘巴里山头开洋。用单午十更、丙午十五更、丙巳五更取色兰山。离华盖双星八指,甲卯七十更取伽偂貌山。沿山使落用辰巽五取苏文哒喇也。

古里往忽鲁谟斯

开船乾亥离石栏,水十五托,看北辰星四指、灯笼星正十一指半,单亥五更取白礁。沿山使用壬亥四十五更取丁得把昔,看北辰星七指,看灯笼骨七指半,好风过洋。乾戌、单戌一百更姑马山,若饿风用单戌八十五更,见山远的打水五托,船身低了见美之那山。见看北辰星四指半,沿山使用辛酉五更取伽里塔马山头,壬亥、单亥三更取迭微②讨水。乾亥五更取麻里宝吉③。辛戌取龟山④门中过船,水十一托,是老古地。单亥及乾亥四更讨亚刺食机山南边,看山平成三个。乾亥廿五更取沙刺抹山,看东西二处都是山。用单子五更取忽鲁谟斯,看北辰星十四指,灯笼星一指半是也。

回　针

开船取嘴头水四托。单午五更取沙刺⑤抹山。单丙十更、单巳五更、巽巳十更取亚喇⑥食机山外过。巽巳五更取迭微山讨水,取伽里马塔山头并龟山外过。巽巳十更内是麻里实吉。沿山五更取沙姑马山。看北辰及华盖双星各十二指⑦,看灯笼星四指半开洋。单巽、巽巳五十更,水五十托,泥地,见山及见花蛩⑧。若不见山,乙辰、辰巽、单辰三十更看北辰四指,灯笼星十一指取古里山过。白礁水十三四托,夜间不可行,怕流水急。沿山使乙辰三更也。

---

① 色兰山原本脱色字,据下回针补。
② 迭微地名亦见《郑和航海图》。
③ 麻里宝吉见《郑和航海图》作麻宝吉,无里字。
④ 龟山《郑和航海图》作龟屿。
⑤ 原本无刺字,据上文补。
⑥ 喇字上文作刺。
⑦ 指字原本空,以臆补。
⑧ 蛩字音空,蝉蜕蛩皮,此处花蛩不知何义。

古里往阿丹

开洋乾亥离石栏外十五托,看北斗星四指、看灯笼星十一指半。单亥五更取白礁外过。乾戌五更平希星屿。用乾亥二十更,看北斗辰①五指三角,看灯笼星正十指三角,平莽角双儿。过礁开洋,用辛酉一百二十五更平直蕉塔那山,看北辰五指、灯笼星十指取塔巴里付山。沿山一更取小赤塔密儿,取水,巡山使单坤二十更取阿丹马头。看北斗五指、灯笼星十指半,水六七托,沙泥地,是阿丹港矣。

回 针

开船,用艮寅沿山使三十更平乃加泥。甲寅三十更平法塔喇山嘴,看北斗五指半。灯笼星十指,单卯廿五更平莽角双儿,水四十托。乙辰、辰巽十五更平希星屿,巽巳五更取白礁,单巳五更取古里也。

古里往祖法儿

开船,乾戌离石栏外水十五托,单亥五更取白礁外过。乾亥五更平希星山。单乾二十更,看北辰五指一角,灯笼十指一角,平莽角双儿。过礁头开洋,辛戌五十更,看北辰六指三角、灯笼星八指三角;单辛七十更,看北斗七指三角、灯笼星七指三角,取祖法②儿马头,水六托,泊船是也。

回 针

开洋,乙辰五更离山远,看北辰七指半、灯笼八指,单乙五十更、乙卯四十更取礁头。看北辰五指半、灯笼十指,单乙、乙卯廿十五更取莽角双儿,水四十托。乙辰、辰巽二十更平希星屿。巽巳五更取白礁,巽巳五更取古里国是也。

柬埔寨南港往笔架并彭坊西

港口用乙辰看北势上昆宰尾齐,宜贪东,打水三托,泥沙地,正路。离浅了,用坤申十三更取真糍山。用单戌十更取大横山。用辛戌五更取小横山。用辛戌二十更取笔架山。用壬子五更取陈公屿及黎头屿。用壬子五更取乌泥浅,沿昆宰约二更见内山有塔是浅,乃彭坊西也。

回 针

笔架开船,用单己及巽己二十更,用巽己五更取大横山。若外过用乙辰,若内过用辰巽。十更取真糍山内过。用单寅十三更进南港是也。

---

① 北斗辰三字并用只此一例,余俱作北辰或北斗。
② 祖法二字原本误倒,今为乙正,此处祖字作祖不误。

柬埔寨往乌丁礁林①

宜贪东，用乙辰看昆宰尾齐出浅。用单丁三更离小昆仑山。用丁未十一更、用单未十五更、用坤未十八更取苎盘山，在帆铺边。用单坤收入将军帽。帽内有帽带生开仔细。用单丁沿昆宰使至罗汉屿收入，防浅，不可远不可近，量看使船。港口边有浅礁出水，水大看不见。头湾北边有浅，又转湾北有礁。船使至半路，收入乌丁礁林，在北边为是也。

回　针

出港用乙辰，使出罗汉屿北边。用单癸及癸丑十一更取苎盘山，内外俱可过。用单癸五更取斗屿。用单癸二十更、用子癸三十更、用丑癸五更，取真糍山。沿昆宰使打水三四托，正路。用甲寅十二更到港口，浅上二托水。过西北些儿，莫贪东，恐犯吕宋浅。船尾作昆仑，收入港下。崎头内有一假港，使至中州，须南边行船，让风头使至赤面港仔，不从北面欲从南入。使至挞浪港仔口有山，船尾坐山，从东边入港是也。

柬埔寨往暹罗

出浅开船，用坤未五更、用单坤八更见真糍山。用乾亥四更见假真糍山。用单辛戌②十更取大横。用乾戌三十五更取笔架山。用子癸取暹罗港是也。

回　针

出港开船，用丙午五更取乌头山。用单午五更取笔架山。放洋用单巳及巽巳三十更取大横，若不见恐见内山。用单巳及丙巳十二更取真糍。恐南风见假糍，用单巳四更见真糍。用甲寅及单寅取南港口，贪陇不可犯浅，仔细入港。

暹罗往马军

离浅用单午十更取笔架山。丙巳五更取大横山。辰巽八十更取赤土白面山，打水三十二托。丑艮十五更取淡水港。丑艮十更取长腰屿，此是索罗港口。在马户边，有一昆宰，东北边有一小屿。丑艮五更取昆仑山，远看三个尖山内过。丑艮十更取圣山五屿，在帆铺边。艮寅五更取犀角山。子癸五更取萝葡山，门中有青屿在马户边，帆铺边有香炉礁，大小四个。辰巽及巽巳取萝婆畔。甲卯、乙卯三十更取马鞍山。丑艮十更取巴里山，巡山使丑艮十更取陀

---

① 《东西洋考》卷四柔佛条，柔佛一名乌丁礁林。
② 单辛戌针疑有误，以无别本可校，故仍其旧。

罗山,望见马军山婆婆门,进港是也。

回　针

离浅辛酉五更取陀罗山,丁末十更取巴里山尾,单酉十更、庚酉十更见北边沙塘浅,有礁出水。单酉十更见冲山,有一大山是七峰山,山尾有处长昆宰在山边。单酉五更见一小屿,三牙屿相对,小屿不可抛船,水十七八托。庚酉三更见白屿在帆铺边,入门是萝葡山。单午及丁午十更取五屿,取圣山。庚酉十更取真昆仑山内过。单未五更取长腰屿。单未十更取淡水港口。东风用辛酉,北风单坤,四十更取东蛇罗。若在赤土白面上放洋用辛戌、单亥五十更、单乾四十五更取笔架山边。用丑艮取竹屿,子癸取浅,是港也。

苧盘往文莱

在苧盘开,用乙卯十五更取林哪嗒山,在帆铺边。乙卯二十五更见东边有大山,即是东西蛇罗山,番名叫单戎独山,并有小屿。用单寅二十更取单戎唠梅山,番名叫单绒丝立山,小平是昆宰,并有浅,打水三托。用单寅十一更取赤土白面山,远看山上有石壁似帆样。沿山使十更取淡水港口,亦有浅,打水三四托,船不可开。甲寅并单寅十更取文莱港口,有二个小屿是石,东边有大山,北是长腰屿,港口取毛花蜡,住船为是。

回　针

文莱港口开船,二屿是石。单辛并庚十更取淡水港口,船不可开,打水三托有浅,便是港口。沿山使十更取赤土白面,远看山上有石壁似船帆样。单庚十更取单哦唠梅山①,一小平生是昆宰,对开有浅,打水三托。单申二十更取西蛇龙山,辛酉二十五更取林唠嗒山,在马户边。辛酉十五更取苧盘,是也。

瞒喇咖②往旧港③

开船用辰巽五更取射箭山,打水二十托。辰巽三更取昆宋屿,西边有浅,打水四五托。巽巳、单巳五更取吉里问山,夜不可行。丙巳、单巳四更取鬼屿东南过,西南恐犯牛屎礁,水涨不见,对过是甘巴港口有仁义礁。单巽四更取甘巴门过。单丙及丙巳十更取鳄鱼屿。单巳四更取佛寺屿西边过。单巳四更取单屿。单巳及丙巳五更沿山打水六七托,使五更取旧港口,中有一州是正

---

① 上文哦作戎。
② 原本作瞒咖喇,是误倒,因为乙正。
③ 满喇加旧港往回所经者地名,俱见《郑和航海图》。

路，须认真为是。

回 针

开船壬亥三更取彭家山尾，中间有沉礁，沙浅可过，帆铺边沿昆宰使，打水六七托。壬癸、单癸十更取单屿。单壬四更取佛堂屿。单壬四更取鳄鱼屿。壬亥、单壬十更取甘①巴门。单乾四更取仁义礁。对甘巴门港口可防，恐犯牛屎礁，水涨不见，近北边中央行妙。单壬及壬癸取鬼屿东边过。单壬四更取吉里问山。单亥四更取昆宋屿过，西边有浅打水四五托。单亥、乾亥取大小射箭山。单乾五更取五屿，内是瞒喇咖②。

若船往柬埔寨，至灵山大佛，单丙三更取伽俪貌。丁未五更取罗湾头。坤未五更取赤坎。坤申三更取鹤顶山。坤壬四更收外壬山落碇③。看水涨船头对南船尾坐外任山。使一二更之久，便见西南有毛蟹州。欲入港，船头对毛蟹州，船尾坐甲卯，使至浅打水四托乃正路。船当近毛蟹州北边边过，内昆身腰见港口入港内，船沿北边昆宰使甚妙，不可偏南。使四五日至外昆廊。若船柬埔寨出港口，离坤身船头对毛蟹州，尾去近毛蟹州，可转北边出浅。船头对东近看见州近或泥或沙无防，当用甲卯离毛蟹州昆身至浅上打水只有三四托，乃是正路。用甲卯四更取鹤顶山，馀依前法而行为妙也④。

往彭湖⑤

南风时东墙⑥莱屿⑦往彭湖。莱屿开船乙辰十更见西屿头，入门内庵前抛船为妙。

回莱屿

开船用辛戌、单亥十更取莱屿为妙。

---

① 原本脱甘字，据上文补。
② 原本作瞒咖喇，是误倒，因为乙正。
③ 字书无锭字，当即是碇字俗写。
④ 以上一段原本附在瞒喇咖往旧港回针条后，并无标题。今以《东西洋考》卷九《西洋针路》对校，乃是自灵山至柬埔寨及其回针针路。若船往柬埔寨起至外昆廊一段是去针，若船往柬埔寨出港口起至末一段是回针。所举地名俱见于《东西洋考》中。所有标题，原本脱去。
⑤ 以上大都为西洋针路，以下总属东洋针路。
⑥ 据《郑和航海图》，东墙在湄洲北。
⑦ 莱屿不见《郑和航海图》，陈伦炯《海国见闻录》沿海全图置之于湄洲以南。

又

北风时莱屿往彭湖南沙开船。辰巽及单巽七更取西屿及门内庵前为妙,抛船。

回前沙

用壬亥及单亥七更取前沙为妙。

南澳往彭湖

用乙卯十五更取西屿头,若船身南边打水十六七托,硬地,入门住船为妙。

回

用单酉及庚酉十更取彭湖山,收南澳为妙。

太武往吕宋

太武开船,辰巽七更取彭湖山。巳丙五更见虎仔山。单丙及巳丙六更沙马歧头①。单丙二十更取笔架山,舆大港口和相对及红荳屿。丙午七更取射昆美山。丙午及单巳十更取月投门。单丙三更、坤未三更取麻里荖表山②,平长,遇夜不可贪睡,可防。丙午及单午五更里银大山③,二港相连开势沙表,表生在洋中可防,表尾记之极仔细。巳丙五更取头巾礁,单午五更取吕宋港口,鸡屿④内外俱可过船,无沉礁有流水。其船可从东北山边入港为妙。

回针　往回或遇春冬宜节衷

鸡屿出洋,壬子、单亥十更,壬亥、单亥七更,取麻里荖,见表放洋。壬子、单子二十五更往回取彩船祭献。此处流界甚多,则是浯屿洋。壬子、壬亥二十更,单亥五更,取太武。

表上放洋

若表上放洋,壬子二十更取射昆美大山。单子三更取红荳屿。丑癸十更是浯屿洋。丑癸八更取沙马歧头。癸⑤十一更取彭湖。壬亥七更取太武入

---

① 《海国见闻录》台湾图台湾最南端有沙马崎头,当即此处之沙马歧头。

② 《东西洋考》卷五吕宋条谓玳瑁湾有表山环其外,凡有往吕宋,必望表而□,故兹山推望镇焉,云云。其所指当即此处之麻里荖表山。

③ 银字原本作艮。《东西洋考》卷五吕宋条纪自玳瑁湾再进有里银中邦,是海中一片高屿,云云。里银大山、里银中邦当即一地。银字俗写作艮,故原本误作里艮耳。

④ 今犹存鸡屿之名,即 Corregidor。

⑤ 原本只一癸字,疑有脱误,自今台湾南端至澎湖,应取北微偏西方向,原本癸字下应脱一子字,以无别本可校,故仍其旧。

浯屿。

吕宋往文莱

鸡屿开船,用巳丙及乙辰十更沙塘石开船,到吕蓬港口。若是吕蓬山外过讨麻里吕。坤未五更到芒烟山。丁未及午丁十更取麻干洋了讨郁山,无风摇橹二日三夜。单午及丁未取小烟山前密。丁未五更取三牙七峰山。单丁五更取芭荖员①。丁未五更取萝葡山文滴古幞山头,高大有云,犀角山。单未、单丁见圣山。单未、坤未取昆仑山外有老古石过门去。坤未、坤申使见长腰屿。丁未讨鲤塘屿,丁未便是文莱勃泥港也。

文莱回吕宋

港口开船出鲤塘屿,单癸五更取长腰屿门中通②,丑艮三更取昆仑,远看见成三个屿是昆仑。丑癸五更取望烟山,高大有云,往回放彩船祭献。丑艮三更取五仑,丑艮八更取幞山,对开有老古石,行船极仔细。癸③五更取浅马头。丑癸五更取芭荖员。丑癸五更取七峰山。丑癸五更取赤叶,水色清□④,打水六十托。丑艮十更取吕蓬山外过。丑癸五更取藤绑大山,是吕宋港口中一鸡屿,北边是覆鼎安大山⑤。南边猪黎尾入妙。

松浦往吕宋⑥

柯子门开船,丙、丁午及丁未十更见五岛山⑦。过去远用坤申放洋五十四更,若不见山,用丁未二更见小琉球鸡笼头山。巡山使上用丙午六更见北港沙马头大湾山。丙午三十五更取射昆美山。丙午、单巳十更取月投门。丙午三更、坤未三更取麻里荖表崎尾边平过,夜不可睡,仔细。单巳五更取东楼山,丙午五更取里银山⑧。壬丙⑨五更取里安山。丙巳五更取覆鼎安山,上是大小藤绑山,下是吕宋港,有鸡屿,内外俱可过船,无沉礁,有流水,进从东北边妙。

---

① 芭荖员今作巴捞渊,即 Palawan。
② 通字据上文应与过字同义。
③ 原本只一癸字,疑有脱误,似应作丑癸,以无别本可校,故仍其旧。
④ □字不见字书,不知何义。
⑤ 《东西洋考》卷五吕宋条形胜名迹有覆鼎山,与此处之覆鼎安大山当即一地。
⑥ 松浦港在日本肥前之平户岛。
⑦ 五岛在平户岛西。
⑧ 银字原本作艮,据上太武往吕宋条例改正。
⑨ 原本壬丙不合罗经定位之理,疑应作丙巳或丙午,以无别本可校,故仍其旧。

南边是佳逸①,抛佛郎船②,取铳城,妙矣。

吕宋回松浦

鸡屿开船离洋,巳亥③及壬子五更取里安山。丑癸五更取里仁大山。单癸五更取东楼山。壬亥、单亥五更取麻里荖表。俱是平平昆宰,过夜不可睡。用壬子放洋二十五更取浯屿,放彩船。单癸、子癸十更取沙马头大湾内山。巡山使子癸六更见鸡笼头山为准。离山有四五更放洋,艮寅五十六更见山。船身在南,见野故山④,在北有云贰山、天堂⑤。欲至松浦,船过天堂,用壬亥、壬子十更收入柯子门。松浦即平户津,土名鱼麟岛。港内水急,中有一小员屿,须当水平进。欲往护屋⑥,平户出港用艮寅三更收入护屋,即陇车仔也。若去西北风大,或从鸡笼后过之,若来西南风大,或鸡笼后过有之,须当仔细。

泉州往勃泥即文莱

长枝头开船,单丙一夜一日、丙午针好风五日,看见小吕蓬山。丙午一日一夜见芒烟大山,北边是吕蓬大山,见门内从边落去。丁未见有一门不可入,沿山边落用单丁见三牙七峰,洋中有凌礁,礁行船仔细。又使二日一夜见沙奇头有浅,船使竹山边,见一列老古,船身半奇头。单午一夜一日出见大小罗模山,⑦见古幞山,又见圣山,⑧对开来高大有云,犀角山尖。坤未取昆仑山,外有老古浅,平使船门。坤末、单未沿昆宰使,取长腰屿有门,丁午取鲤鱼屿,⑨收毛花蜡,⑩是勃泥也,即文莱。

浯屿往麻里吕

太武开船,单巳廿五更取浯屿洋,往来放彩船祭献。丙巳取射昆美山。沿山使三更取白土山并万安旦港口及玳瑁港讨苏安。单丙四更取麻里荖断屿过

---

① 佳逸当即明史吕宋传之机易,《东西洋考》卷五吕宋条之加溢,今之 Cavite。
② 此处之佛郎当指西班牙人。
③ 原本巳亥不合罗经定位之理,疑应作壬亥,以无别本可校,故仍其旧。
④ 野故山即《日本一鉴》中之野古岛,在平户南。
⑤ 云贰山无考,天堂据《日本一鉴》在平户南。
⑥ 护屋疑即平户岛东北之呼户岛。
⑦ 罗模山当即上吕宋往文莱针路中之萝葡山。
⑧ 山字原本脱去,兹据上吕宋往文莱针路补入。
⑨ 鲤鱼屿上文作鲤塘屿,《东西洋考》卷五文莱条作鲤鱼塘。
⑩ 毛花蜡已见上苎盘往文莱针路,《东西洋考》卷五文莱条形胜名迹作毛文蜡。

表是里银①并陈公大山,尾见里安大山。看见八个安山开洋,中是吕蓬山,平沿山使取吕宋港口,有鸡屿,下是居民港,看见猪来尾山②。猫茖英开山是吕里山,上有白处是麻里吕也。

回　针

猫里吕③开船,丑癸单丑四十更取里银山④并麻里茖表平平长。壬子、壬癸廿五更取浯屿洋中,用壬子廿五更取浯屿入太武也。

泉州往彭家施阑⑤

长枝开船,丙巳七更取彭湖。丙午七更取虎尾山。沿山五更取沙马头,住船二边有鸡笼屿。辰巽十更取毛架及五屿,远看见是红荳屿并东浮甲在东边及甘里,轻取大港⑥,若风东用辰巽取小港出港。辛酉七更取射昆美,若见红荳屿如不收入大港,当用丙午沿山使一二更取哪哦山尾见白土山,沿山使好风,使一日一夜收三屿密雁港口⑦,便是幞头门,即杀牛坑。丙午、单午十一更取十六儿山,下是四屿。单巳五更取郎梅屿下住船。单午取麻里老断屿,丁午五更取苏安港,沿山使是玳瑁港,过东是傍家施阑港⑧。

泉州往杉木

长枝头开船,丙午七更取彭湖。丙午三十更、丙巳取三屿。沿山使丙午收表。丙巳见里银大山⑨。辰巽入吕宋。单巽取芒烟大山,沿山使用巽巳,取平屿过洋。单辰五更取高西山右边离山。辰巽取里沙大山,沿山落丙巳取大山尾,丙巳好风二十更单巳取麻安大山,单午见双里山,船在山西边过。丙午十五更取苏禄。单酉并坤申出昆宰门,庚酉并辛酉三十更取麻里犇山,在北边离山。巽巳十更入昆宰尾在右边来。单巳取笔架山入港,东加蜡抛船,是杉木。

---

① 银字原本作艮,据上太武往吕宋条例改正。
② 猪来尾,上文莱回吕宋针路作猪黎尾。
③ 猫里吕即上文之麻里吕。
④ 银字原本作艮,据上太武往吕宋条例改正。
⑤ 彭家施阑,明史作冯嘉施阑,即 Pangasinan 对音,地在吕宋以北,即今菲律宾北部。
⑥ 大港在彭家施阑以北,今菲律宾最北部。
⑦ 密雁亦见《东西洋考》卷五吕宋条,与南旺雁塘皆在大港附近,为小小村落。
⑧ 傍家施阑亦即彭家施阑。
⑨ 里银大山原本作里安艮大山,艮当作银,已见上文,因为改正。又据下文回针只及里银大山,则安字必是衍文,因为删去。

杉木回浯屿

东加蜡开船见麻里①犇山。离昆宰尾用乾亥取麻里奔山,若见半洋小屿在东边过船。乾亥取麻里奔山②,离山尾壁头起身。子癸五更取半洋离昆宰。子癸十更壬子并壬癸取三牙七峰,沿山使见南头高。单酉取粪箕屿。单亥取苏禄出门过洋。乾亥五更单亥离巴汉头山。十更单子取里银山③,并麻里苙表。壬子廿五更取浯屿洋中,壬子廿五更取浯屿也。

福建往琉球

太武放洋,用甲寅针七更船取乌圻。用甲寅并甲卯针正南东墙开洋。用乙辰取小琉球头。又用乙辰取木山。北风东涌开洋,用甲卯取彭家山。用甲卯及单卯取钓鱼屿。南风东涌放洋,用乙辰针取小琉球头,至彭家花瓶屿在内。正南风梅花开洋,用乙辰取小琉球。用单乙取钓鱼屿南边。用卯针取赤坎屿。用艮针取枯美山。南风用单辰四更,看好风单甲十一更取古巴山,即马齿山,是麻山赤屿。用甲卯针取琉球国为妙。

不入港欲往日本,对琉球山豪霸港可开洋。琉球放洋用单丁针,四更船取椅山外过。单癸针二更半是叶壁山,离椅山了。单癸四更取流横山。又用丑癸五更取田家地。用丑癸三更半取万者通七岛山④边。用单寅针,五更取野故山内过船。离野故山用艮针二更半船取但尔山。又单艮四更取西甫山平港口,其水望东流十分紧。单寅十更船取哑慈子里美山,其山用单艮二更、单寅三更沿度奴乌佳眉山。用癸针三更,船若是船开⑤单子一更取是麻山⑥边,南边有沉礁,名做⑦长礁,东边过船。单丑一更船是正路。用子针四更船取大山门中傍西边门过船。用单丑是兵库港⑧为妙。

琉球往日本针路

计山对四个椅山,共五十七更,船豪霸港口开船。单子四更取椅山外过。

---

① 里字原本作那,今依上下文改正。
② 乾亥取麻里奔山七字疑是误重。
③ 银字原本作艮,依上文例改正。
④ 据明郑舜功《日本一鉴》绝岛新编,七岛有二,一在相模南,一在西南海中为琉球界,此处所指当属与琉球为界之七岛也。
⑤ 据下文,首一船字疑是误衍。
⑥ 是麻山下文作而麻山,不知孰是。
⑦ 做字原本作傲,据下文改正。
⑧ 据《日本一鉴》兵库港在摄津。

用癸针二更半取叶壁。单癸四更取流横山。用丑癸五更取田家地山。用丑癸三更半取梦加利山。单癸三更取大罗山。单癸二更半取万者通七圻山①边过。单寅五更取野故山内过。艮针二更半取但尔山。又艮针四更取野角利山平港口，流水望东十分急。离野里山单寅十更取哑慈子里美山妙，佳眉。单癸三更若是船开，单子一更取而麻山，边一个沉礁名做长礁，东边过船。单丑十更船是正路。子针三更取大山门中傍西边门过船。单丑三更取兵库港为妙。

兵库港回琉球针路

　　港口开船，单未三更、单午四更，取大门山中傍西边过。用午四更取麻山②。单丁三更取沿渡奴乌佳眉山。单辛针取哑慈子里美山，其山用辛针十一更取哑甫利山③。单坤六更取但尔山。坤申四更取野故山。坤申五更取万者通七岛山内过，山名曰圻奴名山，共野山对面一更船有小礁，五更船千万仔细，使船在北边过。单丁三更取大罗山，丁未三更取梦加利山。用丁未五更取叶壁山外过。单丁三更取马蹄山。单午四更取琉球港口为妙。

琉球回福建

　　港口用坤申一更半平古巴山是麻山。用辛酉四更半，用辰戌④十二更、单乾四更、单辛五更，辛酉十六更认是东路山，望下势便是南犯，坤未三更半台山，三更是乌麻山，坤针见官塘。五更平官塘，取定海千户所前抛为妙。

日本港山形水势

　　船见云贰山直陇是久志澳，下是秋日澳⑤。

　　船见乌屿直陇是山川⑥。

女澳内浦港⑦

　　船见天堂头是片浦港⑧。天堂内是阿久根⑨。下处是京泊津⑩。

---

① 七圻山当即上文之七岛山。
② 麻山当即上文之是麻山或而麻山。
③ 哑甫利山与上文之酉甫山及野角利山当即是一地。
④ 原本辰戌不合罗经定位之理，疑应作辛戌或乾戌，以无别本可校，故仍其旧。
⑤ 俗名即阿根美。
⑥ 俗名即夜名高及弥志。据《日本一鉴》绝岛新编山川津名一曰山河在大隅。
⑦ 俗名即里之微。
⑧ 名曰加刀里。据《日本一鉴》绝岛新编片浦港在萨摩。
⑨ 即是红车里。
⑩ 即腔挑马里。

船见天堂,北陇是天草,即野马掘沙①。用艮丑针取支歧在东南边进入去即口津,在北边名曰屈津澳子,即及有马大山②,即里马国。

船见日屿即五岛头,美甚焉。直陇用单寅收入长岐港③,即笼仔沙机④,有佛郎番⑤在此。

船见天堂,用壬子、壬亥取松浦港。

船见五岛头,用艮寅取髻仔山进柯子入去即平户津,名鱼鳞岛。

船见对马岛,用乙辰、乙卯取松浦为妙也。

或船使高有收上银山港门经纪更妙。

---

① 天草岛据《日本一鉴》绝岛新编在呼户岛南。
② 有马大山即有马岛,自天堂北行即有马岛。
③ 长岐即长崎。
④ 笼仔沙机即 Nagasaki 对音。
⑤ 此处之佛郎番当指荷兰人。

2.《使琉球录》

1534年（明嘉靖十三年）

使琉球录序

皇明德化诞敷,际天所覆,声教咸暨。琉球越在海表,世奉正朔唯谨。每易代,航章乞封,则遣近臣将事。嘉靖壬辰,世子尚清以嗣国请;皇上仁覆无外,聿修旧章。时侃待罪左省,俾充正使往,而以行人高君副之。

衔命南下,历询往迹;则自成化己亥清父真袭封时,距今五十余禩,献亡文逸,伥伥莫知所之。考《一统志》、《星槎胜览》等书登载互异,罔可据依。乃甲午仲夏,解缆闽江,赖天子威灵,海若效顺,再旬达其国,宣诏敕、锡章服如仪。尚清率国人稽首,踊跃欢呼,称职贡匪懈。已事遄返,十月朔还闽,可以卜日斋沐而见上矣。惟前辈使外国,率有纪录或赋咏,非以炫词华也。穷荒绝裔,亦造物者之所陶镕;而风声旷邈,品藻弗及。若道途之险易、山川之怪奇、风俗之微恶、人物之丑好,以至昆虫草木之变、安居和味宜服利用备器之不齐,非特探奇好事者所欲知;而使事之周爰咨諏,自不可少也。因与高君日纪闻见,凡道途山川风俗人物之实、起居日用饮食之细,皆得诸耳目之所亲究;乃知旧存纪载,殆郢书燕说之类。志其略、辨其异,此录之所以不容已也。

君子之饱,道腴者或寓目焉;其大烹之筵,荐以海错,庶几一下箸乎!不然,言之无文、行之不远,覆瓿之具尔。若继今使者取以为擿埴索涂之助,容可乎!

嘉靖甲午阳月望日,四明陈侃书于闽之长春堂。

诏　敕

奉天承运,皇帝诏曰:

朕恭膺天命,为天下君。凡推行乎庶政,必斟酌夫古礼;其于锡爵之典,未尝以海内外而有间焉。尔琉球国远在海滨,久被声教;故国王尚真夙绍显封,已逾四纪。兹闻薨逝,属国请封。世子清德惟克类,众心所归,宜承国统。朕笃念怀柔之义,用嘉敬顺之诚。特遣正使吏科左给事中陈侃、副使行人司行人高澄赍诏往封尔为琉球国中山王,仍赐以皮弁冠服等物。王宜慎乃初服,益笃忠勤,有光前烈。凡国中耆俊、臣僚,其同寅翼赞、协力匡扶,尚殚事上之心,恪尽臣藩之节;保守海邦,永底宁谧:用弘我同仁之化,共享太平之休。故兹诏示,俾咸知悉。

嘉靖十一年(钤"皇帝之宝"印)八月

皇帝敕谕琉球国故中山王尚真世子尚清:惟尔世守海邦,继膺王爵,敬顺天道,臣事皇明。尔父尚真,自袭封以来,恭勤匪懈,比者薨逝,良用悼伤!尔以冢嗣,国人归心,理宜承袭,兹特遣正使吏科左给事中陈侃、副使行人司行人高澄赍诏封尔为琉球国中山王,并赐尔及妃冠服彩币等物,尔宜祗承君命,克绍先业,修职承化,保境安土,以称朕柔远之意,钦哉!故谕。

颁赐国王,纱帽一顶(展角全)

金厢犀束带一条

常服罗一条

大红织金胸背麒麟圆领一件

青褡(褳)一件

绿贴里一件

皮弁冠服一副

七旒皂皱纱皮弁冠一项(旒珠金事件全)

玉圭一枝(袋全)

五章绢地纱皮弁服一套

大红素皮弁服一件

素白中单一件

𫄸色素前后裳一件

𫄸色素蔽膝一件(玉钩全)

𫄸色妆花锦绶一件(金钩玉玎珰全)

红白素大带一件

大红素纻丝舄一双机(袜全)

丹矾红平罗销金夹包袱四条

纻丝二匹(黑绿花一匹、深青素一匹)

罗二匹(黑绿一匹、青素一匹)

白氀丝布一匹

纻丝二匹（黑绿花一匹、深青素一匹）

罗二匹（黑绿一匹、青素一匹）

白毯丝布十匹

嘉靖十一年（钤"广运之宝"印）八月十七日

谕祭文

维嘉靖十一年岁次壬辰，八月朔日，皇帝遣正使吏科左给事中陈侃、副使行人司行人高澄，谕祭琉球国中山王尚真曰："惟王嗣守海邦四十余载，敬天事上，诚恪不渝，宜永寿年，为朕藩屏。胡为遘疾，遽尔告终，讣音来闻，良用悼惜！遣官谕祭，特示殊恩，灵其有知，尚克歆服！"

祭品

牛一只　猪一口

羊一腔　馒头五分

粉汤五分　蜂糖糕一盘

象眼糕一盘　高顶茶食一盘

响糖五个　酥饼酥锭各四个

缠碗五个　降真香一炷

烛一对（重一斤）　焚祝纸一百张

酒二瓶

使事纪略

嘉靖丙戌冬，琉球国中山王尚真薨。越戊子，世子尚清表请袭封，下礼部议。礼部恐其以奚齐夺申生也，又恐其以牛易马也，令琉球长史司复核其实，戒毋诳。越辛卯，长史蔡瀚等核诸舆民达于勋戚，同然一辞，佥曰："尚清乃先王真之冢嗣，立为世子有年。昔先王辱徼福于天朝，愿终惠于义嗣者。"具文申部，宗伯韪之。

越壬辰春，礼部肇上其议，请差二使往封，给事中为正，行人为副，侃与澄适承乏焉。

命下之日，时夏五望也。有为予等深忧者曰："海外之行，险可知也。天朝之使远冒乎险，而小国之王坐享其封，恐非以华驭夷之道，盍辞之，以需其领！"予等曰："君父之命，无所逃于天地之间，况我生各有命在天，岂必海外能死人哉！领封之说，出于他人之口则为公议，出于予等之口则为私情，何以辞为！"勿听。

六月，各赐一品服一袭，侃以麒麟，澄以白泽，俱大红织金罗为表，绢为里，绿罗裪褾，青罗褶子，里亦用绢。使外国必加服者，欲其称国王位宾主也。带以玉，则旧制。又各赐家人口粮四名，悯兹遐役，优以缉御，恩至渥也。

八月，侃等始治装戒行，行之若是徐徐者，因封琉球旧案，礼部失于回禄，请查颁赐仪物于内府各监局，弥月而后克明。复分造于所司，亦难卒制，故弗克行，非敢久稽君命。

越癸巳五月，侃至三山，澄亦以六月至。闽之三司诸君承礼部咨文，已将过海事宜会裁已定。造船之制，访于耆民得之，大小、广狭惟其制，价计二千五百两有奇。予等初欲各具一艘，见其费之广也，而遂不敢无益于国，而侈其费财之蠹也。惟旧制以铁梨木为舵杆，取其坚固厚重，今以轻价索之而艰于得，易以他木，予等必欲倍价以购，后果得之。财固当惜，舵乃一船司命，其轻重有不难辨者。

七月二日定舼，舼即船之底木。福州府备祭豕二羊二，予等主祭，三司诸君率府县官亦与陪焉，重王事也。定舼之后，方鸠舟人僝功矣，侃等与众官时巡督之。

十一日，遣承差赉本赴京，谨题："为求封事。切照嘉靖十一年琉球国世子尚清奉表请封，钦蒙差臣等充正、副使，赉捧诏敕前往琉球，封尚清为中山王。臣等随即辞朝，前来福建造船，船完之日，过海行礼。所有赉去诏敕，闻弘治、正德年间修撰伦文叙、编修沈寿等曾差往安南国，因彼国欲留诏敕为镇国之宝，俱曾题奉钦依，听其请留。臣等思得琉球国袭封事例，远年无从查考，万一尚清亦如彼国请留诏敕，臣等坚执不从，恐拂彼敬奉之心；听其请留，又非臣等所敢专擅。如蒙乞敕礼部查议应否听其请留，庶臣等有所遵守，而临期不至错误矣。为此具本，专差承差郑珂赉捧，谨题请旨。"九月，承差至京，赴通政司投进。奉圣旨："礼部看了来说，钦此。"随该礼部覆题云："看得钦差吏科等衙门左给事中等官陈侃等题称'赉捧诏敕前往琉球国封世子尚清为中山王，惟恐请留诏敕，乞要查议'一节，既查有伦文叙等事例，合无准其所奏。本部行令各官临时斟酌，如彼国王请留之意果出诚恳，亦宜俯顺夷情，听其请留。"等因。奉圣旨："是，钦此。"

十一月，承差赉仪制司手本至闽，侃等伏睹睿旨，驭夷以诚，敢不祗若明命。是月,琉球国进贡船至,予等闻之喜,闽人不谙海道,方切忧之,喜其来,得询其详。翼日,又报琉球国船至,乃世子遣长史蔡廷美来迓予等,则又喜其不必询诸贡者,而有为之前驱者矣。长史进见,道世子遣问外,又道世子亦虑闽人不善操舟,遣看针通事一员率夷稍善驾舟者三十人代为之役,则又喜其不必籍诸前驱,而有同舟共济者矣。大寒朋来,忧用以怿,即此而观,世子其贤矣乎!敬使,所以敬君也,敬君,所以保国也,怀德畏威,邦其永孚于休。

越甲午三月,舟始毕工。其舟之形制,与江河间座船不同,座船上下适均,出入甚便,坐其中者,八窗玲珑,开爽明霁,真若浮屋然,不觉其为舟也。此则舱口与船面平,官舱亦止高二尺;深入其中,上下以梯,艰于出入。面虽启牖,亦若穴之隙。所以然者,海中风涛甚巨,高则冲,低则避也。故前后舱外,犹护以遮波板,高四尺许,虽不雅于观美,而实可以济险。因地异制,造作之巧也。长一十五丈,阔二丈六尺,深一丈三尺,分为二十三舱。前后竖以五桅,大桅长七丈二尺,围六尺五寸,余者以次而短。舟后作黄屋二层,上安诏敕,尊君命也;中供天妃,顺民心也。舟之器具,舵用四副,用其一、置其三,防不虞也。橹用三十六枝,风微逆,或求以人力胜,备急用也。大铁锚四,约重五千斤。大棕缆八,每条围尺许,长百丈,惟舟大,故运舟者不可得而小也。小舴船二,不用则载以行,用则藉以登岸也。水十四柜,海中惟甘泉为难得,勺水不以惠人,多备以防久泊也。通船以红布为围幔,五色旗大小三十余面,刀枪弓箭之数多多益办,佛郎机亦设二架,凡可以资戎事者,靡不周具,所以壮国威而寒外丑之胆也。

二十五日出坞,坞即造船之所,亦设祭如定舺之时。其间若竖桅,若浮水,若治缆,皆有祭,行祭礼皆如初。靡神不举,靡爱斯牲者,王事孔艰,利涉大川祈也。

四月十八日,舟先发于南台,南台距海百余里,大舟畏浅,必潮平而后行,日行数里,故先之。架舟民稍用一百四十人有奇,护送军用一百人,通事、引礼、医生、识字、各色匠役亦一百余人,官三员(千户一员、百户二员)。官各给银十二两,为衣装之费;余各给工食银五两三钱五分。旧时用四百余人,今革其十分之一,从约也。旧例犹有金银九十余器,金厢带四条,备二使过海之用,福州府造册开报,回文与之云:"职等素守清约,无事华侈。茶钟、酒盏用银饰者相应备办,银酒素、银撒盏、银节盂、金厢带皆不必用,虽旧有成案,似宜遵奉,但裁而行之,存乎其人,毋得妄敛妄费,以污职等名节。造完之日,令首领官一员赍领前去,回还之日,照数给领。"若此者,贞行也,非以要誉也。

二十六日,予等启行,三司诸君送至南台,焘肉于几,酾酒于尊,爵三行,予等起谢曰:"曩时海国之役,必数年而始克竣事,闻之舟不易成也,今来及其日月而有航海之期,谁之功也!敢不再拜。"诸君皆歌"烝民"之诗以赠,亦再拜,遂别。是晚宿于舟中。翼日,至长乐,长史舟亦随行,中途为浅所伤,臭厥载,具状伏于阶下,求为之援。予等欲藉其为前驱,即日将行,事已亟,不可辞;判词于提举司,令申海道,假环海卫所御寇之舟,暂遣其归,此固为赵、亦为楚意也。适分守海南道、都阃诸君继至,海道亦以王事为亟,遂遣之。

五月朔,予等至六石,大舟亦始至。二日,祭海登舟,守、巡诸君设宴为饯。是日,北风大作,昼昏如夕,舟人皆疑,予等亦有惧心。有爱之者,劝迟迟其行。迟而得已于行,姑少待焉可也,终不能已,迟之何益!今人既集矣,涣之恐难卒萃。舟不速行,器具易窳,有司费已侈,缓则更倍之,遂别诸君,慨然登舟。连日风逆,五日始发舟,不越数舍而止,海角尚浅。至八日,出海口,方一望汪洋矣。风顺而微,波涛亦不汹涌,舟不动而移,与夷舟相为先后。出舱观之,四顾廓然,茫无山际,惟天光与水光相接耳。云物变幻无穷,日月出没可骇,诚一奇观也。虽若可乐,终不能释然于怀。九日,隐隐见一小山,乃小琉球也。十日,南风甚迅,舟行如飞,然顺流而下,亦不甚动。过平嘉山,过钓鱼屿,过黄毛屿,过赤屿,目不暇接,一昼夜兼三日之路。夷舟帆小,不能及,相失在后。十一日夕,见古米山,乃属琉球者,夷人歌舞于舟,喜达于家。夜行彻晓,风转而东,进寸退尺,失其故处。又竟一日始至其山,有夷人驾小舠来问,夷通事与之语而去。

十三日,风少助顺,即抵其国,奈何又转而北,逆不可行。欲泊于山麓,险石乱伏于下,谨避之远,不敢近。舟荡不宁,长年执舵甚坚,与风为敌,不能退不能遂,上下于此山之侧,然风不甚厉,浪亦未及于舟中,人尚未惧。相持至十四日夕,舟剌剌有声,若有分崩之势。大桅原非一木,以五小木攒之,束以铁环,孤高冲风,摇撼不可当,环断其一,众恐其遂折也,惊骇叫嚣,亟以钉钳之,声少息。原舟用钉不足,稔麻不密,板联不固,罅缝皆开,以数十人辘轳引水,水不能止,众曰:"不可支矣。"齐呼"天妃"而号,剪发以设誓,予等不能禁,彻夜不寐,坐以待旦。忽一家人匍匐入舱,抱予足,口噤不能言,良久,方云:"速求神佑,船已坏矣。"予等闻此,心战神怖,无可奈何,叹曰:"各抱诏敕以终吾事,余非所计也。于此将焉求之,而又将焉逃之!"是时惟长年数人色不少动,但云：“风不足惧，速求罅缝而塞之，可保无虞。”众亦知其然，舟荡甚，足不能立，心悸目眩，何罅之求！于是有倡议者曰："风逆则荡，顺则安，曷回以从顺，人心少宁，衣袽有备，尚可图也。"有一人执舵而云："海以山为路，一失此山，将无所归，漂于他国，未可知也，漂于落漈，未可知也。守此，尚可以生；失此，恐无以救。"夷通事从旁赞之，予等亦知其言有据，但众股栗，啼号不止，姑从众以纾其惧，彼亦勉强从之。旋转之后，舟果不荡，执烛寻罅，皆塞之固，水不能入，众心遂定。翼午，风自南来，舟不可往，又从而北，始悔不少待也。计十六日旦当见古米山，至期四望惟水，杳无所见。执舵者曰："今将何归？"众始服其先见。徬徨踯躅，无如之何。予等亦忧之，亟令人上桅以觇，云远见一山巅微露，若有小山伏于其旁。询之夷人，乃曰："此叶壁山也，亦本国所属，但过本国三百里，至此可以无忧。若更从而东，即日本矣。"申刻，果至其地，泊焉。

十八日，世子遣法司官一员来，具牛、羊、酒、米、瓜菜之物为从者犒，亦有酒果奉予等。通事致词曰："天使远临，世子不胜欣踊，闻风伯为从者惊，世子益不自安，欲躬自远迓，国事不能暂离，谨遣小臣具菜果，将问安之敬。"予等爱其词雅，受之。时予之舟已过王所之东，欲得东风为顺，夏月诚不易得。世子复遣夷众四千人，驾小舟四十艘，欲以大缆引予之舟。通事乃曰："海中变出不测，岂宜久淹从者，世子不遑寝食，谨遣众役挽舟以行，敢告。"船分左右，各维一缆，迤逦而行，若常山蛇势，亦一奇观也。一昼夜亦行百余里。十九日，风逆甚，不可以人力胜，遂泊于移山之峹。法司官率夷众环舟而宿，未尝敢离左右。泊至五日，予众苦之，在舟日久，郁隆成疾，求登岸以避之而不可得，泣诉于予。予曰："乘桴浮海，子路喜之，未知浮海之险若此也。人至四千，力亦众矣，不能挽一舟以行，虎贲三千，犹足以成武功，孰为浮海为易耶？"二十三日，世子复遣王亲一员，益以数舟而来，风亦微息，始克行。法司官左右巡督，鼓以作气，自夕达旦，夷众亦勇于用力，无少懈。至二十四日，犹未克到，世子复遣长史来曰："世子闻至移山，刻期拱候，六日不詹，中心孔棘。恐为从者忧，谨遣小臣奉慰。"予等谢之。

二十五日，方达泊舟之所，名曰那霸港。计六石登舟，至此几一月矣。予二人局于一舱，不便出入，暑气熏蒸，脾胃受疾，寝食弗安。兼以风涛之险，日惊于心，得保残喘以终王事，呜呼艰哉！是日登岸，岸上翼然有亭，扁曰"迎恩"。世子遣众官大小百余员，随龙亭候于亭下，予等捧诏敕安于龙亭，众官行五拜三叩头礼，前行导引至天使馆。馆距港约五里，不移时而至，龙亭安于中堂,众官复行礼如初,进见予等,亦行礼而退。予等呼长史问曰:"世子不迎诏敕,何也?"对曰:"洪武礼制,凡诏敕至国,世子候于国门之外,数代相承,不敢违制以行。"予等曰:"守制,国之经也,臣之良也,大以字小,惟信之怀,敢为一己是便,而裂信毁制乎?"听之。然世子虽不至馆,馆中皆官正莅事,礼无不肃,用无不周,下逮从人,各有寝舍,时给廪饩,亦使之安。每三日遣大臣一员问安,具酒二壶,果盒二架,酌酒于斗,跪而言曰:"世子念天使舍崇丽而卑痹是就,恐不能安朝夕,令小臣问候起居。"予受其酒,乃曰:"宾至如归,不惟其物,惟其诚,世子诚矣,胡弗安之有?"饮毕,复献牛、羊、茶、菜、果。初皆麾之,后见其意勤恳,间亦或受。每一馈予等,亦遍及于从人,无弗均。六月哉生明,报长史舟至北山。又越五日,始抵国,较之予舟,浃旬之隔。询之,乃知桅折帆倾,非夷众之熟于操舟,几何而不饫鱼腹也。

越既望,行祭王礼,王墓不知所在,有寝庙一所在国门外,即于庙祭焉。封其生者而又祭其薨者,厚也,所以劝天下之忠也;祭先于封者,尊也,所以劝天下之孝也。忠孝之道行于四夷,胡、越其一家矣。祭品皆钦定之数,牲牷维腯,酒醴维醹,罔敢弗洁。先迎至庙,俟设定后,用龙亭迎谕祭文,予等随行。将至庙,世子素衣黑带候于门外,戚乎其容,俨然若在忧服之中。予等拱而入,至寝庙,神主居东,西向;予等居西,东向。龙亭居中,南向;世子居南,北向。宣谕祭文毕,世子出露台,北面谢恩,进与予等交拜。揖至中堂,予等南向坐定,世子令长史致词曰:"清蜗处海角,辱玉趾远临,当匍匐奔迓,有制不敢违越,徒怀惭竦。今又辱贲及先人,幽明倍感,敬具清酤二卣,以献左右,聊用合欢,其敢曰休享!"予等曰:"朝廷之制,臣子所当共守乎,宾主焉者也,人欲为善,谁不如我,敢辞。"世子又曰:"我有嘉宾,鼓瑟吹笙,吹笙鼓簧,承筐是将,礼也。斯可以燕乐嘉宾之心,今皆无之,正以此耳,幸毋辞。"予等爱其言,敬不谕制,忠也;乐不忘亲,孝也。忠孝之人,可以言礼,诺之。酒数行,皆亲献,礼仪律度,罔弗恭,坐少顷别。随遣法司官同长史至馆,致世子词曰:"今日劳从者,为先人宠光,小国无以为献,戋具黄金十两为寿。"予等讶曰:"世子知道,而亦以此浼我乎?"令持去,不从。作书与之曰:"君子交际之间,有礼焉,有义焉,礼以将敬,义以揆物,宾主各欲自尽而已。今日之举,君命是将,敬共王事,乃其职也,款我以华筵,亦云厚矣,而又惠我以裹蹄,不已过乎?在贤世子行之固为尽礼,在侃等受之则为非义,授受之间,天理、人欲判焉。辨之明而守之固,敢自欺乎?辞不更赘,惠无再贻。"世子果知礼仪者,得其书,不复再馈。祀事毕,越七月二日，封王。是日黎明，世子令众官候于馆门之外，导引诏敕之国，国门距馆路三十里，界在山海之间，险侧高卑不齐，不能如砥如矢。将至国五里，外有牌坊一座，扁曰"中山"。自此以往，路皆平坦，可容九轨，旁垒石墙，亦若百雉之制，世子候于此。龙亭至，行五拜三叩头礼，导引之国门，门曰"欢会"。门内逶迤数步即王之宫，宫门三层，层有数级之阶，至正殿，巍然在山之巅。设龙亭于正中，行大封拜礼，国王升降、进退、舞蹈、祝呼，肃然如式。先期五日，长史已请仪注，习之熟矣。礼毕，揖予等至别殿，复行见礼，众官亦拜见如初。王暂退，出临群臣。是日维良，受天子新命与一国正始，群臣但四拜为贺，臣之尊者亲者，奉觞为寿，夷俗以此为敬，君臣之间亦行之。朝罢，别殿设宴，金鼓笙箫之乐翕然齐鸣，王奉酒劝坐。酒清而烈，来自暹逻者，比之曲米春，醨人更不须一盏，予等但尝之而已。笾豆之实备水陆之珍，脚臑骁炙之膳，既旨且多，然不能自制也，皆假予等所带庖人为之。盖夷俗席地而坐，无燕享醼会之事，不知蒸调和剂之味，故假以文其陋耳。献酬交错，至晡而止。予等令仪从迎诏敕至馆，王再拜曰："小国无以为宝，玺书以为宝，先朝诏敕，藏之金匮已八叶于兹矣。今辱贲临，幸留镇国，不尔，予小子自底不类，为先人羞。"予等见其词意虽诚，犹未信也，令启其金匮之藏，以验其留否之实。长史数臣各捧一道而来，奎璧辉映，绚采一堂，遂许留之，王喜甚，重拜而别。予等至馆，王亲一员同长史来馈礼物，厉色麾之，长跪不起，不得已，姑取扇、布二物以答其诚，余不之受。复与一书曰："士君子立身大节，不过礼、义二者，前书备布，想已知之，贤王亦知朝廷之大法乎？今圣天子御极，议礼制度，万物维新，群工济济，皆秉羔羊之节，晋如鼫鼠者，愁如摧如而已。侃等叨居近侍，万里衔命，正欲播君德于无疆，守臣节于不辱，为天朝增重，乃敢自冒非义，以贻满橐之讥耶？与者、受者，其戾一也。欲馨清议，甘罪不恭。"王见书，令长史来言曰："圣天子威德被海外，清闻之，常虩虩不自安，唯恐不道为圣朝弃，况天使之陟降左右者乎？敬君之心，华、夷无二，昨闻高论，敢犯朝箴！"

二十二日，复设宴，名曰"拂尘"。使琉球与使他国不同，安南、朝鲜之使，开读诏敕之后，使事毕矣，陆路可行，已事遄返，不过信宿。琉球在海外，候北风而后可归，非可以人力胜者。日久，不免会多，会多，不无情衰，势所必至也。踽踽凉凉，岂能一日安耶？是宴之设，笾豆尚楚，而方物不复陈矣。但令四夷童歌夷曲、为夷舞，以侑其觞，伛偻曲折，亦足以观。舞罢，令世子、介子执弟子礼，奉酒三罪。将行，复躬捧玉杯，乃武宗所赐者，引满劝白，辞以不善饮，一酌而止。

越二十五日之夕，飓风暴雨，倏然而至，茅舍皆席卷。予馆亦兀兀不安，寝不能寐，起坐中堂，门牖四壁荡然无存。因念港口之舟恐不及系，遣人视之，佥曰："昏黑不辨牛马，而岐路安可分：向待之。"风雨果恶，亦不可强。质明而往，王已差法司官率夷人数百守于舟侧矣。询之舟人，乃夜半时至也，法司亦夷官之尊者，路且遥，不避而来。予因叹曰："华夏之人，风雨晦暝之夕，塞向闭户以避之，犹恐未安，冲风冒雨而行者，必其骨肉颠沛而不容已，孰能视他事如家事，而艰险不辞者乎？夷之君臣，其亦可感也夫！"

八月中秋节，夷俗亦知为美，请赏之，因得遍游诸寺。寺在王宫左右，不得轻易往来，有曰天界寺，有曰圆觉寺，此最钜者，余小寺不暇记。二寺山门、殿宇弘敞壮丽，亚于王宫。正殿五间，中供佛像一座，左右皆藏经数千卷，夷俗尚佛，故致之多。上覆以板，绘以五彩，下用席数重，清洁不可容履。殿外亦凿小池，甃以怪石，池上杂植花卉，有凤尾蕉一本，树似棕而叶似凤尾，四时不改柯易叶，此诸夏所无者。徜徉良久，尘虑豁然。但僧皆鄙俗，不可与语，亦不敢见。然亦知烹茶之法，设古鼎于几上，煎水将沸，用茶末一匙于钟，以汤沃之，以竹刷瀹之，少顷奉饮，其味甚清。是日，王因神降，送迎无暇，遣王亲侍游。至未刻，邀坐，宴不甚丰，而情意则款洽矣。诸从人皆召至阶下，令通事劝饮，旅进旅退，各以班序，至醉而止。向夕回馆，明月如昼，海光映白，松影筛青，令舆人缓步徐行，纵目所适，心旷神怡，乐兹良遇，忘其身之在海外也。

二十三日，王始至馆相访，令长史致词曰："清欲谒左右久矣，因日本人寓兹，狡焉不可测其衷，俟其出境而后行，非敢慢也。"予等但应曰："已知之矣。"海外之国，唯彼独尊，深居简出，乃其习也。井底之蛙，岂可与语天日之高明哉！亦具殽核留坐，移时别去。

二十九日，请饯行，陈席于水亭中，观龙舟之戏。舟制与运舟之法皆效华人，亦知夺标以为乐，但运舟者，俱小吏与大臣子弟也。各簪金花，具彩服，虽濡于水而不顾，以示夸耀之意。越九月七日，复请饯，予等讶其烦也，深拒之，恳之再三而后行。至则见其席之所列，皆非昔比。山蔬海错，糗饵粉酏，杂陈于前者，制造精洁，味甚芳旨，但止数品，不能如昔之丰。询之左右，乃知前此之设，皆假诸闽人，此则宫中妃嫔亲制，以表献芹之敬耳。临行，长史捧黄金四十两，王乃言曰："送赆之礼，振古有之，非清敢自亵，其毋辞。"予等曰："于义可受，轲氏受薛之馈，不以为嫌。但予等以君命来，受此而归，是以君命货之也，恶乎敢。"王愕然曰:"天使言必称君、动必比义,清知道矣。"遂不敢强。复手持泥金倭扇二柄,乃曰:"天使远来,赐清以弁服,即清之师也。此别不复再会,挥此,或可以系一念耳。"予等悯其情,受之。各答以所持小扇,彼喜不自胜,再拜而别。

十二日,登舟,官民送者如蚁,皆以汉官威仪不可复睹,至有泣下而不忍去者,亦足以见夷人天性之良,莫不羡衣冠文物之美,拘于法而不得入,是可哀也。泊舟之港,出海仅一里,中有九曲,夹岸皆石,惟灭风而复可行,坐守六日。王日使人侍于其侧,且致慰词,仍遣看针通事一员、夷稍数人护送。又遣王亲、长史等官驾昔日所假之舟进表谢恩。

十八日,风少息,挽舟而出,亦斜倚于岸,众恐其伤于石,大惊,幸前月亲督修舱,不为所伤,复止。二十日,始克开洋,夷舟同行。二十一日夜,飓风陡作,舟荡不息。大桅原以五木攒者,竟折去。须臾,舵叶亦坏,幸以铁梨木为柄,得独存。舟之所恃以为命者,桅与舵也,当此时,舟人哭声震天,予辈亦自知决无生理,相顾叹曰:"天命果如此,以计免者得之矣,狐死尚正首丘,呜呼!狐之不能若也。"舟人无所庸力,但大呼"天妃"求救,予等为军民请命,亦叩首无已,果有红光烛舟,舟人相报曰:"天妃至矣,吾辈可以生矣。"舟果少宁。翼日,风如故,尚不敢易舵。众皆废寝食以待毙,不复肯入舱止水。同行夷舟遂相失,不知所往。

二十三日,黑云蔽天,风又将作,有欲易舵者曰:"舵无尾不能运舟,风弱犹可以持,烈则不可救。"有不欲易者曰:"当此风涛,去其旧而不得安其新,将奈何?"众不能决,请命于予等,予等曰:"风涛中易舵,静则可以生,动则可以死。"中心冲冲,亦不能决。令其请玦于天妃,乃得吉兆,众遂跃然起舵。舵柄甚重,约有二千余斤,平时百人举之而不足,是时数十人举之而有余。兼之风恬浪止,倏忽而定。定后风浪复厉,神明之助,不可诬也。舵既易,众始有喜色。

二十六日,忽有一蝶飞绕于舟,佥曰:"山将近矣。"有疑者曰:"蝶质甚微,在樊圃中飞不过百步,安能远涉沧溟?此殆非蝶也,神也。或将有变,速令舟人备之。"复有一黄雀立于桅上,雀亦蝶之类也,令以米饲之,驯驯啄尽而去。是夕,果疾风迅发,白浪拍天,巨舰如山,漂荡仅如一苇。梢后距水不下数丈,而水竟过之,长年持舵者衣尽湿,则舱中受水又可知也。风声如雷,而水势助之,真不忍闻。舟一斜侧,流汗如雨。予等惧甚,衣服冠而坐,欲求速溺以纾其惧。又相与叹曰:"圣天子威德被海内外,百神皆为之效职,天妃独不救我辈乎！当此风涛中而能保我数百民命，真为奇功矣，当为之立碑，当为之奏闻于上。"言讫，风若少缓，舟行如飞。彻晓，已见闽之山矣。舟人皆踊跃鼓舞，以为再生，稽首于天妃之前者，若崩厥角也。

　　二十八日，至定海所。十月初一日，入城。痛定思痛，不觉伤感，凡接士大夫，叙其所以，无不为之庆幸。区区二人，何德获此？实荷圣天子威福，以致神明之佑，不偶然也。今越旬日，同行之舟尚未至，或不免漂溺之患焉，呜呼！危哉！呜呼！危哉！予因是而有所感：浮海以舟，驾舟以人，二者济险之要务也。今官府造作什器，官之尊者视为末务而不屑于查理，官之卑者视为奇货而惟巧于侵欺，以故种种皆不如法，不久即坏。房舍、器用之物，坏则可修，犹未甚害，惟舟之坏，即有覆溺之患，虽有船师在舟，亦无及矣。前所云古米山之险，其明效也。后之使海外者，军官不必三员随行，先择有司贤者二员委其造舟，舟完令其同行，彼躯命所关，督造必不苟，且万一藩臬不从，以之请于上命可也。从予驾舟者，闽县河口之民约十之八，因夷人驻泊于其地，相与情稔，欲往为贸易耳，然皆不知操舟之术。上文所云长年数人，乃漳州人也。漳州以海为生，童而习之，至老不休，风涛之惊，见惯浑闲事耳。其次如福清，如长乐，如镇东，如定海，如梅花所者，亦皆可用。人各有能、有不能，唯用人者择之，果得其人，犹可少省一二，此贵精、不贵多之意也。一则可以节国之费，一则可以卫众之生，故不惜辞之烦，为后使者忠告。

群书质异

《大明一统志》

　　琉球国，在福建泉州之东海岛中，其朝贡由福建以达于京师。国之沿革未详，汉、魏以来不通中华。隋大业中，令羽骑尉朱宽访求异俗，始至其国，语言不通，掠一人以反。后遣武贲郎将陈稜率兵至其国，虏男女五百人还。唐宋时未尝朝贡，元遣使招谕之，不从。本朝洪武中，其国分为三，曰中山王、山南王、山北王，皆遣使朝贡。嗣是惟中山王来朝，其二山盖为所并矣。

　　风俗：男子去髭须，妇人以墨黥手为龙虎文，皆纻绳缠发，从顶后盘至额。男以鸟羽为冠，装以珠玉、赤毛，妇以罗纹白布为帽。织斗镂皮并杂毛为衣，以螺为饰，而下垂小具，其声如珮。无君臣上下之节、拜伏之礼。父子同床而寝。妇人产乳，必食子衣。食用手，无匙箸。得异物，先进尊者。死者浴其尸，以布帛缠之，裹以苇草，上不起坟。无他奇货，犹好摽掠，故商贾不通。不驾舟楫，惟缚竹为筏,急则群异之,泅水而逃。俗事山海之神,祭以殽酒,战斗杀人,即以所杀人祭其神。王所居,壁下多聚髑髅以为佳。所居曰波罗檀洞,堑栅三重,环以流水,树棘为藩,殿宇多刻禽兽。无赋敛,有事则均税。无文字,不知节朔,视月盈亏以知时,视草荣枯以计岁。

山川:竃鼊屿,在国西,水行一日。高华屿,在国西,水行三日。(彭)湖岛,在国(西),水行五日。落漈,水至彭湖渐低,近琉球,谓之落漈。漈者,水趋下不回也。凡两岸渔舟至彭湖,遇飓风作,漂流落漈,回者百无一二。

土产:斗镂树、硫黄、胡椒、熊、罴、豺、狼。

按:琉球国在泉州之东,自福州视之,则在东北。是以去必孟夏,而来必季秋,乘风便也。国无典籍,其沿革不能详,然隋兵劫之而不服,元使招之而不从。我太祖之有天下也,不加兵,不遣使,首效归附,其忠顺之心,无以异于越裳氏矣。故特赐以闽人之善操舟者三十有六姓焉,使之便往来、时朝贡,亦作指南车之意焉耳。在昔其国三分,今中山并而为一者,得非沃强晋弱之故欤?

风俗:男子不去髭,亦不羽冠,但结髻于首之右,凡有职者,簪一金簪。汉人之裔,髻则结于首之中。俱以色布缠其首,黄者贵,红者次之,青绿者又次之,白斯下矣。王首亦缠锦帕。衣则大袖宽博,制如道服,然腰束大带,亦各如缠首之布之色,辨贵贱也。足则无贵贱,皆着草履,入室宇则脱之,一则席地而坐,恐尘污,一则以跣足为敬,故王见神、臣见王及宾主相见,皆若是也。唯接见予等,则加冠具服履,揖逊之间,每见其疾首蹙额,盖弗胜其束缚之劳矣。妇人,真以黑黥手,为花草、鸟兽之形,而首足反无饰。髻如童子之角总于后,而簪珥不加。不知足而为之履,男女皆可用也。第富屋,则以苏席藉履底,少加皮缘,即为美观。上衣之外,更用幅如帷,蒙之背上,见人则以手下之而蔽其面。下裳如裙而倍其幅,褶细而制长,覆其足也。其贵家大族之妻,出入则戴箬笠,坐于马上,女仆三四从之,俱无布帽、毛衣、螺佩之饰,亦无产乳必食子衣之事也。

其君臣之分,虽非华夏之严,而上下之节亦有等级之辨。王之下则王亲,尊而不与政也;次法司官,次察度官,司刑名也;次那霸港官,司钱谷也;次耳目之官,司访问也:此皆土官而为武职者也。若大夫、长史、通事等官,则专司朝贡之事,设有定员而为文职者也。王并日而视朝,自朝至于日中、昃,凡三次。陪臣见之,皆搓手膜拜,尊者、亲者则延至殿内,赐坐赐酒,其卑疎者,则移时长跪于阶下焉。凡遇元旦、圣节、长至日,王率众官具冠服,设龙亭行拜祝礼,盖久渐文教,非复曩者之陋矣。

父之于子,少虽同寝,及长而有室则异居。食亦用匙箸,得异味,先进尊者。及子为亲丧,数月不肉食,亦其俗之可嘉。死者,以中元前后日溪水浴其尸,去其腐肉,收其骸骨,以布帛缠之,裹以苇草,衬土而殡,上不起坟。若王及陪臣之家,则以骸匣藏于山穴中,仍以木板为小牖户,岁时祭扫,则启钥视之,盖恐木朽而骨暴露也。地无货殖,是以商贾不通。若以为防摽掠,则其国小法严,凡有窃物者,即加以劓刖之刑,人谁敢犯!朝贡往来,俱束大船,海边渔盐亦泛小艇,未尝不驾舟楫而缚竹为筏也。俗畏神,神皆以妇人为尸,凡经二夫者则不之尸矣。王府有事,则哨聚而来,王率世子及陪臣皆顿首百拜。所以然者,以国人凡欲谋为不善,神即夜以告王,王就擒之。闻昔倭寇有欲谋害中山王者,神即禁锢其舟,易而水为盐,易而米为沙,寻就戮矣。为其守护斯土,是以国王敬之,而国人畏之也。尸妇名女君,首从动经三五百人,各戴草捲,携树枝,有乘骑者,有徒行者,入王宫中以游戏,一唱百和,声音哀惨,来去不时,唯那霸港等处不至,以此多不良者家,兼有汉人故也。闽人为王倩作宴者,身亲见之。且传闻封王日,必见天使,是日不来,此则真有,而杀人祭神则非也。王之宫室建于山巅,国门扁曰"欢会",府门扁曰"漏刻",殿门扁曰"奉神",四围皆石壁,无"波罗檀洞"之名,亦无"聚髅为佳"之说也。门外有石砌,砌下有小池,泉自石龙口中喷出,名曰"瑞泉",王府汲之供饮食,取其甘洁也。道路坦夷,曾不设堑树棘以为险。殿宇朴素,亦不雕禽刻兽以为奇。至于赋敛,则窃古人井田之遗法,但名义未详备。王及臣民各分土以为禄食,上下不交征,有事如作封王所用布帛、粟米、力役之征,则暂取诸民而不常也。虽无经生、卜士之流,然亦谙汉字、奉正朔,岂至视月盈亏以知时、视草荣枯以计岁哉!

山川,则南有太平山,西有古米山、马齿山,北有硫黄山、熟比山、灰佳山、移山、七岛山,盖不止鼋鼍等屿、彭湖等岛而已。落漈不知所在,殆远去琉球,而非经过之处也。昨见古米山水急礁多,闻舟有至此而败者,亦不亚于落漈之险矣。

土产:无斗镂树,亦无胡椒。硫黄虽产自北山,而取之亦甚艰。无熊、罴、豺、狼、虎、豹等猛兽,是以多野马、牛、豕。价廉甚,每一值银二三钱而已。牲虽贱,人有终岁不获食者,贫约故也。凡杀牲,不血刃,但以水泅之而火其毛。不畜犬,亦鲜鹅、鸭、莺、燕、鹳、鹊之族俱无,鸟唯乌鸦、麻雀而已。有蛇、蝎,蝎亦螫人,蛇则不为害,闻前使遭蛇怪之惊,无是事也。谷则有稻、秋、稷、麦、菽,蔬则有瓜、茄、姜、蒜、葱、韭等品。果则有芭蕉、柑樜、石榴、橘、柿之类。人言冬瓜可以解渴，甘蔗巨如碗形，皆非也。至于壁间有虫，形如中国之蝎虎者，声噪如雀，则罕异焉。

《赢虫录》
琉球，当建安之东，水行五百里。土多山峒，峒有小王，各为部队而不相救援。国朝进贡不时，王子及陪臣之子皆入太学读书，礼待甚厚。

按：福州梅花所开洋，顺风七昼夜始可至琉球，以水程计之，殆将万里矣。若夫建安，则建宁属邑也，又在福州之西北，而云"水行五百里，不知自何洋以发舟而若是乎其近易耶！琉球固多山，而崆峒则少。王之子弟虽出分各山，而未尝不听征调，如祭王、封王等日，则各率所部戎服而列伍以防卫，则其有事而相为救援，可知矣。归附国家之初，朝贡固无定期，今每二年而一举。至于令子侄入太学，仅于洪武二十二年而创见之。嗣是唯遣陪臣之子进监读书，大司成教以诵诗学礼，处以观光之馆，夏葛而冬裘，朝饔而夕飧，礼待不亦厚乎？迩如蔡廷美、郑赋、梁梓、蔡瀚等皆俊秀可教，曾北学中国，授业名儒，今皆补为长史、都通事等官。进见之时，仪不忒而言有章，未必不自读书中来也。其他，则苦礼法之拘、衣冠之缚矣。

《星槎胜览》
琉球国，山形抱合而生，一曰翠丽，一曰大崎，一曰斧头，一曰重曼，高耸丛林。田沃谷盛，气候常热。酋长遵理，不科民下。酿甘蔗为酒，煮海为盐。能习读中国书，好古画、铜器。作诗，效唐体。地产沙金、黄蜡。

按：琉球国之山形，虽南北一带而生，不甚抱合，亦无翠麓等四山之名，且形势卑小，不高耸，林木欃榄不茂密。厥田沙砾，不肥饶，是以五谷虽生，而不见其繁硕也。气候不常热，雨过即凉，秋冬亦雨霜雪，其地近北故也。政令简便，各食分土，故曰"酋长遵理，不科民下"。造酒，则以水渍米，越宿令妇人口嚼、手搓取汁为之，名曰"米奇"，非甘蔗所酿，亦非"美姬含米"所制。其南番酒，则出自暹罗，酽如中国之露酒也。陪臣子弟与凡民之俊秀者，则令习读中国书，以储他日长史、通事之用，其余但从倭僧学书番字而已。古画、铜器非其所好；其所好者，唯铁器、绵布焉。盖其地不产铁、土不植绵，故民间炊爨多用螺壳，红女织袿，惟事麻缕。如欲以釜甑爨，以铁耕者，必易自王府而后敢用之，否则犯禁而有罪焉。至于作诗，则弄文墨，参禅乘者间亦能之，而未必唐体之效矣。地不产金,亦无黄蜡及玻璃等物。通国贸易,惟用日本所铸铜钱,薄小无文,每十折一,每贯折百,殆如宋季之鹅眼綖贯钱也。曾闻其国用海巴,今弗用矣,然与其用是钱,孰若用海巴之犹涉于贝哉!

《集事渊海》

琉球,与泉州之岛曰彭湖者,烟火相望,其人骁健,以刀、槊、矢、剑、鼓为兵器。旁有毗舍那国,语言不通,袒裸盱睢,殆非人类。

按:地之相去,近则可望,远则视之而弗见也。琉球去彭湖不下数千里,山川出云蜃气作雾,则光景且伏矣,烟火可得而相望乎?闽中士夫常曰:"霁月登鼓山,可望琉球。"盖所望者,小琉球也。若大琉球,则虽离娄之目,亦岂能明见万里之远哉!若曰"其人骁健",则诚是也。盖生有膂力,耐饥渴劳苦,热曾挽舟之时,虽终日不食,终夜不寝,而亦未尝告病。匪直贱者若是,虽酋长之贵亦惯勤动,大风暴雨,虽夜必兴,相与徒行露立于港边,以防舟之漂荡焉,而寒湿不能使之疾也。国无医药,民亦不夭札,或壮或老,始生痘,地虽卑湿,而不见有疲癃残疾之人。是岂尽出于禀赋哉!亦由其薄滋味、寡嗜欲,元气固而腠理密也。第人尚忿争,有不平,即以刃杀人,度不免,亦剖腹自毙。所用兵器,如刀、剑、弓矢之类,亦严利劲直。弓稍长,如握檐,射则树于地而两手弯之,矢可至二百步许。盔甲制以文革,进退节以金鼓,邻国目为勍敌焉。其国西南则暹罗,东北则日本,闻东隅有人鸟语鬼形,不相往来,岂即所谓"毗舍那国"耶?

杜氏《通典》

琉球国王,姓欢斯氏,名渴剌兜,土人呼之为"可老羊",妻曰"多拔茶"。居舍大,十有六间。王乘木兽,令左右舁之。凡宴会,执酒者必得呼名而后饮,上王酒者亦呼王名,然后衔杯共酌。歌呼蹋蹄,音颇哀怨,扶女子上膊,摇手而舞。又曰民间门户,必安兽头。

按:琉球国嗣王姓尚氏,名清,父名真,祖名圆,自上世以来,皆命名以汉字,妃皆选自民间女子充之。土人称王曰"敖那",称妃曰"札喇",无"可老羊"并"多拔茶"之称也。至于陪臣则无姓氏,但以先世及已所辖之地为姓名,如王亲孔加迷益器,法司官宁沽安丹也,皆地名也。若大夫金良,长史蔡瀚、蔡廷美,都通事郑赋、梁梓、林盛等凡有姓者,皆出自钦赐三十六姓者之后裔焉。王之居舍,向南者七间,向西者七间,以南者旧制不利于风水,反以西者为正殿。

阁二层,上为寝室,中为朝堂,末与臣下坐立。凡阁门俱五色,土珠为帘柁,中三间略加金碧,傍有侧楼,亦有平屋,皆以板代瓦。荐不远地,而阶亦近除,仅如国公侯之宅,无越制也。王出入,乘肩舆,非木兽,以十六人扛之。伞盖用五色,从者数百人,鼓吹导前,戈矛拥后,仍以土珠小团扇四柄,贴金葫芦一对为仪卫,不知何所取义焉。宴会不时,礼亦简朴,陪臣遇吉,每称觞以寿王,王亦与之坐而共饮,但不至于呼名也。乐用弦歌,音颇哀怨,尝译其曲有"人老不少年"之句,亦"及时为乐"之意,如"唐风"之"山有枢"也。更以童子四人手击柝而足婆婆,以为舞焉,所谓蹋蹄之歌,女子之戏,皆非也。大抵琉球俗朴而忠,民贫而俭,富室贵家仅有瓦屋二三间,其余则茅茨土阶,不胜风雨飘摇之患。人不善陶,虽王屋亦无兽头,况民间乎?传者讹矣。

《使职要务》

洪武、永乐时,出使琉球等国者,给事中、行人各一员,假以玉带、蟒衣,极品服色。预于临海之处,经年造二钜舟,中有舱数区,贮以器用若干。又藏棺二副,棺前刻"天朝使臣之柩",上钉银牌若干两。倘有风波之恶,知其不免,则请使臣仰卧其中,以铁钉锢之,舟覆而任其漂泊也。庶人见之,取其银物而弃其柩于山崖,俟后使者因便载归。迩者鉴汩没之祸,奏准待藩王继立,遣陪臣入贡丐封,乃命使臣赍诏敕驻海滨以赐之,此得华夷安危之道,虽万世守之可也。

按:我朝封锡藩王之制,如安南、朝鲜,则遣编修、给事中等官为使,占城、琉球,则遣给事中、行人等官为使,各给以麒麟、白泽——公侯伯驸马之服,恩荣极矣。故感激图报之下,往往有人。且安南、朝鲜,固陆路可通矣。若占城及琉球,则海邦也,必于广东、福建临海之处经年造二钜舟,以涉大川。余等以一舟所费,已及二千五百两有奇,若人各一舟,非唯倍其费,抑亦不克共济矣,故止造一舟。至于藏棺、钉牌之事,原无此例,纵有之,亦无益也,故令有司不设备焉。大抵航海之行亦危矣,凡亲爱者为之虑,靡不周,有教之以舟傍设桴如羽翼者,有教之以造水带者,有教之以多备小舠者,殊不知沧溟万里,风波莫测,凡此举不足恃也,所恃者唯朝廷之威福与鬼神之阴骘焉耳。乃若领封之说,则肇自前使占城者正副畏难,不肯航海以毕事,旷日持久,渠国不获已而领自海滨,非俞旨也。尝稽古诸侯,凡嗣立俱以士服入见天子而后受封。今之四夷,即古荒服诸侯也,虽不克入觐天王,俾其于海滨领封亦无不可。盖中国尊而当安,外夷贱而当危也,岂直省不赀之实而已哉?经国者,为之建白可也。

《大明会典》

琉球自洪武年间，其中山王、山南王、山北王皆遣使奉表笺贡马及方物。洪武十六年，赐国王镀金银印并文绮等物，山南王亦如之。后赐中山王、山南王、山北王纻丝纱罗冠服，王妃纻丝纱罗，王姪、王相、寨官绢公服。永乐以来，国王嗣立，皆请命册封，自是惟中山王每二年朝贡一次，每船一百人，多不过百五十人。

贡物：

马　硫黄　苏木　胡椒　螺壳　海巴　生红铜　牛皮　檋子扇　刀　锡　玛瑙　磨刀石　乌木　降香　木香

按：琉球贡物，唯马及硫黄、螺壳、海巴、牛皮、磨刀石乃其土产。至于苏木、胡椒等物，皆经岁易自暹罗、日本者；所谓檋子扇，即倭扇也。盖任土作贡，宜其惟正之供，而远取诸物，亦其献琛之敬。则夫符玺之赐，章服之颁，得非显忠嘉善之典欤！

天妃灵应记

神怪之事，圣贤不语，非忽之也，惧民之惑于神而遗人道也。侃自蚤岁承传师之传佩敬而远之之戒，凡祷词斋醮，飞符噀水，诵经念佛之类，间党有从事者，禁之不可，则出避之，或过其宫，则致恭效程子焉。乃者琉球国请封，上命侃暨行人高君澄往将事。飞航万里，风涛叵测，玺书郑重，一行数百人之生，厥系匪轻。爰顺舆情，用闽人故事，祷于天妃之神，且官舫上方，为祠事之，舟中人朝夕拜礼必虔，真若悬命于神者。灵贶果昭，将至其国，逆风荡舟，漏不可御，群噪乞神，风定塞柳，乃得达。及成礼还，解缆越一日，中夜风大作，樯折舵毁，群噪如初。须臾，红光若烛龙自空来，舟皆喜曰："神降矣，无恐。"顾风未已。又明日，黑云四起，议易舵未决，卜珓于神，许之。易之，时风恬浪静，若在沼沚，舵举甚便，若插筹然，人心举安，允荷神助。俄有蝶戏舟及黄雀止樯，或曰："山近矣。"或曰："蝶与雀，飞不百步，山何在？其神使报我以风乎！"予以其近于"载鸣鸢"之义，领之曰："谨备诸。"已而，飓风夜作，人力罔攸施，众谓胥及溺矣。予二人朝服正冠坐，祝曰："我等贞臣恪共朝命，神亦聪明正直而一者，庶几显其灵。"语毕，风渐柔。黎明，达闽。神之精英烜赫，能捍大患如此，谓非皇上怀柔，百神致兹效职哉！然非身遇之，安敢诬也。揆之祭法，庙而事之允宜。在宋、元时，已有封号庙额，国朝洪武、永乐中，屡加崇焉。予二人缩廪，附造舟余直,新之广石;望崎行祠,则从行者敛钱以修。行当闻之朝,用彰神贶,因纪其概。高君让侃援笔举以告巡按侍御方君涯,趢之。又命福郡倅姚一和视勒诸石。

夷语附

天文门

天　甸尼;日　非禄;月　都急

风　嗑济;云　姑木;雷　刊眉

雨　嗑乜;雪　由其;星　波世

霜　失母;雹　科立;雾　气力

露　秃有;电　波得那;霞　曷嗑尼

起风　嗑济禄姑福;天阴　甸尼奴奴木的;天晴　甸奴奴法立的

下雨　嗑乜福禄;下雪　由其福禄;明日　阿者

昨日　乞奴;风雹　嗑济科立

地理门

地　只泥;土　足只;江　密乃度

河　嗑哇;海　五也;山　牙马奴

水　民足;冰　谷亦里;路　密集

石　依石;井　依嗑喇;墙　拿别

城　邌;泥　也禄;沙　是那

灰　活各力;桥　松只;砖　牙及亦石

瓦　嗑哇喇;岸　倭嗑;远　它加撒

近　即加撒;长　拿嗑失;短　密失拿失

前　马乜;后　吾失禄;左　分达里

右　民急里;上　吾乜;下　世莫

东　加失;西　尼失;南　未南米

北　乞大

时令门

春　法禄;夏　拿都;秋　阿及

冬　由福;冷　辟牙撒;热　嗑子撒
寒　辟角禄撒;暑　奴禄撒;阴　姑木的
阳　法立的;昼　皮禄;夜　由禄
早　速多;晚　约姑里的;时　土禄
气　亦急;年　多失;节　些谷尼即
正月　烧哇的;二月　宁哇的;三月　撒哇的
四月　升哇的;五月　恶哇的;六月　禄谷哇的
七月　式的哇的;八月　法只哇的;九月　失哇的
十月　柔哇的;十一月　失木都及;十二月　失哇思

花木门

茶　扎;花　法拿;米　谷米
树　拿急;果　吾乜;松　马足
柏　马足那急;竹　达急;笋　达急
枣　那都也;草　谷撒;瓜　吾利
菜　菜;梅　吾乜;叶　尼
香　稿;莲花　花孙奴法;龙眼　龙暗
荔　利是;甘蔗　翁急;胡椒　谷烧
苏木　司哇

鸟兽门

龙　达都;虎　它喇;鹿　加目
马　吾马;狮　失失;牛　吾失
兔　吾撒急;熊　谷马;象　槽
鸡　它立;鹅　答嗑;猪　吾哇
驴　仝;骡　仝;狗　亦奴
皮　嗑哇;鼠　聂;莺　打答噶
鱼　亦窝;羊　非都只;蛇　密密
猴　撒禄;龟　嗑也;雀　孙思乜
凤凰　失窝;麒麟　其獜;孔雀　公少
獅豸　害宅;仙鹤　司禄少

象牙　查查华;玳瑁　嗑乜那各;牛角　吾失祖奴
喜雀　孔加查思;鹤项　它立奴谷只

宫室门
门　勤那;窗　慢多;房　亦叶
楼　塔嗑;井　依嗑喇;河　嗑哇
御路　密集;丹墀　密集;御桥　朹只
皇门　谷佲谷;馆驿　馆牙;瓦房　嗑哇喇

器用门
盔　不力千;甲　约罗衣;刀　答知
箭　牙力;弓　由米;弦　秃奴
枪　牙力;桌　代;盘　朹只
盆　大利;瓶　飘;床　堕各
船　福尼;樟花时;舵　看失
橹　罗;篷　贺利箸　朹只
带　文帖;画　叶;书　福密
笔　分帖;字　闲的;墨　思墨
纸　嗑也;砚　孙思利;锁　沙舍奴
碗　麻佳里;屏峰　飘市;香炉　稿炉
花瓶　法拿飘;香盒　福法各;倭扇　昂季
箱子　凯;酒钟　撒嗑子急;茶钟　溥嗑子急
棋子　乞是;玉带　衣石乞各必;金钟　孔加尼麻加里

人物门
皇帝　倭的每;王妃　札喇;国王　敖那
王子　敖那吾哇;朝廷　倭每奴;大夫　大福
长史　丈思;使者　使臣;通事　度日
正使　申思;副使　付司;唐人　大刀那必周
师父　失农包;和尚　鲍子;父亲　阿舍都
母亲　阿也;琉球人　倭急拿必周;日本人　亚马奴必周

大明皇王　大苗倭的每;朝贡使臣　嗑的使者;兄　先托
弟　非都只;妻　眠多木;子　吾哇
琉球国王　倭的拿敖那

人事门
跪　非撒慢都急;说　嗑达里;拜　排是
兴　吾达里唆亦;走　乜姑;去　亦急
来　外亦利;你　吾喇哇;我　昂哇
有　阿力;无　乃;好　约达撒
歹　哇禄撒;买　乌利;卖　高叶
睡　眠不里;请来　孟美失;见朝　大立叶亦急
入朝　大立叶密达;鞠躬　乌逊皮;底头　乌其利
立住　答只歪立;叩头　嗑蓝子;谢恩　密温普古里
朝贡　嗑得那;平身　各失吾奴必约;庆贺　密由歪利
表章　虎乌;赏赐　非进的;起来　揭知
进贡　嗑得那;进表　漂那阿杰约;进本　盆那阿杰的
报名　包名;辞朝　慢多罗;回去　慢多罗
早起　速多密的;下程　林斤;筵宴　札半失
敕书　着谷少;拿来　莫只个;好看　约达撒
不好　哇禄撒;放下　吾着刻;作揖　撒哇利是礼
给赏　非近的;方物　木那哇;多少　亦如撒
言语　谷只;晓的　失达哇;不晓的　民纳失达哇
圣旨　由奴奴失;御前谢恩　恶牙密温谷里;且慢走　乌其利耐
上紧走　排姑亦急;上御路　恶牙密即的里;再叩头　麻达嗑蓝子马

衣服门
缎　恕司;纱　撒;罗　罗
紬　三米;绢　活见;布　木绵
靴　各是;袜　都谷乜;鞋　三机
帽　帽;纱帽　纱帽;带　文必
网　网巾;圆领　急那;衣服　急那

彩缎　法拿那如；绵布　奴奴木绵；夏布　拿都木绵
竹布　达乞木绵；葛布　嗑布；官绢　活见
改机　盖乞；倭绢　活见；西洋布　尼失木绵

饮食门
酒　撒急；肉　失失；茶　札
饭　翁班尼；麦　以利蒙巳；果　吾也
菜　菜；水　民是；酒饭　撒急翁班尼
鲜鱼　必沙莫知；吃茶　昂乞利比；吃饭　昂乞利翁班尼
吃肉　昂乞利失失

身体门
头　嗑蓝子；耳　眉；眉　马由
目　乇；手　帖；脚　恶失
心　各各罗；身　度；发　加监
眉毛　不洁；胡子　品其；鼻　花那
牙　华；口　谷之

珍宝门
金　孔加尼；银　南者；铜　嗑加加尼
铁　谷禄嗑尼；锡　失禄加尼；钱　熟尼
钞　支尼；玉　衣石；珠　达马
石　衣石；玛瑙　吾马那达马；珊瑚　牙马那达马
珍珠　达马；水晶　民足达马；玉石　达马衣石
琥珀　它喇；犀角　吾失祖奴；倭刀　答知
硫黄　鱼敖

数目门
一　的子；二　答子；三　密子
四　由子；五　亦子亦子；六　木子
七　拿拿子；八　甲子；九　木木奴子

十　吐；十一　吐的子；十二　姑姑好子

十三　吐密子；十四　吐由子；十五　赤赤子子

十六　吐木子；十七　吐拿拿子；十八　吐甲子

十九　吐姑奴子；二十　答子吐；一钱　亦止买每

二钱　尼买未；三钱　衫买每；四钱　深买每

五钱　吾买每；六钱　禄谷买每；七钱　式止买每

八钱　法只买每；九钱　谷买每；一两　就买每

十两　辟牙谷就每；一百两　辟牙姑；一千个　森油吐失

一万个　麻柔吐失；千岁　森那；万万岁　麻由吐失

通用门

买　吾利；卖　高叶；来　外亦利

去　亦急；说　嗑达力；看　密只

求　答毛里；起身　榻知亦急；起去　榻知亦急

起来　榻知；回去　慢多罗；说话　嗑达立

不敢　扬密撒；晓的　失达哇；知道　失知

付答　仝；回赐　仝；好看　约达撒

不好　哇禄撒；买卖　亚及耐；有无　阿力乃

东西　加尼尼失；不知道　失监子；明早起身　阿者速多

密　知

夷字附

（表略）

夷国上下文移、往来书札止写此数字。凡音韵略相类者，即通用也。

　　　　　　　　　　　　　　　　　广信府同知邹　潘
　　　　　　　　　　　　　　　　　推官方　重
　　　　　　　　　　　　　　　　　临江府推官袁长驭校正
　　　　　　　　　　　　　　　　　上饶县学教谕余学申对读
纪录汇编卷之六十六终　　　　　　　湖州府后学吴任且复订

使琉球录后序

　　天下事履之而后知、及之而后喻、未有不身试之而知其然者。壬辰岁，陈给舍暨余被使琉球命，人皆曰："航海之役，危矣哉！盍访诸前使而稽其所录耶！"越旬，获睹诏敕琉球旧章，始知前为给舍董君旻、司副张君祥，于时二君已不禄矣；而锓诸梓者，复遗失而莫之可稽：良用忧惧！乃取载琉球诸书而参考之，见其为说颇异臆纯夷，或有是也。及今夏五月，至其国。立冬风便，始归。其间得于见闻之久、询访之真者，似与诸所载少不同；是非独疑讹之故，或者风以化移、俗因时异，月异而岁不同耳。故因纪使事而复质之诸书，以见今日声教之大同而蛮夷之丕变也。虽不足续"王会"之图、成"风土"之记，然于后之奉使者，则未必无小补云。

　　嘉靖甲午十月乙亥，古燕高澄序。

（陈侃：《使琉球录》，琉球大学图书馆藏。）

3.《日本一鉴》

《绝岛新编》《桴海图经》《穷河话海》

御来（殿名）

向日向（古都宫州，今国名，隶西海。永乐戊戌，夷王源义特（持）令日向大隅萨摩三刺史入朝）

文（库名，山城大和上野皆有之）金泽文（库名，在相模）

德大德（寺名）崇德（古院名，俱在山城）天德（寺名，在豊后）

《日本一鉴》《绝岛新编》卷之四　终

《日本一鉴》《桴海图经》卷之一
奉使宣谕日本国　新安郡人郑舜功撰述

岁乙卯，（功）方奉

使日本，取道岭南。惟时治事侦风，故召司方之人以供其事，司方者，司趋向方之人也。爰究指南之书，而询蹈海之要，广求博采者久之，人有以所录之书应者，谓之曰针谱。按，考日本路经言之未详。后得二书，一曰《渡海方程》，一曰《海道经书》，此两者同出而异名也。历按是书多载西南夷国方程，而日本程途虽有其名，亦鲜有详者。一曰《四海指南》，内载三王进之使日本，取道太仓、田韭山放洋，而往野顾（寄音）、次抱里（寄音）沿入其都，夫彼路经如斯而已。近考日本之役魏晋隋唐各亦遣使，皆缘朝鲜往焉。今国家前所遣使，皆由宁波郡，往来之役虽劳，俱未见其方程也。

国初，僧宗泐为诗赠使者行云：沧茫熊野山，一发青云际。按考熊野在彼南海纪伊间，秦遣方士徐福祠堂在焉，据夫诗言，莫非取道其右欤。又学士宋濂之跋云：自翁州扬帆，五日至其国，又逾月入其都。言虽如此，亦未见其详也。自嘉靖初给事中陈侃出使琉球，取道福建以往，其从人有识日本路程者，故闽海人因知取道于小大琉球沿诸海山一路而去。又广海人郭朝卿贩稻航海市漳泉，因风漂流至其国，故广海自后亦知其道矣。若浙海人，则因彼来朝，向馆宁波，虽闻彼岛之名未闻向方之的。逮今廿有余年，中国私商络绎市彼，各有路经,但抵其域,市诸货财而已,谁究彼都之域之详耶?闻知彼地名,何亦皆倭音且如野顾、抱里之类是也?况不审彼倭字,又何从正华文?至于山川之险易,道里之远近,尤不可得而知矣。夫既不知,则虽欲往彼国,何以为从人之途哉?抑自庚戌以来,奸宄祸乱,逮今未宁,彼从逆□(者)于华夷往来、远近之道,多稔知之,而我当事之公尚有不知之者,又何从得彼域之详耶?丙辰仲夏人事既具风汛,乃期我方津,自广至倭,山水物色,见无不询,询无不志,虽不得乎山海文字之精详,亦必记其声音向方之仿佛。既入其境,但以国客之名,布忠信以宣文德,陈仁义以定奸偷,致使日本丰后君臣豁然开悟,后先归化。然当此时,勤事于彼,经历数旬,凡得诸履涉及咨诹者,若岛屿都域之统属,水陆途次之程期,住泊经由之处所,莫不各究其(指)归,又非特记其地名倭音之仿佛,且考诸翻译寄我文字之精详矣。既以得其要领,率彼文化之人稽首来王,以作尊安之计。数奇下狱,七载方申,复可言耶?但今奸宄贼寇东灭西生,已而复作焦烂之痛方深,匪监之伤更切,伏念。

圣帝仁王之立中国而抚四夷,近则驭之以情,远则怀之以德,此治天下常经也。抑且隧海之夷,远隔万里鲸波,若非察其性情,宣乎文德,容其向化,祸乱何时而定耶?此昔区区所以辄奋狂愚,但欲变夷从夏,定乱尊王。草莽孤忠,所效虽微,而国家政体所关实大。然则此方程也,岂不宜知之乎?(功)以摹图一本,前赋长歌一阕,又次述其方舆焉。目曰《桴海图经》。夫为此书也,固虽不成章句,然而究心经世之士有能察(功)奉使之诚、劾忠之实、纪录之详,庶乎有会心者,当知非泛泛焉矣尔。呜呼!治安流涕徒劳,忠爱国家,心博望穷河,尚未根源宿星海,痛昔明征定保也,今此感切以为书。书曰:无稽之言勿听,弗询之谋勿庸,若夫区区所言者,不自知其如之何。

万里长歌

钦奉

宣谕日本国,驱驰领海乘槎出(当此时也,中国奸宄勾引倭寇,出没淮扬吴越闽海之上,海隅苍生涂炭极矣。功因忝自生民,又念先世忠义,辄奋狂愚,奏行开谕取道岭南而往焉。岭海者广东别号也)。五羊歌鼓渡三洲,先取虎头出幞头(五羊,广东驿名,三洲水中之地,约去五羊廿余里,而我取道虎把门,故曰虎头门。幞头,亦海山也。在东莞东北,约去虎头百余里,二山对峙,形如幞头,故曰幞头门,我俱正出其间)。大鹏飞鸣平海札,看看碣石定铁甲(大鹏,所名,去幞头六十里。平海,所名,约去大鹏六十里,而我皆道其右。碣石,卫名,约去平海二百五十里。铁甲,山名,约去碣石六十里,皆惠海地方,我俱取道其右)。靖海东头马耳还,大家井里傍牛田(靖海,所名,约去铁甲百里。马耳海,山澳名,毗连牛田,约去靖海百十里,牛田傍其隈,皆潮海地方,而我俱道其右),天道南阳王莽灭,诏安走马心旌节(南阳,地名,约去大家井五十里。王莽,地名,约去南阳九千里,皆潮海地方。诏安,县名,约去王莽六十里。走马,溪名,约去诏安八十里,皆漳海地方,而我俱道其右)。镇海先须定六鳌,下门平静金门高(镇海,卫名,约去六鳌六十里。六鳌,所名,约去走马百六十里。若往走马至镇海,必须先过六鳌。下门,寨名,在月港东,约去镇海四十里,皆漳海地方。金门,所名,约去下门五十里,而我俱道其右)。永宁东觅乌丘侧,有马行之是准则(永宁,卫名,约去金门廿余里。乌丘,山名,在兴化海中,约去永宁百五十里。海航秘诀,乃于乌丘取道日本挨里马,即有马寄音押利迈。若西南风,用艮寅缝针;东南风,甲卯缝针;西北风,正丑针;西风,正艮针,径取有马。此盖行彼上海,夫针之论更次。凡一更者,针着经盘之底,又更换也。每一更针,若值顺风,约行六十里,凡一昼夜烧香为度,针约十更,程计六百里,验风迟疾,可约计针更数。又按验风迟疾之法,先取小薪之于船头,掷于波上,疾行船尾,按薪先后,则知迟疾,可约计针更数矣)。一自回头定小东,前望七岛白云峰(回头,地名,泉海地方,约去金门四十里,下去永宁八十里,或自回头,径取小东岛,岛即小琉球,彼云大惠国。按此海岛,自泉永宁卫间抽一脉渡海,乃结彭湖等岛;再渡诸海,乃结小东之岛;自岛一脉之渡西南,乃结门雷等岛;一脉之渡东北,乃结大琉球、日本等之岛。夫小东之域,有鸡笼之山,山乃石峰,特高于众,中有淡水出焉。而我取道鸡笼等山之上,径取七岛。七岛之间,为日本琉球之界。夫七岛也,七山交错,岛峡水紧,宜慎避趋。尽岛用正寅针,约五更,取野顾,即屋久岛寄音耀固世迈。岛有白气寻浮,故目曰白云岛。此昔我之使程也。航海秘诀,一自回头,用艮寅缝针,径取日本,凡七八日)。或自梅花东山麓,鸡笼上开钓鱼目(梅花,所名,约去永宁八十里。自所东山外,用乙辰缝针,或辰巽缝针,约至十更,取小东岛之鸡笼山。自山,南风用卯乙缝针,西南风正卯针,或正乙针,约至十更。取钓鱼屿,自屿远近多巨鲨,长约十数尺,见风帆影,逆于波上,夜则跃而有光。按海鲨鱼族类颇多,因访鱼渔,略言知者,曰珠鲨、曰锯鲨、曰刺鲨、曰虎鲨、曰青鲨、曰了髻鲨、曰犁头鲨、曰狗头鲨、曰和尚鲨、曰白蒲鲨、曰吹鲨。螺者,鸣则风雨大作。尝食鱼害人之虎鲨者,有化为虎,唊岛人畜,其余不尽闻也。而小东巨鲨,审类白蒲,向不知名谁。

某自梅花渡彭湖之小东至琉球到日本,为昔陈给事出使琉球时,从其从人,得此方程也。一自彭湖,次高华、次鼍鼊、次大琉球,亦使程也。而彭湖岛在泉海中,相去回头百六十里。钓鱼屿,小东山屿也。尽屿,南风用正卯针,东南风卯乙缝针,约至四更,取黄麻屿)。黄麻赤坎古米巅,马齿琉球逦迤先(黄麻、赤坎、古米、马齿、琉球逦迤,皆海山也。尽黄麻屿,南风用甲卯缝针,西南风正甲针,东南风正卯针,约至十更,取赤坎屿。尽屿,南风用正卯针、或寅甲缝针,西南风艮寅缝针,东南风甲卯缝针,约十五更,取古米山。尽山,若西南风用寅甲缝针,南风正卯针,约十五更,取马齿山。山北多礁,尽山,南风用正卯针或正寅针,径取华山,即高华山。次取七岛否?尽古米,南风用寅甲缝针,或寅甲针,约至五更,取大琉球。若使大琉球,用正卯针,或寅甲缝针,入哪霸港否?自港外,用正子针,约至四更,取逦迤屿。尽屿之外,南风用正癸针,约至三更,取热壁山)。热壁行行梦家剌,大罗前渡七岛峡(热壁、梦家、大罗,俱海山名,皆在琉球洋中。尽热壁山,南风用正癸针,约至四更,取硫黄山。山产硫黄,在于本山荷兰埠。按硫黄之山,非特一处,小东日本皆有之。夫此山岛,日则障烟迷目,夜如野烧烛天,山麓则有汤泉,泉水可愈疮疥。尽山,南风用癸丑缝针,约至五更,取田嘉山。自山左右,海洋间有种鱬鱼,形不满尺,翼不过尾,飞约数寻。尽山,南风用癸丑缝针,约三更半,取梦家剌。尽梦家剌,南风用正癸针或癸丑针,约至三更,取大罗山。尽山,用正癸针,约二更半,取七岛。此七岛者,在日本南,为琉球日本之界。又考略图,日本东海有七岛,于我未详。尽南七岛,用正寅针,约至五更,取屋久岛)。屋久棒津我道中,槎浮影动击飞鰤(屋久,岛名,为日本古火隅国四郡地方。自屋久硫黄白不高岛等海洋间,有鱬鱼寄音大沸易阿(トビイヲ)。夫寄因之字,大音舵,阿音窝,荷音贺,剌音辣,他字如字。此鱬鱼形类鲻,长尺许,双翼越尾九寸,余见风帆影飞鰤无算,飒飒有声。凡出使船,若见鱬鱼,须定屋久,然后放彼山鱬国都。本夷云,自本岛上,若乘西南风开洋而行,去东北约六十五更,至堺江光,经椿泊历(奴岛)上,越五小山,曰大门,岛寄音大慕佳世迈。望见淡路岛,彼一曰国,又谓大门山。我自山(右)过来岛,抵堺江,用平底舟,遴选山城国都矣。一自屋久,用艮寅缝针,约至四更,取亚甫山,即押付腮。夷曰大岛,一曰(乞)岛,寄音课射气行平。本岛港口水东流急。岛西六十里,有礁四五,人指马蹄。我自礁上开行,用艮寅缝针,约至十更,取敦理宫,寄音押兹利密耀。若不见此,则用正艮针二更,艮寅缝针五更,取江轮野,寄音耶歪懦,一名江门野岳观,寄音耶大懦阿佳密。

次用正子针一更、正癸针二更,取野岛矶关,寄音嚅世迈易梭射气南沈礁我道上。次用正丑针更,正子针四更,取淡路岛,寄音押法致世迈,一名大门山,寄音大目佳耀迈我道山上。次用正丑针三更,抵兵库港,用平底舟,遴选山城国,都俸(棒)津,其古筑紫岛地方,岛列九国,而棒津属大隅,棒津岛间,为本岛之首,悬对屋久之北,而我取道其中。本夷云,自棒津至种岛,程计三百六十里,棒津至琉球,程计三千七百里)。或取种岛定延历,或渡棒津沿山入(种岛,古大隅四郡地方,在屋久二百六十里。延历,古寺名,在山城国,都此睿山,乃夷王桓武与僧传教所开,山回十六湾,寺卓三千许。夫延历也,其为戒坛,通国度僧牒文俱出本寺,俗谓历度牒。日本夷云,若于种岛,得西南风,用艮寅缝针,约六十一更半,径取椿泊,历奴岛之上,过来岛,到堺江,用平底舟,乃进山城国都。否则种岛乘南风用艮寅缝针,约至六更,渡棒津若或道彼上海,而入山城王都,则挨棒津之上,沿山而行,可堪歇泊之处,自棒津次京泊津、次阿久根、次天草、次江坂浦、次河岛、次濑户、次平户、次博多津、次足屋、次赤坎关、次挂坐、次上关路、次宫岛、次釜雁、次竹原、次户摩、次志和久、次牛窗、次室、次兵库港。港用平底舟,次西宫、次杉田、次山崎、次下岛羽,用小舟,次日本王居,夫海航里数及陆路程详后纪程之下。我之使程,先取屋久,次种岛而行。若或道彼右海,沿诸海山而入山城国者,则挨棒津之右次山河矣)。棒津山河大泊开,千凑户浦耳之隈,细岛赤水远海接,竹岛釜江记周折(当是时也,道经种岛,欲绳彼都,飓风歘作,延荡釜漂入澳滨,故曰釜江周折)。柏岛驹妻清水湄,津龙洲崎浦户垂,东津上浦又椿泊,奴岛堺江山城郭(航海里数亦详于后纪程)。

日本古来向中天,新罗乐浪经朝鲜(新罗、乐浪,皆东海诸夷岛国,而新罗在日本西北,乐浪在朝鲜之东,今皆朝鲜之属。夫日本也,自汉光武中元始入中国,路经新罗、乐浪、朝鲜,或经百济,凡几重译得入朝焉。按百济在朝鲜之西,亦是东夷之岛,初焉百家济,故名,今属朝鲜云尔。按《汉书》,自乐浪郡徼去其国万二千里,去其西北拘邪韩国七千余里。其地大较在会稽东冶之东,与朱崖耽耳相近,故其俗法多同。自倭女王国,东渡海千余里,虽皆倭种,不属女王。南四千里至侏儒国,人长三四尺。自侏儒东南行船一年,至裸国、黑齿国,使驿所传,极于此矣。会稽海外,有东鳀人,分为三十余国。又有夷州、澶州,传言秦始皇遣方士徐福将童男女数千人入海求蓬莱仙不得,畏诛不敢还,遂止此洲,世世相承,有数万家,人民时至会稽市。会稽东冶县人有入海行,遭风流移至澶州者,所在绝远,不可往来。《魏志》,使从带方郡至倭海岸水行,历韩国乍南乍东七千余里,到拘邪韩国北岸对海国居绝岛,方可四百余里,土地山险多深林,道路如禽鹿径,有千余户,无良田,食海物自活。乘船南北市籴,又南渡一海千余里,瀚海国方可三百里,多竹木丛林,有三千诗家差有田地耕,犹不足食,亦南北市籴。又渡一海千余里,至末卢国,有四千余户,滨山海居,草木茂盛,行不见前人,好鲋鱼腹,水无深浅,皆沉没取之。东南陆行五百里,到伊都国,有千余户,世有王,皆统属女王国,郡使往来常所驻。东南百里,至奴国,有二万余户。东行百里,至不弥国,可五万余户。又南行十日,陆行一月,至邪马台国,即邪摩维国。女王所都,可七万余户。自女王国以北,其户数、道里可得略载,其余旁国,远绝不可得详。次斯焉国、次已百支国、次伊邪国、次郡支国、次弥奴国、次好古都国、次不呼国、次姐奴国、次对苏国、次苏奴国、次呼邑国、次华如苏奴国、次鬼国、次为吾国、次鬼奴国、次邪焉国、次躬臣国、次巴利国、次支维国、次鸟奴国、次奴国,此女王境界所尽。其南有狗奴国,男子为王,不属女王。自郡至女王国,一万二千里。《隋志》,使渡百济,行至竹岛,南望耽罗,经都斯麻国,迥在大海中。又东至一支国,又至竹斯国,又东至秦王国,其人同于华夏,以为洲疑不能明也。自竹斯国以东,皆附庸于倭。《唐书》,贞观遣使,未见其程,光启初期,东海屿中,有邪古波邪多尼三小王,北距新罗西北百济东南直越州,有丝絮怔珍云。《元史》,至元间,兵部侍郎黑的三使日本,至对马岛而还。又使赵良弼至太宰府而还。考略云,国初使僧祖阐等自翁州扬帆,五日至其国,又逾月入其都。永乐时,三宝太监使其国,虽有路径,惟彼境西之野顾境内无闻焉)。后来舟自肥前发,壹岐对马朝鲜落(夷国图书,肥前松本等处地方可直壹岐对马之至朝鲜,壹岐、对马,皆日本海曲山岛,今彼俱言日国属西海道)。四百八十一山名,三渡三纪路三停(自肥前之壹岐,渡对马到,凡历三渡,每渡四百八十里,自对马岛麓,沿转津、津崎放洋,乃济朝鲜之对门,或云对门在,朝鲜全州海口,为古乐浪之地,海口之东,渡新罗、次百济,延至鸭绿江。望望辽阳渡鸭绿,载遵周道路朝王屋(使渡鸭绿江,乃至辽阳,载遵周道入朝焉)。后改贡道入明州,故彼大隅始发舟(唐天宝间,新罗梗道始由明越入焉。按明州,今宁波府。越州,古会稽,今绍兴府也。又按大隅迤西地名棒津,为日本之首,沿宁波之边,故于彼中津发,初用辛酉缝针一二日,次酉针二三日,主我韭山入沈家门,或鸟沙门,乃至明州矣。又按四海之指南所载,三宝太监出使日本,自太仓刘家河津发,用正乙针,约仅一更平吴松江,用卯乙缝针,约一更平宝山,至南汇嘴,用乙辰缝针出港,打水六七文,见沙泥底,针约三更,见茶山,打水三四丈,用丁未缝针,次坤申缝针,共约三更。过大七山、小七山,至滩山东北打水三四丈,用正丁针,或午丁缝针,约三更。至霍山,用正午针,取正后门,用巽巳缝针,约三更,至茅山,用巽巳缝针,取潮州门,水深流急,我从门右而行,至升罗屿,约三更。至孝顺洋,打水五六丈,次乱礁洋,打水三四丈,见泥底。次韭山,西有樵(礁),用正卯针,约三十更。至日本港口野顾山,即屋久岛,打水三四丈,见泥底。一自滩山,次大帽山,次筲箕湾,次銮江、次粮长澳、次双屿港、次孝顺乱礁等洋至于韭山而去之。彼一自滩山、次许山、次羊山、次淡水门、次虾蟆礁、次火焰头、次汪洋港即两头洞、次崎头洋、次双屿港、次乱礁洋、次韭山往焉。海航秘诀,若于韭山得好淳风,凡一昼夜,见彼硫黄岛,然则是岛固为彼之极西也。一自乌沙门用寅甲缝针至彼,凡六七日。一自沈家门用寅甲缝针至彼,凡六七日。一自陈钱山用艮寅缝针,至彼五六日。一自广海用艮寅缝针至彼十二三日。一自南澳用艮寅缝针,至彼凡十余日。昔自马耳澳放洋往彼,凡十日,见彼诸山,十日之中,况有返风两日也。又三日过彼屋久种岛)。肥前大隅俱海泽,入唐道名见书册(夷国图书,肥前、松本、大隅、棒津,为古今之入唐道。夫日本自入圣朝,具载职方,又国书云,本朝三种神玺,二为汉魏之给,一我成祖所赐。按朝魏之使,赐之银章,今存夷臣石上家。石上,即石野守也。自汉迄魏,逮皇祖宗给与夷国长君,勘合金章,皆藏之于日本王宫。朝贡之期,人船之限,方物之数,皆有定例。凡入贡夷,必以勘合表章咨又(编者按:原文为"又",似应为"文")为凭,否则为伪贡不纳矣。夫彼夷也,固知尊王之义,感财货之恩,然非贡不得市。故彼西南海道之夷,无不谋请奉使。凡将贡朝,必先以钱一千贯价值白金二百镒,上之于日本王宫。其诸关节费余万金,乃得请给原赐勘合奉金印钤盖咨各一道,然后具方物,缮舟楫赍带入朝。既受朝廷之赏赐,又市财货以往,无不其利。但贡有恒朝物无滥至而恒不给,故夷望贡,犹农望岁,尊王之诚自诚矣。廿年以来,奸商私市于十年已往,奸贼从逆于中,中国逋逃輒以招亡不信,纳叛无征,偷生夷岛,颠倒错乱,朝贡愆期矣。夫彼之贡,若或周防礼后等国,请得勘合表咨入贡,虽于各港造舟,必于博多合舻津发。夫博多也,乃筑前之地,而筑前者,乃大内京兆大夫与大友修理大夫之均辖也,故舟博多津发焉。次经五岛,或历硫黄岛,必待清明之后淳风放洋而入中国。若或大隅、萨摩等国请得勘合表咨入贡,虽于各港造舟,亦必棒津合舻津发,次天堂。天堂者,彼曰官渡,盖谓入唐之义。或历硫黄岛,亦必以待淳风放洋入朝。若或和泉、摄津、播摩等国,得请遣使,虽于各港造舟,亦必经过博多也。如若土佐、伊豫、日向等国,得请遣使,虽于各港造舟,必经过棒津液。按日本夷,自汉以来,既通中国,其人入贡道不曰汉而云曰唐,何也？日本记云,日本之号,始唐则天皇帝之所封,原彼夷之初,鲜知华文,自唐开元以来,请授中国之学,是以彼夷渐晓中国之义,不忘唐氏之恩。按其入朝凡十余度,来王之诚如此,故曰入唐道云。夫日本戴唐德泽之深,至今不忘其号,其风化之美可见矣。今国家其来入朝三,德泽其国,固不浅于唐也。抑今祸乱不已者,但因忠信之不行,以致奸宄之隐诱,其向乐生向化乎)。十年一度使来

庭,不远风涛万里程(自成祖文皇帝朝制,定其国十年一贡,自彼山城国都至北京程,计一万一千一百里,乃得一朝贡焉)。鸟羽天堂觅鄞邑,上京三纪三千七(鸟羽,地名,在山城天堂山,堂在彼西海之中,夷云天堂官渡,盖缘入朝故名。自鸟羽过长门至天堂,天堂至鄞(编者按：原文为"勤"应为"鄞")邑,鄞邑至北京,一各三千七百里)。

奉使出入韭山前,方位不易指南篇(韭山在宁波海中,凡使出入,多主是。惟赵宋时使人临海,必以主山为准。按主山在台海中,自海门卫东去半潮水。《广舆图》云,六朝以来,其使有入温州者,此则必主南凡山。按彼有橘名温州,原自入朝移种也。又果实名福州者,原自福州移种也,未审何时至此耶？指南之义,始有周室,有荒夷裔,曰越裳国,即老挝国,凡三重译来朝,将遣还迷失故道,周公乃作指南之车以赠之,使始得还。逮音隋唐遣使海外,亦莫不本指南之义矣。今使海外者,若非此旨,又何以定向方之准。夫此书也,一曰《海道经书》,一曰《渡海方程》,一曰《四海指南》,一曰《海航秘诀》,一曰《航海全书》而俗谓之针谱。凡此书者其名虽异,而事则同也)。奸宄乱生来昔夙,敢要太利通支竺(支竺,倭之别名。夷俗敬佛重僧,以佛生于天竺,是故名支竺。曰黑齿、曰大和、曰山迹,又云山止。曰敷岛,或即大和矶城岛。曰野岛台,又云耶马台,即耶维摩。曰秋津岛,又云秋津洲。曰磤驭虑岛,又云自凝岛。曰苇原,又云丰苇原。曰小扶桑,按考扶桑乃东海远隥之岛,岛悬日本之东,相去二万余里,其国好佛而恶杀。日本之夷思慕之,故游小扶桑之名。昔阅日本之书,扶桑之夷,面有五色,爪类猿,身体多毛,腰佩刀剑,手持数珠,时常念佛,日本之夷輒效之。昔问之曰,扶桑日本人既好佛大何佩刀？乃曰好念佛,本善心,好佩刀,诛盗贼,故我佩刀逢善不杀。我本好佛,若遇贼寇,宁以慈悲驭之乎,不按金刚揭帝图像,其皆佩刀矣。又闻扶桑之树,长大无比,蠶自生于其上作

门云长三尺许,而帛经纬,则人为之,凡诸机织则付草虫。草虫状类促织,吴人谓之曰络纬,而俗谓之纺绩娘,其大如人而机织焉。又其地产圣水,若人断手足,即以圣水可续之,若腰颈则元气散而不可接矣。又多产羊,剖腹取脂而食。悉见夷国之书,于我漠然无所考,事难凭信也。夫曰,日本谓唐则天所封曰寿安,镇国山乃成祖文皇帝之诏)。获罪于天竟不归,构倭残破我藩篱,边氓无数受荼毒,江湖廊庙忧心腹,念言治乱如用医,若还忌讳苦疮痍。封书北上黄金阙庙俯悯蒭荛拙,自持忠信代戈兵,良知文德圣神灵,但将仁义作舟楫,大弓远定扶桑穴(大弓二言,合为夷字)。道广飘飘入澳滨,策马往见丰后君(然当是时,吴越闽海皆事殷,而我取道于广,往谕日本王。行彼域中,飓风乃作,漂入澳滨者,乃彼豊后之地,在釜江之西,而豊后为日本分封之国,其若姓名源义镇为日本国王宗族,其辖豊后、筑后、肥后、肥前、筑前等国,又日向国犬牙属之。彼谓六国津港上多奸宄,且众偷偷而来者,彼之国君不知也)。因彼部曲藏奸匿,用言忠信宣文德,叶一之禁在夷王,遣使间关苦海航(按考日本列国六十有八,向者各相吞并,虽弱敌者耻告夷王,多剖腹而死。夫战胜者,或据其地,设有部民不服者,告于夷王,则必选人以守之。既得彼情,用是遣使于山城,开谕日本长君,则其列国六十八区,乃得叶一禁止。若豊后之谕,但能禁止六国,其诸列国,止可移书,由其禁否而已。是以从事愿甘艰险,迂曲其途,开谕日本长君,以作交安之区计,区居贡其成功,亦未可以岁月计也。又按日本长君,姓名源知仁,历世相传,迄今不易)。我居豊后究夷俗,得其要领思归复,皆使来归速治安,遡风飘忽马蹄烦(马蹄,礁名,在乞岛西六十里,北近五岛,东南悬对屋久四更针。自岛之西,有礁四五,织如马蹄,故人目曰马蹄礁。船触即破,彼夷至恶之,乃曰课射气,课射气者,寄音也,翻译华文则曰乞礁,夷以是礁恶之犹乞丐尔)。

延回大小琉球曲,神光导引归盘谷(况既风泛非时难绳针路,历诸险阻,延回大琉球,抵一小岛,夷音耶剌付,岛夷尚知王化也,续漂小琉球,此岛夷不远于禽兽尔。于是时,狂风折舵,而船欲覆,祈祷于神,有光类火,其大如升降于船,又异香袭人,风稍恬乃备舵易之而行。于时,雪浪滔天,惟舵着水,夜甚昏黑无所见,众又祈祷于神,复有火光如缆拽船迤□(逞)至广。艄师云,斯神者,乃宋灵惠夫人林氏也,三月廿三日为其诞辰,边腹之民多祀之,航海之舟多奉之。按永乐己丑,使海外国,乃以斯神在海着灵,遂于京师仪凤门营造神宫,诏封斯神为护国庇民妙灵昭应弘仁普济天妃,庙额曰:弘仁普济天妃之宫。岁以正月十五日及三月廿三日,遣官致祭,著以为令。夫此神也,既受明祀,护国庇民有如此。而我羹藜含糗之人,又岂不爱国家乎。士民一揆,宜深念之。夫广岛屿犹如乱麻,谷口甚多,人不易识,况非泛月不期之至于斯也)。

四旬始定海珠山,岂非有数存其间(槎还之际,上东北风,拟入浙海,仅五六日程。不意深流,至于四旬之久,复见海珠,岂非有数存乎其间耶?海珠,寺名,在五羊驿之西南)?归来众楚咻说,耿耿孤忠系缧针,从事功成世数奇,身亡岭海尔为谁(当使日本馆于豊后,故违从事沈孟纲、胡福宁赍书往谕日本王,获其听信。既行禁令,与之回书,归经豊,后来至岭海,痛被奸宄,要功此白,有司而不之信,下之于岳信报郑遵、程文元告语军门,又不之信。比以从事鲍仲麒往伸救之,既至彼中,而效役者已陷杀于其间矣。痛此使者远涉鲸波,深入羊肠,探诸虎穴,归复天朝,历尽艰险,竟遭陷害。虽庸人孺子,使之闻之,宁不奭伤也夫)?痛为华夷民作福,厄运未穷遭僇辱,那更身为无罪囚,坐视航海苦不休。悉怛谋兮重可惜,杨完者兮名不一,曲徒之言信不诬,焦烂头颅苦奏敷,初言不忍验今日世道奭伤殊。曩者,昔不计庚辛壬癸言,不计甲乙丙时年,丁戊计年不计月,伐取柯梅那见叶(柯梅,舟山地名)。明年潮海闽元宵,室庐扫尽放灯烧,月港洪塘随火热,三爿五屿飞蝴蝶(月港,漳海地方;洪塘,福省地方;三爿,苏海地方;五屿,漳海地方)。去年岭表飞烟灰,闽下浙东良可悲(岭表者,广东也)。今年梅岭兵火恶,浙海渔歌痛残削(梅岭,漳海地方,人多航海,番商云无漳不行洋,故通番辈岁久忘归,勾引夷寇为害父母之邦云尔)。闽浙浪过打江西,泉海涌涌涨安溪(安溪,县名)。云盖十年联络绎,循海潮声殊恶逆(云盖,宋僧寺名,址在南澳之阳,循海者,惠海也)。

罗源滋蔓苦黔物,拨乱反治闻何迟(罗源,县名)。蒻荛自爱葵心赤,葵藿不堪尤,肉食肉食,尤时早伐谋,伐谋早纾宵旰。尤嗟彼狂愚郑国客,况无官守无言责(国客之名,盖因奉使之际,遵蒙本部尚书杨令言,但以中国百有年来,未尝遣使日本国,是故不敢承领文移,取辱使命,但以国之名先之,以忠信之言晓之,以仁义之道要之,以文德之教使蛮貊之民乐生于化日之下,自谓用尤变夷一端尔)。

一羽轻宁能,东海作长城。

《日本一鉴·桴海图经》卷之一终

《日本一鉴·桴海图经》卷之二

奉使宣谕日本国　新安郡人郑舜功参绘

沧海津镜

（图略）

夷都东去陆奥东,垂凡百余日程,地方绵邈,不及图编。

《日本一鉴·桴海图经》卷之二终

《日本一鉴·桴海图经》卷之三

奉使宣谕日本国　新安郡人郑舜功编纪

天使纪程

按考日本之域,计其延袤广轮东西距三千八百七十里,南北距五百三十里（按彼一里凡六町,若中国一递铺程）。又按水陆之道,一自山城遵海西至长门,西垂程纪,一千九百七十八里。又自长门西至渡自丰前,次足屋至大隅西垂,通纪二千一百八十里,陆行五十余日。惟论驻马之程,不计行路之数。一自山城陆行至摄津渡赞岐,取道土佐东小路之至西小路,乃羊肠之径,滨渡日向之至大隅西垂,凡五十日。一自山城遵海东至陆奥东垂,程纪三千五百八十七里。山城陆行至陆奥,又凡五十日余许。按此陆奥,为其列国,道属东山,其辖五十四郡,东西距八十余日,南北距四十余日,以日本之域较之,陆奥而相过半矣。其先夷王圣武以僧行基巡行通国得一周遭后,虽本夷鲜有周游者也,功何得以遍观焉?自原菀荛生乎宇宙,盖缘蛮夷猾夏,民物涂泥,原无官守之拘,亦无言责之寄,若夫恻隐羞恶是孰无之,又念先世忠义,因辄奋其狂愚,尚欲亲涉其国,用夏蛮夷,塞源拔本而为底定之计。此昔所以愿竭朴忠,

奏蒙

隆命启行隃海,经历不测之渊,念活苍生,期献

太平之颂,用是诞

敷

文德实显

神灵化外来

王,摅衷下狱,初不罹乎娼嫉,今奚复有奸偷缧绁,何辜赤心,肯涅

九重远听百姓殷尤。忆昔忠勤,当存皂白,悲伤世道,岂慕丹青,既经万里王程,聊就一书纪录,于是大书汉字,小寄倭音,若夫涉水、登山、停舟、驻马,悉

为详纪,庶见明征。前此图程,惟纪海道,其他多岛不入图编,况夷岛之名,古今殊异,寄语更变,

天使宜知,克念

委用之勤,敢取不恭之罪,嗟嗟谬语,事在

圣谋①

【　　　　　　　　**夷海右道**

硫黄岛(易付岛佳世迈),孤山以产硫黄故名,乃西海古大隅(阿岛自审)。地方为彼极西之域,近延宁台之边。凡我出使若在韭山开洋得乘好风一昼夜可见此岛,岛有望瞭所,又谓探题所。人烟六七十户,可以暂停避东北风。是岛也,地吐硫黄之气,日则障烟蔽上,夜如野烧烛天。岛上多竹,岛麓汤泉可愈疮疖。西风次二百五十里渡至屋久岛,次二百里渡至种岛。径取日本山城国都,一于本岛可乘西风次三百里渡至种岛,一乘西风次一百八十里渡至棒津(荷利)。

屋久岛(耀固世迈),孤山一曰野顾,即白云岛。岛有白气寻浮,故人目云乃古大隅地方。今属种岛,人烟颇多,海产鱼(大沸易阿),其形类鰡,长尺许,双翼越尾凡寸余,见风帆影飞翀无箨飙飙有声。凡我出使初见硫黄岛次准本岛,若见 则验矣。舟行不停,南风次二百里渡至种岛,径取日本山城国都,若缘山行则于本岛南风次四百八十里渡至棒津,挨从山右一路而去。

种岛(太业懦世迈),孤山古大隅四郡地方。人烟颇多,岛产牛马等兽。人目之曰:大隅洲港产佳鱼(阙文易阿),屋久萨摩皆有之。本港多礁不堪停泊,山溪之水流入于海间,咸淡水常产泽鬼,人浴于此遭食腹肠惟上田(鸟刺太)。自港可避西风,南风用艮寅缝针约六十一更半径取其都,本岛南风三百五十里渡至山河,三百六十里渡至棒津。

棒津(荷利),其名入唐道,古大隅地方,可停次一百三十里至山川津。

山川津,一曰山河(耀迈佳),古大隅地方。可停内曲袖曰,一曰植宿(易付自气),次种山(太业耀迈),次鹿岛(世迈),今萨摩(腮兹迈),司牧岛津(世迈兹),居之次宫岛(密耀岛致),大隅司牧居之次喝食(课射气),又内曲转次高洲(大佳自),次下津或约房津(世自兹),次茂户岛(目课佳世迈),次根岛(业兹审)。今皆西海萨摩地方,盖为曲道则于山河次三十余里至大泊。】

---

①　以下原文有遗漏,根据中国国家图书馆藏《日本一鉴·桴海图经》补正。

大泊，一曰大门泊(阿大迈利)，可停次七十里，经月浦津，一曰胆月即肝属(气目兹气)、次志布志(世布世)、次小岛(固世迈)，在海曲港仅通舟，水浅潮退，舟胶难泊，皆古大隅地方，次至千凑。

千凑一曰血野凑(致懦怒密奈大)，古大隅地方，凑口可停，凑内胶舟，不堪系泊。次二百五十里至门浦。

门浦，一曰户浦(大懦岛剌)，港大可停。次三十里，经目井(蔑异)、次至油不郎(押付剌)，港小可停避西北风，皆古大隅地方本浠，次五十里至内海。

内海(乌致乌密)，古日向(沸乌佳)地方，港小可停。若或自此入其都，次渡内海三十里到彼岸，次十里室部(耀沸世)，次三十里阿苏(押梭)，次四十里朽网(固太密)，次六十里田北(太气太)，次六十里丰后(付课)，次六里澳滨(乌气法迈)，次田原(太歪剌)，次玖珠，一曰球珠(固自)，次小仓一曰小郡(课固剌)，次二百里，渡至赤坎关(押佳迈射气)，次二十里，府中，一曰府国(固易固委)，次二十里，挂坐(法固)，次三十里，阿嫂(押腮)，次二十里(付业气)，次三十里山中(耀迈奈佳)，次三十里小郡(课固剌)，次三十里山口(耀迈固致)，延入其都。若必遵海道，则于内海次一十里至赤井。

赤井(押佳异)，古日向地方，次二十里至伯。

伯(阿致标)，次一百三十里经德潭(大固懦付致)可停，次耳(密密)，可停，次土持(兹致迈兹)，皆古日向地方，欲至细岛。

细岛(荷梭世迈)，古日向地方，港大可停，避东南风。本岛水程径行四百八十里，渡浦户，否则本岛次二十里经佐泊(腮气大)，次至垢水。

垢水，一曰赤水(押佳密兹)，古日向地方，可停，次三十里至东海。

东海，一曰远海(大乌密)，古日向地方，可停，次二百三十里至竹岛。

竹岛(太杰懦世迈)，今丰后(付课)地方，可停，次一百六十里经彦岳山(沸课太杰耀迈)麓，次坂关(腮佳射气)，海产佳鱼(太奈易阿)，长二尺许，其味甚甘。关上高岛(太佳世迈)，乃大友司牧修理大夫闲避之居，岛之上游曰臼杵(乌自气)，一曰臼杵庄，古日向地方，相去丰后府内(付奈)六十里，本关陆道可通。若循海道，次至釜江可达。

釜江(佳迈耶)，丰后地方，可停，内曲用小舟，次四浦(右懦乌剌)，口遴抵古河(付六佳歪)，即府内也。海曲之中，次曰澳滨(乌气法迈)，澳浅胶舟，不堪系泊。陆行府内，凡五六里，皆为曲道，则于釜江，次一百三十里，渡至柏岛，或于本江次一百二十里渡至蒙岛，或自本江次五十里渡至小路岛。本夷云，其都水程,自丰后,次丰前渡长门入山城,约凡十日,于路有关可泊。一自丰后渡土佐入山城,凡十二日,于路无关,船多野泊,陆自丰后渡长门至山城,凡二十五日,路甚间关。

小路岛(阿课六世迈)孤山,次三十里渡至蒙岛。

蒙岛(目世迈)孤山,今南海土佐(大腮)地方,次一百七十里渡至土佐之清水(世密兹),小舟可遴抵中村(奈佳慕剌),为土佐司牧所居,或自本岛次七十里渡至驹妻(固迈茂),或自本岛次五十里渡平深海(付佳乌剌),次至柏岛(押世歪世迈)。若或陆路往中村,必由港内取道西小路之椿泊(兹法气大迈利),次半日程至(佳懦乌剌),次二日程渡至洲户(自慕大)。一自(佳懦乌剌)次半日程至赞岐(腮怒气)之凑(密奈大),次半日程渡至洲户,次半日程渡至兵库港,而入其都。若或洲户渡堺江,凡一日程。一自深港至凑,皆羊肠之径。一自土佐之山城,次(欲世押密着深押密),次(押气),次(押易押魏),次赞岐之凑,渡堺江遴入山城,约凡十日程。按其土佐地多产鳖,海多产鲤(佳兹阿),蒸干味美。一自土佐之椿泊,由纪伊之东,遵彼右海,次大和,次伊势,次伊贺,可达其都,可入学校矣。

柏岛(押射歪世迈),土佐地方,可停。次五十里至驹妻。

驹妻,一曰小荳(固迈蔑),土佐地方,港大可停,次七十里至清水。

清水,一曰志水(世密兹),土佐地方,此港多礁,港内山河淡水可饮,河产鲷鱼(奈欲世),长不满尺,其味甚甘。次三十里经足津(押射兹密密腮气),次津龙(兹懦太兹),可停。次至四崎。

四崎(右兹腮气),土佐地方,港无人烟,可以暂停,次一百八十里经洲崎(兹腮气),乃司牧东小路所辖地方,外港可避东北风,内港可避西南风,次浦户(乌剌大),港小可停,次庭(迷易),次至东津留。

东津留,一曰户路(大懦兹六),土佐地方,可停,次一百八十里至室三崎。

室三崎(慕六兹六密腮气),土佐地方,次一百三十里,渡至江浦。

江浦(耶懦乌剌),一曰上浦(课懦乌剌),土佐地方,可停,次二百里至椿泊。

椿泊(兹法气大迈利),土佐地方,可停,避东南风,次一百二十里经怒岛(怒世迈),南海淡路地方孤山,于山之上,渡经五小岛,一曰大门岛(火目佳世迈),岛如一字连珠,次渡探暴关(太又懦歪射气),次至来岛。

来岛(课世迈),五畿和泉(易兹密)地方,可停。次一百三十里至堺江。

堺江(腮佳耶),和泉摄津(兹懦固又)毗连地方,可停。南至纪伊(气懦固又)熊野山(固迈懦耀迈)一百八十里,北用平(底之舟遴)进内港幡部川(歪大奈穴佳歪),山河淡水,六十里至小坂。

小坂(阿腮佳),五畿摄津地方,山河淡水,次五十里至守口。

守口(目利固致),五畿河内(佳歪致)摄津交界地方,山河淡水,次六十里至八幡。

八幡(耀歪太),官(宫)寺名,五畿山城(耀迈射六)地方。八幡者,为其夷第四十代王应神号称八幡菩萨之社祠,祠前山河淡水,自祠之右,其都之左,远山发源二千里余。左近山曰宇治山(鸟致耀迈),左近川[①]停避四风,内为曲道,则于天草,次一百八十里渡至军瓦。

【左近川曰宇治川(岛致佳歪)。合其都右之源流下八幡平底之舟,次三十里遴进至淀,其都左右二源小舟可遴。

淀(欲山大),山城地方,四垂山河,中有人烟,近下鸟羽。

下鸟羽(世目大法),小舟可遴,内葛川(佳兹剌佳歪)。水自其都之右远山发源千百余里,右近山曰鸟羽山(太法耀迈),右近川曰鸟羽川(大法佳歪),其司牧曰(秦大),所辖自下鸟羽可乘小舟次二十里至日本王居,或下鸟羽取道陆路有牛车轿马次一十五里至上鸟羽。

上鸟羽(佳审大法),迤 至日本王居。

夷海上道

硫黄岛(易付岛佳世迈),西南风四百余里渡至乞岛,南风五百余里渡至五岛,五岛二百五十里渡至平户,平户三百五十里渡至博多,博多五百余里渡至赤坎阇阇,上可遵山阴等地方。我道其都挨从山右一路而去,否则本岛可乘西风次一百八十里渡至棒津挨从山上次经久志一路而去。

棒津(荷利),古大隅地方,次一百八十里经久志,一曰丰津(固世),次门泊(大迈利),次片浦(押大剌),可停次至伊地久,皆西海萨摩(腮兹迈)地方。

伊地久,一曰伊筑(易致固),萨摩地方,可停次五十里至今日泊。

今日泊,一曰京泊津(耀大迈剌),萨摩地方,可停次一百八十里至阿久根。

阿久根(押固业),萨摩地方,可停次一百八十里经小野濑(课懦懦射),西海肥后(沸课)地方,次渡至天草。

---

① 原文有遗漏,根据中国国家图书馆藏《日本一鉴·桴海图经》卷之三补正。

天草(押迈固腮),孤山西海肥后地方,可停曲内之山,曰志木(世气),曲内海曰白川凑(世刺佳歪审奈大),港内可停避四风,内为曲道,则于天草次一百八十里渡至军瓦。】

军瓦,一曰户坂浦(大懦腮佳固乌刺),一曰江坂浦(易致腮佳固乌刺),西海肥前(沸射乂)地方。次井泽,一曰伊佐草(易腮歪)。次大村津(阿慕刺兹),海产蛎蝗,中间有珠。次三浦(密懦乌刺),次濑户,为之曲道,一于江坂浦。次口野津(固致懦兹),次有马(押利迈)岛,自老山发脉,阴则由脊连之,潮长小舟可通,潮退人迹可涉。次岛原(世迈法刺),次三江(密耶),次三浦(密懦乌刺),次濑户,亦是曲道,皆肥前地方。则于江坂浦,次一百八十里,渡至河岛而为天道。

河岛(佳歪世迈),今有马(押利迈)地方,二山如门,港大可停,西风一百里至有马。一自本岛,次一百八十里至濑户。

濑户(射大),港中可停,次松元(迈兹刺),皆肥前地方,按松元其为古之入唐道。松本之湖,周遭五百余里,湖海西山,山上多鄺,人目客舍(押射),一曰廿日市(法兹懦易致)。次博多,为曲道,则于濑户次一百八十里渡至平户为矢道。

平户(沸刺太)孤山,古肥前地方,今隶丰后(付课),港口松浦(迈兹乌刺)可停避东北风。本山曲转右股曰交趾(课致),裹港松原(迈兹法刺),可避四风,为平户司牧所居。交趾西曰(世射气),有观音庵,神诞之际,间有神虎见焉,唊人畜而后隐松浦之间。今有唐人厉鬼祠,自平户次三百五十里渡经长野(奈佳懦),次今津(易迈兹),次鄺或即呼户(课大),次至博多津,为曲道。一自平户往博多,水陆行程四百五十里,许记其沿途地名,自平户次渡(大沸),次(自易),次(易迈付固),次(迈兹刺),次(易迈兹),次博多津,若自平户至博多,乘风绳路一日程约一百八十里。

博多津(法(佳)太兹),西海筑前(致固射乂)地方,可停,次挑洋,行二百一十里至足屋,沿山行,次三百五十里至足屋。

足屋(押射耀),西海丰前(付射乂)地方,次二百里渡至阿开间关,一曰阿加摩关,即赤坎关(押佳迈射气),山阳长门(奈佳大)地方,可停,次二百里至挂坐(法付),长门地方,可停。一云自赤坎,次二百七十里平挂坐,次挑洋行一百八十里至上关路若,或挂坐沿山而行至山口。如风不顺,或是倭船眠桅过之。

山口(耀迈固致),山阳周防(自法乌)地方,为大内司牧左京兆大夫所居山麓,出海风水不便,倭船眠樯而过之,自山口次一百八十里至上关路。

上关路(佳密懦射气密致),周防地方,可停,次一百七十里渡至宫岛。

宫岛(密耀世迈)孤山,山阳安艺(挨气奈)地方,相去海面三十里,港大可停避西北风,次九十里渡至釜雁。

釜雁(佳迈佳利)孤山,安艺地方,可停,次一百八十里渡至竹原。

竹原(太杰歪剌),安艺地方,可停,次一百八十里至友地。

友地,一曰户摩(大懦密),山阳备后(沸乂课)地方,港大可停防南风,次一百里渡至连岛。

连岛(兹剌世迈),或即志和久(世法固),七山交错为港,南海赞岐(腮怒气)地方,相去山阳备中(沸兹致乌)海面三十里,可停,次一百八十里渡至牛窗。

牛窗(乌世迈大),山阳备前(沸射乂)地方,可停,次一百里至室。

室(慕六),可停,次一百三十里经明石浦(押佳射乌剌),皆山阳播摩(法里迈)地方,次至兵库港。

兵库港(押耀鸟课懦乌剌),一曰日护(沸课),五畿摄津(兹懦固乂)地方,可停,港内杉田川(自太佳歪),中港长川(奈佳兹佳歪)。有桥阻舟下港幡部川(歪太奈穴佳歪),则于兵库港用平底舟次五十里至西宫。

西宫(乂世懦密耀),摄津地方,摄津司牧居处,近田川(押固太佳歪),山河淡水,可停,次五十里至杉田。

杉田(自太),摄津地方,山河淡水,次六十里至山崎。

山崎(耀迈腮气),摄津山城(耀迈射六)毗连地方,山河淡水,可停,次三十里至下鸟羽。

下鸟羽(世目大法),小舟可遴至日本王居,若下鸟羽取道陆路,牛车轿马次一十五里至上鸟羽。

上岛羽(佳密大法),迤逦至日本王居。

夷岛陆道

棒津(荷利),古大隅(阿乌自密)地方,可驻,次伊筑。

伊筑(易致固),西海萨摩(腮兹摩)地方,可驻,夷云大隅古以山脊为界,次井利市。

井利市,一曰伊力(易利致),萨摩地方,可驻,次阿久根。

阿久根(押固业),萨摩地方,可驻,次根岛。

根岛(业兹密),萨摩地方,可驻,次(路失记名)

(本路失记其名),西海肥后(沸课)地方,可驻,次八代。

八代(耀兹射六),肥后地方,可驻,次高足。

高足,一曰鹰濑(太佳世),西海肥后地方,可驻,次濑垂。

濑垂,一曰濑高(世太佳),西海筑后(致固课)地方,可驻,若此陆路之丰后(付课),次一日(太佳法目),次一日过大高岭,岭之西麓有汤泉(右歪沸),次一日至丰后(付课)。若或濑高往平户(沸剌大),次渡海(易腮歪),次陆行(密兹密),次(阿慕剌),次(押鸟剌),次渡海至平户。若自濑高往山城次(路失记名)。

(本路失记其名),西海筑后地方,可驻,次宰府。

宰府(腮付),其古太宰府,又曰探题,所西海筑前(致固射乂地方,可驻,次博多津。

博多津(法佳太兹),筑前地方。若此陆路之丰后,次一日行至筑前府中(付兹),次一日筑后(致固课),可驻,次一日东行至于大高岭,岭之西麓有汤泉,过岭东行,又见大高岭,岭之西麓亦有汤泉。行过岭,又东行至小低岭,岭之西麓亦有汤泉。行过岭至豊后,若自博德往山城,次(失记路名)。

(本路失记其名),筑前地方,可驻,次狩。

狩,一曰满(乌兹剌),西海丰前(付射乂)地方,次国罗。

国罗,一曰小仓(课固次),或曰小郡(阿固乂),丰前地方,登舟而宿,次足屋。

足屋(押射耀),丰前地方,人烟可驻,次渡赤坎关。

赤坎关(押佳迈射气),山阳长门(奈佳太)地方,渡口可驻,次府国。

府国(课课固口固委),长门地方,次朝佐。

朝佐,一曰浅(押腮,)山阳周防(自法乌)地方,可驻,中路人烟,不入径过,次山口。

山口(耀迈固致),周防地方,若由矢道不入人烟,次(失记路名)

(本路失记其名)周防地方,次小畑。

小畑,一曰小波田(阿法太),山阳安艺(押气奈(衍字))地方,可驻,中路不入径过,次廿日市。

廿日市(法兹佳易致),安艺地方,可驻,中路无人烟径过,次壁。

壁,一曰声部(佳穴),安艺地方,可驻,次出肚。

出肚,一曰山原(易迭歪剌),安艺地方,次吉田。

吉田(右世太),安艺地方,可驻,次(路失记名)

(本路失记其名),安艺地方,次横田。

横田(沸课太),安艺地方,可驻,次高山。

高山(太佳耀迈),安艺地方,次户九。

户九,一曰三原(密歪剌),山阳备后(沸乂课)地方,可驻,次尾道。

尾道(阿懦密致),备后地方,次成轮。

成轮(奈利歪),古备州(沸右)地方,可驻,次笠冈。

笠冈,一曰河歌(押梭押),古备州地方,次品川。

品川(佳奈佳歪),古备州地方,次分气。

分气,一曰和气(歪杰),山阳备前地方,次烧山。

烧山(耀气耀迈),备前地方,可驻,次酌子。

酌子(射固世),备前(沸射乂)地方,次五着。

五着(阿法固),山阳幡摩(法利迈)地方,可驻,次三木。

三木(密气),幡摩地方,次明石浦。

明石浦(押佳射乌剌),幡摩地方,浦多,人烟可驻,次兵库港。

兵库港(沸耀乌课懦乌剌),五畿摄津(兹懦固乂)地方,次五十里西宫。

西宫(乂射懦密耀),摄津司牧所居,可驻,次二十里小屋。

小屋(课耀),摄津地方人烟,次二十里善川。

善川(射佳歪)摄津地方,次七十里山崎。

山崎(耀迈腮气),摄津山城(耀迈射六)毗连地方人烟,次二十里过渡。

渡(大懦目剌),五畿山城地方,渡口人烟,渡二十里上鸟羽。

上鸟羽(佳密大法),人烟联络,次五里塔寺。

墙寺(大射),人烟联络,次日本王居。

日本一鉴　桴海图经　卷之三终

(日文略)

《日本一鉴·穷河话海》卷之六(以下富冈家本写ニ依リ补フ)

奉使宣谕日本国,新安郡人郑舜功纂叙

流航

备按海航漂至日本者,始自秦始皇,时以方士徐福部童男女数千人入海采神仙药不克,惧戮流注(住)夷澶(即远江纪伊之地)二洲,僭称秦王国号。逮后汉时,会稽东冶县人有入海行遭风流移至澶洲者。所在绝远,不可往来。宋咸平壬寅,建州海贾周世昌遭风漂至日本国,乃于大中祥符戊申岁,与其国人滕木吉至上召见,以国诗献,及陈所记州名年号,赐装钱遣归。淳熙丙申,其国之船漂至明州,众皆不得食,乞至临安者复百余人,诏人日给钱五十文、米二升,候其国舟至日遣还。淳熙癸卯,七十三人漂至秀州华亭县,诏给常平义仓钱米以赈之。绍熙丁未,漂至泰州及秀州华亭县,复有漂风而至者,诏免抽出常平米而遣之。

庆元庚寅,漂至平江府。嘉泰丙辰,漂至定海县,诏并给钱米遣归国。皇明嘉靖癸未,福建市舶太监赵诚奏称,海上夷人遭风漂船,奔逃海岸乞食被获,即今日逐关给口粮,拨军方守,亦欲伺便放归本国。又广东之揭阳县大家井民郭朝卿贩稻航海市漳泉,遭风漂流至其国,既还,得知海道,复贩货财私市矣。故滨海有犯罪者,亡入彼中。彼岛之主不知为罪犯,而哀落魄唐人,多给之。文移令周游所部,及别岛主与本岛主之亲,故以济,究苦自足,罪犯错综盘固于夷岛,岁增月益乎其间,诱引倭夷,从来海市,渐为倭寇边之患也。

海市

备按日本之夷航海来市中国者,初载《汉书》,夷澶二洲之夷,时至会稽市。《唐书》光启己酉,其东海屿中有邪古、波和、多尼三小王,北距新罗西北、百济西南直越州有丝絮惟珍云。宋雍熙甲申,夷僧奝然入朝,乃附台州宁海县商人郑存德船以归。元丰戊午,明州言日本太宰府遣通事僧仲回附泛海商人孙忠入朝。乾道己丑,始附明州纲首贡方物。元至元丁丑,遣商人持金来市铜钱,诏许之。大德戊戌,僧宁一山者,附商舟往使不报。至大初,招其来市。明年己酉,彼从之来互市,庆元路即不满所欲,卒燔仪门及天宁寺馆而去。皇明洪武辛亥,福建兴化卫指挥李兴、李春私遣人出海行贾,上命都督府臣严处之。洪武丙辰,日本人滕八郎以商至,献弓马刀甲硫黄之类,却之。伏按国制母倭商市之条,惟入贡夷顺带货物,许诸人互市。嘉靖甲午,给事中陈出使琉球,例由福建津发,比从役人皆闽人也。既至琉球,必候泛风乃旋,比日本僧师学琉球,我从役人闻此僧言日本可市,故从役者即以货财往市之,得获大利而归,致使闽人往往私市其间矣。后有私市,平户岛岛夷利货即杀闽商,未几,天乃雨血其地,地复出血,岛夷俱灾,遭杀诸商皆见梦于岛主,岛主寝疾立庙祀之,其岛始安。自后私商至彼,待以殊礼,缮舟匮乏,岛夷称贷,故私商众,福乱始渐矣。夫广私商,始自揭阳县民郭朝卿,初以航海遭风漂至其国,归来亦复往市矣。浙海私商,始自福建邓獠初,以罪囚按察司狱,嘉靖丙戌越狱,逋下海诱引番夷私市浙海双屿港,投托合澳之人卢黄四等私通交易。嘉靖庚子,继之许一(松)、许二(楠)、许三(栋)、许四(梓)勾引佛郎机国夷人(斯夷正德间来市广东不恪,海道副使汪鋐驱逐去后,乃占满剌加国住牧,许一兄弟逐于满剌加而招其来)络绎浙海,亦市双屿大茅等港,自兹东南衅斗始开矣。嘉靖壬寅,宁波知府曹诰以通番船招致海寇,故每广捕接济通番之人,鄞乡士夫尝为之拯拨,知府曹诰曰:今日也说通番,明日也说通番,通得血流满地方止。明年癸卯,邓獠等寇掠闽海地方,浙海寇盗亦发,海道副使张一厚,因许一许二等通番致寇,延害地方,统兵捕之。许一许二等敌杀得志,乃与佛郎机夷泊双屿,伙伴王直(的名鋥即五峰),于乙巳岁往市日本,始诱博多津倭助才门等三人来市双屿。明年复行,风布其地,直浙倭患始生矣。岁丙午,许二许四因许一许三事故所欠番人货物无偿,却以奸党于直隶苏松等处地方,诱骗良民,收买货财到港,许二许四阴嗾番人抢夺,阳则宽慰被害之人,许偿货价,故被害者不知许二许四之谋,但恐番人抢夺,自本者则舍而去之,借本者思无抵偿不敢归去,乃随许四往日本国,价以归舟至京泊津。遭骗之人,浸以番人抢骗财货之故,告于岛主,岛主曰:番商市中国,敢抢中国人财,今市我国,莫不怀掳矣。即杀番人,乃以薪粒等物给许四,使送华人以归。许四自思初欠番夷货物,又失番夷商贾,归竟不敢向双屿,却与沈门林剪许獠等合综劫掠海隅民居。许二以兄弟许一许三丧亡,许四不归,所欠番人货财不能抵偿,遂与朱獠李光头等诱引番人寇劫闽浙地方矣。明年丁未,胡霖等诱引倭夷来市双屿,而林剪往自彭亨国诱引贼众来,与许二许四等合为一踪,劫掠闽浙。边方骚动,巡按浙江监察御史杨九泽事闻于朝,敕都御史朱纨调兵征讨许二许四等以靖闽浙,以安地方。明年戊申,科道交章军门购获,许二许四逃去西洋,双屿港室。于时林珦诱引倭夷稽天私市,浙海官兵获之。又王直、徐铨(即惟学,一名碧溪)诱倭私市马迹潭,惟陈思泮诱倭来泊大衢山,名虽称商,入劫洋子江船矣。己酉冬,王直等诱倭市长途。明年庚戌,巡按广东监察御史王绍元以乡宦族通倭构讼,乃建议曰:海利独归于宦豪,莫若属权于官府。惟时朝议琉球爪哇诸族地隔涨海,自古未为边寇,惟日本一国,只宜遵祖训,不许与同。今御史王绍元要开市舶事,亦慎重之至,合行直隶浙江福建广东抚操巡按三司等官会议,果于地方无损、国课有益,咨覆奏夺。而御史王绍元虽怀富国之谋,未审寇盗之渐,议亦未行。本年徐铨等勾引倭引俱市长途,比有卢七沈九诱倭入寇,突犯钱塘,浙江海道副使丁湛移檄王直等,拿贼投献,姑容私市,王直胁倭即拿卢七等以献。明年辛亥,王直等船泊列港,又拿陈思泮等以献。惟龚十八(一名碧溪),王直从之使同海市。又明年壬子,拿七倭贼以献。比时,徐海诱引倭夷亦泊列港,阳则称商阴则为寇。又别倭船来称海市,王直与伢市之,抑无所齐,济以薪米,遂同行日本。于时,巡按浙江监察御史林应箕,乃以海上多事,奏闻于朝。敕都御史王忬经略浙福地方。明年癸丑,而叶宗满(即碧川,一名五龙)勾引倭夷来市浙海,比惧舟师,不敢停泊,往市广东之南澳,闽广倭患始生矣。比有王十六等诱倭焚劫黄岩县,参将俞大猷、汤克宽欲令王直拿贼授献,而贼已去。乃议王直以为东南祸本,统兵击之于列港,追至长途,次马迹潭,铳炮声响,惊起蛰龙,兵船漂散,王直之船无敢定泊,于夏六月乘风逃去之平户。岁甲寅,佛郎机国夷船来泊广东海上,比有周鸾,号称客纲,乃与番夷冒他国名泹报海道,照例抽分。副使汪柏故许通市,而周鸾等每以小舟诱引番夷同装番货市于广东城下,亦尝入城贸易。又徐铨等诱倭市南澳,复行日本,因风逆回泊柘林,都御史鲍象贤先命东哨统兵官黑孟赐统率舟师伺击之,徐铨入水而死,余者就擒。岁乙卯,佛郎机国夷人诱引倭夷来市广东海上,周鸾等使倭扮作佛郎机夷,同市广东卖麻街,迟久乃去,自是佛郎机夷频年诱倭来市广东矣。奸民罪犯深重者,移家受廛于夷岛,深根固蒂乎其间,藉以买卖之名,用其贼寇之技,汛去汛来,东南多事,科道忧时不知海贼之盘根,但以王直为奇货。惟时工部侍郎赵文华奏奉钦敕祭告东海,切惟已祸,不得要领,故问通番之人,而通番辈告以得王直主通海市,则祸可息,故遣使招之。明年丙辰,毛烈(王直义兄)、叶宗满听招而至,船舶列港,都御史胡宗宪命往舟山拿贼授献,又以赞画俞一鉴等质于毛烈、叶宗满船,乃得王濡、夏正、邵岳、童华、谢天与等到官用之,故从毛烈、叶宗满私市而去。于时,南澳倭夷常乘小舟直抵潮州广济桥,接买货财,往来南澳,而胡宗宪又遣使人至澳招谕王宗道(即清溪)、李贵显(即华山),随以家属到官,自许送倭还国,复归浙海,以图自效。岁丁巳,招来贡夷德阳等船,一艘泊于舟山马墓港,遂馆本山道隆观,又招至毛烈、叶宗满、谢和、王直等诱来市倭四百余船,四艘俱泊舟山之岑港。时赵文华以病去位,而胡宗宪遣使招谕之。复以指挥伍惟统质于叶宗满船,而叶宗满乃与毛烈先来到官,烈复下海,王直乃到军门。岁戊午,毛烈、谢和与同倭夷善妙寺登据岑港,乃挟德阳入巢,遂焚铺宇,而王宗道、李贵显自日本至浙海,惊见舟师卒伍,往南澳久之。毛烈与倭移巢柯梅,用兵年余,费靡无算。乃从之拔巢而去,诱倭来市。之初,总兵俞大猷、副使刘焘即欲击之以成速效。然而总兵卢镗及与功志阃合,不欲击之以成长策。各言军门俱不听,乃以开囮鹰犬以市,媚军门上下交征利,是故偾事矣。戊午春,叶宗满伙谢二、董二等诱倭来市,官兵诱擒之(宗满即碧川,又名五龙,先私货双屿,被许二党骗,流落日本。岁癸丑,始诱倭市南澳。岁丙辰,王直听招以市畏法不决,欲毛烈先行,烈子难之,邀宗满。宗满欲市南澳,有利无名,同烈行名利两得,宗满听与童华来市列港。时徐海乱,军门知华为海契,以俞一鉴质之到官,散海党,宗满率倭商杀舟山倭贼后去日本。岁丁巳,宗满至岑港。军门以伍惟统质之到官,复纵下海。岁戊午,军门用兵,预令宗满归囚,之后伙谢二、董二诱倭来市泊,朱光官兵诱擒。岁庚申,宗满远戍镇蕃卫)。又且南澳自戊午岁前皆海市者,戊午以后,乃为贼窝,而许朝光等负固其间。倭寇闽广则归此澳,携得货财人口,许朝光等则必预造大船,市与贼众,装载以归,劫得金银,与之伢市而去。嘉靖己未,巡按广东监察御史潘季驯禁止佛郎机夷登陆至省,惟容海市。今年许朝光造船市倭贼,贼市船乘即破,卒怨许朝光,欲复劫掠地方。又虑官兵不利,议劫许朝光乃得货舡还岛,遂入澳,劫杀许朝光,朝光不支即脱澳,倭船乘船以去。官兵遂守澳中,后兵因缺粮,适新贼至,兵乃导贼劫掠东莞地方,而许朝光听从都御史吴桂芳招谕,船泊辟望海上,盖畏国法,不即倾心矣。近又访得日本之夷,皆以华人勾倭离岛,名虽称商,寔为寇盗,故鲜有从商者,多从佛郎机夷之船,来市广东海上。今年佛郎机夷,号称海王者,官市广东龙厓门。得闻三洲有船私市,谓减己利,而乃牵入龙厓,与之伢市而去。称海王者,盖屋居止龙厓间,民厌其祸,怀隐忧,遣使驱逐,恬然不惧,此患积至十年矣。又闻市铜铸造大铳,声言朝贡,莫知所为。复有佛郎机夷号称财主王者,横过海王,俱处其间,隐祸亦不可测也。为今之计,若非宽恩委任,渐次处分,潜消不形之祸,设或凶变,不论十年之积祸,一时坐责,当事者孰愿治海之任哉?奚成己祸之道哉?伏思我祖宗之制,既无倭市之条,只当宣昭大信,庶使四夷永守画一之法犹可也,何乃以市诬之?(功)念介子之微劳,幸睹尧皇之盛世,不敢设施奇诈,乃敢殚竭孤忠,期杜万衅之门,须明一定之理。(功)幼寡学,少不师章句,兹心奉使忧勤以励报国者耶,仰惟天眷鉴察微衷矣。

流逋

备按流逋诱倭入寇,前代无稽,考鄞监生薛俊云,倭自魏隋唐宋以来,虽屡朝贡,厚功赏赉,又屡寇边陲。吏部侍郎杨守谕倭奴贡献书,自唐亡至近代,已尝为中国疥癣矣。通鉴所载,元至大戊,申海上有警□。(至)大己酉寇,庆元路焚仪门及天宁寺,此乃招来互市者。元末倭屡入寇,抑无所纪。倭寇国初者乃寇元之利也，必有流通以导之。备考流逋诱倭入寇，自洪武己酉岁，广东贼首钟福全挟倭寇掠，官兵平之。又倭寇直隶，上遣使臣祭告东海，出师捕之。故于己酉庚戌之岁，遣使往谕日本王。于岁辛亥，其王良怀遣使送至明州台州被虏男女七十余口。明年壬子，又归所掠海滨男女七十八人。岁甲寅，靖海侯吴祯率沿海卫军出海捕倭，至琉球大洋获□京日本，又以所掠濒海民一百九人来归。洪武辛酉，奸臣胡惟庸

　　洪武丁卯，昌国（即今舟山）奸民尝从倭为寇，故徙之为宁波卫卒。洪武辛未，黄岩贼首张阿马诱倭至海边摽掠，兵之。洪武壬午，使有还自东南夷者，言诸番夷遁居海岛，中国军民无赖者，潜与相结为寇。成祖文皇帝遣使赍敕谕之曰：好善恶不善，人之同情，有不得已而为不善者，亦非本心。尔等或被罪谴，或苦饥寒，流落诸番，与之杂处，遂同为劫掠，苟图全活，巡海官军既不能矜情招抚，更加侵害，尔等虽有悔悟之心，无由自遂，朕甚悯焉。今特遣人赍，敕往谕九番国之人，即各还本土。欲来朝者，当以赐赍遣还。中国之人逃匿在彼者，咸赦前过，俾复本业，永为良民。若仍恃险远执迷不悛，则命将发兵，悉行剿戮，悔将何及？永乐癸未，锦衣卫臣奏福建，送至海寇若干人，法当弃市，上曰：朕许以不杀，今杀之，是不信。不信，后来者之路塞矣。俱宥之，谪戍边。锦衣卫臣复奏，寇有妇女一人，本虏得之，今已为妻，合无俱发边。上曰：本吾良民，不幸为寇掠，可释归原籍。永乐甲申，倭寇直隶，浙江地方遣使中官郑和往谕日本王。明年乙酉，其王源道义遣使献所获倭寇尝为边患者。上嘉其勤诚，遣使赍玺书褒谕之，遂封其国之山曰"寿安镇国之山"，上亲制文，立石其地。仍赐白金等物。于时，福建都指挥张鉴统兵捕倭，私受贼赂，又纵兵掠民财，罪止谪戍，夫何宽贷如是耶？岁丙戌，仍遣敕谕海岛流人曰：尔等本皆良民，为有司虐害，不得已逃移海岛，劫掠苟活，流离失业，积有岁年，天理良心未尝泯灭，思远故乡，畏罪未敢。朕比闻之，良用恻然，兹特遣人赍敕谕尔：凡前所犯，悉经赦宥，譬之春水，焕然消释。宜即还乡复业，毋怀疑虑，以取后悔。惟时平江伯陈瑄率海运船过沙门岛，适遇倭寇，随率运军追至朝鲜境上而还。永乐丁亥，日本王源道义遣使献所获倭寇道金等，上嘉之，赐敕褒谕。明年戊子，又遣使献所获海寇。上命以寇属刑部，宴赍其使，嘉赐其王。道义死，海寇复作。永乐丁酉，捕倭将士禽寇数千人献京师，贼有微葛成二郎五郎者，讯之，乃日本人。群臣言，日本数年不修职贡，意为倭寇所阻。今首贼乃其国人，宜诛之以正罪。上曰：还人威之以刑，不若怀之以德，姑宥其罪，遣使押示其王。

王源义持随遣使奉表谢罪，朝贡如初。永乐戊戌，倭寇金山卫。明年己亥，镇守辽东总兵官刘江歼贼寇于望海埚。于是内严武备，外严禁戢，寇盗渐已。宣德之世，驭以要领，东海晏然。正统己未，贼首毕善庆乘间诱倭寇掠大嵩等处，失机官员被刑者三十六人。景泰乙亥，寇健跳。成化丙戌，贼伪称贡，又破大嵩。备按正统景泰成化时，贼虽闻发，驱之即去，未尝深入为害也。嘉靖癸未，二倭仇杀，惊动地方，此乃入贡之倭，固非入寇之贼。盖当事者处置，未尝故招其乱，乃挟指挥袁琎以去，于是罪犯逃夷曰钟林、曰望古多罗，漂至朝鲜，国王李怿获俘二倭，并级三十，及被虏民汪漾等八名。迩者，倭寇始自福建，邓獠初以罪囚按察司狱，于嘉靖丙戌越杀布政。查约流逋，入海诱引番夷往来，浙海击泊、双屿等港，私通罔利。至庚子岁，继之许一、许二、许三、许四等潜从大宜满剌加等国诱引佛郎机国夷人络绎浙海，亦泊于双屿、大茅等港，以要大利，东南衅门始开矣。嘉靖癸卯，贼首邓獠寇掠闽海地方，浙海寇发。盖以许一、许二兄弟等为诛首，惟时海道副使张一厚统兵讨捕败绩，故许一、许二等遂以番船竟泊双屿矣。嘉靖乙巳，许一伙伴王直等往市日本，始诱博多津倭助才门三人来市双屿港，直浙倭患始生矣。嘉靖丙午，许四市倭不利，归背双屿，却与贼首沈门、林剪、许獠等众劫掠闽浙海隅。许二以兄弟许一、许三丧亡，许四不归，随与贼首朱獠、苏獠、李光头等协同番夷，劫掠闽浙海隅民居。明年丁未，贼首林剪等诱引彭亨贼众来，与贼首许二、许四合为一踪，肆掠闽浙地方，而谢文正公迁第宅遭其一空。备倭把总指挥白浚千户周聚，巡检杨英出哨昌国海上，却被许二、朱獠掳去。指挥吴璋乃以总旗王雷赍千二百金往赎之，贼得此利，故每掳边富民以索重赎，地方多事。巡按浙江监察御史杨九泽事闻于朝，敕都御史朱纨调兵征剿贼首许二，以靖闽浙以安地方。明年戊申，科道交章军门购获，而广示谕，有获贼首许二、许四一名者，赏银一千两，举官万户侯。许二、许四不能任，泊逃入两洋，而双屿港始窒也。惟贼首朱獠伙番夷人旋环浙海，入劫太湖洞庭山，得获大利，谋杀番人，而朱獠等辈即离海上。又陈思泮诱倭，潜泊大衢山，入劫洋子江船。嘉靖乙酉，闽浙小康，浙江海道副使丁湛传示备倭各总官，凡福兵船，勿复给支，任其归去。福兵既归，于路乏粮，劫掠到家，福建海道副使冯璋得闻前情，已到福兵遂获于狱，其未到者，闻风遁去之日本，此又益增贼寇也。嘉靖庚戌，贼首卢七、沈九以献。明年辛亥，拿陈思泮以献。于时，贼首龚十八亦诱倭夷寇掠直浙海边。岁壬子日，本之种岛土官古市长门守，闻岛倭夷协从唐人犯华者，诛首凡五人。惟时王直等拿七倭贼以献，贼首徐海诱倭入寇浙海地方，自是浙海（倭寇）渐众。巡按浙江监察御史林应箕奏闻于朝，敕都御史王忬经略闽浙地方。明年癸丑，而叶宗满诱倭来市浙海，惊见舟师，故不敢泊，往市广东之南澳，闽广倭患始生也。时有贼首萧显等诱倭入寇上海县。贼首王十六、沈门、谢獠、许獠、曾坚等诱倭，焚劫黄岩县。参将俞大猷、汤克宽欲令王直于黄岩拿贼授献，而贼已遁，乃议王直以为东南祸本，统兵击之于列港，追至长途，次马迹潭，铳炮声响，惊起鳌龙，风浪大作，兵船漂散，王直舟不能泊，于夏六月乘风逃去之平户。嘉靖甲寅，贼首徐海二度诱倭入寇直浙。贼首吴德宣诱倭巢柘林，萧显诱倭寇嘉定，王阿八诱倭寇苏州，刘鉴诱倭寇常熟，许二、许四诱引番夷犯广东。岁乙卯，倭寇猖獗，工部右侍郎赵文华奏，奉钦敕祭告东海，扬师讨贼。巡按浙江监察御史胡宗宪乃以毒剂酖杀倭寇于王江泾。夏四月辛卯，（臣舜功）奏，奉宣谕日本国。贼首许二自广东海上与同王濡（即汝贤王直之侄）、徐洪（徐海之弟）往日本，会王直、徐海、沈门等。许四潜搬家属，以俟许二回船，一同入倭。贼首林碧川诱倭入寇直浙，一枝诱倭入寇，燔烬湖墅民居二万七千余家（一枝，一名阿九。先年被拐下海，王直得之，以为义儿，自后奔入普陀山，僧明怀获之为徒，更名真，其与之游方，寓宜与之善权寺。嘉靖壬子，复还普陀。适王直等诣山烧香，识为阿九，仍带下海。明年癸丑，海上舟师追捕王直甚紧，一枝同逃去日本。久之，乃窃王直货财奔匿岛，原货财既尽无聊生，闻徐海入寇有利，至是诱倭入寇直浙，焚毁湖墅民居二万七千余家，复往日本。后于丁巳岁，王直听招，将行时，访知一枝踪迹，随招同来。王直到官，一枝乃为船头。明年戊午，负固舟山。冬十一月，奔去闽海五屿，与倭寇犯海隅，海兵扑杀之）。又贼一起五十二人，初自邱洋登陆渡曹娥，乡宦御史钱鲸被害，走绍兴，过萧山，渡钱塘，入富阳，奔严州，历徽州，经宁国、太平，绕京郛，把总朱襄、蒋升阵亡。贼越常州等处地方，至于苏州之木渎，都御史曹邦辅亲自提兵讨灭之。惟时工部右侍郎赵文华经略东南，广询已乱之策，而通番辈告以必得王直主通海市，乃可已乱，故遣使人以招之。许二之船至日本，泊于京泊津，乃送王濡，以会王直、徐洪，以会徐海，自会沈门于高洲，归历小琉球盗岛木植，岛夷杀之。嘉靖丙辰，贼首徐海三度诱倭入寇直浙，随与贼首陈东围桐乡，巢沈庄，都御史胡宗宪计谋捣散之（徐海，即明山，为虎跑僧，法名普净。嘉靖辛亥，海闻叔铨诱倭市列港，往谒之。同行日本，日本之夷初见徐海，谓中华僧，敬犹活佛，多施与之。海以所得，随缮大船。明年壬子，诱倭称市于列港。时铨与王直奉海道檄，出港拿贼送官。而海船，倭每潜出港劫掠,接济货船遭劫掠者到列港,复遇劫掠,贼倭阳若不之觉,阴则尾之,识为海船之倭也。乃告王直,直曰:我等出港拿贼,岂知贼在港中耶?随戒(海)□,海怒,欲杀王直,而铨亦复戒,海乃止。海复行日本,岁甲寅,诱倭入朝。明年乙卯,大肆寇掠,乃崇德虏妓王翠翘、王绿妹等以去。其弟洪,先自广东附许二船至倭,会海告以叔铨为广东官兵所灭。明年丙辰,海乃纠结种岛之夷助才门即助五郎,萨摩伙长扫部日向彦太郎和泉细屋凡五六万众,船千余艘,欲往广东为铨报仇。商辈闻曰:浙海市门为其所闭,今复至广东,我等无生意也,伺他去时,合拿送官,免闭市门。海闻,怀惧遂不赴广东,乃向直浙,船行洋中,多遭漂没,而海仍部二万余。会陈东、叶明肆掠直浙地方,随与陈东围桐乡,都御史胡宗宪以民人何子寔谍知海情,复以何子寔导引民人祝麟、陆凤、陆乔充指挥千户赞画,往质海巢,得海弟洪,以解桐乡之围。复以中书罗龙文质于海巢期内,海降,乃先期挟兵入平湖,见工部侍郎赵文华,都御史胡宗宪、阮鹗,御史赵孔船。于时文华宣言曰:你这狗骨头,本是中国生民,如何勾引岛民残害地方?本当斩首毋赦,但念尔投降,一念可嘉,今特赦尔,静处梁庄,待我奏请朝廷发落。如不安分,使有一木一草之动,我当亲率六师以奉天讨,决不尔贷。比海有逆状,文华觉,欲赐海酒酖杀之。而宗宪乃以龙文尚在海巢,故止。海既退巢沈庄,宗宪但以童华为海法眷,尝使往海巢,协同龙文,说海归顺,凡海所欲,而龙文、童华随即合言于宗宪,必姑与之。复以童华、汪泰、何子实等通海以擒陈东,又以何子实同应袭营懋光等以擒叶明。仍以龙文、章华计,喏海等以散党。料理既足,夜以何子实执旗响导,捣散海巢,随获翠翘、绿妹,令挤溺之,徐洪等解京大戮)。本年贼首吴定、韩朝仕(初为王直伙伴),以徐海入寇有利,至是诱倭入寇,不知所终。贼首周一诱倭寇慈溪,贼首许獠寇月港,朝鲜送还被虏人口。冬十二月庚子,日本西海修理大夫六国刺史丰(后土守源)义镇僧清,授附舟报使。先是,布衣郑舜功奉使日本,至是报使,请乞国典还国,一体遵照(施行)。嘉靖(丁)巳春正月辛巳,贼首许四带同家小匿汀赣,以俟许二回船装载入倭。惟时布衣郑舜功使日本(还道)经汀赣访知许四踪迹,招谕不从,擒致督军门。贼党有事军门者,谋请宽贷,从放湖广镇溪卫从戍终身。许四,即许梓,其兄许二、许三先年下海通番,赘于大宜满刺加,自后许四与兄许一尝往通。至嘉靖庚子(始诱佛郎机夷往来浙海,泊双屿港,私通交易,每与番夷赊出番货于宁绍人,易货抵偿。滨海游民视以禁物辄捕获之,于是游民得志,乃驾小船沿海邀劫致杀伤人,被害之家乃以许一、许二赚骗下海,鸣于海道,副使张一厚亲自统兵以捕之,败绩。自是番船竟泊双屿,未几,许一被获,许三丧亡,许二、许四向与番人赊出货物,十无一偿。番人归怨,许四无以为解,计令伙伴于直隶苏松等处地方诱人置货往市双屿,既至其间,许二、许四阴嗾番人抢夺,阳则宽慰诱来之人,认还货价,人无所偿,自本者,舍而去之,借本者,不敢归去,乃从许四泛日本,图偿货价以归。既至日本京泊津,遭害之人乃以番人抢货之事告于岛主,岛主曰:番人市中国,敢抢中国人财,今市我国,莫不怀掳矣。即杀番人,乃以薪粒等物给许四,使送华人以归。许四自思初失番人货物,又失番人商贾,故不敢向双屿,即与沈门、林剪等劫掠闽浙地方,乃以林剪往彭亨邀贼入寇。于时,许二以许一、许三丧亡,许四不归,番人折本,自己乏食,遂典朱獠等诱同番人劫掠闽浙海隅。明年丁未,林剪自彭亨诱引贼众,驾船七十余艘至浙海,会许二、许四合为一踪,劫掠沿海地方,而谢文正公迁第宅为之一空。备倭把总指挥白浚、千户周聚、巡检杨英出哨昌国海上,却被许二、朱獠掳去。指挥吴璋乃以总旗王雷赍千二百金往购之,于是得志,故每掳掠海隅富民以索重赎,地多事。巡按浙江监察御史王九泽奏闻于朝敕都御史朱纨调兵征讨许二、许四。明年戊申,科道交章军门购获而广示谕,有获许二、许四一名者,赏银一千两,举官万户侯,许二、许四逃去西洋,双屿港空。惟贼首朱獠乃与番人复回浙海,入寇太湖洞庭山,得获大利,卒与伙伴谋杀番人,即离海上。于岁甲寅,许二、许四复诱番人犯广东,得闻沈门已带家属去往日本,许二遂以许四潜搬家属,却自先往日本会沈门等,复回广东,期约许四同搬家属入倭。于是许二一同王濡徐洪往日本,以会王直、徐海,而许二自会沈门于高洲归,经小琉球盗岛木植,岛夷杀之。许四搬带家属匿身汀赣,以候许二船还。于岁丁巳,布衣郑舜功宣谕日本,归经赣洲访知许四踪迹,招谕归正,不从,擒致总督督军门。贼伙先在军门听用者为之谋请,纵放湖广镇溪卫,从戌终身。备按许四倡乱海洋,罪逆深重,又况不从招谕常赦,不原其生禽归军门而轻纵之。渠魁既纵,胁从则亦可纵矣,向使深根固蒂于夷岛,亦酿无究之祸欤)。贼首施宝圆诱倭入寇浙江地方,惟时出海官乃以王濡禽之,浙江妖人马道士构奸谋叛,随定之。日本西海修理大夫源义镇,差僧德阳求贡。先是遣使招谕日本,又招王直,故招其来,又招至谢和、叶宗满、毛烈、王直各船一艘,泊岑港,而叶宗满、毛烈与王直后先到官。毛烈又复下海。本年朝鲜送还被虏人。嘉靖戊午春二月,招来毛烈,与招来倭善妙等弃船,巢岑港。于时,招来贡夷德阳等,先馆之道隆观。至是,善妙挟之入巢,遂焚馆宇,日本国属周防国差僧龙喜求贡。先是遣使招王直,故招其来。于时,都御史胡宗宪用事舟山海上,官兵掩杀之,抑复有逃去者。夏四月乙巳,义士沈孟纲、胡福宁往谕日本王,还到潮州海上,竟被弓兵陷杀之。先是布衣郑舜功往谕日本,至丰后,得彼之情,乃以从事沈孟纲、胡福宁赍执批书,往谕日本国王源知仁,获其听信,还至潮州,执批投辟望巡检司照验,却被弓兵毁灭批文,诬执下狱,信报得知,言军门而不之信,令人伸救,已陷杀于其间矣。秋七月,毛烈等移巢柯梅。冬十一月,拔巢而亡入闽广。本年贼首洪泽珍诱倭寇福建。嘉靖己未,贼首毛烈诱倭寇福建、直隶。别起倭贼盘据南洋之三沙,久之,遁过北洋,及先犯北洋地方倭贼,皆御史遂平之。于时,吴淞、定海兵夫为乱。冬十二月壬戌,王直伏诛(王直名锃,即五峰。初以游方下海,于岁庚子,乃与许一、许二、许三、许四等诱引番夷来市浙海,至乙巳岁往市日本,始诱倭夷来市双屿,构成大祸于东南,至庚寅辛亥壬子岁,浙江海道檄令拿贼,是故得名。明年,贼首王十六等诱倭焚劫黄岩县,参将俞大猷、汤克宽欲令王直拿贼授献,而贼已去,乃议王直为东南以祸本①,统兵击之于列港,追至长途,次马迹潭,铳炮声响,惊起蛰龙,兵船漂散,逃去兵士,延上马迹者,皆被王直等胁倭尽杀之。直亡去日本,其母妻子获之于狱,其侄王濡奔入广东,附许二船,往倭会直,告以前事,欲为全家之计。既而海患日繁,科道忧时,不知要领,却以直为奇货,是故军门乃以直子王澄刺血写书,使人招直。直侄王濡而先到官,直同毛烈、谢和、叶宗满续后。而王直畏国法,不即倾心。而叶宗满、毛烈先到军门,毛烈又复下海,军门遣使夏正谕直曰:汝若到官,为汝保奏,全汝身家,若不听从,再差郑舜功往谕日本王,缚汝来归。随差夏正示谕招来贡市之矣。德阳、善妙曰:军门伝示汝等,若拿王直送官,为汝奏请,容汝贡市,仍赏汝等以归,否则不容贡市,亦无赏赐。德阳之谓善妙曰:主君两遣使人效顺中国,不得一朝皇帝,使我空回,主君无面目,今拿王直送官,不图受赏,若得一朝皇帝,我等归去,主君也有面目,将拿直。直觉之,思无所容身,乃曰:我本华人,肯与倭见价卖耶?宁自割头献军门,至是到官。毛烈遂不复返。备按,得直本是游民,初以图利下海,固无酋长之号,不过头目之称,盖因庚戌辛亥壬子岁奉檄拿贼,是故负名,既负虚名,东南向受实祸矣。且如直者,固深夷岛,积今不知几多耶?书云,奸厥渠魁,胁从罔治。久无一决深固而乃究兵,奚为长治久安之道?)。嘉靖庚申,贷戮叶宗

---

① 编者按:原文为"王以直为东南祸本",应为"王直以为东南祸本"。

满,克镇蕃卫永远军。贼首萧雪峰、张琏,又徐獠、王獠、许四池及谢獠暨□闽广地方。浙直军门遣回广兵,过江西,焚烬玉山、永丰等县。本年朝鲜送归被虏人。嘉靖辛酉,贼首陈思达犯诏安,获之。嘉靖壬戌,南澳贼首洪獠听从福建军门招谕,亦复下海。又小洪獠、林獠、郭獠、魏獠、王东梁、徐北峰(即徐元亮)等新旧贼船,俱各满载去讫贼首张琏等,都督俞大猷计禽之,随散其党。冬十二月,贼首魏獠、郭獠诱倭陷兴化,据之。嘉靖癸亥,南澳贼首许朝光听从福建军门招谕,以散兴化之寇。朝光亦复下海,屯聚南澳。贼首王伯宣诱倭寇广东,官兵获之。贼首许朝光被倭劫杀出南澳,南澳始窒。官遂设兵役守之,新到倭贼之船不能停泊,适被反兵导之,寇掠东莞地方,兵抵省,至雷州,福建之兵亦乱,俱抚息。备按,嘉靖以来,倭寇中国,掳掠男女,劫夺货财,费靡刑伤,不可胜计。今祸不已者,皆内治之未尝耳。如许二、许四倡乱海洋,固东南之祸本。继之王直诱倭来市于双屿,此为直浙之祸本。又叶宗满诱倭来市于南澳,此为闽广祸本也。且王直听招而来,盖以迟久,故请大戮,此固宜矣。而叶宗满矢心归正,贷死以充永远军可也。许四不从招谕常赦,弗原其生者,故擒致之于军门,而乃放纵,从戍终身处。此三事情法当欹,致使遁逃,首鼠不决。故王宗道已奉招谕至而复遁,洪獠既听招谕又复下海。今计许朝光虽曰听招,仍驾楼橹之于闢望海上,不即倾心者。盖闻前官招亡未成忠信,此之流畏罪未敢此,固当为忠信处之,以开来路,以弥海患犹可也,岂惟杀戮为奇耶?抑且王直归顺之秋,浙乡士大夫有曰授官者,巡按浙江监察御史王本固曰:做贼授官,则人不必读诗书登科,第做贼亦可做官矣。今许朝光人亦有言授官者,殊不知如朝光辈深固夷岛者甚多,若非长议以成忠信而处之,抑恐此辈效尤为乱阶尔。前者,诱来之夷处置失宜,或杀或遁,又且流逋,深回夷岛,煽惑夷心,向化解体,春防秋备。而兵妄杀平民者有之,自为寇盗者有之,此何时以致太平耶?(功)按倭夷尚习诗书,稍明礼义,其至敬者,文德也,至耻者,贼寇也。念(功)昔奉宣谕,其能听从。然用方略,不厌诈谋,扩充武功,必本忠信,岂昔当年之臣助长盗名,輒怀娼嫉,不用要领,恶反究黥乎?孔子云:成事不说,遂事不谏,既往不咎,明智者。今可不图后患哉?仍将古今寇年以记其略,与忧世者鉴:

元至大戊申(浙江有警),己酉(寇浙江之庆元路此招来市之倭)。洪武己酉(寇山东浙江广东直隶)。辛亥(寇广东山东)。壬子(寇浙、福建。日本归所掠海滨男女、高丽王,颛遣中郎将(宋)□坦以被掳金希声等十一人来归)。癸丑(寇山东、浙江)。甲寅(寇山东、直隶。本年高丽、日本送还被掳人)。乙卯

（寇广东）。庚申（寇广东，诏责日本纵民为非）。辛酉（倭使如瑶胁从叛逆，此原内奸所致也）。甲子（寇浙江）。己巳（寇山东）。庚午（寇浙江）。辛未（寇广东、浙江）。癸酉（寇福建、浙江）。甲戌（寇浙江、辽东）。丙子（寇广东）。戊寅（寇山东、浙江）。辛巳（寇浙江）。壬午（敕谕海岛流人）。

永乐癸未（寇福建）。甲申（寇浙江、直隶、福建）。乙酉（日本以获倭寇来献）。丙戌（遣敕诏谕海岛流人）。丁未（日本以获倭寇来献）。戊子（寇山东，日本以获倭寇来献）。己丑（寇山东）。辛卯（寇广东）。壬辰（寇浙江）。乙未（寇辽东）。丙申（寇直隶、山东）。丁酉（寇浙江时获生倭，遣使押示日本王）。戊戌（寇浙江、直隶）。己亥（浙江有警，寇辽。东朝鲜送还被虏人）。庚子（寇浙江、福建）。壬寅（寇浙江）。正统己未（寇浙江）。壬戌（寇浙江）。癸亥（浙江沙嵩藤岭地方获一人解官。此倭使人迷失至此疑或有故）。丙寅（寇浙江）。景泰乙亥（寇浙江）。成化丙戌（寇浙江）。嘉靖癸未（二起贡夷为乱浙江）。乙巳（王直诱倭，初至浙江之双屿）。戊申（寇浙江直隶）。庚戌（寇浙江）。辛亥（寇浙江、直隶）。壬子（寇浙江）。癸丑（寇浙江、直隶，叶宗满诱倭初至广东之南澳）。甲寅（寇直隶、浙江）。乙卯（寇直隶、山东、浙江、福建）。丙辰（寇直隶、浙江、福建、山东，朝鲜送还被虏人）。丁巳（寇福建、浙江、直隶，朝鲜送还被虏人）。戊午（寇广东。南澳之间为贼渊薮，浙江福建皆有贼）。己未（寇广东、福建、浙江、直隶）。庚申（寇广东、福建、浙江、□（招）门。朝鲜送还被虏人）。辛酉（寇广东、福建、浙江）。壬戌（寇广东、浙江、福建）。癸卯（寇浙江、广东、福建）。甲子（浙江有警。福建、广东已上贼寇所闻知者详于海乱鬼录海乱，鬼者倭。海鱼名以方倭贼也）。

被虏

备按，嘉靖庚戌以来，倭寇每犯于中国，于今一十五年矣。边民被虏于夷岛者，莫可胜算。昨岁癸亥，提督浙江都御史赵炳然出师于温州，俘囚童马二（一名陈十二，又名陈二矴），称倭萨摩（倭音腮兹迈）之高洲（倭音太佳自），边海所居不满百，被虏中国男女二三百人，髡其发，跣其足，使之牧羊马，供薪水，为炊爨，凡炊饭挨次以给其长幼，余着釜之焦饭，加以豆滓、糟糠、糠皮、山菜、草根之类，亦皆犬鼠之食。食既不能充腹，衣又不能蔽体。被虏思归而有脱逃者，却被巡兵斩首以献功，窃有同逃之民，登高窥望，岂不寒，又复遁入倭居矣。羁縻岁久，随风而化成寇，倭乐为之向导，愚谓海之虾鲉也，嗟夫！此辈非倭种类，痛罹贼虏于夷岛，呼天无路伸其情，叩地无门达其意，乃作倭寇而受戮，

(功)临斯岛,抑知此辈岂不哀欤?覆按洪武己酉,遣使宣谕日本王,以倭犯境之故,逮岁辛亥,其王良怀遣使送至明州台州被虏男女七十余口,明年王子又归所掠海滨男女七十八人,诏有司送还乡里。岁甲寅又以所掠濒海之民一百九人来归,诏各还乡。又按永乐戊戌,倭寇金山卫百户应袭鞠祥被虏去,久之,乃至日本王都,王召见之悦,留左右,更名元贵,命为土官,蓄有妻子。宣德壬子,而祥得与贡使之列入朝陈请,上以柔远方隆不欲遽留之,遣令往谕夷王。于岁乙卯,仍遣使入朝,既达京师,申前情,诏许袭职。今者被虏之人而为夷奴,不若中国之犬豕,于中岂无应袭乎?设使归国,又何必于袭官,假使送归被虏之民,亦不必发宁家,纵使从戍终身,抑必自甘心矣。孰愿生衍为夷奴,死为夷鬼耶?哀哉,狐首尚自知丘,被虏生民不亦可悯?

征伐

备按,中国征伐四夷,自古有之。然而征伐夷海外之夷倭,不尝有也。抑伐倭者,考自吴大帝、晋慕容廆、元忽必烈而已。抑吴伐倭,掠其三千人以归。而慕容廆掠其数千人,以之捕鱼给军食。逮忽必烈,乃以范文虎驱十万众,葬于鱼腹之中,得还者仅三人焉。抑吴晋元勒兵涨海之外,得其民,安焉用之?丧兵,足以为耻。夫隋之伐高丽,惟渡鸭绿一小江,仁者以之为究兵,又况日本隔一大海,曷不敢之以情,而乃究兵于远乎?惟我太祖高皇帝圣神文武明著八表书于训章曰:日本限山隔海,僻在一隅,其地不足以供给,得其民不足以使令,故不兴兵致伐。是以成祖文皇帝敬承太祖高皇帝训,则宣文德,化导日本,其王源道义深知夏夷之义,图雪丑好之私仇,凡三献俘,海隅绝警。自道义死,倭寇复作,职贡不修,我重文德,致使日本国王源义持遣使谢罪,朝贡如初,倭寇是已。宣庙以来,世守旧章,以驭夷狄,沧海晏然,百数十年矣。迩来倭寇窃发之初,(功)乃广博询采,始知贼寇为内讧之隐诱,非外夷之本心。故旧狂愚,冒奏圣明,奉宣文德,夷使来庭,期为万世太平计,岂当事臣助长盗名,召兵据险负固年余,纵之全胜而去,不义不武,不知文德独尊也。窃惟中国以驭夷狄,或梗化,则修文德以来之。既来之,则安之,何乃招杀贡夷,弃置报使,误国殃民固如此。唐宋之弊政,岂容卒见明良之世乎?伏念天理人心,寔中华之大道;文德忠信,固东海之长城。(功)本贱夫,不学军旅,谬以文告外夷来归,皆文德之灵,成忠信之验,一念圣明俊德舞阶长风。(功)奉天使,寔显旧章,敢不宣泄,使违□大信而责效戈兵之末乎?

《日本一鉴·穷河话海》卷之六终

日本一鉴　穷河话海　卷之七

奉使宣谕日本国　新安郡人郑舜功纂叙

奉贡

备按,日本古称倭奴,自汉光武中元丙辰渡辽朝贡,使人自称大夫,光武赐以印绶。永初丁未,倭国王帅升等献生口百六十人,愿请见。是后,倭韩俱属带功郡。魏景初戊午,既平公孙氏,倭女王卑弥呼遣使大夫难升米利等诣郡,求诣天子,朝献太守送诣郡,乃以金印紫绶,诏封卑弥呼为亲魏倭王,难升米率善中郎将,牛利等率善校尉,各假银银青绶。正始庚申,太守弓遵遣使奉诏书印绶并赍诏,赐金帛锦罽刀镜采物,倭王国使上表答谢诏恩。岁癸亥,复遣使大夫伊耆掖邪狗上献生口方物,拜掖邪狗等率善中郎将,各假印绶。正始丁卯,倭女王卑弥呼与狗奴国男王卑弥弓相攻状闻,遣使诏谕之,卑弥呼卒,宗女壹与嗣立,遣使送使者还,上献男女生口、白珠、青大珠、异文杂锦。晋泰始初,壹与卒,复立男王,修其职贡。安帝时,倭王赞通江左。宋永和辛酉,赞来朝,诏曰:倭赞远诚宜甄可赐除授。元嘉乙丑诏赐赞除授。元嘉间,赞复遣使奉贡,而赞卒,弟珍立,遣使来贡,表求除正,诏除安东大将军。珍卒,子济立,元嘉癸未,遣使奉献诏授节如故。济卒,子兴立。大明壬寅,遣使奉献,诏授节如故。兴卒,弟武立。升明戊午,表请报仇高句丽,其表略曰:封国偏远,作藩于外云云,诏许之。齐建元甲申,武遣使来贡,如武镇东大将军。梁武帝即位,进武号征东大将军。隋开皇庚申,倭王阿比多利思孤遣使来贡。大业丁卯,多利思比孤遣使来贡,书略曰:日出处天子致书日没处天子无恙,帝恶之,徐遣使文林郎裴世清使其国。大业戊辰,多利思比孤与世清来朝,赐冠服。唐贞观辛卯,倭王遣使来贡,帝矜其远,有司无拘岁贡。贞观己亥,僧应智藏圆载等附新罗使者上书。永徽癸丑,倭王孝德遣使来贡琥珀玛瑙。显庆戊午,倭天丰财遣使来贡。显庆己未,倭王天智遣使偕虾蜺来贡。咸亨己巳,倭王持统遣使贺平高丽。长安辛丑,倭王文武遣使粟田来贡国书,大唐则天皇帝赐封日本国号。开元丙辰,日本王遣粟田入朝,请从诸儒授经,诏许之。开元戊寅,遣僧礼台学佛法。天宝中,日本王孝明遣使来贡,时新罗梗道始由明越入朝。大历丁巳,遣使来贡。建中庚申,日本王白壁遣使来贡。贞元末,日本世桓武遣使来贡。开成己未,及会昌间,日本王仁明遣使来贡。大中戊辰,日本王文德遣子朝贡。光启己巳,日本王光孝遣使来贡。天祐中,日本王仁和遣使来贡。梁龙德中,周广顺中,日本王仁和遣使来贡。宋雍熙甲申,日本王守平遣僧奝然来贡。端拱戊午,奝然遣弟子嘉因等奉表谢恩,进贡方物。景德甲辰,遣使僧寂然来贡,诏号元通大夫师。大中祥符戊申,日本人滕本吉附海贾周世昌至,皆召见之,以国诗献及陈所记州名年号,赐装归遣。天圣丙寅,明州言日本国太宰府遣人来贡,验无表文,却之。熙宁壬子,夷僧诚寻渡海,止于天台国清等愿留州以闻,诏赴阙献银香炉等物。帝以远人有戒业,处之开宝寺,并赐僧伴紫方袍。元丰戊午,明州言得日本国太宰府牒,遣通事仲回附海商孙忠贡色段水银,州以贡物与诸国异,请自请牒报答物直付仲回归从之,诏赐僧号慕化怀德大师。乾道己丑,使附名州纲首……

(郑舜功:《日本一鉴》,台湾大学图书馆影印本。)

4.《重刻使琉球录》

1562年(明嘉靖四十一年)

嘉靖三十四年六月,琉球国中山王尚清薨。三十七年正月,世子尚元差正议大夫、长史等官到京,请乞袭封王爵。

越嘉靖四十年……五月二十九日,至梅花开洋。幸值西南风大旺,瞬目千里,长史梁炫舟在后,不能及,过东涌、小琉球。三十日,过黄茅。闰五月初一日,过钓鱼屿。初三日,至赤屿焉。赤屿者,界琉球地方山也。再一日之风,即可望古米山矣。奈何屏翳绝驱,纤尘不动,潮平浪静;海洋大观,贞奇绝也。舟不能行,住三日。初六日午刻,得风乃行,见土纳已山。时东南风旺,用舵者欲力驾而东。至申刻,乃见小古米山,夷人望见船来。即驾小艇来迎……初七日未刻,望见王城那霸港焉。然东风为多,相隔仅五十里,不能辄近。……初九日辰刻,遂达岸焉。……

(郭汝霖:《重刻使琉球录》,中国基本古籍库。)

5.《筹海图编》

1562年（明嘉靖四十一年）

福建使往日本针路

梅花东外山开船，用单辰针乙辰针或用辰巽针十更船取小琉球。小琉球套北过船，见鸡笼屿及梅花瓶、彭嘉山。彭嘉山北边过船，遇正南风用乙卯针或用单卯针或用单乙针，西南风用单卯针，东南风用乙卯针，十更船取钓鱼屿。钓鱼屿北边过，十更船南风用单卯针，东南风用单卯针或用乙卯针，四更船至黄麻屿。黄麻屿北边过船便是赤屿。五更船南风用甲卯针，东南风用单卯针，西南风用单甲针或用单乙针，十更船至赤坎屿。赤坎屿北边过船，南风用单卯及甲寅针，西南风用艮寅针，东南风用甲卯针，十五更船至古米山。古米山北边过船，有礁，宜知畏避。南风用单卯针及甲寅、寅针五更船至马岊山。马岊山南风用甲卯或甲寅针五更船至大琉球……

（胡宗宪:《筹海图编》卷二，清文渊阁四库全书本，中国基本古籍库。）

6.《使琉球录》

1579年(明万历七年)

使琉球录
自 序

万历癸酉冬,中山王世子尚永以继立请。故事,遣给事中一人、行人一人之其国封焉;有司者故他虑,乃往复勘核迁延。迄丙子秋,余以次当悉信使,大行则谢君副之。或愭余曰:"蹈海,至危机也。往航者,食不能捉匕。尔奈何独尝以无赀之驱耶!其去'知命'也者,诚远矣。"余曰:"否!否!夫人起家续食,则通塞分;出世驰年,则修短异。要之,命也有理焉;而以乘船危涑我,是黔死而后已。至于成败利钝,非臣之明所能逆暑也。烈哉忠言,与全驱、保妻子者,盖异日谈矣。夫学者始居约时,气勃勃笼霄,好称引曩哲以高自标置;即古之尊行岜伐卓荦轶绝者,似可伯仲之而不惭。乃如禽訾谝荡、饕诐裒诉之夫,辄腐心切齿恨借尚方之剑,壹何伟也!兹幸离疏释蹻而仕已,大率值取争受赢、临务争就佚;有非常则蚓缩蛙跧不敢信寸趾争后,反益卮词诡故缘饰枝蔓以文其奸:是遵何德哉!盖由碌碌小已徒见利害重、见纲常轻耳。夫先圣'思义授命'之训章彻并丽典谟,学士大夫童而习之,无人我如此;而汉臣出师矢志之辞抗迈明劲,昭昭乎揭日月而行于世又如此。倘口其文乃行视之比于枘凿,则昔所标置之谓何!第亡论人臣致身之义,本植诸天性;而君恩隆右,即覆载何能名状。藉令得其当而捐縻以报万分一,尤理所不怃也。矧区区蹈海顾欲以难焉而避之,则顷所称争赢、争佚、争后者,衹自道耳,将君子之无所丑也,固若此乎!"

于是余与谢君遂以皇上颁制诏之日,熏沐陛辞,同拜文绮、酒饭之赐,乘传而往。凡居闽、居中山,总之四稔近已。其间跋涉之艰、风涛之厄,虽势或不无,然莫非臣子职分所宜任者,以彼其念尚弗可萌之于心。若复喋喋然恣险说以馼听闻,是犹未免矜孤勤于君父前曰:"今日我上也,无亦重有大咎矣!"则余讵敢哉!

使琉球,旧有录;纪胜图流、规舟秩则,较前录稍益增,兹不具述。余特着人臣奉使之役,在理当勇以赴之;且海上无甚险,以传信于后之忠义者云。

万历七年十一月,钦差户科左给事中临安萧崇业谨序。

琉球过海图

（图略）

萧崇业曰：图海，犹之绘天也，岂易得其肖哉！即善丹青者，鲜不龟手矣。第水路必用针，亦古人指南之法，此图似不可少云。

于戏！观于海者难为水，游于圣人之门者难为言。昔闻其语，今睹其然矣。夫惟水善下，故能成其海；人善虚，故能成其圣。海何所不有，圣人何所不容；知海则知圣人矣。昔者，河伯闻若说而适适然惊、规规然自失也，岂非以出崖涘而后可以语大理乎！是故明此以养德，则恢廓灵明、藏纳媆懿，不可极也。明此以酬物，则变化阔广、渊涵权妙，不可窥也。明此以褆身，则离世超俗、洁里粹表，不可滓也。明此以褆逆，则威武无惧、祸患无恐，动作当务与时周旋，不可缚也。信乎！圣人之道，所以其大如海；而沟浍无本之学，恶足以究沧溟之量哉！余尝臆为之说曰：孔子乘桴浮于海，盖欲审察道体、考验学术、祖述宪章之志不遂，而思以上律下袭也者，意义诚深远焉。故谓子路无所取裁，良有以耳。此殆可与驰域外之议者道耶？

诏　敕

奉天承运皇帝诏曰：朕受天明命，君临万方。薄海内外，罔不来享；延赏锡庆，恩礼攸同。惟尔琉球国，远处海滨，恪遵声教；世修职贡，足称守礼之邦。国王尚元，绍序膺封，臣节罙谨；兹焉薨逝，悼切朕衷！念其侯度有常，王封当继。其世子永，德惟象贤，惠能得众；宜承国统，永建外藩。特遣正使户科左给事中萧崇业、副使行人司行人谢杰，赍诏往封为琉球国中山王，仍赐以皮弁冠服等物。凡国中官僚、耆旧，尚其协心翼赞、毕力匡扶，懋猷勿替于承先，执礼益虔于事上；绥兹有众，同我太平：则亦惟尔海邦无疆之休。故兹诏示，咸宜知悉。

万历四年（钤"皇帝之宝"印）九月初九日。

皇帝敕谕琉球国故中山王尚元世子尚永：惟尔先世守此海邦，代受王封，克承忠顺。迨于尔父元，畏天事大，益用小心；诚节懋彰，宠恩洊被。遽焉薨逝，良用悼伤！尔为冢嗣，克济厥美；群情既附，宜绍爵封。兹特遣正使户科左给事中萧崇业、副使行人司行人谢杰，赍敕谕封尔为琉球国中山王，并赐尔及妃冠服、彩币等物。尔宜恪守王章，遵述先志；秉礼循义，奠境安民：庶几彰朕无外之仁，以永保尔有终之誉。钦哉。故谕。

颁赐国王，纱帽一顶（展角全）、金厢犀束带一条、常服罗一套、大红织金胸背麒麟圆领一件、青褡襫一件、绿贴里一件、皮弁冠服一副、七旒皂皱纱皮弁冠一顶(旒珠金事件全)、玉圭一枝(袋全)、五章绢地纱皮弁服一套、大红素皮弁服一件、素白中单一件、纁色素前后裳一件、纁色素蔽膝一件(玉钩全)、纁色妆花锦绶一件(金钩玉玎珰全)、红白素大带一条、大红素纻丝舄一双(袜全)、丹矾红平罗销金夹包袱四条、纻丝二匹(黑绿花一匹、深青素一匹)、罗二匹(黑绿一匹、青素一匹)、白氁丝布十匹；妃，纻丝二匹(黑绿花一匹、深青素一匹)、罗二匹(黑绿一匹、青素一匹)、白氁丝布十匹。

万历四年(钤"广运之宝"印)九月初九日。

按甲午、辛酉年并该国历世所藏诏敕，其词旨大略与今相同；故不重出。

谕祭文

维万历七年(岁次己卯)□月□□朔□□日，皇帝遣正使户科左给事中萧崇业、副使行人司行人谢杰，谕祭琉球国中山王尚元；文曰：惟王早膺封爵，嗣守海邦；顺天事上，诚敬不渝：宜臻寿年，以享富贵。胡为一疾，遽尔告终！讣音来闻，良为悼惜！特兹遣祭，庶克歆承。

祭品：牛一只、猪一口、羊一腔、馒头五分、粉汤五分、蜂糖糕一盘、象眼糕一盘、高顶茶食一盘、响糖五个、酥饼酥饳各四个、缠碗五个、降真香一炷、烛一对(重一斤)、焚祝纸一百张、酒二瓶。

萧崇业曰：大哉王言，世之所共宗也。九围之内，冠带之伦得天子一字之褒，则必缇纨十重，谨藏诸箧笥，以贻子孙世珍。毋论细民，即搢绅士大夫亦难概显其亲。使无以韦布老，王言之及，盖殊尤矣；矧影末波余，如外服者乎！琉球僻居海峤之中，与魑结群丑正等耳。然继世而王者，率驰请阙下，以为常典。于是主上并遣侍从之臣往封之，其礼数可埒于重藩。生荣死哀，备极雪煜；而宸章藻翰，世世有加焉。岂不伟哉！岂不伟哉！

谕祭祈海神文

皇帝遣正使户科左给事中萧崇业、副使行人司行人谢杰，谕祭广石庙海神曰：兹者遣使海邦，远颁封诏；舟航利涉，实赖神庥。爰命使臣，虔祈灵贶；神其歆佑，俾克安宁！谨告。

谕祭报海神文

皇帝遣正使户科左给事中萧崇业、副使行人司行人谢杰，谕祭广石庙海神曰：曩者遣使海邦，远颁封诏；赖神之贶，来往无虞。爰命使臣虔修报谢，惟神鉴歆！谨告。

使琉球录卷上
户科左给事中临安萧崇业编
行人司行人长乐谢杰同编

请留诏敕

使事纪

礼仪

造舟

用人

敬神

请留诏敕

业按出使外国,彼国中必留诏敕,以为社稷重;此故事也。自祖宗以来凡十数叶,未之有改矣。业受命封琉球国中山王,窃睹故记,其间体要,颇宜兴修者不一;辄不揣攘往裁今,条剌四事以闻,语具"题奏"中。

其一曰"请留诏敕"。夫远夷向慕王化,所恃以为镇国之宝者,惟此诏敕而已。前使臣陈侃等比照弘治、正德年间修撰伦文叙、编修沈焘等差往安南国留敕事例,曾经题奉钦依听其请留,案在礼部可据。但臣等系赍捧之官,应否听留?必须出自上裁;义不敢以前例而自专者。合无敕下礼部查议,容臣等临时斟酌;如其意果诚恳,则亦俯顺夷情,听其请留;庶臣等有所遵守,而可以慰远人敬奉之心矣等因。奉圣旨:"礼部知道。钦此。"随该礼部覆题:看得户科左给事中等官萧崇业等题称请留诏敕一节,为照琉球修贡效顺,阅世已久;每遇袭继,例遣使臣赍捧诏敕赐封。盖示小国无敢擅专,必待天朝之宠命也。先是,颁去诏敕,彼国每欲请留;是亦远人知所钦崇之意,在天朝亦何所靳!往年使臣陈侃等奏请及此,本部覆奉钦依,准其请留去后。今本官仍为申明,合候命下,行令到彼临时酌处。如其请留之意委系诚切,亦宜照例与留,以顺夷情。伏乞圣裁等因。奉圣旨:"依议行。钦此。"业等伏睹明命,敢不祗若!

萧崇业曰:于戏!世非赫胥,人乖绳治;防轨万肇,情谲丛生。虽萧墙辇毂,亦有藏祸韫奸,参差于曩古者矣。乃琉球以面内寤主,列爵为王,秉忠不贰;朝廷世有誉命,贻之无穷。环观四夷之君,舍箕子故国,其保位持宠,孰若此邦之根柢宁固者哉!彼亲为骨肉,疆土千里,不务遵德检柙,顾湛溺盈溢之欲,以自取隤声褫秩,戮及先人为天下笑者,夫亦藏祸韫奸之流耳;宜没没也。其视中山王,可报然汗矣!

使事纪

萧崇业曰：古者列国倾侧扰攘之际，彼此各以使重；大抵出一言，卒解纠纷之难。是以《春秋》内外传所称予者，所谓魁士名豪非乎！秦、汉叔季，如好时、长卿二子，犹以持谕当否耆抑倔强，光流史册。乃今承平之时，士董董守寻常，鲜奇策可自表见，其名又甚不荣；故未数禩间，竟同卉腐：即姓与氏，皆泯灭无闻已。于戏！人之声施相越，岂不殊哉！余因参核旧录所载，自宣德迄兹，凡奉使者得若干人，具列之篇中，备考镜焉。

宣德二年，钦差内监柴山敕封国王尚巴志（请封自巴志始。父思绍，系追封）。

正统八年，钦差正使给事中俞忭、副使行人刘逊敕封国王尚忠。

正统十三年，钦差正使给事中陈传、副使行人万祥敕封国王尚思达。

景泰三年，钦差正使给事中陈谟、副使行人董守宏敕封国王尚金福。

景泰七年，钦差正使给事中李秉彝、副使行人刘俭敕封国王尚泰久。

天顺七年，钦差正使给事中潘荣（漳州府龙溪县人）、副使行人蔡哲敕封国王尚德。

成化八年，钦差正使给事中官荣、副使行人韩文敕封国王尚圆（长子尚宣威传位一年逝，未及请封）。

成化十五年，钦差正使给事中董旻、副使行人司副张祥敕封国王尚真。

嘉靖十三年，钦差正使给事中陈侃（浙江鄞县人）、副使行人高澄（顺天府固安县人）敕封国王尚清。

以前录无所考，刻之自陈、高始。事具载如左：

嘉靖丙戌冬，琉球国中山王尚真薨。越戊子，世子尚清表请袭封；下礼部议。礼部恐其以奚齐夺申生也、又恐其以牛易马也，令琉球长史司复核其实，戒毋诳。越辛卯，长史蔡瀚等核诸舆民勋戚，同然一辞；佥曰："尚清乃先王真之冢嗣，立为世子有年矣。"具文申部，宗伯甡之。越壬辰春，礼部请差二使往封，给事中为正、行人为副；侃与澄适承乏焉。命下之日，时夏五望也。六月，各赐一品服一袭，侃以麒麟、澄以白泽，俱大红织金罗为表、绢为里；绿罗裯褾、青罗褶子，里亦用绢。带以玉，则自备。又各赐家人口粮四名。八月，侃等始治装戒行。

越癸巳五月，侃至三山，澄亦以六月至闽。三司诸君承礼部咨文，已将过海事宜会裁已定。七月二日定舻修船。十一月，琉球国进贡船至，余等忧闽人不谙海道，喜来得询其详。翼日，又报琉球国船至，乃世子遣长史蔡廷美来迓；则又喜其不必询诸贡者，而有为之前驱者矣。长史进见，道世子遣问外，又道世子亦虑闽人不善操舟，遣看针通事一员率夷梢善驾舟者三十人代为之役；则又喜其不必藉诸前驱，而有同舟共济者矣。

越甲午二月，舟始毕工。四月十八日，舟先发于南台。二十六日，余等启行。三司诸君送至南台，酒三行，余等起谢曰："曩时海国之役，必数年始克竣事，闻之舟不易成也；今未及期月而有航海之期，谁之功！敢不再拜！"诸君皆歌"烝民"之诗以赠，亦再拜；遂别。是晚，宿于舟中。翼日，至长乐，长史舟亦随行。

五月朔，余等至广石，大舟亦始至。二日，祭海登舟，守巡诸君设宴为饯。是日，遂别诸君，慨然登舟。连日风逆，五日始发舟；不越数舍而止，海角尚浅。至八日，出海口，方一望汪洋矣。风顺而微，波涛亦不汹涌；舟不动而移，与夷舟相为先后。出舱观之，四顾廓然，茫无山际；惟天光与水光相接耳。云物变幻无穷，日月出没可骇；诚一奇观也。

九日，隐隐见一小山，乃小琉球也。十日，南风甚迅，舟行如飞；然顺流而下，亦不甚动。过平嘉山、钓鱼屿，过黄毛屿，过赤屿，目不暇接，一昼夜兼三日之程。夷舟帆小不能及，相失在后。十一日夕，见古米山，乃属琉球者；夷人鼓舞，喜达于家。夜行彻晓，风转而东，进寸退尺，失其故处；又竟一日，始至其山。十三日，风又转而壮，逆不可行，欲泊于山麓；险石乱伏于下，谨避之。长年执舵甚坚，与风为敌，遂上下于此山之侧。相持至十四日夕，舟剌剌有声，若有分崩之势。大桅原非一木，以五小木攒之，束以铁环；孤高冲风，摇撼不可当，环断其一。众恐其遂折也，惊骇叫嚣；亟以钉钳之，声少息。原舟用钉不足、舱麻不密、板联不固，罅缝皆开；以数十人辘轳引水，水不能止。是时惟长年数人，色不少动；但云："风不足惧，速求罅缝而塞之，可保无虞！"于是有倡议者曰："风逆则荡、顺则安，曷回以从顺！"有一人执舵而云："海以山为路，守此尚可以生；失此，恐无以救！"但众股栗，啼号不止；姑从众，以纾其惧。旋转之后，舟果不荡。执烛寻罅塞之，水不能入；众心遂定。计十六日旦，当见古米山；至期，杳无所见。执舵者曰："今将何归？"余等亦忧之。忽远见一山巅微露，若有小山伏于其旁；询之夷人，乃曰："此叶璧山也，亦本国所属。若更从而东，即日本矣。"申刻，果至其地，泊焉。十八日，世子遣法司官一员，具牛、羊、酒、米、瓜、菜之物为从者犒；通事致词曰："天使远临，世子不胜忻踊！闻风伯为从者惊,世子益不自安。欲躬自远迓,国事不能暂离;谨遣小臣具菜、果,将问安之敬。"余等爱其词雅,受之。

时余之舟已过王所之东,欲得西风为顺;夏月诚不易得。世子复遣夷众四千人,驾小舟四十艘,欲以大缆引余之舟;通事乃曰:"海中变出不测,岂宜久淹从者!世子不遑寝食,谨遣众役挽舟以行,敢告。"船分左右,各维一缆,迤逦而行,若常山蛇势;亦一奇观也。一昼夜,亦行百余里。十九日,风逆甚,不可以人力胜,遂泊于移山之峁;法司官率夷众环舟而宿,未尝敢离左右。泊至五日,余众苦之;在舟日久,郁隆成疾,求登岸以避之而不可得。二十四日,世子复遣长史来曰:"世子闻至移山,刻期拱候;六日不詹,中心孔棘。恐为从者忧,谨遣小臣奉慰。"余等谢之。二十五日,方达泊舟之所,名曰哪霸港。计广石登舟,至此几一月矣。

越既望,行祭王礼。七月二日,封王。九月十二日,登舟而回。泊舟之港,出海仅一里;中有九曲,夹岸皆石,惟灭风而后可行。坐守六日,王日使人侍于侧。至十八日,风少息,挽舟而出,亦斜倚于岸;众恐其伤于石,大惊。幸前月亲督修舱,不为所伤。复止二十日,始克开洋,夷舟同行。二十一日,飓风陡作,舟荡不息,桅舵俱折。二十三日,黑云蔽天,风又将作,卜珓易舵。二十六日,风大作,相与叩神;风若少缓,舟行如飞。彻晓,已见闽之山矣。二十八日,至定海所。十月初二日,入城。痛定思痛,不觉伤感!凡接士大夫,叙其所以,无不为之庆幸。

嘉靖四十年,钦差正使史科左给事中郭汝霖(江西永丰人)、副使行人李际春(河南杞县人)敕封国王尚元。

嘉靖三十四年六月,琉球国中山王尚清薨。三十七年正月,世子尚元差正议大夫、长史等官到京,请乞袭封王爵。礼部以请勘俱系彼国官民,乃不复行勘,奏请如故事,差正、副使二员赍诏敕、皮弁冠服等往。时科中应行者吴君时来,行人司则李君际春也。命下,二月十六日矣;部咨翰林院撰文、各衙门造该用仪物。延之三月终,未行;而吴君有戍事,汝霖乃同李君承乏焉——四月初二日也。部中鉴前畏避之嫌,促日起程;霖等亦以重命不可再缓,遂请诏书易名,改赐品服。初八日,慨然解舟南下。

七月初,抵江西地方。霖意海警连年,事须巧速;因一面差人至福建布政司,令作速委官伐木造船。九月中,亲至闽坐督,刻次年春汛必行。奈地方多事,贼报交驰;当事者已疑不能必往,管工官亦泄泄。于是船自十一月起工,至次年四月仅完其半。贼报紧急,不俟工完;四月初四日出坞,尹参将令百户严继先等接至镇,驾守。十一日午刻,方至镇,未刻贼已接踵相望数里;不为所夺,幸也。是年,倭奴辏集福州城外,称数万,城门闭者三月。余等亦日日上城,同有司巡守。

先是,戊午冬,琉球世子差来迎迓长史梁炫等住柔远驿,尽为所掠,声息转闻琉球。三十九年正月,蔡廷会等来修贡,传其国有领封之情呈文该司,该司以时事艰难、国体所系,遂为转奏。本下部议,以旧典难遽变,俟海誓稍宁,必期渡海终事。时勘合到迟,将届六月,倭寇伺候海口者又比比。余召漳州火长、舵工等役,中途又为贼阻;各役依山缘径而来,动经月余,至则又七月矣。前船既有伤损,久住内港,乌蜅丛生。乌蜅者,生于淡水,则坠于咸水;生于咸水,则坠于淡水。内港,淡水也;一至海,则垂垂而坠,船板精华俱为所蚀,油灰不能复住,水从罅隙而入,何可止也。余时与诸司议,但挟数十人从夷舟往。夷舟颇小,举动敏捷;既不为贼觊觎,又可藉以济事。有司固执,以堂堂天朝为此举动,何以威临四夷!若事不易济,宁修船俟时。欲从权济事,亦须上闻;不然,他日谁任其咎!李君亦曰:"既不能行,毋徒躁动,不若专意修船。事大,非一手可掩;他日当有人谅也!"余然之。火长、舵工等因呈乞有司,改造前船。八月,再定艎。至十一月,毕工出坞。

越嘉靖四十年四月,忽值内地广兵之变。五月初六,则有贼二百余至闽安镇之下江。时各役告请行粮,余亦牒有司,渐次散给。兵道杨君来言曰:"今事急,且不论行,即船将如何守!"既贼乃从下江口,由长乐入福清;而船始报安焉。五月十九日,船至长乐取水。余与李君二十五日起行,抚、按、三司饯于南台,府、县别于新港。二十六日辰刻,至长乐。时自二十三日起,连有南风,遂决而行。二十七日,至广石。二十八日,祭海登舟,别三司诸君。二十九日,至梅花,开洋。幸值西南风大旺,瞬目千里,长史梁炫舟在后,不能及,过东涌、小琉球。三十日,过黄茅。闰五月初一日,过钓鱼屿。初三日,至赤屿焉。赤屿者,界琉球地方山也。再一日之风,即可望古米山矣。奈何屏翳绝驱,纤尘不动,潮平浪静;海洋大观,真奇绝也。舟不能行,住三日。初六日午刻,得风乃行,见土纳已山。时东南风旺,用舵者欲力驾而东。至申刻,乃见小古米山,夷人望见船来,即驾小艜来迎。有二头目,熟知水路,且曰:"既不能从大古米山入,何可傍土纳已山而入!其中多礁。"余等闻之骇。二头目一面令夷船入报,渠遂躬在余船道驾,从小古米山而入;且云:"得一日一夜之力,即未遽登岸,可保不下叶璧山矣。"余等厚赏赐之,昼夜赶行。初七日未刻,望见王城哪霸港焉。然东风为多,相隔仅五十里,不能辄近。世子遣法司官来迓。夷船凡五十余,辏集封舟前后,欲用先年挽入故事,然竟弗能行。至初八日午刻,有冲风暴雨,余曰:"可整舟。"挽而行。初九日辰刻,遂达岸焉。

既抵岸三日后,有传贼船从其境上过者;盖篷力小,大洋中自不相及。择六月初九日祭王,二十九日封王;礼毕,守候风汛回国。往者,九月终,交初冬,则东北风旺;是年九月内风气不定,日东、日南。守之至十月初,飓风大作;伙长等皆以飓风既过,可以遂行。十月初九日,登舟。及登舟之后,方图举帆,而风雨骤至,阻于哪霸港口。盖港口险隘,仅容一舟;稍有偏侧,船辄不保。船之泊港口也,两旁系以大缆;至十五夜,右缆忽断。陈孔成忙吹号举炮,夷人二千余来牵转,再加新缆。至十八夜,天忽郎霁,月光如画;四更时,诸人与夷官、夷梢乃导而出。出港后,东北风旺,舟行如飞。二十日午后,忽有黑云接日,冥雾四塞;舟人惧曰:"此飓征也!"顷刻,果飓征旋至,舟人守之益慎。至夜二鼓,劈烈一声,舵已去矣。余一家人跑入窗传报,举舟哭声振天。时陈孔成传将各舱所载重者一面丢抛,一面令吴宗达等倡言:"舵虽折,尚有边舵,决保无虞!"余审之曰:"静以御变,极是!但舵何时可换?"达等曰:"天明可换。吾不举大篷,但张二篷、三篷,任其漂流;至后,可补针也。"陈大韶、曾宏俱从陈、高过洋者,亦来;大言曰:"往年亦如此。然往年船不固,今此船固;往年船发漏,今不发漏;往年无边舵,今有边舵;往年折舵并折桅,今舵虽折而桅尚存。"余闻其言,心亦颇定。然播荡反侧,无顷刻宁;风涛之势,与天上下,舟亦巍巍如裂屋响。呼吸存亡,茫然不知何所在也!至次日,风又不息;余乃口为文,令吏陈佩床前书之,以檄天妃。适一晨刻风稍定,始得换舵。舵既定,诸人颇有生望。但牵舵大缆兜之自尾至船首者,又忽中断;则海水咸厉,绳缆不能久。舵工等又惧舵不能稳,稍摆动金口,船分两片矣;此尤危也。乃用银重赏一夷人,系其腰,令下海接之;竟不能接。吴宗达来禀,欲穿二舱、三舱透绳系舵,而不能决。余闻,即慨然是之;乃凿而度绳,舵始得安,行之。至二十六,许严等来报曰:"渐有清水,中国山将可望乎!"二十七日,果见宁波山。历温、历台,闽人未能尽晓浙中山屿,疑迷莫测,仍怀忧思。至二十九日,忽至福宁;见定海台山,心始安焉。从五虎门入。十一月初二日,入省城。追想前迹,为之恻然!凡士夫相会,真同再世。

郭汝霖记。

万历七年,钦差正使户科左给事中萧崇业(云南临安卫籍,应天府上元县人)、副使行人谢杰(福建长乐县人)敕封国王尚永。

今上万历改元之冬十二月,琉球国中山王世子尚永表请袭封,若曰:"先臣故中山王尚元于壬申夏溘先朝露,臣不穀当嗣守外藩。谨遣波臣伏阙下,冀制诏远贲,为封疆重。"先是,以有司行查例虚文,亦恐规避者缘此得成其计,故辄遣封。乃是年复行查,盖缓之也。旧规:副使属大行,然犹差遣无常名,而省中则坐次户垣,人人知必余无疑矣,咸恐之。延至丙子秋,国大夫、长史等报曰:"世子永,免衣褓裸而齿于嫡嗣久;诸臣曷敢以不类奸天王之大典乎!"于是不佞业,遂叨正使命;而副则大行谢君杰焉。如故事,各赐一品服。即以九月十一日赍诏敕,出潞河传,遽入闽。

闽中比年求巨木造战舟,余复斩为高名之丽,美材略尽;而间有中绳斧者,往往产于崎岩邃壑之侧,致之甚艰。一时闽抚、按又新故,相代未视事;督无其人,以故采木经年,迄丁丑秋七月始定舻。乃舰匠弗悊,适坏裂之。于是驰介四出取,复于十月再兴工;得舻者,把总林天赠也。至于桅之取尤难,桅必杉木而后如式。第杉之材,故可为樯傍者,以是民间率隐不以闻。余先遣李应龙往寿宁伐三木,一最巨;里豪利其可材,遂于梢半潜锯五、六寸,欲短之。然嫌有小伤,故置。乃纷纷林薮中,旁搜邃括,务遴其全;而龚大德报出闽清者,又道路岌嶪,力不可猝致。毕竟皇皇垂成之时,仍取寿宁之桅而用之;采督之使,良亦苦矣。而抚中丞庞惺庵氏代到,故擅风裁,乃矫娇好约缩,出教不欲私役其民。凡木之伐自山者、输及水者、截为舟者,丝忽皆公帑云。费已不赀而丝忽又公帑出,余心内弗自安,时时与谢君商之,舟从汰其什一、军器损其什五、交际俭其什七。先是,诸具物率治之以官;今令平贾,而精黠奸户故求多于有司,诸具物往往以丑恶相欺售。谢君为闽中人,素晓畅其事;乃一一僚条其大小诏余不然者,辄奉三尺随其后。于是舟之庀也,大都多谢君指画焉。

舟完,例趣治行。而彼国夷船以汛期,宜候于境上;乃戊寅年,独爽不至。长年三老,佥谓:"海洋风涛叵测,与陆路不同。须俟向导行之便。"余与谢君又念事关国体重,万一取轻致偾,为患非细;于是辄具疏以改期请,奏可。久之,正议大夫梁灿等至自琉球;询其故,乃知船因风逆,打入别港,遂坐失汛,非敢违玩、有他意也。于是卜以己卯年五月初六日,封舟先发旺崎。余等初十日启行,抚、按、三司祖道南台,重王命也。次日,抵长乐。十五日,广石庙行谕祭礼,守、巡亦在焉。忽传封舟出闽安镇,引港民船有司弗夙戒,乃迷道阁浅发漏；人言啧啧甚危。抚、按风闻，辄夜走使留督造官争出长策为处。已而裂者复合，稍稍修葺，无大损毁；故又锐然有行志。二十二日，从梅花所开洋；海似镜面，渔舟数点可黑豆大。自此睇望，汪汪万顷矣。余于是而知江河之恶沱也。

二十三日，风少东，舟折而南下。二十四日，东风益剧，水与舟相吞搏，有噌吰镗鞳之声；而攲侧簸扬，舟中瓶瓮、门椅皆仆，人人惴恐。于是有食而呕者、步而蹶者、晕而卧者；问之，舌举而不下者；答之，口呿而不合者。顾独漳人，则夷夷弗为动耳。风既相左，针路遂舛误，伥伥莫知所之。连行七余日，而窾阆窅无山屿；但唯孤燕飞绕于前后，一细蜻蜓入神舍不去，众咸异焉。陈孔成等潫然悒热，乃令舰匠作彩船以禳；又听习于巫者喧金鼓降箕，已又俯伏神前求玫；穷祈祝事，一无所吝。当是时，舟人望山之切，真不啻朝饥之忙粱穀，又如弱孺恩慈媪而弗得亲也。三十日，余令夷梢上桅以觇；辄欣然白曰："云间隆隆起者，非古米，即叶璧山也。去此可五、六百里许，当无虑已！"于是舟中人无不拍手大欢，各排愁破虑，举觞相慰劳，称"见山酒"云。余二人望之，亦舞于眉端；万水中高岭独出，何止中流砥柱耶！踌躇四顾，辄见三龙并起于海，其起处水乃转涌，旋腾滚滚；上天有声，听如狮吼、如千乘车过，又如殷雷軯鼓轰轰彻地。碧气三道，礋入云雾内，长百丈有余，峙犹鼎足。然舟中人畏栗，不敢迫仰，率扬赭鞭、烧毛羽秽物以厌胜之。须臾，雨四面至矣。传云"玄龙迎夏"。则凌云而奋鳞，乐时也；岂有据耶！即是观之，则海上光傀可骇之事，固人世所未睹哉！

六月初一日，过叶璧山前，有小舠驾八、九人，破巨浪来；远觇封舟婆娑，胡卢笑。至则持二螺献，少赏之。于是随舟夷总管附去，薄山下，先骑报世子。由此陆路入国，犹两日程也。余二人倚牓而观，一篙工谓有鱼数头逐舟游。夷梢熟海者，往来常具钓饵行。于是垂六物取之，辄获鲜鳞二；颔下中数创，尚跳跃不即僵。顾其色青绿，闪烁有光耀，较中国恒鱼异。余欲生之；选间，僵不可放矣。庖人强烹之，味果佳；第终诧，不欲多食也。初三日，世子始遣法司官具牛、酒以劳从者；亦如例分左右维一缆以挽舟，逡巡至。初五日而后，泊哪霸港口。询之，国人梁灿等尚未宁家。然彼十八日先余舟开洋，今何故后耶？居有顷，报舟漂北山；又十二日，得抵国，隔封舟浃一旬矣。

越二十九日，行祭王礼。七月十九日，行封王礼。余尝念世子产于沈斥，必一切疏简，不可入；今观其貌虽不盈五尺，而言仪恂雅，大与庸俗人相万，盖庶几鞠躬君子耳。岂凡统楫群元者，其体具固自不偶然哉！余二人寓此久，王子馈问赆钱,每每不失礼;而礼有过腆者,辄却去不受:语在《仪注》中。

旋国时,卜以十月十三日。因旬内雨频,风又东西忽易,无可准。守候至二十四日,始出港口,顷刻数里。回盼琉球,若有、若无,而叶璧、马齿等山,眇犹覆盂。时虽冬乎,然气候朗肃,都无纤翳;望之霁宇澄彻,块礧潜嘘,天吴遁迹,阳侯屏怡。彼一时也,敲暑溽蒸,情悰甚恶;此一时也,凉飔袭瑟,景况颇佳。上下巨浸,宛如图画中人。第愧无河朔量,少酬之耳。且四围俱碧、水天一色,辄欲罄所,指顾亦复浑浩荒邈,涣无津涯。时时出楼舫外,肆目奇诡瑰异之览,应接不暇。有平平者、突突者、鸥狎波者、鳞鼓鬣者、鳅呼风者、蜃作雾者、沓若岭者、纤若縠者、潆洄若沸羹者、绵邈若匹练者、蹲若伏虎者、奔若飞鬣者、步骤而来若喜者、惊号而至若怒者:恢张点缀,即神工鬼笔无可名状。然宁惟是哉,乃至阑夕凄清之际,月舍参井间,空明虚白,可别淄素;灵下天高,尤非尘境。星汉流光,云霞隐曜,微风细浪交激成声,其鸣乍急、乍徐、乍大、乍小,居然有笙簧金石之韵:正昔人所谓"如天上坐"也。优而游之,旷襟爽骨,飘飘便欲仙去,更不知人世复有娱心极意之事矣。海之壮观,一至是乎!二十六日,风益助顺,令楫师五帆并张,摇扬披拂,猎猎不可御;盖与归心飞相送也。但抵暮,阴云四塞,乃大雨。于是西风为梗,终食弗进寻丈。幸一日夜,辄转而北矣。然北又多暴,舟迅而荡甚,欹侧簸扬;时戛轧为裂帛响,颓然若屋宇将倾之状。人如磨上行,四方易位,头目眩迷;颠踬呕晕,避匿舱内不出、呫呫自嗟者,前十人而五、今十人而九已。此皆屠夫不习水,且漫不知降伏其心,故稍涉惊危可愕之事,神竟为所夺耳。漳州长年极力捩柁,坚与风为敌;棍牙数数折伤,柁叶亦为巨涛击去,独柁以铁力木得存;更再易之,人人愈益惴恐。二十九日晚,见台州山;于是无不哗呼舞蹈,哄然色笑焉。当是时,即腥儒之取一第、婪子之拾千金,犹未喻其喜也。

三十日,由台历温,溯官澳,望晴屿。十一月朔日,经台、奎二山,福宁在其北;夜无风,舟不能行。初二日午,薄黄崎,进定海所。顾其地渐近,其境渐逼;而洋中奇诡瑰异之览,无复陈于前矣。譬之适都邑者,一旦返乎故庐,虽其桑梓在念,时时欣悦;而转忆声名文物之盛,又未始不萦结于怀也。

初五日,入闽城。抚、按、三司俱出劳于郊;谭往道旧,仿佛梦中。凡向之纵险尝嘻、欢奇适胜,指星测水、校雨量风者,允矣木荣之飘尘、好音之过听、浮云之点空、翔乌之驰隙,殆蓦然倏然忘其然而然耳,又何以知蹈海之足以定至危之倪,又何以知宇宙之足以穷至大之域乎!于戏!海哉,海哉!此固孔子之所欲桴而未能、季路之所欲从而未许也。彼有视为畏途,乃仅仅取足于几席襟带间,而不复以上下四方为度内者,诚漆园吏所谓"井蛙不可语于海"耳。若夫保生重己之说,尤浅之乎其为丈夫者哉!

萧崇业曰:仲尼云:"君子素其位,而行不顾乎其外。"盖有味乎其言之也。人惟徼幸之心胜,乃先以利害横于其中,是故怀居登垄,靡所弗至;殊不知孰平、孰险、孰祸、孰福?虽机变之士智如炙輠,亦安从而逆睹之!昔者,漠北牧羝麟阁显,浪泊居瘴铜柱标;潮阳入阻昌黎重,岭州历七元城还:何险非平乎!诡谋求售郦生困,遗危择逸晁错诛;全躯苟活李陵族,怙宠竞荣霍禹亡:何福非祸乎!推之至于巧而媚灶、奸而倚水,嗟卑而吊汨、饮郁而书空,伤燠凉以勒门,怵传遽而投阁,抵疑释讥愤藻以明衷、闲居拍张托词而志蹇;用之则哗众矜矜而为虎,不用则骫体缩缩而为鼠:是皆未明夫素位之义耳!此义晦而趋避之,徒纷然出也,何足怪矣!噫嘻!惑哉!风波倾覆,即世路亦时时有之;宁独畏于海上耶!然此非余言也;余闻之钓鳖异人,其说如此。

礼 仪

六月初五日,抵哪霸港登岸。岸上有亭,榜曰"迎恩"。世子遣众官大小百余员,随龙亭候于亭下。余等捧诏敕安龙亭中,众官行五拜、三叩头礼;前导,引至天使馆。龙亭设正堂,众官复行礼如初。余等呼长史,问曰:"世子不迎诏敕,得非慢乎?"对曰:"宣德以来,礼制:凡诏敕至国,世子祗候国门外。数代相袭如此,岂敢慢,故不出耶!然人臣以守制为良耳。"听之。世子虽不至馆,馆中皆官正莅事,诸于承奉使令之仪,往往详备。每五日,遣大臣一员问安;陈内酿二壶、果盒二架,酌酒于斗,跽而言曰:"世子念陋邦不足以辱天使,兹幸来,况丙夜废寝,自愧我且何以给待之。乃朝夕令小臣恪具芹菲,敢讯无恙于下执事!"余受其酒,饮毕;复献牛、羊、菜、果,却之不已,间亦或受。每馈,遍及从人,无弗均。然故事,犹三日小问安,礼少杀;今皆革去。即随来各官所有铺陈、禀给等项,余稍稍裁其过丰者,大都省什之二、三矣。于是夷人无不举手悦服云。

越六月二十九日,行祭王礼。墓不知所在,即寝庙祭焉。祭品皆钦定之数,然亦有纸马、翣柳之类纷列错陈;夷人拥观者如织,迎入庙中。设定后,用龙亭迎谕祭文;余等随行。将至庙,世子素衣黑带候于门,率众官行五拜、三叩头礼。曩第旁立不拜,似属未协;此余等以义起者。进至寝庙,神主居东,西向;余等居西,东向;龙亭居中,南向;世子居南,北向。宣谕祭文毕,世子出露台,北面谢恩,复与余等交拜。揖至中堂,余等南向坐;世子令长史告之情曰:"顷蒙弭盖蜗乡,理当匍匐,望履幕下。奈束故制,不敢辄违尺寸。今又辱礼于先人,感深九原矣!清酤二卣,敬献之从者;愿少须臾,接殷勤之欢。"余等以玄堂叙饮,恐非所宜耳,辞。世子又曰:"礼燕嘉宾,必有琴瑟、筐筺,以昭敬也。兹者陈乐而不作,正此故耳。幸毋辞!"酒数行,皆亲斛献,礼仪卒度罔弗恭。少顷,别;辄遣法司官同长史至馆,道世子悃曰:"小国不自意,敢劳从者为先王宠光。谨令长史奉不腆之金,为大人寿!"余等讶曰:"世子知道,而乃贾竖我乎!"令持去,不从;作书谢其意曰:"承嘉惠,若宜祗受。第兼金固珍锡耳,其何觊如之!语云'君子爱人以德',而独不闻耶?矧余二人奉天子命于殊域,岂有觊也!义必不敢以苞苴为累。万惟留意幸察,毋频往来!"世子得书,辄止。

祀事毕,越七月十九日封王。是日黎明,世子令众官候于馆外,导迎诏敕之国。国里许有牌坊一座,榜曰"中山"。又一座,榜曰"首里";今易曰"守礼之邦",遵制词也。路平坦,可容九轨。世子候龙亭至,行五拜、三叩头礼,导之国门。门曰"欢会",门内逶迤数步,即王之宫。宫门三层,层数级高。至正殿,巍然在山之巅。设龙亭于正中,行大封拜礼;国王升降、进退、舞蹈、祝呼,肃然如式。礼毕,揖余等至北宫,复行相见礼。王暂退,出临群臣。是日受天子新命,与一国更始;群臣具冠服,四拜贺。臣之尊且亲者,捧觞为寿。朝罢设宴,金鼓笙箫之乐,翕然齐鸣;王奉酒劝。酒清烈,云自暹逻来者。肴蔌纷旨,方丈错华,享之有加笾。然不能自制也,皆假闽庖人为之。及馈之毕,余等令仪从迎诏敕返;王再拜曰:"天子总统海宇,四面风德。臣第蕞尔一小夷耳,兹厚幸辱制诏远贲臣,臣敢不留镇国中,为子孙世世宝!"乃数稽首请。于是余等先奉有俞旨,犹令启其金匮之藏;长史数臣各捧一道来,奎翰绚一堂矣,遂许之留。王喜甚,别。后随遣王亲、长史致礼物,长跽;再让,姑取刀、扇、土布少许,其金不之受。复函书曰:"尝闻伊尹致慎于一介、孟子坚辞乎万钟,非苟为异而已。盖以义之所不敢出者,与其伤廉,无宁过隘耳。古圣贤持己欲严,大率类是。余等滥竽侍从之列,即弗宜皦皦,谓与庸众殊。然内外瞻仰,在此一举。独奈何负生平而处顽夫下邪!伏冀贤王少听其志也!盛仪附璧。"王见书,令长史还报曰:"永僻居万水之中,犹蛙跧井底耳。乃圣朝不置之化外,至勤从者赐以弁服,即不榖之师也。极知庸褒不足以渎阍人,第区区一念诚,莫得其酬焉!昨揽荣示,悚汗流踵矣;敢不知责乎!"曩事毕濒行,然后王董一访;非礼也。余等讽以大义,王辄慨然从;谓"天使远为大典过临,何宜傲惰如此!"遂灼吉亲至馆谢。于是余等亦具殽核以娱,密坐移时去。

八月,请赏中秋节。酒酣,命夷童歌夷曲,更为夷舞;伛偻曲折,亦足以观。诸从人皆令通事使之嚼,略浮白欢醉。向夕回馆,月明可数毫发;海光莹玉,松影筛蓝。令舆人缓步行,纵目极视,意爽神飞;殆忘其身之在海外也。二十四日,张饮水亭,观龙舟之戏。法效华人,运舟俱大臣子弟,各簪金花、具彩服,和歌以示矜奋。两岸犬牙差互,碧流环绕,亭突出其间,四面翳林丛树,蒙络摇扬;此中幽丽奇境,恐无逾之者。由水亭斗折蛇行,东至膳亭三间。旁砌石池,畜金鱼百许头;水清浅彻底,鱼皆空游无所依。时正午,亭中备一膳,洁异寻常,第止数品;蕙蒸兰藉,味甚殊珍。此则宫中鼎娥精制,一不敢以恶草具进耳。左有寺,曰"圆觉";又由崎磴纡出正衢。西有寺,曰"天界"。二寺弘壮,亚于王宫;各藏梵经数千卷。殿外杂植棕竹、凤尾蕉,绿荫葳蕤,欣然会心;且澄潭閟室,尤与僧人相宜。迨日小迁,复邀坐;宴不在酒,而情义则款笃矣。

越九月初十日,饯行,席设如初。将命彻,法司二员各跽持酒二杯奉余等;辞以不胜杯酌,止。二十二日,复请饯;辞。十月初五日,请;又辞。初八日,辞弗获已,乃竟往王城一别。先是,预令不必盛供具;至则,祗成礼而已。临行,长史捧黄金四十两以为赆。余谂之曰:"曩数致笺素,不任肝胆之切。顷复腆遗所贶,意者某等德未信耶!不则,胡不以情相归也!昔马援也者,可谓贤豪人矣;顾薏苡犹然见点。矧重之以陆生金,余二人其何之辞!且也,主上明圣,诸臣工曷敢不励素丝之节!愿王媲迹前懿,俾使人得遂其高!则所以辱徼大惠者,岂在区区物哉!"王愕然,命长史致词曰:"卑卑小国,辱天使至止于斯;适不幸,岁比凶,故俭奉焉,良以自惭!反蒙不加谴斥,过从节约。况薄贶,实我祖宗从来故典也;乃又见拒,永即有胸无心,敢忘大德耶!"于是持泥金倭扇二柄,意谓此会难又,挥之或可系漫漫之期耳。余等随答以手扇;彼喜不自胜,再拜而别。二十二日,登舟,官民送者猬集于道。是岁立冬迟,风未定北,行之稍缓,职此由也。王仍遣看针通事一员、夷梢数人护送;又遣王亲马良弼、长史、使者等官驾舟进表谢恩。

附录

陈侃与世子书曰:"君子交际之间,有礼焉、有义焉。礼以将敬,义以揆物;宾主各欲自尽而已。今日之举,君命是将;敬共王事,乃其职也。款我以华筵,厚矣;而又惠我以裹蹄,不已过乎!在贤世子行之固为尽礼,在侃等受之则为非义。授受之间,天理、人欲判焉。辨之明而守之固,敢自欺乎!辞不更赘,惠毋再贻。"又与王书曰："士君子立身大节，不过礼、义二者；前书备布，想已知之！贤王亦知朝廷之大法乎？今圣天子御极，议礼制度，万物维新。群工济济，皆秉羔羊之节；晋如鼫鼠者，愁如、摧如而已。余等叨居近侍，万里衔命，正欲播君德于无疆、守臣节于不辱，为天朝增重；乃敢自冒非义，以贻满橐之讥耶！与者、受者，其戾一也；欲馨清议，其罪不恭！"

郭汝霖辞宴，与王书曰："盖闻酒以成礼，不继以淫，义也。霖等钦奉上命前来，佳礼既行，华筵亦既洽矣；兹又辱过招，无乃大繁乎！敬此以辞。向祭封之日，兼承裹蹄之惠；虽王中心致敬之诚，而辞受以义，又使人素有成规而不敢失者也。敢并全璧。伏惟以德相爱、以道相处，共守天朝之大闲、安臣子之大义，而不区区于仪物之末，幸甚！"又与王书曰："封舟濒行，领宴饯兼惠裹蹄，已尝面辞矣；兹辱法司、大夫、长史等复来。夫承筐是将，虽贤王好我之诚；而不受为宝，实使人自守之矩。且天朝清议光昭，非礼授受，具有明辟；余虽欲于王，如朝廷之大法何！惟王知所以爱，而克其非所以爱可也。传有之：'私惠不归德，君子不自留焉。'王其念之！"

萧崇业曰：夫琉球，夷而化者也；入其国，不无交际之仪。自国初遣使以来，所由长远矣。然余每至于享献、馈问之间，又未尝不三致检焉。岂其忍性矫情，将矜名以炫迹耶；抑亦高心洁行，乃儒者之芳轨耳。圣人不云乎："行己有耻；使于四方，不辱君命，可以为士矣。"余何以知自守之必然哉以此。

造　舟

萧崇业曰：于戏！圣人制舟之义深哉！夫水之有舟航，犹陆之有车马也。舟车所至、人力所通、日月所照、霜露所坠，凡有血气者，莫不尊亲。吁！圣人作舟车以臣属天下，其功德荡然而不可及也，一至是乎！何以明其然耶？盖山非梯不周其阻，即卉服向风无自也；惟车骤马驰，则地尽封域矣。海非航不测其广，即鲛人慕义无由也；惟车便飙利，则源穷洲岛矣。是故蓬壶之境淖约长生，久视之夫，第患海中无此耳。藉令有之，亦可望而至其地、寻而访其人，告之以黄虞中正之道而移其僻，不难已；又何论称臣入贡之国如琉球者乎！《中庸》赞至诚曰"配天"，盖言圣人之功德遍覆博载，与天地无纪极；而山溪之险，果不足以限之也。于戏！言有据矣。志造舟。

按舟制，与江湖座船不同。座船前后调停，出入甚便；中间窗户玲珑，开明爽朗，不异安宅也。此则舱口低凹，上覆平板为战棚，列军器焉。即官舱亦仅高四、五尺，俯偻深入，下上以梯；面虽启牖，若穴隙然。盖恐太高则冲风，故稍卑之耳。桅竖五，大者长八丈，根围九尺，余以次而短。舵长三丈一尺，围三尺七寸；舱长五丈二尺，围九尺。桅用杉木，取其理直而轻；舵用铁力木，取其坚劲；舱用松木，取其沈实，能久渍也。架龙棚之外，有兜舱鞠；锁梁钉之外，有米锤鞠。河口匠欲以铁、漳泉匠欲以木，乃参用之。舟后故作黄屋二层，中安诏敕；上设香火，奉海神、天妃尊之，且从俗也。

舵备三，用其一，副其二。橹置三十六枝。大铁锚四，约重五千斤。大棕缆八，每条围尺许，长百丈。小艀二，不用，则缚附两旁；用，则往来藉登岸，或输行李。水具大柜二，可载五、六百石；小如瓮者十数；以海泉咸不可食也。舟最紧要者三，曰舱、曰桅、曰舵。把总林天赠得舱于延平、李应龙得桅于寿宁、经历罗克念得舵于广东，诸木既精好，当于用；而三者又殊材，中绳度。以故终焉允臧，得安流无恙，为舟人幸；孰非一时事事者之恪哉！定舱日，三司诸君率府、县官俱往南台陪祭外，若竖桅、治缆、浮水出坞，亦靡神不举者。凡以王事所在，诚重之耳。甲午年，一舟计费二千五百两有奇；今止一千八百云。

高澄《操舟记》曰："甲午岁四月朔，海舟造完，戒行有日。乡宦谢活水、黄青崖、高文溪、李百竹、林榕江、龚云岗诸公饯余乌后山，询及从行人几何？余曰：'闻前使人各一舟，舟各三百人；计料值三千两有奇，募值亦三千两有奇。兹行欲共一舟，不唯省费，抑亦可以共济也；何如？'诸公以为善；但曰：'二公以千金之躯，奉九重之命；百凡慎重，庶可无虞！盍审诸役孰至琉球、备知海道，立之以司一舟之命，可也。'余曰：'诺。'次日，至舟遍询，无有应者。初意此辈必通番，恐律有禁，故讳之不言也；孰知皆河口无赖，徒取募值而不知操舟之法者乎！复问诸公，诸公咸笑曰：'知之久矣，第未为二公告。宜速差人至漳州，访知海道者二三人，乃可。'遂持檄至府。时南风已便，通番者俱开洋矣；唯一舟姑待明日。乃获其持舵者三人，咸惊惶无措；持檄者曰：'适天使琉球封王，募汝辈驾舟；至则有赏无罚，不必惧也！'遂来见余。问其姓名，曰谢敦齐、曰张保、曰李全。'曾至琉球否？'曰：'未。'余曰：'亦不济事。'敦齐对曰：'仆虽未至其地，然海外之国所到者不下数十。操舟之法，亦颇谙之。海舶在吾掌中、针路在吾目中，较之河口全不知者，径庭矣。但不知所造之舟善否？盍往观之！'至则见舟，且哂且戚曰：'几败乃公事！'求其所以，曰：'此舟不善者有三：盖海舶之底板不贵厚，而层必用双；每层计木三寸五分，各锢以铁钉、舱以麻灰。不幸而遇礁石，庶乎一层敝而一层存也。今板虽七寸而钉止尺余，恐不能钩连；而巨涛复冲撼之，则钉豁板裂，虽班师弗能救矣：此一不善也。闻前使二舟,则舱阔人稀,可免疫痢之患。今共一舟,则舱止二十有四,除官府饮食、器用所占,计三十人共处一舱;恐炎蒸抑郁,则疫痢者多,虽卢医弗能疗矣:此二不善也。海涛巨而有力,舵杆虽劲木为之,然未免不坏,亦不免不换也。今舵孔狭隘,移易必难;仓卒之际,谁能下海开凿以易之!舵不得易,则舟不得行;虽神人亦弗能支矣:此三不善也。三者未善,何以利涉大川乎!'闻者悚之。于是思斋忿詈不已,若曰:'是孰阿谀权奸,残我辈性命也?'一时藩、臬、府、县董舟诸君,心咸弗安。先是,巡按方公以封王重事也,正月岁首即以'五月舟完,使臣过海行礼'之事题知。至此,虽欲别造一舟,恐逾时违制,亦弗敢也。思斋怒甚,诸公相顾,无可奈何。敦齐乃跪而言曰:'仆,愚民也。今既来此,敢不尽心。愿公息怒,待仆处之!'众人忧少释。乃取藤、竹各五千斤,制作巨篐;舟首至尾凡七处,束之。艎之缝隙,复钉以铁锢。开其舵孔,旁各寸余。又于船面搭矮凉棚,使舱居者更番上坐以乘风。与夫应用器物,治之靡不精好。五月八日,遂开洋。十三日,至古米山。夜半,飓风作,遮波板架及篐所不到处,尽飘荡无遗。唯船身及底,屹然不动。使非谢谋,则此舶瓦解久矣。逾旬不至,天气颇炎。船面虽可乘风,舱口亦多受湿;染疫痢者十之三四,竟不起者七人。使非谢谋,则此辈物故必多矣。海水、飓风,劲不可敌;铁力木之舵叶,果荡而不存矣。遂以榛木者易之,亦幸其孔之有容也。使非谢谋,则旧者不能出、新者不能入,未免覆厥载矣。谢非天授而何哉!然其功之可取者,不特此耳;如观海物而知风暴之来、辨波纹而识岛屿之近、按罗经而定趋向之方、持舵柄而无逊避之意、处同役而存爱敬之心:其所可取者亦多矣。及舟回桅折之夕,众方惊仆,彼独餐饭自如;问之,曰:'无恙也!'余等惧甚,慰之曰:'无恙也!'呜呼!微斯人,则微斯四五百人矣;谢非天授而何哉!至闽泊岸日,反痛哭流涕向余等曰:'公之不死者,天幸也!仆之慰公者,勉强也。讵知琉球之行,若是其险哉!盖西南诸国,行不二三日,即有小港以避风;岂若琉球去闽万里,殊无止宿之地,恶能保其行不遇风、风不为害也哉!一舟之人不死者,真天幸也,真公庇也!'言讫,若有苦楚状。询之,乃持舵时身为咸水所拍,北风裂之,故痛不可忍也。遂命医人吴念三疗之,用蜜半斤、淡酒三十斤、防风当归等药末半斤,煎汤浴之;一夕而愈矣。察院三司诸公以渠有劳,厚赏之,得金十余两;语人曰:'我每岁为人募而通番,可获千金;今所得几何!缘诸国皆富,而琉球独贫故也。'尽出所有,与同役者饮酒;唯求一冠带,倩闽人以鼓乐送之,自誓再不通番以延残喘也。敦齐约年三十有余,膂力骁勇,识见超绝;彼二人,则庸琐无足道也。呜呼！天下之事，唯在得人而已。苟得其人，则危可使安、险可使平；苟非其人，则安亦危也、平亦险也。余于操舟之术而悟任贤之理，故僭为之记。"

嘉靖三十八年制造封船，照依旧式，长带虚梢一十五丈、阔带橹部二丈九尺七寸、深一丈四尺，分为二十四舱。自官厅至二桅两旁，并无遮浪舣板。工成，遇倭乱沮行；港内延住至三十九年，秋虫蛀坏。方议改造，陈孔成、马魁道思见船长舱阔梁稀，不免软弱；乃请益为二十八舱，以应二十八宿。各舱通用樟木贴梁，大抵舱狭梁多，尤见硬固。时福匠不知琉球水路多横风浪，外设老鼠桥为美观。及返棹遇风，浪涌入船，倾舣折舵，几至误事。今造封船，计长带虚梢一十四丈五尺、阔二丈九尺、深一丈四尺，舱数、贴梁、龙骨照旧。仍监前谢敦齐之说，制大铁条二十座；自舣底搭之两舷，则外势束缚益严，胜藤箍矣。福匠何细二又执老鼠桥式；该孔成等亲历艰险，惩戒往辙，执造漳人过洋船式，两旁加以舣柱、钉板等料，绸密牢壮，小舣击于舣外，朴素浑坚，及增重臧、头极、交拴等十二件，以故船得风，浪不侵，往来无虞。

过海防船器械，旧规佛郎机铳二十门、鸟铳一百门、碗口铳十门、袖铳六十门、藤牌二百面、长枪六十枝、镖枪一千枝、铁甲一百副、盔一百顶、腰刀三百把。今酌用佛郎机铳十门、鸟铳六十门、碗口铳四门、袖铳三十门、藤牌一百面、长枪六十枝、镖枪八百枝、铁甲四十副、盔四十顶、腰刀一百五十把；至于弓箭、火药、铅弹等项，各取三分之一：大约省银三百余两。然皆备而不用耳；事完，仍归有司。

封舟剩材，往时每为宵人干没；今查所遗吉溪高洋樟、松等项合估价银一百三十四两，还官。荒生刚铁，原派八万九百一十二斤；今除打造铁锚、家火共享过五万九千四百零三斤、随船备用荒铁一万零五百斤，减去一万一千零九斤，还官。黄藤，原派六千五百斤，今减去一千七百零五斤；桐油，原派二万斤，今减去一千四百七十三斤；蛎灰，原派四万斤，今减去四千四百五十六斤；青麻，原派一万八百斤，今减去七百三十八斤：各还官。以上诸料，无非舟中所必须者。大都怕患市井之黠，预领官银，纳不以时；人往往丛奸售敝，倒智囊于锱铢之间。所贵督工良有司清出而核入之，余等数数稽于其上，然后物不苦窳而船得实用云。

萧崇业曰：封舟之制，大抵什九式旧；而或变通于篙师者，仅什一耳。余览前录，每详于其巨；而麻、油、灰、铁琐屑之物，皆略而靡纪。夫是数者，船所赖以为固也。一有弗慎,悔无及已。余始亦谓有司之事,稍稍勾阅各行,强半以滥恶相罔;乃辄胪核而程督之,因抉其不勉者。于是狡户少不敢呈其赝,而封舟庶藉之以完。于戏!是可概为琐屑之物而不加之意耶!

用 人

萧崇业曰:相之用人,与将之用人不同。相用人,则录端悫绳检之士;将用人,则收雄俊精悍之夫,而险情赘行弗计焉。两者参错互察以成其用,而大要则固各有攸属也。舟中之用人,殆犹之将而已矣。取其能,不责其素;庸其长,不较其短。是故闾阎壮士投石拔距;夫岂不勇;然以之操舟,则必泥矣。惟漳人以水则习、以事则闲、以力则便健而机警;渡海舍漳人,譬之询道于瞽、辨声于聋,吾惧其罕有济也。传所称"耕当问奴、织当问婢",其是之类乎!漳人陈孔成、马魁道,乃前郭、李二君所用者,夫亦识途之马耳。所拣长年三老,多出其手云。

按造船,以用人为要。故必择有司之贤能者,而以指挥二员副之;此题准新例也。余至闽时,诸司业已遴委海防周同知,而指挥则漳州卫覃显宗、陈震;以漳故习于海耳。然馆多吏冗,势难颛理;卫复客寓,素乏等威;厂中庶务,视为儿戏。乃又白抚、按,委闽县丞陈邦靖分综其事;而以福州卫指挥邢端代陈震,庶彼此相协,威令并行;船务之所由以集也。若夫督采诸木,则延剑节推姚一新、建宁指挥仲世臣、黄河原把总陈孔成、马魁道,趣运则吏目危民怀、主簿蒙希颐、典史郑金土。总理经始,慎出纳,则先周铎;以迁秩行,各行户有去思,后改通判张霆、郑敦复。监厂庀具兼过海竣役,则覃、邢二指挥往往有干局;而天文生蔡锦亦机警,能赞察于耳目之所不周。此皆着劳绩于使事者,法得不泯云。

省祭三名:一、陈子章,旧管篷、缆、棕、藤、竹、木,过海则提调饮食、器皿、椅桌、旗幔。一、林一鸾,旧管麻、油、硬木棍、舵牙,过海则提调笼柜、纸扎、布绢。一、金庭楷,旧管炭、铁、钉、椇、橹、锚,过海则提调钲鼓、火药、弩枪、军器。至岸,仍分职充读赞官。引礼通事一名,冯玺;译语通事三名,陈朝用、陈邦秀、冯炳,则各司国中交际、廪饩之仪。医生一名,何继熙;所以备药物、防疾疫,又数百人躯命之所关也。此之为责,岂不重哉!

匠人亦有二:其在河口者,经造封船,颇存尺寸;出坞浮水,俱有成规。然笃于守旧,而不能斟酌时宜;又苟且用料,而不必求其当:此其失也。漳、泉之匠,善择木料;虽舵牙、橹棍之类,必务强壮厚实。然粗枝大叶,自信必胜,而不能委曲细腻以求精：此其失也。余弃短取长而两用之，因革损益；倘有可商，使互相参较而无得龃龉，以阴坏其制。至于扶艕做工以帮助舰匠，又厂中之最要者。往时率用铺夫，以其众易集而绪易就也。今有司革去，而代以机兵。第机兵出自市井，每多儇佻之徒，不谙土木；匠不称能而人力掣肘，又无以助之。故今年定致成功之期较之前次独缓，然其舟则坚致牢固；思过半矣。

篙工、舵师，余信旧录，用漳人颇多；而言者稍稍摇之。夫取士必于邹、鲁，谈兵必于燕、赵；岂谓两地皆文武材哉！譬之福人，虽亦有习于水者，但未若漳人之精耳。博访而公择之，顾何嫌于私耶！余乃令陈孔成等各举其尤，复檄海澄县核实以应；壮健便捷者留之，脆弱颓阘者汰之。如伙长何国清、周时风、李国传、魏通，又皆采之于舆论者。后洋中风涛急遽之际，信有主张可倚仗云。

八月二十六日，国中飓风拔木，瓦片絮飞，夜至亭午不息，人皆匍匐为兽行。封舟四缆大如缸，忽断去；漂下港口三四十丈许，几溺海者咫尺矣。兼之暴雨倾盆，昏塞不辨牛马；即王遣数千人来，第束手无救也。守船夷梢亦惶惧，跳入水逃；独漳州柁工林余宗、王怀、林世、柁手莫三、陈走、三班手林八——凡五六人，孤危于上。余等具冠服告天，须臾风宁，舟为二夷舶所抵紫，得不没。向微五六人之勤劳自矢，可复望耶！吁！此固天心警戒意也，敬之哉、敬之哉！

查照嘉靖三十九年封舟随行近五百人，时又遇警；自兴工造船，守船、水梢各日支粮银二分。至四十年六月开舟，动费经千两。今各裁省及革三卫并万安所等军士，随行仅四百人。大约各役给食，每称事为差。除指挥、天文生系新增外，把总、省祭、通事等官如旧；余惟伙长、舵工、大椗、班手稍优，其二椗、头艇、二艇、护针、总甲、水梢、行匠及衙门服役人等俱人给银五两三钱，无复殊矣。案具存有司，兹不赘。

过海人数，皆任有职役；如无事而空行者，辄汰除之。取于福州者，自医画、书办、门皂、行匠以下凡六十余人、听用民梢又四十人外，总甲四名、缭手十一名、车手十四名、橹头十七名，俱镇东、定海、梅花所军。伙长七名、舵工十六名、头艇八名、班手十四名、管水火旗幔总甲十七名、缭手十四名、橹头十八名、车手二十九名、管小艍四名、听用民梢二十名：以上俱漳州人。大率福人居什三、漳人居什七矣。盖其浮历已多，风涛见惯；纲纪其事者能严慎勤劳，而趋役者亦复奔走敏捷。彼近城水梢，则一筹莫展；带之多，适碍手脚耳。旧录所谓主张行船之人，断非漳人不可者；岂虚也哉！

萧崇业曰：漳人老于舟者，以余往回海上藉其力，诚足多焉。第前录不列名数,后莫可考;余故着而志之。

敬　神

　　萧崇业曰:嗟乎! 鬼神之理亦微矣,谈何易哉、谈何易哉! 顷航海,试言水事。昔者,河出图,八卦呈;洛出书,九畴列。圣王黄龙白鱼之异,客星乘槎犯斗之奇;赤穴浮土而为廪君,漙沱冰合以符帝业:是数者,谓非有神物以主之,不可也。然此,犹其显者耳。若夫神经怪牒所纪,幽育诡幻、惊疑噫吒之事,盖难以更仆数矣。矧天妃,故海神之正,又载在祀典者;其灵应,岂不尤为赫耶! 古靡得而考已,余闻之后说,云渡海者无论天子使臣,即通洋贸易之夫,有叩必应,捷于影响;诚所谓体物而不遗者也,其为德不亦甚盛矣乎! 余故摭往迹、着事验,以为敬神篇。

　　嘉靖十三年,使臣陈侃、高澄行至古米山,舟刺刺发漏;群噪呼天妃,风定塞衃,得免于溺。归国时,又值桅、舵俱折,舟人哭声震天,无不剪发设誓,求救于神;已而红光烛舟,舟果少宁。翼日,风剧,不能易舵;乃请珓得吉,众遂跃然起舵。舵柄甚重,约二千余斤;平时百人举之而不足,是时数十人举之而有余。舵既易,众始有喜色。忽一蝶飞绕于舟,疑者曰:"蝶质甚微,在樊圃中飞不越百步;安能远涉沧溟? 此殆非蝶也,神也。"复一黄雀立于桅上,令以米饲之,驯驯啄尽而去。是夕疾风迅发,白浪拍天,巨舰漂荡如苇;风声雷吼,而水声助之,真不忍闻。舟一欹侧,流汗淫淫至踵矣。二人乃遂冠服默祷,矢以立碑,奏闻于上;言讫,风若少缓。彻晓,已见闽之山矣。神明之助,讵偶然哉!

　　嘉靖四十年,使臣郭汝霖、李际春行至赤屿无风,舟不能行。当昼,有大鱼出跃,形如巨舟,旁有数小鱼夹之。至暮,舟荡甚。皆谓无风而船如此,事诚可怪。乃亦从俗,施金光明佛经一部,并作彩舟昇之舱口;而风忽南来,得保无虞。居无何,开洋回国,中见麻雀一双,宛宛来泊舱篷;须臾巨飓大发,舵忽折去。郭乃为文告曰:"霖等钦奉上命,册封琉球;仰荷神佑,公事既完。兹当归国,洋中折舵,无任惊惶! 惟尔天妃、海若,皆国家庙祀正神。今朝使危急,华夷五百生灵所系;岂可不施拯救! 若霖有贬心之行,请即殛之于床,无为五百人之累;若尚可改过而自新也,神其大显威灵,俾风恬浪静,更置前舵,庶几可以图全,神其念之!"祭后,风稍息,遂易新舵。嗟乎! 鬼神冥邈,谈者未有不疑。然此四无边岸之中,宛弱双雀,何从而来? 易舵之后,又一鸟常据以桅尾。孰谓世间事,可尽以恒理臆决哉!

天妃灵应记
临水夫人记
天妃显异记
广石庙碑记
重修广石庙碑记

天妃灵应记

神怪之事,圣贤不语;非忽之也,惧民之惑于神而遗人道也。侃自早岁承父师之传,佩"敬而远之"之戒。凡祷祠斋醮、飞符喫水、诵经念佛之类,间觉有从事者,禁之不可,则出避之;或过其宫,则致恭效程子焉。

乃者琉球国请封,上命侃暨行人高君澄往将事。飞航万里,风涛叵测;玺书郑重,一行数百人之生,厥系匪轻。爰顺舆情,用闽人故事,祷于天妃之神;且官舫上方,为祠事之。舟中人朝夕拜礼必虔,真若悬命于神者。灵贶果昭,将至其国,逆风荡舟,漏不可御;群噪乞神,风定塞栁,乃得达。及成礼还,解缆越一日,中夜风大作,樯折舵毁,群噪如初;须臾,红光若烛笼自空来舟,皆喜曰:"神降矣,无恐!"顾风未已。又明日,黑云四起,议易舵未决、卜珓于神;许之。易之,时风恬浪静,若在沼沚,舵举甚便,若插筹然。人心举安,允荷神助。俄有蝶戏舟及黄雀止樯,或曰:"山近矣。"或曰:"蝶与雀,飞不百步,山何在?其神使报我以风乎!"予以其近于"载鸣鸢"之义,额之曰:"谨备诸!"巳而飓风夜作,人力罔攸施;众谓胥及溺矣!予二人朝服正冠坐,祝曰:"我等贞臣恪共朝命,神亦聪明正直而一者,庶几显其灵!"语毕,风渐柔。黎明,达闽。神之精英炬赫,能捍大患如此;谓非皇上怀柔,百神致兹效职哉!然非身遇之,安敢诬也!

揆之祭法,庙而事之允宜。在宋、元时,已有封号庙额;国朝洪武、永乐中,屡加崇焉。予二人缩廪,附造舟余直,新之广石;望崎行祠,则从行者敛钱以修。行当闻之朝,用彰神贶;因纪其概。

高君让侃援笔举以告巡按侍御方君涯,匙之;又命福郡倅姚一和视勒诸石。

临水夫人记
高澄

甲午仲夏八日,西南风便,舟始开洋。巨舶稳流,屹然不动,俨然楼船之泛里河也。余窃喜曰:"人言误矣,何险之有!"陈公曰:"此天幸也,勿言!"行才五日,忽望见古米山巅,其去琉球止二三日路矣。余复喜曰:"人言误矣,何远之有!"陈公曰:"此紧关也,勿喜!"夜半,忽逆风作焉。山近多礁,亦喜;风少违顺,可以徐行避之。奈东北势猛,舟难与角。震荡之久,遂致大桅箍折、遮波板崩;反侧弗宁,若不可一息存者;众心惊惧,乃焚香设拜,求救于天妃之神。时管军叶千户平日喜扶鸾,众人促其为之。符咒方事,天妃降箕,乃题诗于灰上曰:"香风惊动海中仙,鉴尔陈、高意思专!谁遣巽神挠海舶,我施阴隙救官船。鹏程远大方驰步,麟阁勋名待汝还!四百人中多善类,好将忠孝答皇天!"诗毕,复判曰:"吾巳遣临水夫人为君管舟矣,勿惧、勿惧!"达旦,风果转南,舟亦无恙。然不知临水夫人何神也,祠何在也。

及归闽,感神贶既彰,念报赛当举;乃于水部门外敕赐天妃庙中,立石以纪异,设祭以旌诚。行香正殿,忽见左庑有祠,颁题曰"临水夫人祠";询之道士曰:"神乃天妃之妹也。生有神异,不婚而证果水仙,故祠于此。"又曰:"神面上若有汗珠,即知其从海上救人还也。今岁自夏至秋,汗珠不绝;或者劳于海舶焉!"余等讶之,乃再拜谢之,始知箕判验矣。

天妃显异记
高澄

天妃显异之迹,同差给舍陈公于《灵应记》中、《乞祀典疏》中已备陈之矣。唯余素感神佑,始终详细则未之及也。

嘉靖乙酉季夏,余以府庠弟子员同友周应龙、王仲锦、高进小试于通州;试毕,暇日相与游戏于天妃庙,见有跪而祈籤者。周曰:"吾将决吾侪中否!"俟其籤出桶中,遂紾其臂而夺之观,乃第十六籤也。籤诗曰:"久困鸡窗下,于今始一鸣;不过三月内,虎榜看联名。"是秋,余等四人果侥幸。九月,往谢之,又祈籤以卜来春之事。其诗曰:"开花虽共日,结果自殊时;寄语乘桴客,危当为汝持!"然不知所谓。岁己丑,余三人俱登进士,仲锦除知州、进除知县、余除行人;独应龙不第,乃以举人选太原通判:结果似殊矣。然后二句之意,犹不可晓。

逾年,余被使琉球之命,朝缙绅以此地险不可行、往不可返为余忧惧。余则坦然,付命于天,知素定也;乃以癸巳岁夏六月至闽,一应事宜,其难其慎。有司请余祷于天妃曰:"神司大川,可以呵禁不祥也!"余从之,凡修祀行香,必诚必敬,罔敢怠忽。故自始而制舟、迄终而成礼,神之阴相默助者,可胜言哉!如甫至闽台,而妖狐之就戮;既定船艎,而瑞鹤之来翔;才越庙限,而梁板之忽坠;方折桅舵,而异香之即闻。与夫雀蝶之报风、灯光之示救、临水之守护、巫女之避趋,卒之转灾为祥、易危为安者,何往而非神之相助哉!籤诗后意,似乎为余发也。然余陋劣,岂能致此! 良由圣明在上,百神效灵;故皇恩得以覃下国,而微躯得以返中原也。敢不仗忠义而为上为德、为下为民,以答神贶于万一哉!

尝考天妃之说,盖妃者,配也。神于海运之往来、商贩之出没,危无不持、颠无不扶,其所全活者不知几千万人矣! 功德可以配天,故曰"天妃",犹言天能生人、神能救人也。世俗但知灵异之迹而不辨名义之理,故并及之。

广石庙碑记
郭汝霖

广石庙,庙海神天妃者也。天妃生自五代,含真蕴化,殁为明神。历宋、历元、迄我明,显灵巨海,御灾捍患、拯溺扶危。每风涛紧急间,现光明身、着斡旋力;"礼"所谓"有功于民,报崇祀典"。而广石属长乐滨海地,登舟开洋,必此始;庙之宜,旧传自永乐内监下西洋时创焉。成化七年,给事中董旻、行人张祥使琉球新之。嘉靖十三年,给事中陈侃、行人高澄感坠板异,复新之。板上所书,即董、张新庙日月也。

皇帝三十七年,琉球世子尚元乞封,上命汝霖充使往,而副以行人李君际春。余承命南下,长老多教余致敬天妃之神。弭节闽台,造舟百凡,按陈、高《使录》行。惟广石庙遭倭寇焚,乃耆老刘仲坚等闻余至,亦来言庙事。余檄署篆孙通判大庆考其遗趾并材料工价值百金,往陈、高捐俸二十四金助;余与李君如之。往从行者各敛银一星,得三十两余;是则从行者尚未定名。往长乐民力饶,可以鸠工;今连年有兵务。往刘知县尹邑久,今孙乃署篆且未久也:于是七十余金无从得。余因言于代巡樊公斗山,樊遂标罚赎余成其事;且命通判速工,请记于余。不两越月,庙貌鼎新,巍然焕然,瞻趋有所,人心起敬;他日飞航顺便、重荷神贶者,樊之功哉!

或因是以鬼神事质于余;余曰:"是说也,荐绅先生难之矣!"考孔子曰:"敬而远。"夫谓之敬,必有以也;谓之远,特不专是以徼媚云耳。故其"祭神如神在"、"乡人傩,朝服立阼阶",孔子岂无见耶! 而初学小生稍谈鬼神,则冒然称茫昧,避诡渎讥;及遇毫发事,辄俯首叩祷不暇:果能知事人、事鬼者乎？今夫航海之行,尊皇命也。一舟而五百余人在焉,彼溟洋浩荡中,无神司之,人力曷能张主！学者知是说,则知余非惑、樊非徇;而是庙之祀,可以勒诸将来。

樊名献科,字文叔;浙缙云人。其巡闽也,酌时机、务省约;而事之关体要者,独无所惜云。

重修广石庙碑记
萧崇业

万历戊寅春,余以使事,客闽近二载。已日,将有祀于广石天妃之神。里中长老走省会,具言庙当治状,以"庙故天使过临一修;兹去郭、李时十八年所矣,垣序剥落,恐不雅观。公倘有意于维新乎,野人窃愿有请也！"于是余与谢君慨焉为念,乃遂檄长乐孙县尹捐少赀助之;大略亚故涂陈、易蠹立圮而已,无更改作也。已卯夏四月,县尹使使告成请记,顾余又办严未暇也;顷竣事还,可不谓神贶哉,义不敢以不文辞！

记曰:天妃盖海神之最灵异者,世传生自五代,姓林氏;岂亦有足征者相参验乎！曩余考揽故记,见多援轶事璀闻,以神明其说。骇光傀者,则曰形如烛笼;讶肖似者,则曰现体于物。或号召道流,拔敛升坛禹步,作隐语不可了;或令巫师、舞婆祖降箕,书篆模影牵情:卒又阔诞无所信。职由一时昏剧仓皇,不知求神于此心之虚灵,而猥俙张于幻妄之迹;亦其平日所为弗类,反之愧涩惭沮,终不能质之而无疑。是故宁为人非而深怖鬼责,重罹冥祸而轻犯王章;此其势有固然,亡足论者。夫神而以天妃名,盖其聪明正直克配两间,犹曰倪天之妹焉耳。使颂天者徒以其一草一木、一生一成为足以赞天之功,而天遂执之以为德将巍巍者,得无邈乎其小耶！今世之崇奉天妃者,穹宫邃宇,华于闾俗;金身碧骨,俨于海滨而闽最著:则其神殆无感而无乎不感、无应而无乎不应也。所为拯溺济危、阴相默佑之功,诚有与天合德,民无能名者矣;而区区轶事璀闻如红光现体云云者,恶足以睹神之大哉！虽然,庸人之性,不激之未形则弗兴,不惧之已往则弗劝。兹者,国家弛通番之禁,凡浙、闽、广粤驾楼舻横金洋外者,所在而是;其于惊涛怒浪覆却万方,陈乎前不一。入其舍,顾独畏天妃而神又灵,为能消敛其枭悍暴睢之心,使之仆仆然蛾伏罗拜于下。居常操筹钩万货毳数而尘较之,斯即半赀修供弗为吝;而贪鄙爱利之欲稍不至溃决而不可收拾,未必非红光现体之异有以先入之也。譬之一草一木、一生一成,天虽不以为功,而电灼霆击,间亦振襫其不测之威焉;要皆助宣夫造化之所不及耳。由斯以谈,则天妃之所以自赫其灵异者,其功岂不尤为闳巨哉!余航海时,与谢君过广石行谕祭礼,于是里中长老复稽首来谢;余乃谂于众曰:"天妃之神,载在祀典,其已久矣;然庙貌往往视使臣以为兴坏。我明天子万年无疆,则中山之请命益万年无替;广石之庙,虽谓与国咸休可也。今第堇堇补葺耳,其何能加一力耶!"于是里老唯而退。

县尹名濂,南海人;政识先务,此特其微者。故程期功费,皆得略之。记成还闽之冬十一月。

萧崇业曰:余读《鲁论》至"子不语怪力乱神",未尝不掩卷三叹也。嗟乎!圣人之用意,何其微乎!夫怪不经而乱、力非道,以此不形于言,良是也。然神杂见于诗书坟记者不鲜,乃亦讳焉;何以故?盖神理正直,惧人以邪佞谄渎,反失其指;要在以吾心之诚凝吾心之神,而后能与之为徒,合其吉凶而不悖。故圣人或称"体物",或言"敬远";即答问所及,亦止开末而抑其端、曲辞以阐其略。所云"未能事人,焉能事鬼",大抵明二者同条而共贯,有不必求鬼于人之外耳;其奥义,端未易窥也。至若巨海灏漾冥霠与人区迥异,夫岂无神!曩余计偕过蜀江,毋论瞿唐、滟滪——即中流无恙之所,一遇风至,榜人辄欀舟鹄立,莫敢下上;矧汪汪万顷,濆势张天!当是时,维无所于引、艇无所于绲也,讵安得不求援于造化耶!故谓海之神尤显赫较章,信非虚耳。余自开洋以来,往往遇波涛警涌而复恬、舟航震荡而复定,空旷……(下缺)。

使疏球录卷下
户科左给事中临安萧崇业编
行人司行人长乐谢杰同编

群书质异

题奏

艺文

夷语(附)

夷字(附)

皇华唱和诗

群书质异

《大明一统志》

琉球国,在福建泉州之东海岛中。其朝贡,由福建以达于京师。

国之沿革未详,汉、魏以来不通中华。隋大业中,令羽骑尉朱宽访求异俗,始至其国;语言不通,掠一人以返。后遣武贲郎将陈棱率兵至其国,虏男女五百人还。唐、宋时,未尝朝贡。元遣使招谕之,不从。本朝洪武中,其国分为三:曰中山王、山南王、山北王;皆遣使朝贡。嗣是惟中山王来朝,其二山盖为所并矣。

风俗:男子去髭须,妇人以墨黥手为龙虎文;皆纻绳缠发,从顶后盘至额。男以鸟羽为冠,装以珠玉、赤毛;妇以罗纹白布为帽。织斗镂皮并杂毛为衣,以螺为饰;而下垂小贝,其声如佩。无君臣上下之节、拜伏之礼,父子同床而寝。妇人产乳,必食子衣。食用手,无匙箸;得异物,先进尊者。死者浴其尸,以布帛缠之,裹以苇草,上不起坟。无他奇货,尤好摽掠,故商贾不通。不驾舟楫,惟缚竹为筏;急则群异之,泅水而逃。俗事山海之神,祭以淆酒;战斗杀人,即以所杀人祭其神。王所居,壁下多聚髑髅以为佳。所居曰波罗檀洞,堑栅三重,环以流水,树棘为藩;殿宇多刻禽兽。无赋敛,有事则均税。无文字,不知节朔;视月盈亏以知时,视草荣枯以计岁。

山川:鼋鼊屿,在国西,水行一日;高华屿,在国西,水行三日;彭湖岛,在国西,水行五日。落漈,水至彭湖渐低,近琉球,谓之落漈——漈者,水趋下不回也。凡两岸渔舟至彭湖,遇飓风作,漂流落漈,回者百无一二。

土产:斗镂树、硫黄、胡椒、熊、罴、豺、狼。

按琉球,在泉州东;自福州视之,少在东北。观去必孟夏以西南风、来必季秋以东北风,不可知乎?

国无典籍,年千世百,其详靡得而征已。然隋兵曾劫之,不服;元使亦招之,不从。我皇祖统驭区宇,无动众、遣使之劳,首效归顺;故特赐闽人三十六姓,令与俱焉。其意远矣,岂将所谓"用夏变夷"者耶!国昔三分,今中山并而为一。

其人深目多须;曩接耆老、陪臣,皆眉宇皓然,可爱而礼也。"去髭羽冠"之说,近妄。但有职事者,以金银簪为差等;而厮贱辄不敢具,祗空发束之耳。土人结髻于右,汉裔结髻于中;俱用色布缠首,紫、黄为贵,红、绿次之,以青为下。衣则宽博广袖,制如道士服。腰束大带,亦以色布;稍贵者缠文锦,价可三五金。凡屋,地多铺板、簟,洁不容尘。故无贵贱,皆着草履;入室,则脱。古人有履满户者,殆此也。唯谒见使臣,始具冠履;往往若束缚之,甚苦。然顷年读书号秀才者,亦带中国方素巾,足不草履而以鞋;整整乎入华风矣。妇人真以墨黥手外,指为花草、鸟兽形。髻肖童子总角,首不饰簪珥;颜任质,无粉黛。足弛矫揉,大与男子同;故不知足而为屦,皆可用也。第富室以苏席藉屦底,略加皮缘。上衣之外,更用幅如帷,周蒙背上;见人,以手升之为便面。下裳褶细而制长,乃欲覆足,不令显耳。名族大姓之妻,出入戴箬笠,坐马上,女仆三、四从之;无罗纹布帽、织斗镂皮毛衣、螺贝之饰。访其俗,产乳未尝食子衣也。然彼亦人母耳,岂谓不慈至是乎!君臣上下之分,各有节级。王亲虽尊,不预政理。武职则设法司官、察度官以司刑名,遏闼官、哪霸港官以司钱穀,耳目官以司访问,文职则设大夫、长史、都通事等官,以专司朝贡之事。王则并日视朝,自朝至日中、昃,凡三次;群臣以搓手膜拜为敬,尊者、亲者则延之殿内赐酒馔,卑疏则移时跪阶下不辄起。遇圣节、长至、元旦日,王统众官肃冠服,嵩呼祝寿;盖文教之四讫也,岂不盛哉!父子幼虽同寝,长必异处。食用匙箸,削素木为之;得异味,先进尊者。子居亲丧,数月不肉食;彼华人而厌粱豢者,可愧矣!化者,中元前后日以溪水浴其尸,去腐收骨,缠布裹草,衬土而殡,上不起坟;此其习稍不美云。若王及陪臣之家,则以骸匣藏山穴中,裁木板为牖户;岁时祭扫,启钥视之,或虑木朽而暴露也。地无货殖,商贾鲜通,反时时资润于邻之富者。迩来哪霸、首里二处俱设马市,贩鬻率女侩,男子不得争。寻常尤重犯法,有盗窃者辄加开腹、剐剔之刑;夷人即蠢悍无知,敢不惧而好摽掠耶!盐舶、鱼艇制与中国小异;而陪臣岁入贡者,莫不航巨舰横海而来。谓"缚竹为筏,不驾舟楫",意者草昧之初乎!俗敬神,神以妇人不二夫者为尸,降则数着灵异,能使愚民竦然畏惮之;虽王及世子、陪臣,无不顿首拜。故国有不良,神辄告王,指其人擒之。闻昔倭寇谋犯王,离困者殆矣;神辄易而水为盐、化而米为沙,寻即瓦解去。其有功力于国,类如此。尸妇名女君,首从动至三二百人,各顶草圈、携树枝入王宫中唱游;闽人为王倩作宴者亲目睹之。藉第令杀人以祭神,难以在上矣;君子是以信其必无也。王宫建于山巅,国门榜曰"欢会"、府门榜曰"漏刻"、殿门榜曰"奉神",并不名其居曰"波罗檀洞",而围堞亦弗聚髅;俨然石壁矗矗,略仿京城外墙园之制,第缝无灰圬耳。门前百武许,砌石梯数重。左下甃小池,水自石龙口喷出,上榜曰"瑞泉";王府汲之,以供饮食。路虽高卑傍岩穀,然芟夷可容轨;而"设堑树棘",在穷乡陋巷容或有之。殿宇虽广阔侈于民屋,然制尚浑素,不雕禽刻兽以为奇;要亦习于用拙,故之以也。

山则南有太平,出禾、竻,男女颇耕织。西有古米,出土丝;又有马齿,地薮旷,饶樵牧。东北有硫磺、叶璧、灰堆、由奴野剌、普吉佳、七岛,杂出紫菜、鱼、鳖、海贝之物;盖不止鼋鼍等屿、彭湖等岛而已。落漈,不知所在;岂别岛耶!

土产,无斗镂树。有凤尾蕉,以叶翛然似凤欲飞,故名之;四时不凋:此诸夏所无者。野鲜熊、罴、豺、虎、狼、豹猛兽,而独出鹿;且富马、牛、羊、豕、鸡,形多瘦削,其价极廉。家不畜犬,爱养异色猫。有奇蛇,可备药。鸟常往来者,乌鸦、麻雀、鸥、鹭;而鹅、鸭、莺、燕、鹤、鹊之族,生育不甚蕃。谷则稻、秫、黍、稷、麦、菽,蔬则瓜、茄、姜、蒜、葱、韭、藤、芋,果则芭蕉、甘蔗、杨梅、石榴、葡萄、橘、柿、柚、桃、枣;而圆眼、荔枝,近所移也。木有松、柏、棕、樟、竹箭列植岩圃萧寺中,葱蒨蓊蔼,颇有一丘一壑之意;花则杂色不可种名,惟茉莉、木樨、王蒸最盛。乃顾不宜于茶,即艺之亦弗萌云。虫有壁间蝎虎,声大噪如禽雀;闻之令人恐。而海错龙虾、蟳、螺,则味加闽、越矣。

至于赋敛,稍寓古人井田之遗法。上下各食其土,绝无暴横之虞;即祭封所用布帛、粟米、力役之征,则第一时暂取诸民而非常也。

于戏!琉球自奉正朔以来,其渐濡风轨,历年滋多。如云"视月盈亏以知时、视草荣枯以计岁",则陋亦甚矣;大抵《水经》、《舆谱》得之流闻为多,故其所载遑遑非翔实也。史称"放哉",谓此耳。

萧崇业曰:余睹曩说,盛称琉俗尚鬼;封王日,有女君夜降于庭中,庖丁及闽译语人俱闻其声呜呜焉。余每经怪此事。迨入其境访之,人人无两词云。夫幻迹诡诞,则理绝人区;感验着章,则事出天外:岂其疏逖之地,性道罕闻;觇妖鬼祟之惑拘牵日久,而弗神明之弗已耶!不然,何诬异之甚也!吁哉!

《嬴虫录》

琉球,当建安之东,水行五百里。土多山峒,峒有小王,各为部队而不相救援。国朝进贡不时,王子及陪臣之子皆入太学读书,礼待甚厚。

按福州往琉球,须自梅花所开洋,风顺可七昼夜至;不则,淹淹旬日外,未必也。以水程计之,大抵斯齐国将万里矣;外惟福宁、温、台颇近,然非正途。况建安,则建宁属邑也,又在福州西北,原与海不相通;而云"水行五百里",何乃谬易如是!王子弟虽分出各山,迨有事如祭、封之日,则各率所部戎服列伍以防卫,未尝不相救援也。为此说者,岂异时曾有负固山峒者耶?国初,朝贡无定期;今二年一举,寻以为常。若夫令子侄入太学,仅创见于洪武二十二年。

嗣后惟遣陪臣之子进监授业大司成,处以观光之馆,教以诵诗、学礼;裘葛、廪饔,加儒生一等:其礼待不亦厚乎! 迩如大夫、长史、都通事等官皆出闽人梁、蔡、林、郑诸裔,无不貌言雍饬,傍绳躩无敢逾;可谓翩翩之秀当于华士求之耳,异域难得比也。嗟乎! 教化之所及,诚盛矣哉、诚盛矣哉!

萧崇业曰:余过琉球闾里中部,夷子弟聚观如堵;然质赋好丑相半,不尽类宵貌蕞陋之夷。问其人,告曰:"祖以上,闽产也。洪武初,稍迁于此;乃其后绵绵蕃衍矣。今所为'习书诵南学胄监,有秩于国'者,无非三十六姓云。"人传琉球俗好华自矜,言不虚矣。

《星槎胜览》

琉球国,山形抱合而生;一曰翠丽、一曰大崎、一曰斧头、一曰重曼,高耸丛林。田沃穀盛,气候常热。酋长遵理,不科民下。酿甘蔗为酒,煮海为盐。能习读中国书,好古画、铜器;作诗,效唐体。地产沙金、黄蜡。

按琉球国诸山,虽南北迤逦相望,而形势不甚抱合;翠丽等四山之名,殊无纪载可考。询之国人,不识也。丛林峻谷,间亦有之。厥田沙砾瘠薄,民业树艺复卤莽不精,顾能约于口体。衣止土素绤布,无绮华;而食日不过饭一二碗,取充饥耳。大抵其俗俭㑣,而少勤也。海地卑湿潯蒸,故气候常热,然抵暮辄凉;而隆冬沍寒,亦时时雪焉。又云"酋长遵理,不科民下";稍为笃论。以国中令甲本简,而操柄者复不责小文耳。百姓造酒,则以水渍米,越宿,令妇人口嚼、手搓以取汁,名曰"米奇";非甘蔗所酿也。日来会宾燕享,往往亦设中国金酒矣。陪臣子弟与凡民之俊秀,则请致仕大夫教之;俾诵读孔氏书,以储他日长史、通事之用。遇十六七岁该贡之年,仍过闽河口地方,从师习齐人语。余颛蒙不慧者,第宗倭僧学书番字而已。至于作诗,譬落落辰星,仅知弄文墨、晓声律尔矣;而许以"效唐体",吾诚不知其可也。古画、铜器,贵家大族近颇相尚;然所同好者,惟铁器、绵布焉。盖地不产铁,炊爨多用螺壳;土不植绵,织纴唯事麻缕。如欲以釜甑爨、以铁耕者,必易自王府而后敢;匪是则罪以犯禁,弗贷也。其国未谂产金与否,往见王府亦有金酒瓶、台盏之类,即匙箸亦然;骎骎乎路鼗出于土鼓,华滋甚矣。海贝,大率产于此,顾又不用;乃独用日本所铸铜钱,轻小如宋季鹅眼、延环,千不盈掬。每十折一、每贯折百,与其无当于用也,孰若海贝之尤便且易哉!

萧崇业曰:余闻之长史郑迥云:"国有僧容安者,素谙文义,且能诗;曾与日本人弹射不相下,辄欣然。索所为作,读三、四过,语虽不甚精工,然意固飘飘物外;其于健羡,冷如也。所谓'泉石膏肓、烟霞锢疾'者,非乎?而此辈是已。"

《集事渊海》

琉球,与泉州之岛曰彭湖者,烟火相望。其人骁健,以刀、槊、矢、剑、鼓为兵器。旁有毗舍那国,语言不通;袒裸盱睢,殆非人类。

按琉球去彭湖不下数千里,海蜃作雾,光景且晦冥矣。此云"烟火相望",将无以神视乎!又尝记忆闽中士夫常言"霁日登鼓山,可望琉球"。然余自梅花所开洋行二昼夜,谓可望小琉球矣;然竟不见。又行十余日而后,见叶璧山;自叶璧山又三日而后,至琉球。计鼓山望此,其与去彭湖又不下数万里矣。明谢离朱,亦安能独见于轧洵无涯之外乎!国人产于万水一山之中,得气必劲,称以"骁健",诚然哉。且性耐饥渴、任劳苦,观挽舟之时,终日夜忘蓐食而用力益勤勤焉,不称倦也。匪直贱者,上之大夫、酋长可谓皤然一翁——春秋高矣,犹然同庸众矫夒立舟中,往来巡督无懈惰状。而访之土民,亦鲜夭阏疲残之患。是岂禀赋独与人尽殊哉!盖由平日厌薄色味,故腥脓美丽举不足以伐性而戕生,亦徒有以焉耳。第人尚忿争,有不平,好以目皮相恐。大怒恚,辄持刃剸人腹中;度不免,亦引反自毙。否则,即下于理,决抵偿而无系狱。虽法司及黄手巾等,此中号贵倨矣;倘有犯,辄斩首,止令坐地而不绑缚。轻则流徙太平山,锢之终身。其必罚而不滞,盖如此。民间所用刀剑、弓矢之类,往往严利削直;射则树于地而两手弯之,矢可至二百步许。盔甲用皮革周裹,进退以金鼓为节:是故邻国目为劲敌焉。其国西南则暹罗,东北则日本。闻东隅有人鸟语鬼形,不相往来;岂即所谓"毗舍那国"耶!

萧崇业曰:澎湖烟火相望,譬昔人千载旦暮之说也;曷足异乎!何者?天下之事得其神,即六合犹一家也;泥其迹,即肝胆犹楚、越也。澎湖虽远,均之,盈盈一水中耳;初非有昆仑、恒、岱为之阂绝也。千载且旦暮之,而矧数百里不可望哉!余前所云以"神视"者,盖有为乎其言之也。是故君子必识大观之义,而后智度宏;智度宏,而后四海之广,不出吾目睫间矣。然则谓鼓山可望琉球也,亦宜。

杜氏《通典》

琉球国王,姓欢斯氏,名渴剌兜,土人呼之为"可老羊";妻曰"多拔荼"。居舍大,十有六间。王乘木兽,令左右舆之。凡宴会,执酒者必得呼名而后饮;上王酒者亦呼王名,然后衔杯共酌。歌呼蹋蹄,音颇哀怨;扶女子上膊,摇手而舞。又曰民间门户,必安兽头。

按琉球国王姓尚氏,历世以汉字命名;祖有尚忠、尚德、尚真,皆取义之佳者。不知何时曾姓欢斯氏不耶!妃选自民间,土人称王曰"敖那",称妃曰"札喇";乃云"可老羊"、"多拔荼",岂方言或与世更异也。至于陪臣如王亲、法司等官,但以先世及己所辖之地为姓名;若大夫、长史、都通事,则出自三十六姓之后矣。王之居舍,入门向北者七间;以堪舆家不利,乃稍折而东,深数十丈许。又向西者七间,以此为正。殿阁二层,上为寝室,中为朝堂;臣下传侍,立檐柱前。凡阁门,以五色烧土珠为帘栊;桌围如之。中三间,略加金碧承尘,下覆以采缯。地铺重席,厚寸余;行之,绵软无履声。傍有侧楼,有平屋。有北宫,向南,亦七间,延宾于此;其广阔弘爽,可拟寺观之制,而比侯伯宅较高大云。然梁木质理浑坚,光细如腻;又足称海外殊材矣。王出入,乘肩舆,非木兽;扛具十六人。伞色用五,亦有青碧土珠伞。从者数百,鼓吹前导,戈矛后拥;左右列武士,面蒙鬼貌,酷似中国门神之象,颇虎异可骇。仍以土珠小团扇并大鸟羽扇各四柄、贴金葫芦一对为仪卫;义何所取耶?宴会不时,礼最简朴。陪臣遇吉,每称觞以寿王;王亦与之坐而共饮。夷俗呕煦不峻绝则有之,岂敢遽至于呼名哉!乐用弦歌,酒间度新声,哀怨凄切;尝令夷大夫译其曲,有"海不扬波、舟航利涉"之句,若为余二人而颂者。余虽侏禽无可与辩,然叹老嗟贫、悲睽欢聚之意,大约人情不甚相远如此。更以童子四人,手击柝而足婆娑以舞焉;所谓"踢蹄歌呼,扶女子上脾"为戏,则目所未摄也。大抵琉俗朴茂,其民不谭智于尺寸之间;故俭多贫而性乃好洁,慎于治室,曩时富家、贵族始得创瓦屋。迩来营窟渐易,栋宇斯兴,周遭迭石为墙以卫;不然,望之宛一睥睨堡也。但其居不联比,往往星散于岩谷中,迹若寥落而生聚实繁;剪茅列笮者,祇(编者按:原文为"祇",似应为"只")什之五六矣。人复稍习于陶,如瓴甓、钩头、滴水、筒版瓦之类,大与中土无异;而圬者且亦精细不疏卤,惟无兽头耳。虽王宫梵宇,其屋脊角不过累瓦封灰,或绳之以板而止。然今日之鸟迹,固他日之篆籀所由生也;又安知非其渐云。兹传民间门户皆安兽头,此殆以耳视者乎,误矣!

萧崇业曰:余闻之《传》曰"章甫不可以适越";盖言断发文身无所用之,故适者必见困耳。乃自句践以后,策臣、霸主接踵而兴;非惟章甫不之越,且声名彬彬为方内雄矣。夫越之地,与古等耳;何质文悬绝如此耶?盖其所以渐而靡之者,要非一齐、一傅与一昕夕之骤也,较然矣。琉球颛颛独居一海之中,去华人言服,乖阂远甚。其呼名媒主、歌舞蹋蹄陋故之以,又安知不如杜氏所云。

顾今称臣入贡、回面请吏,其已久矣。中间文约之所沾渍,境俗顿更;风教之所周流,情形默夺:习与化移,容或异焉。追感桑沧之论,意者不诬乎!于戏!皇仁施及之远,几将日所出入处也;异时华人必资章甫而适中山矣,猗与休哉!

《使职要务》

洪武、永乐时,出使琉球等国者,给事中、行人各一员;假以玉带、蟒衣,极品服色。预于临海之处,经年造二巨舟;中有舱数区,贮以器用若干。又藏棺二副,棺前刻"天朝使臣之柩",上钉银牌若干两。倘有风波之恶,知其不免,则请使臣仰卧其中,以铁钉锢之,舟覆而任其漂泊也;庶人见之,取其银物而弃其柩于山崖,俟后使者因便载归。迩者鉴汩没之祸,奏准待藩王继立,遣陪臣入贡丐封,乃命使臣赍诏敕驻海滨以赐之。此得华夷安危之道,虽万世守之可也。

按领封之说,肇自前使占城者正、副畏难,不肯航海以毕事,旷日持久,渠国不获已而领自海滨;非俞旨也。

萧崇业曰:余揽旧录内称"国朝赐使臣以极品之章,恩宠渥矣;是以感激图报之下,往往有人"。余窃以为不然。夫人臣之事君,要在无所为而为之;斯可以语忠。若其事在公,其心乃在私焉,非忠也。曷不观古人以明其指乎?昔者,苏武幽置穷窖;当是时,庸勋华艳,皆望外也。武之不屈,岂有爱耶?独以此忠、此义,天地鬼神实鉴临之,必弗以忧愁颠沛而遂失其节耳。故凡身苟可致者,无非人臣职分之常;不谓有宠而故任之、失利而故逃之也。夫海上之风波与窖中之旃雪孰异?第彼犹然膏草野耳。兹奉不赀之躯,侥幸于阳侯之险;其为危道,何俟于言!乃至设桴翼、造水带,又欲藏棺、悬牌令见者瘗之崖谷;此正犹愚夫援入井者之衣,其裾虽绝,顾其人无救已。柱下之言曰:"吾所以有大患者,为吾有身。"夫身且不欲有也,况多方麈虑,觊万一于既溺之余;委曲求全,设厚利以收已亡之骨:则亦何益之有哉!此固奉公忘私者当自信于拘拘谫谫之外,可也。否则,得无嗤余为迂谭乎!

《大明会典》

琉球自洪武年间,其中山王、山南王、山北王皆遣使奉表笺贡马及方物。洪武十六年,赐国王镀金银印并文绮等物;山南王、山北王亦如之。永乐以来,国王嗣立,皆请命册封。自是惟中山王来,每二年朝贡一次;每船一百人,多不过百五十人。其贡,马、硫黄、苏木、胡椒、螺壳、海巴、生红铜、牛皮、椶子扇、刀、锡、玛瑙、磨刀石、乌木、降香、木香。

萧崇业曰:昔在神禹,班赋九州;征其名物,以供邦用。盖言服以内耳,未及乎荒邈之滨也。厥后穷方殊域响慕华风，争各出其土之所有，而珍奇瑰诡，往往布濩上邑，焜煌下陈；殆不止于纤绮、齿革、琛琳、玑翠而已也。然肇天之圣、承纪之主，顾独不以此重焉；是故捐金沈璧、却骏焚裘，淳史赞之、挽世颂之矣。夫琉球遐居海峤，久与中国不相闻，无怪其名寝以不章已。迨我朝统一之初，乃首效服从，禀印彝训；以故皇祖嘉其义，辄以王礼礼之。而后琉球称臣秉度之名，独冠海以外。今观其入贡也，惟录其悃诚，不第其良窳；即轻鲜鄙朴之产，亦得以苞苴而驿至。视彼回面藏心、怀坻襮琼，徒眩眩于纤绮、齿革、琛琳、玑翠之间者，大径庭矣。此其所以历异代而忠愈固、宠愈隆也。《书》曰"不宝远物则远人格"；可不谓然乎？

题　奏

礼部为俯竭愚忠，条陈过海事宜，以隆大典、以重差遣事。

该本部题：仪制清吏司案呈，奉本部送礼科抄出户科等衙门左给事中等官萧崇业等题"照得琉球国请乞袭封王爵，该礼部题奉钦依，差臣业、臣杰充正副使，赍捧诏敕前往彼国行礼。臣等窃闻遣人使于四方，古人所慎择也。故仲尼曰：'使乎！使乎'！言其职未易称有如此。因是尝览观汉、唐之际，其有事于远人也，必广求可使绝域之才；无非欲其出虑发谋，殚忠毕力，能取重于外夷，以明中国之有人耳；此岂漫然而尝试之者哉！洪惟我国家日域仰泽、月窟向风，輶轩之使，通驿万国。然其一遇差遣也，率以该衙门轮定资次为准；不屑区区与小邦挈长较短、争寸取尺，以求胜于彼我之间。故如臣等蚊负蠡测之资，皆得滥叨梯山航海之役。日夜循省，感愧交并，惴惴焉深惟无以对扬休命是恐。臣等又思'忠信可行于蛮貊，而不辱以有耻为先'。臣等自幼诵习斯语，颇知向往；其在今日，尤当益励进修，而不敢甘心逶避以为盛明玷也。除臣等各相警勉外，所有过海事宜，辄敢条为四事上请。伏乞敕下该部详议可否，令臣等遵照施行；则事不迟误，而于使职为少尽矣"等因。奉圣旨："礼部知道。钦此。"钦遵抄出到部，送司案呈到部。看得户科等衙门左给事中等官萧崇业等奉使琉球条议过海事宜款开"请留诏敕、祈报海神、责成有司、议处人从"，俱于使事有裨。相应开列前件，酌议上请。伏候圣明裁定，敕下本部通行各该衙门一体遵奉施行。

计开：

一、请留敕诏。（夫远夷向慕王化，所恃以为镇国之宝者，惟此诏敕而已。前使臣陈侃等比照弘治、正德年间修撰伦文叙、编修沈焘等差往安南国留敕事例,曾经题奉钦依听其请留,案在礼部可据。但臣等系赍捧之官,应否听留?必须出自上裁;义不敢以前例而自专者。合无敕下礼部查议,容臣等临时斟酌:如其意果诚恳,则亦俯顺夷情,听其请留;庶臣等有所遵守,而可以慰远人敬奉之心矣。前件臣等看得:户科左给事中等官萧崇业等题称请留诏敕一节,为照琉球修贡效顺,阅世已久;每遇袭继,则遣使臣赍捧诏敕赐封。盖示小国无敢擅专,必待天朝之宠命也。先是,颁去诏敕,彼国每欲请留;是亦远人知所钦崇之意,在天朝亦何所靳!往年使臣陈侃等奏请及此,本部覆奉钦依,准其请留去后。今本官仍为申明,合候命下,行令到彼临时酌取。如其请留之意委系诚切,亦宜照例与留,以顺舆情。伏乞圣裁!)

一、祈报海神。臣等查得先给事中陈侃等奏"为乞祠典以报神功事",奉世宗皇帝圣旨:"礼部看了来说。钦此。"该礼部覆:"看得给事中陈侃等奉使海外,屡遭风涛之险,幸获保全。海神效职,不可谓无;赐之以祭,礼亦有据。随移翰林院撰祭文一道,行令福建布政司备办祭物、香帛,仍委本司堂上官致祭,以答神休。"已经遵行外,臣等窃惟河、渎、海、岳,载在国典;而柴望祭告,原非不经。且鬼神本体物而不遗,君子当无时而可射。与其有急而邀捍御之福,孰若先事而修秩祀之仪。合无敕下礼部,行令福建布政司于广石海神庙备祭二坛:一举于启行之时而为之祈,一举于回还之日而为之报。使后来继今者,永著为例;免致临时惑乱、事后张皇,而神之听之,亦必有和平之庆矣。前件臣等看得:户科左给事中等官萧崇业等题称"祈报海神"一节,为照捍灾御患,载在祀典;祈报之礼,自昔有之。今使臣奉将王命,远涉海涛;虽仰仗皇上威灵,百神自为之效职;然而赐之以祭,是亦所谓"御灾捍患则祀之"之意也。先年已有回还报祭事例,惟启行之祈尚属缺典。相应俯从所请,除报祭文先已撰去外,合候命下,移文翰林院再撰述祈祭文一道,行令该布政司备丰腆祭二坛;俟本官启行及回还之日,即于海神庙亲自同本司堂上官举行。仍永著为例,后来一体遵行。伏乞圣裁!

一、责成有司。夫济险以船、督工以人,二者相因而并重者也。往年委官造船,其品秩稍崇者,则每厌为琐细之务,而不屑于经理;若夫卑官下吏,则又视为奇货可居,而专以侵欺为事。以故用失其人,而器多弗精;往往有中流折舵者。臣等窃惟宫室轮舆之类,坏而复修,犹甚无害;至于船不如法,辄有他虞。即使公输在左、巧倕在右,亦无济于缓急矣。此造船所以不可不慎也。合无敕下该部,转行彼处抚、按衙门遴选所属佐贰之中,或同知、或推官,必有才略而无负志节者,然后委之以造船之务,而又副之以廉干指挥二员。俟船完之日、凡有司、工匠一并随行。夫彼知其异日将不免于同舟也,则必加意督修,而不敢苟且搪塞以饰目前之观。此固先年执事者之所议行,而非臣等敢为此拘牵之说以厚责于人也。前件臣等看得:户科左给事中等官萧崇业等题称"责成有司"一节,为照督理造船,关系委重;往年任使非人,不行加意督修,以致造不如法,辄有中流折舵之虞。本官具题前因,相应申饬;合候命下,行福建抚、按衙门选委廉干府佐官一员督造船只,仍以廉干指挥二员副之。务要责令各官不宜图节省之虚名,惟当核修理之实费;不贵速完以邀敏捷之誉,而务期坚久以为万全之谋。事竣之日,抚、按官详加查核;如有草略完事及任意侵克者,即行指实参奏,以凭重加降黜。至谓欲令有司、工匠随行,先年使臣亦曾议及;但臣等窃谓有司各有官守,似难擅离职役。查得该省都司例拨指挥监军护送,合无将前项选委廉干督理指挥二员即以监军,及与该役工匠一并随行;彼知利害相同,自不敢苟且塞责,而造作可必其如法矣。伏乞圣裁!

一、议处人从。夫远涉异国,必阅历时日而后竣事。其间饮食、物用、弓矢、器械之类以及观星占风、听水察土、医卜技艺之流,皆得备具。盖王命所关,故不得不重其事如此也。夫前项供给之需既出官府,则必有所遵奉而后可以动支。若分外多带一人,则不惟过烦公费,而抑且事嫌私交,均足以累使臣而损国体。臣等查得福建都司例拨指挥等官三员、军四百名护送;见今海防已靖,似宜减去其半,非熟于海道者不用。至于天文生照旧取之南京,其医生二名亦各择其善者以行;与夫驾舵、执帆、船中应用之役,并今题请所不及、但系前时所必用者,容臣等在福建布政司酌量取用。大约贵精而不贵多,毋徒滥带冗杂无用之人,以滋劳费。开船之日,仍令布政司将带过人员、用过钱粮、造过器用等项逐一造册,臣等会同巡按御史题知;此亦防闲节用之一端也。前件臣等看得:户科左给事中等官萧崇业等题称"议处人从"一节,为照远涉海外,岂惟阅历时日,亦且风土异宜;凡一应合用饮食、器械之类及观星占风、听水察土、医卜技艺之流,委不可缺。但谓"见今海防已靖,所有旧例护送指挥、官军似应减半"及称"不欲分外多带一人以滋公费,且嫌私交",盖深知使臣之体者;相应依拟。合候命下,本部移咨南京礼部,行令钦天监选取精晓天文生一名;其医生二名,听本官自便,各择其善者随行;凡合用供给之物与夫应该随行之人,俱听于福建布政司酌量取用。夫随带既无有冗滥,则廪饩自不至虚糜,外国亦无所骚扰;其于臣节、国体,有裨多矣。本官启行之日,该布政司将带过人员、用过钱粮、造过器械,一面申呈抚、按官会同本官题知;仍一面核实造册送部,以凭查考。伏乞圣裁!

万历四年八月二十二日,本部尚书兼翰林院学士马自强等具题。二十四日,奉圣旨:"依议行。钦此。"

礼部一本,为周咨访以备采择事。

该吏科等衙门左给事中等官陈侃等题前事等因;奉圣旨:"礼部看了来说。钦此。"钦遵抄出到部。看得吏科左给事中陈侃、行人司行人高澄等题称奉命往琉球国封王礼毕,访其山川、风俗、人物、起居、撰《使琉球录》一册上进,乞要详议备行史馆采择一节,为照琉球国远在海滨,华人鲜至其地;是故国俗、风土,知之者寡。今按《一统志》等书所记,事本传闻,殊有该载未尽者。据左给事中等官陈侃等亲历其地,目击其事;山川、风俗之殊,往来闻见,悉出实录。因采择事迹,撰述成书。既以正载籍之所未尽,且俾后之奉使者有所考;足见各官留心使职,诚可嘉尚!似应俯从。合候命下之日,本部将所进《使琉球录》付之史馆,以备他日史馆采集。伏乞圣裁等因。

奉圣旨:"是。"

钦差吏科等衙门左给事中等官臣陈侃等谨题:为出使海外事。

切照嘉靖十一年五月内,琉球国世子尚清上表请封,钦蒙差臣侃为正使、臣澄为副使,各赐一品服一袭、赍捧诏书一道、敕书一道、谕祭文一道并颁赐仪物等项,前往琉球国祭中山王尚真、封尚真子尚清为中山王。臣等随即陛辞,先至福建造舡。舡大而费亦巨,经始于嘉靖十二年五月,至嘉靖十三年四月始克造完。舡完之日,遂至长乐县广石地方登舡。先期,尚清已遣蔡廷美等过海迎接,令通事林盛带夷梢三十人为臣等驾舡。在五月初八日,解缆开洋。洋中偶值逆风,舡不可往,放回数百里;后遇顺风,复往。因失针路,漂过琉球国交界地方——名曰热壁山,遂泊于此。尚清闻之,差大臣一员带夫四千余名,驾小舡四十余只至热壁,将舡挽回。五月二十五日,方到彼国。尚清即遣仪从及文武陪臣随龙亭迎诏敕、谕祭文至天使馆安奉,择日行礼。六月十六日,行祭王礼。七月初二日,行封王礼。是日,尚清皆迎至国门外,一见龙亭,先行五拜、三叩头礼,步行前导。迎至正殿,一如仪注行礼。开读已毕,设宴款留,礼意恳至。臣等令仪从迎诏敕回馆,尚清令通事致词,欲留为镇国之宝,臣等犹未允;各复令长史捧先朝诏敕来看,臣等始知留诏敕为先朝故事,况已奉有明旨,始许其留。行礼既毕,似应即回;因海中风浪不测,惟顺风而后可行,非可以人力胜者。琉球在福建之北,去以南风、回以北风;故至九月二十日,方可开舡。计在彼国停泊一百十五日,日有廪饩之供、旬有问安之礼、月有筵宴之设;随行人役皆给口粮,使之安饱。行时,复具黄金四十两为赆。臣等在福建时,例有金带、银器等物送用,尚不敢妄受;况外国之物乎!故责以大义、陈以国法。彼亦知敬而不敢强,仍遣通事林盛带夷梢十人为臣等驾舡;又遣王亲宁古、长史蔡瀚、通事梁梓等另驾一舡,进表谢恩。开舡之后,二十一日晚飓风陡作,将臣等舡中大桅吹折、舵亦损坏,舟人皆震恐无措,荷皇上威福,以致神明默佑,得保生还。在十月初二日,入福建省城;同行夷舡今尚不到,或未免漂溺之患矣。

除彼自行补谢外,臣等切思三代以降,圣王不作、治化陵夷,以文德被海内者,尚不多见;况覃敷海外者乎!若越裳氏之重译而来,以中国之有圣人耳。琉球国在海外,无虑数千里;汉、唐、宋时皆未尝内附,至元时遣将伐之而亦不从。至我太祖登极,首先臣附,率子弟来朝;此岂区区势力所能服哉!要必有所以感之者耳。我太祖悦其至诚,待亦甚厚;赐以符印、宠以章服,遣闽人三十六姓为彼之役,又许其遣子弟入国学读书习礼。彼亦感激,久而匪懈。迨今皇上御极以来,制礼、作乐、声教四敷;彼知中国之圣人复生,故欲窃余光以夸耀他国,是以不避风涛之险,贡献益勤、请封益笃。今日之举,尤出诚恳:闻钦命,奔迎于海曲;见龙亭,匍匐于道周。非但不敢如缅甸之倨傲无礼,而亦不敢如尉佗之较量胜负也。臣等忝与使事,亦窃尊荣。无任感荷庆幸之至。

缘系出使海外事理,备将使事颠末,谨具题知。

钦差吏科等衙门左给事中等官臣郭汝霖等谨题:为渡海册封复命事。

切照嘉靖三十七年正月内,琉球国世子尚元上表请乞袭封王爵;蒙差臣汝霖为正使、臣际春为副使,各赐一品服,赍捧诏敕并颁赐冠服、仪物等件,前往琉球国封世子尚元为中山王,仍谕祭中山王尚清。臣随即辞朝,至福建省城督有司造船,渡海行事。适值连年倭患,阻迟海口,未得开洋;至今年五月内,海口颇靖,臣等乘隙而出。五月二十八日,在于长乐县梅花地方开洋。闰五月初五日,行至赤屿山,阻风三日,漂过琉球山。一日,幸彼处夷人在山哨望,知为封船,乃发艍牵引,回其境内。至初九日登岸,到于彼国;尚元即遣仪从及举国臣民迎导诏敕至天使馆安奉。择六月初九日,行祭王礼;六月二十九日,行封王礼:世子皆躬率臣民迎导跪拜,踊跃嵩呼;欢声洋溢,俨恪恳至。开读既完,世子仍乞留诏敕以为国宝;臣等令其捧前者来看,因如制许之。大礼既成,臣等在天使馆守候风汛回国。十月初九日登舟,缘风阻哪霸港口;至十九日,始得开洋。二十一日,在于洋中折舵;荷赖圣灵,得保生全。十一月初二日,归至福建省城。其琉球国王尚元遣王亲原德、长史蔡朝器等另驾一舟随同臣等上表谢恩,亦以初十日到于福建海口。

除彼自行具谢外,臣惟唐、虞三代之盛,四夷来王;汉、唐以下,虽有属国,叛服不常。琉球在海岛中,乃能永坚一心,归化无渝;臣等到彼,供应禀饩、趋走承顺如郡县然;非圣朝文德渐被之极,何以致此!我皇上十三年既册其父,兹者又封其子;圣寿万龄、圣威万里,视祖宗有光而轶唐、虞,三代不二矣。臣等虽当海警风波之险,犹得周旋使事之荣;臣无任感荷欣忭之至。

缘系渡海册封事理,谨具本题知。

户科等衙门左给事中等官臣萧崇业等谨题:为出使海邦竣役复命,以纾宸虑事。

照得琉球国世子尚永于万历四年七月内请乞袭封王爵,钦蒙皇上命臣业、臣杰充正副使,往封世子尚永为中山王;复蒙赐臣业麒麟衣一袭、臣杰白泽衣一袭、诏敕二道,并王、妃衣服表里等物。随即陛辞,赴福建督造封舟,业于万历六年已完。顷缘该国接封夷船未至,臣等曾具疏以改期请。今陪臣正议大夫梁灿等率通事、夷梢诸人来迎,臣等谨以本年五月初十日由福建南台解缆;十六日,薄厂石;二十二日,梅花所开洋。次日,东风剧作,舟折而之南,因是遂迷针路。连行数日,茫无一山。周览彷徨,深切疑悚。掣掣泄泄于巨浸之中,泛泛悠悠于狂澜之上;犹赖神明默佑,漂流不远。三十日,望见叶璧山。自此,去国可五六百里许;乃挽舟而上,进寸退尺,为力甚难。至六月初五日,始檥舟哪瀼港口,世子遣文武陪臣导引如仪。越二十九日,行祭王礼。七月十九日,行封王礼。在世子登降揖让之间,固能恪遵成度而不敢失;在使臣辞受取与之际,亦知谨守大闲而不敢违。巨典已修,若可遄归矣;又以北风未届,故尔迟迟。于是以十月二十四日,自哪瀼港出洋。比日风愈顺,舟疾如飞。二十八日,飓发辄止;三十日,即抵台、温地方。至十一月初五日,仅十一昼夜;仰藉国家威灵,凡四百余人俱无恙,旋于闽之三山矣。计臣往还海上之期,历年将半,寒暑儵更;虽微有波涛小警,然以井蛙曲士获纵大观,所谓"尘宇壮游",谅无逾此。要之,皆圣明之间宠、儒弁之奇遭也。

臣等窃惟寰海之外,封界寥阔,以国称者万数。琉球固上仁之所不绥而强武之所不詟者,乃独于皇祖统驭之初,衷诚奔附,被服裳缨;继今敬畏,秉忠不隳。臣节陈书奏表，有华士之风；履绳蹈规，为夷王之冠。翼翼然恭而有礼，郁郁乎文而不惭！膺朱芾之章，三锡有光于殊俗；捧丝纶之重，一字何止于百朋！惊睹汉官，忻逢周典，允矣，海国中千载一时也。臣等又惟在昔使臣，渡海屡罹艰危；谭及往事，令人不寒而栗。今二臣无折桅损舵之虞，而安流利涉，得以竟使事之荣；岂非中国有圣人，使海若效灵、冯夷助顺，则亦何能徼厚幸如是耶！此尤见帝德之显宣，真足以轶越前徽、驰骋哲躅，而陋挽近世于不居矣。臣等曷胜欢欣仰戴之至！

缘系出使海邦竣役复命以纾宸虑事理，备将使事本末，谨具题知。

琉球国中山王尚清谨奏：为谢劳事。

伏念臣清僻居海邦，荷蒙圣育，封臣为中山王，不胜感戴。除具表谢恩外，今有差来使臣二员——正使吏科左给事中陈侃、副使行人司行人高澄冒五月之炎暑，冲万里之波涛，艰险惊惶，莫劳于此。臣等小国荒野，无以为礼；薄具黄金四十两，奉将谢意。此敬主及使，乃分之宜；酬德报功，亦理之常。二使惧圣明在上，坚不敢受。微臣情不能尽，无以自安；令陪臣顺赍贡奉，伏乞天语叮咛：赐彼二使：庶下情尽而远敬伸，无任激切感仰之至等因。

奉圣旨："览奏谢，足见敬慎。金着陈侃等收了。礼部知道。"

光禄寺等衙门少卿等官臣陈侃等谨题：为谢劳事。

侃原任吏科左给事中、高澄原任行人司行人，于嘉靖十一年蒙钦命差往琉球国，封世子尚清为中山王。往返三年，已于今年五月二十四日复命讫。近中山王尚清差陪臣谢恩，顺赍臣等所郤黄金四十两，具本进呈；欲天语叮咛，下赐臣等。节奉圣旨："金着陈侃等收了。"钦此钦遵。切念臣等奉皇上之命远使琉球，琉球乃素知礼义之国，臣等至彼，正欲敷扬圣德、恪守臣节，为中华增重；安敢受彼非礼之馈！故筵宴之设必陈方物，具书固却，至再、至三；书备于《使琉球录》中，已尘（编者按：原文为"尘"，应为"呈"）御览矣。临行，以金四十两为贶，坚不肯受；彼心不自安，冒渎天听，蒙皇上鉴彼敬慎之心，特下"收受"之命。臣等闻命自天，措躬无地，敢不拜受以为家宝！但奉使奔走，乃臣等职分之常；自揣无功，曷敢受兼金之惠！伏乞皇上将此金收储内帑或命彼带回，庶遂臣等之初心，而于君命斯不辱矣。无任感激敬恳之至等因。

奉圣旨："已有旨了，不准辞。该衙门知道。"

萧崇业曰：夫人臣委质于君，唯其所使，而不可有一毫计利之念。不直理当如此，要亦职分然也。琉球虽居海之外，然被服华法旧矣；彼以使臣远临其国,乃遂持数金劳苦之。于戏!堂堂天朝,顾以是答耶!其去市道交,若无几耳。第后疏进阙廷得请之主命,而后敢授受;凛凛礼法之内,而德意寓焉。我国家之待使臣厚矣。虽然,充类至义之尽,孰若不受之,尤为正且大哉!

光禄寺衙门少卿等官臣萧崇业等谨题:为谢劳事。

业原任户科左给事中、谢杰原任行人司行人,于万历四年蒙钦命差往琉球国,封世子尚永为中山王。往返四载,已于本年五月十九日复命讫。近中山王尚永差陪臣马良弼谢恩,顺赍二臣所却黄金四十两,具本进呈,欲赐臣等;奉圣旨:"礼部知道。钦此。"窃念臣等奉皇上之命远使琉球,正欲喻德宣誉,为天朝增重;故凡一切燕飨、馈问之仪,必斟酌裁省,期于不辱。临行,复以黄金四十两为赆;此虽彼国酬劳之典,但揆之大义,实所未安。故臣等坚却不受,原非矫饰。况彼国素称守礼,臣等即有微劳,要不过率循常职、奉行故事而已;初非有昔人批难解纷之功、归疆服叛之烈也,曷敢受非分之物、伤不取之廉,以贻外夷口实哉!伏乞皇上敕下该部,议将此金收储别用或仍命彼带回,庶使节以明、君命不辱,而于风厉臣工之道未必无小补矣。臣等不胜激切敬恳之至!

奉圣旨:"准辞。付该国使臣带回。礼部知道。钦此。"

艺　文

大安禅寺碑记

千佛灵阁碑记

中山八景记

息思亭说

洒露堂说

洒露堂记

使琉球录序

重刻使琉球录叙

航海赋

大安禅寺碑记

宣德五年,正使柴山奉命远造东夷。东夷之地,离闽南数万余里;舟行累日,山岸无分。茫茫之际,蛟龙涌万丈之波,巨鳞涨冯夷之水;风涛上下,卷雪翻蓝:险衅不可胜纪。天风一作,烟雾忽蒙;潮澜济湃,波涛之声振于宇宙:三军心骇,呼佛号天。顷之,忽有神光大如星斗,高挂危樯之上;耿焕昭明,如有所慰。然后众心皆喜，相率而言曰："此乃龙天之庇、神佛之光矣。何以至是哉？是咸赖我公崇佛好善，忠孝仁德之所致也。"迨夫波涛一息，河汉昭明，则见南北之峰远相迎卫；迅风顺渡，不崇朝而抵岸焉。

　　既而奉公之暇，上择冈陵、下相崖谷，愿得龙盘虎据之地，以为安奉佛光之所，庶几以答扶危之惠。于是掬水闻香，得其地于海岸之南。山环水深，路转林密；四顾清芬，颇类双林之景。遂辟山为地，引水为池，捄之陾陾，筑之登登，成百堵之室，辟四达之衢。中建九莲座金容于上，供南方丙丁火德于前；累石引泉，凿井于后。命有道之僧，董临其事。内列花卉，外广椿松；远吞山光，平挹滩濑。使巢居穴处者，皆得以睹其光焉；此酬功报德者之所为也。且东夷与佛国为邻，其圣迹海灵钟秀有素矣。此寺宇之建，相传万世无穷，良有以夫。

　　建寺者谁？天朝钦命正使柴公也。

千佛灵阁碑记

　　粤自大明开基，混一六合；东渐于海，西被于流沙，声教迄于四海。凡在远方之国，莫不捧琛执帛而来贡焉。时东夷遁居东海之东，阻中华数万余里。水有蛟龙之虞、风涛之悍，陆有丘陵之险、崖谷之危。无县郭之立、无丞尉之官，污樽杯饮，尽其俗也。虽然，亦累贡所产于朝；永乐之间，亦常纳其贡焉。洪熙纪元之初，遣正使柴山暨给事中、行人等官奉敕褒封王爵，颁赐冠冕；仍遣祭前王，使其知尊君亲上之道、笃仁义礼乐之本。天朝之恩，无以加矣。当今圣人继登龙驭，率由旧章。宣德二年，复遣正使独掌其事，莅临以询之，则见其王钦已于上、王相布政于下，其俗皆循礼法，熙熙如也。宣德三年，本国遣使归贡于朝。迨夫五年，正使山复承敕来兹，重宣圣化。淮海往返，沧波万顷；舟楫之虞、风涛之患，朝夕艰辛，惟天是赖。思无以表良心，遂倡三军垦地营基，建立佛寺，名之曰"大安"；一以资恩育之勤，一以化诸夷之善。寺宇既成，六年卒事复命。

　　迨宣德八年岁在癸丑，天朝甚嘉忠孝，特敕福建方伯大臣重造宝船，颁赐衣服、文物之劳之。日夜栖迹海洋之间，三军有安全之欢，四际息风涛之患；或夜见神光、或朝临瑞气，此天地龙神护佐之功，何其至欤！于是重修弘仁普济之宫，引泉凿并于宫之南，鼎造大安千佛灵阁；凡在诸夷，莫不向化。宝阁既成，佛光严整。八月秋分，又有白龙高挂，以应其祥；此嘉祥之兆，良有自也。建立碑记，以纪其事；使万世之下，闻而知者咸仰天朝德化之盛，而同趾美于前人。因书为记。

建寺者，故柴山云。

中山八景记
潘荣

大明统一万方，天子文武圣神，以仁义礼乐君师亿兆。故凡华夏蛮貊，罔不尊亲；际天极地，举修职贡：自生民以来，未有如今日之盛者也。天顺壬午春，琉球国遣使请立世子为嗣君，上命臣荣、臣哲往封之。癸未夏六月，由闽藩发舟；天风自南，不数日而抵其国，奉宣德意。封爵典礼既行，自国王以下皆拜手稽首，俯伏颂上大恩不已。越仲秋八月，国大夫程均、文达执卷谒使馆，请曰："文达敝居之东，新创有寺，山水颇清奇，命工图为八景；愿请登临，留题咏以记盛美。"余念去君亲、客海外万里，方怏怏于中，奚暇及他事。大夫均请之不置，因与皇华蔡君克智同往观焉。既至，是日白云初收，天气清明，山色秀丽。有松万树，所谓"万松山"也；登山观松，苍然郁然，坚贞可爱，因诵孔子"岁寒后凋"之语。凡与游者，皆兴起动心。山之东，行一里许至轩，曰"潮月轩"；轩中四面萧爽。当天空夜静之际，开轩独坐，水月交洁，心体明净；有志于当时者，得不起"高山景仰"之思乎！轩之左，凿地为井；井上植橘数株。泉甘，足以活人；橘叶，可以愈病。程大夫取井之义，是盖古人之用心也。右则有径，径石奇形怪状；旁列皆佳木异卉，可憩可游。大夫、长史诸君各酌酒奉劝，殷勤礼意，至再、至三；因饮数杯上马。至送客桥，士大夫爱重，过桥须下马；于是各相携手。顾谓大夫曰："昔子产听郑国之政，以其乘舆济人于溱洧；孟子谓其惠而不知为政。今均为国大夫，此桥之作，岂特为送客耶，将以济病涉之民也。"过桥行数里许，至缘江之路。时天色渐暮，渔舟唱晚。但见羽毛之余祥、鳞介之献瑞，极目海天，胸次如洗；曾不知穹壤间，复有所谓"蓬莱"也。由是而过樵歌之谷，樵人且歌且樵，熙熙乎、皞皞乎！我国家仁恩遍及海隅，太平之象，其可忘所自乎！出谷，但听浏亮之音，洋洋在耳。大夫进而谓曰："此即邻寺钟也。"因而至寺，老僧率众十余人迎拜于道。余既佳其山水之奇胜，且喜夷僧之知礼，因令人扣之曰："大夫以邻寺钟列于八景者，僧知此义乎？"因告之曰："此钟晨焉而敲，夷人听钟而起，俾之孜孜为善，无乖争凌犯之作。暮焉听钟而入，俾之警省身心，闭门而思过咎。国大夫命景之义，其有益于人如此！"僧唯唯，谢曰："谨当佩服斯训。"他若山川之胜、景物之善，俱未及暇寻。虽然程大夫，中华人也;用夏变夷,均之职也。果能以诸夏之道而施之蛮貊,渐染之、熏陶之、提撕而警觉之,将见风俗淳美,中山之民物皆易而为衣冠礼义之乡。余忝言官,当为陈之于上,俾史臣书之,将以为天下后世道;岂但今日山川景物之胜而已哉! 姑书之,以记岁月。

息思亭说
郭汝霖

琉球天使馆,自门布入正堂三间;自正堂引至书房三间,余处于东、李君处于西。房之后再三间,官舍辈处之。两旁翼以廊房各六间,门书、舆皂寓焉。暑月蕴隆,促促数步内;琉之人为余弗安也,卜后垣空地,砌土瓦茅竖柱而亭之,余又扁曰"息思"。

夫人情,久相离则思。余驰驱上命,何敢言思! 然舍桑梓、涉波涛,远君亲、旅外国,而鸿宾雁弟、玉树芝兰,数月各天,寥寥音问;余安能不用情哉! 昔谢太傅,江海人豪;中年与亲知别数日,作恶;余尝瘝叹其怀。阳明子曰:"七情之发,过处为多。"余又恶夫情之过而恶也。斯亭之登,愿少息焉,图书在前、琴瑟在御,以吟以咏、以弦以歌;庶几造化者游,而忘其身之在异乡矣。

洒露堂说
萧崇业

余奉命中山,入天使馆;堂故有扁,弗称。居无何,余集夷诸大夫、长史,问曰:"而学诗乎? 唐人云:'海东万里洒扶桑';此意在怀远,诚足风也。余欲堂以'洒露'名,可乎?"诸大夫、长史请曰:"愿闻其指!"

余譬之曰:"夫雨露者,天泽之润者也。人君赞化以子民,何所不泽! 以是知君与天也,其皆宰生物之机者乎? 顾物有不同,而笃材因焉。大为豫章、女贞、庄椿、王桃,小为椒兰、桂艾、繁荞、弱卉之属,靡不渥雨露,欣欣向荣也。殆犹之四极八埏,凡绮疆穷里、星罗棋布之邦,亦靡不承泽仰流,喁喁然日待命于君也。然各有幸、不幸焉:物或不幸,而啮蠹、枯槁,小之为好事者剥落其英;大遭斤斧,斩刈于樵人师匠之手。又或产于阴崖幽谷之中,蔽曦曜而亡睹;于是天之泽有时乎穷。其幸而不啮蠹、不枯槁,又不为樵师好事者所伤,即虽产于阴崖幽谷之中,而枝干扶疏,稍稍潜滋暗长,以窃窥夫曦曜,则天亦不为之靳。今夫琉球僻居斥卤外,一旦延颈举踵,称臣受约束;我皇祖嘉其丹款,制以间一载贡,乃愈益虚而呕喻煦育之。惟恐其啮蠹、枯槁而弗茂,是以大字小者也,命之曰'培植之露'。然遵王道必由海;而海最险,万一长于水而不安于水,如鱼龙牙吻何! 皇祖念之,辄徙闽人善操舟者数家,籍子孙与俱往来,令无若樵师好事之手所伤;是扶颠持危者也,命之曰'长养之露'。习故朴以野,不知有声名文物旧矣。乃'世及'之请,朝廷代遣使臣奉制诏冕服王之,其宠融烂焉。振于殊俗,则虽产于阴崖幽谷之中,而与近日月之末光者无畏;是用夏变夷者也,命之曰'覆冒之露'。夫琉球,蕞尔弹丸国耳,其才地无所比数。兹能奋擢忽爽以自耀于熹明,小足以增华益艳,俾观者夺目而眩心;大足以被广陵、隐结驷,而一国耆老、臣庶往往获有所芘蕟,而不至于不可以荫:莫非我列圣皇上湛湛渭渭之泽也。取'洒露'以名堂,岂不宜哉!"

于是诸大夫、长史拜,稽首曰:"走也悉草鄙之人,第日濡圣化而不知耳。唯公绎其说而辱名之,其自王以下敢忘天子之大德!"

洒露堂记
谢杰

洒露堂者何? 夷天使馆之堂也。洒露者何? 谏议萧使公所以名斯堂也。堂何以洒露名? 雨露扶桑,绎唐人之风也。

自夷之有是堂,故弗扁;即扁,弗称其名。比使公至,始得名,名又称。邦人悦,以告不佞。不佞曰:"伟哉! 谏议公之名斯堂也!"君道犹天然;乃天之泽莫大于雨露,雨露一濡,槁者苏、仆者起、勾者萌者达,何神奇也! 顾蓼萧露湑、杞棘露湛、菅茅露微,露葭则霜、露草则瀼、露薤则晞。若彼殊者何以故? 因材而笃,亲所为地者也,然皆非其至也。惟南有木,其名曰桑,樛枝扶苏隐庇;其所蕲者,三百里根蟠轮囷,余亿万石大椿、冥灵、商丘之木莫敢望焉。露零其上者,缟若练、滑若脂,津津乎若河赤乌天鸡待其膏以餐者,八百斛。嘻! 异哉! 有神木者,有天浆,彼固有以受之也。琉球为国,僻界万涛中,汗史不前着;帝弗臣、王弗宾、历代弗能驯;稽所为地,亦微乎微者。迨入皇朝,憬然内属,其言曰:"风不鸣条、雨不破块、海不扬波。"意者,中国有圣人乎! 包茅竹箭,愿齿东藩为圣人氓。贡既入,一再岁又辄至,不疏不数,如是以为常;即越裳之雉,弗奇于此矣。高皇帝嘉其谊,析圭儋爵,王之中山;与之盟曰:"东海为带,南山若砺;国以永存,爰及苗裔。"嗣后值大封拜,则组练楼船络绎海上,复给操舟之士三十余家;即日南之车,弗劭于此矣。迄于今皇,圣德明懋,震于古始。会夷有

"世及"之请,乃命余二臣循故事以行。太史授辞、秩宗典祀,袍则麟锦视三公、鞬则犀金视四岳、宝则圭玉视宗藩;杼轴之章分于内帑,贡篚之毳来自殊方。即朝鲜之胙,弗荣于此矣。荷斯三者,泽厥邦家为露也,不既多乎! 乃若迓续天休,莫之夭阏;培厥轮囷、宏厥庇荫,俾与扶南之桑并芳,不为葭茅所窃笑,则惟王之休、诸大夫之力也,余何知焉!

谏议公以名进士起家,读中秘书,擢居谏省。衔命而东,展采错事,不颜违于咫尺,无色变于风涛;正礼却金,变夷之夏。推其意,不浣秽浊而清明之不已。将雨露者,谁得似君哉! 不佞幸在事,敢为赘一喙若此。

使琉球录序
陈侃

皇明德化诞敷,际天所覆,声教咸暨。琉球越在海表,世奉正朔唯谨。每易代,航章乞封,则遣近臣将事。嘉靖壬辰,世子尚清以嗣国请;皇上仁覆无外,聿修旧章。时侃待罪左省,俾充正使往,而以行人高君副之。

衔命南下,历询往迹;则自成化己亥清父真袭封时,距今五十余禩,献亡文逸,伥伥莫知所之。考《一统志》、《星槎胜览》等书登载互异,罔可据依。乃甲午仲夏,解缆闽江,赖天子威灵、海若效顺,再旬达其国,宣诏敕、锡章服如仪。尚清率国人稽首,踊跃欢呼,称职贡匪懈。已事遄返,十月朔还闽,可以卜日斋沐而见上矣。惟前辈使外国,率有纪录或赋咏,非以炫词华也。穷荒绝裔,亦造物者之所陶镕;而风声旷邈,品藻弗及。若道途之险易、山川之怪奇、风俗之媺恶、人物之丑好,以至昆虫草木之变、安居和味宜服、利用备器之不齐,非特探奇好事者所欲知;而使事之周爰咨诹,自不可少也。因与高君日纪闻见,凡道途山川风俗人物之实、起居日用饮食之细,皆得诸耳目之所亲究;乃知旧存纪载,殆郢书燕说之类。志其略、辨其异,此录之所以不容已也。

君子之饱,道腴者或寓目焉;其大烹之筵,荐以海错,庶几一下箸乎! 不然,言之无文、行之不远,覆瓿之具尔。若继今使者取以为摛埴索涂之助,容可乎!

嘉靖甲午阳月望日,四明陈侃书于闽之长春堂。

重刻使琉球录叙
郭汝霖

《使琉球录》者,录自陈、高二公始也。琉球归化圣朝,前此尝有使矣,而弗录焉；遗也。遗则后将何述！沧溟万里，不无望洋之叹焉。此录之所以作也。二公之心，仁哉！

嘉靖戊午，世子尚元乞封，于是上命汝霖与李君际春往。首访是录，如获梯航。解舟潞河，漳人郑教授者来，语余渡海事；余出录询之，曰："得矣而未尽也。"暨入福城，造船、用人，惟录是据。间询旧行故老，一二弗协；岂时变不相沿乎？将作之竣事之余，二公前所行者，或未逮也。且事属浑沦，要实未核。余是年值海警淹迟，船更再造，人亦数新；视之前役颇详。然其发端，则有录资益弘多；而又惧其久且漫或遂遗也，后之使者将伤今而罪我矣！舟旋之日，因类编之。首以诏敕，尊君命也；次以使事、礼仪，述宏纲也；次以造船、用人、敬神，见紧要也；次以群书质异——山川、风俗、贡物并艺文，题奏而夷字终焉，具始末、备稽考也。呜呼！后之使者，一举目而星槎海涛，灿然如指诸掌矣。若夫登之天府备史苑稽查，则二公先之；愚何敢再渎！

航海赋
萧崇业

句町痴人奉命中山之役，戒艘于闽。有镜机子，俨然造曰："盖闻宁俞竭力事主，艰险不避，人谓之愚；汲黯数好直谏，难惑以非，史称其戆。吾观若貌愉而和、行通而悫，匪愚匪戆，何故名痴？岂有说耶？"痴人良久不言，乃莞尔而笑曰："仆鄙野之人，僻陋无心；胡敢当二贤也！顾即之时事、验乎物情，名亦有自来矣。且夫乘人斗捷，智者相倾；而任理直前，则愚之所以优于械也。随俗脂韦，谀者相和；而秉德持闲，则戆之所以不为佞也。兹者，徼宠灵以航异域，其孰敢违！彼訾訾者，避犹桎梏；萌萌者，但若康庄。诡蔓饰隙，远脱冥翔；见几之作，我则未遑！是以观者讶其辨之不早，众故讥其痴而无量耳。"镜机子爽然自失曰："若可谓安义命，而笃于自守者也。痴盍足病哉！《书》云：'若济巨川，用汝作舟楫。'又独不闻犯斗之奇耶？第今时世日益浇已，顾安所得楂也者而乘之！若惟单精毕力以造万斛之舟，意者其有济乎！"

于是痴人唯唯；遂命工师求大木，程之以有司、督之以当路。阅彼闽山磈傀，黝儱蒯蓼轮囷；连抱葰蠢夭蟜，閟珂蔚若邓林。弥皋櫑阜，荫谷蟠岑；攒郁丛骈，朗昼旰暝：尊磊磊其上覆，森落落而刺云尔。其考制抡材，凌峦超壑；移兵走檄，涤薮摧岜。松樟采于剑之津，铁力贸于岭之表。巨不厌修，细罔遗小。是断是迁，载坚载好。凡既备矣，大工斯肇。于是觅《易》爻，思象旨；仪工倕，法虞姁。考日力之程,较费务之纪;问轶事于故游,鸠黎人以经始。离朱督绳,班输削墨。殊裁润之时宜,概度稽于往牒;定丰约以执中,酌文质以立则。雕土岂效之务相,窾木用扩乎古哲;为梁远陋夫绛襜,涉川无取于瑶楫。扛艎参桅,交籞合槖。穴牖梯舱,副柁重底;飞庐翟室,望之如宇。其上则有彤宫镂像,灤栌华榱;旋函绮楃,睿制琼章。锡衣命服,皮弁纁裳;玄冠鳖绶,玉佩锵锵。犀金麟紫,苻舄斯皇。繁缥冰纨,纬罗束帛;连烟之文,独茧之色。凡夫取竭天产、发输人迹,为九赋之所敛、九式之所节者,是用传宣乎"会极"之门,远颁乎来王之国。其次则有文槐莞蒻,毛席氍毹;瓶缶匕匙,寿光水器。兰膏朱火,贲烛金羊,炊釜篋缄,彝卣屏面。甋瓯陶素,裵绣编连;盐酪豉薪,唾壶兽子。绸杠绛縿,组帷流苏;菁筛飚悠以容裔,羽旌骚杀其纷如。材官畜用,利械兼储;修锻延鋋,铦戈刺殳;佛即鸟嘴,旸夷勃庐。大屈之弓,綦卫之矢;溪子之弩,越女之剑。龟蛇之旒,鸟隼之旟;军容翼翼,豫戒不虞。若乃弘舸巨舰,非常可模。抗指南之炜晔,崇五楼之峥嵘;运货狄共鼓之巧,使尽变化乎其中。是故外阔内虚,大人度也;阳行阴翕,方壶境也;画鹢琢云,等威异也;虬螭蜿蜿,桡櫓击也!鹰瞵枭睏,力士从也;峤崒峰攒,綮戟列也;鸢翔鹘逸,麾盖张也;蔽天翳日,帆扬而缦移也;流霞掣电,银黄饰而赭漆光也;震霆轰辇,钲音革响也;舞鸾律鸶、韵乌部蛙,钧天角抵、缤纷错集者,殊俩薄伎,散襟期也。若乃推验天文,审测风日;星翳卜算,羽祝庖丁。匠氏缝工,调人司救;象胥掌讶,篆镂丹青。与夫吴歆蔡讴,阮啸孙唫;曹诗刘饮,秋奕嵇琴。陶泓毛颖,陈玄楮生;俨然数客,述古删今。以至解难之丸,杯肘之射;棘猿之术,雕龙之英;靡不广询博取,竞爽搋能尔。其大虽谢于驰马,制实迈于采菱;庶几御长风以利往,责千里于寸阴。乃若梁丽晋舶,越舭蜀舲;沙棠木兰之称,青翰三翼之名:方斯蔑矣。

　　于是遴长年、齐三老,命先期以诹辰,辄开舟而出坞。士庶仁眙,观者如堵;冠裳杂沓,纷饯于祖。导鱼须,负矢弩;会候亭,循旧矩。割臡羞燔脯;酌醴酬觞,鸣金伐鼓。挥丝竞肉,移宫换羽。欢溢斯舆,礼殷客主。仆马幅凑,譬风行雨。散采獠于,南台之浒尔。乃揖让辞筵,慷慨升车;祀天妃于广石,初纵苇于梅花。临万顷之潋灂,杳莫窥其津涯;觇五两以为表,指六合而为家:仗皇威之远庇,托灵胥而自夸。遂竦节而结旅,忽轻举以征遐;高宇澹乎其若寂,大块恬然其不哗。映流光以霁色,照落景而俱嘉。穷区没渚而不见,万里藏岸其何遮!泓澳信难测之于蠡,森茫无足语之于蛙尔!乃顺飓鼓帆,凌波骤舳;

一、明代文献　157

不行而罔不至，不疾而靡不速。囧然若翔云绝岭之翼，倏乎如驰隙遗风之足。陋登仙以矜荣，儗乘楂而彷佛：此非海外之壮游、人世之奇瞩也耶！若乃阳侯磅礚以跳沫，天吴激礴而鼓涛。飞浡涓涠以相涳，洪澜訇訇而互浠。转天轮而颓庋，回地轴而争挠。駃騀错乎嵩衡抗嵷，碌错乎雷澍叫号。泫泫浤浤，则星河似覆；潋潋瀁瀁，则日月如摇。篙工于是乎谨舵，楫师于是乎弛绡。当此之际，未可如何！虽冯虚以御风兮，境非赤壁；纵遗世而独立兮，心异东坡。有时乎㑦慑战怖，无日乎爽旷婆娑。悦千态以万状，怵谈笑而起戈；须臾久于年岁，瞬息虑乎风波。有车马行，公无渡河。由斯以谭，则知郭景纯之所赋者，特洎洎之见，未习夫江汉之委输也；木玄虚之所云者，乃想象之言，犹未睹夫灏漾之实际也。故尝嗟徐衍之负石，怪精卫之塞溟，壮荆飞擒蛟而成气，贤夏禹视龙其弗惊！若乃陈茂拔剑，事偶然耳；海童邀路，其谁忘情！夫是以仰舟中主敬之程子，悟遇风思过之管宁。坐而待旦，动与惧并；行无辙迹，止无所凭。郁郁墨墨兮众心惙惙，摇摇悝悝兮我头岑岑。

逡巡数日，乃始达于其境。于是世子遣文武之臣，驾雕辂，骖骈骊；坐组甲，建旗常。扈乌号，翘干将。羽骑飞蕤，金戈耀铓。魋结左言之渠，镂膺钻发之行。晁矗惊捷，舞蹈趋跄。前驱骋路，盱眸自旁。睹汉官之上仪，咸辗昒以振踊；庆千载之嘉会，愈色泽而神竦。亦有靡闻不来，无见而拱；周环罗列，盘辟举踵。于是盛礼兴乐，供帐设乎皇华之庭；夙戒具而赞典，纷呼嵩以祝龄。僸佅夔离，于焉俱集；四夷迭奏，昭德之馨尔。其尚之以金章，加之以元服；戴纚垂缨，拖绶鸣玉。变左衽之陋风，袭中华之芳躅。御纂组于公庭，告先公于祠屋。追养之礼殚，受终之仪肃。齐虎拜于部夷，称霞觞于宗族。然后捧纶章，留琳牍；奎翰辉煌，宝书雪煜尔。乃稽首顿首扬言曰："明明天子，万寿无疆者也！"于是命膳夫以大飨，爰致敬于使臣；涤濯孔嘉，礼仪振振。载之以醴酤，设之以豆登；丰之以饔饩，介之以芳芬。馆舍之所问候，缉御之所频仍；佳胜之所赏玩，筐筐之所错陈。淹藻景于二时，笃邻好而常新；却裹，之厚馈，坚不辱于远人尔。

其巨典既毕，涉冬始归。潢滉浮空，旋亦如之；伤心极目，裹望窘拘。风帷兮寒削，月帐兮凄严；蓦玄英兮换节，迅金素兮迎年。狂澜回兮渐以远，驾飞舻兮俄还。安危值于所遇，变幻殊乎目前；而出坎履顺，殆有鼓欢声而振天者矣。

缅惟乡之所谓神蕊形茹、股弁背芒，惴惴然而莫知所营者，果虚邪、实邪？抑虚者，舟邪；实者，我邪？谁虚谁实，谁我谁舟！盖譬犹空中之态、梦中之境，物物皆游,物物皆观耳。彼有认水为海、认陆为岸,乃至认我为我,卒相角遂而不已者,得无障乎! 于是闽之耆老、士大夫、缙绅先生之徒,罔不掀颜慰劳,深喜其获终王命,以为邦国重也。

是时,镜机子亦在贺中;顾独出席旴衡而诘曰:"猗欤,伟哉! 痴人固能蹈海哉! 昔者子路喜桴海之从,圣人抑其好勇;广德执乘船之谏,贤主嘉其直言。祸福所倚,几希之间;此招贾之文,诵者悚焉! 若幸免于风波之危而克如期以竣事也,讵非有相之道欤! 第尝闻之,识治体者,在修文德以服远;尊中国者,不割齐民以附夷。兹缘蕞尔之小邦,而乃奉先人遗体;冀幸鱼龙之牙吻,徒取彼重蒙:窃惑焉!"痴人怃然有间,曰:"客故习夫玆议乎? 倘若所谕,适足以明其暗于全,而掇乎琐胶拘谫之忌,而未睹其恢恢者矣! 何则? 忘九隩之藩屏而不以边陲为襟带者,乃曲士之井也;偷持禄之苟安而踽踽以避险崎者,非达人之所壮观也。古之帝王,陋偏据而规小、恒宅中而图大;掩略八极,靡国弗营。既尊居乎神州之卓荦,尤勤骛于鸟兽之外氓。北出名师,南驰信使;轓车朱轩络绎不绝,楼船戈舫纷沓旁午。然皆弗克遗显号于后世、传土地于子孙! 方今圣明在宥,威德房皇;九域密如,四封不耸。辽绝之党、冠带之伦乐贡效赘者,盖以亿计。琉球沾濡浸润,历年滋多;其奋濯泥滓,比垺箕子之邦。岂与夫乌浒狼朥、屠婆缚妇,奇肱反膝之酋、交胫长臂之种可同年而语哉! 客倘愿闻若说,请为左右扬搉而陈之! 夫琉球者,上古所不能化,秦、汉所不能从。考之四限,则大荒之外;测其封界,则闽、粤之东。远望蓬桑,则曜灵晣逸,靆雾晦蒙;琴高影响而化幻,犛配绰约以昌容。旁睇岛夷,则朝鲜纲络,越裳蔓引;渤泥迢递以乖阂,苏禄牢罗以互亘。其苑囿,则傀峰幽屿,秀起特出;嵯峨降屈,中州所慕。其草木,则石帆、凤尾,紫绛纶组;抗茎敷萼,布濩皋甄丘。其鱼,则有吞舟吐浪、拥剑琵琶;蜂目豹口,狸斑雉驱:奇形殊类,胡可胜图! 其虫兽,则雄螭顁鳌,王珧海月;绣螺绮贝,土肉石华:诡桀出录,瓖异无书。其禽鸟,则爱居避风,大鹏垂天;英眸缥翠,瀑潢洒珠;往来喧聒,集若霞铺。其宫室,则木无雕镂,土仅白盛;重闱连闼,去泰去甚。'欢会'作门,'漏刻'听政;殿曰'奉神',名义斯正。乃设官僚,授之以柄;察度司刑,耳目司问。王亲是崇,亦有赐姓;通事、长史,爰以将命。范茫群丑,此焉则胜;海滨之风,兹亦等竞。是故赋仿井田,历遵正朔。横盗无斩关之惨,墨吏免榷肤之虐。攘鸡何有于轲书,捕蛇不闻于柳说:则闾阎乐业,有余嬉也。醇醲驯致,宪度渐陈。教亦崇乎释氏,诗颇效乎唐人;羡声名而遣学,精奕数而绝伦。岁时无须乎视草,髑髅岂聚于王城;

则传志绵邈，自覆瓿也。物贡所产，器贡刀、锡；胡椒、苏木、硫黄、怪石；降香、椑子，岂苞重驿。望日而趋，间载而至：则尉佗倨傲，不足云也。迩者东鳀即序，西倾顺轨；交南怀化，漠北跂指。织路骈衢，梯山楫水。献名琛于殊邻，出瑰琰于冥垒。粪积壤崇，此麋赴坌举；而称臣入侍之辈，相与充斥乎藁街之邸。天子于是弘王者之无外，抚胡、越之一家。命鞑鞨以掌音，设靺任之舞曲；以娱五戎之君，以睦八荒之狄。驾长策于忽爽，广博施于疏逖；常武辑啴啴之旅，小戎埋辚辚之迹。三五为之跨躔，八九为之韬轶。祯符之所伟兆，鸿巨之所焉奕：合在于此矣。然则琉球虽远，岂其得而弃之！四牡虽劳，又恶可以已之！且夫兼容并包者，英辟之宏略也；布德宣誉者，臣子之急务也。故汉皇驰域外之议，博望不辞勋于月氏；隋帝采殊方之俗，朱宽久衔使于海国。值斯之动，农夫辍耰，红女寝机；士马创吭铤而瘠耆、老弱伤严镞而蹂践，遐氓为之震竦。黔首蒙被其难，而邪行横作；侵犯边境者，犹不可殚纪。矧朝廷纯茂，夷夏熙恬；游原于迩狭，泳沫于迥阔。寰海之外，有不喁喁响慕中国者，则鲛人窃啁之为士，而不称引帝德。如之何，其不叫呼于芸夫！且仆以泛剽之弱干，荷郅隆之倬典。方谓无异螳蜋之臂；客奈何独以宗元之招贾者，懹懹然相恐也？已事而盘幸无谈虎哉！"于是，镜机子柔气汗辞而谢曰："斯事体大，固肤浅所不能备也！"降阶捧手，欲让而行。痴人曰："复位，仆授而以航海之诗。其辞曰：于皇帝德，暨四方兮；中山请命，厥惟常兮。天子曰俞，尔宜王兮。锡以弁冕，黼及裳兮；赫赫诏敕，使臣将兮。布帆无恙，神所襄兮。一人有庆，率土康兮；本支百世，炽而昌兮。"

萧宗业曰：余慨中原文献之盛，志郡国者非绨章缛采，弗克列于词艺之林矣；抑何难也！琉球逖陋寡文，原鲜属缀；求其掞蔚飞芳欲几曩代之佳笔，不可得也。间有振藻绪于寥廓者，乃一时使臣揽物会心、穷奇标概，有所感而文生于情云耳。然又落落弗多见，见辄收之以备参考。故余鄙俚，谢雕之作亦滥得以灾木焉。于戏！篇翰钩玄，即名家必预乎只目；否则，遗而桂薪珠米之际，急炽眉者每无择于粝荆，势使然也。文固有遇、不遇哉！

夷语（附）

天文门：天，甸尼。日，飞陆。月，都急。风，嗑济。云，姑木。雷，刊眉。雨，嗑乜。雪，由旗。星，波世。霜，失母。雹，科立。雾，气力。露，秃有。电，波得那。霞，噶嗑尼。起风，嗑济福禄沽。天阴，甸尼奴姑木的。天晴，甸尼奴法立的。下雨，嗑乜福禄。下雪，由旗福禄。明日，阿者。昨日，乞奴。风雹，嗑济科立。

地理门:地,只尼。海,吾乜。江,密乃度。河,嗑哇。土,足止。山,牙马奴。水,民足。冰,谷亦里。路,密集。石,依石。井,依嗑喇。墙,拿别。城,绕。泥,乜禄。沙,是那。灰,活各力。桥,扒只。砖,牙及亦石。瓦,嗑哇喇。岸,倭嗑。远,它加撒。近,即加撒。长,拿嗑失。短,密失拿失。前,马乜。后,吾失禄。左,分达里。右,民急里。上,吾乜。下,世莫。东,加失。西,尼失。南,未南米。北,乞大。

时令门:春,法禄。夏,拿都。秋,阿及。冬,由福。冷,辟牙撒。热,嗑子撒。寒,辟角禄撒。暑,奴禄撒。阴,姑木的。阳,法立的。昼,皮禄。夜,由禄。早,速多。晚,约姑里的。时,吐急。气,亦急。年,多失。节,些谷尼即。正月,烧哇的。二月,宁哇的。三月,撒哇的。四月,升哇的。五月,恶哇的。六月,禄谷哇的。七月,式的哇的。八月,法只哇的。九月,谷哇的。十月,柔哇的。十一月,失木都及。十二月,失哇思。

花木门:茶,札。花,法拿。米,谷米。树,拿急。果,吾乜。松,马足。柏,马足拿急。竹,达急。笋,达急。枣,那都乜。草,谷撒。瓜,吾利。菜,菜梅,吾乜。叶,尼。香,槁。莲花,花孙法拿。龙眼,龙暗。荔枝,利是。甘蔗,翁急。棚椒,窟受。苏木,司哇。

鸟兽门:龙,达都。虎,它喇。鹿,加目。马,吾马。狮,失失。牛,吾失。兔,吾撒急。熊,谷马。象,喳。鸡,土地。鹅,喈哪。猪,□哇。驴,仝。骡,仝。狗,亦奴。皮,嗑哇。鼠,聂。莺,打答噶。鱼,游。羊,匹托喳。蛇,密密。猴,撒禄。龟,嗑乜。雀,由门都里。凤凰,呼窝。麒麟,其粦。孔雀,枯雀枯。獬豸,害宅。仙鹤,司禄。象牙,喳冷其。玳瑁,嗑乜那各。牛角,吾失祖奴。喜雀,孔加查思。鹤顶,它立奴谷只。

宫室门:门,郁。窗,牙。房,亦弃。楼,塔嗑牙。御路,密集。丹墀,密集。御桥,扒只。皇城,窟宿枯枯。馆驿,馆牙。瓦房,嗑喇亦弃牙。

器用门:盔,嗑坞吐。甲,幼罗衣。刀,嗑答拿。箭,牙。弓,由乜。弦,子奴。枪,牙立。桌,代。盘,扒执(一名桶盘)。盆,大箣。瓶,匹胡平。床,堕各。船,莆尼。樟,花时。舵,看失。橹,罗。篷,贺。箸,麦匙。带,文笔。画,叶。书,佐诗。笔,忿嚏。字,开第。墨,司默。纸,堪批。砚,孙司利。锁,插息。碗,麻佳里。屏峰,飘布。香炉,稿炉。花瓶,抛拿。香盒,福法各。倭扇,枉其。箱子,凯。酒钟,撒嗑子急。茶钟,茶麻佳里。棋子,饿其。玉带,衣石乞各必。金钟,孔加尼麻佳里。

人物门:皇帝,倭的每。王妃,倭男札喇。国王,倭王嗑呐尸。王子,倭奴郁勃人夸。朝廷,倭每奴。大夫,大福。长史,丈司。使者,使臣。通事,通资。正使,申司。副使,付司。唐人,大刀那必周。师父,失农褒。和尚,褒子。父亲,一更加乌牙。母亲,倭男姑吾牙。兄,先札。弟,屋都。妻,同之。子,枯哇。女,乌男姑。琉球人,倭急拿必周。日本人,亚马吐必周。朝贡使臣,嗑得那使者。大明帝王,大苗倭都每。琉球国王,倭急拿敖那。

人事门:跪,匹舍蛮资之。说,嗑答里。拜,排失之。兴,屋起里。走,追姑一其。行,亚立其。去,亦急。来,吃之。你,吾喇。我,瓦奴。有,阿力。无,你。……(原书缺页,脱三十词)不好,哇禄撒。放下,由六尸。作揖,利十之。给赏,乌鸦没谷古里。方物,木那哇。多少,亦加撒。言语,么奴嗑答里。晓得,识达哇。不晓得,失蓝。圣旨,由奴奴失。御前谢恩,恶牙密温卜姑里。且慢走,慢的。上紧走,排姑亦急。上御路,恶牙密即约里。再叩头,麻达嗑蓝子其。

衣服门:缎,图受里。纱,撒。罗,罗。䌷,柔。绢,活见。布,木绵。绵布,奴奴木绵。夏布,拿都木绵。纻布,达急木绵。葛布,嗑布。彩缎,抛拿图受里。改机,盖乞。官绢,活见。倭绢,活见。西洋布,尼失木绵。靴,匹蓝加,韈,乎韈子。鞋,皮夜。帽,冒。纱帽,沙冒。带,文必。网巾,罔巾。员领,员领。衣服,岂奴。衫,冷今。裙,嗑甲莓。裤,嗑甲马。

饮食门:酒,撒其。茶,札。饭,汪班厄。菜,菜。果,刻纳里。粉,由诺沽。面,皿其诺沽。肉,失失。鱼,游。酒饭,撒其汪班尼。吃茶,札安急弟。吃饭,汪班尼安急弟。吃肉,失失安急弟。

身体门:头,嗑蓝子。耳,米米。眉,马由。目,乜。口,窟之。牙,诺其。鼻,抛拿。手,剃。脚,匹奢。心,起模。身,度。发,嗑十蓝其。须,品其。胡子,胡品其。齿,扒。

珍宝门:金,孔加尼。银,南者。铜,押里嗑尼。铁,窟碌嗑尼。锡,石碌嗑尼。钱,惹尼。钞,支尼。玉,依石。珠,挞马。石,一实。玛瑙,吾马那达马。珊瑚,牙马那达马。珍珠,挞马。水晶,血子挞马。玉石,挞马一实。琥珀,它喇。犀角,吾失祖奴。硫黄,油哇。

数目门:一,的子。二,答子。三,腻子。四,由子。五,一子孜。六,亩子。七,拿纳子。八,鸦子。九,酷骨碌子。十,吐。十一,吐的子。十二,吐答子。十三,吐密子。十四,吐由子。十五,吐一子孜。十六,吐亩子。十七,吐拿纳子。十八,吐鸦子。十九,吐酷骨碌子。二十,答子吐。一钱,一止买每。二钱,尼买每。三钱,山买每。四钱,申买每。五钱,吾买每。六钱,六谷买每。七钱,式止买每。八钱,法止买每。九钱,枯买每。一两,就买每。十两,撒姑每。一百两,撒牙姑。一万个,麻就吐失。千岁,森那。万万岁,麻由吐失。

通用门:看,密只。求讨,答毛里。说话,么奴嗑达里。知道,识之。不知道,失蓝子。不敢,扬密撒。东西,加尼尼失。闲,漫图押里。不闲,漫图奈。说谎,由沽辣舍。实话,马讼沽夷。不见,迷阑。快活,括其。辛苦,南及之。笑,瓦喇的。啼,那其。叫,院的。痛,一借沙。瘟,课沙。明早起身,阿者速图拖枚榻支。

夷字(附)

(表略)

夷国上下文移、往来书札,止写此数字。凡音韵略相类者,即通用也。

萧崇业曰:上古结绳而治,初无文字可考。迨苍颉创为六书、史籀复作大篆,其虫文鸟署之类,遑遑主于象形;而字声、转借,率由以出。原其意义,殆非苟作者。惜自分隶、行草、八体纷纷日改月易,世俗乐趋简便,而古文不几于废乎!兹观本国流传字法,大抵纡曲蟠斜,与篆体略相放?。科耶?斗耶?象形者耶?至如谓鱼为游、土为足止、玉为依石,知道为识之、不见为迷阑,盖亦有意义可明矣;是恶得以喽丽尽非之!

皇华唱和诗(附)

余二人居中山四阅月,辄有属缀,皆与使事相关,非徒流连光景者比也。诗以时次,不论格云。

梅花开洋

月吐青山倚舰楼,为驰王事渡仙舟;
槎随博望从今日,雨罢扶桑定晚秋。
舱外云飞星欲动,洋中涛起地俱浮;
遥知天路行应远,记得君平说斗牛!(萧崇业)
仙崎渡口水飞楼,十丈青莲太乙舟;
风笛数声江阁暮,梅花五月海门秋。
天高北极星辰转,地坼南溟日夜浮。
此去若过乌鹊渚,好将消息问牵牛。(谢杰)

过东沙山

出使殊方水国遥,东沙入望翠如鬐;
欲从日域开金诏,非为天台访石桥。
海色晴疑云外雨,涛声听似乐中韶。
丈夫意气笼霄汉,何必区区戒弄潮!(萧崇业)
一线峨眉入望娇,芙蓉双黛削岧峣;
看从日际晴如昼,失却风前翠转遥。
碧落无垠波接汉,沧浪有信月随潮;
探奇不用燃犀照,海怪年来已尽销。(谢杰)

迎熏歌

琉球入海针为路,孤舟去去南风渡;
蓦然东折不可行,石尤之风反南征。
波涛汹涌高百丈,湍流横鬄喷舟上;
阳侯激怒势欲倾,银屋飞来与船并。
又如千驷奔蹙踥,万斛雄舸邈一叶;
四围冥昧灏无边,昼夜茫茫混大圆。
狂涝喧㘩纷不止,雷震碧空差可拟;
转天摇日蛟螭藏,三峡回川那足方!
舟人股弁靡所立,孱儿群呼抱相泣;
使君危险总忘情,重视王命此身轻。
忠义二字良独守,泰山鸿毛我何有!
丈夫所贵意气多,慷慨翻为浩浩歌。
封姨一夜熏风正,大家拍手篙师兢。
使君至此开心颜,航海难于上青天;
肠断征帆几半月,何时得到中山国?(萧崇业)
琉球东来海为路,乘风七日即得渡;
石尤作祟未可行,翩翩彩鹢翻南征。
楼船去水高寻丈,水花飞薄楼船上;
突然下涌船底平,船高直与牙樯并。
船稳如山劲如铁,簸弄中流如一叶;

瀑布飞来万缕鲜，玻璆碾碎乱珠圆。
银山雪屋纷纷起，钱塘之潮那足拟！
鲲鹏飞跃蛟龙翔，广陵之涛何敢方！
天吴九首作人立，舟中弱竖骇欲泣！
使君持节了不惊，君命为重身为轻。
平生忠信知无负，风波颠危我何有！
凭谁为语海波罗，临流一赋迎熏歌；
歌声夜彻群灵听，明朝一箸华风竞。（谢杰）

　　　　见山谣
水国迢迢几万里，天涯浩浩无穷已；
封舟一去淼何之？更忆岛中山可指。
少女倏忽反东风，四方易位晦朦胧；
舵工迷路随波逐，海客无谋任转蓬。
平嘉岭已逾，鸡笼屿安在？
花瓶隐不浮，钓鱼沈翠黛。
洪涛白浪如梦中，长年、三老虚相待。
武夷盘九曲，八闽峰钩连；
铁障与鳌顶，巉岩不可攀。
青山盈睫不用一钱买，沧海之山何太艰！
魂飞思山处，目断望山时；
精卫费木石，安得愚公移！
舟人日日频指点，谓云是山还复疑；
蓦看波前鸭头绿，邈然太仓一粒粟。
须臾突起喜欲狂，譬若迁乔出空谷。
有山海可渡，见山舟可行；
开醅使君饮，操觚使君吟。
如此风波俱度外，只有苍苍解我心！（萧崇业）
船中惜水胜惜浆，洋中见山如见娘。
槽间汲水不盈尺，七日看山迷黛色；
长年、三老阴自怜，使君不语心悄然。

今朝隐隐波前起,万碧丛中着黑子;
舟人指点信复疑,稍看如发又如眉。
风帆去去迅于箭,苍翠须臾应可辨;
满船色喜浑欲狂,娘尔何来天一方!
七闽连山千百里,处处相看不知喜。(谢杰)

　　三龙吟
我驾楼船壮心目,海洋白浪如银屋;
手持洒露紫泥书,赫赫威灵清水族。
七日泛长流,三龙突出游;
伏晖匿景天地暗,喷沫涌珠烟雾幽。
三行气嘘白,万丈虹森列;
呼吸风雷不可当,篙工、舟子面无血。
竖儿勿惴慑,使君且从容;
纷纷航海者,听我掀髯歌三龙。
暴螭惧陈茂,潜蛟没周处;
丈夫视龙犹螾蜓,玉节在船何敢阻!
我宝双龙剑,一雄还一雌;
结佩上长安,意气谁与媲!
提携白日横四海,无乃神物会有时。
天王御九有,鲸波息已久;
况复金函诏,百神咸护守。
三龙接翼巧相期,得非来朝惟恐后!
世间诡异难尽知,海中变幻何太奇!
泥蟠天飞固其理,圣作物睹乃如此。
使君解龙意,粉牌朱书字;
龙悉使君示,须臾形渐避。
麾除群怪如驱羊,呵禁不祥走无地。
迭阁俄兴霖雨机,三老始成舟楫事。
舟楫霖雨总一时,诏指中山望不迷;
龙行雨散云霞止,人人都在光天里。(萧崇业)

九五龙飞利见时,双星行部临东夷;
手持黄纸盘龙字,照入沧波光陆离。
波底蛟龙惊欲奋,扶摇何独鲲鹏运!
重译未知天使来,波灵已识龙颜近。
一龙哭起巽之东,欲起未起云冥蒙;
苍涎涌作三天塔,白气嘘成千丈虹。
二龙接翼临单卯,涛头欲现黄金爪;
回首三龙在艮隅,水族相期何太巧!
雾瀚澜翻势转殊,怒涛如失颔下珠;
匿伏景光成变幻,混茫天地入虚无。
舟师面面无人色,此物向来势何棘!
一吸能空万斛舟,孤槎讵抗三龙力!
使君自苦还自疑,灵物何应嫁祸奇?
金函开诏龙来集,此意就中知者谁!
仓卒传呼走衙吏,牌上朱书两行字:
"知龙来意贲龙朝,深藏毋令舟人悸!"
牌发斯须龙渐消,似来欲往势可招;
如虹白气随风散,带雪苍涎逐浪飘。
满船更生惊复喜,群来问我何能尔?
君王神圣万灵驯,来为斯来止为止;
来时欲朝咫尺威,止处尤占威不违。
烦君更作葛陂杖,护我天涯星使归!(谢杰)

祭王漫赋(有引)

故事,迎谕祭龙亭至,世子第出庙立候,于义未安;因让之,乃拜。盖前此所无者,志为例。

二使遥临草色芳,晴云绕绕阁穹苍;
殊方召对闻天语,绯服新披接御香。
露洒扶桑情漫切,槎登瀛海路偏长;
控津四望流千顷,环郭群峰水一方。
压渚楼台高欲堕,夹堤松竹郁成行。

干旌迓日荣东土,鼓角凌空入大荒。
节惠贻名恩自渥,悼先有典礼宜庄!
片言感悟从舆论,五拜雍容伏道旁。
鸳鹭鸣珂迎凤辇,貔貅拂剑护龙章。
牲牢奠处悲风起,楮币焚时白昼黄。
祠庙阴深人已去,弓裘业绍世弥昌!
鸿基远镇鲸波国,麟彩光摇薜荔墙。
阙望北辰仪肃肃,嵩呼三寿舞跄跄。
小部笙镛陈不作,外庭客主酌初尝;
飞花落席银题暗,晚照当轩羽骑茫。
半下祥乌栖暝树,左言夷稚拥归缰。
皇仁浩荡包藩服,独此冠裳拟汉唐。(萧崇业)
谁洒扶桑露,相将到薜萝!
西原分气色,东海沐恩波。
鹤久乘云去,龙初捧日过;
玉堂太史笔,金马使臣珂。
典出尚方异,仪同藩邸过。
二牢崇汉祀,三爵酹周醛;
楮币方相燎,钲铙鼓吹歌。
费词非聚讼,故事定传讹;
咫尺瞻天近,寻常如礼何!
一言能转悟,五拜不须诃。
义可因心起,诗奚徒诵多!
主威与臣节,九鼎重峨峨。(谢杰)

封王篇(有引)

　　天使馆,离王城十余里;袭封之日,始得入焉。因以周览邑里、咨访民风,非漫游也。感赋。

设险环山海,巍峨百二城;
王居何壮丽,水国邈无垠!
王居水国跨溟渤,檀洞三山奠荒服;

洪澜迭影出鲛宫,白浪排空横地轴。
板殿阴岑覆翳林,茅檐窈窕雄民屋。
崎途石砌向城隈,筚户蓬门野径开;
旁窦斜通渔父浦,交衢直指梵王台。
闾里诗书南胄入,传家礼乐自天来。
矫首不违颜尺咫,制诏及今褒太史;
我朝贡赋国千余,未必承恩皆如此。
大姓赐闽人,陪臣尽戚里;
闽人戚里世咸休,辅毂犬牙相角犄。
铜雀春深无二乔,绮帐楼空谢豪侈。
冠裳秩秩称大宗,炊膏馔鼎待鸣钟;
葆盖雕鞍珠络马,银题垩阁锦盘龙。
笙箫鼓吹夷歌竞,犀鞬麟彩介圭揩;
一时文物振殊方,锵金拖玉王侯盛。
疏爵王侯多近臣,楼船照耀海之湄;
鸾节经过时燕喜,天涯倾盖每留宾。
承筐抒悃愊,投辖争酬酢;
瞑入朱城白日暮,霞飞绛旆红尘度。
百味写芳鳟,九微灯欲陈;
王门非复张公子,灞陵谁禁李将军!
断岩十里松风劲,野岸孤村萝月静。
礼成大典使星回,负弩呼燎喧似雷;
髫儿携手纷驰骛,蛮妇仓皇采薪路。
君不见,汉官威仪惊野老,中国声名外国慕?（萧崇业）

进王城册封,周览国俗,感成二十二韵
丛冈蜿蜒逐波洄,别是乾坤一劫灰;
桑土几从沧海变,藩封仍寄白云隈。
市无宝藏三家聚,城不金汤百雉开;
登望四周皆渤澥,幅帧十舍半崔嵬。
王居板代琉球瓦,梵刹山为般若台;

　　　　　文献未能征杞宋,菁华谁得似邹枚?
　　　　　涅盘仅解波罗蜜,曲谱惟吹鴳滥堆。
　　　　　日近扶南偏易暖,天高蓟北若为媒。
　　　　　越棠朝贡千年在,当宁恩光一道来;
　　　　　象纬早占沧水使,楼船高驾豫章材。
　　　　　槎飞五月鲲鹏运,诏捧三秋鸾凤翟;
　　　　　函里丝纶将雨露,阶前干羽净氛埃。
　　　　　赤旒弁缀星文烂,白玉圭传雪色皑。
　　　　　犀束带围窥海怪,麟团袍锦学宫裁。
　　　　　虞廷兽舞瞻京阙,周陛鸾声彻上台。
　　　　　小队笙歌蛮部乐,大庭宴会内家醅。
　　　　　花飞杏苑灵鼍急,梅落梨园玉笛催。
　　　　　河朔未开十日饮,主宾先酹万年杯。
　　　　　风飘葆盖龙蛇动,瞑入罘罳鸟雀豗。
　　　　　夷旅韬钤饶剑戟,汉官仪羽象云雷。
　　　　　礼成人散黄昏后,椎髻争看天使回。(谢杰)
　　　　　王致词清辨,虽其臣素通汉语者不能过;口占一绝
　　　　　鸾诏新颁世袭芳,卿云团盖护穹苍;
　　　　　夷王不作侏禽语,万岁声声祝圣唐!(萧崇业)
　　　　　殿中旗影动鱼须,佩玉锵锵向陛趋;
　　　　　自是尧天多寿祉,侏禽犹解作嵩呼。(谢杰)

　　　　　　　　王至使馆(有引)

　　故事,二使凡数赴王城,王堇濒行一答。余谓祭、封礼毕,王不拜,即燕不往。渠知余二人有督过意,辄先枉谢,躬致请启;盖旷典也,喜述。
　　　　　粼粼车马出郊闉,十里风尘访使人;
　　　　　为答朱嶟临鲽域,先劳丹毂驻江滨。
　　　　　腰围犀玉惊龙怪,袍镂麟金诧岛民。
　　　　　折节下贤夷盛事,不同南越傲汉臣。(萧崇业)
　　　　　七星冠佩五云䩄,投辖风期倾盖交;
　　　　　驷马欲来姝者子,双旌先枉浚之郊。

壶觞薄采中山蕌,带砺长分上国茅。
宴罢高堂归去晚,月华初照刺桐梢。(谢杰)

述志,兼谕夷中君长

一时举动万年规,暮夜辞金适所宜;
欲吐经纶酬主愿,岂将温饱负心期!
明经私淑三千教,壮志轻驱十万师;
义利欲严儒者事,清风何必使人知!(萧崇业)
歧路何须叹唫巇,齐门竽瑟未深悲!
天如有意生山甫,世岂无人是子期!
鲲鱬自应晞碣石,凤毛终不饮塘陂;
尉陀莫致兼金赠,暮夜犹当畏四知。(谢杰)

郤金行

宴罢中山赠数金,居夷那变四知心;
义利源头须慎独,岂缘故事辄相寻!
金函开诏使殊方,韡韡皇华众所望;
薏苡恐招犀玉谤,赆金愧入陆生装!
帝子重色贮金屋,我易麟趾贸书读;
但愿明经胜满籝,可怜豪富悲金谷!
白昼攫金何太迷,黄金络马遭倾覆;
金丸最恶韩嫣侈,妇贤且解遗金辱。
君不见:燕王好客筑金台,高士掉首去不回?
天生李材必有用,期散千金还复来?
又不见:鲍叔让金交谊笃,仲翁问金乐宗族;
不疑偿金同舍子,幼安锄金如草木;
祖荣一钱犹为多,清献琴鹤良自足;
赵轨饮水范甑尘,羊续悬鱼苗留犊?
余诚不能比德于数者,区区窃慕古人之芳躅。(萧崇业)
夷中一宴一酬金,使君不改初来心;
还君酬金尽君爵,为君翻作《郤金吟》。

丈夫书中金为屋,少小卖金买书读;
一朝通籍入金闺,姓名时附泥金牍。
金函捧诏来扶桑,并趋金殿辞君王;
腰间白玉金鱼佩,袍上苍麟金缕光。
归装何用金为赂,有金不售长门赋;
此身自许双南金,怀金(下有缺页)……。(谢杰)
〔失题〕(因上有缺页,或不止缺一首)
探奇同谏史,挈榼过东禅;
潮近花皆雨,亭空草尽玄。
慧光圆佛日,梵乐出人天。
兴尽且归去,留题与记年。(?)

　　东光寺待月不至,冒雨归
待月僧敲户,临流影射堂;
云横灯易暗,雨过席生凉。
绿野通佳气,青山澹曙光;
高情留晚兴,取醉亦何妨!(萧崇业)
携觞聊待月,邂逅远公堂;
坐对海门近,吟堪山雨凉。
空华轮桂魄,法藏放蟾光;
即此婵娟在,沾衣故不妨。(谢杰)

　　中秋燕集
王孙开宴护丹纱,一部歌钟助故家;
酒注金樽光透绿,诗成绣口笔生花。
辉辉野日明雕节,瑟瑟江风送晚槎;
自是清秋堪远瞩,栖乌半下斗横斜。(萧崇业)
海国杓回秋气嘉,双斾同过左贤家;
空门土净金为地,桂阙天高玉作花。
引白觞分灵兔药,飞红标夺木龙艖;
江皋十里归来晚,谯漏声声月未斜。(谢杰)

海月咏

桂魄明如水,寒香夜更飘;
鹭飞霜护羽,兔逸雪侵毫。
台迥光先满,窗低影乍逃;
雾沈天宇静,外户杵声高。
最爱婵娟好,呼童酒数沽;
僧归看僻径,鸟宿辨高株。
静女迎风瘦,仙姬对景娱;
时时太清内,不欲一尘污。
夜色横空霁,珠胎裛露光;
浮晖凝绮席,漏彩上宫妆。
豪士逢知己,愁人堪断肠!
举头频睇望,犹自在他乡。
潭净明逾冷,秋深夜望舒;
萤流窥缦小,雁过入林疏。
魄皎窗生白,轮盈镜不如;
良宵三五盛,万国借光余。(萧崇业)
何处疑霜雪,秋溟颢气高!
蓬山鳌矫首,桂窟兔惊毫。
晴射潜蛟运,明翻水怪逃;
仙瀛知不远,长照烛龙膏。
灵弦俄入望,海色转堪娱;
初魄鱼惊钓,圆华鲛弄珠。
光摊金琥珀,影挂碧珊瑚;
今夜水晶殿,龙湫贮玉壶。
玉姊秋来媚,盈盈水一方;
娇倾江国色,淡倍海门妆。
员峤安明镜,重溟濯素裳;
波光涵夜碧,疑是捣玄霜。
三岛烟波静,云间企望舒;
空华澄觉水,圆景注归墟。

晦朔沧桑外,升沈潮汐余;
流光谁解赋,希逸木玄虚。(谢杰)

水亭观龙舟

丛林摇翳山森绿,一鉴陂塘潄寒玉;
官家清俊众儿郎,簪花缚锦盛妆束。
刳木为舟酷似龙,三舟百人还不足;
口吐菱歌手击鼓,衡行驰纵争相勖。
矮矮茅亭绮燕开,炯炯双星结驷来;
波影拂霞明石砌,江光如练邬珠胎。
矞霭卿云栖断树,霏晖慧日邕仙酷;
金龙倏忽出参差,并撑头角池中触。
桂楫兰桡递往来,宛然万顷蛟螭浴。
岚烟扬覆遥蔽亏,沙岸微茫细雨随;
即兮欲渡雨那畏,意气昂昂真可贵!
菱歌声断续,羯鼓频催促;
落叶舞凉风,衔杯赋金谷。
诗成酒酩夷部陈,僸佅不缄梨园曲。
君不见:福城王都督,广筵留大宾,丰厨引上馂?
五月五日榕江边,满地龙舟飞雪煜。
银牌一面重一钱,红布半匹尺四六;
银牌、红布纷纷标,高绺彩竿人竞逐。
健儿觅利起贪心,解衣没水不顾身。
荷亭亭下足如蚁,西湖湖上头如齿;
尺布丝银能几何?丈夫落魄不如此。
往事来年华,光阴讵太速!
感今追昔情惘然,海角天涯同习俗。
人心有机关,白水有波澜;
人比波澜尤反复,劝君且进尊前醳!(萧崇业)
古堤青青只树绿,十亩横塘破寒玉;
梨棠小楫回清风,官舍儿郎巧妆束。

鲛绡细绾罗衣轻,凤缕斜飞宫线促;
茅亭小集双星来,尽日欢娱欢未足。
般师运斤刳灵木,五色祥烟驾初旭;
就中突出三金龙,瑞光炯炯临溪浴。
须臾日昏山雨微,头角嵯岈纷斗触。
标锦飞红羯鼓催,二十五郎歌断续;
商声颢气遏流云,依稀谱却梨园曲。
去年五月行未行,西湖曾记王都督?
菱歌桂楫如在耳,天涯处处同风俗。
为君怜恋翻自怜,青草矶头几回瞩!
世事于今多画龙,相逢且进杯中醑!(谢杰)

膳亭口占(六言)

一种烟霞胜地,满堂香火空王;
月色沙边渔浦,钟声夜半僧房。
雉羹、麟脯未遇,侯鲭、雕饭得尝;
平原督邮退舍,青州从事传觞。(萧崇业)
丝管一番乐府,丹青几幅空王;
流水、飞花、石窦,竹篱、茅舍、山房。
广厦八珍未列,内家一箸先尝;
衎衎古来筵实,纤纤宫样豆觞。(谢杰)

九日游东寿寺

重阳登古刹,路入野人家;
万里故园迥,穷秋幽屿嘉。
僧衣裁短薜,夷酝酌黄花;
笑语同为乐,谁知海一涯!(萧崇业)
登高重九日,同过象王家;
门对碧山小,林余芳树嘉。
青荚团贝叶,黄菊逗昙花;
取醉知何意,乡园海一涯。(谢杰)

漫　兴

种种繁霜点鬓毛,二山踪迹付风骚;
日无衙吏呈官簿,时有夷王过浊醪。
北雁不传天外字,晴霞空映海中涛;
学非闻道徒怀絮,作赋羞称纸价高!(萧崇业)

即　事

碧海青山白石矶,天涯生事未应微;
愁边题咏数行草,梦里家山几度归。
入馔江鱼聊得得,忘机海鹤故依依;
闲来睡上高春日,起傍东窗发自晞。(谢杰)

(萧崇业:《使琉球录》,台湾文献史料丛刊,第三辑,第五十五卷,台湾大通书局。)

7.《使琉球录》

1606年（明万历三十四年）

使琉球录
自　序

　　皇上御历之二十八年,琉球中山王世子尚宁奏请袭封;时盖嗣位一纪矣。初以关白侵扰,海上戒严,故乞封稍缓;而会前闽抚臣代称"世子奉正朔、守封疆,关酋不能胁",天子嘉其恭顺,数下礼臣议所使。题覆至再,最后从世子请,仍遣文臣二人往如令甲。于是,子阳以兵科右给事中充正使,而行人则王君士祯副之。癸卯三月,陛辞;入闽,治舟以行。凡三年,工始告竣;遂以丙午仲夏泛海。抵中山,诹吉册封。毕事而旋,报命且有日;乃采遑使所纪,综以时变、质以周咨,稍修饰之以为录。录成,余宜有序。盖余于是役而益仰我皇上之明圣也。

　　先是,余等在闽,苦使舟不获就。适有讹言倭将为使事梗者,闽中二台臣虑损国威,欲请更成命。余谓奉命而出,海外具瞻;奈何"不信"示之,而使妄窥吾怯,其损国威更甚！疏上,天子主余议,趣守臣速为具舟毋淹！朝命已复饬毖内地不得阴通岛夷,生戎心;比使事往返,卒恃无虞。嗟乎！向非庙谟雄断、明见万里,则海上之舟几为道旁舍;余等踯躅进退,且贻秦、越者嗤矣！余又追忆畴昔关酋犯顺,蹂躏我朝鲜,一时披垣典戎之臣率驰驱视师,倥偬无宁晷。琉球距日本咫尺尔,朝鲜失,则琉球亦难独存;我东南之地,且与夷逼,前所讹言将亦可为隐虑！赖国家赫声濯灵,倭奴遁迹,平壤敉宁。以故中山一弹丸区,戴天所覆,世世奉冠带,称为东海波臣;即余承乏兵垣,亦凭借宠灵,万里作使,不以武饬而以文绥,大异畴昔驰驱倥偬状。遭际明盛,何幸如之！顷余驻中山时,倭舶卒至;余为约束从役,谨持天朝大体。倭卒敛戢不敢肆,至有避道窃观,啧啧汉官威仪;已复从使馆愿谒稽首而去,余甚异焉！夫琉球,不大于朝鲜也;中山世子,未变于囊日也。嗣位之初,倭为扰;受封之会,倭为艳。此其故,不在倭,不在琉球,而在我国家耳。夫惟天子恩威并畅、制驭得宜,即犬羊犹然帖服。安知海外殊域渐被声教而向慕文明,不以中山为前茅！而余列交戟下,且终藉国家无事之福,以伫观重译来王之盛;则斯役也,以昭明主、以表清时、以征葳化,亦载笔之一快也。故诸具录中者不叙,而叙余所快睹者历历如此。语有之:"天子有道,守在四夷。"是惟今日哉!

万历三十四年十二月,钦差兵科右给事中、今升工科都给事中玉山夏子阳谨序。

诏　敕

奉天承运皇帝诏曰:朕恭承天命,诞受多方,爰暨海隅,罔不率俾;声教所讫,庆赉惟同。尔琉球国僻处东南,世修职贡。自我皇祖称为礼义之邦,国王尚永祇袭王封,恪遵侯度;俟焉薨逝,良恻朕心!其世子宁,贤足长人,才能驭众;间关请命,恭顺有加。念其国统攸归、人心胥属,宜膺宠渥,固我藩篱。特遣正使兵科右给事中夏子阳、副使行人司行人王士祯赉诏往封为琉球国中山王,仍赐以皮弁冠服等物。凡国中官僚、耆旧尚其殚忠辅导、协力匡襄,坚事上之小心,巩承先之大业;永绥海国、共享升平,惟尔君臣亦世世永孚于休。故兹诏示,咸使闻知。

万历三十一年(钤"皇帝之宝"印)三月初三日。

皇帝敕谕琉球国故中山王尚永世子尚宁:惟尔上世以来,建邦海外,代膺封爵,长固藩维。尔父永恪守王章,小心祇畏,忠诚茂着,称我优嘉,遽至长终,良深悼恻!尔为冢嗣,无忝象贤;既允群臣,宜崇位号。特遣正使兵科右给事中夏子阳、副使行人司行人王士祯赉敕谕封尔为琉球国中山王,并赐尔及妃冠服、彩币等物。尔宜益虔侯度,克绍先猷;保乂人民,奠安境土:庶几恢朕有截之化,抑亦贻尔无疆之休。钦哉!故谕。

颁赐国王冠服等物,纱帽一顶(展角全)、金厢犀束带一条、常服罗一套、大红织金胸背麒麟圆领一件、青褡䙆一件、绿贴里一件、皮弁冠一副、七旒皂绉纱皮弁冠一顶(旒珠金事件全)、玉圭一枝(袋全)、五章绢地纱皮弁服一套、大红素皮弁服一件、素白中单一件、纁色素前后裳一件、纁色素蔽膝一件(玉钩全)、纁色妆花锦绶一件(金钩玉玎珰全)、红白素大带一条、大红素纻丝舄一双(袜全)、丹矾红平罗销金夹包袱四条、纻丝二匹(黑绿花一匹、深青素一匹)、罗二匹(黑绿一匹、青素一匹)、白氁丝布十匹;妃,纻丝二匹(黑绿花一匹、深青素一匹)、罗二匹(黑绿一匹、青素一匹)、白氁丝布十匹。

万历三十一年(钤"广运之宝"印)三月初三日。

谕祭文

维万历三十四年(岁次丙午)□月□□朔□□日,皇帝遣正使兵科右给事中夏子阳、副使行人司行人王士祯谕祭于琉球国王尚永曰:惟尔奠服东陬,作藩海国;归诚无贰,修贡以时。爵土世膺,忠勤夙着;久闻逝世,尝轸朕怀!嘉尔嗣之象贤,宜恤恩之远需。特颁谕祭,尚克歆承!

祭品:牛一只、猪一口、羊一牷、馒头五分、粉汤五分、蜂糖糕一盘、象眼糕一盘、高顶茶食一盘、响糖五个、酥饼酥饳各四个、缠碗五个、降真香一炷、烛一对(重一斤)、焚祝纸一百张、酒二瓶。

谕祭祈海神文

皇帝遣正使兵科右给事中夏子阳、副使行人司行人王士祯谕祭广石庙海神曰:兹者,遣使琉球,道经海上;风涛呵护,允赖神庥!爰当启行,虔申祀祷;惟神鉴佑,用俾无虞!谨告。

谕祭报海神文

皇帝遣正使兵科右给事中夏子阳、副使行人司行人王士祯谕祭广石庙海神曰:曩者,遣使琉球,往来海上;式凭灵贶,波涛不惊。今兹言旋,用告成事;虔申祭谢,神其鉴歆!谨告。

历朝使琉球姓氏考

宣德三年,钦差内监柴山、副使阮(旧录失查其名)敕封国王尚巴志(请封自巴志始;父思绍,系追封)。

正统八年,钦差正使给事中俞忭、副使行人刘逊敕封国王尚忠。

正统十三年,钦差正使给事中陈傅、副使行人万祥敕封国王尚思达。

景泰三年,钦差正使给事中陈谟、副使行人董守宏敕封国王尚金福。

景泰七年,钦差正使给事中李秉彝、副使行人刘俭敕封国王尚泰久。

天顺七年,钦差正使给事中潘荣(漳州府龙溪县人)、副使行人蔡哲敕封国王尚德。

成化八年,钦差正使给事中官荣、副使行人韩文敕封国王尚圆(长子尚宣威传位一年逝,未及请封)。

成化十五年,钦差正使给事中董旻、副使行人司副张祥敕封国王尚真。

嘉靖十三年(甲午),钦差正使给事中陈侃(浙江鄞县人)、副使行人高澄(顺天府固安县人)敕封国王尚清(前此《使录》俱无所考,刻之自陈、高二君始。事具载于后)。

嘉靖四十年(辛酉),钦差正使吏科左给事中郭汝霖(江西永丰人——吉安之永)、副使行人李际春(河南杞县人)敕封国王尚元。

万历七年(己卯),钦差正使户科左给事中萧崇业(云南临安卫籍,应天府上元县人)、副使行人谢杰(福建长乐县人)敕封国王尚永。

万历三十四年(丙午),钦差正使兵科右给事中夏子阳(江西广信府玉山县人)、副使行人王士祯(山东兖州府泗水县人)敕封国王尚宁。

琉球过海图

(图略)

夏子阳曰:海何以图?志道所由也。彼且为无涯,吾亦与之为无涯;而欲以尺幅尽之,不几蠡测乎?姑以写其似而已。夫之琉球者,独异诸岛,昼夜淼茫,无可依泊,廑廑恃一指南耳。其取向于寸针与取证于尺幅,二而一者也。远而望之,而稍有隆然、苍然者,曰:是某屿、某山也;或日一见、或间日再见,见则欣然喜、不则戚,恐迷于所往也。按图而索、计更而程,乘长风破万里浪,忽忽焉舍筏而登岸矣。夫不出户知万里,即恃有斯图也夫。

使琉球录卷上

兵科右给事中玉山夏子阳编

行人司行人泗水王士祯同编

题奏

使事纪

礼仪

造舟

用人

敬神

题　奏

礼部为循职效忠,条陈奉使事宜,以隆大典事。

仪制清吏司案呈,奉本部送礼科抄出兵科等衙门署科事给事中等官洪瞻祖等题前事等因;奉圣旨:"该部知道。钦此。"钦遵抄出到部,送司案呈到部。看得兵科等衙门给事中等官洪瞻祖等为领差琉球开款具疏,大都谨慎将事之意。内除探倭一节事关兵科,已经议覆外,其例应本部题覆者四:一、请留诏敕。属国之所以请封者,惟藉此以为世宝;使臣恭赍以往,俟该国请留诚恳,应照累朝故事,听许其留:示以天朝褒锡殊恩,坚其向化之志。一、祈报海神。按昔年航海,有报无祈;今科臣议增祭一坛。盖身涉险途,礼可义起。合无于临行之日,听其请敕二通:一祈于起行之初,一报于回还之后。凭借天子宠灵,百神效职;量增一祭,于礼非过也。一、责成造船人员。夫万里水道,非一苇可航;则督造者,诚不可不慎。科臣既经条议,容臣等移咨福建抚、按择贤能有司监造;其官属、工匠,一并随行。同舟则同命,而复有以疏略塞责者必不然矣。一、议处从行人员。都司所拨指挥及医卜人等,选带自有成规。其官兵四百名,往例虽尝减半;今科臣思患豫防,并应足额,选用壮丁习谙海道者防护。若支销钱粮,布政司严行稽核;回日,使臣会同抚、按题知,则冒破自杜矣。盖论朝廷大一统,固不忍拒小国之情;而为使臣虑万全,亦当思正大国之体。所请诸事,皆合允行。伏乞圣明裁定等因。

万历三十年三月十六日,本部尚书兼翰林院学士冯琦等具题。十八日,奉圣旨:"依议行。钦此。"

钦差兵科等衙门右给事中等官臣夏子阳等谨题:为循旧典、效愚忠,敬陈奉使事宜,以隆君命,以重国体事。

窃照琉球国王,介在东海之表,世为荒服之臣;嗣位已十五年,请封方在前岁。荷蒙皇上俯念属国之敬共,率循累朝之彝典,乃从礼官之请,命臣充补正使,同臣士祯赍诏敕以往。臣拜命知荣,抚躬增愧。窃念臣子阳猥以愚庸,谬叨侍从。虚糜廪禄,曾无补衮之功;滥役远夷,益切负山之惧。盖历观使职,主于宣上德而壮国威。故或以言论风采,而耸外国之听闻;或以节义忠诚,而起殊域之敬畏。此其人,皆夙抱真才,确持劲节;是以使轺所至,足以增国家于九鼎之重,而益坚外夷慕义之诚。臣等何人,获与于斯!故自闻命以来,夙夜凛凛,何敢一日而忘祗慎!惟是事不避难,人臣之义;行己有耻,使职之先。臣等其敢不益矢精白之心,愈笃砥砺之节;期于不辱君命,庶几无旷厥官!至于过海事宜,着之旧典者,已经前使臣洪瞻祖照例条陈,奉有成命;地方诸臣必能同心体悉,共以国体、王命为重,协谋宣力,期于允济;臣无庸再赘。但臣既膺新命,例得条陈。请除"议留诏敕",俟其恳请虔切,应听请留;"祈报海神",应撰敕二道,同福建布政司官于石海神庙举祭二坛,一祈一报:已经该部覆奉钦依,无容别议外。有事体未尽,应参酌时宜、稍稍损益者,谨开列上请;伏乞敕下该部再加详议,令臣等得遵照施行,庶事有持循,而于使职亦可以少尽矣。

一、责成有司。夫航海之役,乘长风行万里浪,则一舟之所关系,诚非细矣。故采木必须良材,造作必须良工,督造必须良有司;诚慎之也。往时委官督造，不肖者往往视为奇货而肆为侵渔。其稍知饬励者，又或希节省之虚名，而不究利济之实用；冀速成以图完事，而不务坚固以慎万全：此皆由于利害不相关，以致督造不如法耳。前后使臣目击心怵，惩鉴往事，皆议欲精选贤能府佐一员、有才略志节者或同知通判等，委以监督造船之任；而又副以廉干指挥二员，使之朝夕协赞。俟船成日，官属、工匠一并同行；则同舟同命，自当谋出万全：已经前使臣条列，礼部覆奉钦依，无容复议。但臣等万里衔命，固臣子奉职之常；而效劳员役与之同涉大海、履此至险，若不稍加优异以示酬劳，似非所以激劝人心而使之乐趋也。合无请乞于府佐则优以竣事升迁，指挥则优以咨部叙用；与夫船中一切总理、分管之流系往例所有者，果能效有劳绩，听臣一体并叙，酌量示酬：则奉公趋事者，均乐有异数之恩，庶人心竞劝而事可必其有济矣。然臣犹有说焉：国家凡有差遣，如监兑、恤刑、典试之类，未尝不与之操柄，所以重王命而肃人心也。以故法可施行，而事无龃龉。今臣奉使海外异国，所以效劳王事，非自为汗漫游也。节约谦慎，臣等固自有行己法度。然在闽首尾竣事，动经三四年之久，始之以采木，继之以造船，终之以择人，与夫一切物用，皆取办于有司。而有司以事不相关，漫不加意；地方当事者，或又以膜外悠悠视之：则如一体奉公之义何！闻己卯之使，甚为当事者所龃龉。虽中间赖有善调停者，庶几幸而获济；然其费唇吻而分秦、越，则亦甚矣。合无请乞申饬地方抚、按官以王事、国体为念，同心共济，毋分彼此。其郡邑有司事相干涉采木造船、取用工匠及伙长舵工人役之类经其奉行者，事竣之日，听臣分别贤否，揭荐吏部；其或阘茸怠玩、苟且塞责、营私侵渔或至旷时误事者，听臣径行参论，重加降出，以为有司不职之戒。至于海中或有寇钞警急，沿海将吏有隐匿不报者，并行究处：庶几法行而有联属之势、事立而无怠误之虞矣。伏乞圣裁！

一、议处人从。夫远涉异国，阅历半载；其间气候异宜、风土异尚，故凡饮食、物用、弓矢、器械之类，与夫驾船、执舵、观星、占风、听水、察土，以及医卜、技艺之流，皆例得备带。盖王命所关，不得不慎重其事如此也。查得往时前项人从，皆有日用供给；而供给所出，皆取之编派钱粮。其应备人数，固不得减少以致缺乏；其或冗杂可已者，亦不得多带以滋烦费。此在闽中藩司皆有旧籍可按，臣等宜查照省约。至于所用指挥官二员及护送军四百名，皆熟于海道者；先因海防宁靖，减半用之。方今浙、直、闽、广处处寇钞，则似不得不仍其旧数；且得选锋壮丁，可资捍御：已经前使臣条议，礼部覆奉钦依，无容议矣。但查船中最要，莫如伙长、舵工、阿班等役。往例取之海澄县，而应募者率非惯熟精练之人,则以募资微而人不乐应;或豪猾通海者,私而庇之。所在有司亦视为故事,而不加精求耳。今后宜慎加咨访,籍名豫报,毋令通海豪猾得以藏匿。至于给资召募,亦宜优给从厚,使其乐趋;还日,并给冠带荣之;庶几惯海者可得为用,而不至于临时求索之艰矣。他如熟之温、台海道,则宜选之梅花所、定海所军;熟于漳、泉海道,则宜选之镇东万安所军。医卜各带二名,则取之所便。天文生一名,往时取之南京;近闻彼实不谙海上风候,不若总就闽中择之可也。此外,或有题请所不及,但系前途合用,如名色把总、省祭官之流为旧时所有者,容臣等从福建布政司酌量取行。大抵什物取其精坚,人役取其熟练;皆贵精、不贵多,期于应用足备任使而已。毋徒徇人皮面,滥带贪残冗杂、不堪使令之辈,以糜官帑、以扰外藩。总待还日行令布政司将带过人员、用过钱粮、造过器物等项逐一核实造册,臣等会同抚、按题知,庶费用有所稽考、钱粮不至于冒滥矣。伏乞圣裁!

奉圣旨:"礼部知道。"

礼部一本:为循旧典、效愚忠,敬陈奉使事宜,以隆君命、以重国体事。

该本部题:仪制清吏司案呈,奉本部送礼科抄出兵科等衙门右给事中等官夏子阳等题前事等因;奉圣旨:"该部知道。钦此。"钦遵抄出到部,送司案呈到部。看得敕使渡海事宜,先经科臣洪瞻祖等具题,本部覆奉钦依,通行去后。今该科臣夏子阳等复行条奏,尤加详慎;俱于使事有裨。相应如议参酌开列上请,伏候圣明裁定,臣等通行各该衙门一体遵奉施行。

计开:

一、责成有司。前件,臣等看得督造船只既选委府佐一员,复副以指挥二员,官属、工匠一并同行;速及竣事,府佐优以升迁、指挥优以叙用,与夫船中总理、分管之流果能效有劳绩,一并酌叙示酬,则人心乐趋,诚得激劝之道。若郡邑有司奉行采木造船、取用工匠舟师之类,或有怠玩侵渔以致旷时误事者,听使臣参奏处治;沿海将吏如遇海洋警息重大,一体报知,不得隐匿;至使臣衔命将事,抚、按、司、道正赖协心共济,岂宜奏、越以误使事;俱当依拟申饬。再照万历四年止以造船指挥二员并充护送,而府佐覆免从行;盖府佐系临民之官,不惟职役难以擅离,而杂之各役则不堪、夷于使臣则非体。第得廉能之吏用心督造舟楫坚牢,其同行与否,仍听使臣与抚、按官临时斟酌。伏乞圣裁!

一、议处人役。前件,臣等看得船中合用伙长、舵工、阿班等役,须令该县选取惯熟谙练之人;其募资宜从优厚,回时择其班头有劳者量给冠带。如有豪猾私庇及有司漫不加意者，听使臣会同抚、按官查究。又如熟于海道者，或取之梅花、定海军，或取之镇东、万安军，又或取之琉球夷梢；医卜各二名，取之所便；天文生一名不用南京，取之于闽；名色把总、省祭官之流，以备委用；强壮武艺之夫，以资御侮：俱听于该布政司精选应用。启行之日，布政司将带过人员、用过钱粮、造过器械，一面核实造报抚、按，一面造册报部，俟事竣会本题知。再照护送人役，例四百名；而万历四年题覆，止用其半。今海氛未靖，已经题准全用。是在查照旧规，临时伸缩。不得拘限名额，以图节省；亦不得徇情滥收，以滋扰费。使臣再议及此，深得奉使绝域之体：俱当依拟申饬。伏乞圣裁；

奉圣旨："依拟行。诏敕在船，着差去官用心安奉。合行事宜，该抚、按悉心料理；有违玩的，科臣参奏来。钦此。"

钦差兵科等衙门右给事中等官臣夏子阳等谨题：为属国信不可爽，使臣义当有终；谨沥悃诚，恳乞圣明允坚成命，以慰远夷、以光封典事。

窃惟帝王之驭夷也，有不可携之大信；人臣之奉职也，有不可辞之大义。盖事不避难，固臣子职分当为；信以怀远，尤中国绥柔宏略。执此而论，则知今日琉球之封、使臣之遣，有不可轻议改者；伏祈皇上试垂听焉。先是，琉球国中山王世子尚宁请封袭位，蒙皇上不遣武臣，照旧仍差文官。盖念琉球之臣节不替，先朝之故典当循；一以慰远人祈望之心，一以崇四夷观瞻之体：德意盖甚盛也。时科臣当应命而往者，为兵科给事中洪瞻祖。比偶值浙江抚臣刘元霖海上捕获夷船，审有琉夷、倭夷并在获中，疑其阳顺阴逆；礼部题奉圣旨："琉球册封，着洪瞻祖、王士祯去。既盘获夷船声息未定，有关国体；还着遵前旨，待该国质审回奏、海寇宁息无警，方渡海行礼。钦此。"维时之所忧者在海警，故使臣洪瞻祖条议疏中，亦颇及之。迨洪瞻祖以丁父忧去，臣乃叨转兵垣；礼部题奉钦依，以臣补充正使。臣感激天恩，惟恐不克称任使是惧。时从仓场尚书谢杰讲求使事要领，盖杰乃己卯使琉球者；因知此差之难，非特海上风涛之患，而且有地方玩视之苦。维时臣之所忧，惟在地方之不以王事为重。故臣具疏条议，独以责成地方及抚、按同心为惓惓；而海警稀闻，臣时固已略之。蒙下部议覆，钦奉圣旨："依拟行。诏敕在船，着差去官用心安奉。合行事宜，该抚、按悉心料理；有违玩的，科臣参奏来。钦此。"臣于是仰见皇上绥怀属国盛心，又体念臣等远使殊域至意。臣欣戴天恩，益增感激；誓图报称，顶踵俱忘。故自万历三十一年三月陛辞，八月抵家，即于十月驱车入闽。臣谓封事皆有相沿成规具在，地方自宜率循而行；且蒙天语严重如此，所司必且奉行惟谨。何意地方人情乖谬,纪法陵夷;用人者惟私贿是徇,谋用者惟溪壑是餍,恣睢者只凭血气用事,比周者鲜知痛痒相关:事事掣肘,件件龃龉。时值抚、按缺人,臣欲言无所、欲行不得;困顿抑郁,苦不可言。臣又念寄命于人,宁为含垢抑情忍受;惟时时仰屋窃叹而已。及后半年,按臣方元彦至。臣往会之于邵武,为言其概,并移文知会之,始为臣催理;而狂逞者,犹且变乱黑白、颠倒是非,以簧鼓其间。迨后抚臣徐学聚升许为臣担认催督,始稍稍事有次第。然事既耽误于前,一时亦未能趣督于后;多臣等躬自料理,日夜拮据经营,任劳任怨,殚心力为之。入今岁来,木料渐集,船始就绪,工完七八。但诸务犹未尽备,大桅尚未采得;臣忧惶无计,昨月移书抚臣,恳其悬赏购募。正在愁切,忽接按臣方元彦书,并以移会抚臣疏稿见示:谓滨海多事、警报频仍,欲申先年抚臣许孚远之议,仍请改遣武臣。臣一面移会抚臣,求其亟止前议;一面遣人驰书按臣,求其亟止前疏。不意按臣疏已从建宁先发,追之不及矣。此其心,虽虑海外夷情叵测,念明旨国体攸关,为是长虑却顾,并为臣等及五百人私忧过计,心非有他。但念臣等身为使臣,义不避难;既已奉命而出,岂可畏难而止!且琉夷请封日久,企望甚殷。前年,遣正议大夫金仕历及夷梢二十人具咨来迎;去年六月,彼国进贡长史蔡朝信等回,臣已回咨的许以今年五月渡海行礼。及至九月,彼国又复遣都通事阮国等来迎。是臣等衔命至此,琉球固久已知之;即海上各国,亦莫不宣传闻之。若一旦改议武臣,不但失信于属国,无以慰其仰望之心;且恐示怯于外夷,亦非堂堂中国所为尊崇之体也。即或云琉球与倭密迩,风传稍有讹言;然倭自关酉毙后,未见狓猖启疆。风传浪语,或虚张者以惑听视,未可知也;亦安足信而安足畏哉!臣等愿奉命而往、完事而归,庶上以报陛下任使之恩,下以慰属国云霓之望;远以隆中国常尊之体,近以全使臣不辱之义。此则臣等当为职分,亦是臣等自尽职业;不然,始受命之谓何!终委弃而去之,旷官之罪,安所逃耶!然事不避难,臣之义也;同心相济,地方之责也。今人心不古,世态愈漓:不但以卑凌尊,且欲以客事主;不但视同秦、越,甚至酿成冰炭。憸人簸弄,为毒已非小矣;而且爱憎徇情,荡无法纪。如曾问大辟、贪残极恶指挥叶重光,于万历三十一年八月内钻谋领银三百五十两采木,又于延平府领银七十两运木,又先于本年四月内谋领银一百八十两为厂坞募夫诸费。是先后共领封王钱粮银六百余两,不为不多矣;采木经年,不为不久矣。乃竟侵入私囊,尽为干没;地方官竟不查问。及至去年七月,臣涓吉兴工,竟无木来应用;惟臣设法催运,一松舟舣到耳。又且来年侵费厂坞诸银,临期则又坞厂未备、采木无木、募夫无夫。至苦臣等束手无策，只得再易吉期，行令各官代为出银整理、设法选募海军代夫应用；又不得已，行令权借河下商木应急，而商人又多藏匿，甚费区处。彼且借采木为奇货，所过索过山、买休等银。至捆诈寡妇、白骗民木，虎噬鸱张，无异寇攘；曾经童华、魏阿南等告证。此非侵官剥民、大误封事，亟宜正法之尤者乎！乃至今犹然宽纵，上下推诿。此非有人焉为之弥缝，捍蔽其间；问官怀投鼠之忌、畏含沙之毒，何为若此！夫误封事者无罪，人人争效尤矣；凌使臣者见录，人人望风旨矣。今日封事迟误，船工迄今未成、物料迄今未备、大桅迄今未得，总皆由此。臣等孤臣耳，苦心已极！船不得成，岂能飞渡！况大桅乃一船司命，实臣等与四五百人性命所关。《旧录》所载：围长尺寸，一以官尺为准；盖恐人或以意短长之，不知海上安危所系耳。今空朽者，既无当于用；如式者，地方又多纵奸民鬻坏之。然则大桅安得，从天降、从地出？封船安得成，而使事又安得完局也！嗟嗟！使事至此，良亦苦矣。然苦在人情，而风涛未必若是之苦；苦在中华，而外国未必若是之苦：臣等又何惧而不往！伏乞敕下礼部复议上请，仍旧遣臣等将命渡海行礼，不必更议武臣，以滋作舍。仍乞天语申饬地方抚、按、司、道同心共济，速采桅木，造船坚固；俾臣等速往速归，涉险无虞，毋致久延传闻外国，更生他衅：庶几国典、使事两有攸赖，而臣等亦可以无负厥职矣。至背违君命、龃龉使臣，致误封事、贪险文武各官应当参论者，与夫忠勤任事、不避艰难、有功封事，应当叙录者，总俟竣事，当为陛下陈之。伏乞圣慈照鉴，刚断主持，封事幸甚！臣等幸甚！干冒天威，臣曷胜激切屏营候命之至。

钦差兵科等衙门右给事中等官臣夏子阳等谨题：为封船已备、使事可完，谨报渡海日期，以隆大典事。

臣等猥以一介草茅，荷蒙皇上任使，遣臣等奉诏敕往封琉球国中山王世子尚宁。臣等离远阙廷，踯躅海滨；拮据封事，将及四载。臣子阳荷蒙皇上擢臣转左，又蒙擢臣升工科都给事中；臣感激天恩，俱已焚香望阙叩谢讫。惟是臣身为羁旅，职在任使，无能讽议庙堂之上，少效献替之忠；惟有驰驱王事，不避艰难，少毕使臣分义而已。

先是，因地方怠玩，人情龃龉；桅木未得，致误去年行期。议者又因风传讹言，欲议改遣武职；臣等以属国信不可爽、使臣义当有终，上疏请行，并乞敕地方速采桅木以完盛典。台省诸臣咸是臣言，相继疏请；荷蒙皇上明见万里，主持刚断，奉圣旨："册命已颁，使臣久出，无中止之理。礼部便行该省抚、按作速完造海艘,令差去二员渡海竣事,以彰大信;仍转谕彼国,以后令其领封海上,着为定规。钦此。"臣等仰见皇上崇重国体,昭示大信,至明至断;足以惕励臣工、风示四夷矣。奉旨之日,臣等固额手称庆,深窃自幸;而地方从此始敬共王事,留意采桅。

第前此官民两乐其败而恶其成,堪用巨木砍坏略尽;于是不得已议令取中空未甚者,更另取一木帮成之,以为大桅:此亦甚委曲迁就其间矣。而奈之何复有大田县故纵而凿毁者,则无法甚矣。臣据该县及督造官覆验申文,查果被其连次凿毁;臣乃行手本移会抚、按二臣,中称"看得封船大桅,乃航海要棋,数百人司命也,贵在全材;关系非细。前经购募访报,幸有数处堪用;及移文知会,差役勘验如式,已经封号。乃有司官故纵刁民阻抗,一凿毁于政和县张孙鉴等,而已倡其端;再砍锯于安溪县吴钦江等,而益肆其毒:遂致大桅无得,耽误今年渡海,地方岂得辞责!近藩司行令建、延、泉、邵四府访报,限以过季参罚;法非不善。奈何人情藐玩如故,仅取旧报空朽之木塞责而已;竟无有用心采报者。顷督造把总苏道亨议取大田县岭柄中空且凿之木,与彼所自访后甲萧子衙坚实之木,帮合作桅;姑取备用。此亦见事势穷蹙,不得已为此迁就权宜之计,已非旧制与完策矣。何期地方势豪复重加深凿过半,且用火烧毁焦脆,以致不堪取用。看守谓何!该县责将谁诿!且据该县所申砍伐日期文内,亦为隐护不报。此明系县官纵容误害,阴设阳施;不然,岂有不畏院司而畏势豪者!似此违玩,害将何极!有限之木,岂能供其无穷之毁乎!即今闽省府、县咸欲龃龉封事,容保刁奸以希合取怜,诚为借资得策。但本科、司钦奉使命,非自为汗漫游也;义难中止,非船何济!况今日困顿已极,迟误已甚!若更纵容阻误欲为禁锢之计,即使臣寡不敌众,势莫如何!而明年又不得渡海,此事如何结局?近奉新旨:'礼部便行该省抚、按作速完造海艘,令差去二员渡海竣事,以彰大信。'赫赫纶音,中外传播;彼该县宁独不闻乎!合行移会。为此备用手本前去贵院,烦为查照提究,上紧采取施行。"于是抚、按始行提究,藩司并行提安溪县豪民吴钦江等追究正法。盖吴钦江等乃前年砍坏封号合式巨木,最为害事而可恨者;于是人心稍稍知有王事。而今所取用大桅,则偶闻得之汀州府宁化县山中;议者据该县申文,咸以为深阻艰难,而必不可出矣。时逼岁暮,抚臣又在杜门;臣等忧惶无计,亟恳求之。幸而抚臣行道勘验,而延平府推官徐久德还报,得其不难之状;入今岁正月,尽得其实,决计取用。虽尾围稍小,未尽如式;幸有前萧子衙一木可以帮之。次桅,则得之侯官县天仙庙木,中空丈余;姑取裁用之。然此虽云得之甚艰,运之则又甚易;据运官称:上下山坂、涉历险滩,运行如飞,若有神助。此皆仰藉皇上威福,山川百神奉职,故地效其灵、天助其顺若此耳。从二月间桅木已即运至,三月已即安竖;今船已完备,汛期在迩。臣等即择于五月初四日启行,由闽省至长乐县;祭海祀神事毕,即登舟候汛,从梅花所开洋行矣。

臣等仰承钦命,宣布皇上恩威;诏敕经行,神灵默相;天威震耀,岛夷詟服:臣等固可恃以无恐。所虑者,内地或有奸人官属暗生戎狄,包藏祸心,潜行勾引窥伺;则不可知耳。如军门听用探倭把总许豫,名为探倭,实为通倭。先年勾引倭僧载回,经问大辟。去年六月,因桅木未得,夷官请给咨文回国驰报,并求伙舵护送,以便熟识山屿;臣等以事理可从,许之。乃许豫潜将常贩日本弟侄许美等及违禁货物,贿夷官王立威搭船载去,见在日本可据;乃怪都通事阮国与之龃龉,遂投匿名词于抚臣,诬害国等并中伤臣。已而又贿通海上把总谢以忠等扶同申报院道,以实其言。臣察知其奸,亟行福州府海防馆委官盘验,尽将伙舵各役发回;并留阮国及船只,不许出海:始免中其毒计。夫以此等一介小人,近在军门听用,犹敢簸弄为奸、螫毒使臣,全无忌惮如此。若孤处外国,彼弟侄俱密迩其间,潜行通谋,又安可测!臣当移书抚臣发其奸状,求其惩处;抚臣答书亦谓"许豫其人,险不可测!第其在闽久、在倭亦久,彼此情实,皆其掌中。要机防闲,当在封船渡海之日"。故臣昨已具揭恳抚臣求其收禁、勒取甘状保结外,而意外隐忧,总不可测。伏乞皇上敕谕抚、按、司、道严禁奸人,不许蛊谋阴害;严申海禁,不许乞船出海,交通倭国。如有疏虞,罪坐地方:庶几臣可生还,还可无忧耳。伏祈皇上留神一览,即赐批发;非独臣等之幸,亦国体之大幸也。

所有造过船只器械与带过人员、用过钱粮,查之旧例,皆有定数。臣今次所带人员,通共三百九十一名。所支廪给、口粮、行粮,通共银二千三百五十八两六钱;与所造器械,通共银一千三百六十四两六钱八分。虽中间稍有更置损益,然总之就中通融,一如己卯旧数而已。盖备物、备官,各事其事,自是天朝相沿之体;而伙舵、镣桴、水梢各役,又船中之必不可减者:臣等固不得浮慕节省而轻汰之也。至于造船,查布政司旧册及旧题稿,上次共享银三千五十三两有奇;今次造船,皆臣等躬自稽查撙节,仅仅二千零三十二两而已。虽布政司给发尚不止此,然稽其实用与追还实数,总不出此。如指挥叶重光前后领木价银及厂坞银共六百两,为其干没侵用;自是应追之数。即使地方官欲姑息宽纵,曲准开销;第恐公道难掩、宪法难私,亦当追三四百两还官耳。总俟提问完日,尚当核实具闻。惟是护送海军,查历来取之三卫,几及百人;己卯之役,以海防宁静,减用其半。今次前差科臣洪瞻祖以海警时间,仍题全用,已奉钦依。但查海军止堪贴驾,不堪御侮;且军行又欲议给行粮,殊难措处。故臣等移会抚臣,即议选营兵,量带三十二名随行;则器与人习,既可缓急备御,而兵有兵粮即以发给,又可不劳繁费。此则一举两利之术,而诸臣共以为然者也。此外,臣等驻札(编者按:原文为"札"应为"扎")支费,往例待臣还日,总行查核会题,则又不必先为烦渎耳。伏乞圣慈查照施行,使事幸甚!臣等幸甚!

奉圣旨:"据奏使船渡海,知道了。海上情形难测,便行抚、按官申严禁例,不许地方人交通岛夷,擅启衅孽。该部知道。"

钦差册封琉球兵科等衙门右给事中等官夏子阳等谨题:为渡海册封竣役复命事。

照得万历二十九年十一月内,该礼部题:据琉球国世子尚宁上表,请乞袭封王爵;钦奉皇上遣臣子阳、臣士祯为正副使,各赐臣一品服一袭,赍奉诏敕二道及颁赐冠服等件,前往琉球封世子尚宁为中山王,仍谕祭前中山王尚永。臣随于万历三十一年三月内,陛辞;入福建省城,督造封舟。乃缘地方人情乖谬,百端龃龉;幸再藉天语叮咛申饬,于万历三十四年三月始克成舟。遂以本年五月初四日由福建南台解缆,至长乐县;十九日,至广石,谕祭海神。次日,登舟;二十四日黎明,从梅花所开洋。时值顺风,凡七昼夜兼行,即抵其境。次日,彼国闻知,遣官来迎及率夷舟导引入港;遂以六月初二日登岸,世子尚宁遣文武陪臣具仪从拜迎诏敕至天使馆安奉。择本月三十日,行祭王礼。七月二十一日,行封王礼。是日,尚宁俱躬率臣民跪拜道周,步行前导。至开读,一如仪注;嵩呼舞蹈,执礼弥恭。已而请留诏敕,极其诚恳;臣等令恭捧其先世珍藏者来看,则先后宸章辉煌具在;因如制许之。大礼既毕,似可遄归。但琉球居闽之东北,必待立冬后东北风发,始可戒途。因守候至十月十五日,登舟。计住彼国凡一百三十余日,其间宴会、馈遗之礼与人役供应之资,在彼国固皆有相沿旧规,在臣等亦多为之节约浮费。至于每次宴金,臣等皆却还之。其后临行,复致为贶;往返再三,臣等卒坚辞不受。然亦见尚宁感戴皇恩,加礼使臣如此。又臣等先未渡海时,传闻倭警,且恐内地奸谋叵测,临行疏请申严海禁;盖诚虑国体所系,宜切豫防。比臣等在琉球,果闻倭狂谋汹汹,幸而畏疑中寝。及九月间,有数舶至,称为贸易;臣等行令琉球豫为陈兵备御,且严禁从役勿与交通。倭知有备,亦敛戢不敢肆。闻之琉人,谓倭酋帖息之状,大异往昔。此皆赖皇上挞伐余威,震乎殊域;故臣等不烦指麾而自定耳。臣等登舟之后,至二十日始得出港。次日,开洋返棹,方尔安行。忽二十三日午后,飓风大作;连日涛涌如山。系舵大索为一船纲维者,连断其四。运舟巨舵为一船主宰者,连折其二,舟中所存仅一舵矣。亟整理易之,又复为巨浪击去舵叶。即合木巨榧,亦缘振撼损裂,摇拽欲仆。如此者又经三昼夜,以一无舵之舟簸荡于烈风狂涛中,颠危倾仄,几覆溺矣。幸赖我皇上威福,以致神明默佑;二十九日,三易舵后,风伯助顺,始得安澜以归。三十日,抵福建定海所。十一月初一日,入五虎门港口。臣等与阖舟四百余人方私相庆幸,喜遂生还;乃沿海地方官秦、越相视,竟违臣等所行之牌,无一舟来引港,遂至封舟迷礁阁破,一番惊恐,又几没溺。所幸此属内地,臣等亟觅小舟避去;从行各员役皆扶救登岸,仅以身免。夫濒危数四,殆而复安;此非仰藉皇上宠灵,其焉能有今日哉!

窃惟环海之外,鳞介之属以国称者,何虑数百!琉球,亦东海一夷国耳;自昔不通中华。爰自我明,始慕义来王,世修职贡;遂获被累朝锡封之典,荷皇上植立之恩。纶章宠贲于遐荒,典礼耸闻于殊域。皇仁有脚,立登侩岁为丰年;帝德如春,倏令穷陬为乐国:遂使臣等忻逢盛际,叨被余荣。封豕长蛇,睹汉官而畏威惕息;冯夷海若,钦帝命而呵护生还。是臣等自今之年,总皆皇上再造之赐;忻感无量,图报难名。琉球国王遣官护送臣等回还者,已随臣等同舟至闽。其所遣另舟赍谢表谢恩王舅毛凤仪等,闻亦于去冬岁暮已抵闽城;除听其自行具谢外,臣等仰荷天恩,叩首阙廷,曷胜忻跃感戴之至!

缘系渡海册封竣役复命事理,备将使事本末,谨具题知。

奉圣旨:"知道了。该部知道。"

琉球国中山王臣尚宁谨奏:恳存旧礼,以谢劳臣事。

臣宁僻居海国,荷蒙圣育封臣为中山王,不胜感戴。除具奏谢恩外,今有使臣二员——正使兵科右给事中夏子阳、副使行人司行人王士祯奉命远使,亲督造舟,三年劳瘁于闽中,万里间关于海外;勤劳辛苦,倍逾昔日。自从入境,体恤节省,禁令森严;民间胥戴,举国衔恩。且当倭舶之来,风传汹汹;二使臣教臣以治兵修器、守险戒严;倭至贸易,亦惧天使先声,遵守约束,不敢如往年狂跳。凡此使臣之德,悉皆圣恩之广大也。臣日夜兴思,益怀感激!臣小国荒野,无物将敬。宴款之际,代物以金;虽自知乎菲薄,实世缘以为例。兹蒙二使臣屡宴屡辞,往返书谕,坚持大义不受。至临行,臣复将各宴席金并代土仪诸金,每员共计黄金九十六两,遣法司、长史等官马良弼等官臣手书坚恳鉴纳,二使臣仍答书返金,固辞不受。窃惟二使臣清白自励,为圣朝臣节之光、外国使臣之表;高风大节,信超出寻常万万矣。但劳苦数年,风涛万里;小国情礼,丝缕未尽:臣与通国诚不自安。谨将原金二封用印钤记,共计黄金一百九十二两;今差来王舅毛凤仪同正议大夫阮国等顺赍献奉,伏乞天语叮咛,敕令二使臣收受:庶臣旧礼无缺、微敬获伸,臣无任激切踊跃之至!

奉圣旨:"览奏,具见该国诚款。但夏子阳等却馈能廉,正得使臣等之体。其礼金,还着来使赍回。礼部知道。"

使事纪

万历二十有八年正月,琉球国中山王世子尚宁遣长史等官表请袭封,距其故中山王尚永之薨已十二年矣。所以迟迟者,盖慑于日本关白之乱也。先是,福建抚臣许公孚远议:以海警,欲令领封;业有成命矣。嗣以世子表请,议改遣武臣往;而世子又援礼制及己卯例为请,甚恳。礼部上其议,遂得旨仍用文臣二人往。故事,册封琉球正使属科臣,而以行人副之。大行王君士祯序当行,已报部矣;而省中坐兵垣,一时皆迁转去,虚无人。至十月,洪君瞻祖以馆选补兵垣;命下,遂举以属焉。会浙江盘获夷船,称琉球人,而译辞颇异;部议令琉球使者质认。且虞海警未定,欲俟查报,以便遣使;故诸君尚有待,未行。至次年八月,洪君丁外艰去,正使且缺;阳方承乏户垣,嗣后叨转兵垣右,遂有补充正使之命,而与王君同事焉。时事体递更、人情观望,诸司办造仪物既悉未备,而序属寒冱,遽未可行。因得从总督仓储大司徒谢绎翁访求使事要领——绎翁,盖己卯使琉球者;余等乃悉此役所急在造船惟坚、用人惟练、督造有司惟良,而其最吃紧者则尤在地方抚、按同心协力以约束郡邑有司将事,庶乃有济耳。洪君未丁忧前,已曾循例条列具题请留诏敕、祈报海神、责成有司、选带人从,而益以探报海警;礼部覆疏,俱一一如议奉钦依。惟谢绎翁所谭事体,洪君疏中或有未及、未尽者。故余等独摘二款再请,幸圣明在上,渡海事宜,责令地方抚、按悉心料理;而违玩者,许令参奏:则实为明见万里焉。

癸卯二月,余等始领诏敕及颁赐仪物以行,蒙各赐大红一品服一袭,阳以麒麟、祯以白泽;带以玉,则自备云。三月,陛辞,由潞河南下。阳抵家后,即以十月驱车入闽;祯亦以十二月至。时闽中抚、按相继物故,藩、臬二司及郡邑长又皆入觐行,署司事者为右伯徐公学聚、署福州府事则推官阮自华也。先是,抚、按及藩司承礼部咨文后,凡编派钱粮、措置船厂木料诸务,区画已周。惟采木之役,往例布政司发钱粮贮建、延二府,就委该府推官一员督之;故功有责成,而费可稽核。左伯王公恩民已发银千两贮福州海防馆,移檄建南道刘公毅令其差官领发,循往例也。有指挥叶重光者,新脱大辟,婪而且黠;意欲窟穴其中。初,谋为造船总督,即豫领厂坞银一百七十八两以去,未餍也;乘王方伯入棘闱,夤缘阮推官复掣去采木银三百五十两。比刘公委官来,则固已入重光橐,盖为结纳费矣。重光藉此得计,欲取偿民间;故所在猎诈,甚至捆捉人妇女、迫卖人房屋,而所采木则尽强夺,无分文给也。民间骚然,无异寇攘;而市井无赖之徒,效尤者复趾相错。民苦封事为厉,盖怨声载道矣。余入境闻之,大骇。会重光来谒,诘之;率皆诞谩支吾语。而木主童华等受害最剧,具词泣诉;余乃批行署延平府徐通判,令其处分查给,以弥民怨。而阮推官者,实翼重光,且又恃有为己翼者;旋以礼节相抗。而主者复嗔余不从,遂多方掣肘,百端龃龉。余念王事靡监,姑谨持大体优容之;而修隙者谋益工,窘困且四面至。盖半载间地方之精神智计,不用之奉公而用之私斗;威令权力,不用之集事而用之偾事。故人心观玩,事体益弛;所报政和县合式桅木,遂为奸民张孙鉴凿毁而坏之矣。时悻悻者,阳辞封事不与以抗余,而阴实操阻坏之柄。初牒赴海防郭同知矣,旋即申使署福清篆去;初以钱粮支应属闽、侯二县矣,旋复纷纷议革厨皂柴米、革余等铺陈、革答应驿马——即修理天妃宫庙及柔远驿皆先经藩司批允动用别项钱粮者,至是亦故尔增入封银数内;且借交际为名,欲议额外加派。盖将为余辈窘,且使速谤也。余以旧额具在,衷益通融,自不诎乏,固不必减、亦不必增;下檄止之。二司诸君咸是余言,而悻悻者犹不顾,琐琐见侵,殊骇观听。于是莅事各官人人自危,咸欲弃去;而事乃益寝阁。时维六月,余所选七月十五兴工之期逼矣;而百无一备,皇皇蒿目。会直指方公元彦将至,余喜甚;而方公入境后,即驰按邵武。余不得已,亦就邵武会焉而告之故;且移文趣之。方公亦讶其所为,许以身任;余还省,姑以十五日兴工。……三司诸君亦循旧例,举酒陪于南台;然仅仅一艑木在焉,聊举以应吉期而已。余日望方公之檄,庶可集事。嗣檄下藩司,主者乃故属之阮推官,则遂游辞舞文,以簧鼓为戈矛;而主者又附和之。予始不能堪,欲上疏以闻;适徐公新得抚闽之命,虑余疏不利于彼,乃尽委罪于阮推官而力许以身任。余念论奏只为造舟计,业已许矣,其又何求;疏遂止不上。然事既久误于前,亦难趣督于后;一时所须船坞未备、厂未成、木未至、夫未募,定艅吉期已再易而又追矣。诸项钱粮既尽为叶重光干没、无从追取,造船各官束手无策;幸而余等前移书与方公谋,得市商木五十根应急。坞厂,则令督造各官代为捐贽,日夜经营;夫役,则令选募海军,代为应用。于是稍稍就绪,始得定艗;盖八月二十二日也。然物不素具,或作、或辍,工匠又皆欲解去。余乃恳之于抚院,求委一官再从商人市木。时值起建军门新第,土木方兴;人惧有他祸,又避不应。其一时备急,得杉木八十余根应用;实余所遣官自选择之力也。徂冬涉春,木料渐集。如樟木材大数多,次第麇至;则福宁守洪君翼圣、福安尹金君汝砺、宁德尹区君日振,实与有力焉。余等夙夜拮据,殚厥心力;船工粗就,冀得遄往。乃桅木不得,往往恳之当事,而竟无为之督采者。时闻安溪县多材,而吴钦江之木最巨;委官验之合式。已移文抚院求取矣,而竟为砍锯作板,且扞罔不出,遂致担(编者按:原文为"担"应为"耽")误。会京师讹言岛夷叵测,将不利于使事;直指方公会疏,议欲止余等行而改遣武臣。时方公驻建宁,余等亟驰书止之,则前疏已发;余乃抗疏,明不可止状(语具在疏中)。台省诸公咸是余言,相继疏入;得旨仍旧,且申饬地方,令速具舟。赫赫宸断,度越千古矣;而玩视者复悠悠如故。会方伯范公涞至,悯余辈株守,属意采桅;檄行泉、建、延、邵四郡立限立罚,以必得木为事。而人心阴怀畏忌,卒无应者;仅取具文塞责而已。时督造官计无复之,议欲姑取前所报大田县木围长如式而中空未甚者,更择一木帮之。余念此非旧制,亦非完策;但事势至此,无可奈何,姑听之。而方得一帮木,其大田之木又寻为豪家凿毁;予乃移会两院,语稍讽之;于是始行追究。而范公逮限比诸役至,追原误事之害,实由吴钦江;遂严下檄拘治。盖抚台经年所不能治之奸,今始就吏正法。闽中远近翕然,服范公之断;云向使早遇范公其人者,将乙巳可以完事,又何至多留一年、靡费供应,而复为此纷纷哉! 其后大桅得之汀州宁化县,复有以道路岌嶪为词者;赖延平推官徐君久德勘报,言木可致状甚悉。追取道以出木,翻然若驰,似有神助焉。其二桅,则侯官县天仙庙木,虽中空丈余,姑取裁用之;亦神之贶也。由是,丙午三月船工告竣。盖距癸卯入闽,已历四载;自昔奉使造舟,未有若余等之艰苦者也。

将行,余等乃遣家人赍疏以渡海上闻,并请申严海禁;盖前有疑而后有伏,余不得不戒心也。遂卜以五月初四日启行,抚院饯于南门城楼、三司及乡缙绅饯于南台,酒各数行,别去;封舟亦于是日从旺畸发。余等暮抵长乐,宿于舟中。次日入城,循故事,举醮于神宫。十四日,藩司吴君至;十七日,同抵广石。封舟重大,内河水浅,兼值北风,难行;引港者戒于己卯之失,故出港迟。十八日,夷大夫金仕历请先往报,以慰其国;余等许之。十九日,行谕祭海神礼,吴君同与焉。抵暮,封舟始至。先是,有传各员役带货多而船重者;余等亟出示谕禁,复行海防馆盘验。至是,余等亲往验之,乃长年辈称船轻,尚欲载石;余两人坐小船亲验水痕,果离水蛇一尺五寸。盖海船欲稳,故以水平水蛇为准;即出汛兵船亦必压石,令水蛇平,乃能破浪耳。次日,别吴君登舟。舟人各率厥职,料理舟中器具。已而抵梅花所,取水、复取石五,船压重;仍行香天妃宫。并散给照身印票,逐名清理,而一切影射带货者尽驱一空矣。

二十四日黎明,开洋。南风迅发,一望汪洋,渺渺连天;海波起伏,前激后拥,澎湃有声。封舟初在内港,安然若山;至此随波荡漾,飘如一叶,舟中人晕者、呕者、昏迷欲倒者纷如矣。午过东沙山,有渔船遣小舴献鱼,余令给米赏之。次日,过鸡笼屿。午后,过小琉球;相去甚远,望之如空青一点耳。时风顺帆轻,水天一色。余辈登船楼最高处观之,四顾辽廓,茫无涯际。波翻白浪,风送涛声;铿鎝嚄吙,乍远乍近。或时浪拍船舷,人皆欲仆;或时涛涌船立,人似登高。波纹旋转如织,突兀如沸,迭宕如奔,惊怪如怒。大鱼扬鬐鼓鬣,隐隐隆隆;白鱼横飞水面数丈,云为大鱼所逐。或见波底鱼目如镜,晶光奕奕,映日射人,则殊可骇。二十六日,过平佳山、花瓶屿。二十七日,风忽微细,舟不行,而浪反颠急;舟人以为怪事,请作彩舟禳之,而仍请余辈拜祷于神。甫拜毕,南风骤起,人咸异焉。午后,过钓鱼屿。次日,过黄尾屿。是夜,风急浪狂,舵牙连折。连日所过水皆深黑色,宛如浊沟积水,或又如靛色;忆前《使录补遗》称"去由沧水入黑水",信哉言矣!二十九日,望见粘米山,夷人喜甚,以为渐达其家。午后,有小舴乘风忽忽而来;问之,为粘米山头目,望余舟而迎者;献海螺数枚,余等令少赏之。夷通事从余舟行者,因令先驰入报。是日,舟人喜溢眉端;其晕船呕哕、连日不能兴者,亦皆有起色矣。三十日,过土那奇山,复有一小夷舟来迓;即令导引前行。午后,望见琉球山,殊为欢慰;然彼国尚未及知。比遣官并引港船至,时已夜矣。舟人疑有礁,不敢进,即从其地泊焉;盖去那霸港四十里也。次日为六月朔,世子遣法司、王舅等官具猪、羊、酒,果来劳从者;并率夷舟十余只布左右,以缆挽舟。次日,始达那霸港。登岸询之,夷官金仕历等船尚未至;盖漂在北山,越二十日始得还国,计隔封舟匝二旬矣。

越三十日,行祭王礼。七月二十二日,行封王礼。先是,夷中连年荒旱,至掘草根、树皮而食;疫疠并作,人多夭札(编者按:原文为"札"应为"折")。南北山头贡献布、米者,又屡屡飘溺。至是年春,米价稍平,始不艰食。及封舟入境,雨旸时若,百谷顺成,南北米船飙至鳞集,莫知其所以然而然。民间丰裕,欢若更生；益信天朝之威德广大，而颂声洋洋矣。居使馆数月，王候问、宴会，一如旧礼；而余辈唯其诚、不惟其物，每次所馈宴金，余辈皆往复固却（语详在《礼仪》中）。即从行各役供应，亦每稽核而节省之，且严戒无得横扰：国中夷众皆悦服。

九月间，忽夷属有报倭将来寇者，地方甚自危；余辈召法司等官问计，惟云"恃险与神"而已。予等乃谕之曰："若国虽小弱，岂可无备御计！幸吾等在此，当为尔画策共守。"因命其选兵砺器，据守要害；更饬吾众兼为增械设防。夷国君臣乃令王舅毛继祖率夷众千余守于国北之地——曰米牙矶仁；盖倭船所经过处也。无何，倭数舶至，则贺国王及来贸易者也。余恐我众潜通市易或致生端召衅，乃下令严禁，绝勿与通；吾众凛凛奉法。倭闻先声，且知吾有备，亦惴惴敛戢，不敢动。及闻余辈将返，请愿一见为荣。时左右皆曰："倭佩刀，性如犬羊；请勿与见！"余曰："倭素猖獗，不知礼。今以吾天朝之威求见，若拒之，是示怯也；如堂堂之体何！"令陈兵卫，开门坐见之。彼一见气夺，伏地稽颡，再拜而出；语琉球人曰："吾见吾国王，未尝惧；今见天使，吾胆落矣！"后二日，余辈出；望见前驱，即远避伏睹，不复如曩日之逼视恣睢矣。

是岁十月初八日，初冬风未定，余辈已择十一日还。国王闻，先遣官奉留；复躬自出饯，令法官致恳词款款。盖虑飓风欲作，海中犹可虞也。余等感其意，改期慰之。遂以十五日祭海登舟，王遣法司等官率来跪送。是夜，初宿舟中；见船窗景象，忽忆来时，诚感萍迹蓬飘，韶光隙过也。次早，风未定，舟未即发；法司、王舅复来见。十七日，风转暴，云霾四塞，与归心相违。十九日，稍息。二十日，舟遂出港，下碇泊焉。二十一日向晓，开洋；三法司各驾舟追送至数十里，辞之归。回望琉球，若云若雾；而孤舟泛泛恍惚，槎在星河也。余辈且喜使事毕，可计日直抵三山矣。二十二日早，过粘米山，有二巨鱼逐舟；漳人戏垂钓，获一重可二百余斤。余闻，亟令释之；时为众蹂躏，业已先仆，遂入舟人釜中，殊为快恨！午后风颇逆，舟行倒退；粘米山已过一日矣，暮复遥见之。二十三日，四面无山，忽见一麻雀飞入船，翎羽稍异；众方疑之，复有断虹见于西北。旋即北风大发，舟荡甚；水激入后舱。将晡，系舵大索忽断去，一舟皆惊。人来报余，余未之动，而舵工辈咸呜呜泣；询之，乃曰："船主于舵，而制舵惟索。索断，则舵无制；舵无制，则击撞冲突，稍撼金口而船尾分裂，不可救矣！"予闻之竦然。时伙长李美辈以铁钩垂捞，应手而得，因即续焉；众喜，若获百朋。是夜，风狂转厉，船敧欲倾，坐卧东西颠越，如蹶如枪；余辈彻晓不能贴席。至次日巳刻,忽霹然一声,舵折去矣;举舟惊怖。长年辈急使下篷,告曰:"舵虽折,副者尚有二。风定,即可易,无忧!但冀神明之佑耳。"各呼天妃求救。少顷,风稍定,众遂扶舵易之。然易未移时,风复厉,舵牙连折者二;两木所合成大梶,亦为震撼损裂。至入夜初更,霹然一声,新易之舵又折去矣。时当昏黑,策无所施。巨浪翻天,风涛交激,声若奔雷;船东侧西攲,剌剌然如栋宇将倾之状。人心眩瞀,号哭震天。余辈乃为致祷于神。丙夜,稍定。次早,长年辈复告曰:"今止一舵矣!欲易之,则虞风暴;不易,则虞船裂。船摆裂,则舵亦无济矣;乞请笅于天妃。"余等从之;而神许以午时,顾缉整为艰。至酉时,始得易;风亦微转东北,舟稍稍顺行而荡犹未定也。二十六日,复有麻雀一群飞集船上,顷即飞去;众异之,疑为飓征。次日,风果暴剧,倏而舵叶又为巨涛击去。众思船中止此一舵,若此干复折,则必无归;亟下偏舵,将舵干拔起。船从兹无主,簸扬倾荡倍甚于前。怒涛山立,涌过船顶,势如万骑齐奔;水建瓴而下,作滩濑声,辘轳运之不能止。此时颠危将覆之状,真若一发之引千钧也。长年亦惧甚,令将锅灶什物之类尽弃海中。举舟哭声腾沸,有剪发代襢者、有束发待毙者、有彷徨求死者、有气息奄奄者;僵仆狼籍,不可为状。所恃者,苏道亨及漳人数辈担当维持耳。余等思朝廷之宠命在,端必无忧。乃勉慰众人,无为汹汹;趣令治舵,以安人心。遂于舟中冶铁为钉、削木为板,但风涛翻侧,人难立足;一日之功,仅成其半。二十八日,尚未就绪。忽有报船裂入水者,众决必死,放哭益哀。余亦自思必无生理,顾谓王君曰:"仆与君共使,虽地方抑郁数年,而于君命已幸不辱,则使事毕矣。今日之遇者,天也;当与君慷慨受之!"言未讫,李美至前曰:"舱虽入水,船尚未裂;小人已令人塞其处,幸毋惊!但船所以障水者,恃两舷耳;今舷上灰钉颇脱,势必分裂;宜速绞之!"乃集取各役所带棉布数百匹,于两舷节节绞之;而浪大风横,人益恐惧。余等乃为檄告龙王,词用严切。顷乃波涛稍定,舟亦御风荡行。二十九日早,隐隐望见一船;众喜,谓"有船,则去中国不远;且水离黑入沧,必是中国之界"。未刻,舵成,风亦稍定,亟令安之;而风复厉。然此数日舟人望山之切,诚不啻饥者之于饮食、婴儿之慕慈母也;佥曰:"从粘米山官塘,泊大屿。举舟欢呼雷动,咸谓'今日乃得生矣'!余辈于此始信神明之呵护非虚,而要皆仰藉朝廷之宠灵耳。虽然,危哉一至是乎!向余以七昼夜抵中山,意谓行路无难者,直以坦途视之;竟不知人间世之有此危险事也!更一事者,长一识;吾得之海上矣。至此七日矣,奈何一山莫睹!此一飘也,不知将何所底止乎!"乃令人觇日入处天际,犹未见黑影;盖谓日下有黑影,则明日可见山也。余等益虞忧,乃复向神虔祷,许之立庙并为奏闻加封。顷之,风忽转东,浪亦随平;船行如飞,人心始定。二更余,忽见对面火光如炬,光处彷佛见山。舟师虞风迅夜昏,迷疑莫辨,恐遂冲礁,复请签于神;神示以宜南向。乃折而南,一转舵而火光遂灭矣;人人惊异,始知为神护也。不则,连日无山,惟风是御;黑夜触礁,必破没矣。次日黎明,果见福宁州山。由是,入鳌屿,十一月朔日,舟入五虎门,应定海所及该汛地拨船引港护送;时皆玩视不前。而吾舟中任事数人连日困顿,又莫能兴;舟忽负于礁石,难以人力胜。已而潮退船欹,复罹一番警险;余等各觅兵船避去。封舟阁损,水满其中。各员役扶救登岸,仅以身免;所带回行李,尽损失无存矣。余等以初三日进城,当道诸公及诸缙绅皆来慰劳良苦。余见之,恍若梦中;而诸君之闻余海上事者,又莫不惊诧吐舌,直以余等为更生云。

嗟夫!人皆谓渡海难;余则谓渡海非难,难在于所以渡海耳。夫往返可以夏冬计,而采取不可以岁月程;波涛可以忠信涉,而藩篱不可以精诚破;杳冥可以君命孚,而冠裳不可以大义格;鳞介可以天威慑,而鬼蜮不可以人理测:此余等所以叹息于时事、兴慨于世道人心,以为倍难于昔人者也。孰谓兹使也,而非有天幸哉!夏子阳记。

礼 仪

夫礼,国之干也。使事既将,国体斯植,礼莫大焉。天威不违颜咫尺,岂其陨越于外以为君辱!海邦虽夷渐于礼教矣,古之人有行之者,自始会以至终别,秩秩乎其有章也,郁郁乎其有文也。吾谨持而加慜焉,宣上德、操纪纲、严取予而节省其繁缛,此礼之所由行乎。纪之,以着使事之成云。

封舟以六月初二日至那霸港,世子遣众官大小数十员迎候。余二人捧诏敕登岸,行至迎恩亭,置诏敕于龙亭中;夷官北向行五拜、三叩头礼,前导入天使馆。龙亭设堂之正中,众官于甬道上行礼毕,问其法司官曰:"世子不出迎诏敕,此系旧规乎?"对曰:"旧规也。从受封以来,凡有诏敕至,世子祗候国门外;系天子守土之臣,不敢越跬步耳。"时亦听其从旧也。世子遣各官祗候惟谨,每五日问安,遣法司一员、大夫长吏各一员持米饼二盒、酒二瓶及牛、羊、海味数物,跽请曰:"天使辱临,世子以未拜君命,不敢先驰走谒,惟是候。馆库隘,惧无以安从者,谨敬遣下臣躬问无恙!具有不腆,敢为大庖献。"又以牛二只,遍犒从人。余等受之;亦循旧例留夷官一饭。久之,觉其频也,改令十日一献,而牛、羊间多却之;夷人欣然便焉。凡从行指挥等官廪给并各役、船梢人等口粮月粮,俱比旧例从减。夷官欲增之如例,余等再三谕之,以为省一分即免一分之扰;吾众苟可以充用足矣。各官铺陈,并为裁节,总计省什之二、三;夷人又欣然便之矣。越六月三十日,行祭王礼。豫令戒事于其寝庙,祭品皆钦定之数,其纸马等项悉准旧例。先一日宿,设焉。是早,世子率百官于庙门候迎,遣众官请龙亭谕祭文出馆,余等随行。将至庙,世子具素服、众官亦具素服,跪于道左;世子率众官行五拜、三叩头礼。进入庙中,置龙亭于正中,南向;余二人立于亭之左右。其神主居东,西向;世子于庙门外露台上北向及众官序定,俱四拜。宣谕祭文毕,世子及众官五拜、三叩头谢恩。世子由庙门右入与余等相见,行两拜礼;余二人亦答两拜。揖至中堂,分宾主坐;世子令法司跪言曰:"海岛蜗区,辱天使来临,尚未敢瞻谒以走下情。今又辱礼于先人,存没不胜感矣!"谨奉杯酒衔欢,暂依光于左右。余二人以世子入庙,有榱桷几筵之感乎,且辞;世子再恳,乃坐。酒数行,欲起;世子仍语法司官恳留。余等稍为款洽,始别。次日,世子遣法司官同众官至馆谢,法司官持折席金二封为献,代致世子悃。余等讶而却之,贻之书曰:"昨奉谕祭,得亲光仪;兼承华宴,情礼周至:既已觇世子肃慎之恭与款洽之敬矣。兼金之馈,似于货交;其何敢承之!谨遣官璧上,并谢;幸为照察!使臣之节,断不以利污义;其毋再勤,使人则厚幸矣!谅谅!"世子得书,啧啧叹服。又二日,复遣法司持书,仍以前金跽恳;余二人复为书却之,遂不敢献。卜吉于七月二十一日,行封王礼。是日黎明,世子令众官皆吉服,候于馆外。余捧诏敕置于龙亭中,取颁赐国王及妃服物置于彩亭中,如仪前导之国;路旁皆陈兵为卫,肃队而立。国里许,有坊匾,曰"中山";进之,则"首里"坊矣——今匾曰"守礼之邦",志我中国之声教施及也。自馆而东至此,地势渐平。世子候于守礼坊下,望龙亭至,行五拜、三叩头礼。导之国门,门曰"欢会"。其故宫居南,北向;而其常御之宫则居东,西向。别宫皆连楹左右而钩抱焉,结彩为幄于宫之前。引龙亭入正中,世子率百官于阶下,行四拜礼。余等捧诏敕授官宣读讫,仍置龙亭中;复取赐物,一一传授世子。世子更衣,服赐服,拜舞山呼;由东阶升,问圣躬万福!又复位,四拜,礼毕。王升降周折,肃然如式;盖习之豫也。复更衣,揖余等至北宫,行交拜礼。旧时以受命之初与国更新,即出临,群臣受贺,然后宴宾;王曰:"岂有宾至不陪,且修君臣仪节乎!其以异日!"即手捧酒为寿,洗爵交错,乃即席焉。其肴蔌丰洁,皆借我从行厨人为之者。王复令法司劝曰:"海陬不给于鲜,不堪为从者献。第以寸心为将,愿鉴瓠叶兔首之意,幸依光须臾也!"余二人称谢。小间,即辞;令指挥官整仪从,迎诏敕返。王再拜曰:"幸藉天子宠灵,以有今日;得续世祚表东隅,凭恃尺一之恩诏在耳。我君臣翘企悬望,十有余年于兹;今果不弃于覆帱照临之外,敢不留镇国中,告庙而珍藏之!"又再拜请;因出其历代受封诏敕,称"累朝及今皇帝之恩章俱在,愿勿疑也!"余二人知其诚恳,又先奉有俞旨,遂许之留。别后,王遣法司、长史送宴,余等取其肩猪、肩羊、牲果及刀布少许受之;复函书曰:"窃闻交际有礼,而仪之近利者,终蹈越礼之消!取予有义,而取之伤廉者,难免非义之!此固士君子居身之珍,即平时且不敢少懈检点。况今日远将使命,中外观瞻;其敢苟且冒昧以坏生平乎!昨册典告成,宾筵既洽,已足为成礼矣。席金及代扇布、象牙、木香诸金,果何为者!谨并璧上,惟贤王心谅而鉴止焉!使不佞辈不愆于礼义之闲,以克完其清修之节;其为惠大矣。幸甚!"王见书,复令法司还报曰:"宁以僻壤穷陬,仅循故典,薄致席金,亦曰少将宾筵一缕之忱耳。伏蒙鼎翰谕辞,益增宁荒菲之愧矣!夫台下入境以来,即供给之费,多荷节省;其所以体恤卑国者,甚周。精忠廉察,若揭日月;宁即下愚,亦安敢以货交哉!遣官再献,伏乞鉴纳,以慰鄙情,幸甚!"余等示以断然不受之意,原金付回,因为书以严却之;乃止。越八月初五日,王亲至馆谢。是日早,即着钦赐弁服,乘舆而出,以彰君赐,夷人观者塞道。先拜其寝庙,更衣入馆,乃称觞稽首以谢,见尊主及使意也;余等亦具酌留焉。即以问安供给之物,遍犒其从官。日暮,别去。又数日,王具启请赏中秋。时因风雨,辞之。越二日,复遣法司代请曰:"国王念天使爱之以德,欲时时受教而未敢频亲也。兹逢佳节,正欲借以禀教言而为风雨所阻;愿再恳一临,以少遂亲依焉。"余等以为过期矣,又一番扰费也,复辞之。王不敢复请,乃具启请于九月重阳日。先是,国王欲邀饮水亭,为划龙舟之戏;余等豫止之矣。时于九日,王仍候于水亭,揖余等观焉。

其亭翼然西向,水渟泓夹绕上下,可泛小舟;傍岸松、蕉杂植,绿荫引凉、青苹映水,此中之一乐地也。法司官跪言:"遵命不敢划舟!"其棹歌亦不堪听,但歌音亦已演矣,令人以旗招之,迤逦而来;俱官家子弟,各簪花被彩、摇旗跳跃,一唱众和。初歌有"一朝表奏九重天"之句,大抵皆颂德天朝及祝愿使臣语;听之,亦若有抑扬节奏者。由水亭迤逦北上,则圆觉寺也。寺右有亭,其旁为土戴石,王令人泻水为瀑布之景。时正午,亭中具一饭;令夷人为夷舞、复为夷戏,云日本曲调也。迨日少迁,复邀入王宫坐。间出其玉炉一枚,云"正德皇帝赐也",以见重我中国赐意。是日,尽欢而别。越二十一日,余等应吉出行矣;

国王知之，遣法司官具启，于二十五日请饯。是日，适值雷雨，辞之。二十九日，王以累次馈金一无所受，不能恝然；于临行之际，复致所却前金。余复为书固却焉；书曰："不佞钦奉使命至此，承贤王宴款绸缪，情文兼至；敬而有礼，已醉心矣。屡次宴金返璧，非敢坚拂雅情；诚谓义利之界限甚严、辞受之关系匪细，欲窃附于礼义之交，且以全使臣不辱之节：故宁踖不恭焉耳！兹承遣官复以前后宴金送至，且遗之书，申意惓惓；虽用情无已，然断不敢堕素节以背初心也！谨以原金共二封，差官璧上，并以申谢；所祈相成以德、相亮以心，勿复更勤后命可胜。幸甚！幸甚！"王得书，乃止。越十月初四日，余二人已戒行矣，乃造王城一别；王具小酌。坐移时，复命法司官劝曰："辱枉驾，感不可胜量！极知盘飧为亵。但念指日长别，愿加爵，少伸缱绻之私也！"少顷，告别；王持泥金倭扇二柄以赠，余等各以手扇答焉。王脉脉有不忍分袂之意，其法司官并紫巾官各垂泪不能仰视，旁观者亦为之叹息。旧规，别王之日，王送之守礼坊，遂别；是日，王命法司官言其恋恋之意，欲亲之那霸港送焉。续于十一日，王亲诣馆再拜，仍祖饯于馆之门外；又再三恳留，同法司等官酌酒致缱绻之意。余等不得已，许以少留；王同百官若欢、若悲，至日暮而别。至十五日，遂登舟，官民送者猬集于道。欲以十七日开洋，以连日风未定，又迟至二十日乃出港行；国王遣大夫一员及夷梢数十人护送，又遣法司等官驰馈廪饩；而风涛不便，令却之回。次日，法司等官复追送于马齿山而别。其国王所遣王舅等官进表谢恩，则另驾一舟，未同发也。

夏子阳曰：琉球，我太祖所称守礼之邦也。以彼累代弗宾，似为尉陀"不知汉大"；乃一旦归命真主，毕献方物，有来雍雍礼可知矣。奕叶相承，其仪不忒，且能爱人以礼也；毋亦先世之教，载在守府乎？奉以周旋，无敢失坠；宜其长为东藩，以光昭嗣服也。

造　舟

水行资舟，古志之矣。第中国之水，即险犹可依山泊岸；不则易而陆焉，舟犹长物也。浩浩沧溟，万里一碧，舍舟奚从焉！夫奉天子之明命以抚柔远人，将国之威德，于是乎布脱有不戒，而委君贶于草莽，毋亦惟是综理之疏略以自贻伊戚，其何以称任使德意！故材有宜、制有式、工有所、费有经，凡举必书；非琐也，是有最重者也。

按海船形制，与江湖座船不同。座船前后调停出入甚便，中间窗户玲珑，开明爽朗，不异安宅也。此则舱口低凹，上覆平板为战棚；下为官舱，仅高五、六尺。俛偻深入，下上以梯；面虽启牖门，然篷桅当前，外无所见：盖恐太高则冲风，故稍卑之耳。桅有三：大者居中，余以次而胪列于前。舵在船后之枢，艗居其底，为船之主。凡两艕交椄，龙膀、龙骨、通梁参错钤束，皆附艗以起。架龙棚之外有兜艗鞠、锁梁钉之外有米锤鞠，或铁、或木，参用也。官舱之后，为司针密室，伙长居之；又后为梢，舵工在焉。梢尾最高处，为黄屋二层，中安诏敕；上设香火，奉海神也。两边设舣，自头至尾如墙壁然，所以障波涛也。登舟之门，左右各一，高可容人。舵备三：用其一，副其二；甲午以四，尤为有备焉。橹置三十六枝。大铁锚四，约重五千斤；大棕索八，每条围尺许，长百丈。小舭二，以藉往来登岸，或输行李。水具，大柜二，载五六百石；如大瓮者十数。以海水咸，不可食；故舟中仅二使盥漱，余止限给与饮食，惧水尽也。凡造船，必先定艗。旧例：定艗日，三司诸君率府、县官俱往南台陪祭；外若竖桅、治缆、浮水出坞，亦皆有祭：凡以王事所在，诚重之也。先是，甲午陈、高二公使船制不得式，赖舵工谢敦齐临时区处，始幸免患。辛酉、己卯二使鉴于前事，造船皆躬亲督之；其制益周。旧为一层板，厚七寸，故钉不入；后易作二层，每层厚三寸五分，钉艗为密。意下层或致损漏，犹可恃内一层也。原为二十四舱，后改为二十八舱。各舱通用樟木贴梁，舱狭梁多，尤为硬固。原以藤箍匝船，盖亦一时权宜之计；后易以铁条二十。座自底搭之两舷，则外势束缚益严；而又加以舣柱、钉板等料及增重艗咸头极、交拴等十二件，以故涉险无虞。大抵海船身太长则软而不就舵，头太大则尾偏而损舵，尾太大则坠尾而不前；故今次船式多依漳匠斟酌损益而尽制曲防，颇极周密。船身长六丈一尺，头艕长二丈七尺八寸，尾艕二丈；连头尾虚梢，共计十五丈。船阔三丈一尺六寸，深一丈三尺三寸。舱数仍用二十八，而附艗加增勾拴，每层倍用龙骨及极木、串板、转艗、正艗之类皆多为之具而详为之制。至于曲舣之内尽为眠篱，以栖执事；各官舱为三层以安顿[船]众。小舭安顿棚上，不悬舣外，以免涛浪撼击。上下金及桅座不用钉，以防引水渗入；更为得法。以故归舟舵数折，风涛颠顿五六昼夜而船不致决裂，则勾连坚固之力也。此皆出于把总苏道亨云。

封舟所用木，桅以杉，取其理直而轻也。舵以铁力，取其坚劲也。桅以松，取其沈实能久渍也。其它头尾艕，桅座、鹿耳、马口、通梁之类，皆须樟木为之；取其禽钉而坚实也。诸木皆取之闽，惟铁力木取之广东。先是，藩司差官戴朝用往采，经年未报；余等虑其迟误，因令把总陈申再往采焉。后督造官合选之，共备三舵，然率非真铁力木。而陈申者，犹彼善于此，故舵工首取用焉；而返日乃坏。戴朝用者,则一用辄败折,而其一犹令人惴惴俱不免,则几致误事。后委买者宜慎,而选用者尤宜慎,不可以司委而曲徇之;或如甲午多备一门,亦不为过也。舱木采自叶重光,干没多金,仅仅得此,然又不以时至;余委指挥张维藩守趣之,令其五日一报,始得赴用。惟大桅更多龃龉:初报政和县者为奸民张孙鉴凿毁,且殴报木公差,地方竟宽之;故人人闻风效尤。继而安溪、又继而大田,皆攘臂勃兴;而安溪者尤为可恨!盖此最称良材,地方官不中阻,即可早竣事矣。其次桅,则侯官县天仙庙木,省祭谢景怀所报也;地方官亦多阴阻,且为危言耸余。余令祭告于神伐之,寂无他异;惟中空丈余,不中大桅之程,故取裁用焉。三桅,则从商人选买之河下,实医官何应晓力也。最后,宁德之木,有司妄申以为必不可出;上下信其言,亦以为必不可出矣。幸而勘验为延平推官徐君久德,还报具言近水不难致状,始获取用;仍以萧子衙一木帮合成之。不则,又几废阁而丙午行期且当再误矣。大抵闽山多材,桅木处处不乏。惟不亏民价,多与之值;而当事者更以共济真心求之,民间方乐自献,而有司亦何敢推诿也。兹行议用合桅,盖地方大材砍锯略尽;而督造官恐中阴祸,不得已议用之,亦出侥幸计耳。其后遭飓风,摇拽仅如竹杖而损裂有声;人皆危之,至不敢挂篷。吁!亦幸矣。后之用者,切宜鉴之!其次,如棕、如铁,闽省皆有,精粗美恶不等。解役多黠,应封事用者率以滥恶相欺。厂官稍选汰之,辄抗不应;甚且弃掷而去,反诬厂官索勒:盖皆有所恃而然。此任事各官,所以人人自危也。棕产南平诸邑,督催两年不至;亦赖徐节推之力,始获解用。而民间每里仅出数斤,不愿领价;复还之藩司,尤称节省。铁则王君承差许楠所选买,亦多精良云。

　　造船厂坞地在南台江边,中有天妃舍人庙在焉。旧为林尚书业,额十亩;官府以雪峰寺田十亩五分易之为造舟之所,其来已阅数封矣。中深而下,为坞以顿舟。庙之左爽垲,为厂以为科司院道驻临地;而坞之两旁,则以堆置木料诸物与工匠人等居之。左有小沟为界,旧时铁锚尚没其处;右则抵路为界。前则临江,而后有墙脚,界限甚明:居民故老皆能言之。乃己卯封事后,值丈量初起,有通事林钟和者以旧管厂之故,潜以地盗售之林仲愚开池;而左旁地则陈卿请佃于官,亦辟为池:遂致材料无所安顿。司厂者屡屡为言,竟不问。及余移文按院督催,中稍及之,而狂妄者反变乱黑白,谬指为借民间地。后经闽县尹尹君遂祈审勘明实,始获返所侵地而详司立石焉。吁!以官地而指为民地、以民占而反称为官夺,则指鹿为马何异乎!余故详着以告后人,且以见龃龉者之悖谬,类如此云。

过海防船器械如大铳、镖枪、盔甲、弓箭、火药等项,旧规设有定额。余初欲借用之军库,以省此一费。后海防许君申议,谓库中军器、火药率皆久顿不堪,而防备海外不测,尤宜精制;余等乃听其另造。后至夷国闻有他警,亦藉此为有备云。

造船额派银三千两,而今次所费仅二千三十二两,则实余辈躬自稽核而节省者也。去时,经海防馆许君册报止此数;回时又据藩司吴公移会手本,亦止如许君之数而已。厂中剩料樟、杉诸木并桐油、荒铁,皆檄令海防馆变价还官;即木屑、棕边,督造官俱不敢入私橐,故所省宽然有余。而指挥叶重光所侵没银数百两,至今尚未追还;此则又在所剩之外者也。

往例,使臣地方交际酒席,皆取诸纲银;盖院司道所通用也。余辈此行,时异势殊,簸弄者方以术给人,借口加派。故一切应酬酒席,竟如余初议,即以其人之仪还答其人之礼;如抚院、税监、总戎、司道诸公宴会,每以原席、原仪答之是也。即郡邑诸君经会城谒诸当道有少致程者,亦莫不如是答之。其或遇旧公祖、旧上司而势不免于那用者,即令扣日用廪银补还。顷藩司吴公以廪银出诸上赐,且封银余剩颇多,差官将余二人所补廪银一百九十余两送还,并以渡海所用金银酒器共二百三十余两追送诸境上;余等皆固却之。盖宁省费以俭于身,毋宁廉用之累地方而速之谤也!

封事文移,凡属封事者科、司二使皆得下檄于有司,而有司隔属难行,势不得不檄于藩司、经历司;令之呈堂转行者,则惟科使得以行之:此皆相沿旧规。余阅福州府己卯旧案,有藩司印信札付一纸,乃转奉科使之檄令其委官采木而札行于福州府者;是固一明征也。至于有司奉檄从事,或有害事作奸应究拟而具详者,余以封使无罚赎之例,檄令止免;其或法难末减,则令其径申当道详行。此亦造船中文移一事,故附记之。

八月间,飓风大作,飘瓦折木;夷人皆以大绳维屋,恐为风所拔。且阴霾四塞,暴雨倾盆;那霸港水涨浪横,封舟几为荡损。余等亟令指挥把总率船众守护,而国王亦遣数百人至,协力助守;即淋漓风雨中,不避也。其后连次皆然,相救如左右手,乃获无虞;余等每令给牛、酒劳之。盖舟虽在港安泊,而所患之大又如此,可不慎乎!故列记于造舟。

按《旧录》载船之尺寸,一以官尺为定。盖民尺一尺,仅官尺八寸故也。今次仍依辛酉、己卯议,俱用官尺为准。舵身长六丈一尺,舵长三丈一尺,大桅长七丈二尺，围七尺五寸，二桅长六丈五尺，围六尺二寸。然大桅旧式须足官尺八丈，乃为中程；今次如式者既屡为凿毁，而长不及数与尾围尖小不满四尺者又不堪用，故临期仓皇，不得已取两木帮为合桅，外以铁箍束之。然回日遭飓风，摇拽竟不免损裂之患；乃知前人之必用全桅者，良有以也。

夏子阳曰：夫封舟，费之大者也。然以终王事，义实在焉。市井之徒何知好义，以向其利者为有德；故费在官则竞为饕，费在民则朋为匿。使臣者，载义而行者也。义不能徇人以欲，则任怨；徇之不可而拮据卒瘏、躬为经画也，则任劳；经之而不得柄之必须以日矣，积日不能无积费，谁实为之，而且以为口实也，则任谤。此三任者，义之所不能辞也，使臣所遇之不获已也。而要之以共王之大义，则必有任其责者耳。

用　人

任事在人，授事在择人。海艘之役，其需人也多矣。始而营之，惟工师；终而操之，惟长年。其间总理而分效之，则惟有司与诸执事：是皆有事者也。虽然，是非直事也，吾身以之者也。听群不习之人而以使事戏，一旦有急，虽欲悔，吾其如人何！夫虑其卒，安得不慎其初，是吾所以择也；实见得是，何恤于人言！吾求济吾事而已。济吾事，所以济吾身也，济吾身，所以济君命也。志用人。

按造船，以用人为要；故必择有司之贤者，而以指挥副之：此己卯题准新例也。有司属之海防馆，初为同知郭君立言，亦能效力；往复计议，而为上下所制，不敢尽露其长。后又去而署篆，其事益弛。郭寻殁，而臬幕李官来署事，处于两难；然犹知大义，以王事为念。后得同知许君在廷，则毅然任事，从中调停。故事无掣肘，功有成绪；此其品最高，而其劳最著。时以人情乖异、纲纪凌夷，渠独率幕属、丞簿，令其朔望参谒，守礼不失；谓外夷所观，安可不示天朝体统：则所见尤得其大者。至于选报舟师、召幕众役，同心相济期于得人，则漳州海防馆陶君拱圣、海澄尹姚君之兰；督采樟木、搜罗巨材，孜孜奉公，舳橹相望，则福宁州守洪君翼圣、福安尹金君汝砺、宁德尹区君日振；查勘桅木、驱驰山谷，先之以大田、继之以宁化不辞劳瘁、克秉公忠，则延平节推徐君久德焉。此数君者，着绩使事，于法皆得不泯；而大桅斯得、封事斯完，徐节推之功尤为独著云。

封舟督理分任，皆有员役。余辈未至之前，司、府皆已派委。但此事历数十年间一举行，当道所不经见；而议事者与出海者利害不相关，又往往贿嘱是徇。故所用尽无赖子,即显犯大辟、遣戍城旦舂之徒概议用议允;此辈尽为身谋、溪壑是餍,一切海上事,固懵如也。余曾见《旧录》,言甲午用人多由府、县,县取具吏书,欲行者行、欲免者免;所以不能得人。读高公《操舟记》,可为寒心!辛酉鉴于前弊,遂躬选义民马魁道、陈孔成、陈宗达等数人,授以名色把总,令之各举所知,而参以访论,皆事属使臣;而于其主事者,每厚之以恩。初时人犹疑之,而卒赖其力。己卯,亦用此法;时陈孔成、马魁道尚在,遂仍用之。所拣舟工,皆出其手,故称得人。然是岁已增添指挥二员,专理其事,而谢绎翁为闽人,人与事又其习知,故所选指挥覃显宗、邢端两人皆可托;而都中为余等言,犹念之不置。及抵闽,询其人,则俱已物故,无复有识途之马矣。故今次所苦,其难先在用人。访之二司诸君,又莫肯举。后访一张维藩,复以齮龁,委而去之。时两指挥俱虚,余移会按院另行取用,而司、府竟不报。及后抚院莅任,始以维藩补焉;而综理稽核船务,终始兢兢畏慎,则亦不负所委者也。把总苏道亨精于造船、熟于航海,则曩在都中从太常博士陈君处偶闻之者。及半载后,工匠、舟师迄无端绪,始檄漳州海防馆陶君取之;道亨惧而他匿。余为陶君言其由,始强致之;见其貌朴而言皆凿凿中窾,遂令充把总,以造舟、择人委焉。凡指画工匠、选办长年、勘验桅木与一切船务,巨细率皆赖之。临行,抚院徐公檄海防馆令其以指挥体统行事,止余等勿复选补指挥,或亦念其劳耳。后海洋连值风涛,舟竟无恙;虽神灵默相,而舟坚人练,不可谓非其功也。第贾人习气不免,于费防范则驾驭尤贵于得法云。

篙工、舵师,《旧录》皆用漳人。盖其涉险多而风涛惯,其主事者能严、能慎,其趋事者能劳、能苦,若臂指相使然者。但精能者,往往为海商私匿。余因檄漳州海防馆,令其俟洋船回日,从海商查报;籍名送至,复使苏道亨等辨认其真伪、能否,稍汰其老者及冒名者,依原额取用。伙长六名,内惟李美、柯镇为最真勤、有胆智;艰险时多赖焉,亦危中之最得力者也。舵工十六名,皆称所职;而潘沂、陈诚、黄安、赖友尤为最。此二役,船中关系甚重,诚不可不慎择者。唯是此辈多乐于商船,而不乐于随封;盖商船募资厚而获利倍,官府则仅仅工食银六两余耳。况一经籍名,数年不得出海,既苦守候之艰;而官船带货有限,且又禁其贸易,不免折资之怨。此精良者,所以匿不肯应;即官府严拘之,亦徒得其赝者耳。其孰从而辨之!故选择之任,不可无漳海之人;而此辈既藉其力,亦不可不恤其私而体念之也。然兹行失利,大拂其情;后虽欲招徕之,恐精良者亦未易得矣。

造船舰匠有二：在河口者，能知尺寸、守成规而不能斟酌时宜；在漳州者，善用料、务坚致而不能委曲细腻：各有短长。余仍旧两用之，而使其互相参酌，以集其长。至于扶艕拽木以帮助舰匠，又厂中之最要者。时此项工费，已为干没者侵糜，无从指处；余乃用中军百户林凤鸣之议，选镇东卫及万安梅花所、定海所军共六十二名代之。以军有原粮，工食可免；而他日出海贴驾，即以所选者充之，庶称两便。而扶拽劳苦，则日给盐菜银一分以少资之；军既乐趋，而较之募夫尤省：此最称良便云。至于催运艎木，则指挥张维藩、主簿刘文楷；催采樟料，则经历李应需；趣运，则主簿熊立、李文熹、典史孙朝遇、张秉彝、杜惟忠。而把总钟元和奔走厂务，朝夕勤劳；至洋中危险、水涌入舱，乃巡视调度、督军戽水，与把总王万化俱连夜目不交睫，则尤为得力云。

过海人数，指挥、把总、伙长、舵工之外，省祭三名：林有源、林一淇、金廷楷。在厂，则收放木料；至琉球，则充为读赞官。引礼通事一名，郑玺；译语通事三名，郑仲和、陈仕顺、冯应隆。民梢总甲哨官四名、班手十四名、水梢总甲八名、护针总甲并管水火旗幔总甲共九名、椗手共八名、绞手共十四名、橹头共十六名、车手共三十二名、管小艀四名、听用水梢共四十七名。其贴驾军梢并总小甲四十七名，即镇东、万安、梅花、定海扶艕军也。此外，医画、书办、门皂、行匠，亦俱照旧。其行粮，惟伙长、舵工则给以六两余，班手亦稍优，余则概给以五两三钱。大抵此行人数，悉如己卯之役；而所给行粮，较之己卯犹少省焉。虽带防御牙兵三十四名，亦惟自支营中本粮耳，行粮不与给也。至于万安所军仍量带七名者，则以谢译翁言"此不宜革"故也（语具在《使录补遗》中，兹不复赘）；然亦即在卫所军四十七名内伸缩通融，非额外增设也。

夏子阳曰：封舟之用人，其良有司操其纪纲者也。吾取其德，且取其才；其它皆以长试而已。有长，则不能无短；舍其短，所以集其长也。善哉乎！子思之比于用木也："杞梓连抱，不弃于尺朽。"吾得之以用桅焉：中稍空者，裁而用之；末稍纤者，帮而用之。吾非不欲用其全，无可奈何而姑取焉。能使长为吾用，而舟卒赖以济；其用人也，亦若是则已矣。故吾之所弃，必臃肿不任绳墨与最为蠹者也。呜呼！其长足以济矣，吾取其能渡海而已；而又安能必以君子概责之小人哉！

敬　神

神无不在，而于海最灵；非神独灵于海也，人之神至海而灵也。吾所大患，谓吾有身。有身而生死、顺逆、夷险交乎前；其外斗，故其中驰，神弗附也。渡海,则身直寄耳。遗汝形、敛汝精,收视却听而一禀于固然;吾之神凝而触则通之,神告我矣。在海言海,其为灵之昭昭也亦宜。录曰"敬神",志神所由通也。采集往事,并得以览焉。

嘉靖十三年,使臣陈侃、高澄行至粘米山,舟刺刺发漏;群噪呼天妃,风定塞郲,得免于溺。归国时,值桅、舵俱折,舟人哭声震天,无不剪发设誓,求救于神;已而红光烛舟,舟果少宁。翼日,风剧不能易舵;乃请珓得吉,众遂跃然起舵。舵柄甚重,约二千余斤;平时百人举之而不足,是时数十人举之而有余。舵既易,众始有喜色。忽一蝴蝶绕于舟,疑者曰:"蝶质甚微,在樊圃中,飞不越百步;安能远涉沧溟!此殆非蝶也,神也。"复一黄雀立于桅上,令以米饲之,驯驯啄尽而去。是夕疾风迅发,白浪拍天,巨舰漂荡如苇;风声雷吼,而水声助之,真不忍闻。船敧侧,流汗至踵矣。二人乃遂冠服默祷,矢以立碑奏闻于上;言讫,风若少缓。彻晓,已见闽之三山矣。神明之助,讵偶然哉!

嘉靖四十年,使臣郭汝霖、李际春行至赤屿无风,舟不能行。当昼,有大鱼出跃如巨舟,旁有数小鱼夹之;至暮,舟荡甚。皆谓无风而船如此,事诚可怪!乃施金光明佛经一部并作彩舟昇之舱口,而风忽南来,得保无虞。居无何,开洋回国,中见麻雀一双宛宛来泊舱篷,须臾巨飓大发,舵忽折去。郭乃为文告曰:"霖等钦奉上命册封琉球,仰荷神佑。公事既完,兹当归国;洋中折舵,无任惊惶!惟尔天妃、海若,皆国家庙祀正神;今朝使危急,华夷五百生灵所系,岂可不施拯救!若霖有贬身之行,请即殛之于床,无为五百人之累!若尚可改过而自新也,神其大显威灵,俾风恬浪静,更置前舵,庶几可以图全。神其念之!"告后,风稍息,遂易新舵。嗟乎!鬼神冥邈,谭者未有不疑;然四无边岸之中,宛弱双雀,何从而来?易舵之后,又一鸟常据于桅尾。孰谓世间事,可尽以恒理臆决哉!

万历七年,使臣萧崇业、谢杰出洋,东风相左,针路舛误,舟侊侊莫知所之。连行七余日,而窎阔窅无山屿;但惟孤燕飞绕于前后,一细蜻蜓入神舍不去,众咸异焉。陈孔成等懑然悒热,乃令舰匠作彩舟禳之;又听习于巫者諠金鼓降箕,又俯伏神前求珓;穷祈祝事,一无所吝。后二日,得至叶壁山。比归,舟将至台洋之前一夕,舵叶失去,舟漂荡震撼,卧者几不能贴席;时扶二使君登棚理之。二把总问珓,卜舵何时可易?神许以巳时。及期,风猛如故;诸役恐起舵牙致危,不敢任。谢乃从神之许,主令起之;风随息。至易新舵抵水,风乃厉如故;然舵方易新,虽风不妨矣。次日,即望见台洋之山;盖神标其奇如此。

夏子阳曰：余睹海神事，有感焉。夫天妃诞自莆阳，五代至今，历著灵异；载在《祀典》，旧矣。凡国崇祀以庇民也，国以庇民报祀、神以庇民食报；神无日不为民庇也，特人心自为有无耳。顷者，余从海上行，初时人犹凛凛；及过花瓶屿，无风而浪，一祷辄安。风起天末，七昼夜即至其国，人视涉沧溟犹涉江耳；盖不知其为神之庇也。归舟，且稍懈矣。乃中洋断舵索者四、失舵者三，合木大桅亦震撼损裂；人始日夜呼救于天妃，备极诚恳。然而捞舵索，则水面现灯；示飓征，则异雀再集，东风助顺，而一瞬千里；昏夜迷山，而火光烛之：其应也如响，神果在人心外哉！呜呼！曷其奈何弗敬！

《使琉球录》卷下

兵科右给事中玉山夏子阳编

行人司行人泗水王士祯同编

群书质异

附旧使录

夷语（附）

夷字（附）

群书质异

《大明一统志》

琉球国，在福建泉州之东海岛中。其朝贡，由福建以达于京师。

国之沿革未详，汉、魏以来不通中华。隋大业中，令羽骑尉朱宽访求异俗，始至其国；语言不通，掠一人以返。后遣武贲郎将陈棱率兵至其国，虏男女五百人还。唐、宋时，未尝朝贡。元遣使招谕之，不从。本朝洪武中，其国分为三：曰中山王、山南王、山北王；皆遣使朝贡。嗣是惟中山王来朝，其二山盖为所并矣。

风俗：男子去髭须，妇人以墨黥手为龙虎文，皆绊绳缠发，从顶后盘至额。男以鸟羽为冠，装以珠玉、赤毛；妇以罗纹白布为帽。织斗镂皮并杂毛为衣，以螺为饰；而下垂小贝，其声如佩。无君臣上下之节、拜伏之礼，父子同床而寝。妇人生乳，必食子衣。食用手，无匙箸；得异物，先进尊者。死者浴其尸，以布帛缠之，裹以苇草，上不起坟。无他奇货，尤好摽掠，故商贾不通。不驾舟楫，惟缚竹为筏;急则群异之,泅水而逃。俗事山海之神,祭以骰酒;战斗杀人,即以所杀人祭其神。王所居,壁下多聚髑髅以为佳。所居曰波罗檀洞,堑栅三重,环以流水,树棘为藩;殿宇多刻禽兽。无赋敛,有事则均税。无文字,不知节朔;视月盈亏以知时,视草荣枯以计岁。

山川:鼋鳖屿,在国西,水行一日;高华屿,在国西,水行三日;彭湖岛,在国西,水行五日。落漈,水至彭湖渐低,近琉球;谓水落漈——漈者,水趋下不回也。凡两岸渔舟至彭湖,遇飓风作,漂流落漈,回者百无一、二。

土产:斗镂树、硫黄、胡椒、熊、罴、豺、狼。

按琉球,以《一统舆图》视之,则在东南;以闽省视之,则实在闽之东北。故去必仲夏,乘西南风也;回必孟冬,乘东北风也。

古无文字,其详不可考;但隋兵劫之而不服,元使招之而不应。及我皇祖统一寰区,慕义向风,首先效款;可谓超出诸夷,而恭顺足嘉也。国昔三分,今中山并而为一。

其人状貌,与华人不甚相远;但深目多须,上髭剪与唇齐稍为异,未尝尽去也。额任质,而髻居右;其束网而髻居中者,则洪、永间所赐闽人三十六姓之裔也。贵贱所别,闲居以簪、公谒以手巾。手巾者——缠首色布圈也,紫、黄为贵,红、绿次之,青为下;簪则金为贵,镀金与银次之,铜为下。俗尚白,男女衣俱纯素;间有有男子服青者,则以治事于公者也。内衣短狭,袖仅容肘;外衣宽博,制类道士服。卑下者,则以两袖翻结背中。贵人腰束文锦大带,价可三、四金;贱者,惟束布而已。凡屋地多板,簟上复荐以厚席;故无贵贱,皆着草屦。入室,则脱去;一则不欲尘污其席,而一则以跣足为敬。故王见神、臣见王及宾主相见,皆若是也。惟谒余辈悉遵中国礼制,服冠裳,次第谒见跪拜,唯诺惟谨;然往往苦之,若桎梏不堪状。一出使馆外,辄亟去冠裳,赤脚乘马去;亦以素所不习故也。妇人至今,犹以墨黥手为花草文。髻肖总角儿,绝无簪珥、粉黛饰。足着草屦,与男子无异。衣亦似道服;出见华人,挈领覆顶至眉,复引襟为便面,止露两目。下裳褶细而制长,使可覆足。名族之妻,出皆侧坐马上,以数尺白布巾蒙其首,随以女仆三、四人;无罗纹、织皮、毛衣、螺贝之饰。询其俗,产乳亦未尝食子衣;但为牝鸡之晨者十室而九,盖以男子多仰给于妇人也。国王之下,法司最尊;制立三人,国事操纵皆出其手。从来率以王亲任之,不用三十六姓;今用之,则自郑迥始,亦彼国制之更新云。察度,非官名,唯俗呼公子为察度奴示:《旧录》谓司刑名,误矣。司刑名者,毗那官也。那霸官,唯司贡献之船及管理使臣并从官各员役供给。遏闼里官,则王近侍之臣。耳目官,虽云备访问,亦托之空名耳。此皆随事任官,非有文武之别。唯大夫、长史、都通事等官则为文职,以其由秀才历仕而专司贡献及文移、表章也。秀才,择三十六姓中识汉字、汉音者为之;土人不与焉。王视朝,群臣具夷服,搓手膜拜,跪移时不起。过圣节、长至、元旦,王统众官肃冠裳,嵩呼祝寿;亦彬彬然有礼。闻元旦行礼后,官各易常服,而王亦衣宽博锦衣、戴五色锦圈,坐阁二层,众官跪阶下唱太平曲;卑者按拍和歌,尊者奉觞为寿,王亦等级赐之酒殽:则夷俗之礼也。父子同寝,亦以幼时;长则异处。食用匙箸,削素木为之。《旧录》"得异物必先进尊者,居亲丧者数月不食肉",亦未必尽然。人化者,浴尸去腐,然后收骨,布裹置土穴中。若王及陪臣之家,亦以骸匣藏之林谷,裁木板为牖户,祭扫则启钥观之;至今不改。俗有待月之愿,凡月二十三日夜,修香果,立以待月。月出则拜,拜竟乃敢坐;谓可益寿延禧。朔、望皆向灶拜,中元亦请僧诵经荐其先祖。过前王庙,辄下马搓手而行。道遇尊者,随伏地下不敢视。对上官言事,必具酒二壶至其家,跪而酌之。地无货殖,一切所需贸于倭国。迩来那霸、首里二处亦聚女僧交易,然不过蔬、谷、鱼、盐之类。女子适市,以货顶戴于头而行;不用手扶,亦不坠也。国法:窃盗者死。今法渐弛,间有犯者,惟加拷罚;然剽掠之事绝无。舟舶,制与中国颇同。如小艇,则刳木为之。陪臣入贡航海,必刱以巨舟。缚竹为筏,未之见也。国中敬神,神有女王者,乃王宗姊妹之属;世由神选以相代。选时,神附之言,送入女王宫,遂倏然灵异;虽适配者,亦不再合焉。惟国当播种,先一日,王诣其宫拜灶,女王以酒觞之;余亦不相见也。五谷成时,女王必渡海至孔达佳山采成熟者数穗嚼之,各山乃敢获;若女王未尝而先获者食之,立毙。故盗采之奸,不禁自息。闻昔有倭来寇,神辄化其米为沙、其水为盐,或时人忽为盲哑而舟倏为崩裂;倭反见困,解去。每宴请余辈之时,女王夜命女君一、二百人各顶草圈、携杨柳枝入宫遍视,意恐物有误毒。所谓女君者,皆良家女;女王欲命之,即降异其身,遂能去来不测。当入宫时,闽役为王所倩作宴者,亲目击之;谓过声隐隐若蚊鸣。凡夷官、夷人遇之,悉叩首拜。如国有不良,辄指名告,王擒罪之。如此类皆于其国颇有功,即不穷其妄诞;而杀人以祭,问之无是也。国无城池,王宫建于山巅,国门榜曰"欢会"、府门榜曰"漏刻"、殿门榜曰"奉神",并无波罗檀洞之名;围堞亦无聚骸者。殿墙二重矗矗石壁,望之颇似一城云。入国门,有石梯数层。左下甃一小池,水自龙口中喷出,上榜曰"瑞泉";水极清冷,专给王宫之用。后王闻余辈需清水烹茶，亦令夷人日给焉。国门外路皆芟夷，可容轨。设堑树棘，在民居近山者或然。王所居殿宇，朴素浑坚；而楼阁与门，则间饰以金碧雕绘。

山颇多，名亦未详。据其相近而称名者：东则有孔达佳山。南则有太平山，俗呼苗菰；复有粘米山，即往来经过处。西则有马齿山，俗呼溪赖末。北则有叶壁山，状如丫髻；复有土里臣马山，即产硫黄处也；过则七岛，半属日本矣。凡山皆星散海中，杂出鱼螺、海菜之物。其人俱种禾、苎；独太平一带，贡献布、米为多。彭湖，非其所属，且相距甚远。鼂鼉、落漈，询之人人不知；岂别国岛耶？

土产斗镂树，问之亦不知。或言其国有橘，小橘可作酰者；方言音颇相类，意即此物，然亦无足据也。有凤尾蕉，以叶蹁跹似凤尾，故名；今闽中亦多有之。野鲜惟鹿，其余则马、牛、羊、豕、鸡，族类多而价亦廉甚，但食之有腥。鹅、鸭蓄之不蕃，故无蓄者。绝无犬，惟好养异色猫。有奇蛇，色黑，可愈疯。所见鸟，惟乌鸦、麻雀；至九月，鹰至独多，云风飘从日本来，人争缴而弋之。谷则稻、秫、黍、稷、麦、菽。蔬则瓜、茄、姜、蒜、葱、韭、蕨、芋；更有波菱、山药、冬瓜、薯、瓠之属，皆闽中种而味实不逮。果则芭蕉、甘蔗、石榴、葡萄、橘柚而已。木有罗汉杉，质坚而美，宫室、器用皆资之；松、柏、棕、樟、竹箭、杨柳列植岩圃萧寺间，稍郁葱可玩。花亦少见，惟茉莉、佛桑最盛，香艳亦远过于闽中。地不宜茶，凡茶皆从日本至也。虫类不繁，独有壁间蝎虎而声似麻雀，则大异焉。海错，龙虾、蟳、螺颇大，余亦未见异种；惟鱼有绿鳞而红章者，实中国所未睹也。至于赋敛，稍寓古人遗法，上下各食其土，无他诛求；惟遇世及请封，则从其始日即派取谷、米、苎布于各山头，豫为积贮数年，以供宴犒。事毕，乃止。视月知时、视草计岁，必非奉吾正朔之后。

要之，纪者采听闻多失实；或琉球渐濡文教，今昔异习，亦自不可执一论耳。但闻迩来又渐有机械，闽人亦往往堕其术中；风气虽开，浑朴已雕斫矣。

夏子阳曰：琉球，一单弱国也；去闽万里，悬立海东。地无城池，人不习战。即所属诸岛，浮影波末，如晨星错落河汉；其不能为常山蛇势，明矣。日本素称强狡，与之为邻，数数要挟，眼中若无之。顾山海自若，传世永永；岂非圣神御极，威德广被，为属国者世守带砺，安若覆盂耶！

《嬴虫录》

琉球，当建安之东，水行五百里。土多山峒，峒有小王，各为部队而不相救援。国朝进贡不时，王子及陪臣之子皆入太学读书，礼待甚厚。

按琉球必自福州梅花所开洋,风顺六、七昼夜至;否则,淹荡且逾旬矣。以水程计之,相去殆将万里;乃谓"当建安之东,水行五百里",抑何谬戾耶!况建安为建宁属邑,在福州西北,与海原不相通;不知何据而云然耳?山多峒,不可知;第无"小王各为部队"之说。闻昔山南、山北均有王号,与中山鼎峙;所谓"小王",意或指此。今久并于中山,各以王亲辖之。他所属海外诸山,亦分统以黄手巾官;盖均是夷属,必非不相援也。国初,入贡无定期;今定以二年一举,则率以为常。其王子入太学,仅创见于洪武二十二年。嗣是惟遣陪臣之子进监授业大司成,处以观光之馆、教以学礼诵诗;而冬裘夏葛、朝饔夕飧,则加内地儒生一等,礼待亦殊厚矣。余每观诸夷官进谒,中有拜起雍容、礼度不忒者,皆尝北学南雍者也;乃知礼教之关系甚大,即夷士不可无也。

夏子阳曰:余闻诸琉球昔遣陪臣之子进监者,率皆三十六姓;今诸姓凋谢,仅存蔡、郑、林、程、梁、金六家而族不甚蕃,故进监之举,近亦寥寥。大夫、长史,昔以诵诗学礼者充之,故多彬彬礼让;今仅取奔走滥觞匪人,则末流渐失矣。三十六姓者,昔所居地曰"营中";今强半邱墟,过之殊可慨焉!

《星槎胜览》

琉球国,山形抱合而生;一曰翠丽、一曰大崎、一曰斧头、一曰重曼,高耸丛林。田沃谷盛,气候常热。酋长遵理,不科民下。酿甘蔗为酒,煮海为盐。能习读中国书,好古画、铜器;作诗,效唐体。地产沙金、黄蜡。

按琉球诸山,虽迤逦联绵,而形势不甚抱合;所谓翠丽等四山之名俱无可考,即国人咸不识也。丽林峻谷,间亦有之。然田多瘠硗,谷亦丰歉不齐。俗传受封之后,必有大有年;顷余驻节日谂之,果岁丰时和,家给人足;雨露之泽,良不偶耳。气候常热,以海地卑湿而近于东;然闻隆冬时,亦间有霜雪焉。又云"酋长不科民",稍为笃论。以国中令甲本简,而操枋者复不责小文耳。百姓酿酒,非甘蔗。惟以米舂为末,置水中,仍用;越宿,状如米汁,食之颇甜,名曰"米奇"。新谷登时,家家酿此相馈。然初酿时,必妇人将米先嚼数口而后继之以舂米之末;传谓始自女神所制,故取类如此。烧酒酿与中国同,第气烈则倍耳。僧识番字,亦识孔氏书;以其少时尝往倭国习于倭僧,陪臣子弟十三、四岁皆从之习字读书。如三十六姓者,复从旧时通事习华语,以储他日长史、通事之用。作诗,惟僧能之,然亦晓音韵、弄文墨已尔;许以"效唐",则过也。古画、铜器,贵家大族颇相尚;然所同好者,惟铁器、棉布。盖地不产铁,炊爨多用螺壳;土不植棉,织纴惟事麻缕。此二者,必资中国;今进贡之使稍贸以往,其用亦称不乏焉。国未谙产金与否；往见王府，亦有金瓶、台盏之类，即匙箸亦然。黄蜡，闻粘米山略产，而未知果否。国中所用黑铜钱极轻，小如宋季之鹅眼、綖环，千不盈掬；每五贯，折银一钱。女僧于市交易者，日获二贯则称利；有藏有二、三百贯，则为中产之家。琉球称贫，信然矣。

夏子阳曰：余闻琉球国王宫之右有寺曰"圆觉"，制颇宏敞。其中所藏，有国初所赐《四书》、《五经》、《韵府》、《通鉴》、《唐贤三体诗》诸书；佛经如《华严》、《法华》、《楞严》之类，亦间有之。但其僧所识，诵则止一《心经》；而所以教陪臣子弟，则一《论语》也，要亦文字之辟未广耳。圆觉寺僧，视法司尤贵；大夫而下见之，长跪稽颡，则亦尊师意云。

《集事渊海》

琉球，与泉州之岛曰彭湖者，烟火相望。其人骁健，以刀、槊、矢、剑、鼓为兵器。旁有毗舍那国，语言不通；袒裸盱睢，殆非人类。

按琉球去彭湖不知几千里，无论海蜃作雾，光景晦冥；即云净天空、一碧万顷，而森茫浩荡，亦莫可穷极。讵有"烟火相望"，而近易若斯者！闽中士大夫常曰："霁日登鼓山，可望琉球。"盖所望者，小琉球也；其去梅花所水程仅七更耳。若夫琉球，则去闽将万里；虽离朱之明，亦安能独见于无涯之外耶！云"其人骁健"，亦未然；但能耐饥寒、任劳苦。且尚血气不平，则露龈裂眦相忿争，或持刀剚人腹者亦间有之；然自度不免，辄引刀反自毙。否则，即下于理决抵偿，而无系狱。如法司、紫手巾等官，极称贵倨；闻昔有犯者亦抵法，止令坐地而不绑缚，轻则流徙太平山，锢之终身。今国王仁厚，自为世子至今，未尝杀戮一人；故刑罚亦甚简焉。民间所用兵器，惟盔甲与刀颇称坚利；余诸矛戟皆脆弱，徒具文耳。弓长如屋檐，射则树之于地，以两手弯之；发矢不甚远。是年九月间，夷属传报有倭船若干艘将至；问之法司等官，曰："此事传有数年，而未必确然。国有灵神，可恃以无虞！"余以倭怀封豕长蛇之心，不可无备；因稍画策，令之选兵砺器以待之，仍命随行铁匠多备坚利器械以资防御。后倭来，知吾有备，亦竟销萌；故夷人深德余辈为徙薪也。其国西南虽云暹罗，然相去极远；东北则日本，颇相近。闻东隅有人，鸟语鬼形，不相往来；岂即所谓"毗舍那国"耶！

夏子阳曰：余观载记及《旧录》，言人人殊，皆称琉球强。意其孤立海岛，必有所为强者。比至观之，殊未然。询其所以守，曰："恃险与神。"夫险安足恃，神亦岂必能据我！然则所恃为安，毋亦效顺天朝；而山川神灵，实助其顺欤！

一、明代文献 213

杜氏《通典》

琉球国王，姓欢斯氏，名渴剌兜，土人呼之为"可老羊"；妻曰"多拔荼"。居舍大，十有六间。王乘木兽，令左右舆之。凡宴会，执酒者必得呼名而后饮；上王酒者亦呼王名，然后衔杯共酌。歌呼蹋蹄，音颇哀怨；扶女子上膊，摇手而舞。又曰民间门户，必安兽头。

按琉球国王姓尚氏，其源委不可得而考；惟册封自尚巴志始，故着焉。其命名，则取汉字之美者为之，如尚忠、尚思达之类是也。妃选自贵族，土人称王曰"敖那"、称妃曰"札喇"；乃云"可老羊"、"多拔荼"，岂方言或以世异乎！王之居舍，入门向北者七间，乃其前王之殿；以堪舆家不利，乃稍折而东，深数十丈许。又向西者七间，则王所居。正殿阁二层，上为安奉诏敕并藏贮仪从之所；中为朝堂，臣下传言侍立阁下檐前。凡阁门，以五色烧土珠为帘柷；桌围如之。中三间，略加金碧承尘，下覆以彩缯；地铺重席寸余，行之绵软无履声。左楼二，皆贮钱谷之属。右有平屋七间，名曰北宫；拜祝圣寿、筵宴使臣俱于此，义取南向也。大都广阔宏爽，可拟寺观之制；而比中国王府，则远不逮矣。王出入乘肩舆，状类中国大神轿，扛俱十六人；非有木兽。伞用五色，亦有青碧土珠伞；从者千人，皆执戈矛先后之。舆前伶人鼓吹，从官乘马执小团扇并鸟羽扇者各四人，提贴金胡芦二人，复有武士面蒙铜鬼貌、身服漆甲而腰佩刀者数十辈，盖以备不虞耳。部臣遇吉，每称觞寿王，王亦与之坐而酬之；虽近似亲狎，亦必搓手叩头，然后饮。岂有上王酒者辄敢呼名耶！乐器有金鼓、三弦等乐，但多不善作；尝借吾随从者教之。亦有土戏，闻皆王宫小从者及贵家子弟习之；登台戴大笠，加以皂帕蒙面，着彩色夷服。群以二十余辈伛偻宛转同声而讴，皆如出一人。至所谓"蹋蹄歌呼，扶女子膊上"，则所未睹也。人居不甚联比，往往星散于岩谷中，迹若寥落而生聚。亦盛闻曩时贵族大姓始得创瓦屋；迩来营窟渐易，栋宇斯兴，周遭叠石为墙以为防卫，望之宛然一睥睨堡也。至云"门户必安兽头"，则无是事矣。

夏子阳曰：尝稽诸夷之俗虽不同轨，而其鄙陋朴野则无甚相远；如雕题凿齿、反踵贯胸、裸袒沮颜者，可数也。琉球亦一夷耳，讵能与之甚异哉！顾其超然面内，历世弗渝，渐渍文教，顿洗夷风；而蹋蹄媒主之陋，或亦浸浸乎为化所移矣，宁可尽诋杜氏之谬耶！

《使职要务》

洪武、永乐时，出使琉球等国者，给事中、行人各一员；假以玉带、蟒衣，极品服色。预于临海之处,经年造二巨舟:中有舱数区,贮以器用若干。又藏棺二副,棺前刻"天朝使臣之柩",上钉银牌若干两。倘有风波之恶,知其不免,则请使臣仰卧其中,以铁钉锢之,舟覆而任其漂泊也;庶人见之,取其银物而弃其柩于山崖,俟后使者因便载归。还者鉴沉没之祸,奏准待藩王继立,遣陪臣入贡丐封,乃命使臣赍诏敕驻海滨以赐之。此得华夷安危之道,虽万世守之可也。

按琉球遣文臣往封,由来旧矣。即议者谓鉴沉没之祸,欲令领封海上;而毕竟往封加故,则以祖制在焉故也。余辈此行已抵闽二年,台使者乃因讹言议欲改遣武臣。余辈念使臣衔命久出,无畏难中止之理;况天朝不可爽信于属国、中国不可示怯于外夷,上疏请行,而礼部则主领封之议;圣明在上,遂两用之。余辈得以仍往颁封,而以后则领封为定制云。

夏子阳曰:琉球之役,以海为程、以针为路;出梅花所东涌山,则宫渺汪洋,茫无涯际。一日、二日,或见绝岛孤山,亦惟一点空青,半落天外。夫幸而济,则济矣;苟不幸而遇不测风涛,则我躬不恤,遑恤我后!而乃欲以藏棺悬牌冀万之一乎归骨也,亦迂矣!是以前使者久矣去之。要之,此役只在造舟、用人处最为吃紧;其所足恃,则惟式凭国家宠灵与仗平生忠信两者而已。如曰设桴翼、造水带,则又浅之乎其为见也。

《大明会典》

琉球自洪武年间,其中山王、山南王、山北王皆遣使奉表笺贡马及方物。洪武十六年,赐国王镀金银印并文绮等物;山南、山北王亦如之。永乐以来,国王嗣立,皆请命册封。自是惟中山王来,每二年朝贡一次;每船一百人,多不过百五十人。其贡,马、硫黄、苏木、胡椒、螺壳、海巴、生红铜、牛皮、椶子扇、刀、锡、玛瑙、磨刀石、乌木、降香、木香。

按琉球贡物,惟马及硫黄、螺壳、海巴、牛皮、磨刀石乃其土产;至于苏木、胡椒等物,皆经岁易自日本,转贩于暹罗者。所谓"椶子扇",即倭扇也。盖任土作贡,宜其惟正之供;远取诸物,亦其献琛之意,不必求备焉可也。二年一贡,今以为常;第人役过多,亦不胜糜费。倘每船能省其什之三,则庶几无滥矣。

夏子阳曰:海岛之国,惟琉球最称贫瘠;盖地无物产、人鲜精能,商贾又复裹足不入其境,故一切海上奇诡靡丽之珍诎乏焉。其贡献方物寥寥,固宜尔也。然明王慎德,不贵异物;彼抵珠投璧、却骏焚裘者,至今千载而下,犹艳称之。诚以王者富有四海，所重在此、不在彼耳。故我明于琉球入贡，惟录其效顺之悃诚，不责其方物之良窳；毋亦惟是坚其向风慕义之心焉耳。《书》曰"不宝远物，则远人格"。信哉言乎！

附旧使录

嘉靖甲午使事纪（此系《陈录》《使事纪略》节载之文，已见《萧录》《使事纪》中，从略）

嘉靖辛酉使事纪（已见《萧录》《使事纪》中，从略）

万历己卯使事纪（此即《萧录》《使事纪》，已见前编，从略）

高澄《操舟记》（已见《萧录》《造舟》篇，从略）

《琉球录》撮要补遗（琐言附）
长乐谢杰著

《琉球录》，为使琉球作也；业已备矣。然就中有文而烦者、有阙而略者，余为撮其要而补其遗；盖期于简要，工拙非所论云。

原委

琉球，于古为流虬地，介万涛间；远而望之，蟠旋蜿蜒，若虹浮水中，故因以名；后更名曰琉球。所辖有粘米、太平、马齿、七岛诸山，并隔海外，不相联属；合而计之，亦不当倭什之一。自古不与中国通。隋炀帝时，曾命将一再至其国，仅俘百十人以还，不能臣服；以其凭险，虽武，无所用之也。明兴，慕义来贡；高皇帝嘉其款诚，封为中山王。以其国有三王：曰山南王、山北王，后为所并，故独称中山封之者，仍其旧号也；锡以麟袍、犀带二品秩，若嫌其与宗藩并者。永乐间，命使为盖宫殿，制颇闳敞；然以板代瓦，亦若嫌其与宗藩之宫殿并者。洪、永二次各遣十八姓为其纪纲之役，多闽之河口人；合之凡三十六姓，并居彼国之营中。子孙之秀者，得读书南雍；俟文理稍通，即遣归为通事，得累升长史、大夫。今所存者仅七姓，缘所居地狭，族类不能蕃故也。每科、司出使，必以河口土著人充通事，谓之"土通事"；七姓充者，谓之"夷通事"。土通事能夷语，夷通事能华语。七姓言语、衣服与夷无别，仅以椎髻别之：髻居中者七姓、居偏者夷种也。七姓男虽贤，不为国婿；女虽美，不为王妃。盖其祖训然尔。国之政事，分委于职官。其最尊者，曰三法司——即国相，率王之母舅、妻父任之。其次有察度官，以司刑名；有耳目官，以资访问；有哪霸官，以理钱谷：其法似以"亲亲兼贤贤"云。大夫、长史则专主封贡，不与其政事。等威以手巾别之——手巾者,裹首帛也:紫手巾最贵,即国相、大夫之类,黄手巾次之,红、绿等手巾又次之,青者为下。王手巾,则兼用五色。我使往封,彼皆易华服来见,不复用彼服色。洪、永时,使者多用内监;不时往使,有至二、三次者。宣德间,改用科、司,始定世及一封;至今因之。关白之乱,闽抚台曾请停封,余有疏从臾之;比得允,闽人皆向余贺。余曰:"未也。关白存,我不遣封,彼亦不敢请。关白若平政,须别议耳。"今果然。余固知夷之必请,又知高庙神灵之必不欲废此典也。

使礼

二使之往也,衣则科赐麒麟、司赐白泽,玉带则俱自备。己卯之使,科使玉带赠自六科,约六十余金;时省垣官全且玉,价未甚高也。余玉带,本署力不能备,曾多方转借,绝无应者;不得已,私市保定石带以行。然温润去玉远甚,观者咸以为不雅。后本署先辈有任台省者累累,为余叹息;其同差张中贵——号中山者闻之,慨然曰:"谢使君所封中山王,偶与吾别号同,得非有前缘乎!"遂解所束带借余。同寅德之,群然造谢;渠复盛筵相款,盖劳且费云。余归,仍礼而还之。入闽,科、司之礼稍异;以余父母之国,不得不异也。入夷而后,科、司之礼同。封舟抵浒,国相以下跪迎。王时为世子,不迎;以倭舶在近,不免戒心,故尔。至往祭、往封,世子始出郊迎。然迎封拜,迎祭不拜;诘之,辄以旧典为解。余二人谕之曰:"礼可义起,拜封、不拜祭,是重己、不重亲。此自关世子忠孝彝常,使者何与焉!"世子闻言,瞿然亟拜。因志为例,其贤有足多者。甲午、辛酉二使凡六、七赴王城。王滨行,仅一造谢。科使语余曰:"封、祭,上命也;不敢不往。兹事竣矣,宜谢却诸宴;高卧馆中,以待风汛。"余曰:"然。"王知余二人意,遂往拜,亲致请启;而后余二人如例应之,重其款诚也。然王来,百官空国以从,人役约以千计;宴犒之需不赀,非久积亦不能办。实则可一、不可再也者。王受封后,遽束玉带以出;诘之曰:"带赐犀而腰玉,何也?"长史跽禀曰:"王之玉腰,相延已久。不然,国相、大夫束花金,长史束光金,王如腰犀,下人骤见者,似为王之服饰反出国相、大夫之下。愿稍存国体,以释众惑!"余辈姑仍之。宴之日,拜位、坐位俱分宾主;王至使馆亦然。国相等拜二使则并四拜,二使不还拜;其体与待中国属官稍略。王每宴,国相每问安寒暄等语,皆长史辈代致;惟议事紧要语,国相方自言。然数十句,译者仅以数句了之;以华音一字夷音皆三、四字,此不得不简、彼不得不烦也:故始疑而终释然。若王跽问圣躬万福及呼"万岁!万岁!万万岁!"则备极清朗;盖习之旬月而能,虽操华音者不能过之矣。余则词组不通也。

封舟

使夷航海，必资于舟。以余所忆，舟带虚艄长十七丈、阔三丈有奇，舱分二十八；与《录》所载异。造时宜酌之。询之，每舱多用龙骨，欲实而密，令坚致可久。底必须厚，分为二层；钉必须坚，务择精铁。其铁须买之尤溪，价必多给，方得上好；慎勿轻买、轻收。己卯之使，曾买下铁到厂，造船官不收；买铁者反讼之军门，谓彼索贿刁蹬之。军门恚，几欲以军法捆打。余不得已，亲往白之曰："每铁百斤，上铁价若干，中铁、下铁价若干；今给上价不翅而反得下铁，宜造船者之不收！"乃具二钉以进。上铁钉凿断如纹银，下铁钉凿断如蜂窝；以蜂窝之钉钉板不大半折矣，船安能坚！军门悟，乃释造船者不治；而改委官另买。后船被伤而渡海犹得保全者，则以坚厚故也。船之材，取诸近山处所，而建宁为多；船之役，招诸近海处所，而漳清为多。舱木必用松，桅木必用杉，舵木必用铁力；余若樟木、杂木，亦皆随宜而用。但材既大，非数百年之木不中程；木既巨，非数万人之力不能运。如木过一乡，即以一乡之夫拽之；隔一程，有夫来换，前夫即遣归。二程、三程，以后皆然。众轻易举，原不甚劳。但骤览其名，则一乡用夫三、四百名，十乡即三、四千名；沿途所经府、县，似有十万之数；实则片时数刻而已。军门骤闻，不胜大怒；尽数裁革，拨兵六百人代之。每日厚给以工食，即铺夫亦代以机兵。此辈初往甚喜，一日、二日运甚捷，三日、五日稍迟；十日以后，俱怠告退。其言曰："从今以往，虽三钱一日，亦不愿领！"盖散十万之众于数百里间，借其朝旦之力，则人乐于易集；虽不给，且不怨也。萃十万众之事于数百人，责以旬月之久，则人苦于难继；虽给以厚直，不堪也。此事之理，无异足者。又不得已，往白之军门；幸悟而得稍仍旧。盖从容和婉以道之，未有不入者也。余后序中所云"功虽迟，不失为君子正"；《使录》中所云"舟之庀，大都多谢君指画"者，并以此。

用人

航海以船为命，故舟人急焉。造船所急在船匠，行船所急在船梢。船匠有二：漳匠善制造，凡船之坚致赖之；福匠善守成，凡船之格式赖之。船梢有三：伙长司针者、舵工司舵者、阿班司篷缭鋬橹及执诸事者。司针密室在舵前，其室穴一孔，与舵相对；针左则舵左、针右则舵右，舵工听命于伙长焉。去时向东北，针用单卯、甲卯、乙卯；回时向西南，针用单酉、庚酉、辛酉。吾辈急在择人；伙长得人，针随所用可也。舵工用舵亦然。舵工名数倍于伙长者，以把舵劳而主针逸也。人必足数,乃可行。己卯军门欲裁其半,余恳请得免。及后台洋失舵时,舵工八人俱蹶不起;向非次班者代之,几危矣。密室看针,即白昼亦燃灯。总名之曰"十更船",昼五更、夜五更也。然福、漳二匠虽兼用,而漳匠可量多数名。伙长诸役虽多用漳人,而福人亦不可尽弃:以其各有所用也。如万安、梅花、定海各所军,当事者初欲概革;余争之力,乃得存梅花、定海而独革万安。后归至台洋,阿班等禀曰:"过洋事毕矣;此后礁之有无,水之浅深,某皆不知!"吾辈愕然。忽梅花、定海诸军跃出曰:"某等幼随父兄钓鱼于此,其夷险备知之。从此抵家,万万可保无虞!"余叹曰:"误矣、误矣!设使当时不挟此二军以行,今将安归乎!"比南行不数程,余忽心悟,因召梅花军一人诘之曰:"假使我舟飘入南,由闽入广之海路,汝知之乎?"曰:"不知;此万安军知之。"余又怃然叹曰:"误矣、误矣!万安军可尽革乎!"我舟之不飘而南,天幸也!大都海为危道,乡导各有其人:看针、把舵过洋,须用漳人。由闽以北熟其道者,梅花、定海人;由闽以南熟其道者,镇东、南安。至夷熟其道者,又须用夷人;夷王遣夷梢三十人来接,正为此也。南路虽非正途,天风不测,似不可不豫防者。初使夷时,曾因南风劲而飘入北,则又安知归时不因北风劲而飘入南乎!彼万安军之熟于南路者,安可去也!虽然,兵不贵多,贵精。船中择漳人,须试其谙于过洋者;择梅花、定海人,须试其谙于闽、浙海道者;择万安人,须试其谙于闽、广海道者:又不可徒徇其名而浪收也。

启行

启行,由南台渡马江入长乐,至广石下船,至梅花开船。离梅花三十里,用铅坠测水;绳长百二十丈犹不及底,其深可知。马江中流阔四十里,余亦十里、五里不等,足称巨浸。封舟行其中,日不能数十里;历一百八十里程,五日方至。初甚讶其迟,且疑舟之太巨。及泛大洋,瞬息数百里;时而遇风,簸弄如一叶;方诧其速,而犹恨其小也。故事:引港用闽县县丞或簿、尉一员,引至长乐界上,乐丞来接,闽丞方归;以为常。时疏新添造船指挥二员,当事者即以指挥代之,而县丞不行;余以为言,不见听。比舟入港,偶阁浅渚,伤其四舱。余正愁苦待葺间,一父老蹯然进曰:"今次封王,县佐贰何不来?"余告以故;父老答曰:"指挥但能造船,岂知行船!所以用县佐贰者,以其便起乡夫也;所以起乡夫者,以其善知水性也。"且问此船入水几何?余曰:"一丈八尺。"其人遽呼曰:"幸潮未退;此地潮退仅深一丈四、五尺,舟伤如此,何堪再伤乎!"余惧,亟敕舟人移避深处,始得免。葺完将发,议者不一:或谓海洋天险,舟伤宜再造;或谓封船材料倍蓰战船、盐船，以此易彼，实称两利。余颇难初议，颇主末议：欲易盐船以行；以盐船无冒破，坚于战船也。适又一父老进曰："某习知船事，希借一观！"余许之。比引入舱，其人喜曰："不须易也。此船坚甚，所伤不多，稍加粘补，虚其四舱，即可径渡。若易船，无论战船——即盐船亦不可。凡船行海中，虽若汪洋无际，实由南而北或北而南，率循汇不远。惟封船自西徂东、自东还西，乃冲横浪万余里；去由沧水入黑水、归由黑水入沧水，此岂盐船力量所能胜乎！"于是决意不易，竟得无恙。时冗且悴，不及询二父老姓名；归而访之，不知所在。果父老乎？抑神祇之相余也！《旧录》所不纪、旧役所不知，何二父老立谈片言，历历中款也！夫县丞之引港、军牢之兼用，皆系故事；但载其事而不明其故，以致不知者轻有更张。余因详推其始末，以告来者；庶后人知前事之可循，不敢轻于变易也。

敬神

航海水神，天妃最著。天妃者，莆阳人；生于五代，封于永乐间。以处子得道，以西洋显迹；莆人泛海者辄呼为"姑娘"，盖亲之也。使者往还，每值风发，必有先征：或为蜻蜓、蛱蝶，或为黄雀、红灯笼，令人得豫为之计。然亦颇标其奇；信之不笃者，往往受其惊恐。己卯之使，众役初往，事神颇虔，因得晏然抵浒。归日，稍有易心，不复如前之敬信；于是将至台洋之前一夕，舵叶失去，舟飘荡震撼，卧者几不能贴席。黎明，陈孔成、马魁道二把总潜白余曰："舵去矣，余人见之必忧悸周章。幸其尚卧未起，禁令毋出。惟率漳人扶二使君登棚理之。"余如其言。二把总问茭，卜舵何时可易？神许以巳时。及期，风猛如故；诸役曰："船虽欹而无虞者，恃有舵牙插水也。今欲易舵，必并起牙；颠危之时，谁敢任此责乎！"久之，余应曰："吉凶在此一举，宜如神所命。君子素位而行，又将谁怨！"二把总曰："唯、唯。"亟起舵牙，风亦随息，如坐密室中。从巳至未，舵易方竟；一抵水，而风厉如故。然舵方易新，虽风不妨矣。次日，即望见台洋之山。向使神不标其奇，归日必各矜其能，不复归功于神；余是以知神之当敬，又不必待标其奇而后敬也。夷中之神，其灵异亦率类此。方舟之将至夷也，忽海波顿裂，深黑不可测；役之老成者曰："此龙神迎诏也。"顷之，涎涌如白塔，高可数十丈；涎尽处，突起白虹直至天表，且不翅千余丈。如是者三，有若鼎足然。虹尽处结成黑云，大可盈亩；须臾，骎广。众请发牌止之，正使以为幻；人心汹汹惧甚，啧有烦言。余以安众心为请，始勉为书"诏敕在船，龙神免朝"八字；牌一发，即云散于天、涎归于海，其去来若可呼而应者：盖皆朝廷之宠灵使然也。"威震殊俗,百神诃护";古语不信然乎哉!

国俗

琉球虽夷俗,然渐染于中华,亦稍知礼义。有子居丧,数月不食肉者;有寡妇不嫁,守其二子者:每谆谆对华人道之。风尚似胜北虏远甚。其人俭而不勤、贫而不盗,浑朴而有等。职官之家,有弥旬茹蔬素者。女力织作,男子反坐而食之。耕不用粪,衣不用染。曾见众役砌墙十余丈,历四、五旬不完;其懒缓可笑。民犯剽掠,无轻重,辄加开腹之刑。民房盖用草,官房则用瓦。王宫外,闾阎服色八千为群,皆缟素可厌。土无木棉,隆冬亦衣苎;苎较闽加密者,用以御寒故也。富且贵者,或衣绵丝;贫子衣苎五、六重,即过一冬。我众十月西归,身犹衣葛;由气候之暖也。天无霜雪,或数年而一见。产无鹅、鸭,即鸡、豚亦不堪所产。硫黄最多,值且甚贱;从人多窃贩以归。然性善传火,临行不可不严禁。每宴会,或杂用夷乐,童子按节而歌;抑扬高下,咸中度可听。中有"人老不得长少年"之句,可译而知,亦及时为乐之意;余不审为何语。居常所演戏文,则闽子弟为多。其宫眷喜闻华音,每作,辄从帘中窥之。长史恒跽请典雅题目,如"拜月西厢"、"买胭脂"之类皆不演,即岳武穆破金、班定远破房亦嫌不使见,惟姜诗、王祥、荆钗之属,则所常演;夷询知,咸啧啧羡华人之节孝云。山多蛇,无虎;前使役人曾击杀蛇,后众多伤于蛇。余初至夜,有蛇蟠鼓上,鼓人以闻,余戒勿击;以后竟无有者,若有知然。山形回曲,亦多似蛇。夷中怪异事甚众,姑纪其可述者。书籍有《四书》、无《五经》,以杜律、虞注为经。其善吟者,绝句仅可通,律与古风以上俱阁笔矣。教书、教武艺,师皆倭人,聪警雄俊则不逮倭。器械亦钝朽,具数而已。苟非恃险与中朝之神灵,为倭所图久矣。彼国未封之前,岁多凶、船多坏;封后,则常丰、常宁。所以外侮既除之后,知其必请封不已也。

御倭

夷与倭为邻;而民贫国小,有所不足,辄假贷于倭。每遇封使远临,在他国或至、或不至,倭无不至者;名称往贺,实则索逋于其国也。所居舍馆,去天使馆不二里而近;夷虑我众之不善于倭、又虑倭众之不利于我,每为危言以相恐,欲迁我众于营中。科使问余;余曰:"此非故事;但须严禁诸役勿擅与通,自可无虞。若无故而亟迁,是避倭也,岂有堂堂中国而避外夷乎!"科使如余言,不迁。久之,飓风大作,我众与倭各卫其舟,致有争竞。倭伤首役一人,血流淋漓;众遂大怖,扶归哀怨,状颇仓皇。余验其伤,乃刀背、非刀口,喜曰:"此急而自救,非乱而相戒也。宜收众役入馆;徐敕彼之馆伴往谕,倭众必不为祸。"科使然之。少顷,王亦遣彼众二千余人驰来护舟,舟各获完;倭亦随息。盖其时之天幸如此。先是,辛酉之使,前导驱倭不退,以鞭鞭之;倭怒,操利刃削其鞭立断,然亦未尝伤人。己卯继往,戒诸役曰:"我使仪卫入城,倭夹道而来者,乐观其盛耳。势不必驱,亦不待驱!"皂辈咸唯唯。比往还,竟无他衅。盖倭号倭奴,其曰奴者,有主之者也;时无主者,故不为乱。后之遇此,当思所以驭之:严于自治而勿与校可也。余详《日东交市记》。

以上八条,多前录所遗;余怀之二十余年,不以告人。今乃复谆谆者,亦《旧政告新》之意也,览者亮之!

(附)日东交市记(录未刻,故补之)

使节抵夷,适倭舶通市者先期至。倭故尝入寇,为中国患;夷知,辄举以相恐,仍请迁群役入营避之。营去署甚远,且非故事。余辈公出,倭或夹道纵观;又辄斥曰:"疾去!毋令华人惊。"盖其意欲锢我众以便己私,姑假倭为词。然往来饰说,徒示弱耳。余察其有巧,白于谏议;谏议曰:"足下世海上居,宜洞倭情。"余曰:"倭性悍而,遂无他肠。然上下山阪风雨疲劳疾斗操利兵,中国之人弗能与也。囮则盗,敌则杀;非囮与敌,固弗盗、弗杀也。濒海诸恶少者欲愚用其力,亟奇货居倭身为之囮喙,与华人敌;倭业已鹰犬于人,遂肆剪戮无少忌,是直倭罪哉!世目倭为奴,倭诚奴也,固有主之者也。比倭大创去,又舶通西南夷,利更什倍,倭患遂弭;斯其故可知已。今吾以封临,倭偶以市至,期与事会无所怨德,非敌也;又孰为之囮者?可无恐!第境外无私交,制也;宜葺群下勿与通,足矣。"谏议然余言,召长史迥谕之曰:"甲午之使,倭亦尝至,众弗迁;迁众,非便,其勿听!且胡越一家,倭人吾人耳,各事乃事;其勿拒!"复号于众曰:"倭者,国家所弃外,禁弗与通。诸有辄通倭者,罪有赦。矧夷伺察甚周,若属宜自爱,毋贻僇为使君羞!"令下,众奉法凛凛。迄倭去,无敢与交一谈。倭弗为害,居亦卒得弗迁云。

谢生曰:嗟,使难哉!方夷之以倭謇我也,词甚张,义亦近正;直其心私耳。于时少为动,即堕夷术中。乃吾严为禁,徐为之图;不急倭衅、不中夷巧、不违众情,静重而周悉,于使事足称不辱,则正大夫之略、众庶之共也。不倭有余艳焉,敢漫为之记。

言琐(二则)

《琐言》本不欲言,势有不容不言者;故仍言之。

事权

天下事，假之以权则易集，权不在手则难成；况使夷航海，大事、危事乎！甲午之使，闽未设抚台，事皆藩司主之，府、县任之；而统之于按台。按台多巡历，且于科使情密分均，权盖不待假而专者。辛酉，则又专于甲午矣。以其时倭方内讧，破城、破所，无日无之。军门自救不暇，且虑为人所龃龉；乃更假以便宜之权，其示于民间曰："封船、战船，事同一体。诸有违误作弊者，并以军法从事。"故其时事皆不令而行、不期而集者，以下之有所畏而奉命也。己卯则异于是；世值升平，官多节省，一木、一料、一夫、一役皆军门操之，不使科、司独专其柄。其所在告示曰："采木虽系封事，不无骚扰民间。科、司人役，不许伐人墓树，不许伐人风水树，不许拆人篱舍，不许伤人田禾；有一于此，并以军法从事。"夫此一军法也，昔以治乎不事事者，今以治乎事事者；则其利害难易之相悬，岂但天渊哉！于是民间刁顽之徒，但有木为有司所号者，并累土其旁，争以墓树、风水树为解；而伤田禾、拆篱舍之讼于有司者，无日无之。论曲直，则直常在群奸而航海者为曲；论功罪，则功常在捕缉而效劳者为罪。以故役之在官者，日就惊危；使之在事者，日就局促。厂中人役得不概坐株连，即为天幸。自有使事以来，未有掣肘如当日者，似亦其遭之阳九使然也。此番奉使，计不至己卯，亦不必如辛酉；得如甲午足矣。盖己卯有所为而为，不念远使之苦，失之太过；辛酉有所畏而蹙，亦非宪体之宜，失之不及。惟甲午使事，官箴两得其中而无失，真令人敬且慕焉。今之缙绅、大夫所存所行，岂殊甲午！必能各去成心、各存厚道，期于共济王事，不至矫矫为名高；则前使所苦者，其免矣乎、其免矣乎！

恤役

利者，君子所不道；故曰天子不言有无，诸侯不言多寡。然所不言者，己之有无、多寡也。若其为下、为民，则《周官》《周礼》所载，盖谆谆乎言之矣。航海危役，吾役即吾民也。吾鄹迫于大义，分当致身，彼役何知焉！苟非利以驱之，何以结其心而得其力！洪武间，许过海五百人行李各百斤，与夷贸易；实以利噉之，亦以五万斤实所载也。着为絜令。故甲午之使，因之得万金。总计五百人人各二十金上下，多者至三、四十金，少者亦得十金、八金：于时莫不洋洋得意。辛酉诸役冀仍如前，其往者率皆工巧精技；二使之警于倭而获免者，未必非得人之效也。比所获利，仅六千金。以五百人计之，人各十二金耳；多者可二十金，少者或五、六金：不无稍觖所望。是以己卯招募，仅得中才应役，不能如前之精工;然犹冀其如辛酉也。不意值夷贫甚,所获仅三千余金。虽时所带止四百人,亦人各八金耳;多者可十五、六金,少者或三、四金或一金:亦无不免大失所望。吾辈至捐廪助之,而后得全师以归。盖甲午之使,番舶转贩于夷者无虑十余国,夷利四倍;故我众之利亦倍。辛酉之使,番舶转贩于夷者仅三、四国,夷利稍减;故我众之利亦减。己卯之使,通番禁弛,漳人自往贩,番一舶不至,夷利顿绝;故我众之利亦绝:势使然也。今次所招众役,精者未必可致;似应稍优其直,量加其赏。且夷王之立已过十年,其所蓄积必已稍充,不至如前之贫甚;宜示以此意招之,庶巧者、能者、前次效劳者咸乐于趋赴,而后可竣厥事也。不然,群诸海滨恶少年而聚之曰:"是可为伙长,是可为舵工,是可为阿班、军牢,而疏于针法、舵法,拙于操舟、憎于海道,则亦将焉用彼哉!"此事人所难言,诸录不载;而今敢于直言而弗隐者,时势至此,有不得不言者也。

夷语(附)

天文门:天,甸尼。日,飞陆。月,都急。风,嗑济。云,姑木。雷,刊眉。雨,嗑乜。雪,由旗。星,波世。霜,失母。雹,科立。雾,气力。露,秃有。电,波得那。霞,噶嗑尼。起风,嗑济福禄姑。天阴,甸尼奴姑木的。天晴,甸尼奴法立的。下雨,嗑乜福禄。下雪,由旗福禄。明日,阿者。昨日,乞奴。风雹,嗑济科立。

地理门:地,只尼。海,吾乜。江,密乃度。河,嗑哇。土,足止。山,牙马奴。水,民足。冰,谷亦里。路,密集。石,依石。井,依嗑喇。墙,拿别。城,绕。泥,乜禄。沙,是那。灰,活各力。桥,扒只。砖,牙及亦石。瓦,嗑哇喇。岸,倭嗑。远,它加撒。近,即加撒。长,拿嗑失。短,密失拿失。前,马乜。后,吾失禄。左,分达里。右,民急里。上,吾乜。下,世莫。东,加失。西,尼失。南,米南米。北,乞大。

时令门:春,法禄。夏,拿都。秋,阿及。冬,由福。冷,辟牙撒。热,嗑子撒。寒,辟角禄撒。暑,奴禄撒。阴,姑木的。阳,法立的。昼,皮禄。夜,由禄。早,速多。晚,约姑里的。时,吐急。气,亦急。年,多失。节,些谷尼即。正月,烧哇的。二月,宁哇的。三月,撒哇的。四月,升哇的。五月,恶哇的。六月,禄谷哇的。七月,式的哇的。八月,法只哇的。九月,谷哇的。十月,柔哇的。十一月,失木都及。十二月,失哇思。

花木门:茶,札。花,法拿。米,谷米。树,拿急。果,吾乜。松,马足。柏,马足拿急。竹,达急。笋,达急。枣,那都乜。草,谷撒。瓜,吾利。菜,菜。

梅,吾乜。叶,尼。香,槁。莲花,花孙法拿。龙眼,龙暗。荔枝,利是。甘蔗,翁急。胡椒,窟受。苏木,司哇。

鸟兽门:龙,达都。虎,它喇。鹿,加目。马,吾马。狮,失失。牛,吾失。兔,吾撒急。熊,谷马。象,喳。鸡,土地。鹅,喈哪。猪,哇。驴,同。骡,同。狗,亦奴、皮,嗑哇。鼠,聂。莺,打答噶。鱼,游。羊,匹托喳。蛇,密密。猴,撒禄。龟,嗑乜。雀,由门都里。凤凰,呼窝。麒麟,其獬。孔雀,枯雀枯。獬豸,害宅。仙鹤,司禄。象牙,喳冷其。玳瑁,嗑乜那各。牛角,吾失祖奴。喜雀,孔加查思。鹤顶,它立奴谷只。

宫室门:门,郁。窗,牙。房,亦弃。楼,塔嗑牙。御路,密集。丹墀,密集。御桥,扒只。皇城,窟宿枯。馆驿,馆牙。瓦,嗑喇亦弃牙。

器用门:盔,嗑坞吐。甲,幼罗衣。刀,嗑答拿。箭,牙。弓,由乜。弦,子奴。枪,牙立。桌,代。盘,扒只(一名桶盘)。盆,大簌。瓶,匹乎平。床,堕各。船,莆尼。樯,花时。舵,看失。橹,罗。篷,贺。箸,麦匙。带,文笔。画,叶。书,佐诗。笔,忩哓。字,开第。墨,司默。纸,堪批。砚,孙司利。锁,插息。碗,麻佳里。屏峰,飘布。香炉,稿炉。花瓶,抛拿。香盒,福法各。倭扇,枉其。箱子,凯。酒钟,撒嗑子急。茶钟,茶麻佳里。棋子,饿其。玉带,衣石乞各必。金钟,孔加尼麻佳里。

人物门:皇帝,倭的每。王妃,倭男札喇。国王,倭王嗑呐尸。王子,倭奴郁勃人夸。朝廷,倭每奴。大夫,大福。长史,丈司。使者,使臣。通事,通资。正使,申司。副使,付司。唐人,大刀那必周。师父,失农褒。和尚,褒子。父亲,一更加乌牙。母亲,倭奴姑吾牙。兄,先札。弟,屋都。妻,同之。子,枯哇。女,乌男姑。琉球人,倭急拿必周。日本人,亚马吐必周。朝贡使者,嗑得那使者。大明帝王,大苗倭都每。琉球国王,倭急拿敖那。

人事门:跪,匹含蛮资之。说,嗑答里。拜,排失之。兴,屋起里。走,迫姑一其。行,亚立其。去,亦急。来,吃之。你,吾喇。我,九奴。有,阿力。无,妳。好,幼达撒。歹,哇禄撒。买,科的。卖,屋的。睡,眠不里。请来,子盖失之。见朝,大立叶亦急。入朝,大立叶密达。鞠躬,曲尸麻平的。底头,嗑兰自之。立住,答止歪。叩头,嗑蓝自之。谢恩,温卜姑里。朝贡,密加妳吸之。平身,度漫思吾。庆贺,密由乌牙。表章,彪乌。赏赐,吾一加每奴。起来,揭知。进贡,嗑得那。进表,漂那阿杰的。报名,包名。辞朝,畏之谩归。回去,闷都里一其。早起,速都密的。下程,司眉曰尸。筵宴,札半失。敕书,倭眉脚都司墨。拿来,嗑子密的枯。好看,邱达撒。不好,哇禄撒。放下,由六尸。作揖,利十之。给赏,乌鸦没谷古里。方物,木那哇。多少,亦加撒。言语,么奴嗑答里。晓得,识达哇。不晓得,失蓝。圣旨,由奴奴失。御前谢恩,恶牙密温卜姑里。且慢走,慢的。上紧走,排姑亦急。上御路,恶牙密即约里。再叩头,麻达嗑蓝子其。

衣服门:缎,图受里。纱,撒。罗,罗。绸,柔。绢,活见。布,木绵。棉布,奴奴木绵。夏布,拿都木绵。纻布,达急木绵。葛布,嗑布。彩缎,抛拿图受里。改机,盖乞。官绢,活见。倭绢,活见。西洋布,尼失木绵。靴,匹蓝加。袜,乎袜子。鞋,皮夜。帽,冒。纱帽,沙冒。带,文必。网巾,纲巾。员领,员领。衣服,岂奴。衫,冷今。裙,嗑甲莓。裤,嗑甲马。

饮食门:酒,撒其。茶,札。饭,汪班尼。菜,菜。果,刻纳里。粉,油诺沽。面,皿其诺沽。肉,失失。鱼,游。酒饭,撒其汪班尼。吃茶,札安急弟。吃饭,汪班尼安急弟。吃肉,失失安急弟。

身体门:头,嗑蓝子。耳,米米。眉,马由。目,乜。口,窟之。牙,诺其。鼻,抛拿。手,剃。脚,匹奢。心,起模。身,度。发,嗑十蓝其。须,品其。胡子,胡品其。齿,扒。

珍宝门:金,孔加尼。银,南者。铜,押里嗑尼。铁,窟碌嗑尼。锡,石碌嗑尼。钱,惹。钞,支尼。玉,依石。珠,挞马。石,一实。玛瑙,吾马那达马。珊瑚,牙马那达马。珍珠,挞马。水晶,血子挞马。玉石,挞马一实。琥珀,它喇。犀角,吾失祖奴。硫黄,油哇。

数目门:一,的子。二,答子。三,腻子。四,由子。五,一子孜。六,亩子。七,拿纳子。八,鸦子。九,酷骨碌子。十,吐。十一,吐的子。十二,吐答子。十三,吐密子。十四,吐由子。十五,吐一子孜。十六,吐亩子。十七,吐拿纳子。十八,吐鸦子。十九,吐酷骨碌子。二十,答子吐。一钱,一止买每。二钱,尼买每。三钱,山买每。四钱,申买每。五钱,吾买每。六钱,六谷买每。七钱,式止买每。八钱,法止买每。九钱,枯买每。一两,就买每。十两,撒姑每。一百两,撒牙姑。一万个,麻就吐失。千岁,森那。万万岁,麻由吐失。

通用门:看,密只。求讨,答毛里。说话,么奴嗑达里。知道,识之。不知道,失蓝子。不敢,扬密撒。东西,加尼尼失。闲,漫图押里。不闲,漫图奈。说谎,由沽辣舍。实话,麻讼沽夷。不见,迷阑。快活,括其。辛苦,南及之。笑,瓦喇的。啼,那其。叫,院的。痛,一借沙。瘥,课沙。明早起身,阿者速图拖枚榻支。

夷字(附)

（琉球文略）

以 路 罢 尼 布 比 度 知 利 奴 而 倭 哇 加 有 他
吕 甦 子 尼 那 剌 武 乌 倚 怒 窝 古 牙 末 去 不
孤 依 的 恶 沙 其 又 未 美 寔 泄 庇 母 世 是 敲

夷国上下文移、往来书札,止写此数字。凡音韵略相类者,即通用也。

（夏子阳:《使琉球录》,台湾文献史料丛刊,第三辑,第五十五卷,台湾大通书局。）

8.《文直行书诗文》

　　若陈钱山至日本用艮针。福建往者,梅花东外山开船。单用辰钉(编者按:原文为"钉"应为"针")、乙辰针或用辰巽针十更船,取小琉球套北过船,见鸡笼屿及梅花瓶、彭嘉山,由彭嘉山北边过船,遇正南风用乙卯针或用单卯针或用单乙针,西南风用单卯针,东南风用乙卯针十更船取钓鱼屿北边过,十更船南风用单卯针或用乙卯针,四更船至黄麻屿,北边过船便是赤屿,五更船南风,用甲卯针,东南风用单乙针,十更船至赤坑屿,北边过船南风用单卯针及甲寅针,西南方用艮寅针,东南风用甲卯针,十五更船至古米山,北边过船,有礁宜避,南风用单卯针及甲寅针,五更船到马齿山,南风用甲卯或甲寅针五雨舡至大琉球郍[①]霸港……

　　(熊明遇《文直行书诗文》文选卷十三,清顺治十七年熊人霖刻本,中国基本古籍库。)

---

① 编者按:即为"那"。

9.《海防纂要》

福建使往日本针路

梅花东外山开船，用单辰针、乙辰针或用辰巽针十更船取小琉球，小琉球套北过船见鸡笼屿及梅花瓶彭嘉山。彭嘉山北边过船，遇正南风用乙卯针或用单卯针或用单乙针，西南风用单卯针，东南风用乙卯针，十更船取钓鱼屿，钓鱼屿北边过，十更船南风用单卯针，东南风用单卯针或用乙卯针，四更船至黄麻屿，黄麻屿北边过船便是赤屿，五更船南风用甲卯针，东南风用单卯针，西南风用甲卯针或用单乙针，十更船至赤坎屿，赤次屿（编者按：应为赤坎屿）北边过船，南风用单卯及甲寅针，西南风用艮（编者按：原文如此，应为"艮"）寅针，东南风用甲卯针，十五更船至古米山，古米山北边过船，有礁宜知畏避，南风用单卯针及甲寅针，五更船至马岛山，马岛山南风用甲卯或甲寅针，五更船至大琉球，大琉球那霸港泊船。土官把守港口船至此用单卯及甲寅针行二更进那霸内港以入琉球国中。

（王在晋：《海防纂要》，明万历四十一年刻本，中国基本古籍库。）

10.《台湾地势番情纪略》

……亦以王事为急,遂从之五月朔,予等至广石祭海登舟。是日,北风大作,昼昏如夕,连日皆风逆,至五日始发舟,不越数舍而止,海角尚浅,八日始出海口。风微顺,波涛亦不汹涌,舶舰与夷舟相为先后。出舱视之,四顾茫然,云物变幻无穷,日月出没可骇诚一奇观也。九日隐隐见一小山,乃小琉球也。十日南风甚迅,舟行如飞,过平嘉山、钓鱼屿、黄花屿、赤屿,目不暇接。兼三日之程,而夷舟帆小不能及,相失在后,十一日至夕始见古米山,问知琉球境内,夷人皷舞于舟,喜达家乡。夜行彻晓,忽风转而东,进寸退尺,失其故处竟一日始至其山,有夷人驾小舟来问,夷通事与之语而去。是日风少助顺即抵其境……

(严从简:《殊域周咨录》,明万历刻本,中国基本古籍库。)

二、清代文献

1.《使琉球记》
张学礼
1663年（清康熙二年）

王　序

　　立庵外兄之奉使中山也，觞而送之西子之湖；举酒酹地曰："愿蓬莱水浅，安澜如湖；奉天子命，其速竣事还，当以卮酒谢西湖也。"越明年归，余又迟之湖上，相见甚欢，又举酒酹湖，不负前约。是时月淡柳柔，烟鬟花靥骀宕绰约，弄姿三雅之间；笑指孤山，语立庵曰："白傅诗谓'到岸请君回首望，蓬莱宫在海中央'。余闻马齿、姑米皆插洪波中，得无是耶？"立庵笑，出《使中山记》俾余读之。开卷尺许，四山风来，水过堤上，林鸟叫号，残月倏落；乃抚卷叹息曰："境遇何常，或燕燕居息、或尽瘁事国、或栖迟偃仰、或王事鞅掌，信不诬也。"立庵乘长风、破万里浪，为国怀徕异域，奚啻天上客星！而予以麋鹿野姿，早弃林壑，逍遥自恣于山水之间；其为度越，可道里计哉！虽然，挂瓢拾月、舍棹携琴，两人兴致正复不浅；把酒临风，亦何有焉！书罢，千峦始开，双水如笑。

　　康熙甲辰花朝，眷弟王言顿首题于西泠之寓楼。

赵　序

　　古者，使臣不越甸服、侯服之内，而皇华四牡歌咏慰劳，无穷焉。今立庵张公远使绝域，海若、阳侯皆识御史骢矣；其为歌咏慰劳，宜何如哉！乃甫登陆解装，辄书其道里风涛之险，述其奉扬麻命、下国输诚委顺之情。美哉！一何其实而不华、文而有体也耶！立庵归朝，公卿故人劳苦问讯，当把玩是编，感其忠挚诚悃可格神明，而又无乘槎凿空之语；即以此当成周盛时郊劳赠答，可也。

异日相天子成郅隆之治,重译来者报曰"海不扬波已三年矣"!则今日所记波涛风雨之乡,安知非异日镜水石帆、安流呼啸之地也哉!其可以慰立庵矣。读毕,聊书其首。

时康熙甲辰端月,钦命总督浙江等处地方军务兼理粮饷太子少保、兵部尚书兼都察院右副都御史赵廷臣顿首拜题。

琉球,东海小国也。唐、宋以来,世奉正朔。王姓尚,名质;自明季请封未果,使者留滞闽中。顺治三年福建平,通事谢必振自江宁具投经略洪承畴,转送进京。礼部题"敕印未缴,不便遣封";必振取缴敕印,飘流日本。十一年七月,始来部,请册封。循旧典,应差科员、行人,学礼与今副使王垓实膺是选。召对太和殿,正副使俱赐一品麒麟服、玉带、东珠顶,赐御酒、敕印,差官护送前往。辞朝,蒙世祖召询家世,学礼奏:"臣弟学圣,忝任福建巡抚。臣有子六人:长子思明,见任江南分巡道;次子思恭,见任参领,管佐领事;三子思齐,广平知县;四子思行,吏部笔帖式;五子思信,荫生;六子思任,荫生,候补笔帖式。嫡孙景芳,世职阿达哈哈番。"世祖闻奏,大悦:"卿乃巨族老臣,福禄来崇,子孙绳绳;此去无妨!"赐茶毕,辞行。十月,抵江宁,因遴选随行医官赵政之、熊耀陵。次年正月,至武林;天文生朱廷枢病故,移咨督、抚请补。三月,入闽造船;藩司详称:"旧例,舵木用铁力。其木产于广西,由海道运;今游氛未靖,未可计程至也。敢请缓期!"因留闽四载。新补天文生黄道隆又故,仍请补。奉旨:"海氛未靖,钦差官暂行掣回;俟平定之日,另行差遣。"十五年,进京缴敕印。世祖宣至殿上,赐茶;谢恩,仍入兵垣办事。是年,裁左、右科员,改授江南道御史,掌河南道;奉差河东巡盐。事竣,值鼎湖升遐,今上即位;维新出治,考核臣工。奉旨:"张学礼已差册封琉球,为何不去?"礼部回奏"世祖掣回"。上念遐方盼待日久,员役物故多人,迟延或有隐情;再奏再驳,竟议革职;所以勤远略也。

元年十月,忽奉上传:"张学礼、王垓仍差册封琉球;事竣之日,以原官用。"弃故图新,所以励劳臣也。补差天文生李光宏、太医吴燕时,聘请从客陈翼等;于十一月就道。

二年四月,抵闽;督、抚设席于南台,阅视船只。其船形如梭子,上下三层,阔二丈二尺、长十八丈、高二丈三尺。桅舱左、右二门,中官厅,次房舱;后立天妃堂,船尾设战台。桅杆,众木凑合,高十八丈,俱用铁裹;杆头有斗,可容数人观风瞭望。船内有水井二口,设官司启闭,不妄用涓滴。船底用石铺压,上层列中炮十六位、中层列大炮八位。是日,设祭,封桅炮讫;询舵之所来,云有红毛国进贡请兵,船数只已回,留三只,现泊江上,因购得铁力木舵。随往泊所视之,有侍郎总兵二员、从役三四十人。其人面白发黄、眼绿鼻高,戴黑圆帽,执红棍者为尊。官穿红哆罗呢,从员穿青绿;高底木屐,前高后低。其船底用铁包,缝以铅灌。桅杆三节:如风大,用一节;风小,用二节;再微,用三节。每节有盘,无斗;盘容数人。其船坚而且稳,左右前后俱有大炮,过海最善。所造二舟虽坚固不及,而宽、广过之。督拨水师守备王祚昌、魏文耀、千总陈兰、施恩、兵丁二百五十余名、长随五十余名、传宣二员、听用四员、管水井二员、通事二员、管舵管罗镜二员、书吏门皂轿伞役百余名、吹手十六名、舵工二十余名、水手六十余名,择吉于五月初四日登舟。初八日,迎供天妃像。十一日,靖藩设宴。次日,督、抚、藩、臬出饯于南台,从官以下笾豆有加,以光使臣、昭国体也。十七日,泊林浦。十八日,过鼓山。十九日,过罗星塔。二十日,过闽安镇,镇将李遣游击郑洪以鸟船百余、兵三千护送出海。次猴屿,祭天妃。二十二日,候风广石。风汛不定,复回猴屿;再过闽安,避风罗星塔下。阅十日,风汛定,再过猴屿;见梅花所故城,荒榛瓦砾,满目凄然。通官谢必振禀云:"天妃姓蔡,此地人;为父投海身亡,后封天妃。本朝定鼎,尚未封。"于是至庙行香,许事竣请封。

初七日,西南风微起,向阙叩辞。时长子思明已解任,送至海口,不忍分离,必欲随侍;再四拒之,乃止。出海口,中流风作,护舟游徼左右;炮流旌掣,闪电虹飞。炮声轰动,空海如沸。坐战台,顾而喜曰:"马之罄控在人,舟之旋折亦复如是。有军如此,何烦朝廷南顾忧为!"是日,至白洋,大风息,云雾散;忽见贼船一只,随令游击领兵发炮,击碎贼船,杀贼百余。道开,举帆长往;郑之舟师亦辞归矣。初九日,浪急风猛,水飞如立;舟中人颠覆呕逆,呻吟不绝。水色有异,深青如蓝;舟子曰:"入大洋矣!"顷之,有白水一线,横亘南北;舟子曰:"过分水洋矣!此天之所以界中外者。"随见群鱼发鬣,有人立者,有飞舞水面者,有作相扑状者;鱼之脊翅竖如大桅,周围旋绕。舟子曰:"水族闻封舟过海,欢忻来朝;此祥征也。"海洋之水,绿、白、红、蓝,历历如绘;汲起视之,其清如一:不能解也。十一日早,忽见一山横于舟前,首尾约长千丈;随将洋镜照之,非山、非云,乃巨鱼耳。于是令僧道设醮施食,其鱼渐沈,与水相平,犹如沙屿芦苇;至晚潜消。十二日,过糠洋,风恬浪静,天水若一。日出,则海水俱红;月现,则碧天皓洁。时有大沙鱼二尾,长三丈余,随舟左右。每一尾,有小鱼二尾随之,亦不离左右;形如河鲀,花绿可爱。又见一鱼,长丈余;身黑尾红,脑上方白如玉印。是夜,饮于战台。宵深无风,忽听船旁唼水声,其船动摇;继喷水满船。舟子曰:"此乃大鱼戏水,勿惊!"连日无风,船浮水面,胶滞不前。通官谢必振禀:"已离梅花所七日,不见一山;舟中水米且尽,枵腹三日矣。惟有顺流七岛,冀活两舟。"余闻七岛去中山远,有羁王命;不可。令舵工上斗瞭望,见东北一山形,圆卑如覆盂,四面无址;谅无居民,心甚疑。十五日,有风自北来,又见一山如长蛇蜿蜒水中。至晚,抵山下;见柴薪堆积,知有居民。恐有礁石,不敢近;绕山行,以待天明。居民惊疑,遁入深山。差王大夫、郑通使上山探问,云是琉球北山,与日本交界;举舟欢忭。随有地方官进水、薪,居民亦至;问所见小山,云乃尤家埠琉璜山也,北去日本、东去弱水洋矣。过此,当飘蓬莱扶桑,不知何日西还矣。倘神不假北风引舟南行,过此将安之乎! 痛定追思,喜逾望外。泊一宿,差琉人破浪先往。十八日,南风起;风逆,不能起椗。地方官拨小船百余,牵挽出口。十九日,将近伊蓝埠,有二龙悬挂,尾、鬣俱见;风云四起影播,荡飐摇曳。大桅决,铁箍已失二三;舟中人怖绝,恍惚晦冥,似有天吴、海童奔逸左右者。守备王祚昌、魏文耀告曰:"皇灵远降绝域,百神来集;速出'免朝牌'示之!"牌悬,如故也。顷之,乃悟;易墨以朱,一悬鹢首、一投于海中。天渐开、云渐散,风仍大作。土人称此是龙潭,不可泊;转至山南。余因连日受惊而病,登岸调养三日方愈。

二十五日,次温镇,抵那壩港,法司等官来迎;士民欢闻,金鼓不绝。国人先年请封,到闽有六十人,故者四十余。家属来问,询知人在者,喜逾重生;已故者,哀恸欲绝:不觉伤感。是日,中山王备龙亭,恭迎敕印;称旧馆毁败,已备民房,现在修理。因在船守候六日。七月初一日,进馆。王差法司呈供应旧册,云向来供应,俱照此册;因三年不雨、五谷不登,不能如前。余念其困穷,一应供应十减八、九。择十七日,行册封礼;鼓乐导引,倾国聚观,不啻数万,欢声若雷。王出城三里,至守礼坊下,具朝服行九叩礼,乘轿进城。至中山殿前,将敕印供奉,行九叩礼;付官蒋宿耀上左台宣读,王跪听。宣毕,将敕印并恩赐蟒袍、装花绫䌷四十八匹付王收受;行九叩礼。王妃敕谕付官孟道脉上右台宣读,王妃跪听。宣毕,将蟒缎、装花绫䌷四十八匹付王转付妃收受;又行九叩礼。事毕,与王交拜,更衣赴宴。旧例,器用金、银折席;余仰体朝廷柔远之意,概行除免。使臣例有七宴(重阳有龙舟),国无优伶,笙箫击鼓而歌者士夫以下等官,舞则十龄幼童——皆各官子弟为之。歌章大义,首祝天子万年,继讼使臣有光海邦;此大较也。次日,大雨三日,通国加额;云"圣天子恩泽沾需,奠我海邦,世世戴之!"

　　大典既竣,戒员役宿馆中,候风回舟。旧例,过海以夏至前后两、三日,归以冬至前后两、三日。是月十一日,冬至。十二日,登舟,王率属诣署饯送,不忍别;至晚,方回。十四日,东北风起,出那壩港;暮抵马齿,过孤米。十六日,飓风大作,暴雨如注。船倾侧将危,与副使王公登战台,匍匐风雨中,亟祷天妃;风愈大,桅摇撼将倒。桅右敧,则龙骨现于左;桅左敧,则龙骨现于右(龙骨,船底定艙木也):忽折半截,相连不断。船愈侧,哭声震天。余曰:"两人奉使无状,应死!尔等葬于鱼腹,何辜!"众应曰:"大数已定,同死无怨!"桅出入波涛,篷半浮水面、半罩战台,相系牵带;舟人曰:"桅不速断,舟必中裂!"于是再祷以请,风势如故。余仰天大呼曰:"皇帝怀柔百神,天妃血食中土,不在祀典内耶!使臣愿投海中,桅可速去,冀活余人;归报天子,神之赐也。"随有火光荧荧,自风雨中起霹雳,断截其桅;即令守备魏文耀、千总陈兰割去篷索,篷、桅逝而船始平。但风浪搏击,舵不能定:舵左转,舵右者随而仆,舵右转,舵左者随而仆。浪由船尾进、从鹢首出,严冬凛冽,舟皆裹冰。榜人冻沍,不能施力;亟易其衣,初以布,次以紬缎裘袄,凡一昼夜。十七日,雨虽止,风仍大作。通官曰:"遇险不死,或有可生;须再祷!"各许愿,设簿登记。时黑云密布,上下晦冥,心寒胆裂;问必振曰:"汝言可生若何?"云:"大桅虽去,头桅尚存,可生者一。舵乃二绳没于水底,夹于龙骨;一绳断,舵即浮。今勒索无恙,可生者二。"十八日,舟子忽报曰:"勒索断,舵浮于水,危在顷刻矣!"余令曰:"如能下水者,赏银五十两。"有一人出应令,饮酒而下,入水即起。余又曰:"能换绳者,赏银百两。"有一、二少壮者出应,皆随下随起,入水不能,起舵不可。船从风顺流,随波上下,又一昼夜,不知几千里也。十九日,风息;祷神起舵,三祷三从。易绳下舵,风乃止。设使易舵时风起,则船必覆;今祷而随心,人舟无恙,神之佑也。二十日,东北风起,修整篷、桅。东风大作,拆账房为帆,继以被:皆可翼风,舟行如飞。二十一日,有一鸟,绿嘴、红足,形若雁鹜,集战台。舟人曰:"天妃遣来引导也!"相狎如驯鸟。二十二日,海水渐浑,中国相近,但恐过闽或抵粤耳。行至申刻,望见一山浮于天际;二十三日,舟子曰:"是浙江之定海,北是普陀、西是九山也。"喜甚,随犒劳舟人。午后,忽见贼船四只扬帆从东北来,不远数里矣;通官谢必振、守备王祚昌告曰:"我船篷、桅俱无,若调风对敌,万不能;奈何!"余曰:"岂可束手待之!"急令各官督内司长随各备弓箭、铳炮、手枪,其余舟人取压船石,贮备对仗。忽天际云雾荟蔚,垂蔽我舟;有顷复霁,贼帆灭迹矣。晚至福宁,舟人曰:"悉是贼窝,不可近!此去闽安,只有两潮;再出大洋,可以直进。"又恐西北风起,傍九山下迤逦而进。日晡,远望山上隐隐有火光,山下船桅如林,不敢近。二十四日,舟子报曰:"船已到五虎门矣!"正遇落潮,随放炮;守口兵丁惊疑,亦放炮迎敌。急令鼓吹,扬旗示之;然后官役出迎,直达闽安。李总镇慰问曰:"舟中人口无恙乎?"余曰:"前朝旧例,封舟过海,恐飘流别岛,不能复回,随带耕种之具;又虑员役损失,后事俱备。今随行数百余人无一损失,皆朝廷之福也。"询二号船,随风飘至江南崇明之凤尾山,南行一昼夜将至广东,始得顺风而转,已至闽安二日矣。谢恩船迟半月到,因风坏船,复回修舱,故来迟耳。大船进口,先用小船剥;进南台、靖藩、督、抚、司、道出郭迎,情礼欢洽倍于去时。二十五日,进城。至天妃庙,行香。余与副使王公各出赀酬愿,如所许数;员役亦然。督、抚委王守备修盖庙宇,余仍置金冠、悬匾,答神惠也。

季冬二十二日,起行,督、抚饯送。至建宁度岁。正月,至衢州;长子思明来迎,云:"拜别后不敢归,坐待于浙耳。"抵杭州,督、抚、司、道置席西湖,与表弟王大哉(言)盘桓数日。三月,过姑苏,至京口。五月,过山东,河水涸,船不能进,日行不数里。七月,抵通州。初十日,同副使王公率琉球陪臣并随封官员谢恩复命,琉球进贡土物绵盔甲一副、镀金鞍鞯一副、琉枪刀、琉磺、磨刀石、蕉布、琉扇、琉纸、胡椒赴礼部交毕;奉旨宴犒并随封官员。临行,中山王赠金百两、副使九十两,两臣固辞;王另疏上闻,奉旨:"着张学礼、王垓收领。"又与副使赴缴一品服色,部云:"此系恩赐,不必缴。"

是役也,去程三月,归仅一旬;其间陟险至再,皆获安全。皇灵遐畅,感格幽显;甘雨随车,百神效职。溟渤奇观、山川、风俗,笔不能载;聊纪一二,传示后人。至熙朝盛典,旷世遭逢,余两臣亦忝窃焉云尔。

(张学礼:《使琉球记》,《清代琉球纪录集辑》(上),《台湾文献丛刊》(292),台湾银行经济研究室,1971年。)

2.《中山纪略》

琉球,海中小国也。所出土产,惟蕉布、硫磺;其烟、刀、纸张、折扇、漆器之类,皆来自日本。国有米、麦,只可供应王府;民皆食蕃茹,状如薯蓣。宴宾客,席甚简薄;斤肉、樽酒可享数人,叙款洽而已。一席不过一二器,即夫妻儿女,从不闻同餐食之;所余,皆弃之。客来相访,不分上下东西,任随客意自坐,盘膝于地。坐下,方叩一首,烟、酒、茶汤接踵而至。如客返,亦叩一首竟出;主人不送迎,若无闻也。官宦之家,俱有书室、客轩。庭花、竹木,四时罗列;架列《四书》、《唐诗》、《通鉴》等集,板翻高阔,旁译土言。本国之书亦广,但不知所载何典、所言何事耳。设官之法,自唐、宋至元,王之长子应袭爵者,至中国入国子监读书;其父薨,始归受封。至洪熙时,悯其来往风波惊险不测,特免之;赐三十六姓人教化三十六岛,子孙世袭通使之职,习中国之语言、文字。至今请封、谢恩、朝贡皆诸姓之后,俱有姓名;若土官,有名无姓也。取士之法,不尚文、不考试,举贤良方正,由秀才历法司。设官长,无衙门,从役惟百姓轮值。其执法甚严,不徇情面;即官长父子、兄弟犯法,轻则徒流、重则处死,不曲庇丝毫也。百姓见官长经过,男女皆去簪、脱履,俯伏道旁,俟过而后敢行,小心畏法若是。道不拾遗,夜不闭户;甚有太古之风。有犯罪者,大夫闻之法司;法司察其因由曲直,令曲者死,亦不敢迟留也。有犯法重者,竟自刎颈、投缳,不敢妄辩求生。男女不薙胎发;男至二十成立,娶妻之后,将顶发削去,惟留四余;挽一髻于前额右旁,簪小如意。如意亦分贵贱品级:国王用金而起花者,王之伯叔兄弟用光金;三法司、紫金大夫用银起花者,大夫、通使等职用光银;百姓用玳瑁、明角、竹簪而已,妇女亦然。衣服敞袖长袍,腰系全幅锦缎长丈余,两旁插扇子、烟袋、小刀之类;足穿无根皮鞋。冠以纸为胎,绸布裹之,分贵贱;长七寸,阔二分,周回三转,共为一圈。王用五色花绫,王之叔伯兄弟子侄用黄花绫,宗族用黄光绫;法司、紫金用紫花绫,大夫、通使等官用红绢。初进王府者为秀才,用红光绢。王府役人及杂职,用红布;百姓皆用青、绿布:此定制也。

彼国人虽与中国同而言语大别:金曰额腻、银曰喀难、爷曰安知、大曰倭捕煞、小曰弥煞、红曰呀噶煞、白曰十六煞、男曰会耕噶、女曰会南宫、幼小曰蛙篮璧、父母曰倭牙、吃曰米小利、饭曰安班、酒曰萨儿、好曰优哒煞、不好曰挖煞、醉曰威帝、睡觉曰殷帝。人名俱有四五字者,如马烂敏达罗、如喀难顾司姑之类,惟有阿弥多、夜弗苏二名呼唤者甚多。

国中有迎恩亭,即天使登岸之所;离海口三里许,在那壩港地方。其间里巷相连,人居稠密。过此则天使馆,向来册封员役俱驻于内。馆中有厅堂、廊房、楼阁、亭园、台榭、书室、小轩,周围宽广,与燕中报国寺相类。馆内铺设,桌椅、床帐及碗碟什物,俱照中国制度;设专司,收贮在府。俟天使至日,方敢动用。今馆虽倾颓,后楼上尚有故明使臣杜三策题梅花诗百首于壁间,其余吟咏甚多;外有匾额、字画,皆故明历代名公之遗迹也。馆前有空地百亩,每日午后,妇女或老、或少携筐挈筥聚集于此为贸易,实游玩也;傍晚方归。其间,亦有殊色摇曳而来。风俗:女子自幼即刺黑点于指上,年年加刺。至十二、三岁出嫁时,竟成梅花;至衰老,手背皆黑矣。发长四、五尺,头梳一髻,光如油、黑如墨;不修眉鬓,不带钗环、手饰,不施脂粉。穿大领衣,色尚白;有时以手扯裳,有时以衣覆脑若兜衣之状。如有夫之妇犯奸淫,男女俱死。亦有女子不嫁人者,竟离父母自居,专接外岛贸易之客;女之亲戚兄弟——毋论贵贱,仍与外客亲戚往来,不以为耻。若遇本处有室者,亦不苟合也。那壩港至中山王城约二十余里,殿在山顶。其殿康熙元年冬天火焚,至今尚未建。殿后有一小峰,名"虎崒";下有小庙,无像,但设香供于地。殿前有石壁,高数丈,阔二十余丈,平如斧削。中间有一穴,穴口嵌一铁龙头,龙口内有泉水喷出,从空注下,即大旱之年水亦不竭。王城西北里许,有一大池,池内有鲤、鲫鱼。又一山,松柏参天,明花四布。王城之西南,有中山王之祖茔;茔中无冢,惟石碑上刻"琉球中山王祖茔"。茔前五峰相对,左右有情;后有靠山,沙水相映。明堂广阔,可容万马,远山围抱。中山王家庙,离那壩数里;官民经过,下马步行。庙前有海水来朝,金碧相映。前、后殿中所供牌位,自唐、宋以来子孙不替,守庙是僧。那壩之东北三里有三清殿,殿前二松大数围、高二十余丈,枝叶茂盛,势若飞舞。三清殿东有天妃庙,庙虽窄隘,幽邃可观。庙东有演武场,南有长虹桥,阔百丈余、长五里;桥下大水,名曰"曼湖",通海。过桥有松岭,岭长二十里许;松楸满目,苍翠郁然:亦琉球之一景也。

旧例,使臣有七宴——迎风宴、事竣宴、中秋宴、重阳宴、冬至宴、饯别宴、登舟宴,器用金银折席,琉刀、小刀、蕉布、琉烟、苎布、琉扇、琉纸、琉枪并折席。已上俱免,只领席;从员役亦然。守备、千总、通官等三十余员,每员廪给免去九分,每日支米、面各一斗,牛、羊、猪肉各十斤,鲜、干鱼各十斤,鸡、鸭各十只,烧酒、油、盐、酱、醋各十斤,柴十束;长随、内司、听用各官五十余员俱半廪给,每日支米、面各五升,牛、羊、猪肉各五斤,鲜、干鱼各五斤,鸡、鸭各五只,烧酒、油、盐、酱、醋各五斤,柴五束;僧道及各项匠作、书吏、门皂等役百余名口粮,每日支米、面各三升,牛、羊、猪肉各三斤,鲜、干鱼各三斤,鸡、鸭各三只,烧酒、油、盐、酱、醋各三斤,柴三束;兵丁及各官随役二百余名俱月粮,每日支米、面各二升,牛、羊、猪肉各二斤,鲜、干鱼各二斤,鸡、鸭各二只,烧酒、油、盐、酱、醋各二斤,柴二束。封舟过海,例有从客偕行;姑苏陈翼——字友石,多才多艺,王持帖请授世子等三人琴。

世子名曰弥多罗、王之婿名曰哑弗苏、三法司子名曰喀难敏达罗,寓天界寺习一月,移至中山王府又月余;授世子思贤操"平沙"、"落雁"、"关雎"三曲,授王婿"秋鸿"、"渔樵"、"高山"三曲,授法司子"流水"、"洞天"、"涂山"三曲:求诣无虚日,皆称曰"友石先生"。西湖吴燕时——字羽嘉,业歧、黄,切脉知生死;国中求治者,无不立愈;亦有数人受其传。八月中秋节,王设宴。是日,设席正殿;两使上坐,从客向西,中山王向东北陪。其钦天监、太医院、守备、千总各官,设席别院,俱三法司、紫金大夫陪;内司、长随、中军、听用各官,设席别院,俱大夫陪;册封书吏、僧道各役,俱长使、通使陪;其兵丁、跟役,俱秀才杂职陪。其通官二员,时在左右传递问答,不预席。设鼓乐,有走马、弄刀、刺枪、舞剑、踢球、走索诸戏;至晚方散。重阳节,王又设宴如前;早到王府小饭,次看龙舟。中国午日竞渡,琉球在重阳,于城西之龙潭。潭中二山并峙,一名石笋、一名龙冈,冈上设小席;湖水澄清,微波不动。舟有五,各分五方旗帜;每船用水手四十八人,往来飞转,金鼓震天。午后,上宴。幼童百余人,皆贵戚子弟——又一少年僧,生成头长尺五、眉发雪白、颏缀霜髯,伫立庭中。一童子挽双髻,杖挂葫芦,次于寿星之右;一童子,生成背驼、眼细,戴箬笠、穿锦服,手擎蟠桃如东方朔,次于寿星之左。有黑鹿一只,排于寿星之前。鸣锣击鼓,众童子环绕歌舞;内穿锦衣、外白绫,半臂绣菊花,以应佳节。

濒行,王请留匾额,正殿"东南屏藩"、家庙"河山带砺"、三清殿"苍生司命"、天妃庙"中外慈母";王公亦有赠匾。其请封各官,王念其远出多年,各加俸米不等;惟紫金大夫蔡国器年老,加俸米以原官致仕。

其国南北约三千余里,四面滨海。无盗贼,为治简朴,颇有华风;敦尚礼教,宗族亲睦。

余留日无多,见闻有限;略存其概,以俟后贤广为考订,以备采风之助云尔。

康熙三年(岁次甲辰),书于闽之公署。三韩张学礼识。

(张学礼:《中山纪略》,《清代琉球纪录集辑》(上),《台湾文献丛刊》(292),台湾银行经济研究室,1971年。)

3.《使琉球杂录》

1683 年(清康熙二十二年)

(六月二十三日,自五虎门开洋)……二十四日天明,见山,则彭佳山也。不知诸山何时飞越。辰刻过彭佳山,酉刻遂过钓鱼屿……二十五日,见山,应先黄尾后赤屿,无何遂至赤屿,未见黄尾屿也。薄暮过郊(或作沟),风涛大作。投生猪、羊各一,泼五斗米粥,焚纸船,鸣钲击鼓,诸军皆甲露刃,俯舷作御敌状,久之始息。问"郊"之义何取?曰:"中外之界也。""界"于何辨?曰:"悬揣耳。"然顷者恰当其处,非臆度也。食之复兵之,恩威并济之义也。

(汪楫:《使琉球杂录》,黄润华、薛英编:《国家图书馆藏琉球资料汇编》(上),页 801-802,北京图书馆出版社,2000 年版。)

4.《指南广义》

1708 年（清康熙四十七年）
程顺则

序

"形而上者谓之道,形而下者谓之器。"姬公之指南,虽为浮海者设,然九州岛四方、五行八卦以及十干十二支,靡不该括器也。而道寓之,应变无穷,又不仅为操舟人说法也。惟是圣天子声名洋溢,几有血气,莫不尊亲。异域君长,献琛踵至,皆从溟渤中来。指南之法其可略而弗讲欤。吾门程雪堂潜心学古博览群书,非关世道与裨人国者,不以矢诸口笔于书。前著《庙学纪略》,尊圣道而重师儒,一时千载。今且为大夫矣,犹鳃鳃以地罗要旨为急务者,盖诚有见于贡之所通者海也,海之所济者舟也,舟之所凭者针也。针之理微,非考之旧本,参之时论,汇辑成书,使司针者玩索而有得焉,几何其不至于舛谬也。雪堂《指南广义》之辑,意其有在于斯乎。集成授梓,丐余一言弁其首。余虽不知针中之妙,然东西南北人也,曩尝过九江,浮鄱阳洞庭间,湖光万顷,飘然一叶;续渡琼南,望儋崖万三州,吊当年横海故道,慨然念马伏波上雾下潦之言。浪急涛飞,幸获无恙者,舟人之心,不为动故也。然后知心定则针定,针定则船定,一以贯之而已矣。明乎定之义者,不独涉大川而不惊也,即遗大投艰。与夫横逆之来、非常之至,皆可静以镇之,无恐怖心。此惟雪堂可与言者,故因序其书而并及之。闽人陈元辅昌其氏撰。

自 叙

昔周公作指南,越裳氏赖以归国;制器利用。万世崇之。中山僻处东滨,代膺封典,任土作贡,往返无虞,皆荷天朝福泽远庇,所以海不扬波,如期至止。悟是过洋之与行路,彝险迥殊。余四抵闽,三入京师,南北间关,舟车劳瘁,惟以奉简书、尊天子为拳拳,虽风霜扑面,心不为动。至渡海时,上雾下潦,万里苍茫。有风则浪头高并于山,无风则船脚欹摇如簸。崩崖裂石之声,弗绝于耳,未尝不心胆为之俱碎。因思匠用规矩,射凭彀率。古人成法,均不可废,何况指南,圣人所造,变化无穷,更当研究也。乃取曩者封舟掌舵之人所遗针本及画图,细为玩索。觉天之下、地之上,顾而易见,微而难知者,一一在目,不啻犀燃烛照。但文有繁冗,字多差讹,悉为参考改正,以作度世津梁。虽然,此舟人事也。余忝从大夫之后,职在修贡典、勤使命,区区梡柂木节,似非吾所当务。殊不知赍贡物而来、捧玺书而返,皆于船乎是赖。倘司针失人,用神不定,大典攸关,是亦予辈之责也。夫书成授梓,因颜之曰:《指南广义》。时康熙四十七年,岁次戊子,麦秋既望,琉球国中山王府进贡正议大夫程顺则,书于琼河之古驿。

指南广义目录

海岛图

针路条记

传授针法本末考

天妃灵应记

请天妃安享祝文

请天妃登舟祝文

请天妃入庙祝文

天妃诞辰及节序祝文

祭天妃仪注

周公指南地罗二十四位图

定更数之法

开洋下针祝疏

风信考

逐月暴风日期

许真君传授龙神行日

出行通用吉日　附忌日

论用往亡日

百事吉日

四大吉时

行船通用吉日　附忌日

逐月行船吉日

四时占候风云

准备缓急物件

潮汐论

月华出时诀

定寅时歌

太阳出没歌

太阴出没歌

定四正四隅之法

正隅对念法

二十四位顺念法

观星图

四时调摄

饮食杂忌

养心穷理

谨戒戏谑

戒浪饮酒

禁作无益

附录

河口柔远驿记

重建天妃楼记

上(编者按：原文如此应为"土")地祠记

祭土地祠祝文

崇报祠记

指南广义目录终

琉球国三十六岛图

（图略）

针路条记

福州往琉球　东沙外开船，用单辰针于十更，取鸡笼头，北过花瓶屿并彭家山，用乙卯并单卯针十更，取钓鱼台，北过前面黄麻屿，北过用单卯针四更，黄尾屿，北过用甲卯针十更，赤尾屿，用乙卯针六更，古米山，北过用甲卯针，马齿山,北过用甲卯及甲寅针收入那霸港,大吉。

又五虎门开船,取官塘东狮,用辰巽针十五更,小琉球头,北过用乙卯针十五更,钓鱼台,北过陇,单卯针十更,赤洋,又单卯并甲卯十二更,古米山,用单卯并乙卯,至那霸港。

回福州　十月十日己时,出那霸港,用申针放洋,用辛酉针一更,半见古米山并姑巴甚麻山,用辛酉针四更,用辛戌针十二更,用乾戌针四更,单申五更,辛酉十六更,见南杞山。用坤末针三更,取台山,打水二十托,西边有横礁出水,用丁未针三更,取里麻山,一云霜山,用单申针三更,收入定海。

漳州往琉球　太武开洋,用单艮针七更,岛坵,用艮寅针四更,牛山,又用艮寅五更,东涌山,用单辰针,如西南风用乙辰针,东南风用辰巽针八九更,小琉球鸡笼屿外平彭家山,如南风用单卯针,东南风用乙卯针十更,钓鱼台,北过南风,单卯四更,黄麻屿赤礁北过,南风单卯并甲寅针、又用艮寅,东南风用甲卯针十五更,古米山北过,南风单卯及甲卯针四更,马齿山,甲卯三更,收入那霸港口。

以上四条封舟针薄抄

琉球往福州　二月古米山开洋,用辛戌并辛酉针四十五更,取东涌山为妙。

又三月古米山开洋,用辛酉针二十七八更,看墨鱼骨成阵流,系是洋心,用单酉针,一日就见山,如不见山,海水变绿色,又见白色,夜间可防近山,使开针,候至天明观是什么山,真无差也。

又三月古米山开船,用辛酉针十五更,又用单酉二十更,见钓鱼台,又单酉针七更,取彭家山,又用辛酉针取官塘。

又成化二十一年九月二十四日午时,古米山开洋,用庚酉针四更,又乾亥针三更,又单乾针四更,又辛戌针三更,又单戌针四更,又辛酉针十九更,见台山。

又古米山开舟,东北风用单戌针十更,又辛戌针五更,又单辛针五更,又单酉针十更,见水色浑白远者有山,又用庚酉针,认是南杞。

又十月古米山开洋,用乾戌针十更,又用辛酉五更,又用单酉十更,又用辛戌五更,又用单酉五更,见台山为妙。

福州回琉球　梅花及东沙开船,若正南风用乙辰针十更,取小琉球头,便是鸡笼山圆尖,又用乙辰五更,花瓶屿并彭家山,又用单乙七更,取钓鱼台,离开流水甚紧,北过用乙卯并单卯针四更,岛屿前面黄毛屿,北过,用单卯针十更,取赤屿,北过,用卯卯针十五更,取古米山,北过,用单卯针三更,取马齿山,用甲卯并甲寅三更,收入那霸港,大吉。

又东墙山开船,南风用乙辰针,直取小琉球头,用乙卯针五更,取花瓶屿并彭家山,用乙辰取北木山,即八重山岛。

又东涌山开船,北风甲卯针取彭家山,若南风用甲卯并乙卯针,取钓鱼台,北风用甲卯并乙辰针,取太平山,即宫古岛。

又钓鱼台开船,北风辰巽针,取北木山尾小琉球头,又用乙辰针取沙洲门,又用乙卯针取太平山,太平山开船,用艮寅针直取那霸港口,大吉。

以上十条三十六姓所传针本抄

指南广义
中山程顺则宠文汇辑

传授航海针法本末考

康熙癸亥年,封舟至中山。其主掌罗经舵工间之婆心人也,将航海针法一本,内画牵星及水势山形各图,传授本国舵工,并告之曰:此本系前朝永乐元年,差官郑和、李恺、扬敏等,前往东西二洋等处开谕各国,续因纳贡累累,恐往返海上针路不定,致有差错,乃广询博采,凡关系过洋要诀一一开载,以作舟师准绳。今琉球修贡,海道须知,宜将此卷留心细勘,自能用之不穷。惟是旧本相沿日久,或有传讹,应俟有心者参互考订,汇集成书,以涉大川,不无少补云。

按洪武二十五年,遣闽人三十六姓至中山。内有善操舟者,其所传针本。绿①年代久远,多残阙失次,今仅采其一二,以示不忘本之意。

天妃灵应纪略

天妃神,姓林,世居福建兴化府莆田县湄洲屿。五代闽王时,都巡检林公(讳愿,字惟悫)之第六女也。母王氏,宋太祖建隆元年庚申三月二十三日,诞妃于寝室,时有祥光异香绕室。父母因其生奇,甚爱之。自始生至弥月不闻啼声。因命名曰"默"。幼而聪颖,不类诸女。甫八岁,从塾师训读,悉解文义。自十岁后,常喜净几焚香诵经,旦暮未尝少懈。十三岁时,有老道士玄通者,授妃"玄微秘法"。妃受之,悉悟诸要典。十六岁,窥井得铜符,遂灵通变化,驱邪

---

① 编者按:原为如此,应为"缘"。

救世。且机上救亲,挂席渡江,降服二神(顺风耳、千里眼),而皈正教。屡因显著神异,众讳曰"通贤灵女"。二十八岁道成,白日飞升,时太宗雍熙四年丁亥秋重九日也。是后常衣朱衣飞翔海上,里人祠之。徽宗宣和四年,给事中路允迪使高丽,中流震风大作,七舟俱溺,独路给事中所乘神降于樯,安流以济。使还奏闻,上赐顺济庙号。南宋高宗绍兴二十五年春,郡大疫,神降于白湖,掘泉饮,疫者即愈。郡守奏封崇福夫人,又加封灵惠昭应。孝宗淳熙十年,以温台剿寇,封灵慈昭应崇善福利。光宗绍熙元年,救旱,进爵灵惠妃。宁宗庆元四年,救潦,扫大奚寇,加封助顺。开禧元年,淮甸退敌,加封显卫。嘉定元年,救旱擒贼,又加封护国助顺嘉应英烈。理宗时,以救饥焚强寇,累封灵惠助顺嘉应英烈协正善庆等号。元以屡护庇漕运,累封护国辅圣庇民显佑广济灵感明著天妃。明太祖洪武五年,以神功显灵,敕封昭孝纯正孚济感应圣妃。成祖永乐七年,加封护国庇民妙灵昭应弘仁普济天妃,而建庙于都城致祭。凡奉使外彝航海者,必载主舟中,每遇风涛,有祷辄应,或蝶、或雀、或灯火,舟人见之,则利涉。世宗嘉靖十三年,给事中陈侃、行人高澄奉使册封琉球,舟行将至,古米山发漏,群呼天妃,得免于溺。归时又值飓风,桅舵俱折,求救于神,已而红光烛舟,舟果少宁,乃请笈起舵。忽一蝴蝶绕舟,复一黄雀立于桅上。是夕,疾风迅发,巨舰飘荡,歆危甚矣。二人乃冠服默祷,允以立碑奏闻。言讫风若少缓,彻晓已见闽山。还,为请春秋祀典。神宗万历七年,册封天使萧崇业、谢杰针路舛误,莫知所之。且舵叶失去,时祷于神,舟得平安。三十四年,册使夏子阳、王士祯所乘封舟过花瓶屿,无风起浪,恳祷得风。归时至中洋遇飓风,失舵,亦损裂大桅,日夜呼救于天妃,备极诚祷。忽水面现灯,异雀再集,东风助顺,一瞬千里。无恙归闽,其应也如响。

  国朝康熙十九年二月十九日,福建提督将军万(讳)正色奉命征剿厦门,舟师驻崇武,与敌对垒。夜梦天妃告之曰:"吾佐一航取捷,随使其远遁。"次日果敌大败而退。至二十六日舍厦门,入台湾,内地海宇自是清宁。万将军大感神助,具本奏保佑之功。

  圣上甚喜,遣官敕封护国庇民妙灵昭应弘仁普济天妃,时钦差礼部员外郎辛保等赍香帛、诏诰到湄洲加封致祭。

  二十二年,册封琉球国王正使翰林院检讨汪(讳)楫、副使内阁中书舍人林(讳)麟焻等,在福省于六月二十日谕祭天妃于怡山院。是时东风正猛,不意行礼甫毕,旗帜忽皆北向,遂解缆而行。二十三日五虎门开船,三昼夜即到马齿山,递至那霸港。迨夫典礼告竣,仲冬念四日开驾而回,于中洋风转,狂涛震撼,巨浪滔天,舟中人皆颠覆,烟灶等物尽委逝波,诚万难护全之。于是肃将简命,共吁神妃求佑无恙,返节当为神乞春秋祭典。虔祷方稳,神应如响。于时束桅铁箍已断十三而桅不散,系篷顶绳断而篷不堕,桅前之金栓裂逾尺而船不坏,有此三异,真可谓神佑。天使归朝复命,具奏神功,请春秋祀典。又本年六月内,靖海将军侯施(讳)烺奉命征剿台湾,先是未克澎湖之时,千总刘春梦天妃告之曰:"二十一日必得澎湖,七月可得台湾。"果于二十二日澎湖克捷。又,是日方战之顷,平海乡人入天妃宫,咸见天妃衣袍透湿,其左右二神将两手起泡,观者如市。及报,方知是日澎湖得捷,即神灵阴助之功,将军侯大感神力,奏请敕封,并议加封。二十三年八月二十四日奉旨:"神妃已经敕封,俱依部题,差礼部郎中雅虎等赍香帛、御祭文到湄洲致祭,答谢神庥。"

请天妃安享祝文

维康熙几年,岁次干支,某月朔越有某日干支,琉球国中山王府,某官姓名等,敢昭告于敕封护国庇民妙灵昭应弘仁普济天妃。曰:神秉正气,得坤之贞,湄洲诞降,山川钟灵,泽及红(原文为"红"应改为"江")海,舟揖无惊,历膺封典,福国佑民,兹当(进、接)贡,将次至闽,请享安位,十日启行,陈词荐酒,来格来歆。尚飨! 凡祝文用纸书粘于祝版上,临祭置于酒注桌上,读毕置于案上香炉左,祭毕扬而焚之。

请天妃登舟祝文("维康熙"起至"福国佑民"并"陈词荐酒"以下皆同)

兹奉 国命,(进、接)贡入闽,请驾登舟,用保安宁。

兹奉 圣旨,返我王庭,请驾登舟,用保安宁。

请天妃入庙祝文(起结同前)

维兹(进、接)贡,舟已至闽,敬请法驾,就位驿庭。兹从闽返,已抵东溟,请就原位,敬谢慈仁。

天妃诞辰及节序祝文(起结同前)

兹朝天返,理合恭迎。　　正月初四日接神用

兹逢上巳,祀典修明。　　三月三日

兹者恭逢神诞,应献贺忱。　　三月念(编者按:应为廿,下同。)三日

兹逢午节,祝典修明。　　五月五日

兹逢重九,祀典修明。　　九月九日

兹逢长至,祀典修明。　　冬至日

维兹岁暮,驾上天庭,陈词荐酒,鉴此悃忱,尚飨!

腊月二十四日送神上天时用

祭天妃仪注

前朝一日斋戒,沐浴更衣,不饮酒,不茹荤,不吊丧、问疾、听乐。凡凶秽之事,皆不可预。执事者,陈器具馔,厥明行事。腊月念四送神、正月初四接神俱用昏时。是日预祭,大小官员各著冠服盥洗,就位上香,参神四拜。初献爵读祝文,祝跪主祭左读。亚献爵,终献爵,辞神四拜。焚祝文并楮钱,众皆移身视焚纸。班首执爵,祭酒于纸炉中。讫,一楫。各复位饮福酒,礼毕。

周公指南地罗二十四位图

(图略)

行船都在心　用心细看针

毫厘即千里　差与失相寻

须记风紧慢　兼知水浅深

心定针亦定　不可睡沉沉

古云:行路者,有人可问,有径可寻,有地可止;行船者,海水接天,虽有山屿,莫能认识,全凭周公指南之法,以地罗二十四位为准。故主掌罗经之人,务要昼夜留心细看。针路海道,或住或起,记定时月。且行船有高低,风汛有顺逆,山形有远近,水势有紧慢,必用水钩打水,方知水之浅深。遂一加察,临机应变,增减针位更数,得正路往来,庶无差错。放洋之后,切不可贪眠。

又云:差之毫厘,失之千里。一误路头,追悔莫及,慎之慎之。

定更数之法

凡行船,先看风汛急慢。将柴片从船头去下水面,船走,柴片与人同走,至船尾赶齐,谓之上更,探实为验。其更数,一更二点半,约有一站路,计六十里为准。能晓此法,自无差错,须要记心。

开洋下针请神祝疏

伏以

德自垂庥,渡海锡安澜之庆。

神能鉴物,凭空纳祈祷之文。伏此真香肃先布告东、西、南、北中央五方报事直符使者,年、月、日、时奉直四位功曹,乞为转请黄帝轩辕氏、制造指南周公大圣、九天玄女、宣封护国庇民明著天妃圣母娘娘、茅竹水仙五位尊神、青鸦白鹤二位仙师、杨救贫、王子乔、马头陀、张仲坚、李定、陈搏、柳仙、郭璞列位先生，罗经二十四位尊神、掌针大将、下针力士、定针童子、转针郎官、叶石大神、守护罗经坐向诸神。历代过洋，知山知水、知屿知礁、知湾知澳、知浅知深，牵星望斗，看云探风，擎波喝浪，一切仙灵，鲁班先师，暨部将、神兵、本船、木龙、杠根等神，巡海夜入。海上虚空过往神明，经过岛屿山神、土地，本船崇奉香火，一切感应神祇，闻香下降，俯鉴微忱。今琉球国中山王府耳目官姓名，正议大夫姓名，带领大小官员、舵工水梢人等，坐驾本船，前至福建，上京进贡。择于康熙某年某月某日吉时，就于那霸港口，开洋下针。虔备牲醴，罗列香灯，普请受飨。伏望诸神顺风相送，默佑潜扶，桅舵无虞，礁石不碍，逢凶化吉，降福消灾。酒当初献佑香再请，酒当亚献括香三请三献酒毕又祝云至再再三，聊效野芹之献，惟诚惟敬，俨然云、汉之临，瞻在前，忽在后。神虽莫测，视不见、听不闻，念可相通。焚纸钱甸外云。上有开元通宝字，中有麻绳一贯穿，发火将军来锻炼，化作黑龙，飞上天。焚毕又云。来当焚香请迎，去当焚香拜送。

（唱）神恩大海道长，上船欢喜莫思量，好风好水霎时到，一路平安降吉祥。礼毕。

如归国时，改前至福建及那霸港口等字，则云都通事某人等，奉旨归国。择于某年月日在福建福州府开船〇如接贡归国时则云，捧敕归国〇如接贡在本国开船国时，前至福建接回贡使。

风信考

清明以后，地气自南而北，则以南风为常风。霜降以后，地气自北而南，则以北风为常风。若反其常，则台飓将作，不可行舟。

风大而烈者为飓，又甚者为台。飓常骤发，台则有渐飓或瞬发倏止。台则常连日夜，或数日而止。大约正二三四月发者为飓，五六七八月发者为台。九月则北风初烈或至连月，俗称为九降风。间或有台，则骤至如春飓。船在洋中，遇飓犹可为，遇台不可当矣。

十月以后，北风常作，然台飓无定期，舟人视风隙以来往。五六七八月，应属南风，台将发，则北风先至，转而东南，又转而南，又转而西南，始至台飓，俱多带雨，九降则无雨而风。

五六七月间，风雨俱至。舟人视天色有点黑，则收帆严舵以待之。瞬息之间，风雨骤至，随刻即止。若预待少迟，则收帆不及，而或至覆舟焉。

天边有断虹，亦台将至。止现一片如船帆者，曰破帆。稍及半天，如鲎尾者，曰屈鲎。出于北方，又甚于他方也，海水骤变，水面多积，如米糠及有海蛇浮游于水面亦台将至。

十二月二十一日起,一日有风,应明年正月有大风,二日应二月,三月以至九月,俱按日相应。或一日之间,风作二次,则来年所应之月,台风亦二次焉。多次则亦皆如之,记而验之,无不应者。

一年之月,各月有飓日,验之多应,舟人以为戒,避不敢行。

正月初四日　名为接神飓

初九日　名为玉皇飓,此日有飓,各飓皆验,此日无飓,则各飓亦多有不验者

十三日　名为关帝

念九日　名为乌狗飓

二月初二日　名为白须飓

三月初三日　名为上帝飓

十五日　名为真人飓

念三日　名为妈祖飓,真人飓多风,妈祖飓多雨

四月初八日　名为佛子飓

五月初五日　系太飓,旬名为屈原飓

十三日　名为关帝飓

六月十二日　名为彭祖飓

十八日　名为彭祖婆飓

念四日　名为洗炊笼飓,自十二日起至二十四日止,皆系太飓旬

七月十五日　名为鬼飓

八月初一日名　为灶君飓

初五日　系大飓旬

十五日　名为魁星飓

九月十六日　名为张良飓

十九日　名为观音飓

十月初十日　名为水仙王飓

念六日　名为翁爹飓

十一月念七日　名为普庵飓

十二月念四日　名为送神飓

念九日　名为火盆飓,自二十四日至年终,每遇大风名为送年风

遂月风暴日期

再附,遂月风暴日期。行江湖者,宜预避之。凡遇箕壁翼轸四宿,主有起风。

正月初九日玉皇暴　二十九日龙神会

二月初七日春期暴　二十一日观音暴　二十九日龙神朝上帝

三月初三日真武暴　初七日阎王暴　十五日真君暴　二十三日天妃诞二十八日诸神朝上帝

四月初一日白龙暴　初八日太子暴　念三日太保暴　念五日龙神太白暴

五月初五日屈原暴　十三日关帝诞　念一日龙母暴

六月十二日彭祖暴　念四日雷公,此暴最准宜防

七月初八日神煞交会

八月十四日伽蓝暴　念一日龙神太会

九月初九日重阳暴　念七日冷风暴

十月初五日风信暴　二十日东岳朝天

十一月十四日水仙暴　念九日西岳朝天

十二月念四日扫尘风

右凡遇风起之日,不在本日,则在前后三日之中,航海老人,并年高舵师所说附录于此,慎毋忽也。

许真君传受龙神行日,不可行船主风

正月初三、初八、十一、念五月尽,龙会

二月初三、初九、十二,龙神朝上帝

三月初三、初七、念七,龙神朝星辰

四月初八、十二、十七,龙会太白

五月初五、十一、念九,天帝龙王朝玉皇

六月初九、念七,地神龙王朝玉皇

七月初七、初九、十五、念七,神杀交会

八月初三、初八、念七,龙王大会

九月十一、十五、十九,龙神朝玉皇

十月初八、十五、念七,东府君朝玉皇

出行通用吉日　附忌日

宜用申子、乙丑、丙寅、丁卯、戊辰、辛未、甲戌、乙亥、己卯、甲申、己丑、庚

寅、甲午、乙未、庚子、辛丑、壬寅、癸卯、丁未、己酉、壬子、甲寅乙卯、庚申辛酉、壬戌癸亥。

历法有庚子、丁丑、丙戌、丙午、癸丑宜满成开日，忌每月十五日，并月忌，四离、四绝，已日，往亡日。

逐月凶时

正二三四五六七八九十十一十二天翻地覆，时亥戌酉申卯午酉辰酉辰未卯

台时徃者不返　已辰卯寅丑子亥戌酉申未午

四顺日　建宜行，成宜离，寅宜往，卯宜归。

四逆日　申不行，酉不离，七不往，八不归。

四离日　春分、秋分、夏至、冬至，前一日，是也。

四绝日　立春、立夏、立秋、立冬，前一日，是也

月忌日　每月初五、十四、二十三日。

往亡日　正寅、二巳、三申、四亥、五卯、六午、七酉、八子、九辰、十未、十一戌、十二月，丑日。

论往亡

曜仙曰，昔武王伐纣，其日往亡。太史曰：凶不可往。太公曰：我往彼亡，有何不可。遂行，乃克。后北魏跂珪，有晋刘裕，皆效之。其识在一时，不可常用。说见唐太宗李卫公问对○按此言，理固然矣。盖有月往亡，气往亡两日，未详。前贤所用，避何往亡日。

百事吉日

吉日　月　正二三四五六七八九十十一十二

天德　丁申壬辛亥甲癸寅丙乙巳庚

天德合　壬已丁丙寅已戊亥辛庚申乙

月德　丙甲壬庚丙甲壬庚丙甲壬庚

月德合　辛已丁乙辛已丁乙辛已丁乙

月思　丙丁庚已戊辛壬癸庚乙甲辛

天德黄道　已未酉亥丑卯已未酉亥丑卯

天喜　戌亥子丑寅卯辰已午未申酉

天思　甲子、乙丑、丙寅、丁卯、戊辰、已卯、庚辰、辛巳、壬午、癸未、已酉、庚戌、辛亥、壬子、癸丑。

四大吉时　出行用此

子午卯酉月,乾坤艮巽时。

辰戌丑未月,癸乙丁辛时

寅申巳亥月,甲丙庚壬时。

此日期在人,权变而用之。

行船通用吉日　附忌日

宜用甲子、丙寅、丁卯、戊辰、己巳、丁丑、戊寅、壬午、乙酉、辛卯、癸巳、甲午、乙未、庚子、辛丑、壬寅、辛亥、丙辰、戊午、巳未、辛酉、并满成开日,癸卯日。〇必先择吉日装载,又择吉日行船,〇俗忌七九日,不行船,若先日移船,不必忌。

忌灭殁日　弦虚晦娄朔角望亢虚鬼盈午

凶日　年　子丑寅卯辰巳午未申酉戌亥

风波即年建　子丑寅卯辰巳午未申酉戌亥

河泊　亥子丑寅卯辰巳午未申酉戌

凶日　月　正二三四五六七八九十十一十二

白浪即月建　寅卯辰巳午未申酉戌亥子丑

覆舟即月破　申酉戌亥子丑寅卯辰巳午未

咸池　卯子酉午卯子酉午卯子酉午

天贼　辰酉寅未子巳戌卯申丑午亥

地贼　子子亥戌酉午午午巳辰卯子

荒芜　巳酉丑申子辰亥卯未寅午戌

受死　戌辰亥巳子午丑未寅申卯酉

招摇　辰卯寅丑子亥戌酉申未午巳

殃败　卯寅丑子亥戌酉申未午巳辰

九空　辰丑戌未卯子酉午寅亥申巳

天罡勾绞　巳子未寅酉辰亥午丑申卯戌

河魁勾绞　亥午丑申卯戌巳子未寅酉辰

交龙　未申戌申戌丑辰未辰申子巳

水隔　戌申午辰寅子戌申午辰寅子

危日　酉戌亥子丑寅卯辰巳午未申

四激　丑　戌　辰　未

八风　丁丑巳酉甲申甲辰辛未丁丑甲寅甲戌

正四发　庚申辛酉壬子癸亥甲寅乙卯酉午丁巳

凶时　日　子丑寅卯辰巳午未申酉戌亥

大恶时　子丑寅卯辰巳午未申酉戌亥即将建

海角经　氐尾箕斗危壁娄昌昂毕张星轸,并大吉,室牛房参井,并小吉。

张宿　丙子、癸未、戌戌、癸丑、乙卯

触水龙　丙子、癸未、癸丑。

江河离　壬申、癸酉

河伯死　庚辰日。

子胥死　壬辰日。

九土鬼　乙酉癸巳、辛丑、庚戌、丁巳、申午、壬寅、巳酉、戌午。

水痕忌　大月初一、初七、十一、十七、念三、卅日。小月初三、初七、十二、念六,忌造船行船。

逐月行船吉日

正月　壬午、辛亥,外辛巳。

二月　己巳、辛亥、己亥、辛未、己未、乙未、丁未。

三月　甲子、丁卯、己巳、庚子,外壬子。

四月　丁卯、辛卯、辛酉。

五月　戊辰、乙未、丙辰、己未,外辛未。

六月　丁卯、辛未、辛酉。

七月　甲子、乙未、庚子、己未,外壬子。

八月　丙寅、巳巳、丁丑、戊寅、辛亥,外乙丑、甲戌、乙亥、庚寅。

九月　甲子、庚子、辛酉,外丙午。

十月　丁卯、辛卯、辛酉,外丁酉

十一月　戊辰、丁丑、丙辰、辛亥,外乙丑。

十二月　丙寅、丁卯、戊寅、庚寅、癸卯、辛卯、乙卯。

右吉日,不犯,建破,勾绞,天贼,地贼,荒芜,受死,白浪张宿,触水龙,咸池,交龙,四激,招摇,殃败,九空,正四发,九土鬼,转杀,水隔,江河离,河泊,子胥死,日危日,八风,水痕忌。

四时占候风云

凡春多风,夏必多雨。谚云:行得春风有夏雨,风单日起,单日止;双日起。双日止。

古云:西南转西北,搓绳来绊屋。又云:半夜五更西,天明拔树根。又云:日晚风和,明朝再多。又云:恶风尽日没。又云:日出三竿,不急便宽。大凡风日出之时,必略静。谓之风让日,大抵风自日内起者必善,夜起者必毒,日内息者亦和,夜半息者必大冻。(已上言冬)

谚云:东北风雨太公,言艮方风雨卒难得晴,俗名牛筋风雨,指丑位故也。

谚云:春风踏脚报,言易转方,如人传报不停脚也。一云:既吹一日南风,必还一日北风,报答也。二说俱应。

谚云:南风尾,北风头,言南风愈吹愈急。北风初起便大,春南夏北,有风必雨。冬天南风,三两日必有雪。春夏二季,常有风暴。若遇天气湿热闷人,其日午后,或云起、或雷声所起之方,必有暴风急雨,行船须要蚤避安顿。

秋冬二季,虽无风暴。每日行船,先观四方天色明净,五更初解缆,至辰时以来,天色不变。虽有微风,毋论顺与不顺,行船不妨。

云头从东起,必有东风;从西起,必有西风;南北亦然。

如前面云头已过,后面云脚不尽,则是风未止。如云起处,天色明白后更无云,则风渐止矣。

云片片相逐,聚散不常。天色昏惨,鸢鸟高飞,云脚黄日色赤皆主大风。

云行急、星动摇、日月昏晕,太白尽见,人首频热,灯火燿明作声,皆主大风。

如遇顺风使帆之时,风烈颠猛,便须放减帆幔,投不港汊稍泊,不得贪程。恐风势不正,天色昏暮,迤逦(原文为"逞"应改为"逦")前行,不知宿泊,多有疏失,不可不知。

如遇顺风正使帆之间,忽转打头风,便当使回寻港。汊住泊为稳,不可当江抵岸,指望风息,恐致误事。

如缓急卒过暴风,奔港不及之时,急抢上风,多抛铁勾,牢系绳缆。如重载船,频频点水看水仓,恐有客水侵入,如小船则看风势何如,别寻泊处。

如春夏间,船泊港汊内,须要多用壮缆,深打椿橛,卑晚恐有山水发港冲触之患。

如秋冬间行船,当江泊船,夜间勤起看风,加添绳缆,恐有贪睡,不知风起,仓卒之间，措手不及。

准备缓急物件

船上合用物件，如帆幔、桅柁之类，须要完备。稍有损坏，预先修整。绳缆椿橛，铁锚竹篙等物，宁可有余，不可缺少，临期要用，急无买处，随船准备。大斧、打钻、锯凿、戽斗、大小铁钉、油灰、旧麻、破絮之类，仍缚火把三五十个，准备缓急之用。

潮汐论

尝观海潮进退大小之说，而不得其详，及读邵康节经世书。有曰：海潮者月之喘息也，所以应月者，从其类也。夫坎为月水之气，宿焉，取之以明鉴而水即生，则海潮非应月而何。月行于天，一日行十三度有奇。昼夜之间，近日远日之不同。三旬之中，生明生魄之不一。然而月之始出，而潮始长，至天中而潮已退，月之始入而潮始长，至地中而潮已退，进退之节皆应乎月之出入。若夫月之朔魄满明中，而潮愈大至上弦而潮退小矣。小大之节，皆应弦望晦朔也。至秋八月之望日，阴气壮盛潮之长倍于常时，盖兑金用事，金能生水，理固然也。知此可与论造化之妙矣。

定太阴月华出时例诀

三辰丑巳八午升　　初十出未十三申
十五酉时十八戌　　二十亥上记其神
二十三日子时出　　二十六日丑时行
二十八日寅时立　　三十加来卯上轮
出茶荠正斜角没　　万载千年月是真

定寅时歌

正九五更二点彻　　二八五更四点歇
三七平光是寅时　　四六日出寅无别
五月日高三丈地　　十月十二四更二
十一才到四更初　　便是寅时君切记

定太阳出没歌

正九出乙入庚方　　二八出卯入鸡场
二七出甲从辛没　　四六出寅入戌藏
五月出艮入乾位　　十一出巽入坤乡
惟有十月十二月　　出辰入申仔细详

定太阴出没歌

正九出甲入于辛　二八出卯入鸡邻

三七出乙没庚位　四六出辰没在申

五月出巽入坤位　十一出艮入乾真

惟有十月十二月　出寅入戌正可陈

定四正四隅之法

北方壬子癸　南方丙午丁　东方甲卯乙

西方庚酉辛　东北丑艮寅　西南未坤申

西北戌乾亥　东南辰巽巳

正隅对向念法

子午卯酉　寅申巳亥　辰戌丑未

坤艮乾巽　甲庚壬丙　乙辛癸丁

二十四位顺念法

壬子癸丑艮寅甲卯乙辰巽巳丙午丁未坤申庚酉辛戌乾亥

观星图

（图略）

北斗出癸丑入壬亥

华益出丑入壬

北辰

灯笼骨出丙入丁

水平星出丙巳入丁未

四时调摄

百陵学山曰：饮食有节，脾土不泄，调息寡言，肺金自全，动静以敬，心火自定，宠辱不惊，肝木以宁，恬然无愁，肾水自足。心属火，肺金，肝木，脾土，肾水，此五行之所属也。心欲若醎多伤心，肺欲辛若多伤肺，脾欲甘酸多伤脾，肝欲酸辛多伤肝，肾欲醎甘多伤肾，此五味之所宜忌也。

春三月，万物发生，肝旺脾弱，宜减酸增甘以养脾，夜卧早起。节饮食，慎风寒，频频行步，以和四肢。

夏三月，伏阴在内，心旺肺弱，宜减苦增辛以养肺，不可恼怒久眠，又不可过飡生冷，秋至多生疟痢。

秋三月，天气消铄，肺旺肝弱，宜减醎增苦以养肝，使神气收敛，不可落水洗澡。

冬三月，血气凝塞，肾旺心弱，宜减醎增苦以养心，经云冬不藏精，春必病湿。

万物惟人为最贵，百岁光阴如旅寄。自非留意修养之未免疾苦为身累，春寒莫使棉衣薄，夏衣汗多频换着，秋冬衣服渐加添，莫待病生才服药。

人之一身，在皮为汗、在肉为血、在肾为精、在鼻为涕、在眼为泪、出则皆不可回。惟在口为津，独可还元。人能终日不唾，则津液不泄，百目有光。古云：多唾损神，远唾损气。宜随满随咽，自然四体不枯。

语云：发是血之余，一朝百度梳。足是人之底，一夜一回洗。 多言损气，多笑伤臓，多记伤心。 卯酒酉饭，宜少食。 食毕漱口，牙齿不败。 食饱宜散步，强食脾劳，强饮胃胀。 伏热莫饮水，冲寒莫饮汤，热饮伤胃，冷食伤肺。 盛暑浴冷水，多成伤寒，宿本上有五色者有毒，不可洗手。 暑月远行，忌水濯足。 饥忌浴，饱忌沐。 酒醉不可房卧。 醉眠当风处生病。 大热大寒大风雨，震雷浓雾之时忌出门及行房。 本命日及日月薄蚀，庚申甲子，朔望弦晦，四时二社，二至二分，并忌房事。

省心法言云：避色如避仇，避风如避箭。身闲不如心闲，药补不如食补。

此平时调养法也，知此则精神健旺，看针时，自无昏愦之患矣。

饮食杂忌

凡生肉坠地不粘尘，及煮难熟者忌食。 黑牛白头，独肝者，忌食。 白羊黑头，黑羊白头，及独角。六角，猪羊心肝有，孔者皆有毒。 禽畜肝青者，忌食。白鸡黑头，黑鸡白首，鸭目白者，鸡有四距六距者皆有毒。 卵有八字，鸟死不伸足者，有毒。 虾无须及腹下黑者，忌食。 猪肉及鲤鱼，病新愈者，忌食。 猪头、猪嘴、小肠，风疾者，忌食。 醉后饮水，失声。 吐后饮水，成消渴。 醉后洗水，成手颤。 饮酒过度，能腐肠烂胃，溃髓蒸肌，伤神损寿。酒后食红柿，心痛。 饮白酒，忌食甜物。 铜器锡瓶，盛酒过夜，忌食。 食不厌精饮不厌温。

食物养人，亦能害人。一有不慎，是因口腹，及致伤生，毋论船上家中，皆宜物物加察，不可忽略。

养心穷理

以言讥人，取祸之端。惟存心皆天理，理存气和，即人有过，自能容之矣。

何机①之有,故人贵乎养心。

口舌伤人,风波易起,况同舟共济之人乎？司针者,能与众和同,合心商酌,自然所向无虞。

谨诚戏谑

戏谑非正也,每见世人,尚刀鬪智,以为戏,至于忿争而不止者可乎？诗曰：善戏谑兮,不为虐兮,人固不免于戏。书曰：不矜细行,终累大德,可以为虐乎？谑之不善,不如勿谑。司针在船,看针不暇,何心于戏,况能致忿争,戒之为是。

戒浪饮酒

祭享养老燕实,皆不废酒。惟过饮则乱性失仪,必至败德烂肠腐胃。未免伤生,所谓狂药,非佳味者,禹恶之宜也。大凡饮酒,只可微醺,慎勿以无量为词。人非圣人,能不及于乱乎。

饮酒大醉如病狂丧心,航海地危。看针事重,而可沉湎不省乎,切宜禁止。

禁作无益

无益之事,不可为也。书曰："勿作无益,害有益。"如擎笼养鸟,博奕贪杯及淫声美色,皆能坏人心志。有一于此而不损德败名者,未之有也。

此亦平日励行之功也。司针者,念念在针,不为他事所扰,自然心志凝一矣。

右六条,虽以警戒舟人。亦可为作客者之药石,幸勿以为迂腐而忽诸。

附　录

中山程顺则宠文著

河口柔远驿记

驿设于福建省城水关外,琼河之口,所以贮贡物停使节也。旧制四围砌墙,门临大街,设照墙木栅。官厅在两井中间,两厢楼屋各十三门。

天妃土地,各有祠规模弘敞。自诸藩调闽后,前面侵为两镇营房,地遂促及甲寅之变,折毁几尽仅存官厅一所。岁丁巳我国遣官远挍,适闻奉命大将军和硕康亲王统禁旅、入仙霞,民皆按堵。越明年奉贡如旧,时诸当事以馆驿倾圮,恐亵贡典,兼悯使臣露宿,特委郡司马蘸公重新起盖大门仪门,并两边厢楼各十一间。仪门外,视馆公署一座,厅后天妃祠堂三小间虽建置不异于初,然

---

① 编者按：原文如此,应为"讥"。

非曩日旧址矣。辛未年，予接贡留边。因思有土居人，不可无神以守之；有臣死事，不可无位以安之。即于天妃祠傍，左祠土地正神，右立故臣木主，各为文以记之。壬申飓风大作，厢楼倒塌，墙垣崩颓，复请于当事委官重造厢楼各十间，垣墉修筑之绩因进贡两船，人多屋少，自盖楼屋四小间于厅西之侧，至于崇祀天妃大楼乃前者进贡耳目官魏公应伯、毛公起龙正议大夫曾公夔、蔡公铎。以我国往来海上，舟楫无虞，皆荷天妃芘庇。今古驿楼居鳞鳞，而旧祠数椽草草，渎且亵，殊作报本意。佥议来贡诸员捐积数年，重建楼台于旧祠之次，以妥神灵。计四贡而所积足用。至癸酉岁，大夫王公可法至闽，方董其事不目成之，梓材舟艧，焕然可观。传译通官冯斌发心粧塑新像并旧者均祀于其上，移土地崇报两祠，仍祀左右，从此仰见姓名，损数可按，看题日月，年代有稽九重建置之思，真堪万古，而五公倡率之德，亦足千秋矣。余恐规制久而无微，是为之记。

重建天妃楼记

盖闻神之德，感人者深，故人之心，敬神者至。建祠者，敬之至也。然非有以感之，敬何由生。若天妃之德，则其感人也深矣。每于江河湖海间，扶持舟楫，屡显灵异，不独山陬海澨，僻壤穷乡，皆崇祀焉即三尺童子，亦靡不闻其名，而啧啧称道之。况我中山世膺封典，届期奉贡，悉从飞涛急浪中来赖神之庇，不一而足。兹于柔远驿立祠祀之，谓非敬之至者兴。惟是昔者驿之有祠也，草草数椽，仅蔽风雨。及耳目官魏应伯、毛起龙、正议大夫曾夔、蔡铎相继至闽，始以祠宇湫隘，不足以答神庥。佥议损种重建，以光祀典。计四贡积可足用。岁癸酉，大夫王可法来董其事，命匠氏即于堂后旧地，起盖大楼一座，既高其梁栋，复涂以舟艧。落成日，奉新旧塑像于其上，自兹以往，庙貌聿新，炉烟递起，湄洲灵爽，俨然如在。神之德，有不于此而著。人之心，有不于此而安者乎，或者曰神无异也，子之国有祠矣。此又何以祠为？予曰：神犹泉也，随处掘地而泉涌，亦随地建祠而神临，无二理也。问者唯唯而退，余乃为之记。

柔远驿土地祠记

尝考一王代兴，封川岳诸神。而土地班秩在城隍下，岂以城隍固疆圉。土地司福德，同以土功而定位欤。然城隍唯省会郡邑有之，而土地则天下文武大小衙门皆有祠。以至巷堂寺观，亦靡不祀。殆分司土德，以佑城隍之不逮者也。今柔远驿奉旨设立，以贮贡物、以栖使臣，制綦隆矣。独于土地，钦其祀典。余窃疑之，询诸父老。皆云：昔亦有祠，自鼎革之后，旋罹兵灾，驿亭鞠为茂草，而祠遂废。余耳而悲之，夫金殿动禾黍之嗟，铜驼兴荆棘之感。何况一祠，能保其不替乎？但盛衰虽关气数，而兴废实由人事。今日海晏河清，百堵皆作，而古驿正神，然今其不祀也，人其谓吾侪何？爰请于耳目官温公允杰、正议大夫金公元达，并商之诸僚友。佥议暂祀于天妃宫之傍，各捐赀塑像立龛。余窃喜自兹以往，此土此地有神主之矣。若夫高其梁栋，洁其俎豆，以复曩日之盛也，是所望于后来之君子焉。

时康熙辛未孟夏朔日

祝文附

维

康熙几拾年岁次干支二月，朔越有二日干支，琉球国中山王府耳目官姓名正议大夫姓名敬率僚属敢昭告于柔远驿福德正，神曰：繄我正神，古驿之灵，驿存贡物。居停使臣赖神府庇安土宁人。兹遇神诞俎豆香馨俨然来格。

鉴此悃忱，尚飨。（凡遇节序照天妃祀文写行礼仪注并同）

柔远驿崇报祠记

祠之为义大矣哉，弗合于义，不敢建也。其义维何，有学术品节者祀之。祠曰乡贤，有官斯土而行善政者，祀之祠曰名官，此二者，皆俎豆宫墙，百世不祧者也。外如御灾捍患，效命宣猷，祈祷有功德者，亦祀之。厥祠名为崇报，非是则谓之淫祠。淫祠必废余附至闽中，窃闻斯义矣。今琉球国远在海外自明初始通中华，至国朝受恩尤厚，其间往来贡献诸臣，或没于闽，或殒于中途者，虽其人与骨俱朽，而姓氏官爵及今犹可考而知也。余奉使留边，时届中元，于柔远驿致祭，死事诸灵，觉阴风四起，空中隐隐有声，于以知幽明本无异理，惜无专祠妥侑。仅望空一拜，不能不恻然有动于中耳，夫梯航万里客死异乡。

圣天子犹且怜而赐之葬，乃不得尺地之祠，以享蒸尝之报。九泉有知，能无恫乎？是亦予辈之过也。时耳目官正议大夫，暨诸僚友，咸以余言为然且以此祠有合于崇报之义，举而立之也。固宜，奈一时弗及创建。佥议暂祀于天妃宫之侧，俾后之奉贡入闽者，瞻凡筳而生凄怆之念，光而大之是未可知也。予故揭其义而为之记，时康熙辛未孟夏望日

引　言

世有异书，多珍藏之，以为秘本。封舟掌航者，独肯授人，此老殊非世俗心肠。余披卷之下，慨然想见其为人。

余留心针法久矣，忆昔从紫金大夫王公讳明佐者抵闽，舟行到某处，公稳

坐舱内,为余言曰:开洋抵今计日当至某处尔出视之,若见有墨鱼骨者,即其地也。视之果然。世有默料水程,如公之神者乎!知其精熟针诀,续有疑难,一一问之。绿[①]未见全书,不敢轻于立论。今得此卷,实获我心者。

旧本颜曰《针薄》,嫌其俗也。今改为《指南广义》,非敢求异以标新。

改正旧本,非出臆见,必参考群书,方敢增减,庶无不根之言。

天妃圣母,为江海上福星。旧纪颇有错落,悉为考正,不欲讹,以传讹,致有鲁鱼亥豕之讥。

我国建祠崇祀天妃,历有年所矣。凡遇诞辰,并诸节序,及进贡接贡请神登舟,往返安位,各有祭。祭必用祝文,兹为一一增补。

开洋下针祝疏,旧本繁无,恐致亵渎,另撰新文,便于口宣。

四时调摄等六则,恐司针者,神气虚怯,暴躁轻浮,故以此警戒之。正所以广指南之义,非蛇足也。舞剑得学书之妙,解牛悟为治之方,是在神而明之者。

东西二洋等处,为我国所不到之地。旧本悉有画图,帙页繁多,今尽略之惟自我国至福建。一路山形水势依样绘之,以备查考。

附录等记,非志艺文也,志建置也。余初欲另梓,使人知使臣获有居停之地,皆出至尊柔远殊恩。因篇数寥寥,不便灾梨,收入卷末,俾后人有征焉。

著书垂世,必有凡例,所以明作者之精意也。予不过传述旧闻而已,敢自矜著作乎?然费一片苦心,不为无意,即以此引言,当凡例也,奚不可。

雪堂主人宠文氏再识

(程顺则:《指南广义》,琉球大学附属图书馆仲源善忠文库藏书。)

---

① 编者按:原文如此,应为"缘"。

5.《中山传信录》

1719年(清康熙五十八年)

苏门先生句读
重刻中山传信录
平安　兰园藏板

中山传信录序

古者辀轩之使，必纪土风、志物宜，所以重其俗也；况于万里之外，蛮夷海岛之中乎！编修澄斋徐馆丈之使琉球也，以文章华国，以政事经邦；而且仪容端伟、言辞敏妙，真可谓使于四方，不辱君命者矣。归而作《中山传信录》，凡若干卷。中列中山王图，纪其宴享，以志其崇奉中国之诚；又为之表其世系、度其封疆与其官秩之崇卑、廪禄之厚薄；又为之定其针路"无过用卯针"，则无流至叶壁山之患；终为之图写土产卉木动植之物，必肖其状。而首则着其扬帆奉使为封舟图，以见圣天子威灵呵护、出入于千波万水之中，经涉鱼龙窟穴，虽掀风鼓浪，如履平地；猗欤壮哉！

往者族父舟次先生奉使时，排日赴宴，宴毕即上舣候风。今徐君公事毕，间与其陪臣搜巘剔壑，挥笔赋诗；非以是侈其游眺，盖将归而著述，以为得之传闻，不如目见者之为真也。其国官之尊者，曰紫金大夫；时为之者，即舟次先生前使时所请陪臣子弟入学读书者也。其文辞可观，与之言娓娓有致。今之所述，皆得之其口与其诸臣所言；证之史牒，信而有征。嵇含之《南方草木状》、范成大之《桂海虞衡志》，岂足羡哉！赋皇华者，所宜人置一编者也。

康熙六十年，左春坊左中允南书房旧直汪士铉序。

中山传信录后序

自古声教四讫，未有如我国朝之盛；而远奉简书，采风异域，亦未有如徐太史之慎以周者也。余获附星槎抵中山，遍探鲛俗，见闻殊异。盖其国禁素严，事无巨细，皆噤不语客；自有明通贡三百余年，嘉靖以后奉使者人人有录，而皆不免于略且误者，职是故也。副使徐太史奉册命，于康熙己亥六月朔至其国；明年二月，始还。在彼八阅月，使事之暇，孜孜采访。凡其贵官士庶求书、问字、谒请者，概与延接；寻绎旧闻，质疑削妄。又致语国王，求其山川图籍；于是其属三十六岛之名与其国三省辖属之制，今始大显：置綦聚米，绘以为图。太史日居小楼，手自题署；因并海舟、针路、封宴礼仪、世系、官制、冠服、风俗、物产之详，一一备其形状。右图左录，几二十余目，分为上下两册；缥装锦裹，以为使归之献。庚子秋七月十一日，至热河行宫复命；既陈乙览，藏之秘府矣。兹以副墨排纂，分为六卷，而少加详焉；命曰《中山传信录》。今年秋，锓板始成。余游京师，适与校雠之末；获观其全。先后铨次，不支不漏、有典有则；以云《传信》，诚哉其无愧斯目已！

余随封逾年，太史采风，幸附搜讨。今三省五岳，太史图录已标其大；以余所闻，又有四森焉。森，犹云府也；其地有名山森森然，如首里有辨岳、龟山，泊府则有天久，久米有云峦，那霸有辻十山。此四府，皆王公冠盖里居，故得称为"森"；其他民庐聚落，但称间切而已。《中山世鉴》，世系备矣。窃闻天孙氏开辟此土，如中国之盘古氏。二十五传至舜天，当南宋时，诛逆臣定国；三传至义本，求贤于野而禅以位，如中国之尧、舜。尚巴志雄武，能一其国。尚圆崛起北山，臣庶推戴，如中国之汤、武。尚圆弟宣威既立六月，能披植幼主，而退居臣位，谥为"义忠"，如中国之伊、周。此国中故老所传，可补史赞。太史载笔谨严，先其大者；余窃掇拾之，以附于次。又闻国中有《三国志》，载中山、山南、山北王时事甚悉，而未见其书，则阙以俟考：皆太史志也。

至其采访之勤，蒙也不才，屡获游从。披残碑于荒草，问故垒于空山；涉海探奇，停骖吮墨：详慎苦心，实所亲见。故忘其固陋，为志数言于后，以见采风之使，诚未有如兹役者。日出海隅，彬彬文物；昔之称斯邦者云何？今之称斯邦者云何？览是编者于圣朝风教之远，不已略见其一斑矣乎！

康熙六十年（辛丑）秋八月，海槎从客建安翁长祚谨述于京师之梁氏园。

中山传信录序

琉球见自《隋书》，其传甚略；《北史》、《唐书》、宋元诸史因之。正史而外，如杜氏《通典》、《集事渊海》、《星槎胜览》、《瀛虫录》等书所载山川、风俗、物产，皆多舛漏。前明洪武五年，中山王察度始通中朝，而《明一统志》成于天顺初，百年中为时未久。故所载皆仍昔误，几无一实焉。嘉靖甲午，陈给事侃奉使，始有《录》归上于朝。其疏云：访其山川、风俗、人物之详，且驳群书之谬，以成《纪略》、《质异》二卷，末载《国语》、《国字》。而今钞本，什存二、三矣。万历中再遣使，萧崇业、夏子阳皆有《录》，而前后相袭。崇祯六年，杜三策从客胡靖记,尤俚诞。本朝康熙二年,兵科张学礼《使略》、《杂录》二卷,颇详于昔。二十二年,检讨汪楫撰《中山沿革志》二卷、《杂录》五卷,典实远非前比。然于山川辖属,仍有阙略;风俗、制度、物产等,亦俱未备。盖使期促迫,捃讨仓猝;语言文字,彼此讹谬,是以所闻异词,传焉寡信。

今臣奉命为检讨臣海宝副以往,自己亥六月朔至国,候汛逾年,至庚子二月十六日始行。计在中山凡八阅月,封宴之暇,先致语国王,求示《中山世鉴》及山川图籍;又时与其大夫之通文字、译词者,遍游山海间,远近形势,皆在目中。考其制度、礼仪,观风问俗,下至一物异状,必询名以得其实。见闻互证,与之往复,去疑存信。因并海行针道、封宴诸仪图状并列,编为六卷。虽未敢自谓一无舛漏,以云传信,或庶几焉。且诸史于外邦载记,大率荒略。今琉球虽隔大海,新测晷景,与福州东西相值仅一千七百里。世世受封、岁岁来贡,与内地无异。伏观禁廷新刊舆图,朝鲜、哈密、拉藏属国等图皆在焉;海外藩封,例得附于其次。若仍前诞妄,不为厘正,亦何以见圣朝风化之远与海邦内向之久,以附职方称甚盛哉! 故于载笔时,尤兢兢致慎云。

康熙六十年,岁在辛丑秋八月,翰林院编修臣徐葆光谨序。

中山传信录卷第一

封舟

渡海兵役

更　针盘　玻璃漏

针路

前海行日记

后海行日记

历次封舟渡海日期

风信　暴风日期

天妃灵应记

谕祭海神文

春秋祀典疏

册封琉球国王副使赐正一品麟蟒服翰林院编修加二级臣徐葆光纂

封　舟

从前册封,以造舟为重事。历考前册,采木各路骚动夫役,开厂监造靡费官币,奸吏假手,为弊无穷;经时累岁,其事始举。自前明以至本朝册封之始,其烦费迟久,前后一辙也。康熙二十一年,使臣汪楫、林麟焻,即取现有二战舰充之,前弊始绝。至今三十余年,区宇升平,海滨利涉,沿海县镇巨舶多有。册封命下,臣等未到闽前,督臣满保移檄各镇选大船充用,豫为修葺,诸具咸备。二船取自浙江宁波府属,皆民间商舶。较往时封舟,大小相埒而费轻办速,前此未有也(按宋徐兢奉使高丽,神舟二,皆敕赐名字;客舟六,共八舟。明封舟,或一或二,今二舟。)一号船使臣共居之;二号船载兵役。一号船前后四舱,每舱上下三层:下一层,填压载巨石、安顿什物;中一层,使臣居之;两旁名曰"麻力",截为两层,左右八间,以居从役。舱口梯,两折始下。舱中宽六尺许,可横一床。高八、九尺,上穴舱面为天窗井,方三尺许以通明;雨即掩之,昼黑如夜。舱面空其右以行。船左边置炉灶数具,板阁跨舷外一、二尺许,前后圈蓬作,小屋一、二所,日番居以避舱中暑热。水舱水柜,设人主之;置签给水,人日一瓯,船尾虚梢为将台,立旗纛;设籐牌、弓箭,兵役、吹手居其上。将台下为神堂,供天妃诸水神。下为柁楼,楼前小舱布针盘,伙长、柁工及接封使臣,主针者居之,船两旁大小炮门十二,分列左右;军器称是。席篷、布篷九道,舱面横大木三道,设轴转缭以上下之。船户以下共二十二人,各有专掌。其中最趫捷者名鸦班,正、副二人;登樯瞭望,上下如飞。兵丁皆习行船事,每船百人为之佐。一号船千总督之,二号船守备督之。

一号船长十丈,宽二丈八尺,深一丈五尺(前明封舟连尾虚梢长十七丈,宽三丈一尺六寸,深一丈三尺三寸,嘉靖中正使陈侃、副使高澄等,题请定式。嘉靖三十八年封舟,依旧式造,长带虚梢一十五丈,宽二丈九尺七寸,深一丈四尺。万历七年造封舟,带虚梢一十四寸,宽二丈九尺,深一丈四尺。崇祯六年册使杜三策从客胡靖记录,封舟长二十丈,广六丈。本朝康熙二年,张学礼记形如梭子长十八丈,宽二丈二尺,深二丈三尺。康熙二十二年,汪楫记选二乌船充用,船长一十五丈有奇,宽二丈六尺。按《海防册》云:"烽火营乌船一只,长一十二丈三尺,宽二丈五尺,闽安中营乌船一只,长一十二丈二尺,宽二丈六尺五寸")。前后四舱,水舱四,水柜四,水桶十二,共受水七百石,柁长二丈五尺五寸,宽七尺九寸。西洋造法,名夹板柁,不用勒肚,柁以铁力木为之,名曰"鉴柁",渍海水中愈坚(前明封舟,定制铁力木柁三门,每门长三丈五尺,有大缆系之。由船底兜至船头,谓之勒肚,以櫆藤为之,今二封舟,皆取商船充用。二号制如乌船式,用勒肚二条,一号船系西洋夹板柁,不用勒肚,又不置副柁。

将出海时，与闽中有司争置副柁，本船伙长林某云："船柁西洋造法最坚稳，可无用副，且柁重万斤，船中亦无处置之。"竟不置副柁，与前小异云。）大桅长九丈二尺，围九尺；头桅长七丈二尺，围七尺；橹二，长四丈，宽二尺三寸；矴大小各二，大者长二丈七尺，小者长二丈四尺，皆宽八寸，及七寸，形如个字，皆以铁力木为之。矴上棕索二条，长一百托，围一尺五寸（按字书："碇锤舟石也，与矴同"。无矴字，今以木为之，故俗字从木。）大桅席篷宽五丈二尺，长五丈三尺，辘轳索三条，长三十五托，围一尺二寸。

缭母索二条，长一十五托，围一尺五寸。头桅席篷宽二丈二尺，长二丈八尺。大桅顶篷名头巾顶，惟官舶始用之，商船不得用，长五丈四尺，宽五丈（徐兢录云："大樯之巅，加小帆十幅，谓之野狐帆。"殆即头巾顶也。）大桅下布篷名篷裙，长六尺宽一丈五尺；头桅上布篷名头幞，上尖下方，三角形，长三丈，下阔二丈八尺；插花布篷长四丈八尺，宽三丈四尺；插花下布篷名插花裤，长六尺，宽一丈五尺；头缉布篷长四丈五尺，宽二丈五尺；尾送布篷长四丈，宽二丈七尺；共篷九道；二号船长十一丈八尺，宽二丈五尺，深一丈二尺；前后共二十三舱，水舱二，水柜四，水桶十二，受水六百石；柁长三丈四尺，宽七丈，制同乌船，柁用勒肚二条，长十五丈，从尾左右夹水，兜至头上；大桅长八丈五尺，围八尺五寸；头桅长六丈五尺，围六尺；橹四长四丈，宽二尺二寸；矴大小三具。大桅席篷长五丈七尺，宽五丈六尺；头桅席篷长五丈七尺，宽五丈六尺；大桅头巾顶布篷长五丈，宽四丈八尺；大桅下布篷裙长六尺，宽一丈六尺；插花布篷长四丈八尺，宽三丈二尺；插花裤布篷长五丈，宽一丈三尺；头缉布篷长四丈，宽二丈四尺；尾送布篷长三丈六尺，宽二丈五尺；共篷八道，少头幞布篷一道。每船船户以下二十二人，正伙长，主针盘罗经事，副伙长经理针房，兼主水鋜长绠三条，候水浅深；正、副舵工二人，主柁，二号船上，兼管勒肚二条；正、副矴二人，主矴四门，行船时，主头缉布篷；正、副鸦班二人，主头巾顶帆，大桅上一条龙旗及大旗；正、副衫板工二人，主杉板小船，行船时，主清风大旗，及头帆；正、副缭手二人，主大帆及尾送布帆，缭母棕，缭木索等物；正、副值库二人，主大帆插花，天妃大神旗，又主装载；押工一人，主修理杠梠，及行船时，大桅千斤坠一条；香公一人，主天妃、诸水神座前油灯，早晚洋中献纸及大帆尾缭；头阡一人，主大桅䌈索，大矴索、盘绞索、大橹车绳；二阡二人，主大桅䌈索，副矴索、绞索、大橹车绳；三阡一人，主大桅䌈索，三矴索、盘绞索，车子数根；正、副总铺二人，主锅饭、柴米事。

渡海兵役

正使家人二十名、副使家人十五名外，海防厅送使副共书办二名、巡捕二名、长班四名，门子二名、皂隶八名、健步四名、轿伞夫二十名、引礼通事二员（郑任译、冯西熊）、护送守备一员（海坛镇左营守备蔡添略）、千总一员（蔡勇）、官兵二百名（闽安镇、烽火营、海坛镇左右中三营各四十名）、内科医生一人、外科医生一人、道士三名、老排一名、吹鼓手八名、厨子四名、舰匠二名、舱匠四名、风帆匠二名、索匠二名、铁匠二名、裁缝二名、糊纸匠二名、裱褙匠一名、糕饼匠一名、待诏一名（凡兵役随身行李背物，每人限带百斤。按历来封舟过海，兵役等皆有压钞货物，带往市易旧例。万历七年已卯，册使长乐谢行人杰有《日东交市记》，后有"恤役"一条言："自洪武间，许过海五百人行李各百斤，与琉人贸易，著为条令。甲午之役得万金，五百人各二十金；多者三、四十金，少者亦得十金、八金。辛酉之役，仅六千金，五百人各得十二金；多者二十金，少者五、六金，稍失所望。是以已卯招募，仅得中材应役，不能如前之精工也。所获仅三千余金，人各八金，多者十五、六金，少者三、四金，大失所望。至捐廪助之，始得全礼而归。盖甲午之役，番舶转贩者无虑十余国，其利既多，故我众所获亦丰。辛酉之役，番舶转贩者仅三、四国，其利既少，故我众所获亦减。已卯之役，通番禁弛，番舶不至；其利顿绝，故我众所获至少，势使然也。"今康熙二十二年癸亥之役，是时海禁方严，中国货物，外邦争欲购致。琉球相近诸岛，如萨摩洲土噶喇、七岛等处，皆闻风来集，其货易售。闽人沿说至今，故充役者众。升平日久，琉球岁来贸易，中国货物，外邦多有。此番封舟到后，土噶喇等番舶无一至者；本国素贫乏，货多不售，人役并困。法尝禁绝商贾利徒之营求，充役者，损从减装，一可以纾小邦物力之艰，一可以绝众役觊觎之想，庶几两利俱全矣乎）。

更（定更法）

海中船行里数，皆以更计；或云百里为一更，或云六十里为一更，或云分昼夜为十更。今问海舶伙长，皆云六十里之说为近。《旧录》云："以木柹从船头投海中，人疾趋至梢，人柹同至，谓之'合更'；人行先于柹，为'不及更'；人行后于柹，为'过更'"。今西洋舶用玻璃漏定更，简而易晓。细口大腹玻璃瓶两枚，一枚盛沙满之，两口上下对合，通一线以过沙。悬针盘上，沙过尽为一漏，即倒悬之。计一昼、一夜约二十四漏。每更船六十里，约二漏半有零。人行先木柹为'不及更'者，风慢、船行缓，虽及漏刻，尚无六十里，为'不及更'也；人行后于枙为'过更'者,风疾,船行速,当及漏刻,已逾六十里为'过更'也。"

针　路

　　琉球在海中,本与浙、闽地势东西相值,但其中平衍无山。船行海中,全以山为准,福州往琉球,出五虎门,必取鸡笼、彭家等山。诸山皆偏在南,故夏至乘西南风,参用辰、巽等针,裒绕南行,以渐折而正东,琉球归福州,出姑米山,必取温州南杞山;山偏在西北,故冬至乘东北风,参用乾、戌等针,裒绕北行,以渐折而正西。虽彼此地势东西相值,不能纯用卯酉针,径直相往来者,皆以山为准,且行船必贵占上风故也。

　　《指南广义》云:"福州往琉球,由闽安镇出五虎门,东沙外开洋,用单(或作乙)辰针十更,取鸡笼头(见山,即从山边过船。以下诸山皆同)、花瓶屿、彭家山;用乙卯并单卯针十更,取钓鱼台;用单卯针四更,取黄尾屿;用甲寅(或作卯)针十(或作一)更,取赤尾屿;用乙卯针六更,取姑米山(琉球西南方界上镇山)用单卯针取马齿,甲卯及甲寅针,收入琉球那霸港,福州五虎门至琉球姑米山,共四十更船。琉球归福州,由那霸港用申针放洋,辛酉针一更半,见姑米山,并姑甚麻山;辛酉针四更、辛戌针十二更、乾戌针四更、单申针五更、辛酉针十六更,见南杞山(属浙江温州);坤未针三更,取台山;丁未针三更,取里麻山(一名霜山);单申针三更,收入福州定海所,进闽安镇。琉球姑米山至福州定海所,共五十更船。"

前海行日记

　　闽有司既治封舟毕工,泊于太平港罗星塔。五月十日壬午,赍诏敕至南台,以小舟至泊船所,十五日,祭江取水,蠲吉于二十日壬辰奉诏敕升舟。连日夜,风皆从东北来,是日转西南。遂于未初起椗。至怡山院,谕祭于海神。

　　二十一日癸巳,日出,西南风。日中,至管头,出金牌门。日入,未过黄虾鼻下椗,

　　二十二日甲午,日出,丁未风,过梅花头。日中,丁风带午,乘潮出五虎门放洋,过官塘尾。日入,至进士门。夜至九漏,转丁未风;接封陪臣正议大夫陈其湘,率其国伙长主针,用乙辰针三更半。

　　二十三日乙未,日出,见东涌在船后,约离一更半许;丁未风,用乙卯针二更,约离官塘八更半许。

　　二十四日丙申,日出,丁午风,仍用乙卯针,日未中,过米糠洋(海水碧彻如靛,细黄沙如涎沫,连亘水面如米糠),见群鱼拜水。日将入,有大鸟二,来集于

樯,是夜,风益利,用乙卯针四更。共计十三更半,当见鸡笼山、花瓶、棉花等屿,及彭家山,皆不见。夜用乙卯针四更半,共十七更,船东北下一更半许。

二十五日丁酉,日出,丁未风轻,用单乙针二更,乙卯针一更半。夜至四漏,转正南风,用单乙针一更半,共计二十一更,

二十六日戊戌,日出,正南风。日未中,转丁午;逾时丁未风微起,用单乙针一更。日中,风静,缒水无底。晚晡,转丙午风,用乙卯针;风静船停,不上更。日入,风微起。至四漏,转丁午风,用乙卯一更。至八漏,又用单卯二更,至天明。

二十七日巳亥,日出,丁午风。日未中,风静船停;有大沙鱼二,见于船左右。日入,丁午风起;至二漏,转丁风,用乙辰针二更半。天将明,应见钓鱼台、黄尾、赤尾等屿,皆不见,共用卯针二十七更半,船东北下六更许。

二十八日庚子,不用接封陪臣主张卯针,本船伙长林某,改用乙辰针。日未中,丁未风。行二更半,鸦班上樯,见山一点在乙位,约去四更余;水面小黑鱼点点。接封陪臣云:"此出姑米山,所见或是姑米而未能定。"日入,风转丁午,用辰巽针二更。

二十九日辛丑,日出,见东北小山六点。陪臣云:"此非姑米,乃叶壁山也。在国西北。"始悟用卯针太多,船东北下;若非西北风,不能提舟上行至那霸收港也。日中,祷于神,忽转坤申庚风;一时,又转子癸。陪臣大喜,乃回针东南行,指一小山云:"此名读谷山。由此迤转,即入港。"日入,转丑艮风,大炽;用丙巳针,又用丙午单卯针。先是,四、五日前未见山,舟浮不动;水舱将竭,众颇惑。祷于神,珓示曰:"二十八日见山,初一日到港。"至是六月朔壬寅,日未出,遂入港;行海中凡七昼、八夜云(二号船港针簿)。①

臣葆光按,琉球针路,其大夫所主者,皆本于《指南广义》。其失在用卯针太多,每有落北之患。前使汪楫记云,封舟多有飘过山北,已复引回稽诸使录,十人而九。(明嘉靖十一年陈侃记,舟至叶壁山,小舟四十,牵挽八日,始至那霸。嘉靖三十七年,郭汝霖记,已至姑米山头目云。得一日夜之力,即未遂登岸可保不下叶壁山矣,可见下叶壁,即琉人亦以为戒。万历四年萧崇业记,六月初一日过叶壁山,薄山下,由此陆路至国,两日程挽舟初五日始泊那霸。康熙二年张学礼记,舟抵琉球北山,与日本交界,北风引舟南行,始达那霸。)封舟

---

① 编者按:此下未找到正文标点,仅照原文断句。

不至落北者，惟前明册使夏子阳及本朝汪楫二人。考夏录则云：梅花所开洋，过白犬屿。又取东沙屿丁上风用辰巽针八更船，取小琉球山。未上风乙卯针二更，取鸡笼。申酉上风用甲卯针四更船，取彭家山。亥上风用乙卯针三更船，未上风用乙卯针三更船，取花瓶屿。丁未上风用乙卯针四更船，取钓鱼屿。丙午上风用乙卯针四更船，取黄尾屿。丙午上风用乙卯针七更船，丁上风用辰巽针一更，取姑米山。又辰巽针六更船，取土那奇翁居里二山（今译为度那奇安根呢山，二山在马齿山之西）。又辰巽一更，取马齿山到港。汪录则云：（本录不载见洋舶针薄内）乙辰八更，取鸡笼头。用辰多，辰巽三更，取梅花屿。单卯十更，取钓鱼台北边过。乙辰四更，取黄尾屿（得力在此四更，船身提上，已见黄尾屿下用单卯针取姑米，定是正西风利故也）。甲卯十更，取姑米山。乙卯七更，取马齿山。甲寅并甲卯，取那霸港。盖自鸡笼山东行钓鱼屿、赤尾屿，以至姑米山。诸山皆在南，借为标准。俱从山北边过船，见山则针正；应见不见，则针已下渐东北行，必至见叶壁山矣。要其病，皆由于用卯针太多，又不能相风用针。夫西南风固皆为顺，而或自午，或自丁，或自未与坤者，方位又各不同。今《指南广义》所录，则专言针，混言风，又多用卯针，故往往落北，不见姑米而见叶壁也。后人或不见山，不可信接封者主张卯针，当深玩夏汪二录，酌风参用辰巽等针，将船身提上，则保不下叶壁矣。

后海行日记

二月十六日癸丑，巳刻封舟自琉球那霸开洋。用小船百余，引出港口。琉球官民夹岸送者数千人，小船竖旗夹船左右送者数百桨。是日晴明，南风送帆用乾亥针一更半，单乾针四更，过马齿安根呢度那奇等山，海水沧黑色，日入见姑米山二点。离二更半许，夜转丁未西南风，十三漏转坤未风，用乾戌三更半，风有力，头巾顶索连断三次。

十七日甲寅，日出龙二见于船左右，水沸立二三丈。转西北风用单子针一更，日入至十四漏转坤未风，用乾戌一更，夜见月至明。

十八日乙卯日出单乾，乾戌四更，日入至十四漏，西南风有力。用乾戌四更半，夜见月至明。

十九日丙辰，日出转辛酉，西风带南风不定，用单庚一更，日中转壬子癸风，用单酉针，至日入转子癸，又转丑癸用单戌三更半，夜见月至明。

二十日丁巳，日出转艮寅东北顺风，日中转甲卯，用辛戌四更，日入转乙辰风。大雨，船共行二十六更半，是日海水见绿色。夜过沟，祭海神。转巽巳风，用辛酉三更半至明。

二十一日戊午,日出大雾。正南风转西南,又转西北风不定,船行缓不上更,缒水四十八托,有鸟来集于樯。转子癸风,至十三漏,转东北大顺风,用庚申二更,至明。

二十二日己未,日出东北风,晴,大寒。用庚酉申四更半,日入有燕二,来集樯上。至十一漏,转乙卯风,缒水四十托,用庚酉一更,夜雨大雾。

二十三日庚申,日出雾大雨,无风,缒水三十二托。日晡壬亥风起,日入转壬子风,夜雨,大寒。用庚酉二更,未明见山,离一更远许。

二十四日辛酉,日出用单申一更,至鱼山及凤尾山,二山皆属台州。封舟回闽针路,本取温州南杞山。此二山又在南杞北五百里,船身太开北行。离南杞八更远许,日晡转北风,用丁未针三更,日入舟至凤尾山。风止,下椗。

二十五日壬戌,无风,舟泊凤尾山。夜雨,有数小船来伺,警至明。

二十六日癸亥,日出东北风,起椗行,大雷雨,有旋风转篷。日晡转壬亥风,用单未坤未三更,日入风微,用单未一更,见南杞,离一更许。

二十七日甲子,日出晴,见盘山,至温州。东北顺风,用坤申庚四更,缒水十四托。离北关一更许,日入用坤申庚一更,至台山下椗。夜十八漏又起椗,至明见南北关。二号船先一日过南关。

二十八日乙丑,东北风无力,船泊七星山,缒水九托。夜至五漏,飓作椗走,用乙辰针行七漏,加副椗泊船。

二十九日丙寅,日出至霜山。东北风用申庚酉针,日晡与二号船齐至定海所。琉球谢恩船先一日到,相次泊。

三十日丁卯,东北风,乘潮三船雁次进五虎门,日中至怡山院,谕祭于海神。行海中凡十四昼夜云。

臣葆光按,册封之役有记录者,自前明嘉靖中陈侃始,至康熙二十一年汪楫等,凡七次封舟回闽。折桅漂柁,危险备至,披阅之次,每为动心。今奉皇上威灵,海神效顺,逾年行役,幸避冬汛之危;半月漂浮,绝少过船之浪。桅柁无副,竟免摧伤;偶有风暴,随祷立止。上下数百人,安行而回,远胜畴昔。额手庆幸,胥戴皇恩。至于颠仆呕逆,小小困顿,海舶之常,何足云也?

历次封舟渡海日期

嘉靖十三年甲午,陈侃使录。海行十八日至琉球(五月初五日出海,二十五日至那霸港)。七日回福州(九月二十日出那霸,二十八日至定海所)。

嘉靖四十一年壬戌，郭汝霖使录。海行十一日至琉球（五月二十二日出海，闰五月初九至那霸港）。十一日回福州（十月十八日出那霸，二十九日至五虎门）。

万历八年庚辰，萧崇业使录。海行十四日至琉球（五月二十二日出海，六月初五日至那霸）。九日回福州（十月二十四日出海，十一月初二日到定海所）。

万历三十三年乙巳，夏子阳使录。八日至琉球（五月二十四日出海，六月初一日至那霸）。十一日回福州（十月二十一日出海，十一月初一日到五虎门）。

崇祯六年癸酉，杜三策（从客胡靖录）九日至琉球（六月初四日出海，八日过姑米山）。十一日回福州（十月初九日出海，十九日到五虎门）。

康熙二年癸卯，张学礼使录。十九日至琉球（六月初七日出海，二十五日到那霸港）。十一日回福州（十一月十四日出海，二十四日至五虎门）。

康熙二十二年癸亥，汪楫使录。三日至琉球（六月二十三日出海，二十六日到那霸港）。十一日回福州（十一月二十四日出海，十二月初四日至定海所）。

臣葆光按，封舟以夏至后，乘西南风往琉球，以冬至后，乘东北风回福州。此言其概也。南风和缓，北风凛冽，故归程尤难，非但内外水势有顺逆也。嘉万封舟回闽，率先冬至在九十月中，朔风犹未劲，归帆最宜。十一月十二月冬至前后，则风势日劲，浪必从船上过矣。若正月，则风飓最多，且应期不爽，万无行舟之理。二月中则多雾，龙出海矣，然春风和缓，兹役亲验之，浪无从船上过者，殆远胜于冬至前后也。海船老伙长言，十月二十日后东风送顺为吉。葆光在琉球，无日不占风所向。历考数月内，风自东来不间断者，惟十月二十日后、十一月初五日前，半月中为然。因考陈侃以来，惟萧崇业之归闽，较为安吉。其出海日期，乃十月二十四日，为不诬也。附此以告后来者。

风　信

清明后，地气自南而北，则南风为常。霜降后，地气自北而南，则北风为常。若反其常，则台飓将作，风大而烈者为飓，又甚者为台飓，常骤发。台则有渐，飓或瞬发倏止；台则连日夜，或数日不止；大约正二三四月为飓，五六七八月为台。九月则北风初烈，或至连月，俗称九降风。间或有台，则骤至如春台。船在洋中，遇飓犹可为，遇台不可当矣。十月以后，北风常作。然台飓无定期，舟人视风隙以往来。五六七八月应属南风,台将发,则北风先至,转而东南,又转而南,又转而西南,台飓始至,多带雨。九降风则无雨。五六七月间,风雨俱至。舟人视天色有点黑,则收帆严舵以待之,瞬息间风雨骤至,随刻即止。若预备少迟,则收帆不及,或至倾覆。天边有断虹,亦台将至。云片如帆者曰破帆,稍及半天。如鲨尾者曰屈鲨,出北方者甚于他方。海水骤变,水面多秽如米糠。海蛇浮游水面,亦台将至。

风暴日期

正月初四日(按神飓)初九日(玉皇飓,此日有飓,后飓皆验,否则后亦多不验者)。

十三日(关帝飓)二十九日(乌飓又龙神会)。

又正月初三日、初八日、十一日、二十五日,月晦日,皆龙会日,主风。

二月初二日(白须飓)初七日(春明暴)二十一日(观音暴)二十九日(龙神朝上帝)。

又二月初三日、初九日、十二日,皆龙神朝上帝之日。

三月初三日(上帝飓,又名真武暴)初七日(阎王暴)十五日(真人飓,又名真君暴)二十三日(天妃诞,妈祖飓。真人飓多风,妈祖飓多雨)二十八日(诸神朝上帝)。

又三月初三日初七日二十七日。皆龙神朝星辰之日。

四月初一日(白龙暴)初八日(佛子飓,又名太子暴)二十三日(大保暴)二十五日(龙神大白暴)。

又四月初八日、十二日、十七日,皆龙会太白之日。

五月初五日(系大飓名屈原飓)十三日(关帝飓)二十一日(龙母暴)。

又五月初五日、十一日、二十九日,皆天帝龙王朝玉皇之日。

六月十二日(彭祖飓)十八日(彭祖婆飓)二十四日(雷公诞,此暴最准,名为洗炊笼飓。自十二日起,至二十四日止,皆系大飓之旬)。

又六月初九日、二十七日,皆地神龙王朝玉皇之日。

七月初八日(神煞交会)十五日(鬼飓)。

又七月初七日、初九日、十五日、二十七日,皆神煞交会之日。

八月初一日(灶君飓)初五日(系大飓旬)十四日(伽蓝暴)十五日(魁星飓)二十一日(龙神大会)

又八月初三日、初八日、二十七日,皆龙王大会之日。

九月初九日（重阳暴）十六日（张良飓）十九日（观音飓）二十七日（冷风暴）

又九月十一日十五日十九日，皆龙神朝玉帝之日。

十月初五日（风信暴）初十日（水仙王飓）二十日（东岳朝天）二十六日（翁爹飓）。

又十月初八日、十五日、二十七日，皆东府君朝玉皇之日。

十一月十四日（水伯暴）二十七日（普安飓）二十九日（西岳朝天）。

十二月二十四日（送神飓，又名扫尘风）。

凡遇风暴日期，不在本日则在前后三日之中。又箕壁翼轸四宿，亦主起风，皆当谨避之。

风信考以下至此，皆《指南广义》所载，或采禁忌方书，或出海师柁工所记，其语不尽雅驯，而参考多验，今附此以告后来者。

天妃灵应记

天妃，莆田湄洲屿林氏女也（张学礼记云，天妃蔡氏女，猴屿人，非是）。父名愿（字曰惟悫，母王氏，一云，林孚第六女）。宋初官都巡检。妃生而神灵，少与群女照井，有神捧铜符出以授妃，群女奔骇。自是屡著神异，常乘片席渡海，人咸称为通贤灵女。一日方织，忽据机瞑坐，颜色变异，母蹴起问之，寤而泣，曰父无恙，兄殁矣。有顷信至，父与兄渡海，舟覆，若有挟之者，父得不溺，兄以柁摧，遂堕海死。康熙四年，升化于湄州屿（张学礼记云，救父投海身亡，非是。一云妃生于建隆元年庚申三月二十三日。一云妃生于哲宗元佑八年。一云生于甲申之岁。按妃于宋太宗雍熙四年九月初九日升化，室处二十八岁则当以建隆元年一说为是，生弥月不啼名曰默）。时显灵应，或示梦，或示神灯，海舟护庇，无数土人相率祀之。宋徽宗宣和五年，给事中路允迪使高丽，八舟溺其七，独允迪舟见神朱衣坐桅上，遂安归闻于朝，赐庙额曰"顺济"。高宗绍兴二十六年，始封灵惠夫人，赐庙额曰"灵应"。三十年海寇至江口，神见风涛中，寇溃就获。泉州上其事，封灵惠昭应夫人。孝宗乾道二年，兴化疫，神降于白湖，去潮丈许得甘泉，饮者立愈。又海寇至，雾迷其道，至庙前就擒，封灵惠昭应崇福夫人。淳熙十一年，助巡检姜特立，捕温台寇，封灵惠昭应崇福善利夫人（汪录作灵慈昭应崇善福利夫人，灵慈乃庙号，凡封皆原灵惠始封之号，当作灵惠崇福。先封后加善利二字，乃言为善人利之意。以上封夫人，凡四封）。光宗绍熙三年，以救疫旱功，特封灵惠妃。宁宗庆元四年，以救潦封灵惠助顺妃。嘉定元年，平大奚寇，以雾助擒贼。金人犯淮甸，战花靥镇，神助战。及战紫金山,又见神像。再捷三战,遂解合肥之围,封灵惠助顺显卫妃。嘉定十年,救旱,获海寇,加灵惠助顺显卫英烈妃。嘉熙三年,钱塘潮决至艮山祠,若有限而退,封灵惠助顺嘉应英烈妃。宝祐二年,救旱,封助顺嘉应英烈协正妃。三年,又封灵惠助顺嘉应慈济妃。四年封灵惠协正嘉应慈济妃,是岁浙江堤成,封灵惠协正嘉应善庆妃。五年教授王里请于朝,封妃父积庆侯,母显庆夫人,女兄以及神佐,皆有锡命。景定三年,反风胶海寇舟就擒,封灵惠显济嘉善庆妃(宋封夫人四,加封妃十,凡十四封)。元世祖至元十八年,以海运得神佑,封护国明著天妃(封天妃之始),又进显佑。成宗大德三年,以漕运效灵,封辅圣庇民明著天妃,仁宗加封护国庇民广济明著天妃。文宗天历二年,加封灵感助顺福惠徽烈(共二十字),庙额灵慈,(元晋封天妃凡五加封),皆以海运危险,历见显应故也。明太祖封昭孝纯正孚济感应圣妃。成祖永乐七年,封护国庇民妙灵昭应弘仁普济天妃(至今皆仍此封号)。自后遣官致祭,岁以为常,壮烈帝封天仙圣母青灵普化碧霞元君,已又加青贤普化慈应碧霞元君(明封圣妃一,仍改封天妃一,改封元君二,凡四封)。

本朝仍永乐七年封号,康熙十九年,收复台湾,神灵显应,福提万正色上闻,加号致祭,神灵昭著,于今转赫。凡渡海者,必载主舟中。

往年册封琉球。谕祭两行,夏祈冬报,皆预撰文,使臣昭告,皆获安全。盖圣德所感,神应尤显云。

封舟捄济灵迹(惟洪熙元年,捄济柴山灵迹,详显圣录,以下无考,今断自陈侃始)。

嘉靖十三年,册使陈给事侃(陈侃始有记。故自侃始)。高行人澄,舟至姑米山发漏,呼祷得塞而济。归值飓,桅樯俱折,忽有红光烛舟,乃请笅起柁,又有蝶雀示象是夕风虐,冠服祷请立碑,风乃弛,还请春秋祀典。

嘉靖四十年,册使郭汝霖李际春,行至赤屿无风,有大鱼荡舟,乃施金光明佛,并彩舟升之,遂得南风而济。及回闽日,飓将发,豫有二雀集舟之异,须臾飓发失柁,郭等为文以告,风乃息,更置柁,又有一鸟集桅上不去。

万历七年,册使萧给事崇业,谢行人杰,针路舛错,莫知所之,且柁叶失去,虏祷之次。俄有一燕一蜻蜓,飞绕船左右,遂得易柁,舟乃平安。

万历三十年,册使夏给事子阳,王行人士祯,舟过花瓶屿,无风而浪,祷于神,得风顺济。归舟柁索四断,失柁者三,大桅亦折,水面忽现神灯,异雀来集,东风助顺。

崇祯元年，册使杜给事三策，杨行人抡，归舟飓作，折柁牙数次，勒索皆断。舟中三人，共购一奇楠高三尺值千金，捐刻圣像。俄有奇鸟集樯端，舟行若飞，一夜抵闽云。

本朝康熙二年，册使张兵科学礼，王行人垓，归舶过姑米，飓作暴雨，船倾侧，危甚。桅左右攲侧，龙骨半折。忽有火光荧荧，霹雳起风雨中，截断仆桅。舵旋不止，勒索皆断，祷神起柁，三祷三应，易绳下柁。时有一鸟，绿嘴红足若雁鹜，集战台。舟人曰：天妃遣来引导也，遂达定海。

康熙二十二年，册使汪检讨楫，林舍人麟焻，归舟飓风三昼夜，舟上下倾仄，水满舱中，合舟能起者，仅十六人。厨灶漂没，人尽饿冻。虔祷天妃，许为请春秋祀典。桅箍断而桅不散，顶绳断而蓬不落，兴波上下，竟保无虞。

今封舟开洋，风少偏东，祷立正，多用卯针，船身太下，几至落漈。遂虔祷得改用乙辰针，又筊许二十八日见山，果见叶壁，船下六百余里。欲收那霸，非西北风不能达，祷之立转，一夜抵港。舟回至凤尾山，旋风转船，蓬柁俱仄，呼神始正。至七星山，夹山下椗，五更飓作走椗，将抵礁，呼神船如少缓，始得下椗。人皆额手曰：此皆天妃赐也。

谕祭文（祈报二道）

维康熙五十八年，岁次己亥，五月癸酉朔，越祭日癸巳。

皇帝遣册封琉球国，正使翰林院检讨海宝，副使翰林院编修徐葆光，致祭于神曰：惟神显异风涛，效灵瀛海，扶危脱险，每著神功。捍患御灾，允符祀典。兹因册封殊域，取道重溟。爰命使臣，絜将禋祀。尚其默佑津途，安流利涉。克将成命，惟神之休。谨告。

维康熙五十九年，岁次庚子，二月戊戌朔，越祭日丁卯。

皇帝遣册封琉球国，正使翰林院检讨海宝，副使翰林院编修徐葆光致祭于海神曰：惟神诞昭灵贶，阴翊昌图。引使节以遄征，越洪波而利济。殊邦往复，成事无愆。克畅国威，实惟神佑。聿申昭报，重荐苾芬。神其鉴歆，永有光烈。谨告。

春秋祀典疏

差回琉球国。翰林院检讨臣海宝，编修臣徐葆光等谨奏。为奏闻事，臣等于康熙五十七年六月初一日，奉旨册封琉球国王。十四日于热河面请圣训，出都至闽。于五十八年五月二十日登舟，次日至怡山院，谕祭天妃。二十二日，从五虎门放洋，西南顺风行八日，六月初一日登岸。二十七日，行谕祭礼。七月二十六日,行册封礼,诸宴礼以次举行。十二月二十六日,登舟候汛。本年二月十六日,乘东北顺风行半月,三十日始抵福州五虎门。臣等往返海道,略无危险。皆皇上德迈千古,福与天齐。臣等奉命经行绝远之处,神灵效顺。臣等阖船官兵以及从役数百人无一亏损,皆得安归,臣等不胜欣幸。即琉球国属,并福省官民人等,俱称奇致颂,以为皆我皇上德遍海隅之所致也。其中往返之时,风少不顺,臣等祈祷天妃,即获安吉。自前平定台湾之时,天妃显灵效顺,已蒙皇上加封致祭。今默佑封舟,种种灵异如此,仰祈特恩许着该地方官,春秋致祭,以报神庥伏候圣裁谨奏闻。礼部谨题:为奏闻事,该臣等议得,差回琉球国。翰林院检讨臣海宝、编修臣徐葆光等奏称,臣等奉旨册封琉球国王,往返海道,阖船官兵,以及从役数百人,无一亏损,皆得安归。其中往返之时,风少不顺,臣等祈祷天妃,即获安吉。自前平定台湾之时,天妃显灵效顺,已蒙皇上加封致祭。今默佑封舟,种种灵异仰祈特恩许着地方官,春秋致祭,以报神庥等语。钦惟皇上德周寰宇,化洽海隅,诏命所经,神灵协应。兹以册封琉球国王,特遣使臣,举行典礼,往返大海绝险之区,官兵从役数百人,皆获安吉。固由天妃显灵,实皆我皇上怀柔,百神海若,效顺所致也。查康熙十九年,臣部议得,将天妃封为护国庇民妙灵昭应弘仁普济天妃,遣官致祭等。因具题,奉旨依议,钦遵在案。今天妃默佑封舟,种种灵异,应令该地方官春秋致祭,编入祀典,候命下之日行令该督抚遵行可也。臣等未敢擅便谨题请旨等因。康熙五十九年八月初三日题。本月初六日,奉旨依议。

　　臣葆光按,元史志云,至元中以护海运有奇应,加封天妃,神号积至十字,庙曰灵慈。直沽平江周泾泉福兴化等处,皆有庙。皇庆以来,岁遣使赍香遍祭,金幡一合,银一锭,付平江官漕司。及本府官用柔毛酒醴,便服行事。祝文云:维年月日,皇帝特遣使某官等,致祭于护国庇民广济福惠明著天妃。则岁时之祭,自元已有之矣。前明嘉靖中,册使陈侃使还,乞赐祭以答神贶。礼部议令布政司设祭一坛,报可,此又特祭一举行者也。万历三年,册使萧崇业,始请秩祀海神,合举祈报二祭,至今封舟出海因之。康熙二十二年,册使臣汪楫还,具疏请照岳渎诸神,着地方官行春秋二祭,礼部议未准行。今臣等在海中祈神佑庇,窃计封号尊崇已极,惟祀典有缺,故专举为词,神应昭格。今果蒙恩,特赐允行。典礼烜赫,以答神庥,超越千古矣。

中山传信录卷第二

封宴礼仪

封舟到港

天使馆（旧使馆　支应七司）

天妃宫行香（上天妃宫　附下天妃宫）

中山先王庙

谕祭仪注

谕祭文（二道）

中山王府

册封仪注

册封诏敕（二道）

中山王肄馆仪仗（贺封路供）

中秋宴

重阳宴（拜辞宴　饯别宴　望舟宴）

中山王谢　恩表疏（贡物）

又请存旧礼以劳使臣疏

礼部议覆疏

册封琉球国王副使赐正一品麟蟒服翰林院编修加二级臣徐葆光纂

封舟到港

封舟六月朔旦至那霸港，泊海口。迎舟数十，独木船双使一帆者，又数百桨。世曾孙尚敬守次，先遣法司以下诸陪臣来迎诏，随来随遣，前后数辈，致牲礼迎劳如仪。午潮上岛，民舣船数百，或在船，或入水，施百绠引舟，至迎恩亭下（亭建自洪武中武宁王时，修葺如新）。陪臣班列，仪仗金鼓，皆集亭左右，迎请龙亭。未刻以次登岸，众官前导至馆。奉安诏敕，行礼讫，以次入谒。法司王舅紫金大夫紫巾官为一班，三叩头，天使立受揖答之。耳目官正议大夫中议大夫为一班，三叩头，天使立受拱手答之。那霸官长史察侍纪官遏闼理官都通事为一班，三叩头，天使坐受抗手答之。嗣后朔望及逢五十日，王遣法司王舅以下，至馆一起居，见天使皆下坐，应对皆起立。每月初二日十六日，天使亦遣使，至王府荅问云。

天使馆

天使馆去迎恩亭一里许，面南。屋宇皆如中国衙署，外栅四周。栅内东西门,房各四楹。竿上施册封黄旗二,八角鼓棚左右二所。大门内东西役房各六楹,仪门上有"天泽门"三字匾。前明万历中,使臣夏子阳题。今失去,臣等补书其上。大堂前庭方广数亩,陪臣行礼于此甬道左右,臣等植大榕树四株。堂上前楹,前使张学礼、王垓。题"天威远布"隶书四字。汪楫、林麟焻题"敷命堂"三字,皆在。臣等又书"皇纶三锡"四字,悬正梁上。盖自康熙二年,封王尚质,今王之高祖也。康熙二十二年,封王尚贞,今王之曾祖也。王之祖尚纯,未及立。王之父尚益,未及请封。至今国王尚敬,已阅五世,皆受我皇上玺封。六十年中大典三行,泽及五世,实为千古仅事,故特书之以示远人。明我皇上与天无极之治,海隅日出,覆育无穷也。左右楹间,特书二榜,一载前明册使姓名,一载本朝三遣使臣姓名。

榜记附录

前明洪武中,中山王察度始通于朝。武宁嗣位,始来告丧请袭。终明之代,传十六世,世世请封。封使三十余人,具列正史。而稗载多舛,傥中外异书,非一统同文之义。

皇清受命,王尚质始来请封,于今五世,册礼三行,皆奉我皇上宝玺以来,尤为千古盛事,并书于次。所以昭旷典,慎使职也。遣使逾年始达,嘉靖以后有迟至三四年者,今按史书之以遣使之年为定。洪武以来使事,不以册封行者,姓名不能备考,故不并列云。册使例以行人充,明正统中,始用给事中为之,正副仍之,后遂不变。用翰林与中书舍人,自前使始。两使皆史臣,唯兹役。

明洪武五年,诏中山王察度使,杨载(行人)。

永乐二年,封武宁使,时中(行人)。

永乐五年,封思绍,如典礼,不遣使。

洪熙元年,封尚巴志使,柴山(中官)。

正统七年,封尚忠使,俞忭(给事中)、刘逊(行人)。

正统十三年,封尚思达使,陈傅(给事中)、万祥(行人)。

景泰二年,封尚金福使,乔毅(给事中,《殊域周咨录》,作陈谟)、童守宏(行人)。

景泰六年,封尚泰久使,严诚(给事中,《中山世鉴》,作李秉彝)、刘俭(行人)。

天顺六年,封尚德使,潘荣(吏科给事中,福建龙溪人)、蔡哲(行人)。

成化六年，封尚圆使，官荣（兵科给事中）、韩文（行人）。

尚宣威，未请封。

成化十三年，封尚真使，董旻（兵科给事中）、张祥（行人司司副）。

嘉靖七年，封尚清使，陈侃（吏科给事中，浙江鄞县人）、高澄（行人，顺天固安人）。

嘉靖四十一年，封尚元使，郭汝霖（吏科左给事中，江西永丰人）、李际春（行人，河南杞县人）。

万历四年，封尚永使，萧崇业（户科左给事中，云南籍，应天上元人）、谢杰（行人，福建长乐人）。

万历二十九年，封尚宁使，夏子阳（兵科右给事中，江西玉山人）、王士祯（行人，山东泗水人）。

崇祯元年，封尚丰使，杜三策（户部左给事中，山东东平州人）、杨抡（行人司司正，云南籍，上元人）。

尚贤请封，未获卒。（福王时，来请封，遣礼科给事中陈燕翼、行人韩元勋，未行国亡）。

本朝顺治六年，尚贤弟尚质奉表，十年来请封，世祖遣使，康熙二年行。

康熙二年，封尚质使，张学礼（兵科副理官，辽阳人）、王垓（行人，山东胶州人）。

康熙二十一年，封尚贞使，汪楫（翰林院检讨，江南仪真人）、林麟焻（内阁中书舍人，福建莆田人）。

尚益未请封。父尚纯未立，先卒。子尚敬今封。

堂后穿堂六楹，内堂三楹，左右两使臣房。后院东西二板阁，东曰长风，前使臣汪楫书；西曰停云，使臣林麟焻书。匾已废，楼前亦重葺，臣等重题其上。两行役房各九楹，东西相向。东院有水井一，砺石墙四周如城，高一丈三四尺许，极坚致。堂屋内地皆用方砖，上施铜瓦。惟壁皆用夹板，役舍则以芦箔墁土其上。

附旧使馆

使馆西南有旧使馆址相连，前亦有辕门，大门上有小板阁。入门大堂三楹。以板铺地，去地三尺许。外有驻节二字，前使王垓所书。又前明崇祯中，使臣杜三策，书每怀靡及"四字"。西有楼，今无存（胡靖记云，杨行人抡居西偏小楼，名曰"听海"），今新葺。板阁惟东板阁系旧建，悭木梁柱，皆极坚固。前使张学礼记云,楼上有杜三策题梅花诗百首,今已漫灭无存,测量平丰二臣居之。局前辕门,凿后垣,共门出入。

旧使馆向有息思亭,嘉靖三十七年,册使郭汝霖有《息思亭说》,云:琉球天使馆,自门而入,正堂三间,自正堂引至书房三间,余处于东,李君际春处于西。房之后,再三间官舍辈处之。两旁翼以廊,房各六间,门书舆皂寓焉。暑月蕴隆,琉之人为余卜后垣空地,砌土瓦茅,竖柱而亭之。余因扁曰"息思"。以咏以歌,庶忘其身之在异乡已。

天使馆堂,旧名洒露。万历四年,册使萧崇业有《洒露堂说》,云:使馆故有匾弗称,唐人云,海东万里洒扶桑,意在怀远也,余以"洒露"名之。副使谢杰记云:洒露堂者,天使馆之堂也,谏议萧使公,所以名斯堂也云云。

臣葆光按,此二条当在旧使馆中,今匾废亭圮,皆不可考。就郭记云,自门而入,正堂三间。今旧院大门内即大堂,无仪门,居然可知已。

天使馆,日有都通事一员,红帕秀才二十人,轮番值门,听候指使。

天使馆旁,支应分设七司。一馆务司,掌馆中大小应行事件。一承应所,掌馆中修葺物件家伙等事。一掌牲所,掌羊豕鸡鸭支送等事。一供应所,掌馆中酒米小菜支送等事。一理宴司,掌七宴事。一书简司,掌书帖往来等事。一评价司,掌评定物价上下、分买支给等事。每司遣大夫一员,红帕三人,余杂差二十人主一司。其朝夕供应奔走,别有库官等为之。

国王日以宫前瑞泉供客,每日清晨汲入绿木筩,二石余,以锁锁之,走十里送至馆中。红帕秀才九人,分日押送。

每日供应米五升,面四斤,酱酱油醋盐菜油各四盏,豆腐三斤,烧酒一瓶,鱼肉各三斤,羊肉二斤,干鱼四斤,鸡二蛋十枚,海蟳二,西瓜二,冬瓜十斤,菜一斤,烛四枝,炭十斤,柴四束。

起居日,馈生猪羊各一,鸡二,蛋鱼海蛇海蟳石鉅车螯面条面粉酱越醋蒜胡椒甘蔗蕉果(冬易以橘)烧饼佳酥鱼各一盘,烧酒一埕,炭一包,烛一束,朔望加吉果米肌银酒黄酒之馈吉果以米粉为之,形如薄饼。米肌如白酒而稍淡。银酒即烧酒。黄酒,国中所醖煮,酒色黑醲,少有油气。

守备千总,日米四升,酱油醋盐菜油米酱各一盏,猪肉三斤,羊肉一斤,生鱼二斤,干鱼三斤,鸡一,蛋十枚,蔬菜一斤,豆腐一斤,烧酒六盏,小烛二枚,炭五斤,柴二束。

全廪给,日米三升,醋盐菜油豆酱各一盏,猪肉二斤,生鱼二斤,干鱼二斤,鸡一,蛋五枚,蔬菜一斤,豆腐一斤,烧酒三盏,小烛二枚,柴二束。

半廪给,日米二升,醋盐菜油豆酱各一盏,猪肉一斤,干鱼一斤,鸡一,蔬菜一斤,豆腐一斤,烧酒二盏,柴二东,口粮月粮,日米一升五合,醋盐菜油豆酱各半盏,猪肉一斤,盐鱼一斤,蔬菜一斤,豆腐半斤,烧酒一盏,柴一束。

天妃宫行香

入馆后涓吉,鼓乐仪从,奉迎船上天妃及拏公(拏公水神,详汪使录中),诸海神之位,供于上天妃宫内,朔望日行香。琉球天妃宫有二:一在那霸,曰下天妃宫,天使馆之东门南向。前广数十亩,有方沼池,宫门前石神二,入门甬道至神堂,三十步许。堂内有崇祯六年册使杜三策、杨抡慈航普度匾,顺治六年招抚司谢必振普济万灵匾,康熙二年癸卯册使张学礼王垓普济群生匾,大门上书"灵应普济神祠",则万历三十四年册使夏子阳、王士祯所立也。两旁皆民房。国中案牍,多储于此。有钟一架,刻云:琉球国王大世主,庚寅庆生,兹现法王身,量大慈愿海,而新铸洪钟,以寄舍本州下天妃宫。上祝万岁之宝位,下济三界之群生。辱命相国安瀷为其铭,铭曰:华钟铸就,挂着珠林,撞破昏梦,诚(汪录误作正字)祷天心,君臣道合。蛮夸不侵,彰㤗氏德,起追蠡吟,万古皇泽,流妙法音。景泰丁丑年月朔旦施。

上天妃宫,在久米村。夏给谏子阳使录云:此为嘉靖中册使郭给事汝霖所建,他无碑记可证。宫在曲巷中门南向,神堂东向,门旁亦有石神二。进门上甬道,左右宽数亩。缭垣周环。正中为天妃神堂。右一楹为关帝神堂,左为僧寮。堦下钟一所。大门左有神堂,上嚮供龙神。

天妃堂内有崇祯六年册使杜三策、杨抡立"德配玄穹",康熙三年癸卯册使张学礼、王垓"生天福灵",二十二年册使汪楫"朝宗永赖"三匾,副使林麟焻二十三字长联(后称裔侄孙麟焻敬题),盖天妃为莆田林氏。闽中林姓,多作此称。梁上有"灵应普济神祠"之额,乃万历中册使夏子阳、王士祯所立也。始至馆第二日,先诣孔庙行香,次至天妃宫。冬至则设万岁龙亭于庙左明伦堂,使臣以次行礼讫。亦载谒夫子像,朔望则否。天尊庙,祀雷声普化天尊。汪录永乐中贡使自京师朔像归,祷必应,故第二日亦往行香,朔望则不再至云。

中山先王庙

自天使馆至先王庙二里许,天使馆东,有天妃宫。宫前有方沼池,过池东北沿堤行不半里,有泉崎桥,桥旁有孔庙。由庙东行数百步,北折为长虹堤,堤长亘二里许,下作水门七,以通潮(堤旁有小石山,名七星山,七石离立沙田中)。堤尽北折,为安里桥(此处地名安里,故名,汪录作真玉桥误。另有真玉桥在丰见城北,玉湖之上)。过桥东折,即中山先王庙。庙前松冈数重,左右流涧,宽丈许,环注安里桥下入海。庙前石路方广,左右立木坊及下马石碑,左右各一。庙垣四周皆砺石磊成,正中作圈门三,左右角门二。门内前堂三楹,匾"肃容"二字,即祭毕设宴待客之所。更进甬道,东西厅各三楹,阶下两丛铁树攒郁。正庙七楹,堂楹之上,前使臣张学礼题"河山带砺",汪楫题"永观厥成",二匾俱在(臣等亦书"世笃忠贞"四字,悬其次)。堂西神厨二楹,东为佛堂,前后六楹,旁三楹为僧厨。

仪注(俱从前使臣汪楫更定)

六月二十六日丁卯,行谕祭礼。先期洒扫王庙,中堂屏蔽神主,以便迎请龙亭。设香案于庙中,设司香二人。设开读台于滴水西首,设开读位东南向。设中山先王神主位,于露台东首西向。设世曾孙俯伏位,于先王神主之下北向。设世曾孙拜位,于露台中北向。设众官拜位,于世曾孙拜位后。左右层列,设奏乐位,于众官拜位之下北向。

祭日黎明,法司官率众官及金鼓仪仗,毕集天使馆前。天使启门参谒毕,迎请龙亭,进公馆中堂。捧轴官捧谕祭文二道,奉安龙亭内。又捧赍赐绢帛二百端,白银二百两,奉安彩亭内。众官排班,行三跪九叩头礼毕。前导至安里桥,世曾孙皂袍角带,率众官迎伏于桥头道左,龙亭暂驻。世子众官平身,天使趋前,分立龙亭左右。通事官唱排班,世曾孙率众官,行三跪九叩头礼毕。世曾孙率众官前导,至庙门外龙亭由中门入,至庙内中堂彩亭内银绢,分列于先王位前案上。天使随入左右立,捧轴官由东角门入,至庙东边门外西向立。宣读官展轴官,由西角门入,至开读台下东向立。司香二人。举香案置龙亭前添香。世曾孙率众官由东角门入,上露台,各就拜位。行三跪九叩礼毕,退立于先王神位之下西向。捧轴官由庙东边门入庙中堂,天使先取谕祭先王尚贞文授,捧轴官高举出庙中,上开读台,宣读官次之,展轴官又次之。捧轴官上台立案右,宣读官就开读位。展轴官立案左,与捧轴官对展。通事官唱开读,世曾孙率众官皆俯伏于先王神位之下,北向候宣读官从容读毕。通事官唱焚帛,世曾孙率众官皆平身,至焚帛所候,焚毕回露台,同众官谢恩,三跪九叩头,礼毕退班。世曾孙捧先王尚贞神主,由庙东边门入庙内,安于东偏神座,世曾孙又捧先王尚益神主就位。天使又取谕祭先王尚益文,授捧轴官,如前仪。谕祭文二道,皆另誊录。焚黄原敕,俱请留供庙中。谕祭礼毕,天使易服。世曾孙捐至东厅,行相见礼(世曾孙未受封,犹守幕次,至此始与使臣相见,七宴自此始。张学礼记,始至有迎风宴,非也)。天使居东,世曾孙居西,各三拜,送坐奉茶毕,请就前堂宴。天使左行,世曾孙右行至前堂。天使居东,世曾孙居西安坐。正使居东,副使居西,俱南面坐,世曾孙面东北坐。不设乐,茶酒皆亲献,天使辞,天使酬献亦辞。席终,请天使舆至滴水前,世曾孙下阶揖别,众官出门跪送。世曾孙是日不及诣馆谢,先遣官至馆谢劳。天使次日亦遣官入王城谢宴,为第一宴。

谕祭先王文(二道)

维康熙五十八年,岁次己亥,六月壬寅朔,越祭日丁卯,皇帝遣册封琉球国,正使翰林院检讨海宝,副使翰林院编修徐葆光,谕祭于故琉球国中山王尚贞之灵曰:朕抚绥万邦,中外一体。越在荒服,咸畀湛恩。矧效忠既笃于生前,斯赐邮弥隆于身后。眷言鸿伐,宜贲龙光。尔琉球国中山王尚贞,肃凛朝章。丕扬世绪,秉声灵于天府;水静鲸波,奉正朔于大庭。风清岛服,靖共匪懈。恩早锡于九重贞顺弥加,时将历乎三纪。方谓期颐未艾,何图徂谢遥闻,深用怆怀,特颁祭邮。呜呼!作屏翰于遐,方始终臣节,被优崇于幽岁,炳焕纶褒,用荐苾芳,尚其歆格。

维康熙五十八年,岁次己亥,六月壬寅朔,越祭日丁卯,皇帝遣册封琉球国,正使翰林院检讨海宝,副使翰林院编修徐葆光,谕祭于故琉球国中山王尚益之灵曰:朕承天麻,抚驭区寓,罔有内外,并予辑绥。凡所宾贡,不忘存邮,有庸必报,虽远弗遗,所以示怀柔昭钜典也。尔琉球国王嗣尚益,承先受祚,继志输忠,世著勋劳,奉共球而内嚮,代修朝请,航溟渤以归诚,乃涖职止于三年。嗣封阙于再世,眷言藩服,方期多福之是膺,勉树嘉猷,讵意修龄之难得,讣音远告褒邮特申。虽锡命未逮于生前,而荣施实隆于身后,爰颁祭酹,用遣专官。呜呼!玉册遥传,庶慰来王之志,纶函覃被,聿昭抚远之忱。载设牲牺,庶其歆格。

中山王府

自天使馆至中山王府十里,册封日自先王庙以东,红帽吏排仗夹道,列至王宫。先王庙南折,为八幡桥。更东过冈二里许,为差回桥,亦名茶崎。上冈东行,为万松岭。石路修整,冈峦起伏,松皆数围,夹道森立。更进为万岁岭。更进半里许,有坊榜,曰"中山道"。南有安国寺,寺对街累墙如削,为世子第。夹路皆砺石短墙,高三四尺。中路有凤蕉一丛,累石环之。又进半里许,有坊榜,曰"守礼之邦"。中山王伏,迎诏于此坊下。道旁石墙,渐高八九尺。坊外道左,有天界寺。寺门北向,佛殿西向,寺前西南为王茔。对街缭垣内为大美殿。更进半里许,为欢会门,即中山王府城也,在山顶,砺石城垣,四周三四里。远望如聚骷髅,自古纪之,盖言其形似也。山形殿址,本南北向。由那霸至中山,从西冈上,故门皆西向。城外石崖上,左刻龙冈,右刻虎峚。城四面各一门(前欢会门西向,后继世门东向,左水门南向,右久庆门北向)。更进欢会门,至石崖下,为瑞泉。上崖门西北向,榜曰"瑞泉"(左右皆甬道,有左掖右掖二门,通入王宫)。更进楼,榜曰"刻漏西向"。更进为广福门,西北向。更进为奉神门,左右三门,并峙西向。王殿九间,皆西向,殿楼上供御书"中山世土"四字大榜,即王宫也。前殿庭方广数十亩,左为南楼,北向;右为北宫,南向。匾曰"忠顺可嘉",凡宴天使皆于此。殿屋皆固楼,多柱础,屋一间,施二十柱,无华采之饰,亦不甚巍峻,以在山顶多海风故也。

仪注(俱从前使臣汪楫更定)

册封先一日,所司张幄结彩于天使馆。国中经行处所,皆结彩。造板阁一楹为阙庭,设于王殿庭中。中置殿陛,左右层阶。设香案于阙庭前,设司香二人于香案左右。设世子受赐予位,于香案之前。设宣读台,于殿前滴水之左。设世子拜位于露台正中。设众官拜位,于世子后,左右层列。世子左右立引礼官二员。众官左右。立赞礼官二员。陈仪仗于王殿左右。设奏乐位,于众官拜位之后。

七月二十六日丁酉黎明,法司官众官率金鼓仪仗,毕集天使公馆前。天使启门参谒毕,迎请龙亭,入公馆中堂。捧诏官捧敕官,各捧诏敕,奉安龙亭中。捧币官捧缎匹等,分置左右彩亭中。王与妃各一亭。众官排班,行三跪九叩头,礼毕前导,世子率众官,伏迎于守礼坊外,龙亭暂驻。世子众官平身,天使趋前,分立龙亭左右。通事官唱排班,世子众官行三跪九叩头接诏礼毕,众官世子前导立殿下。龙亭入至阙庭中,彩亭分列左右,天使分立龙亭左右。捧招官捧敕官,立殿陛下。宣读官立开读台下。司香者举香案于龙亭前,添香奏乐。引礼官引世子,由东阶升,诣香案前,乐止,引礼官唱跪,众官各就拜位皆跪。引礼官唱上香,案右司香者捧香,跪进于世子之左,三上香讫,俯伏与平身。奏乐,引礼官引世子,出露台就拜位,率众官行三跪九叩头拜诏礼毕,平身,乐止。天使诣前,正中立。捧诏官捧敕官由东阶升,天使取诏授捧诏官,取敕授捧敕官,高举下殿陛。同宣读官上开读台,诏敕并置案上。通事官唱开读,乐止。引礼官唱跪,世子众官皆跪。捧诏敕官以次对展,宣读官次第读毕。引礼官唱平身,世子众官皆平身,奏乐。捧诏敕官各捧诏敕升殿,天使仍奉安龙亭中。捧诏敕官下东阶,国王及众官行三跪九叩头谢封礼毕,平身乐止。天使宣制曰:皇帝敕使赐尔国王及妃缎匹彩帛。引礼官引国王由东阶升,法司官随行,国王至受赐予位跪,奏乐,天使取赐王、及赐王妃缎匹一一亲授国王,国王高举,法司官跪接传置案上毕,俯伏,兴平身,引礼官引国王复位。率众官行三跪九叩头谢赐礼毕,平身乐止。引礼官引国王升东阶,至龙亭前跪问圣躬万福。天使答曰:圣躬万福。国王俯伏,兴平身,奏乐,引礼官引国王复位。率众官行三跪九叩头问安礼毕,平身,乐止。引礼官引国王升东阶,至香案前跪,请留诏敕为传国之宝。法司官捧前代诏敕呈验,天使验明允所请捧亭中诏敕,亲授国王。国王平身,仍奉安亭中,奏乐,引礼官引国王复位,率众官行三跪九叩头谢恩礼毕。国王请天使更衣,俱肄北宫。对拜,安坐献茶,一如前仪。用乐人声居上,钟鼓列下陛迭奏。为第二宴。

册封诏

奉天承运。皇帝诏曰:朕恭膺天眷,统御万邦,声教诞敷,遐迩率俾,粤在荒服,悉溥仁恩,奕叶承祧,并加宠赐。尔琉球国,地居炎徼,职列藩封,中山王世子曾孙尚敬,屡使来朝,贡献不懈。当闽疆反侧、海寇陆梁之际,笃守臣节,恭顺弥昭,克殚忠诚,深可嘉尚。兹以序当缵服,奏请嗣封。朕惟世继为家国之常经,爵命乃朝廷之钜典,特遣正使翰林院检讨海宝、副使翰林院编修徐葆光赍诏,往封为琉球国中山王。尔国臣僚,以暨士庶,尚其辅乃王慎修德政,益励悃忱,翼戴天家,庆延宗祀,实惟尔海邦无疆之休。故兹诏示,咸使闻知。

康熙五十七年八月　日

赐　敕

皇帝敕谕琉球国中山王世子曾孙尚敬。惟尔远处海隅,虔修职贡,属在家嗣,序应承祧。以朝命未膺,罔敢专擅,恪遵典制,奉表请封。朕念尔世守臣节,忠诚可嘉,特遣正使翰林院检讨海宝、副使翰林院编修徐葆光赍敕。封尔为琉球国中山王,并赐尔及妃文币等物。尔祗承宠眷懋绍先献,辑和臣民,慎固封守,用安宗社于苞桑,永作天家之屏翰,钦哉!毋替朕命。故谕。

颁赐国王

蟒缎贰匹　青彩缎叁匹

蓝彩缎叁匹　蓝素缎叁匹

闪缎贰匹　衣素贰匹

锦叁匹　纱肆匹

罗肆匹　绸肆匹

颁赐妃

青彩缎贰匹　蓝彩缎贰匹

妆缎壹匹　蓝素缎贰匹

闪缎壹匹　衣素贰匹

锦贰匹　纱肆匹

罗肆匹

康熙五十七年八月　日

臣葆光按，前明赐赉币物，随时有异，附志于后，以备参考。《中山世鉴》载：正统十四年，赐国王尚思达：锦四(妆花连球花红一、妆花连胜宝相花红一、十字绫花黄一、百花绒锦黄一)，纻丝六(织金胷背麒麟红一、狮子青一、暗八宝天花云红一、云绿一、素青一、绿一)，纱八(织金胷背白泽红一、麒麟青一、暗花蓝一、暗花骨朵云八宝红一、素红一、青一、绿一、蓝一)，罗六(织金胷背麒麟红一、青一、素红一、青一、绿一、蓝一)。赐王妃锦二(妆花云凤青一、百花绒锦黄一)，纻丝四(织金胷背白泽红一、暗花骨朵云青一、暗天花八宝云绿一、素青一)，纱四(织金胷背白泽红一、暗花骨朵云绿一、素红一、青一)，罗四(织金胷背彪一、素青一、绿一、蓝一)。又赐王叔锦一(连胜宝相花黄一)，纻丝四(织金白泽大红一、暗花骨朵云青一、暗八宝天花云绿一、素红一)。景泰二年，赐国王尚金福及妃，锦纻等数同。王叔无赐为异。嘉靖十三年，册使陈侃录：赐国王尚清：纱帽一(展角全)，金厢犀东带一，常服罗一，大红织金胷背麒麟圆领一，青褡护一，绿贴裹一，皮弁冠服一副，柒旒皂皱纱皮冠一(旒珠金事全)，玉圭一(袋全)，五章绢地纱皮弁服一套，大红素皮弁服一，纁色素前后裳一，纁色素蔽膝一(玉钩全)，纁色妆花锦绶一(金钩玉玎珰)，红白素大带二，大红素纻丝舄一双(袜全)，丹矾红平罗销金夹包袱四，素白中单一，纻丝二(黑绿花一、深青素一)，罗二(黑绿一、青素一)，白氊丝布十。与正统景泰中所赐，已各不同。

琉球国王印

顺治十年，国王尚质，来缴前明故印，请封重给。康熙元年，册使始至国，赐王此印。印文六字："琉球国王之印"，左满右篆，不称中山。

臣葆光按，康熙元年册封诏曰：遣官捧诏印，封为琉球国中山王。则印文似当云"琉球国中山王之印"，始与诏文相应。然考前明洪武十六年，始赐王察度镀金银印，十八年，又赐山南王山北王驼纽镀金银印各一。是时国分为三，察度止有中山，则当称中山王。今琉球既并山南山北为一，已三百余年矣，而本国尚仍中山一隅之号。盖承前袭封旧文，疑乎自示不广。以义揆之，当如赐印，止称琉球国王为正。

中山王肄馆仪仗

七月二十六日，册封礼成。中山世曾孙尚敬，始称中山王，择吉告祖庙。八月二日，受国中各岛臣民贺讫。初九日，中山王躬诣天使馆，谢封盛仪仗，备官僚，成礼而还。其初出府门也，乘十六人肩舆，及过长虹堤，至孔庙南，小驻别馆易衣，减舆夫之半，始至天使馆。还至别馆，仍易衣，仪从如前归府第。今所见者，与前使臣汪楫所记少异，略载于后：

鸣金四人，鼓吹三队、队八人，方棍六人，红隔路二人，旗十六人，铁叉二人，曲枪二人，留家住四人，狼牙钩二人，长钩四人，钺斧四人，长杆枪三十二人，月牙四人，鸡毛帚十二人，马尾帚二人，大刀二人，黄繖二人，花繖二人，引马二人，提炉二人，黄缎团扇二人，绿珠团扇二人，印箱二人，衣箱二人，轿前红杆枪四人，红鞘长腰刀四人，黑腰刀二人，长砍刀四人（萧崇业录云，有武士戴铜假面，衣添甲，带刀者数十辈，今则以常服执之），大掌扇一人，红络金炉二人，金葫芦二人，珠兜扇二人，小鹅毛扇二人，蝇拂二人（金炉以下，俱小童执，近侍小童名察度奴示），黄帽对马三十人（耳目官大夫以下等员），紫帽对马十二人（紫巾官紫金大夫等员），绿地五花织金帽对马二人（王舅法司等员）。

附录贺封路供

是日国王经行之处，道旁皆设各种花供。泉崎桥堤上道旁，盆盎中罗花卉数十种，排列数层，朱栏绕之。中刻木作一兽，绘书如麟状。后立一木板，书云：非龙非彪非熊非罴，王者之瑞兽，更无封句。此久米人所设。

使馆东下天妃宫前，沼池内作假山，剪纸作白鹤一，池上斧大松一株立地中，上亦作一白鹤，如飞鸣相向状，四围以纸皮作假山，罗花草数十种围之，中作一老人二鹿，如山呼祝寿状。此那霸人所设。

中秋宴

王府庭中于北宫滴水前，造木台方五六丈，帷幕四周。王延客人席坐定，先呈神歌祝颂,说帖云:本国混沌之初,首出御世者,为天孙氏,如中国羲皇,澹泊为治。嗣后国君登位,神每出示灵祐,乃制迎神歌以欢乐之。迨后神不屡出,神歌遗曲,至今犹存。每当国王即位,及行庆诸事,必皆举行。从前先王,受册封后宴天使,例首演之。作一老人,登场不作乐,惟唱神歌,拜祝皇上万岁,中外升平。次颂国王共蒙福祉,今当中秋佳节天使降临,真神人共喜之日也。谨遵例,首唱起神歌,黄发老人百拜稽首,恭颂皇上恩德如天,国王带砺百世,老人歌罢拜退。次令戚臣子弟俊秀者数十人衣彩衣,队队相续歌太平曲,以供宴乐云。

先有乐工六人,引声如梵呗音,无乐。次有戴寿星假面一人,登场和之。三拜搓手起舞,舞毕,又三拜止。次有乐工十四人,着杂色红绿衣,帽簷六棱,低压头顶或戴燕尾绿头巾,持乐器,三弦二,提琴一(即用三弦着引,弓于上),三弦槽柄,比中国短半尺许,笛一,小锣一,鼓二,登场,前后二行曲跽上向,引吭曼声歌。褰幔处,有小童可十三四岁,四人着朱色袜,五色长衣,无带,开襟摇曳,头戴黑皮笠,朱缨索曼长垂胸前,回旋而上,时作顾盼坐起之态。登场,一行面乐工小坐。乐工代为解笠,卷朱缨,盘着笠上,仍授之。小童起立执笠,顿足按节而舞,乐工曼声歌与相应,为第一遍笠舞。又有四小童宫妆,剪金扇面作花朵,朱帕紫额,上有金饰,五色衣,项上带五色花索,一围长垂膝下。登场,乐工歌,脱花索交手,顿足按节如前。为第二遍花索舞。

次有小童三人,可十余岁,戴珠翠花满头,着宫裙五色锦半臂,肩小花篮各一提,登场鼎立。乐工歌,顿按如前,为第三遍篮舞。次幼童四人,短朱绿五色宫衣,长裙间彩曳地,摇曳登场,向乐工小坐。乐工各授小竹拍四片,起舞按节,手拍应之。为第四遍拍舞。

次有武士六人,着黑白相间綦纹大袖短衣,金箍束额,作平顶僧帽式,挺白杖,交击应节。为第五遍武舞。又有小童二人,五色衣,执金球,球上四面着小金铃长朱索曼缨左右舞,引二青狮,登场旋扑。为第六遍球舞。席终换席,又有小童三人宫妆,登场,向乐工小坐。工授以小花金杆二枝,长不及尺许,两头着红花,交击应节。为第七遍杆舞。次有小童四人,易宫衣登场,手执花竿,长三尺许,各一枝,舞应节。为第八遍竿舞。时已向昏,彻帷幕,庭中设烟火数十架,又令数人头戴火笠,骑假马,头尾烟爆齐发,奔走庭中,以为戏乐。宴毕出城,火炬长二丈许者数千夹道送归使馆。为第三宴。

重阳宴

龙潭在王宫之北，圆觉寺西。长不半里，宽数十亩。水净漾，与圆觉寺前荷池相通，瑞泉下流所汇也。南岸为神岳，蕉树攒密，不见曦月，掩映碧潭，岸无余址。北岸长堤上，蛎墙连堵，皆巨族居之。跨东西有小桥，潜渠入田。东岸突出尖埠，跨潭之中。花树森立，三面临水。重阳宴为龙舟戏，设坐于此埠之上。

先设木阁于埠上，结彩数重，毡席四周，王揖客坐定。龙舟三，式与福州所见异同，梭长三丈余，桨二十八人，皆一色衣，一红一白一黑。每舟中央设鼓，彩衣小童击以为节，前后二彩衣童，执五色长旗，船首一人击锣，与鼓相应。齐唱龙舟太平词，以歌圣德及远，永享治平，海国蒙恩，竭忠仰报之意。问其词，大略与前使所录同，左右旋绕，四岸士女匝观者数百人。龙舟戏毕，国王先辞客回府第，仍开宴于北宫，演剧六折，略记如后：

第一为老人祝圣事。老夫妇二人，率子孙五六人，登场跪。国语致词曰：当今圣天子德高尧舜，道迈汤文，八埏昭日月之辉，一统著车书之盛。国王夙沐圣恩，新受册封天使贲临，举国欢忭。小臣老夫妇，生长本国，年一百二十岁，皆康健。子孙三百三十余人，多有登仕籍为官者，举家蒙福。子孙内有能歌唱彩舞者，率领献寿。老夫妇再拜先舞，其歌词曰：王德如海，民之父母；受封于天，带砺永固。舞罢，群彩衣童，队队相续。一团扇曲（六童舞），一掌节曲（三童舞），一笠舞曲（四童舞），一篮花曲（三童舞），以上皆名太平歌。

第二为鹤龟二儿复父仇古事。中城按司毛国鼎，忠勇为国。时胜连按司阿公，少为郡马，骄贵蓄异志，忌中城，谗之于王，诬以反。王令阿公率师族灭之，毛公自刺死。二子一名鹤，年十三，次名龟，方十二，既俊秀，父居常以宝剑二，教之击刺事。时随母在外家山南查国吉所，闻变泣请于母，欲以间杀阿公复父仇。求宝剑各佩之，步肆胜连，伺阿公春游，即怀剑而前。阿公喜且醉，解衣带赐二童携一剑并赐鹤，鹤乘其醉，拔剑刺之。大呼曰：我毛公子，今杀汝为我父复仇。阿公惊起，头随剑落矣，群从皆醉，尽为二童所杀云。

第三为钟魔事。中城县姑场村，农家陶姓，有儿名松寿，年十五岁，白皙端丽。至首里从师，一日行至浦添，山径中向昏黑持一竹竿点地行，见灯求宿，乃一猎家。父出夜猎，止一女年十六，颇妖丽，留宿挑之。松寿坐睡不许，强拥之。松寿拂衣起，女羞且怒，持猎具欲杀松寿。松寿走。女逐之山曲有万寿寺，主持僧普德颇有行，松寿奔入号救，四顾无隐处，僧伏之大钟内，令三徒守钟旁。女至，三僧戏嬲逐之，女不得松寿，仰哭如癫，出门去。僧启钟有声，女还奔入。方欲为恶，忽披发改形入钟内。普德与诸僧绕钟咒之，女自钟倒垂首，出见鬼面，手一叉下击诸僧。僧咒不已，寺外大雷电，女化魔走出，不知所在。二事皆百年前国中事。

第四折为天孙太平歌。共五十余人，先有一披发头陀，执白木杆，引五色衣小童花抹额，各色蕉比甲，腰中各插菊花一枝，金轮竿一枝，共十九人上场。左旋作一围立，为第一层。次有各色红绿杂衣郎二十人，上场右旋作第二层立。次有彩衣小童二，执小点鼓，杂衣郎二人执铜点，八人执腰鼓，上场左旋作第三层立。次有彩衣小童四人，三人执纸帚，一行中立。每唱，此四小童引调唱第一句起下杂衣郎和之，小童后二层立。乐工二十人居中，外三层左右交转。外一层小童第一转，五色扇舞为节，第二转金交杆为节，第三转舞菊为节，第四转舞轮竿为节，毕转入第二层。杂衣郎转出外一层，手舞顿足，回旋为节四五番，以次旋转而下。为第四宴。

践别宴为第五宴。仪礼如前，又增国中故事一二齣为乐。

拜辞宴为第六宴。仪礼增戏乐如前，宴毕，国王送客出府，至守礼坊外。更设小座于世子第中手奉三爵为别。

望舟宴为第七宴。国王至天使馆设宴，礼如前仪，面致金扇一握为别。臣等宴礼既毕，涓吉登封舟候风归朝复命。中山王尚敬，遣陪臣法司王舅紫金大夫等，赍表谢恩，并贡物自附常年贡船一号，随封舟同发。

中山王谢恩表

琉球国中山王臣尚敬，诚惶诚怵，稽首，顿首谨奉表上言：伏以圣武弘昭，特重内屏之任；皇文丕振，复膺外翰之权。隆体统于藩臣，安内而兼攘外；焕规模于旧制，纬武即是经文。拜命增虔，抚躬益励，恭惟皇帝陛下道隆尧舜，德迈汤文。统六合而垂衣，教仁必先教孝；开九重以典礼，作君又兼作师。臣敬世守藩疆，代供贡职。荷龙章之远锡，鲛岛生辉；沐凤诏之追扬，丹楹增色。对天使而九叩，望象阙以三呼。谨遣陪臣向龙翼、程顺则等，虔赍土物，聊表芹私。伏愿乾行不息，泽沛弥崇。统王会以开图，合车书者千八百国；占天时而应律，验祯祥于三十六风。将见文麟兽瑞，彩凤来仪矣。臣敬无任瞻天仰圣，激切屏营之至，谨奉表称谢以闻。

康熙五十八年十一月日琉球国中山王臣尚敬　谨上表

又　疏

琉球国中山王臣尚敬谨奏，为恭谢天恩事。臣敬弹丸小国，僻处海隅，深沐皇恩，允臣嗣封。康熙五十八年，蒙钦差正使翰林院检讨海宝、副使翰林院编修徐葆光等，赍捧诏敕币帛，随带员役，坐驾海船贰只，于本年六月初一日，按临敝国。臣依旧例，令通国百官臣庶，奉迎诏敕，安于天使馆中。拣吉于六月二十六日，先蒙谕祭臣曾祖琉球国中山王尚贞，复蒙谕祭臣父琉球国王尚益，续于七月二十六日，宣读诏敕，封臣敬为中山王。荷蒙钦赐蟒缎等项，并妃彩缎等物。臣敬率领百官，拜舞叩头谢恩，外随请于天使，恳留诏敕，为传国之宝。蒙天使查验前封卷轴，依听许留付臣，一并珍藏。窃惟圣朝加意抚柔，有同覆载，臣敬等曷胜感激。为此特遣陪臣法司王舅向龙翼、紫金大夫程顺则、使者杨天祐、通事蔡文河、副通事郑元良蔡塘等，赍捧表章土仪，赴京恭谢天恩。仰冀睿慈俯鉴下悃，臣敬无任激切屏营之至。谨上奏以闻。

贡　物

金鹤二（银座全），盔甲一副（护手护臁全），金靶鞘腰刀二，银靶鞘腰刀二，黑漆靶鞘镀金铜结束腰刀二十，黑漆靶鞘镀金铜结束枪十，黑漆靶鞘镀金铜结束衮刀十，黑漆洒金马鞍一（辔镫全），金彩书围屏四，扇五百，土绵二百，纹蕉布二百，土苎布一百，白钢锡五百斤，红铜五百斤。金鹤以下，乃其谢封贡物，旧例有胡椒，今缺，以白铜锡代之。其常年贡物，止于白锡（一千斤），红铜（三千斤），硫磺（一万二千八百斤），硫磺纳藩库。贡使赍铜锡至京，前明于福州特设市舶提举一员，专理琉球贡事，以内官领之。本朝省并其事于海防同知，今贡使犹称之曰提举云。又请存旧礼以劳使臣疏。琉球国中山王臣尚敬谨奏，为颁封事竣，恳存旧礼以劳使臣事。康熙五十八年，蒙钦差正使翰林院检讨海宝、副使翰林院编修徐葆光，恭奉诏敕币帛，于本年六月初一日，按临敝国。二十六日先蒙谕祭臣曾祖琉球国中山王尚贞，复蒙谕祭臣父琉球国王尚益，续于七月二十六日宣读诏敕，封臣敬为中山王，荷授钦赐蟒缎等项，并妃彩缎等物。此诚天朝之殊恩，而臣敬永代之荣光也。窃惟皇上覆载无外，覃恩于弱小之邦。使臣冲风破浪，艰险惊虞，莫此为甚。使臣入国以来，抚绥海邦，约束兵役。举国臣民，无不感仰。惟臣敬所深愧者，臣国边海荒野，无以将敬，故于宴欵之际，代物以金。虽自知乎菲薄，实是缘以为例，乃辱使臣屡辞，往还再三，坚持大义，固却不受。在使臣永兢自矢，允矣有耻，不辱为圣朝使节之光矣。但念使臣间关劳瘁，远涉万里风涛，实为臣躬之故，藉物表敬，礼不将仪，心窃难安。至临行时，复将屡宴。前金特差法司大夫长史等官，专送恩受，使臣复遣送还。清白之操，可谓始终靡间。独是微臣，酬德报功，莫展万一，殊惭旧礼有阙，寸志莫伸，谨将送还屡次宴金四封，共计一百九十二两，具本附遣陪臣法司王舅向龙翼、紫金大夫程顺则等赍进，恳乞钦赐使臣收受。不胜惶恐激切之至，谨上奏以闻。

礼部谨题，为颁封大典已竣，恳存旧例以劳使臣事。该臣等议得，琉球国王尚敬奏称，钦差正使翰林院检讨海宝、副使翰林院编修徐葆光等，按临敝国，封臣敬为王。宴款之际，代物以金，使臣屡辞，往还再三，坚持大义，固却不受。但微臣酬德报功，莫展万一，谨将宴金二封共计一百九十二两，具本附陪臣法司王舅向龙翼等进呈，恳乞敕赐收受等语。查康熙二十三年，使臣翰林院检讨汪楫等册封琉球国王所与宴金，伊等未受。该国王奏请，臣部议复，仍不准其收受。具题奉旨：这琉球国所与宴金，仍着使臣收受。钦遵在案。今该国王尚敬虽称谨将宴金具本附陪臣等进呈，恳乞敕赐收受等语，但海宝、徐葆光等，仰体皇上特简至意，既未经收受，应将国王所请收受之处毋庸议。九月初一日，奉旨宴金仍着使臣照旧例收受。

臣葆光按，前明使臣却金不受，始于陈侃，世宗仍命陈侃等收受。嗣后例辞，亦有准辞令贡使带回者。本朝康熙二年癸卯、二十二年癸亥、及今三役，皆蒙恩仍着收受，所以奖励使臣者至矣。癸亥之役，琉球国王疏引张学礼伏还原职旧例，为汪楫、林麟焻等题请议叙优升。是时海氛虽靖，海禁犹严，行役艰险，议叙为宜。今则升平日久，中外一家，加以海灵效顺，履险如夷，区区往来，臣子常分，何劳可言？虚词求叙，实不敢踵为故事也。

中山传信录卷第三

中山世系封贡事迹附

中山世系图

舜天——舜马顺熙——义本——英祖——大成——英慈——玉城——西威——察度——武宁——思绍——尚巴志——尚忠——尚思达——尚金福——尚泰久——尚德——尚圆（宣威）——尚真——尚清——尚元——尚永——尚宁——尚丰——尚贤/尚质——尚贞——尚纯——尚益——尚敬

册封琉球国王副使,赐正一品麟蟒服翰林院编修加二级臣徐葆光纂
中山世系

臣按,前使汪楫撰《中山沿革志》,皆采前明实录。时汪与修明史,采录颇称详备。然皆就其封贡往来中朝者言之,故一一明悉。至本国承袭先后之间,或多昧焉,时据所称世缵图所载,互订一二而已。臣今至国,遍访所谓世缵图者,不独民间无其书,即国库中,亦无其图,惟抄撮尚宣威以前事,名《中山世鉴》。事与中山沿革志所载,颇有不合者。后细询本国,此书乃尚质从弟尚象贤字文英者为之。汪使封尚贞王时,此书尚未成也。中山开辟以来,至舜天始有国字,至尚象贤始穷搜博采,集成此书。本国称其聪明才俊,佐其姪尚贞,有功于国,其书必详尽事理,惜未及见其全书。今伹考正其历代世系,而以汪楫所采明史实录中封贡往来之事,附于其次以备考云。

《中山世鉴》云,琉球始祖为天孙氏。其初有一男一女,生于大荒,自成夫妇,曰阿摩美久,生三男二女。长男为天孙氏,国主始也。二男为诸侯始,三男为百姓始。长女曰君君,二女曰祝祝,为国守护神,一为天神,一为海神也。天孙氏二十五代,姓氏今不可考,故略之。起乙丑终丙午,凡一万七千八百二年,今断自舜天始。

舜天

宋淳熙十四年丁未,舜天即位。

舜天,日本人皇后裔,大里按司朝公男子也。淳熙七年庚子,年十五,屡有奇征,长为浦添按司,人奉其政断狱不违。天孙二十五世政衰,逆臣利勇恃宠执权,鸩其君而自立。舜天讨之,利勇死,诸按司推奉即位,赏功罚罪,民安国丰。在位五十一年,寿七十二。嘉熙元年丁酉薨。

舜马顺熙

宋嘉熙二年戊戌,舜马顺熙嗣位。

舜马顺熙,舜天第一子,淳熙十二年乙巳生,五十四岁嗣位,在位十一年,寿六十四。淳祐八年薨。

义本

宋淳祐九年巳酉,义本嗣位。

义本,舜马顺熙第一子,开禧二年丙寅生,四十四岁嗣位。其明年国中大饥,次年疾疫,人民半失。君叹息召群臣曰:饥疫并行,不德谁让?群臣举惠祖世嫡英祖,君大悦,召试国政。举贤退不肖,疾疫止,遂摄政。七年义本让位,

隐于北山。在位凡十一年,寿五十四岁。

舜天至义本凡三传,共七十三年。

英祖

宋景定元年庚申,英祖即位。

英祖,天孙氏后裔,惠祖世主孙。绍定二年已丑生,有瑞征,十二岁名闻国家,二十通经传。国人思事,为伊祖按司。宝祐元年癸丑摄政,及即位年三十二。明年巡行国中,效周彻法,正经界,均井地,然后谷禄平,百度举矣。景定五年,西北诸岛始来贡。咸淳二年丙寅,北夷大岛来朝,厚给赐遣归。是为大岛朝贡之始,自后每年入贡。英祖在位四十年,寿七十一。大德三年薨。

大成

元大德四年庚子,大成嗣位。

大成,英祖世子,宋淳祐七年丁未生,五十四岁即位。以仁义措事,以礼让接物,国治民安,在位九年,寿六十二。至大元年薨。

英慈

元至大二年已酉,英慈嗣位。

英慈,大成第二子,宋咸淳四年戊辰生,四十二岁即位,在位五年。治遵旧章,深而有谋,疏通知事,寿四十六。皇庆二年薨。

玉城

元延祐元年甲寅,玉城嗣位。

玉城,英慈第四子,元贞二年丙申生,十九岁即位。世衰政废,内为色荒,外为禽荒,诸按司不朝,国分为三:中山王、山南王、山北王。山南王,大里按司也。佐敷、知念、玉城、具志头、东风平、嶋尻、喜屋武、摩文仁、真壁、兼城、丰见城,以上十一国,从山南王。山北王,今归仁按司也,羽地、名护、国头、金武、伊江、大宜味、今归仁、恩纳数国,从山北王。中山,惟有首里王城,那霸、泊浦添、北溪、中城、越来、读谷山、具志川、胜连、首里三平(首里有西平、南平、真地平等,谓之三平)等数国。中山、山南、山北,时时兵发角战数十年。玉城在位二十三年,寿四十一。

西威

元至元三年丁丑,西威嗣位。

西威,玉城第一子,至和元年戊辰生,十岁即位。政归母后,牝鸡乱政。时察度为浦添按司,有德,国人归服。西威在位十四年,寿二十三。国人废世子,奉浦添按司察度为王。

英祖至西威，凡五传，共九十九年。

察度

元至正十年庚寅，察度即位。

察度，浦添间切谢那村奥间大亲之子。奥间大亲业农，质纯厚，天女来格，而生察度。始为浦添按司，西威薨，世子五岁，母后乱政，国人废世子，奉之即位。德厚民归，灾变日销，国家丰饶。明史实录洪武五年，行人杨载，赍诏至国。诏曰：昔帝王之治天下，凡日月所照，无有远迩，一视同仁（此句之下，《中山世鉴》有"故中国尊安，四夷得所，非有意臣服之也"三句）。自元政不（作"失"）纲，天下兵争者十有七年（下有"四方遐裔，信好不通"二句）。朕起布衣，开基江左，命将四征不庭。西平汉主陈友谅，东缚吴王张士诚，南平闽越，北清幽燕。朕为臣民推戴，即皇帝位，定有天下之号曰大明，建元洪武（以上一段，《中山世鉴》作"朕肇基江左，扫群雄，定华夏，臣民推戴，已主中国，号曰大明，建元洪武"）。是用遣使外邦，播告朕意。使者所至，称臣入贡。惟尔琉球，在中国东南，远处海外，未为报知，兹特遣使往谕，尔其知之（此段，《中山世鉴》作"顷者克平元都，疆宇大同，已承正统，方兴远迩，相安于无事，以共享太平之福，惟尔四裔君长酋帅等，遐迩未闻，故兹诏示，想宜知悉"）。于是王遣弟泰期，奉表贡方物（《中山世鉴》云：其贡物，马刀金银酒海金银粉匣玛瑙象牙螺壳海巴榷子扇泥金扇生红铜锡生熟夏布牛皮降香木香速香檀香黄熟香蕉木乌木胡椒硫磺磨刀石），是为琉球通中国之始。七年，王又遣泰期等入贡，并上皇太子笺，贡物如之。太祖赐大统历，及文绮纱罗，赐泰期衣币靴袜，副使惹爬燕之、及通事从人皆有赐。泰期复来求贡，并上皇太子笺。命刑部侍郎李浩，齐赐文绮陶铁器。且以陶器七万铁器千，就其国市马及琉球。九年夏，王遣泰期从浩入贡马四十匹。浩言其国不贵纨绮，惟贵磁器铁釜，自是赏赉多用诸物。十年，王又遣泰期等表贺元旦，贡马十六匹，硫磺千斤。十一年、十三年、贡方物赐赉悉如例。十五年，王又遣泰期及陪臣亚兰匏等，贡马及硫磺。太祖赐币帛有加，命尚佩监奉御路谦，送泰期等返国。十六年，王遣亚兰匏，表贺元旦，贡方物。山南王承察度，亦遣其臣师惹等，奉表入贡。太祖赐王镀金银印，及币帛七十二匹，山南王赐币帛如之。时二王与山北王互相攻伐，遣中使梁民敕王曰：王居沧海之中，崇山环海为国，事大之礼不行，亦何患哉？王能体天育民，行事大之礼。自朕即位，十有六年，岁遣人朝贡，朕嘉王至诚，命尚佩监路谦,报王诚礼,何期复遣使来谢？今令内使监丞梁民,同前奉御路谦,赍符赐王镀金银印一,送使者归。言琉球三王互争,废农伤民,朕甚悯焉。诗曰:畏天之威,于时保之。王其罢战息民,务修尔德。则国用永安矣。谕山南王承察度、山北王帕尼芝曰:上帝好生,寰宇之内,生民众矣。天恐生民互相残害,特生聪明者主之。迩者琉球国王察度,坚事大之诚,遣使来报。而山南承察度亦遣人,随使者入观。鉴其至诚,深可嘉尚。送使者自海中归,言琉球三王互争,废弃农业,伤残人命。朕闻之不胜悯怜,今遣使谕二王能体朕意,息兵养民,以绵国祚,则天祐之,不然悔无及矣。于是王及山南王、山北王,皆遣使入谢,各赐衣币。十七年,王遣阿不耶等入贡,赐钞币。十八年,表贺元旦,贡方物。太祖赐王海舟一,山南王如之。又补给山南王、山北王驼纽镀金银印各一。十九年,王遣亚兰匏等贡马百二十匹,硫磺万二千斤,赐宴及钞。二十年,王遣亚兰匏等,贡方物,进皇太子笺,献马。山南王承察度、叔汪英紫氏,山北王帕尼芝,亦各遣使入贡。二十一年,王遣使甚模结致等贡马,贺天寿圣节。二十三年,表贺元旦,贡方物。世子武宁,亦贡马五匹,硫磺二千斤,胡椒二百斤,蘇木三百斤。通事屋之结者,携胡椒三百斤,乳香十斤,为门者所获,当入官,诏还之。仍赐屋之结等六十人钞各十锭(《中山世鉴》云,洪武二十三年庚午,南夷宫古岛、八重山岛,始来贡,其后每年来贡)。二十四年,王及世子武宁,遣亚兰匏嵬谷致等,贡马及方物。山南王叔汪英紫氏,亦遣使表贺天寿圣节。二十五年,王及世子武宁,各进表笺贡马,并遣从子日孜每阔八马、寨官子仁悦慈入国子监读书。国人就学,自兹始。太祖各赐衣巾靴袜,并夏衣一袭,钞五锭。秋又赐罗衣各一袭,及靴袜衾褥。山南王承察度,亦遣从子三五郎尾,及寨官子实他庐尾贺段志等入国子监读书,赍如中山例。先是国人才孤那等二十八人,采硫磺于河兰埠,遇风飘惠州海丰,为逻卒所获,语言不通,以为倭人,送至京。至是贡使为白其事,太祖皆遣归,赐闽人善操舟者三十六姓,以便往来(万历中副使谢行人杰记云,洪水二次各遣十八姓,多闽之河口人,合之凡三十六姓,今所存者仅七姓。《中山世鉴》云,今存者,仅蔡郑林梁金五家)。二十六年,王遣使麻州等贡方物,已又遣使寿礼结致等贡马,借寨官子段志每,入国子监读书。太祖命赐夏衣靴袜,秋又赐罗绢衣各一袭,傔从各给布衣。二十七年,王遣亚兰匏等贡方物,赐宴于会同馆。二十八年,王遣王相亚兰匏贡方物。山北王珉、山南王叔汪英紫氏,亦各遣使入贡,太祖赐钞有差。二十九年,王两遣使贡方物。山北王攀安知、山南王承察度、山南王叔汪英紫氏亦入贡,诏遣三五郎亹等归省,赐三五郎亹白金七两,彩缎六表里,钞五十锭,寨宫子宝那卢亹钞二十锭,彩缎一表里。归未数月,会世子武宁遣使贡,偕寨官子麻奢理诚志鲁二人,入国子监就学。三五郎亹复与俱来,请卒业,太祖许之,仍赐衣冠靴袜。三十年,王两遣使贡马及硫磺。山北王攀安知、山南王叔汪英紫氏亦入贡。三十一年,王遣亚兰匏等,贡马及硫磺,世子武宁贡如之。女官生姑鲁妹,偕入谢恩,以昔常在京读书也。太祖赐钞有差,三月太祖命以冠带赐王。先是王尝请中国冠带,太祖命礼部图冠带之制示之。至是匏等复以为请,赐如制,并赐臣下冠服。永乐改元,遣使以即位诏谕王,王遣从子三五良亹奉表贺,且贡方物。成祖赐钞币袭衣,宴于会同馆。遣行人边信、刘亢,赍绒锦绮纱罗赐王。

臣按《中山世鉴》云,王在位四十六年。洪武二十八年十月五日薨。今实录二十九年后,尚书王贡如常,岂未讣于朝耶?

武宁

明洪武二十九年丙子,武宁嗣位。

《中山世鉴》云,武宁,察度世子,元至正十六年生,四十一岁嗣位。违父遗命,荒于禽色,日夜逸游,诸侯多背,尚巴志讨灭之,在位二十六年。

明史实录云,察度卒,子武宁遣三五良亹讣告于朝。永乐二年正月,成祖遣行人时中往察,赐以布帛,诏武宁袭爵。诏曰:圣王之治,协和万邦,继承之道,率由常典。故琉球国中山王察度,受命皇考太祖高皇帝,作屏东藩,克修臣节。暨朕即位,率先归诚,今既殁,尔武宁乃其世子,特封尔为琉球国中山王,以承厥世。惟俭以修身,敬以养德,忠以事上,仁以抚下,克循兹道,作镇海邦,永延世祚,钦哉。四月山南王弟汪应祖,亦受封于朝。应祖,故山南王承察度从弟,承察度无子,遗命应祖摄国事。元年,常遣长史王茂朝贡。会山北王攀安知,遣使善住古耶贡方物,丐赐冠带衣服,以变国俗。成祖许之。至是应祖遣使隗谷结致。来朝贡方物。且奏乞知山北王例赐冠服。成祖遂遣使。赍诏封之,赐如所请,偕其还。三年,行人时中使琉球还,王遣三五良亹奉表贡方物,谢袭封恩,赐衣币,宴于会同馆。已又遣养埠结制等,贺万寿圣节。时山北王攀安知、山南王汪应祖亦遣贡,应祖又遣寨官子李杰赴国子监受学,赐衣如例。四年,王及山南王、山北王,皆表贺元旦,王遣寨官子石达鲁等六人就学,赐衣钞有差。王进阉者数人,成祖不受。

臣按,前使汪楫记云:世缵图云,洪武二十九年,王即位,凡在位二十六年。其国继世嗣位,类先自立,而后请于朝。故所纪嗣位之年,与中朝遣封之时多不合。然明初贡使时通,封卒年岁,不应参差如是。即云洪武二十九年,嗣位中更靖难。赴告逾期。顾在位二十六年,则永乐之末,尚宜无恙。何五年遂有祭赙之典耶?按《中山世鉴》云,武宁在位二十六年,卒于永乐十九年辛丑。尚巴志于永乐二十年立,与世缵图所记同,皆非是。遍问国中老成,云武宁永乐四年受封,薨于永乐十三年,在位十年。尚巴志既灭山南山北,遂并灭中山王,合三国为一。而奉其父思绍为王。明史实录,永乐五年,世子思绍告其父武宁之丧,来请嗣爵,若合节,为不谬云。

察度至武宁,凡二传,共五十六年。

思绍

明永乐四年丙戌,思绍即位。

明史实录云,永乐五年四月,世子思绍遣三吾良亹,贡马及方物。别遣使以其父武宁讣告。成祖命礼部赐祭赙,诏思绍嗣王爵(按《中山世鉴》云:宣德三年,封尚巴志为中山王,乃追封其复思绍为王,非也。追封之王,主不入庙。今先王庙中,有思绍神主,其及身为王明矣。况实录又断然可据无疑也)。六年,王遣使阿勃吾斯,奉表贡方物,谢袭封恩。时山南王汪应祖亦贡马,各赐钞币。七年,王遣使贺万寿圣节,山南王汪应祖亦贡马,各赐衣币。八年,王遣三吾良亹朝贡,山南王汪应祖亦遣使,贺万寿圣节,皇太子皆赐之钞币。王遣官生模都古等三人,入国子监受学,皇太子各赐巾衣靴条衾褥帐具。通事林佑,本中国人,启赐冠带,从之。九年,王遣三吾良亹贺元旦,偕王相之子怀德、寨官之子祖鲁古,入国子监受学。又遣使坤宜堪弥,贡马及方物。疏言,长史王茂,辅翼有年,请陞茂为国相,兼长史事。又言,长史程复(一作朱复)饶州人,辅臣祖察度四十余年,勤诚不懈,今年八十有一,请命致仕还其乡悉报可。十年,王遣使贺元旦,山南王汪应祖亦入贡,已又遣使,贺万寿圣节,成祖赐钞币,又赐琉球生夏布襕衫条靴。十一年,王两遣使贡马,偕寨官子邬同志久等三人(一作三十人),入国子监受学。已又与山南王汪应祖各贡马,赐钞及永乐钱。十二年,王遣使贺元旦,遣三吾良亹,贡马及方物,赐钞币。皇太子赐琉球生益智每等二人,罗布衣各一袭,及襕衫靴袜衾褥帷帐,从人皆有赐。成祖赐邬同志久等三人衣钞。十三年,成祖遣行人陈季芳(一作若)等赍诏,封山南王汪应祖世子他鲁每,为琉球国山南王。时应祖为其兄达勃期所弑,各寨官合兵诛达勃期,推他鲁每摄国事。他鲁每表请袭封,故遣使往并赐诰命冠服,及钞万五千锭。王及山北王攀安知,俱各遣使贡方物。王世子尚巴志,亦遣使宜是结制,贡马及方物,赐文绮三十表里。十四年,王遣三吾良亹,贡马及方物,已又遣使贡马。山南王他鲁每亦遣使来贡,谢袭封恩。十五年,王及山南王他鲁每,俱遣使贡,赐赉甚厚。已又与世子尚巴志,各遣使贡马。十六年,王两遣使贡方物,成祖赐使者冠带钞币有差。十七年,王三遣使,贡马及方物。二十年,王遣使贺元旦,已又遣贡方物。二十一年,世子尚巴志遣使,奉表贡方物,皇太子命礼部宴劳之二十二年二月,王讣闻于朝,命礼部遣官赐祭,赙以布帛。九月,遣行人周彝赍敕以行(一作仁宗嗣位,命行人方彝诏告其国)。

臣按,《中山沿革志》云,思绍永乐五年嗣位,二十三年卒,在位十八年,非也。王在位十六年,永乐十九年薨。今明史实录,二十年以后,尚书王贡如常,至二十二年,始讣于朝,未详其故。

尚巴志

明永乐二十年壬寅,尚巴志嗣位。

《中山世鉴》云,尚巴志,佐铺按司思绍嫡子也,洪武五年壬子生。洪武三十五年壬午,年三十一,嗣父思绍为佐铺按司。赏罚不违,视民饥如己饥,民寒如己寒,南方诸侯归之者甚众。时山南王恃胜而骄,穷欲于人,朝暮游宴。诸侯皆遁,归服于佐铺按司。共兵攻落山南王,遂进兵浦添,并攻落中山王、山北王皆次第降。当元延祐中,国分为三百有余年。中山、山北交攻七十余战,山北辄胜,今战败自杀,中山王顺天御坐,琉球国又合为一统。永乐二十一年癸卯秋遣使奏曰:我琉球国,分为三者百有余年,战无止时,臣民涂炭。臣巴志不堪悲欢,为此发兵,山南山北,今归太平。伏愿陛下圣鉴,不违旧规,给臣袭封,谨贡土产马及方物。大明皇帝赐诏云:尔琉球国分,人民涂炭,百有余年,此尔义兵复致太平,是朕素意。自今以后,慎终如始,永绥海邦,子孙保之,钦哉。故谕(尚巴志之奏,及成祖之谕,明史实录皆不载,姑存以备考)。

明史实录云,洪熙元年,仁宗遣中官柴山赍敕至国,封世子尚巴志嗣中山王。敕曰:昔我皇考太宗文皇帝,躬膺天命,统御万方,恩施均一,远迩归仁。尔父琉球国中山王思绍,聪明贤达,茂笃忠诚,敬天事大,益久弗懈,我皇考良用褒嘉。今朕缵承大统,念尔父没已久,尔其嫡子,宜俾承续。特遣内官柴山赍敕,命尔嗣琉球国中山王。尔尚立孝立忠,恪守藩服,修德务善,以福国人,斯爵禄之荣,延于无穷,尚其祗承,无怠无忽,仍赐冠带袭衣文绮。方仁宗遣山时,贡使已两至,表称世子贺成祖万寿圣节,至是始知改元。是年凡四遣使,贡马及方物云。宣德元年,王遣使贡方物,谢袭封恩。附奏曰:臣祖父昔蒙朝廷大恩，封王爵，赐皮弁冠服。洪熙元年，臣奉诏袭爵，而冠服未蒙颁赐。宣宗命行在礼部稽定制，制以赐之。先是仁宗遗封，已赐冠带。而王复以为请，故宣宗特赐以皮弁冠服。王遣使郑义才，进香长陵。义才言海风坏舟，附内官柴山舟得达，乞赐一舟归国，且便朝贡，宣宗命行在工部与之。已又两遣使，贡马及硫磺，赐袭衣靴袜有差。二年，王两遣使贡方物，时山南王他鲁每亦遣使，进香长陵。三年，王遣使郑义才贡马及方物，谢赐皮弁海舟。宣宗赐义才等冠带及金织纻丝袭衣，余皆素纻袭衣。宣宗以朝贡弥谨，遣使赍敕劳之，并赐王纻丝纱罗锦缎。已又遣内官柴山副使阮渐赍敕，赐王金织纻丝纱罗𫄸锦。四年，王遣使表贡，贺万寿圣节。已又两遣使贡马及方物，山南王他鲁每，亦两遣使入贡，俱赐宴及钞币。又命山南王使，赍敕及钞绢归赐王（汪记云，自是山南王不复遣使，盖并于中山矣。永乐十三年以后，山北王攀安知不复入贡，则山北先山南而亡者十四年矣）。五年，王四遣使入贡，宴赍如例，仍赐王钞二万一千七百六十锭。六年，王两遣使入贡，又表贡马及金银器皿，谢赐锦币。七年，宣宗以外国朝贡，独日本未至，命内官柴山，赍敕至国，令王遣人往日本谕之。明年来朝，宣宗命行在工部，给中山贡使漫泰来结制海舟一，以贡使言来舟损坏故。是年王遣使入贡者凡四，宴赍如例。八年，王遣使入贡者凡二，宴赍如例。九年，王遣使贡马及方物，已又遣使谢赐衣服海舟，宣宗赐币有差，仍命赍敕及币归赐王。十年，王遣使谢，礼部尚书胡濙奏，量遣正副使从人一二十人赴京，余悉留彼处给待，从之。正统元年，英宗颁赐大统历，适王遣贡使伍是坚至，令是坚赍回敕，谕王及日本国王源义。王再遣使，贡马及方物，使者至福建，如例止具贡物以闻。其自携螺壳九十，海巴五万八千，失于自陈。有司以漏报没入，使者吁请给值。英宗命行在礼部，如例给之。后浙江市舶提举司王聪，复以为言。英宗谓礼部曰：海巴螺壳，远人资以货殖，取之奚用，命悉还之，仍著为令。二年，王遣陪臣义鲁结制等，贡马及方物，奏称本国各官冠服，皆国初所赐，年久朽敝，乞更赐。又言本国遵奉正朔而海道险阻，受历之使，或半载一载方返。事下礼部，复奏。命冠服本国可依原降造用，大统历福建布政司给与之。三年，遣使义鲁结制等，贡马及方物，赐币有差。四年，遣使梁求保入贡，已又遣阿普礼是等入贡，赐宴币如例。巡按福建监察御史成规疏言，琉球使臣，俱于福建停憩，通事林惠郑长所带。番稍人从二百余人，除日给廪米外，其茶盐醯酱等物，勒折铜钱，按数取足，稍缓辄肆詈殴，渐不可长。事下礼部，以为于例止日给廪米，一切费宜悉罢之。其通事人员，不行禁戢，请治罪。英宗以远人，姑示优容，令移文戒谕之。五年，王遣步马结制等，贡马及方物，宴赉如例。先是朝贡者，朝参出入皆给马，至是令止给正副使，著为令。《中山世鉴》云，赐尚姓自兹始，自是定例，二年一贡。巴志在位十八年，寿六十八。正统四年已未薨。

尚忠

明正统五年庚申，尚忠嗣位。

尚忠，尚巴志第二子，洪武二十四年辛未生，五十岁嗣位。正统七年，遣长史梁求保入贡，以巴志讣告，乞嗣位。英宗遣给事中俞忭、行人刘逊，赍诏至国，诏曰：昔我祖宗，恭天明命，君主天下，无间远迩，一视同仁。海外诸国，咸建君长，以统其众。朕承大宝，祗奉成宪，用图永宁。故琉球国中山王尚巴志，爰自先朝，恭事朝廷，勤修职贡，始终如一。兹既云亡，其世子尚忠，敦厚恭慎，克类前人，上能事大，下能保民。今遣正使给事中俞忭、副使行人刘逊赍敕，封为琉球国中山王，以主国事，尔大小头目人等，其钦承朕命，尽心辅翼，悖行善道，俾国人咸乐太平，副朕仁覆苍生之意。并敕王曰：尔遣长史梁求保奏，尔父王尚巴志亡殁，良深悼念，特遣使命尔为琉球国中山王，以主国事，尔宜笃绍尔父之志，益坚事上之诚，敬守臣节，恭修职贡，善抚国人，和睦邻境，庶几永享太平之福。仍赐王及妃皮弁冠服，金织袭衣、币布等物。当忭等未至，忠已两遣使贡马，及贺明年元旦，犹称世子云。九年，王遣使入贡者四，使臣梁回奏乞一海船，以便岁时朝贡，从之。十年，王遣使入贡者二，宴赉如例。十一年，王遣使入贡者二，宴赉如例。

臣按，《中山世鉴》云，王在位五年，寿五十四，正统九年薨。而实录十年、十一年，尚书王贡。纪年参差，有误。

尚思达

明正统十年乙丑，尚思达嗣位。

尚思达，尚忠子，永乐六年戊子生，三十八岁嗣位。正统十二年，遣长史梁求入贡，以其父尚忠讣告，请袭爵。三月，英宗遣给事中陈傅、行人万祥，谕祭故王尚忠，封世子思达嗣王。敕曰：尔比遣长史梁求等，奏尔父王尚忠亡殁，良深悼念，特封尔为琉球国中山王，继承尔父，主理国事。尔宜笃绍先志，敬守臣节，恪修职贡，简任贤良，善抚国人，和睦邻境，以保乃土。仍以皮弁冠服常服，及织金纻丝罗缎等物赐王。复诏谕其国臣庶，尽心辅翼，各循理分，毋或僭逾，俾凡国人，同乐雍熙，副朕一视同仁之意。王遣通事蔡让等，贡马及方物，宴赉如例。十三年,王遣使入贡。十四年,王遣使梁同等,贡马及方物。时福建尤溪沙县,方有寇警,所司请缓期,三月始达。已又遣使马权度等入贡,王叔尚金福,亦贡马及方物,赐衣币冠带,命权度赍敕并彩币,归赐王及王妃王叔。景泰元年,遣使百佳尼朝贡,景帝命赍敕并文绮彩币,归赐王及妃。通事程鸿言,船坏不能返国,愿以造船。礼部请移交福建三司,听其自造,不得扰民,从之。已又遣使梁回,贡马及方物,宴赍如例。二年,王遣使察都等入贡,亦以自备工料造船为请。礼部言:今福建地方被贼,人民艰窘,宜令其候本国进贡通事李敬等回日,附载归国,从之。已又遣使亚间美等入贡。王在位五年,寿四十二,正统十四年巳薨,无子,乃立王叔尚金福为王。

尚金福

明景泰元年庚申,尚金福即位。

尚金福,巴志第六子,洪武三十一年生,五十三岁即位。景泰二年,景帝遣左给事中乔毅(《殊域周咨录》作陈谟)、行人童(一作董)守宏,谕祭故王思达,封其叔尚金福为中山王。金福两遣使入贡,犹称王叔,盖命未达也。四年,王四遣使入贡,宴赍如例。在位四年,寿五十六,景泰四年癸酉薨。

尚泰久

明景泰五年申戌,尚泰久即位。

《中山世鉴》云,泰久,尚金福第一子,永乐十三年乙未生,四十岁即位。

《明史实录》云,金福既卒,其弟布里与其子志鲁争立,焚烧府库,两伤俱绝,所赐镀金银印亦镕坏,国人推尚泰久权国事。景泰五年,泰久以闻,并请铸印颁赐,命所司给之。已又遣使入贡,表称琉球国掌国事王弟尚泰久,景帝命赍敕及彩币,归赐王弟。六年,王弟两遣使入贡,遣给事中严诚(《殊域周咨录》作李秉彝)为正使,行人刘俭为副使,赍诏封王弟尚泰久嗣王。诏曰:帝王主宰天下,恒一视而同仁;藩屏表率国中,或同气以相嗣。朕躬膺天命,抚驭诸侯。琉球国王尚金福既薨,其弟尚泰久,性资英厚,国众归心,兹特遣使赍敕,封为琉球国中山王。凡彼国中远近臣庶,宜悉心辅翼,罔或乖违,长坚忠顺之心,永享太平之福。故兹诏示,咸使闻知。又敕王曰:尔自先世,恪守藩维,传及尔兄,益隆继述,敬天事上,久而愈虔,属兹薨逝,轸于朕怀。尔乃王弟,宜绍国封。特遣使赍诏,封尔为琉球国中山王,并赐尔及妃冠服彩币等物。尔尚砥砺臣节,怀抚国人,钦哉。七年,遣使入贡,犹称王弟。及册封后,遣使入谢,又遣使入贡。天顺二年,王遣使朝贡者三。三年,王遣使李敬,贡马及金银器皿。

疏言本国王府失火，延烧仓库铜钱，请照永乐宣德间例，所带货物，以铜钱给赐。礼部以铜钱系中国所用，难以准给，宜将估计钞贯，诏照旧六分京库折支生绢，其四分移交福建布政司，收贮纻丝纱罗绢布等物，依时值关给，从之。王遣使亚罗佳其等入贡，宴赉如例。四年，王遣使入贡。五年，王遣使王察等，贡马及方物。六年，王遣使程鹏等贡方物，宴赉如例。

《中山世鉴》云，诸寺诸山建立大钟，皆王所铸。在位七年，寿四十六，天顺四年庚辰薨。

臣按思达非金福子也，《中山世鉴》误。汪记引《世缵图》云，泰久系尚思达之弟，而《实录》则云金福之弟，盖实录止以请封之疏为据，他无可考也。

尚德

明天顺五年辛巳，尚德嗣位。

尚德，尚泰久第三子，正统六年辛酉生，二十一岁嗣位。天顺六年，遣使入贡，以泰久讣告。英宗命吏科右给事中潘荣、行人司行人蔡哲，充正副使，往祭故王泰久，封世子尚德为王。诏曰：朕绍帝王之统，缵祖宗之绪，主宰天下，一视同仁，抚驭华夷，靡间遐迩。惟尔琉球国，僻居海岛，密尔闽中，慕义来庭，受封传业，盖有年矣。故国王尚泰久，克笃勤诚，敬天事人。甫余六载，倐尔告终，先业攸存，可无承继。其世子尚德，性资仁厚，国众归心，兹特遣正使吏科右给事中潘荣、副使行人司行人蔡哲赍诏，往封为琉球国中山王，仍赐以皮弁冠服等件。凡国中官僚士庶，宜同心辅翼，作我外藩。鸣呼循理谨度，永坚率俾之忠，亲族睦邻，丕胄咸宁之化。故兹诏示，悉使闻知。七年，王遣使崇嘉山等入贡，宴赉如例。成化二年，王遣使程鹏等，贡马及方物，赐宴及衣币。三年，王遣长史蔡璟入贡，赐币。四年，王遣使程鹏，已又遣使读诗，贡马及方物，俱赐衣币。五年，王遣长史蔡璟入贡，又遣使查农是等入贡，宴赉如例。

《中山世鉴》云，尚德君德不修，朝暮渔猎，暴虐无道。鬼界岛叛，不朝贡数年，王自将攻伐之，归弥自满，以致败亡。在位九年，年未三十，成化五年己丑薨，寿二十九岁。世子幼稚，国人废之。奉内间里主御锁侧，是为中山王尚圆。

思绍尚巴志至尚德，凡七传。共六十四年。

尚圆

明成化六年庚寅，尚圆即位。

《中山世鉴》云，尚圆北夷伊平人，即叶壁山也。永乐十三年乙未生，字思德金，其先不可知。或曰，义本让位隐北山，疑即其后也。一云，叶壁有古岳，名天孙岳,尚圆即天孙氏之裔也。父尚稷,为里主。尚圆生有异瑞,年二十四,始渡国头,来仕中山尚金福,时始给黄帽。尚泰久时。领主内间,内间之民皆亲爱之。时久旱,田苗皆稿,独其田不雨而润,民惊传为异。王惧,载妻子隐避,一十四年,德日懋。尚金福闻其贤,召为黄帽官,转御锁侧,即今耳目官也。阎阎侃侃,万事当理,德著民怀。尚德嗣位,多行不义。尚圆极谏云,君用财若无穷,杀人若不胜,尚德怒不听,再避隐于内间。尚德卒,世子幼稚,群臣杀之于真玉城,请御锁侧立为王,以安国家。尚圆固让不获,乃至首里即位。除其虐政,顺民所喜,山林隐逸,随材器使,远近蛮夷,皆归心焉。

《明史实录》云,成化七年,尚圆遣使蔡璟等入贡,以父尚德薨来赴请袭爵。宪宗遣户科都给事中丘弘为正使,行人司行人韩文为副使,赍仪物行庆吊礼,封世子尚圆为中山王。弘行至山东,病卒,改命兵科给事中官(一作管)荣偕文往。八年,王遣长史梁应贡马及方物,宴赉如例。九年,王遣王舅武实入贡,谢袭封恩。十年,王遣使沈满志等,贡马及方物,宴赉如例,仍以钞绢酬其自贡物值。满志等乞如旧制折给铜钱,不许。十一年,王遣使程鹏入贡,附奏乞如常例,岁一朝贡。宪宗敕王曰:王使朝贡,已如例赏赐遣还。近福建镇守官奏,通事蔡璋等,还次福州,杀人劫财,非法殊甚。今因使臣还,特降敕省谕,敕至王宜问璋等故从其下之罪,追究恶徒,依法惩治。自后定例二年一贡,止许百人,多不过加五人。除正员外,不得私附货物,并途次骚扰,有累国王忠顺之意,其省之。十二年,王遣使梁应等入谢,会宪宗立皇太子,应因奏乞,如朝鲜安南例,赐诏赍回。礼部以琉球日本占城,皆海外国,例不颁诏。宪宗特命降敕,并以归锦币归,赐其王及妃。十三年,王遣使李荣,奉表谢恩,已又遣程鹏,贡马及方物。复请岁一遣使朝贡,不许,命如前敕。王在位七年,寿六十二,成化十二年薨。

尚宣威

明成化十三年丁酉,尚宣威摄位。

《中山世鉴》云,尚宣威,尚圆之弟,宣德五年庚辰生,少育于兄,九岁从兄渡国头,至中山为黄帽官。尚圆卒,世子尚真年十三,宣威摄国事六阅月,国人乐附,后引尚真掖就王位,已东乡立,退隐于越来,其年卒(汪录《世缵图》云,丙申八月四日卒),寿四十八,谥义忠,今其子孙尚存。

尚真

明成化十三年丁酉,尚真嗣位。

尚真,尚圆世子,成化元年乙酉生,年十三嗣位。成化十四年,遣长史梁应等请袭封。宪宗命兵科给事中董旻为正使,行人司右司副张祥为副使,赍诏之国,封世子尚真为中山王,赐皮冠服金镶犀带,并以彩币赐王及妃。应等具奏,仍欲一年一贡,不许。十五年,王遣使李荣朝贡,迎封册,赐宴及衣币。十六年,王遣使马怡世入谢,附奏乞如旧制,不许。十八年,王遣使贡马及方物,乞以陪臣子蔡宾等五人,于南京国子监读书,令有司如旧制,岁给衣服廪馔。王又以不时进贡为请,礼部言,其意实假进贡,以规市贩之利,宜勿听。礼部又言,琉球国进贡,旧例到京,少则四五十人,多则六七十人,俱给赏有差。兹因各国进贡,率多奸弊,每国止许五七人,不过十五人到京,余俱留边以俟。今福建以例止容正议大夫梁应等十五人赴京,既已给赏,余六七十人,俱留布政司,宜发官币,以次均给,庶不减削太甚,失柔远之意,从之。二十年,王遣使程鹏,贡马及方物。奏永乐年间所赐船,破坏已尽,止存其三,乞自备物料,于福建补造,部议许造其一。二十二年,王遣使蔡曦,贡马及方物。二十三年,遣陪臣马审礼等,贡方物谢恩。至则孝宗嗣位登极,四月赐冠带衣币,仍命领诏,赐王及妃锦币。弘治元年,王遣使皮扬那等,从浙江入贡。孝宗命却之,以贡道当由福建,且贡非其时也。皮扬那等具以国王咨礼部文言,成化二十一年,本国正议大夫程鹏等,进贡回国,报知皇太子册妃,乃遣使表贺,并贡方物。礼部言琉球入贡,虽与例限不合,然远人之情可念,况笺文方物已至京,难于终却,请暂赐容纳,后仍以旧例载之。或因福建风水不便,取路浙江,亦令审实奏请,方许起送。今次所给正副使彩缎等物,亦如旧例,番伴从人减半,以示裁抑之意,从之。时蔡宾亦随贡使至,言成化中读书南京国子监,今吏部侍郎刘宣,时为祭酒,特加抚恤,乞容执贽于宣所致谢,许之。三年,王遣使马仁等进香,别遣王舅麻勃都入贡,奏称本国来恭人员,近止许二十五人赴京,物多人少,恐致疏失。又谓本国贡船抵岸,所在有司,止给口粮百物百五十名,其余多未得给。孝宗命来京许增五人,增口粮二十名。五年,七年,皆遣正议大夫梁德入贡,赐王锦缎,宴赉德等如例。九年,十三年,皆遣正议大夫郑玖入贡,赐王锦缎,宴赉玖等如例。十五年,王遣使入贡,请于福建补造海船,以便往回,从之。十六年,王遣使吴诗等,往满剌加国,收买贡物,遇风舟覆,诗等百五十二人,漂至海南登岸,为逻卒所获。广东守臣以闻,孝宗命送诗等于福建守臣处,给粮赡养,候本国贡使归之。十七年,王遣使具言,前使遭风未回,致失二年一贡之期,至是补贡纳之。武宗登极,命行人左辅,颁诏至国。正德二年,王遣王舅亚嘉尼施等,贡马及方物,奏乞每岁一贡。礼部议,琉球在昔朝贡不时至,成化十一年,因使臣不法,敕令二年一贡。今彼因入贡违期,故为此奏以饰非,宜勿听。武宗特许之。长史蔡宾奏乞自备工料,修造贡船二只。礼部议,行镇巡官,验实量修,不必改造。宾复奏,武宗曰:令二船拆卸补造,第勿过式。四年,王遣正议大夫程琎入贡。五年,请以官生蔡进等五人,入国子监读书。许送南监,仍给衣廪等物如例。六年,王遣正议大夫梁能。七年,又遣正议大夫梁宽等贡,宴赍如例。十年,王遣长史陈义。十一年,遣正议大夫梁龙,贡马及方物,宴赍如例。十二年,王遣正议大夫陈义入贡。十三年,遣长史蔡迁。十五年,遣长史金良,贡马及方物,宴赍如例。嘉靖改元,王遣王舅达鲁加尼进香,贡方物庆贺,诏赐王及妃锦币,敕王仍遵先朝旧例,越二年一朝贡,每年不过百五十人,仍命福建巡按御史,查勘验放。三年,王遣长史金良等二十人入贡,良言其国先有正议大夫郑绳,领谢恩方物渡海,风漂未至,而表文在此,请得先进,许之。明年绳至,言方物以舟败,至是复进。福建守臣以闻,世宗命就彼中,宴赍遣还,方物令所司转运,仍令绳赍敕,转谕日本国王,令捕系倡乱者以献。五年,官生蔡廷美等,请就国子监读书,令礼部照例,给廪米薪炭,及冬夏衣服。

《中山世鉴》云,王在位五十年,天姿明敏,又能谦己受益,继述父业,怡道大明,政刑咸备,年六十二岁,以嘉靖五年薨。

尚清

明嘉靖六年丁亥。尚清嗣位。

尚清,尚真第五子(汪录云,天缵王子,非是,中山王无称天缵王者),弘治十年丁巳生,年三十一岁嗣位。嘉靖七年,遣正议大夫郑绳等进贡,请袭封,绳等回至海中溺死。九年又遣蔡瀚入贡,申前请。礼部以袭封重典,命福建镇巡官,查访申报。瀚请遣读书官生蔡廷美等四人,还本国婚姻,给赏币布有差。瀚又言来经日本,日本国王源义晴,托赍表文,乞赦其使臣宋素卿之罪,并乞新勘合金印,复修常贡。礼部验其文,俱无印篆,言倭情谲诈,不可遽信。敕琉球国王遣人传谕日本,令擒献首恶,送回掳去指挥,奏请裁夺。十一年,正议大夫金良,赍国中人民结状,请册封。世宗遣吏科左给事中陈侃为正使,行人司行人高澄为副使,赍诏之国。诏曰:朕恭膺天命,为天下君,凡推行乎庶政,必斟酌夫古礼,其于锡爵之典,未尝以海内外而有闻焉。尔琉球国,远在海滨,久被声教,故国王尚真,凤绍显封,已逾四纪,兹闻薨逝,属国请封。世子尚清,德惟克类,众心所归,宜承国统。朕笃念怀柔之义,用嘉敬顺之诚,特遣使赍诏,封尔为琉球国中山王，仍赐以皮弁冠服等物。王宜慎乃初服，益笃忠勤，有光前烈，国中耆俊臣僚，其同寅翼赞，协力匡扶，尚殚事上之心，恪尽臣藩之节，保守海邦，永底宁谧。又敕王曰：惟尔世守海邦，继膺王爵，敬顺天道，世事皇明。尔父尚真，自袭封以来，恭勤匪懈，比者薨逝，良用悼伤。尔以冢嗣，国人归心，理宜承袭，兹特遣使，封尔为琉球国中山王，并赐尔及妃冠服彩币等物。尔宜祗承君命，克绍先业，修职承化，保境安民，以称朕柔远之意。十三年，遣正议大夫梁椿入贡，表称世子，时诏命犹未达也。十四年，陈侃等还，言海中风涛之险，多藉神庥，不致颠覆，乞赐祭以答神贶。礼部议，令布政司设祭一坛，报可。王遣王舅毛实等入贡谢恩，宴赉如例，仍以锦币杂物赐王。先是王以金四十两馈侃等，不受，实等并以金奏进，世宗命侃等受之。十七年，王遣使陈赋入贡，宴赉如例。十九年，王遣长史梁梓，贡马及方物，奏请补造海船四，以便续贡，许之，禁不得违式。二十年，王遣使殷达鲁等入贡，宴赉如例。二十一年，长史蔡廷美，招引漳州人陈贵等，驾船之国，适与潮阳船争利，互相杀伤，廷美乃安置贵等于旧王城，尽没其赀。贵等夜奔，为守者所掩捕，多见杀。于是诬贵等为贼，械系送福建。廷美赍表，将赴京陈奏。巡按御史徐宗鲁，会同三司官。译审别状以闻，留廷美等待命。得旨贵等违法通番，着遵国典重治。琉球既屡与交通，今乃敢攘夺货利，擅杀我民，且诬以贼，诡逆不恭，莫此为甚。蔡廷美本宜拘留重处，念素系朝贡之国，姑且放回，后若不悛，即绝其朝贡。令福建守臣，备行彼国知之。二十二年，王遣正议大夫陈赋等，贡马及方物，宴赉如例，并以礼币报王。王请遣官生梁炫等归娶，时炫等就学南监，已逾七年，诏给资粮驿骑，遣人护归。二十四年，王遣长史梁显入贡，送还朝鲜漂流人口，宴赉如例。二十六年，王遣陈赋入贡，赋与蔡廷会偕来。廷会祖蔡璟闽人，永乐中拨往琉球充水手，而产籍在闽，与给事中黄宗槩，上世有亲。至是廷会来，宗槩与交通馈谒，事觉逮下诏狱。礼部请并罪，赋革其赏。世宗曰：陈赋无罪，赏如例。蔡廷会交结朝臣，法当重治，念属贡使，姑革赏示罚。蔡璟既永乐中拨出，何得于中国置产立籍？行抚按官，勘明处分。二十八年，王遣正议大夫梁显入贡，宴赉如例。二十九年，王遣官生蔡朝用等五人诣京，请入监读书，许之。三十二年，王遣长史梁炫入贡，宴赉如例。三十四年，王遣正议大夫梁硕入贡，具言贡舟至港，其势必坏，请令使臣买海上民船驾还。诏福建守臣，覆状听买，不得过大。又请放官生蔡朝用等归国省亲，许之。遣使送归。

《中山世鉴》云，王聪明智断，刚强英毅，能振其祖尚圆父尚真遗绪，国中事多所兴革,至今法守。东北属国大岛,嘉靖十六年,恃违绝贡不朝,王遣将往征之,复守朝贡加常。王在位二十九年,寿五十九岁,嘉靖三十四年卒。

尚元

明嘉靖三十五年丙辰,尚元嗣位。

尚元,尚清第二子,嘉靖七年戊子生,年二十九岁嗣位。嘉靖三十六年,尚元遣正议大夫蔡廷会等入贡,请袭封。先是三十五年,倭寇自浙败还,入海至琉球境,中山王世子尚元,遣兵邀击尽歼之,得中国被掠人金坤等六名,至是廷会等入贡献还。因言穷岛远人,须乘夏令遇南风汛,始得归国,乞如三十四年例,每岁自行修买归舟,不候题请。世宗嘉其忠顺,许之,仍赐敕奖谕,赏银五十两。彩币四表里,有功人马必度及廷会等俱厚赐。三十七年,遣给事中吴时来、行人李际春,为正副使。无何,时来疏论大学士严嵩奸邪状,嵩言其畏航海之役,故生事妄言。世宗怒杖时来遣戍,改命刑科给事中郭汝霖为正使,偕际春以行。三十九年,汝霖等尚未行,而正议大夫蔡廷会入贡,奉表谢恩,称受其世子命,以海中风涛叵测,倭人出没不时,恐使者有他虞,获罪上国,请如正德中封占城故事,遣人代进表文方物而身同本国长史梁炫等,赍回诏册,不烦遣使。巡按御史樊献科以闻,下礼部议。言琉球在海中诸国,颇称守礼,故累朝以来,待之优异,每国王嗣立,必遣侍从之臣,奉命服节册以往。今使者未至,乃欲遥受册命,则是委君贶于草莽,其不可一也。廷会奉表入贡,乃求遣官代进,昧以小事大之礼,弃世子专遣之命,其不可二也。昔正德中,流贼为梗,使臣至淮安,抚按官暂为留住,候事宁即遣贡阙下。占城国王为安南所侵,窜居他所,故令使者赍回敕命。乃一时权宜,且此失国之君也。造无稽之词,以欺天朝;援失国之君,以拟其主,其不可三也。梯船通道,柔服之常,彼所借口者,特倭人之惊、风涛之险耳,不知琛赍之谕纳,贡使之往来,果何由而得无患也,其不可四也。当时占城虽领回诏敕,然其王沙古卜洛,犹恳请遣使为蛮邦光重,且廷会非世子面命,又无印信文移,若遽轻信其言,万一世子以遣使为至荣,谓遥拜为非礼,不肯受封,复上请使如占城,将谁任其咎哉? 其不可五也。乞令福建守臣,以前诏从事,便至于未受封而先谢恩,亦非故典,宜止许入贡方物,候受封后,方进谢恩表文,世宗从之。四十一年,汝霖等始奉诏至国。诏曰:朕受天命,主宰寰宇,凡政令之宣布,惟成宪之是,循其于锡封之典,遐迩均焉。尔琉球国,远处海陬,声教渐被,修职效义,阅世已久。故国王尚清,显荷爵封,粤逾二纪,兹者甍逝,属国请封世子元。朕念厥象贤,众心归附,是宜承绍国统,特遣正使刑科右给事中郭汝霖、副使行人司行人李际春赍诏,往封为琉球国中山王,仍赐以皮弁冠服等物。王宜谨守礼度,益笃忠勤,凡国中官僚耆旧,尚其同心翼赞以佐王,饬躬励行,用保藩邦,故兹诏示,咸俾悉知。王遣其舅源德,偕汝霖等入谢。初王以金四十两,馈汝霖为谢,却之,至是源德等赍所馈金请命。世宗谓,朝廷命使,无受谢之义,诏听汝霖等辞。寻以二臣远行著劳,各赐银币。四十二年,王遣正议大夫郑宪入贡,送还中国漂流人口。世宗降敕褒谕,赐锡币。宪因奏,本国亦有流入中国者,乞命守臣恤遣,下其疏于濒海所司。四十四年,王遣长史梁灼,贡马及方物,送还本国北山守备郑都所获中国被掠人口。世宗嘉王忠顺,再敕奖谕,仍赐银五十两,彩币四表里。灼、都各二十两一表里。隆庆改元,王遣使入贡,宴赍如例。二年,王遣使入贡贺,宴赍如例。三年,王遣守备由必都等,归日本掠去人口。守臣以闻,穆宗以王屡效忠诚,赏银币同前,仍赐敕奖励,由必都等给银币有差。五年,王遣正议大夫郑宪入谢,又归被掠人口。再敕奖励,赐银币给赏如前,遣南监受学官生梁照等三人归国,从王请也。王在位十七年,寿四十五岁,隆庆六年薨。

尚永

明万历元年癸巳,尚永嗣位。

尚永,尚元之第二子,嘉靖三十一年生,年二十一岁嗣位。万历元年,遣使入贡,请袭封。礼部行福建镇巡官查勘,又送还被掠人民,奖赍如例。二年,世子遣王舅马中叟、长史郑佑等十八人入贡,贺登极,宴赍如例。三年,世子两遣使入贡。四年,世子遣正议大夫蔡朝器等贡方物,如例给赏外,神宗命每五日另给鸡鹅米麦酒果,以示优异。以户科左给事中萧崇业为正使,行人谢杰为副使,赍皮弁玉圭,往封尚永嗣王。崇业等疏言四事:一颁去诏敕,如彼国恳留,宜加例俯循其请。一秩祀海神,合举祈报二祭。一造船宜专责府佐,副以指挥二员,造完一并随行。一饮食物用、弓矢器械、以及观星占风、听水察土、医卜技艺之流毕备,许酌量取用,悉如所请。五年,正议大夫梁灼入贡,表称世子,时崇业等尚未行也。八年,庆诏至国。诏曰:朕受天明命,君临万方,薄海内外,罔不求享,延赏锡庆,恩礼攸同。惟尔琉球国,远处海滨,恪遵圣教,世修职贡,足称守礼之邦。国王尚元,绍序膺封,臣节夙谨,兹焉薨逝,悼切朕衷。念其侯度有常,王封当继。其世子永,德惟象贤,惠能得众,宜承国统,永建外藩。特遣正使户科左给事中萧崇业、副使行人司行人谢杰赍诏,往封为琉球国中山王,仍赐以皮弁冠服等物。凡国中官僚耆旧,尚其协心翼赞,毕力匡扶,懋猷勿替于承先,执礼益虔于事上,绥兹有众,同我太平,则亦尔海邦无疆之休。敕王曰:惟尔先世,守此海邦,代受王封,克承忠顺。迨于尔父元,畏天事大,益用小心,诚节懋彰,宠恩浹被,遽焉薨逝,良用悼伤。尔为冢嗣,克修厥美,群情既附,宜绍爵封,兹特遣使,封尔为琉球国中山王,并赐尔及妃冠服彩币等物。尔宜恪守王章,遵述先志,秉礼守义,奠境安民。庶几彰朕无外之仁,以永保尔有终之誉。王遣王舅马良弼入谢,偕陪臣子郑周等三人就学,命送南京国子监,如例给衣粮。九年,王遣正议大夫梁璨入贡。十一年,王遣使梁灼入贡。十五年,王遣正议大夫郑礼谢恩,别遣贡方物,宴赉赏悉如例。明年王卒,在位十六年,年三十五岁。

尚宁

明万历十七年己丑,尚宁即位。

尚宁,尚真王之孙,尚懿之子。尚永无世子,国人立尚宁,年二十六岁即位。遣使郑礼入贡,言国方多事,未暇请封(万历十四年,日本平秀吉,僭称关白,威胁琉球等诸国,皆使奉贡。又虑琉球泄其情,使毋入贡)。二十七年,宁遣使郑道等请封,部议不必遣官,但取具该国王舅法司等官印结,与世子奏本,到即颁封。神宗曰:今既请封,可着选廉勇武臣一员,同往行礼。二十九年,礼部右侍郎署尚书事朱国祚言:琉球国僻处东南,世修职贡,时当承袭,屡遭倭警,延逗至今。既经世子尚宁奏请,相应准封,其该用皮弁冠服纻丝等项,宜照例应付。遣官已奉明旨,但据其陈乞情词,援引会典,必以文臣为请,惟圣明裁定。乃命兵科给事中洪瞻祖、行人王士祯,为正副使往。瞻祖以忧去,以兵科右给事中夏子阳代之。三十三年,神宗命夏子阳等作速渡海,以彰大信,仍传谕彼国,以后颁封海上,著为定规。先是万历二十三年,琉球使臣于霸等为世子尚宁请封,抚臣许孚远以倭氛未息,议遣使赍敕至福建,听来使面领,或遣惯海武臣,同彼国使臣往,得旨待世子表请,然后如议颁封。迨二十八年,请封表至,则有用武臣之旨。二十九年,世子再疏乞差文臣,始改后命。于时子阳等方赍敕入闽,而巡按方元彦以滨海多事,偕抚臣徐学聚,请仍遣武臣前往。子阳等具言,属国言不可爽,使臣义当有终,乞坚成命,以慰远人,俱未报。而礼部侍郎李延机言,宜断行颁封初旨,并武臣之遣而罢之。于是御史钱桓、给事中萧道高,各具疏力言不可,且云此议当在钦命未遣之先,不当在册使既行之后。宜行该抚,速造海船,勿误今年渡海之期。候事竣复命,然后定为画一之规。先之以文告,令其颁封海上,永为遵守。从之。于是子阳等赍诏之国,诏曰：朕恭膺天命，诞受多方，爰暨海隅，罔不率俾，声教所讫，庆赉惟同。尔琉球国，僻处东南，世修职贡，自我皇祖，称为礼仪之邦。国王尚永，只袭王封，恪遵侯度，倏焉薨逝，良恻朕心。其世子宁，贤足长人，才能驭众，间关请命，恭顺有加。念其国统攸归，人心胥属，宜膺宠渥，固我藩篱。特遣正使兵科右给事中夏子阳、副使行人司行人王士祯赍诏，封为琉球国中山王，仍赐以皮弁冠服等物。凡国中官僚耆旧，尚其殚忠辅导协力匡襄，坚事上之小心，恐承先之大业，永绥海国，共享升平。惟尔君臣，亦世世永孚于休。又敕王曰：惟尔上世以来，建邦海外，代膺封爵，长固藩维。尔父永，恪守王章，小心祗畏，忠诚茂著，称我优嘉，遽至长终，良深悼恻。尔为冢嗣，无忝象贤，既允群情，宜崇位号。特兹遣正使兵科右给事中夏子阳、副使行人司行人王士祯赍敕谕，封尔为琉球国中山王，并赐尔及妃冠服彩币等物。尔宜益虔候度，克绍先献，保乂人民，奠安境土，庶几恢朕有截之化，抑亦贻尔无疆之休。三十四年，夏子阳等事竣复命，王遣王舅毛凤仪，及正议大夫阮国入谢，并以二使所却贶金上于朝，神宗命来使赍回。王附奏，洪永间赐闽人三十六姓，知书者授大夫长史，以为朝贡之司；习海者授通事，总为指南之备。今世久人湮，文字音语，海路更针，常至违错，乞依往例更赐。事下礼部，寝之。三十六年，王遣使郑子孝等十三人入贡，宴赉如例。三十八年，王遣王舅毛凤仪、长史金应魁急报，倭警致缓贡期，福建巡抚陈子贞以闻。四十年，浙江总兵官杨崇业奏报倭情，言探得日本以三千人入琉球，执中山王，迁其宗器，宜敕海上，严加训练。而兵部疏言，倭入琉球，获中山王，则三十七年三月事也。世缵图云，浦添孙庆长，即察度王之孙，兴于日本，自萨摩洲岛举兵入中山，执王及群臣以归。留二年，法司郑迥（法司郑迥，字利山，嘉靖四十四年入太学，夏子阳使录云，法司不用三十六姓，今用之自郑迥始。按周字格桥，万历七年入太学，与迥为兄弟，但郑迥官至长史，为法司者则迥也，今传写作郑廻则尤误矣。迥乃通事郑禄第二子，迥第三子，其长曰达，无名廻者）不屈被杀，王危坐不为动，庆长异之，卒放回。王在位三十二年，寿五十七岁，泰昌元年薨。

尚丰

明天启元辛酉，尚丰即位。

尚丰，尚永弟，尚久之第四子也。尚宁卒无世子，国人立尚丰，万历十八年生，年三十二岁，于天启元年即位（是年改元，颁登极诏，福建布政司转命卫指挥萧崇基，赍诏至国）。三年，遣使蔡坚等，贡硫磺马匹请袭封。先是定期二年一贡,万历间国被倭难,诏停贡,已十年,至是以为言。部议本国休养未久,暂拟五年一贡,待册封后另议。五年,丰遣使入谢,并乞封典。六年,再遣使入贡。七年,遣正议大夫蔡延等入贡,宴赉如例。崇祯二年,丰遣使入贡,再申前请。命礼官何如宠复以履险靡费,请令陪臣领封。帝不从,乃命户科左给事中杜三策为正使,行人司司正杨抡为副使,赍诏及仪物,往封尚丰为琉球国中山王。六年,三策等始至国,王遣使入谢。九年,遣使入贡,宴赉如例。

《中山世鉴》云,王通诸艺,始制陶器,以赡国用。在位二十年,寿五十一岁,崇祯十三年薨。

尚贤

明崇祯十四年庚辰,尚贤嗣位。

尚贤,尚丰王第三子,天启五年生,十七岁嗣位。十七年,遣使金应元入贡,请袭,会中朝道阻不得归。王在位七年,寿二十三岁,顺治四年薨。

尚质

大清顺治五年戊子,尚质嗣位。

尚质,尚贤之弟,崇祯二年生,年二十一岁嗣位。先是尚贤请封未报,使者留闽中,至是与通事谢必振等至江宁,投经略臣洪承畴,转送入京。礼部言,前朝敕印未缴,未便授封,遣通事谕旨。六年,贤弟尚质称世子,遣本国通事周国盛,赍表归诚,随通事入朝。七年,遣王舅阿榜琨、正议大夫蔡锦等,奉贡入贺,船漂没未达。八年,世祖章皇帝,令来使周国盛赍敕,归谕世子。十年,世子遣王舅马宗毅、正议大夫蔡祚隆等贡方物,缴前朝敕印请封,备言其国王殁,敕即随葬,惟尚宁未葬,故即以宁敕赍缴。十一年,又遣官进贡请封,赐国王蟒缎二彩缎六蓝缎二素缎二闪缎二锦三紬四罗四纱四,赐王妃彩缎四闪缎一蓝缎二素缎三锦二罗四纱四,赏王舅彩缎表里各四,正议大夫彩缎表里各三蓝缎一紬二罗二,使者彩缎表里各二蓝缎一紬一罗一纱一,通事从人纱缎紬布银两各有差。遣兵科爱惜喇库哈番张学礼为正使,行人司行人王垓为副使,赐诏书一道,镀金银印一颗,令二年一贡,进贡人数不得过一百五十人,许正副使二员,从人十五名入京,余俱留边听赏。学礼等疏请十事,部议赐一品麒麟服。于钦天监,选取天文生一人,南方自择医生二人,赐仪仗给驿护送,外给从人口粮至福建修造渡海船,选将弁二兵二百人随行。因海氛未靖,还京待命未行。

今上御极,念远人延仁日久,谴责学礼等,卒遣行。康熙二年奉诏敕至国,诏仍顺治十一年所颁,敕则康熙元年也。敕曰:皇帝敕谕琉球国世子尚质,尔国慕恩向化,遣使入贡。世祖章皇帝,嘉乃抒诚,特颁恩赉,命使兵科副理官张学礼等,赍捧敕印,封尔为琉球国中山王。乃海道未通,滞闽多年,致尔使人物故甚多。及学礼等捧掣回京,又不将前情奏明,该地方督抚诸臣,亦不行奏请。迨朕屡旨诘问,方悉此情。朕念尔国倾心修贡,宜加优邮,乃使臣及地方各官,逗留迟误,岂朕柔远之意?今已将正副使督抚等官分别处治,特颁恩赉,仍遣正使张学礼、副使王垓,令其自赎前罪,暂还原职,速送使人归国,一应敕封事宜,仍照世祖章皇帝前旨行。朕恐尔国未悉朕意,故再降敕谕,俾尔闻知。

诏曰:帝王祗德,应治协于上下,灵承天时,则薄海通道罔不率俾为藩屏臣。朕懋缵鸿绪,奄有中夏,声教所绥,无间遐迩,虽炎方荒略,亦不忍遗,故遣使招徕,欲俾仁风暨于海澨。尔琉球国,粤在南徼,乃世子尚质达时职势,祗奉明纶,即令王舅马宗毅等献方物、禀正朔,抒诚进表,缴上旧诏敕印。朕甚嘉之,故特遣正使兵科副理官张学礼、副使行人司行人王垓,赍捧诏印,往封为琉球国中山王,仍赐以文币等物。尔国官僚及尔氓庶,尚其辅乃王,饬乃侯度,协揠乃尽,守乃忠诚,慎又厥职,以凝休祉绵于奕世。故兹诏示,咸使闻知。赐王印一缎币三十,妃缎币二十。三年,王遣陪臣吴国用金正春,奉表谢恩进贡。且疏言,捧读敕谕,因臣使物故甚多,滞闽日久,将正副使并督抚诸臣处治。但中外均属臣子,臣躬承天庥,不能少为诸臣之报,而反重为诸臣之累。臣何人斯,岂能宴然清夜?

上命还学礼等原职,赐国王蟒缎二彩缎四蓝缎二素缎二闪缎二锦二䌷二罗二纱二,赏王舅彩缎表里各四罗四靴一双彩缎三,紫金大夫彩缎表里各四罗三靴一双,使者彩缎表里各二折钞布四,通事从人缎布有差。四年,中山王遣使进香,并贺登极进贡。其贡物有在梅花港口遭风漂溺者,奉旨免其补进。五年,补进贡物,奉旨发回。又令,应进玛瑙乌木降香木象牙锡速香下香檀香黄熟香等十件,不系土产,免其进贡。其硫磺留福建收贮。余所贡方物,令督抚差人解送,其来使不必赍送到京,即给赏遣回。六年,令贡使仍令赍表入觐。七年王卒,在位二十一年,寿四十岁。

尚贞

大清康熙八年己酉,尚贞嗣位。

尚贞,尚质子,顺治二年生,年二十五岁嗣位。康熙八年进贡,耳目官到京,于常贡外,加进红铜及黑漆嵌螺茶碗,照例给赐。惟正使不系王舅,与副使正议大夫赏同。十年进贡,于常贡外,加进鬃烟番纸蕉布,其被风飘失贡物,免其查议。十三年进贡,于常贡外,加进红铜及火炉丝烟。十八年,补进十七年贡物,除赴京存留官件外,其余员役,令先乘原船归国。十九年遣使进贡,奉谕琉球国进贡方物,以后止令贡硫磺海螺壳红铜,其余不必进贡。贡物旧有金银罐金银粉匣金银酒海泥金彩画屏风泥金扇泥银扇画扇蕉布苎布红花胡椒蓣木腰刀大刀枪盔甲马鞍丝绢螺盘,后俱免进。外有加贡物,无定额,熟硫磺一万二千六百斤,海螺壳三千个,红铜三千斤。二十年,遣使入贡,上以贞恪共藩职,当耿精忠叛乱之际,屡献方物,恭顺可嘉,赐敕褒谕。仍赐锦币五十,又于常贡内,免其贡马,著为例。二十一年,世子遣耳目官毛见龙、正议大夫梁邦翰上言,先王尚质于康熙七年告薨,贞嫡嗣应袭爵,具通国结状请封。礼部议,航海道远,应令贡使领封。见龙等固请,部议执不可。上特允之,命翰林院检讨汪楫为正使,内阁中书舍人林麟焻为副使。楫等疏陈七事:一请颁御笔,一请照例谕祭海神,一渡海之期不必专候贡使,一请带修船官一同渡海,一请给关防,一请增兵护行,一请预支俸银。奏上,御笔大书中山世土四字赐王,特许带修船匠役随行。制祭文二道,祈报海神。并给俸二年以往。二十二年,楫等渡海。先行谕祭故王礼。谕祭文曰:朕受天景命,君临万邦,殊方海澨,罔不宾服,凡有恪共藩职,累世输诚,则必生加锡命之荣,殁隆赗邮之典,所以旌扬归附,柔怀荒远,垂为国宪,昭示亿年。尔琉球国中山王尚质,式廓前徽,诞膺世祚,作藩屏于南海,辑圭瑞于中邦,浮航贡赆,凛遵王享之规,逾险求章,虔秉朝宗之志。方谓河山永固,带砺之胙常存;何期霜雪遄零,松柏之姿忽谢。眷言藩服,朕实伤焉,爰沛褒纶,优加祭邮,赐邮银一百两阔绢五十匹。次行册封礼,诏曰:朕躬膺天眷,统御万邦,声教诞敷,遐迩率俾,粤在荒服,悉溥仁恩,奕叶承祧,并加宠锡。尔琉球国,地居炎徼,职列藩封。中山王世子尚贞,屡使来朝贡献不懈,当闽疆反侧、海寇陆梁之际,笃守臣节,恭顺弥昭,克殚忠诚,深可嘉尚。兹以序当缵服,奏请嗣封。朕惟世继为家国之常经,爵命乃朝廷之钜典,特遣正使翰林院检讨汪楫、副使内阁中书舍人加一级林麟焻赍诏,往封为琉球国中山王。尔国臣僚以及士庶,尚其辅乃王。慎修德政,益砺悃诚,翼戴天家,庆延宗祀,实惟尔海邦无疆之休。故兹诏示,咸使闻知。又敕王曰:惟尔远处海隅,虔修职贡,属在冢嗣,序应承祧,以朝命未膺,罔敢专擅,恪遵典制,奉表请封。朕念尔世守臣节,忠诚可嘉,特遣正使翰林院检讨汪楫、副使内阁中书舍人加一级林麟焻赍诏,封尔为琉球国中山王,并赐尔及妃文币等物。尔祗承宠眷,懋绍先猷,辑和臣民,慎固封守,用安宗社于苞桑,永作天家之翰屏。

钦哉！母替朕命。赐王蟒缎锦币三十匹，妃二十匹。二十二年，遣法司王舅毛国珍、紫金大夫王明佐等谢封。汪楫等回京，复为题请，远人向化，请赐就学，奉旨准令就学。二十五年，王遣官生梁成楫、蔡文溥、阮维新、郑秉钧四人入大学。附贡使耳目官魏应伯、正议大夫曾夒，船桅折伤，秉钧飘至太平山修船，二十七年，始到京，上令照都通事例，三人日廪甚优，春秋四季，赐袍褂衫裤帽被褥俱备，从人皆有赐，又月给纸笔墨硃，银乙两五钱，特设教习一人，又令博士一员督课。三十年，贡使耳目官温允杰、正议大夫金元达到京，国王请官生归国，赐宴，各给赏云缎䌷布等，乘傅厚给遣归。三十二年，王遣耳目官马廷器、正议大夫王可法等，入贡方物，宴赉有差。三十四年，遣耳目官翁敬德、正议大夫蔡应瑞入贡。三十六年，遣耳目官毛天相、正议大夫郑弘良入贡。三十八年，遣耳目官毛龙图、正议大夫梁邦基入贡。四十年，遣耳目官毛得范、正议大夫郑职良入贡，毛得范行至杭州，病卒。四十二年，遣耳目官毛兴龙、正议大夫蔡应祥入贡。四十四年，遣耳目官温开荣、正议大夫蔡肇功入贡。四十六年，遣耳目官马元勋、正议大夫程顺则入贡。四十八年，国中多灾。宫殿尽焚，台飓频作，人畜多死，草木皆枯。遣耳目官向英、正议大夫毛文哲学入贡。是年七月十三日王卒，在位四十一年，寿六十五岁。

尚益

大清康熙四十九年庚寅，尚益嗣位。

尚益，尚贞王世子，尚纯之子。尚纯为世子时先卒，尚益以嫡孙嗣位，年三十三岁立。康熙五十年，遣耳目官孟命时、正议大夫阮维新入贡。五十一年，七月十五日王卒。立三年，未及请封。

尚敬

大清康熙五十二年，癸巳，尚敬嗣位。

尚敬，尚益第一子，年十四岁，康熙五十二年立。是年遣耳目官毛九经、正议大夫蔡灼入贡，灼至福州卒。五十四年，遣耳目官马献功、正议大夫阮璋入贡。五十六年，遣耳目官夏执中、正议大夫蔡温入贡，且告曾祖尚贞，与其父尚益之丧，请袭。疏云：琉球国中山王世曾孙尚敬谨奏，为请封袭爵，以效愚忠，以昭盛典。事臣曾祖尚贞，于康熙四十八年七月十三日薨逝。臣祖尚纯，为世子时，早已弃世。臣父尚益，未及请封，已于康熙五十一年七月十五日薨逝。念臣小子，曾孙承祧，然侯服有度，不敢僭称，王业永存，循例请袭。俾臣拜纶音于海岛，砥柱中流；膺诰命于波区，雄藩外甸。谨遣陪臣耳目官夏执中、正议大夫蔡温等，虔赍奏请，伏望圣恩，体循臣曾祖事例，乞差天使，封袭王爵，上光宠渥之盛典，下效恭顺之微忱，庶藩业得以代代相传，顶祝皇恩世世不朽矣。五十七年六月朔，遣翰林院检讨海宝、编修徐葆光，充正副使往封。五十八年，又遣耳目官向秉乾、正议大夫杨联桂入贡，联桂行至通州，病卒。海宝等于五十八年六月朔至国，谕祭册封诸宴礼皆毕。五十九年二月，海宝等自琉球还，代请官生入太学读书，并请给海神天妃，春秋祀典，皆蒙准行。王遣王舅向龙翼、紫金大夫程顺则入贡，并谢封，贡金鹤盔甲马鞍等物，赐宴赍有差。详载第二卷内。

中山传信录卷第四

星野

潮

琉球三十六岛

琉球地图

纪游

中山传信录卷第四
册封琉球国王副使，赐正一品麟蟒服翰林院编修加二级臣徐葆光纂

星　野

琉球分野，与扬州吴越，同属女牛星纪之次，俱在丑宫。臣海宝、臣徐葆光奉册将行，上特遣内廷八品官，平安监生丰盛额同往测量。旧测北京北极出地四十度，福建北极出地二十六度三分，今测琉球北极出地二十六度二分三厘，地势在福州正东偏南三里许。旧测福建偏度去北极中线偏东四十六度三十分，今测琉球偏度去北极中线偏东五十四度，与福州东西相去八度三十分，每度二百里推算，径直海面一千七百里。凡船行六十里为一更，自福州至琉球姑米山四十更，计二千四百里。自琉球姑米回福州五十更，计三千里，乃绕南北行，里数故少为纡远耳。向来纪载，动称数万里，皆属悬揣。今逢皇上天纵，推日晷远近高下以定里数，舆图幅员，了如指掌，海外弹丸，今见准的，智能量海，功媲指南矣。

潮

琉球潮候，与福建不同。率后三辰，东西地势往复，自然之理也。各洋潮

候,海舶柁工,言之皆不同。西洋一日一潮流,率以申涨,以寅退,是又以一昼夜为消息矣。潮生潮涨潮退,率三辰为准,今略列表如后。

(表略)

琉球三十六岛

琉球属岛三十六,水程南北三千里,东西六百里,远近环列。各岛语言,惟姑米叶壁,与中山为近,余皆不相通。择其岛能中山语者,给黄帽,令为酋长。又遣黄帽官,涖治之,名奉行官,亦名监抚使,岁易人。土人称之曰亲云上,听其狱讼,征其赋税。小岛各一员,马齿山二员,太平山、八重山、大岛各三员。惟巴麻(中山读间字音,同麻,华言山也,下仿此)、伊计、椅山、硫磺山四岛,不设员。诸岛无文字,皆奉中山国书。我皇上声教远布,各岛渐通中国字,购畜中国书籍。有能读上谕十六条,及能诗者矣。

东四岛

【姑达佳】译为久高,在中山东一百四十五里,产赤秔米黄小米海带菜龙虾五色鱼佳蘓鱼。佳蘓鱼,本名黑馒鱼,大者长八九尺,围尺许,割其肉为腊,各岛多有产此者。良山多螺石。

【津奇奴】译为津坚,在中山东三十五里。

【巴麻】译为滨岛,南北二岛,在中山东三十五里。

【伊计】在中山三十五里,以上三岛,其所产同姑达佳,皆多鱼。此四岛语言颇相近。

正西三岛

【马齿二山】在中山正西一百三十里,东马齿山,大小五岛,产牛马粟布文贝螺怪石。西马齿山,大小四岛,有座间味渡嘉敷等间切。西山尤硗瘠,罪人多流此。人多黑色,善渔,能泅水深没,久久乃出。山下海中产海松,山人能泅水取之。姑达佳津奇奴亦有海松。马齿产者,色久不退为良。产鱼螺山,多鹿,近姑米山。有姑巴汛麻山,亦多鹿,无人居。

【姑米山】在马齿山西,去中山四百八十里,有安河具志川仲里二间切。由闽中至国,必针取此山为准。封舟行海中,第七日有小黑鱼点点浮水面。接封使臣云,此出姑米山下,名墨鱼。山形势雄拔,产五谷及土棉茧紬白纸蜡烛螺鱼等物,山多鸡豚牛马。

西北五岛

【度那奇山】译曰渡名喜岛,近姑米山,山多牛。

【安根岘山】译曰粟国岛，又为安护仁，与度那奇俱近姑米。语言亦与姑米相类，山产铁树，比他处生者良。山多豕。

【椅山】亦曰椅世麻，亦曰伊江岛，中山北山之间，一小石山。四围黄沙，潮涨隔半里许，水退可徒涉至山上。有稻田，产黍稷豆麦，民颇富饶。

【叶壁山】土名伊平屋岛，在中山西北三百里，产米最佳，亦有麦稷粱豆棉花蕉丝海胆毛鱼等物。中有一山，宛转如龙，尚圆王祖茔所在。

【硫磺山】又名黑岛山，多鸟，亦名鸟岛，在中山西北三百五十里，与姑米山南北相峙。山无草木，置采硫磺户四十余家，岁遗米廪食之。统二酋长，泊府官遥领之。其人为硫磺气薰灼，目皆如羊不精明，相近有灰堆山尤家埠移山奥。

东北八岛

【由论】在中山东北五百里，产芭蕉，结蕉寔。多樫木。

【永良部】讹为伊兰埠，在中山东北五百五十里，属有温镇。

【度姑】译曰德岛，在中山东北六百里。

【由吕】在度姑东北三十八里。

【岛奇奴】在度姑东北四十里。

【佳奇吕麻】在中山东北七百七十一里。

【大岛】土名鸟父世麻，在度姑东北，去中山八百里，水行三日可达。其岛长一百三十里，分七间切，有西间切、东间切，及笠利名濑屋喜住用古见等间切，分属二百余村县。其岛无孔庙，有四书五经唐诗等书。自称小琉球，大酋长十二员，小酋一百六十余员。产米粟麦豆薯木棉芭蕉红樱黑樱栌（子可榨油）罗汉松（即樫木）桑竹，畜有牛马羊犬猪鸡（无鹅），野兽有山猪兔，鸟有鸳鸯雁鹜鹰野鸭鹭青鸠雀鸦（无鹊），海鲜有草鳣鱼海爪（蛏类），果有楮子，烧酒米肌黑糖蘸铁等物，皆有之。有清水山菊花山永明山。岛北一里许有大石，如圆柱，广一里，名赤濑，纯紫色，无人居。

【奇界】亦名鬼界，去中山九百里，为琉球东北最远之界。人以手食，多黑色。产樫木为良。以上八岛，国人称之，皆曰鸟父世麻。此外，即为土噶喇（亦作度加喇）七岛矣（七岛诸岛，水程远近见汪记录，以非琉球属岛，故不载）。

南七岛

【太平山】一名麻姑山（始为宫古，后为迷姑，今为麻姑），在中山南二十里。有筑山甚高，土名七姑山，上有碧于亭。用艮寅针，至中山那霸港。福建至太平山,自东涌开洋,至钓鱼台,北风用单卯并乙辰针可达。山周围五六十里,颇富饶,产畜五谷、牛马甚多。出棉布、麻布、草席、红酒,名太平酒。每年五月归贡税于中山。

【伊奇麻】译曰伊喜间,在太平山东南。

【伊良保】在太平山西南。

【姑李麻】译曰古里间,在太平山正西。

【达喇麻】在太平山正西。

【面那】在太平山西南。

【鸟噶弥】在太平山西北

以上皆属太平山,国人称之皆曰太平山。

西南九岛

【八重山】一名北木山,土名彝师加纪,又名爷马,在太平山西南四十里,去中山二千四百里。由福建台湾彭家山,用乙辰针,至八重山。明洪武中,中山王察度始通中朝时,二大岛来贡于中山,即八重山太平山也。山较太平尤饶给,多樫木黑木黄木赤木草席,产牛马螺石,出麻布、棉布、海参、红酒,名密林酒,五谷珲栗瑂帽珊瑚羊肚松纹海芝海松海柏等石。每年五六月,与太平山来贡于中山。

【鸟巴麻】二岛译曰宇波间,在八重山西南。

【巴度麻】译曰波渡间,在八重山西南。

【由那姑呢】在八重山西南(以上四岛,皆近台湾)。

【姑弥】在八重山西,较他岛为大。

【达奇度奴】译为富武,在八重山西姑弥东。

【姑吕世麻】译为久里岛,在八重山西少北。

【阿喇姑斯古】译曰新城,在八重山西。

【巴梯吕麻】译曰波照间,在八重山极西北。

以上八岛,俱属八重山,国人称之皆曰八重山。此琉球极西南属界也。

三十六岛,前录未见。惟张学礼记云,赐三十六姓,教化三十六岛。其岛名物产,则未之及也。今从国王所请示地图,王命紫金大夫程顺则为图,径丈有奇,东西南北,方位略定。然佃注三十六岛土名而已,其水程之远近,土产之饶瘠,有司受事之定制,则俱未详焉。葆光周咨博采,丝联黍合,又与中山人士,反复互定。今虽略见訾准,恐舛漏尚多,加详审定,请俟后之君子。

臣葆光按，旧传岛屿，误谬甚多。前人使录，已多辨之。前明一统志云，鼋鼍屿在国西，水行一日。高华（一作英）屿在国西，水行三日。今考二屿，则皆无有。又云，澎湖岛在国西，水行五日。按澎湖与台湾泉州相近，非琉球属岛也。昆山郑子若曾所著琉球图，一仍其误。且以针路所取彭家山、钓鱼屿、花瓶屿、鸡笼、小琉球等山，去琉球二三千里者，俱位置在姑米山那霸港左近，舛谬尤甚。太平山远在国南二千里，郑图乃移在中山之巅、欢会门之前，作一小山尤非是。

琉球地图

琉球始名流虬（《中山世鉴》云，隋使羽骑尉朱宽至国，于万涛间，见地形如虬龙浮水中，故名），隋书始见，则书流求，宋史因之。元史曰瑠求，明洪武中改琉球国，在闽福州正东一千七百里，偏南三里。其地形东西狭，宽处数十里，南北长四百四十里。自中山首里，南至喜屋武边海，紧行一日半。北至国头边海，紧行三日半。明永乐以前，国分为三：曰中山，曰山南，曰山北。宣德时并为一，分为三省。中山为中头省，属府十四。山南为岛窟（一作尻）省，属府十二。山北为国头省，属府九。府土名间切，所属皆称村头，土名毋喇。国中亦有五岳，辨岳在中山，八头岳在山南，佳楚岳、名护岳、恩纳岳在山北，比他山为高。佳楚岳尤峻，为琉球第一峰云。

首里，王宫所在，不称间切，属村县二十一。

崎山（在王宫东南，有崎山，山左行为东苑），金城（在王宫西南，有金城桥翠严凌霄亭，国丈毛氏家园，有泉名奇泉），内金城新桥（在王宫东北，有升篙山，佐敷殿，前王尚益为世子，采地封佐敷，故其第称佐敷殿，今为故宫人所居），赤平（在王宫北，有石虎山），仪保（在朱平村北），西仪保未吉（在王宫北，有社坛，有龟山，有吉泉），山川，新川，殿川，寒川，大中，鸟崛，汀白次，赤田，姑场川，桃原（有笠泉），当藏，真和地，立岸（有万松岭茶崎桥观音亭，下有慈眼院）。

（中山省）泊（在首里西五里，有泊山有泊桥跨海，亦名高桥村，前有泊津，西流入海），属村县二，东境，西境。

那霸（在首里西十里，那霸江，港口有南北炮台并峙。海门旁有巨石，当中流，名马加，四围皆铁板沙，沙坚如铁，其平如板。板面嵌空槎牙，沿海皆是，潮长沙没，舟误触无完者，故国人恃为金汤。南北炮台，皆从江口跨入海中，砺石筑成长堤，蜿蜒半里许。北炮台隉中，作桥门三，以通潮。南炮台隉中，有番字石碑一，额题曰丫揽新森城碑文，嘉靖三十三年国王尚清时立，余皆番字，石颇剥蚀。又有一石，上题一梵字，下小字云：书法华经，一石一字。二炮台石工甚整，皆于康熙五十五年新修。大夫蔡温有碑文，记其修筑始末，立北隉上。其略云，霸江百川所会，与海相通，贡船暨西北诸艘，往来中山之咽喉也。南距饶波，北抵泉崎，东达宇平板敷。近人规小利，或聚泥土筑田陌，川苦其狭，变为涸沟。其尤甚者，至塞川以为田，烂土泥水，流入霸江，江将塞矣。明君贤相，特命向文思等疏瀹斯江，或播田地以广其川，或除烂泥以深其水，宇平板敷等处复通。长川顺流，临海寺西，筑石桥三座。迎恩亭北，构石桥一座。渡地村临江筑塘，架木桥二座。计桥五座。垣花村加二桥，共木桥三座。泉崎桥改修，牧志南弧之水，决以西注。自康熙丁酉五月初五日起，至明年闰八月二十日告成。或曰：临海寺南石，何为不除？文思曰：斯石系乎风水，且江海飓台不时，若非斯石，船只难泊也。康熙五十七年戊戌十二月记。北炮台堤中，临海寺门外有重修临海桥旧碑文，康熙三十五年丙子立。大夫程顺则撰文言国王尚贞时，补葺旧堤，架石为桥。碑阴又云，原有四桥，一在寺西，三在寺东。其东西二桥，明万历间废塞。惟中二桥，今修之。又云，康熙四十八年巳丑十月大风损堤十余丈，癸巳二月失火烧碑。今国王命官修堤立碑，用旧文为记，不敢没先造也。并记国相向祐以下姓名，及工钱数目，未云俱用鸠字钱。康熙五十二年癸巳五月，程顺则再识)，属村县六。东县，西县，泉崎，若狡町，辻山，渡地。

久米(在那霸)，有东门村，西门村，北门村，南门村(亦名大门村，旧有普门寺，故又名普门地。皆洪武中赐闽人三十六姓，居之不他徙，故名唐营，亦称营中，后改为唐荣)。

真和志(在首里西五里)，属村县十二。识名(山下有神应寺)，国场，牧志(有日泉，相传见红日坠地生泉，泉上有古松，长虹桥七星山皆属此)，天久，松川，与仪，龟田，安里(有安里桥先王庙八幡桥八幡宫)，凑川，古波藏(有城岳)，仲井间，上间。

南风原(在首里南七里)，属村县七。宫平，津嘉山(旧有玉那霸，今并入)，内岭，本部，喜屋武，神里，平川。

东风平(在首里南二十五里，属中山省，地在山南界中)，属村县九。东风平，富盛，志多伯，世名城，友寄，高良，山川，宜寿次，当铭。

西原(在首里东七里),属村县十六。幸地,小桥川,安室,桃原,我谢,翁长,平郎,小那霸,棚原,未吉,石岭,嘉手刈,小波津,与那霸,内间,吴屋。

浦添(在首里东三十里),属村县十一。浦添(在浦添山),伊祖,牧港,安波茶,泽岷,屋富祖,城间,西原,内间(有尚圆王旧宅,王始为内间里主,后避位居于此),势理客,前田。

宜野湾(在首里东三十里),属村县十二。宜野湾(沿海皆晒盐场),谢名(有金宫,崇奉社,察度王母天女也,行其地见石物皆黄金银,父胜连按司,遣大夫取此金银,曰此地灵所也,作楼阁金宫),普天间(有寺名普间山神宫寺松寿院,皆真言教,有天真泉),新城,具志川,城田,嘉数,安仁屋,伊佐,喜友名,野嵩,我如古。

中城(在首里东四十里,有姑场岳,此处人物俊秀,能诗善书,常为王孙采地),属村县十九。中城(有世子殿,国王时往游),姑场(在姑场山下),热田,当间,岛袋,奥间,和宇庆,屋宜,津灉,安谷屋,伊集,渡口,喜舍场,添石,瑞庆览,新垣,安里,中顺,比嘉。

北谷(亦称北溪,在首里北四十里,此府多稻田),属村县十二。北谷(有无漏溪,义本王当宋淳祐中,溪中恶蛟兴暴雨为患,募童女为牺祭之,宜野湾章氏女真鹤,应募舍身养母孝感天神,灭蛟除害,王大喜以配王子),滨川,砂边,野国,野里,玉代势,屋良,桑江,嘉手纳,平安山,伊礼,前城。

读谷山(在首里东六十里),属村县十二。读谷山(亦称座喜味),高志保,喜名,宜间,渡具知,大湾,伊良皆,渡庆次,波平,长滨,濑名霸,根波。

胜连(在首里东北六十里),属村县十。胜连,神谷,比嘉,平敷屋,平安名,内间,新垣,龟岛,滨村,南原。

与那城(在首里东北五十里),属村县六。仲田,平安座,安势理,上原,池宫城,伊计。

越来(在首里北五十里),属村县十。越来(尚圆王弟宣威,采地越来,代尚圆立,六月让位于尚圆子尚真,退老于越来,今其子孙世为越来领主),照屋,安庆田,湖屋,上地,诸见里,山内,宇庆田,大古回,中宗根。

美里(在首里北六十里),属村县十八。嵩原,高原,恩纳(亦称东恩纳,以别北山之恩纳),石川,古谢,伊波,野原,松本,田里,楚南,比屋根,与仪,宫里,知花,池原,嘉手苅,登川,山城。

具志川(在首里东六十里),属村县十五。安里,上江洲,宇坚,祝岭,中岭,天愿,高江洲,田场,田崎,安庆名,江洲,□(江洌)大田,荣野比,川崎,兼嘉段。

以上中山省间切十四(久米在那霸,不入间切,自泊以下至具志川,为十六)。

(山南省)

大里(在首里南二十里),属村县十七。与那原,与古田,涌稻国,板良敷,仲程,与那霸,稻福,上与那原,大城,宫城,古坚,目取真,岛袋,南风原,高宫城,真境名,当真。

玉城(在首里南四十里),属村县十一。玉城(此地有云城。每岁王国祈雨处,有玉泉),中村渠,富里,丝数,垣花,富名腰,前川,当山,和名,奥武,志坚原。

丰见城(在首里南十五里,山南王弟汪应祖故城,国中祈雨,例在丰见城),属村县十七。丰见城,饶波(有石火山,山下有石灰桥,水东北流为饶波),长堂,翁长,真玉桥(桥有水门五,下为玉湖),盛岛,奥平,高岭,仪保(亦称宜保),我那霸,渡嘉敷,高安,伊良波,名嘉地,田头,保荣茂,嘉数。

小禄(在首里南二十里),属村县十一。小禄(在小禄山下),上原,当间,𪨶宫城,大岭(在海边村无他树,皆种呀呾呢成林,村南岭石佳,有泉南流入海南去为砂川,砂岳在海中一里许,石奇,无人居),仪间(仪间山在那霸迎恩亭对岸,天使馆正南山下有垣花村,村中多米廪,东有乐平泉),湖城,具志,多加良,安次岭,赤岭。

兼城(亦曰金城,在首里西南三十里),属村县十。兼城,座波,照屋,嘉数,波平,武富,安波根,丝满(在海边,村石甚奇,有白金岩),潮平(在海边),志茂田。

高岭(土名多嘉岭,在首里西南卅里,山南王故城,名大里城,城下有惠泉,又有芳泉,有大里桥,旧石桥,水门三,今架木为之,山南子孙那姓,高岭东北有八头岳),属村县五。大城,真荣里,国吉(有国吉山,在高岭东南),与座,屋姑。

佐敷(亦称佐铺,在首里南二十里,有苏姑那岳),属村县八。佐敷,新里,屋比久,手登根,外间,津波古,与那岭,小谷。

知念(在首里南三十里),属村县十。知念,敷名,久手坚,山口,钵岭,久高,外间,知名,安座真,下敷屋。

具志头(在首里南三十里),属村县六。具志头,波名城,中座,喜纳,新城,与座。

麻(亦作摩)文仁(在首里南四十里),属村县五。麻文仁(有山名樱岛),米次,石原,松岭,小渡。

真壁(在首里南四十里),属村县八。真壁,田岛,真荣平,丝洲,宇荣城,古波藏,新垣,名城。

喜屋武(在首里南四十里,为国中极南,沿海边土),属村县五。喜屋武,上里,福地,山城,束边名。

以上山南省间切十二。

(山北省)

金武(在首里东北九十里),属村县五。金武(在金武山,山上为金峰,山下有洞,有千手院,有富藏河,二百年前有日秀上人,泛海到此,时年大丰。民谣云:神人来兮,富藏水清,神人游兮,白沙化米。日秀上人住波上三年后回北山),宜野座,奥松,汉那,祖庆。

恩纳(在首里北一百里),属村县九。恩纳(在恩纳山,亦称佐渡山),安富祖,名嘉真,山田,真荣田,仲泊,古良波,谷茶,富津喜。

名护(在首里北一百五十里),属村县九。名护(在名护岳山上有万松院,出兰,叶如桂,抽箭如蕙,攒花如兰,香更烈,称名护兰。有诸喜泉,悬瀑崖上),屋部,世富庆,安和,喜濑,幸喜,松堂(有轰泉),许田(有手水旁有手水观,传昔有客遇一女求水,女手水进客饮之,故名,有许田湖),宫里。

久志(在首里北一百五十里),属村县十一。久志,松田,边野古,嘉阳,宜作次,濑嵩,汀间,松滨,田荣良,川田,宇富良。

羽地(在首里北一百七十里),属村县六。池城,屋嘉,伊指川,真喜屋,源河,谢敷。

今归仁(在首里北二百里,有佳楚山,一名宇腾岳,最高为中山第一峰。山下有水,西南流为大荣川),属村县十一。今归仁(山北王故城,城内有受剑石,山北王素尊一石为神,战败,以石不佑,已砍分为四,山北王系绝。出山猪)。亲泊(有亲川泉戏马台,村东有获剑溪。山北王有宝剑名重金丸,败欲自刎,剑钝不入,王掷于志庆真河。百年后流至水涨溪,光插天,伊平屋人得之,献中山王,今为王府第一宝剑),谢名,中城,运天(亦称上运天,有山北王墓,土人呼为百按司墓。有运天山,在名护山北。山下有运天江,名运天津,西流北山舟舶泊此津,山下多稻田),崎山,玉城,平敷,仲宗根,吴我(有我部盐屋,昔于此地作盐),天底(林木最茂不见日月),我部。

本部(在首里北三百里),属村县七。伊野波,浦崎,渡久和,崎滨,濑底,伊豆味,谢花。

大宜味(在首里东北三百里),属村县五。屋嘉比,喜如嘉,田凑,根路铭,津波。

国头(在首里东北三百十里。尚元王病,国头按司马顺德祈代死,果死。王疾有瘳。至今其子孙世荫为国头领主),属村县四。国头,边土名,伊地,宇郎。

以上山北省间切九。

琉球旧无地图。前使录云,周围可五六千里,东西长,南北狭,皆意揣也。葆光咨访五六月,又与大夫蔡温,遍游中山山南诸胜,登高四眺,东西皆见海。本国里数,皆以中国十里为一里,今皆以中国里数定之,乃南北长四百四十里,东西狭无过数十里而已。再三讨论,始定图。备录三十七间切下诸县村名如右,或更有误,以俟再考云。

纪　游

中山山岳寺院及游者,惟首里那霸数处,略记如后。

【临海寺】在北炮台长堤之中,为国王祈报所。门东向,佛堂面南,三楹面东,板阁一间,石垣四周,潮至墙下,僧名盛满。寺旧名定海,前使汪有临海寺隶书匾。有钟,天顺三年铸。

【奥山能渡寺】在炮台西水中小土山,潮至弥漫数十里,潮退则平沙浅水,不胜舟楫。山旧为蛇窟,僧心海始辟之,蛇相率渡水避去。筑堤截潮,引泉种松,构屋五六楹。前方沼中小亭二所,遍地植佛桑凤尾蕉等,颇可憩玩。山东有小尖阜,名鹤头山。潮至板敷宇平等湖,渔舟夕照,为那霸近所第一胜处。

【辻山】在临海寺西,对港相望。辻字一字两音,国人读为失汁山,汪记讹为青芝山。小石阜沿海下,皆茔墓。

【波上】在辻山东北,一名石笋崖。山下海中,生石芝。沿海多浮石,嵌空玲珑白色。山头石垣四周,垣后可望海。垣内板阁虽立三楹,扃鐍无僧,下有平堂三楹。波上东北沿海中,有山名雪崎,下有洞雪崎,东北有小石山空洞,名龟山(海滩拳石二,非未吉之龟山也)。

【护国寺】在波上山坡之中,国王祈祷所,僧名赖盛。汪使有匾,曰护国寺。

旧名安禅寺,亦名海山寺,亦名三光院。佛龛中有神,手剑而坐,名曰不动,或曰火神也。殿下有钟,景泰七年丙子铸,铭文与天妃宫同。西面庭中,蕉石扶疏,颇有致。

【天尊庙】在护国寺下,供玉皇。有钟,为景泰七年丙子九月二十三日铸,铭文与天妃宫同。

【广严寺】在天尊庙下,左右皆村居,佛宇数椽,庭中剪桧及黄杨为玩,系新建。

【西福寺】在泉崎桥之东曲径中,门前黄杨夹路作屏,两行剪剔使平,而方数十步许。僧舍一区,屋后有松冈甚茂。松根出土,蜿蜒如龙。相近有东寿寺,门前亦以黄杨作屏。

【东禅寺】在久米东北,圆觉寺下院也,相近有清泰寺,皆止三四楹小寺也。那霸惟此二寺及广严寺系禅僧,余俱真言教。

【善典寺】在使馆曲巷中,倚山崇基。汪录云,斗室丈阶,花木颇清幽。今已废,有屋一椽而已。宣德中,册使柴山三到琉球,曾建大安禅寺千佛阁。明夏子阳录中,载其记二篇,今皆莫知其处(护国寺,旧名安禅寺,或即所建,问国人皆不知)。

以上在那霸

【天久山】在泊村西北沿海,与波上雪崎相望,下有圣现寺,石墙四围,方十余亩,中屋一区,墙外老松十余株。有天久洞,洞前观音阁一座,扃鐍无僧。沿海东行,大石离立,或方或圆,侧倚层岩之上,下作崖洞,颇奇。更里许,有水西流入海,名泊津。

【神德寺】在崇元寺东,由八幡桥石桥西北行,有八幡宫,南向,尚德王所建,供八幡菩萨,即大士也。下为神德寺,寺门东向,中供不动,神与护国寺同。

以上在泊村

【城岳】一名灵岳。汪使旧录云,有板屋一区,今已尽废。惟丛灌一林,密篠攒蕉,以石为神,浇酒祈福,渡海报赛处。前古松数百株亭立,前地少洼,四山皆松。东三十余步,有泉名旺泉,从石溜出注潭中,涓涓不绝,泉上老松三株,偃挺尤奇。东望有壶家山,瓦屋数区,为国中陶处。

以上在真和志

【东苑】在崎山,王宫以南。一带石山,皆名崎山,石状甚奇。苑门西向,入门茵草遍地。板亭南面二间,更进有屋三间,面南,屋上有潮音应世匾额,为天启五年诏使指挥同知萧崇基所书。亭东土阜一丘,形如覆盂,颇高竦,汪录云是雩坛。更进少屈南下西转山岩下,有石狮石虎,尚存。激溜养鱼处。皆已废撤。南面皆山。南平田东行。登小板阁。即望仙阁也。匾已失去,葆光为重书之。阁中有小龛,以香木为柱,气如桂。皮作薄板,刻空作字,大小参差。阁后有小佛堂,匾名能仁堂。南面出佛堂,东过小竹桥登阜,正东见林木业茂为佐敷,中隔海港。少西见小山林木郁然,即辨岳也,南北望皆见海。中山之东属岛姑达佳,译为久高,前使汪楫为国王题东苑匾,今已失去。题东苑八景,有久高朝旭识名积翠等八景,此为国苑,制甚简朴云。

【龟山】在末吉村,土称末吉山。山在中山之北,重冈环绕,山半有木亭,前后二楹,南望见海,林木郁然,为第一胜处。山下有万寿寺,寺中有察度王旧影,万历三十八年毁,今再毁,末吉有社坛。

【圆觉寺】在王宫之北久庆门外,国王本宗香火所在,规模宏敞,为诸寺之冠。寺门西向,门前方沼数亩,四围林木攒郁,沼中种莲,中有一亭,有观莲桥,供辨才天女,名天女堂,池名圆鉴池,亦名辨才天池。辨才天女云,即中国斗姥也,架桥通之,名天女桥。更西有龙潭桥,亦名龙渊桥,入寺佛殿七间,极高丽殿右广庭中有古松,云已二百余年,高不四五尺,青葱正茂,名古松岭,亦名神木。香积厨后有井泉,名石冷泉。方丈前,名蓬莱庭。钟楼南有杂华园,国人称圆觉寺,寺中有八景寺,系尚真王时始建。寺前土阜上有碑,弘治十一年立,三山许天锡撰(其文曰:大琉球东南海岛之国,自昔不通中华,胜国初尝,招谕不至。洪惟我太祖高皇帝,应天启运,混一区宇,薄海内外罔不臣服,于时率先入贡,显被优宠,别于他邦。永乐初始受册封王爵,百余年来,修贡弥慎。弘治丁巳秋,国大夫程琎、长史梁能、通事陈义,奉今尚真王命,朝贡于京师。竣事道三山,谒翰林庶吉士许天锡曰:球阳有邦,历世远矣。惟今王大有令德,思辑用光,常遵旧典,请以陪臣之子入太学,得一闻天朝仁义礼乐之化,以壮国体。试言其槩,国尪择旧有书王以正朔请尊之,因参用大统历法,先世深居固卫,以贰其下,王惟推诚口口躬巡境内,跋履穷僻,恒省其税赋,遇孤寒辄赀出给之,民咸戴忻,王宽仁不嗜杀,亦未尝曲法以轻贷人。犹能谨于口士,伏创圆觉禅寺,规模宏敞,仪物备至,以为祝祷之场。王每游豫,必与民同实国之环观也。兹欲勒石于寺,是以彰王德,赐之以言某曰:如子之说,则王之贤,诚可谓卓远特立于百世之上者矣,乃为之歌辞,俾昭示于后裔。词曰:球阳有国,系于裨海,弗庭于华,奚啻千载。惟我皇祖仁厚万方,率先慕义,来享来王。圣教渐加,十有余世,风清气回,储祥发祉,崛生贤王,适号尚真,离群绝类,舍旧图新,简刑省罚,恤孤振陑,春行秋巡,厚下安宅,上熙下怡,二十有余祀。崇德厚泽,川流冈峙,有美大人,薄言孔昭,我作诗章,庸代歌谣。大明弘治十一年岁次戊午,八月十二日。臣程琏、郑玖、梁能、陈义,稽首谨立)。

【天王寺】在圆觉寺东北,门前临溪,有古松四株。寺东有天王桥,堂上佛龛供佛,手持七星轮及刃,曰金刚也,堂西老松最奇。一钟为景泰七年丙子铸,上刻天龙寺钟。寺在浦添,寺钟有二,移其一于此。僧名得髓。

【天界寺】在欢会门外道南,寺门北向。入寺西南石室,高丈许方广,中山王茔也,尚圆以来诸王皆葬于此。寺有钟,成化巳丑年铸。考铭文,本相国寺钟也(铭曰:琉球国君世高王,乘大愿力,新铸巨钟寄舍相国寺,说偈以铭,是祝王基之万岁,安国利民。圣天子继唐虞之化,全文偃武,贤宰相需霖雨之秋,兹有巨钟。新铸就高楼挂肃万机心,无端扣起群生梦,天上人间妙法音。峕成化巳丑十月七日,主持溪隐)。寺西又有安国寺,国中案牍,皆储此寺中。

【仙江院】在天王寺之右。前使汪录云,行荒榛中,门户萧然。僧宗实能诗,颇学元僧白云集体。今宗实尚存,年六十九,改字际外,称球阳大和尚。

【万松院】今改名莲华院,在天王寺之南,剪黄杨作径。两旁离屏颇整。寺中方庭中有小土山,剪松树数株,蟠屈有致。汪使旧录称,万松院僧不羁,与天王寺僧瘦梅及宗实相倡和。今瘦梅不羁皆化去,不羁徒二人,一曰德叟,今在莲华院,一曰元仁字东峰,别开院于北山名护岳上,仍名万松院,年五十余,亦能诗。

【兴禅寺】在圆觉寺北小径中,寺甚小,庭中黄杨松桂甚多。僧了道,旧时圆觉寺国师喝三之徒,能诗。

【广德寺】在莲华院之南,寺亦甚小。花木颇丽,东望山椒林丽,郁然如深山。僧名灵源,弟子名笑岩。相近有建善寺,有僧兰田,能诗。

【石虎山】天庆院,僧梁天名智津,亦能诗,山在赤平村。

【万岁岭】在万松岭东大道之北,石碑立阜上。其文略曰:兹岭以万岁为名,盖取嵩呼之义,以作中山都会。尚真君上命于天,俾为斯记。大明弘治丁巳,仲秋吉旦奉诏。扶桑散人樗不材谨记。

以上在首里。

中山传信录卷第五

官制
冠服
仪从
氏族
取士
采地（禄）
土田
历
礼仪
先王庙神主昭穆图
圆觉寺本宗昭穆图
学（圆学读书）
禅宗
僧禄

中山传信录卷第五
册封琉球国王副使，赐正一品麟蟒服翰林院编修加二级臣徐葆光纂

官　制

官制品级，略仿中国，分为正从九等。大僚重职，亦有加官。协理大小官，皆领地方为采地。王弟王叔国相，皆称某地王子。领一府者，称某地按司（旧制，每府一按司涖治之，权重兵争。尚真王改制，令聚居首里，遥领其地。岁遣察侍纪官一员，知其府事，岁终上其成于按司）。王舅法司，及紫巾官，称某地亲方。三品以下黄帽官，皆称某地亲云上；未有地方者，称某里之子亲云上，或称某筑登之亲云上。从六品叙德郎，从七品叙功郎，皆称某掟亲云上。八品红帽官，称某里之子；领地方者，称某地里主。九品红帽官，称筑登之，未入流称某子，皆不称姓名也。也具列如左：

国相一员，正一品，王叔有才略者任之。
元侯，正一品，王子弟膺此封。
郡侯邑侯，从一品，元侯子孙膺此封。有功者，加晋爵元侯，品同。
法司三员，正二品，王舅勋戚任之。天曹司礼，地曹司农，人曹司元，轮值

王宫,大事集议。上之国相,加衔法司,品同。

紫巾官,从二品,或郡伯,或邑伯。散秩大臣为亚卿,无定员,亦有加法司衔者。

耳目官(土名御锁侧)二员,正三品。副耳目官二员,从三品。一司宾,一典宝,一司刑,一管泊(泊府事)。

谒者,(一名申口官)从三品,无定员。预议事班,无定掌,加衔谒者,品同。

赞议官,正四品。佐谒者度支官,议诸政事。

那霸官二员,从四品。左堂首里人,右堂那霸人为之,分掌钱谷。

察侍纪官(国人读为座敷,读察侍纪三字,音如座敷也,下仿此),从四品,无定员。侍直王宫,分理诸职。

谒闼理官(国人读为当座),正五品。入直王宫者十二员,又有加衔谒闼理官,从五品。

承直郎仪卫使(土名势头)九员,正六品。掌王仪仗,及扈从从属。又有叙德郎(土名加势头),从六品,吏员授此衔。

承务郎,从六品。承事郎(土名牌金),里之子亲云上,正七品。又有从职郎,从七品,儒士授此衔。

叙功郎(土名掟牌金),吏员授此衔。筑登之亲云上,从七品。

内使郎(土名察度奴示,译为里之子),正八品,亦称赞度内使。轮班供王宫内役。内使佐郎(土名里之子座),从八品。

登仕郎(土名筑登之)点班使九员。掌朝仪行列,正九品。登仕佐郎(土名筑登之座),从九品。

首里、泊村、那霸,三府人出身名筑登之,如久米之秀才也。其管钱谷米薪杂职之人,皆称库官。大者察侍纪官,下至笔者若笔者,俱为之。

以上皆首里、泊、那霸本国之人任其职。

久米协理府官,凡六等。

紫金大夫一员,从二品。加协理法司衔,名总理唐荣司,辖久米村事,为最尊。主朝贡礼仪,往复文移诸事。

正议大夫,正三品,加谒者,亦名申口座,从三品。中议大夫,正四品。皆无定员。

长史二员,正五品。(或从四品)随紫金大夫。同知诸事。

都通事,从四品。加谒闼理副通事,从五品。副通事,正七品。皆无定员。

专司朝贡,有留福建福州琉球馆者,名存留通事。

以上皆久米府秀才出身任其职。

职官员额

国相府家传紫巾亚卿一员(以下称曰摄政下大亲官),家令察侍纪官三员,家赞三员,掌翰史一员。

法司,三司家赞各三员。

谒者耳目官,司宾一员,属官赞司大使一员,典宝一员,司刑一员,管泊一员,属管泊笔帖一员,赞议官五员,议政堂主稿外史一员,掌笔帖六员,贴笔帖三员。

度支官,度支正紫巾亚卿一员,同知度支正二品,赞议官三员,典簿厅主簿一员,核省厅核减二员,羡余所大使二员,掌笔帖十员。

王法宫,侍直紫巾亚卿无定员,侍直察侍纪官无定员,宣纳谒阃理官十二员,赞度内使十二员,司花内司十二员,内使官生十二员。

九引官,奉引仪卫使九员,奉引点班使九员。

内宫,总理宫事法司正卿一员,副理宫事紫巾亚卿二员,宫尹察侍纪三员。

近习,中涓舍人三员,不拘品级。

内厨,烹调膳夫一员。

国书院,供奉紫巾亚卿三员,谒阃理官三员,谒阃理官三员,谒阃理赞二员,主翰侍史一员,掌翰侍史三员,贴翰侍史三员(以上三项,侍史土称右笔。有正副贴三项),典茗内司三员,贴茗内司三员,综器内司二员,洒扫内司三员,赞度内使十二员,司花内司六员,内使官生六员。

典膳所,和羹令三员,和羹丞三员,大使二员,大笔帖一员,小笔帖一员。

调禄所,大使二员,大笔帖一员,小笔帖一员,烹调膳夫三员。

宴器局,大使一员,掌笔帖一员。

良医所,良医师六员,贴医师二员。

贮药局,大笔帖二员,小笔帖二员。

宗正府,总宗正元侯一员,左宗正郡侯一员,右宗正紫巾亚卿一员,经历三员,掌笔帖三员。

赋税司,督正赋税紫巾亚卿一员,同正赋税劝农使三员,大使三员,掌笔帖六员。

蕨实司，蕨实督正紫巾亚卿一员，蕨实同正察侍纪二员，大使六员，掌笔帖九员。

典乐所，典乐正察侍纪一员，掌笔帖一员。

造金局，督工察侍纪一员，掌笔帖一员。

承运左库，大使二员，掌笔帖二员，验金法马使一员。

承运右库，大使二员，掌笔帖一员。

广丰仓，大使二员，掌笔帖二员。

典厩署，圉师一员，掌笔帖二员。

大美殿，总理殿事法司正卿一员，副理殿事紫巾亚卿二员，殿尹察侍纪一员。

内懿宫，总理宫事法司正卿一员，副理宫事紫巾亚卿三员，宫尹察侍纪三员。

世子府，储传法司正卿一员（以下称为世子下大亲官），储传紫巾亚卿三员，端尹察侍纪四员，赞善六员，掌翰侍史二员，赞度内使三员，内使官生三员，鹰把式一员。

世孙府，储传法司正卿一员，储传紫巾亚卿三员，端尹察侍纪四员，赞善六员，掌翰侍史二员，赞度内使三员，内使官生三员，圉师一员。

元侯府，家传紫巾亚卿一员，家令察侍纪三员，家赞三员，掌翰史一员。

进爵元侯府，家令察侍纪一员，家赞二员。

东苑监，监令一员，贴监一员。

寅宾馆，馆守一员。

虞衡司，总虞衡元侯一员，左虞衡郡侯一员，右虞衡紫巾亚卿一员，副虞衡察侍纪三员，掌笔帖三员。

观察司，总观察郡侯一员，副观察紫巾亚卿一员，掌笔帖一员。

首里三平等各乡分巡察官，真平等左大尹郡侯一员，右大尹紫巾亚卿一员，少尹察侍纪四员，南平等左大尹郡侯一员，右大尹紫巾亚卿一员，少尹察侍纪四员，西平等左大尹郡侯一员，右大尹紫巾亚卿一员，少尹察侍纪四员。

理梵司，理梵正紫巾亚卿一员，理梵副察侍纪二员，掌笔帖二员。

综石局，督工察侍纪一员，掌笔帖一员。

铁冶局，督工察侍纪一员，掌笔帖一员。

司窑局，督工察侍纪一员，掌笔帖三员。

嵌螺局，督工察侍纪一员，掌笔帖二员。

贮材局，督工察侍纪一员，掌笔帖二员。

工正所，督工察侍纪一员，大使一员，掌笔帖二员。

审理所大使三员，掌笔帖三员。

中山征课使，主事一员，掌笔帖五员，山南、山北、古米山征课使员同。

协理府，紫金大夫一员，正议大夫、中议大夫皆无定员，长史二员，属官大笔帖一员，都通事、副通事皆无定员，司历通事一员，笔帖式一员，讲解师一员，训诂师一员，皆不拘品级。

通事，秀才，若秀才等皆无定员。

那霸官，左堂赞议官一员，右堂察侍纪一员，大笔贴一员，小笔帖一员，理间所理间四员，承应所承应一员，业罃所业罃一员。

武备司，军器监一员，掌笔帖一员。

弥世公馆，大使三员，掌笔帖三员，若笔帖六员，烹调膳夫一员。

董舟所，大使二员，大笔帖一员，小笔帖一员。

那霸库，大使一员，大笔帖一员，小笔帖一员。

麻姑仓，大使二员，掌笔帖二员。

转运所，大使二员，掌笔帖三员。

糖围，主事一员，大使二员，掌笔帖二员。

奉监司，麻姑山监抚使一员，监抚掌笔帖二员，八重山监抚使一员，监抚掌笔帖二员，各府各岛监抚不拘品级。

祝长，七社神乐祝七员，神歌长一员，神歌协长三员，巫觋长二员。

各郡土官，协尹治土泰一员，首里大使一员。

麻姑山土官，头目比郎椤一员，芝茂治一员，鸟路嘉一员，首里大使五员。

八重山土官，头目彝师加纪一员，鸟巴麻一员，弥椰椤一员，首里大使四员。

臣葆光案，旧录官制殊略，汪录颇正其讹，而未备。今从蔡大夫温，得其品秩大概；程大夫顺则，示以官制。其进启云，中山设官分职，已非一日。恭逢圣天子声教诞敷，本国官爵，敢不仰遵翻正？因照原衔，首定秩勋，次列官职，大小臣工，尽由资格，冠簪服色，画一不刊。论名则同而异，列品则异而同，总以符旧制谐正音，虽班爵实尊王也。其书表列条晰，彬彬可观。但立国建官，文武并重，今按仪卫使武备司外，武职太略，军制兵仗，亦未详载，当俟后续考备列云。

冠 服

国王侧翅乌纱帽,盘金朱缨,龙头金簪,蟒袍,带用犀角白玉,皆如前明赐衣制。王妃,凰头金簪。宫人亦分为五等,约百人。命妇头簪,皆祝其夫品秩。

正一品以下,帽八等,簪四等,带四等,具列如左:

正一品,金簪,彩织缎帽,锦带,绿色袍,从同。

正二品,金簪,紫绫帽(有功者,赐彩织缎帽),龙蟠黄带(有功者,赐锦带),深青色袍(下至八九品朝服皆同)。从二品,金花银柱簪,余同。

正三品,银簪,黄绫帽,龙蟠黄带,从同。

正四品,簪帽袍同三品,龙蟠红带,从同。

正五品,簪帽袍同三品,杂色花带,从同。

正六七品,簪袍同三品,黄绢帽,带同五品,从同。

正八九品,簪袍同三品,大红绉纱帽,带同五品,从同。

杂职,簪袍同三品,红绢帽,带同五品。

里长保长,铜簪,蓝袍,红布帽或绿布帽。

荫官生,簪帽服带俱同八品。

外有青布帽,百姓头目戴之。

凡官员外衣,长过身,大带束之腰间,提起三四寸,令宽博,以便怀纳诸物。纸夹烟袋,皆自贮胸次以时取用,大僚幼童。无不皆尔。贱役执事,则反结其袖于脊上。幼童衣袖,胁下令穿露三四寸许,年长,剃顶中发,即缝属之。僧衣两胁下皆穿。其他皆连衽,无隙漏处。首里人衣,年小者皆用大红为里,外五色紬锦,亦反复两面着之。官员紬缎作衣,诸色不禁。每制一衣,须大缎三丈五六尺,其费殆倍于中国云。

女人外衣,与男无别,襟皆无带,名之曰衾,披身上,左右手曳襟以行。前使录云,男妇皆无里衣,今贵官里衣,亦有如中国者。女衣,贵家衣襟上即本色紬纱作鳞比五层状,男衣无是。女比甲背后下垂处或作燕尾形。

寝衣,比身加长其半,有袖及领,厚絮拥之。国人呼衣曰衾,此则衾又如衣也。

各色锦帽锦带,本国皆无之,闽中店户,另织布与之。本国惟蕉布,则家家有机,无女不能织者。出首里者。文采尤佳,自用不以交易也。

(图略)国王乌纱帽,双翅侧动上向,盘金朱缨结,垂颔下三四寸许,盖前所赐旧制也。云有皮弁为朝祭之服,而未之见。

(图略)帽糊纸为骨,帕蒙之式,如僧昆庐帽,中空无顶,绢方幅覆髻之半,口互交,前檐着额处,鳞次七层,后檐十二层。彩织帽以下,紫最贵,黄次之,红又次之,中又以花素为等别,青绿帽为下。

(图略)片帽,皆以黑色绢为之,漫顶,下檐作六棱。寒时家居帽,医官乐工,及执王宫茶灌之役,剃发如僧者,皆戴之。

(图略)笠,多以麦茎为之,亦有皮笠,外加黑漆而朱其里。

(图略)短髻簪,长三四寸许,已冠去顶中发者簪之,花头圆柱,亦有方柱六棱柱。金最贵,金头银柱次之,银又次之,铜为下。

(图略)长簪,长尺余,妇人幼童大髻者簪之。亦以金银三品分贵贱,民家女簪,皆以玳瑁。

(图略)衣皆宽博,无后交衽,袖大二三尺,长不过手指。右襟未作缺势,无衣带,多以蕉布蕉葛为之。綦文间采,男女衣皆同呼之曰衾。

(图略)大带,长一丈四五尺,宽六七寸,蟠腰间三四围,杂花锦地为贵,大花锦带次之,龙蟠黄地红地者又次之,下者皆杂色花带。

(图略)袜,或布,或革,袜短及踝,以上向外,中线开口,交系之。近足指处,别作一窭栖将指,以着草靸中。

(图略)靸,以细席草编成,前有一绳,界大指之间,踵曳以行,男女皆着之。

仪　从

国相,开棍二人,刀二人,枪二人,旗二人,共五十人。绿紬伞板舆二人肩(外用倭缎铜钉,内加彩绘轿式与竹轿皆同)。

法司王舅,红开棍二人,红板二人,真倭刀二人,真倭枪二人(枪上有大红呢旗,长一尺,宽二寸许)。竹舆二人肩,下同。

紫金大夫,红开棍二人,红板二人,假长倭枪二人,真倭刀二人。

正议中议大夫,红开棍二人,红板二人,假长倭枪二人(以木为之,上方下圆)。

法司以下,平日皆用绿地印花布伞,今见每人皆用有花、雨伞各一人,前踏鸣金一人。

坐褥

一品,红褐心,青褐边,衬红毯。

二品,青布心,红布边,衬红毯。

三品,青布面,衬红毯。

四品五品，俱蓝布面，衬白毯。

六品以下，不用坐褥，惟用毯条。

氏　族

首里四大姓，向翁毛马。向氏，即国王尚氏之别族，少远则称向以别之，故世世不与王家通婚姻。其本国人与王家婚姻者，惟翁毛马三家，世为王舅法司。今现为法司者三人，马献图、翁自道、向圣謨，国丈毛邦秀（今王尚敬之外祖，王妃则马氏也），世系俱未详，俟续考列谱。久米三十六姓，皆洪永两朝所赐闽人。至万历中存者，止蔡陈梁金林五姓。万历三十五年续赐者，阮毛两姓。每姓子孙，皆不甚繁衍。余寄籍起家，贵显者多有，然非赐姓之旧也。今阅九姓世谱中，多读书国学，及充历年贡使之人，故并列其字爵，以备考焉。

蔡氏，原福建泉州府晋江人（按明史实录成化五年，长史蔡璟入贡，自言其祖南安县人）。宋端明学士襄之后，十二世，共八十一人。（谱系图从略）

郑氏。原福建福州府长乐县人，十三世，共五十七人。（谱系图从略）

梁氏，原福建福州府长乐县人，十世，共六十九人。（谱系图从略）

梁氏世系未考者四十五人。

通事湘，通事复。

通事抿，长史回（景泰元年贡使）。

通事密祖，长史求保。

通事振，通事德仲。

通事袖，通事琦。

长史宾，正议大夫应（成化十八年贡使）。

正议大夫德（弘治五年七年贡使），通事信。

通事正，正议大夫能（正德六年贡使）。

通事泽顺，秀才渊。

正议大夫宽，都通事裕。

秀才珀，通事敏。

秀才洪，通事广。

通事俊，正议大夫椿（嘉靖十三年贡使）。

秀才贵，秀才实。

通事瓉，通事瀚。

秀才瑞，通事仕。

秀才敬,长史梓(嘉靖二年入太学,十九年贡使)。

正议大夫炫(嘉靖十五年入太学,三十二年贡使)。

秀才明,秀才栋。

正议大夫硕(嘉靖三十四年贡使)。

正议大夫灼(嘉靖四十四年贡使,万历十一年贡使)。

官生焌(嘉靖四十四年入太学)。

官生炤(嘉靖四十四年入太学)。

通事壁,通事焕。

正议大夫灿(万历九年贡使),通事顺。

金氏,原福建□□人,十一世,共三十三人。(谱系图从略)

林氏,原福建福州府闽县林浦人,十二世,共二十一人。(谱系图从略)

毛氏,原福建漳州府龙溪县人,五世共十八人。(谱系图从略)

取 士

国中人入仕宦者,惟首里、泊、那霸、久米四村之人。余皆村户,其略识国字者为酋长,曰掟(土名山巴归),奉文檄,调遣村民任徭役。其次为保长,曰作事者(土名山劈姑),皆任下役。戴青绿帽,终身为之,不升迁也。

首里、泊、那霸三村,民曰仁也。仕宦子弟,未仕,呼为子。子剃顶发陞筑登之。即登仕郎。次名筑登之座,为登仕佐郎。又有名大笔者副笔者大官笔者,如中国之笔帖式。又有名若笔者,如中国之官生。佐理村县大小诸事,未入仕。其入仕者,授地为筑登之亲云上,以渐升迁至察侍纪官。

此为平民子弟入仕之始。

世官子弟,呼为里之子,盖言公子也,土名察度奴示(土音读察度二字如里字,奴字如之字,示字如子字)。年小者为内使,佐郎名里之子,日供内役,亲侍从,年过十五至十八,剃顶中发,易小髻,即不复入,授地为里之子亲云上,以渐升至亲方。

此为宦家子弟入仕之始。

久米村皆三十六姓,闽中赐籍之家。其子弟之秀者年十五六岁,取三四人为秀才。其十三四不及选者,名若秀才,读书识字。其秀才每年于十二月试之,出四书题,令作诗一首,或八句或四句,能者籍名,升为副通事,由此渐升至紫金大夫(紫金大夫,亦称曰亲方)。

此为久米弟子入仕之始。

采地（禄）

王叔王孙，勋旧大臣，皆授一府或二府为采地。大夫以下有功者，三十六姓世袭者，皆授一县为采地。初赐者，世其禄，长子承受。其自致爵位所授采地，官已即除。岁收其地所出三分之二，如田一顷出米一百石，耕夫收五十石，禄主收五十石。禄主五十石内有公费、杂派等一十余石，除此外实收三十余石，约当三分之二也。鸡豕薪樵之数，以米石多少为准，以时取之。其采地之人来受役者，视官秩为多寡，国相法司十六人，紫金大夫十一人，紫巾官十人，黄帽官四人，红帽官二人，皆月更。

国相采地一府（或二府），禄六百石，有功者加七八九百至千石止，世袭嗣子及孙，赐禄三百石采地一府，至曾孙量功为差。

法司，采地一府，禄四百石，例世禄，嗣子及孙赐禄八十石采地一府，至曾孙量功为差。

国舅，采地一府（或一县），禄八十石，或百石二百石，皆量功赐之。世禄视功之大小，赐禄采地，及子孙。

紫巾官，采地一府（或一县），禄三十石，或四十五十至八十石止，皆视功之大小赐之，世禄量功为差。

司宾耳目官，采地亦一府，禄八十石，典宝司刑管泊耳目官，并度支正度支同知，皆四十石。赞议官皆俸支给一十六石。

那霸官，采地一县，禄八十石。

遏闼理官，俸支给十石。

以上首里泊那霸，本国职官，采地禄俸之数。

紫金大夫，采地一邑，禄五十石，或八十石，或百二十石，皆视功之大小赐之。世禄赐嗣子采地禄五十石，或四十石，至孙量功为差（明季有紫金大夫蔡坚者禄三百石，赐嗣子一百石。康熙癸卯年以后，减为五十石，孙四十石，今曾孙三十石）。

正议大夫，采地一县，禄二十石，或三十石，量功为差。未赐禄者，岁俸支给一十二石。

中议大夫，采地一县，岁俸支给一十石。

长史，采地一县，禄二十石。

都通事，俸支给八石，或有采地，或无采地。

副通事，俸支给五石。

通事，俸支给四石。

秀才，俸支给二石（原有三石，康熙癸亥年以后，裁减为一石）。

若秀才，一石（原有二石，癸亥年以后裁减为一石。久米子弟自七岁为若秀才即有俸，首里那霸子弟仕至库官，始有俸。下此皆无俸也）。

以上久米村唐营，职官俸禄之数。

耳目官以下，大小官员有功者，世禄采地传及子孙，皆量功为差。

土　田

土田皆于九月十月耕种，五月收获毕。各官分赐采地，皆亲至其地，视耕视种。有职官，或子弟督之。十月十一月绿秧皆出水，科秧分艺。大雨时行，雷震发生，蚯蚓鸣，气候如春，北风间作，亦不甚凛冽。十一月下旬，遣加谒者一员，察侍纪官二员，分巡各村劝农，月余始归。六月中，大飓屡作，海雨横飞，果实皆落，岁以为常。非收获早毕，必多拔禾之患，故其国秋耕冬种，春耘夏收者，一就雨泽之利，一避台飓之害。经年温燠，理宜两熟，而六月后皆旷田不事者，以此。

历

历奉正朔。贡使至京，必候十月朔颁历，赍回及至国，已逾半年。故国人设司历通事，官秩七品，豫推算，造历应用。历面书云：琉球国司历官，谨奉教令，即造选日通书权行国中，以候天朝颁赐官历，共得禀遵。一王正朔，是千万亿年尊王归化之义也。

礼　仪

【冬至】【元旦】国王皮弁执珪，先拜岁德（随岁德所在之方向之拜），乃北向遥贺皇上万万岁。三跪九叩礼毕，始登殿受百官贺。礼如明制，就班，一揖，跪三拜。兴一揖，跪又三拜。兴又一揖，礼毕，皆用乐。明夏子阳使录云，元旦行礼后，各官易常服，王亦衣宽博锦衣。戴五色锦帽，坐阁二层。众官跪阶下，唱太平曲。卑者按拍和歌，尊者捧觞为寿。王亦等级赐之酒肴。每月十五日，久米大夫以下朝王，赐茶酒。本国诸臣，则止赐茶。

【上元】国王登殿受贺，礼同元旦。

【皇上万寿圣诞】王率陪臣北向祝，如元旦礼。

【国王诞日】登殿受贺，礼如上元，各官升迁，俱于此日计功定爵。

【辨岳行香】国王登位受封，皆亲祭。每年正月五月九月，国王斋戒，举行祭山海及护国神，或遣官行礼。辨岳之神，名祝祝，乃天孙氏第二女也。神墙四周,丛木尤攒密。小门内拒南向,门外木亭二所,左傍有小石塔及石灯案,左右各五。入门内,石磴北屈而东,数十阶级至顶,无所有,石炉上炷香数十枝而已,此为祭本山神处。木亭前平地方广,南向见海,东南方有一石炉炷香,为祭海神处。国中凡丛木蒙密,短垣四周,有小门内拒者,皆名岳,如中国土地之神,村村皆有之。

【崇元寺先王庙】春秋二祭,或亲祭,或遣官。三日斋,乐俱用天孙太平歌,歌祖宗功德,神灵历世绵远之意。

【圆觉寺】本宗香火,有时祭,有月祭(名兰盆祭)。三日斋,忌辰,有特祭,朔望献茶。天王寺天界寺,礼同。

先王庙神主昭穆图

舜天

一昭舜马顺熙　　穆一义本

二昭英祖　　　　穆二大成

三昭英慈　　　　穆三玉城

四昭西威　　　　穆四察度

五昭武宁　　　　穆五思绍

六昭尚巴志　　　穆六尚忠

七昭尚思达　　　穆七尚金福

八昭尚泰久　　　穆八尚德

九昭尚圆　　　　穆九尚真

十昭宣威　　　　穆十尚元

十一昭尚清　　　穆十一尚宁

十二昭尚永　　　穆十二尚贤

十三昭尚丰　　　穆十三尚质

十四昭尚贞　　　穆十四尚纯

十五昭尚益

先代王妃

前使汪楫《中山沿革志》前图,序次少紊,今考正之,诸皆称神主,惟宁丰贤质四主称尊灵,又加称其字,宁曰康翁,丰曰宗盛,贤曰秀英,质曰直高。

圆觉寺右庑神主图

（图略）

佛殿，中一间供佛，左右如夹室，藏已祧先王神主。佛殿前右庑为神殿，并列二堂，堂各三间，皆南向。上一堂三龛，中为尚圆龙庆云君，盖其谥也，是为国王始祖。左龛尚质，今王至高祖也。右龛尚贞，今王之曾祖也。下一堂三龛，为尚真，乃尚圆子，是为国王太宗，与始祖尚圆，皆为不祧之主，故皆居正中一龛。左龛尚益，今王之父也。右龛尚纯，今王之祖也。父反居左，祖反居右者，昭穆位定，不嫌同尊也。天王寺内，亦有神主。佛殿南向三间，中供佛，左一间神主二，一书归真尚稷神位，乃始祖尚圆之父也。一书归真尚久神位，尚久乃尚丰王之父，尚元第三子也。二人皆王父，未为王，故另奉于此，旁二主为王妃。右一间四主，俱王妃也。天界寺内。有尚懿神主，乃尚宁王之父。寺中皆女主，供王妃及王姊妹，出嫁有家祠者亦得祔。世子尚益卒始葬后，神主在世子府，男女各官孝服，每日哭临，百日后移主天界寺，男女亦每日烧香帛。迨除服三年迁祔后。内人不得与祭列矣。以前先王礼皆如此。

【圣庙】春秋二祭。康熙五十八年正月，紫金大夫程顺则启请，祭孔子用太牢，祭启圣公用少牢，其爵帛粢盛笾豆之数，具图载之。其祭品本国所无者，皆以土产代之。祭期前三日，与祭者皆斋戒。前一日，演礼省牲。丁日王遣紫金大夫，丑时祭启圣祠；遣法司官，寅时祭圣庙。皆行三跪九叩首，饮福受胙礼，是年二月始行此礼。自此以前，以紫金大夫或长史官为主祭，行八拜礼，不行饮福受胙礼。惟焚楮不用帛，又无斋戒省牲，礼似太简，故启请今礼如仪。

圣庙祭品图

（图略）

【蜡祭】每年五月六月各地方收获后，举行报赛田神诸礼。《中山世鉴》云，古初未知稼穑，阿摩美久初分种粟菽于久高岛（姑达佳）、知念、大川、玉城诸处，春稻夏熟。至今在所春夏四度祭神，二月久高，四月知念玉城，是为报本返始之大祭也。

【请雨】每于十月垦种后。先三日斋，各官皆诣龙王殿及天尊庙拜请，又请龙王神像升龙舟，至丰见城，设雨坛拜请。旱甚，国王亲诣崎山雩坛躬祷，或诣雨城（在玉城村内）躬祷，首里圆觉寺及波上护国寺，皆令僧众人祈祷。

凡跪拜，皆合掌膜拜，伏地久之乃起，搓手为敬。妇女拜，先双手左右三拂，膜拜叩首，与男礼同。见舅姑尊长始行之，平行无交拜等礼仪也。

凡拜佛,先膜拜一叩头,四拜手九拂,再叩一首起立,又三十三拂。父兄代病者许愿求神者共三百三十三拂。

学

圣庙。在久米村泉崎桥,北门南向,进大门庭方广十余亩,上设拜台。正堂三间,夫子像前,又设木主四配各手一经。正中梁上,亦摹御书万世师表四大字榜书。前使汪林各有记,书木牌上立左右(文多不录)。康熙十三年立庙,尚未有学。康熙五十六年,紫金大夫程顺则,因学宫未备,取汪林二公庙记之意启请建明伦堂,又于堂中近北壁分小三间,奉祀启圣并四配神主。五十七年秋七月起工,冬十月告成。明伦堂左右两庑,蓄经书籍文略备。国王又命紫金大夫程顺则刊刻圣谕十六条演义,数节月吉讲之。旧例以紫金大夫一员司教,每旬三六九日诣讲堂,稽察诸生勤惰,兼理中国往来贡典,并参赞大礼。又于久米内大夫都通事秀才诸人中,择文理精通者一人,为讲解师。又择句读详明者一人,为训诂师。讲解师岁廪十二石,设学于启圣祠内,以教通事秀才之成业者。训诂师岁廪八石,设学于上天妃宫,以教七岁以上之初学者(首里亦有乡塾三所,其外村小吏,百姓之子弟,则以僧为师,皆学国字,有草书,无楷字)。欞星门内,庭中有石碑。大夫程顺则记,其略曰:琉球远在海外,去中国万里,自明初通中国膺王爵。洪武二十五年,王子泊陪臣子弟,始入太学,复遣闽人三十六姓往铎焉。万历间,紫金大夫蔡坚,始绘圣像,率乡中缙绅祀于家。康熙十一年,前紫金大夫金正春,启请立庙,王允其议廼卜地久米村,令匠氏庀材,运以斧斤,施以丹雘,迄康熙十三年告竣。越明年塑圣像于庙中,左右立四配。王命儒臣,于春秋二仲上丁日行释奠礼。既新轮奂,复肃俎豆,猗欤称甚盛焉。臣顺则恭奉教令,擒笔述兴造始末,并勒之石,以垂不朽云。康熙五十五年丙申立。程顺则又有庙学纪略,记建庙兴学颠末,并讲解训诂师姓名甚备。大夫蔡文溥有《中山学校序》云,中山自通贡典,文教三百余年。今子弟游冠,通经甚少,是由父兄之训不严,遂至子弟之业不修也。今我嗣君勤修学问,自王都以及乡邑,各建学堂,选士之通经善行者为师,以教子弟。又遣近使巡宣,谕劝诸生曰:尔曹潜心肄业,孤甚嘉之。但学必以不倦为功,积久而后有成,不可以旦夕效也,且学不但诵读章句而已,小而洒扫应对进退之节,大而修身齐家治国之道,以至敦人论笃家族,和乡党美风俗,无非学也。为师者当以此教,为弟者当以此习,即国之取士,亦不外此,可不勉欤。呜呼!吾君之所以振兴文教者至矣大矣,由是师之所教,弟子之所习,皆以实而不以文,凡所以致和力行之事,致君泽民之道,莫不尽心讲求,以养成德器,跻中山于一道同风之治矣。又云,方今新嗣君,聪明性成,爰开讲席,用进儒臣,日讲诗书,以求治国之道,化及于下。首里那霸皆立学校,以教子弟,文风大振,岂非盛事欤。我唐荣之人,自幼而冠,赐俸养育,立师教子,深蒙国恩,更当倍茒其功,上不负教养之恩,斯无愧矣。蔡文溥,康熙二十五年入太学读书生之一也,故其言有次序如此。

官生入国学读书

本朝康熙二十三年,使臣汪楫、林麟焻,代题远人向化,求遣子弟入学读书。二十五年,尚贞王遣官生梁成楫、蔡文溥、阮维新入国学读书,二十七年九月入监,上为特设教习一人。福建郑某教习一年,宁波贡生徐振教习三年。徐振议叙以州同即用官生三人,皆照都通事例,日给鸡一肉二斤,茶五钱腐一斤,椒酱油菜等俱备。每年春秋赐锦缎袍褂纺丝紬裤各一,凉帽一,靴袜各一双;夏赐纱袍褂,罗衫裤各一;冬缎面羊皮袍褂绵袄裤各一,皮帽皮靴绒袜被褥俱备。从人皆有赐,每月纸墨硃笔银一两五钱,皆鸿胪寺关给。二十九年,贡使耳目官温允杰、正议大夫金元达到京,国王请遣官生归国,赐宴,各给赏云缎紬布等物,乘传遣归。

代请官生入学读书疏

差回琉球国。翰林院检讨臣海宝,编修臣徐葆光等谨奏,为奏请事。臣等奉旨,册封琉球,礼毕宴语,王令通事致词云,本国僻处海外,荒陋成风。于康熙二十五年奉旨,许遣官生阮维新、蔡文溥等三人,入太学读书。今得略知文教,皆皇上之赐也。自此三十年来,无从上请。今幸天遣使臣至国,求照前使汪楫代请入学读书旧例,陈明远人向化之意。倘蒙谕允,得照前例,再遣官生入太学读书,则皇上文教益广矣。

礼部谨题。为奏闻事,礼科抄出,差回琉球正使翰林院检讨海宝,副使翰林院编修徐葆光等奏,于康熙五十九年七月十五日到部。该臣等议得,册封琉球国王使臣翰林院检讨海宝,编修徐葆光等奏称,臣等册封琉球国王,礼毕宴语,王令通事致词云,本国僻处海外,荒陋成风。于康熙二十五年奉旨,遣官生阮维新等三人,入学读书。今得略知文教,皆皇上之赐也。自此三十年来,无从上请,幸天遣使臣至国,求照前使汪楫代请入学读书旧例,陈明远人向化之意。倘蒙再遣官生入学读书,则皇上文教益广矣。等因具奏到部。查康熙二十三年,差往册封琉球国王使臣翰林院检讨汪楫等,将该国王尚贞所请,令陪臣子弟赴京入监读书等语，转奏到部。臣部照其所请，议覆具题。奉旨依议，钦遵在案。今琉球国王尚敬，倾心向化，既称再请将官生入学读书，则皇上文教益广等语。应如所请，准其官生等赴京入监读书应行事宜，到日再议具题可也。于康熙五十九年八月初二日题，本月初五奉旨依议。

禅　宗

国无道士，释有临济宗、真言教二种。临济宗为禅门，礼诵外多学为诗。真言教为人祈祷书符咒，正五九月尤多祈福，俱戒荤酒。居首里诸寺者，皆临济宗。在那霸者，惟东禅寺、清泰寺及广严寺三处为禅宗，余俱真言教也。

国自唐时有佛智圆融国师，渡海参学，始有临济宗。藏经所有者，惟《法华经》《维摩经》《楞严经》《法宝坛经》《梁皇忏临济录》《中峰录》《碧严录》等，又有《三籁集》，石屋、中峰、侑堂三僧所著，三僧皆元时人。又有高泉禅师，本朝初闽人，后居日本黄蘗山，著有《洗云诗集》《佛国诗偈》《藏林集》。其弟天池，闽僧能书。

国禁僧不得渡海入中国，惟至日本参学者有之。僧衣多用朱黄色等紬绢为之，袈裟外更有一衣，如背心状，名断俗。帽多用毯，如中国笠帽然。

僧　禄

僧披剃后，有名著籍，上之理梵司，皆有廪米。圆觉寺僧，为国王本宗香火所在，僧禄特重，岁八十石。天王寺、天界寺、崇元寺（即先王庙），岁二十四石。临海寺亦二十四石，护国寺四十石，二寺在海滨，为国王许愿献佛之所，故禄石次之。其他有万寿寺、神德寺、圣现寺、龙福寺、安国寺，不论僧众多少，每年支米八石（一云支口粮四名，每名一石三斗五升，共五石四斗云）。

中山传信录卷第六

风俗

屋舍

米廪

器具

女集（钱女饰）

舟

轿

马

弓箭

月令

土产

字母

琉球语

册封琉球国王副使，赐正一品麟蟒服翰林编修加二级臣徐葆光纂

风　俗

中山风俗，已见前录。兹役久淹，见闻尤覼，略为诠次，以备采风。

正月十六日，男妇俱拜墓。女子于岁初，皆击球为戏。又有板舞戏，横巨板于木桩上，两头下空二三尺许，二女对立板上，一起一落，就势跃起五六尺许，不倾跌欹侧也。（图略）

二月麦穗祭，国中同日祭麦神，此日妇女不作女红，男不事田野（麦穀四祭皆同）。

二月十二日，花朝前二日，各家俱浚井，女汲井水洗额，云可免疾病。

三月三日上巳，家作艾糕相饷遗，官民皆海滨禊饮，又拜节相往来。此月中同日，又祭麦神，谓之大祭。

五月五日竞渡龙舟三（泊一，那霸一，久米一）。一日至五日，角黍蒲酒同中国，亦拜节。此月稻穗祭，选吉同日祭稻神。此祭未行，稻虽登场，不敢入家。明夏册使子阳使录云，国中神有女王者，王宗姊妹之属，世由神选以相代。五谷成时，女王渡海至姑达佳山，采其谷穗成熟者嚼之，各处乃敢获。若未尝先获者，食之即毙，故田间绝无盗采者。

六月稻大祭，选吉同日祭稻神。又有六月节，国中蒸糯米为饭，家家相饷，此日亦不作女红，不事田野。同上四祭日，此月有月之夜，士民皆拔河争胜。

七月十五日，盆祭祀先，预于十三日夜，家家列火炬二于大门外，以迎祖神。十五日盆祭后送神。

八月家家拜月。明夏子阳使录云，俗有待月之愿，凡月初三、十八、二十三夜，皆修吉果拜待。初三夜，焚香对月拜。十八夜，焚香立待，待升明而拜，拜毕乃敢坐。二十三日，焚香坐待，待月出则拜，谓可益寿延禧。

白露为八月节，先后三日，男女皆闭户不事事，名守天孙。此数日内，如有角口等诸事故，必犯蛇伤。国中蛇九月出，伤人立毙。同日，蒸糯米交赤小豆为饭，相饷。

十二月，逢庚子庚午日，通国皆作糯米糕。粽叶包裹三四层，和叶蒸食相饷，名曰鬼饼。俗传古有鬼出，作此祭之，亦驱傩禳疫之意。二十四日送灶，次年正月初五日，始迎灶。

每月朔望，家家妇女，取瓶罂至砲台汲新潮水，归献灶神，或献天妃前石神。

正三五九此四月，国人名为吉月，妇女相率至沿海雪崎洞中，拜水神祈福。

官吏家有人渡海者，斫木为小舟，长尺许，樯帆俱备。着竿首立庭中，候风以卜归信，归即撤之（名风旗，亦名五两旗）。

凡许愿，皆以石为神。凡神岳丛词之所，皆有巨石数处离立，设香炉烛香烛于前，烧酒设牲。果酬愿，皆就石献供，不设神像也。旧录有女王女君辨才天六臂神之类，盖即君君、祝祝开国诸神，传久异辞，不尽核也。女巫为人祈疾者，曼声呗诵彻夜，无鼓乐。

通国平民，死皆火葬。官宦有力之家，先用生葬，逾时异出，仍用火葬（前使录云，以中元前后日浴尸于溪水，三四五年后，以水入穴，泼尸去腐肉，收骨入瓮藏石坎中，岁时祭扫，启视之）。

棺制圆如木匲，高三尺许，温水洗膝盖，屈足跌殓。

墓皆穴山为之，既窆垒以石。贵家则磨石方整，亦建拜台墓门，远望如桥门。更有穴山葬，在层崖之上者。扫墓不设牲菜，用木盘炷香菓，挂蕉扇，设三板与墓侧，或折花供墓前。

男女食皆不同器，各设具别食，食余弃之。与客会饮，不各设具，一杯传饮，筯一双着盘间同用。今其贵官对客，亦效中国同器分筯饮食，或其居常尚仍旧俗耳。夏子阳录云，居官言事，必具酒二壶至其家跪而酌之，酌毕告以所事云。

剃顶发

前明疏球人皆不剃发，惟不用网巾。万历中册使谢行人杰，闽之长乐人，母舅某从行，携网巾数百事，至无可售。谢使迟册封，礼久不行，云本国既服中华冠带，册封日如陪臣有一不网巾者，册事不举，琉人竞市一空，福建至今相谑强市者，则云疏球人戴网巾也。至本朝始剃顶发，自国王以下，皆遵时制，留外发一围，绾小髻于顶之正中，首里与久米人皆无异。夏子阳录云，首里人髻居偏，久米人髻居中，今不然也。剪唇上髭令齐者，间有之。

五官正

国中惟三种人,皆剃发如僧。一为医官,名曰五官正。一为王宫执茶役者,名曰宗叟,又名御茶汤,六人。又有司灌园六人。皆全剃发,戴黑色六棱幔顶宽檐帽,名曰片帽。衣外多着短褂一领,比大衣略短二三尺许,黑色。二种人皆趋役无时,栉发恐稽时事,故皆使从径省云。

屋 舍

作屋,皆不甚高,以避海风。去地必三四尺许,以避地湿。民间作屋,每一间瓦脊四出,如亭子样。瓦如中国铜瓦,极坚厚,非此不能御飓故也。无砖墙,每屋四旁,皆夹设板为壁。庭院中围墙及外围墙,则用蛎石垒成。首里大家外围墙,磨削一面如切成,极坚整。无砖地,多用板阁,高三四尺许。

门窗皆无户枢,上下限皆刻双沟道,设门扇其中,左右推移以为启闭。室中以席裹草,厚寸许,缘以青布,布满室中。入室必脱三板,故名脚踏緜,自王宫以至民间皆然。

屋宇在那霸所见者,皆村中民居。首里所见官戚大家,墙垣栋宇,皆极华整,然亦一行作屋分内外,无层构复室也。

惟官署始连楹八九作大屋,每屋一间柱础多至二十余所。屋用樫木作梁柱,坚润细理,千年不蠹。一名罗汉杉,大岛奇界所出尤良,价亦甚贵,作屋一间,费至五百金。故久米大夫家从宦有年,尚多结茅者。首里大家皆以此造屋铺地,久之光润可鉴。

壁既用板,无粉墁墙,多用砑花重粉笺,或白色或白地绿花者糊之。

竹帘极麤,以细竹全干编之,挂屋檐四周。

屋中画轴皆短小,不过四五尺,屋小故也。若首里贵家,长与中国画轴无异。

屏幅字,或用四扇,例先书一大字于首,如春夏秋冬仁义礼智之类。下缀诗语三四行,亦不必与大字相应。

屋中开轩多旁向,或东或西,庭院中设小山石树,黄杨乌木桧松之类,必剪束整齐,或方或圆,层层有致,茸草如茵,极细软柔,结寸许连土不散,布满山上。下或置小石池,畜鱼其中,中立小石,石上植铁蕉等小木为玩。

村径皆极宽洁,多编细叶小竹作屏篱,剪叶令齐,方整缜密,村落皆是。寺院前或列植黄杨,剪束就方,叶密如墙。数十步许,又有树叶如冬青,六七月生小白花,香如栀子极芬烈,土名十里香,亦截作篱屏,将至王宫,夹道数里。

米　廪

藏米廪,亦悬地四五尺,远望如草亭。下施十六柱,柱间空处,可通人行,上为版阁,官仓皆如此。村民或数家共为一亭,藏米其中,分日守望。(图略)

器　具

室中皆席地坐,无椅桌之用,饮食诸具,皆低小以便用,其与中土异制者,图之如左。(图略)

槃

凡饮食置碗之具,如古俎豆槃器,或方或圆,皆著脚,高五六寸许,食罗数具于前。(图略)

烟架

烟架一夜中,火炉一,唾壶一,烟盆一,室中置数具,人前各置一具。王宫制用甚精饬。(图略)

棋枰

棋局高尺许,脚二三寸,面厚七八寸,极坚重,使不倾侧。黑子磨鳌石为之,白子,磨螺蛤顶骨为之。人皆善奕,谓之悟棋。下时不用四角黑白势子,局终数空眼多少以定亏赢,不数实子也。亦有象棋。(图略)

榼

士夫家有一榼,或朱或黑,渗金间采,制作甚精。郊饮各携一具,中四器置食物,旁置酒壶一盏一筯二,诸具略备。民家食榼,或方或圆,皆作三四层,刳木为之。(图略)

炉

水火炉,制用轻简,铜面锡里,一置火,一置水,外作一小木架盛之,下二层黑漆奁三四事,中藏茗具,入茶担中。国王令秀才二人值之,客出游,则携以随。(图略)

几(书架)

曲隐几仿古式,绕身如扇形,高一尺许,加褥其上隐之。书架,如镜架,著小座,高半尺许,席地坐用之。大小套枕,中藏数具,客至,则人授一枕。(图略)

茶瓯(茶托　茶帚)

茶瓯色黄(无白地者)描青绿花草,云出土噶喇,其质少麤,无花,但作水纹者出大岛。

瓯上造一小木盖,朱黑漆之,下作空心托子,制作颇工。茶瓯颇大,斟茶止二三分,用果一小块贮匙内,此学中国献茶法也。若国中烹茶法,以茶末杂细粉少许入碗,沸水半瓯,用小竹帚搅数十次,起沫满瓯面为度,以敬客。(图略)

灯(烛)

烛灯木底四方格,上宽下窄,白纸糊之,而空其上,施木柄钉柱上,虽大风不致灭烛也,王宫内所用皆然。民间灯多不用烛,以木作灯,四方糊纸,高木座笼油碟其中,置地席上。烛如黄蜡而色黑,国中有油树,取其子榨油为之。(图略)

扇

蕉扇圆者为日扇,男子用之。妇人用者缺其傍,如缺月状,名月扇。(图略)

摺叠扇,名檋子扇,即倭扇也,皆单边无宽边者,粗细不等,有绝佳者。本国官民,冬夏用之,横插大带间以为饰。又有折腰扇,扇骨两截,下合上开,僧人所用。(图略)

团扇,以竹为骨,茧纸糊之,或青或白,洒金作画。有泥金五华者,名玉团扇,惟王宫中有之,命妇或受赐,始得用之。(图略)

匠具

斧凿皆类中国,惟锯用纯铁为之,形如刀,下着柄,列齿口端为用。(图略)

陶器

瓶罂多类中国,其小异者,茶具火炉一二种图之。(图略)

釜

炊爨锅器,皆有铁者,制亦颇与中国异,或有柄有提处。夏使旧录云,多用螺壳炊爨,今不尔,间以大螺壳烹茶者有之。(图略)

笔

笔用鹿毛为之,短管,比中国笔较短,仅长四寸余。竹管似芦,取其轻细,管之末有番字小帖。笔帽皆有小开处。国人作书,皆不倚桌,或立或坐,倒卷纸尾,左手箝顿掌中,悬腕书之。以笔蘸墨,则横笔卧捲之。

纸

纸以茧为之,有理,坚白者极佳。其黄色质松者,名事宜纸,皆切方幅为用,与高丽茧纸正同。其质厚者,染紫色可为衣,名内用纸。有印花者如锦,极可爱。

耕器

粗犁皆仿中国,但减从轻小。高田惟仰雨泽,下田层列引泉下溉,其江湖通潮者,皆卤不可溉,故无桔槔戽斗诸具。

织具

机形坐处窄外宽,高一尺五六寸,低着脚仅三四寸许。机前立竹竿一下垂,引扣上下。梭长四寸余,如皂角形。器用轻小,席地为便,家家有之,缕蕉丝杂纫织之。(图略)

渔具

沿海近港所见,皆用独木小舟,或钓或施繳网以取。小鱼螺蛤蟹虾石鉅海胆,随潮下上者,夜候潮落,篝火取之。

乐器

乐器与中国无异,筝笛等俱备(无笙),三弦柄比中国短三寸余,弹拨惟用食指。笛曲有青山曲(即中国银绞丝五更转也),落雁曲,乐平曲。太平歌乃神曲,每击小铜点,起调一人先唱,下乃齐声和之。

前使张学礼记云,国王遣子塪于从客某所学琴,今已失传,国中无琴,但有琴谱。国王遣那霸官毛光弼,于从客福州陈利州处学琴,三四月习数曲,并请留琴一具,从之。

女集图(图略)

女集(钱女饰)

市易之所,旧录云,向在天使馆东,天妃宫前平地上,后徙马市街。今市集移在辻山沿海坡上,早晚两集,市集无男人,俱女为市。所市物,惟鱼虾、番薯、豆腐、木器、瓷碟、陶器、木梳、草靸等粗下之物,仕宦家多不入市。

市中交易用钱无银,钱无轮廓,间有旧钱,如鹅眼大,磨漫处或有洪武字,已绝少。今用者如细铁丝圈,一贯不及三四寸许,重不逾两许,贯口封一纸扣钤记之,散即不可用,每千值国银二分二厘(明万历中萧崇业夏子阳等录即云,国中用黑铜钱极轻小,千不盈掬,凡五贯折银一钱,则其来已久,本国称谓鸠字钱云)。其平日皆行宽永通宝钱(钱背无字,或有一文字。按日本宽永元年,为前明天启二年,岁在壬戌,此日本旧钱也。钱模大小,亦与前明万历钱相垺。钱质皆赤铜,每百值国银一钱二分。国朝典汇云,琉球市用日本钱,以十当一,为近是)、临时易之,使还则复其旧。国中旧有洪武钱,永乐十一年,又赐永乐钱。天顺二年,王请照永乐宣德间例,所带货物以铜钱给赐,礼部寝之。本朝又无赐钱之例,故其国少中国钱。

妇女小民家簪用玳瑁,长尺许,倒插髻中,翘额上。髻甚松,前后偏堕,疑即所谓倭堕髻也。不穿耳,闻国中大家女亦然。无脂粉,无首饰,珠翠俱废不用。足无所矫揉,或穿半袜,或着三板,或赤足行沙土中。手背皆有青点,五指脊上,黑道直贯至甲边。腕上下或方或圆或胃,为形不等,不尽如梅花也。女子年十五,即针刺以墨涂之,岁岁增加,官户皆然。闻先国王曾欲变革,集众议,以为古初如此,或深意有所禁忌,骤改前制不便,遂至今仍之。过市所见,无不尽然。

入市货物,无肩担者,大小累重,皆戴于首,即大瓮束薪皆然。登坡下岭矫首曳袖而行,无偏堕者。

土妓行市中,暑月衣襟上,亦用红绢缘于领掖间,以此识别。旧录云,良家入市,手持尺布以自别,今亦间有之。

妇人抱小儿者,惟一手操小儿腰,臂令骑坐左右腰叉上,所见皆然。

舟

贡舶式,略如福州鸟船,船掖施橹,左右各二,船长八丈余,宽二丈五六尺。前明洪永中,皆赐海舟,后使臣请自备工料,于福州改造。今本国舟工,亦能自造如式。其各岛往来通载之船,大小皆尖底,底板鳞次。太平山船加饰栏槛为异,故图之。小船皆刳独木为之,极轻捷,村民渔户皆用之,一舟不胜载,则双使为用。(图略)

轿

通国惟国王肩舆,仿中国式,或十六人或八人,轿上亭盖帷幔,悉如中国。国相法司以下,皆两人肩舆,式皆矮小,着扛木于轿顶,二人前后舁之,轿高不逾三尺许,席底趺坐,远望如笼槛然。前使汪录云,不知其中有人,信然也。贵族亦有造作精致者,用罗汉杉木雕镂。铜饰锦边,绘里纱縠为蔽,而其高下,大小则一也。

国中无车,山谷非所宜也。(图略)

马

马与中国无异,高七八尺者绝少,踥蹀善行,山路崎岖,上下沙砾中不见颠蹶,此则其所习也,上山涉水则驰。地既多暖,冬草不枯,马终岁食青,不识栈豆,故虽村户下贫,亦皆畜马。有事则敛用之,事过散还,村家亦有以马耕者。(图略)

【鞍】制同中国,黑漆红漆不同,有极精者,鞍前后加红帕四条分垂左右,以为马饰。

【鞯】与障泥,皆从简略,仕宦者或用红毡一条。

【勒口索】贵家多用五色相间蕉布全幅,入手两盘垂之,尚及马胁也。

【镫】以木为之,式如曲杓形,一边着绳系鞍下,空其口以便赤足穿踏,或鞴皮为之,朱黑漆有极精者。

国人骑马,皆不用鞭,能骑者纵控令速行,否则折树梢用之,下马即掷去。

宦家女人骑马,拥领蔽面,多侧坐鞍上,两足共一镫,人控徐行,前使汪录有记,今偶见亦有之。

长弓短箭

弓长七尺余,卓地高齐屋檐,箭比中国箭乃较短一握许,射必卓地。执靶时,不在正中,乃就下窄处。扣弦发矢,皆用决拾如古制,发不甚远。旧录云,射二百步外则未之见。(图略)

月　令

正月,桃夭(碧桃、绛桃、樱桃,俱于是月开),长春始荣(四季开,此月尤盛),蚕豆食新,莺舌有簧,蛇出于穴,始电,雷乃发声,枇杷熟(与中国无异,形略长如枣,元旦食新为百果先)。

二月,木笔书空,海棠红,棠棣华,春菊有芳(百合、丽春花,俱于此月开),月橘子红(月桔一名十里香,花六月开,子红累累,至此月满树),萍始生,田豆收,蟋蟀鸣,蛰龙出于海。

三月,粟兰香,石竹花(玫瑰、蔷薇、藤萝、罂粟,俱于此月开),紫藕生,诸豆毕种,王瓜登于市,麦乃秋,虹始见。

四月,梯沽红(树高十余丈,花如木笔攒生,榴葵、萱花、金钱花、杜若、凤仙,皆于此月开),铁钱花开,甘露见于蕉(芭蕉此月始结实,名甘露),山丹吐焰,蔗田熟(杨梅亦于此月熟),青瓜出,竹笋抽林,螳螂生(蜻蜓亦生此月),蜩鸣,鸦养羞,蚯蚓出,蝼蝈鸣,鸟凤来(小鸟名,又有鸟名古哈鲁,亦于此月来)。

五月,刺牡丹开,右纳花(花与秋葵无异,木本高三四丈),月橘花(色白如雪,香闻十里),夏菊开(茉莉、栀子、木兰,俱于此月开),莲有华,苋菜秀,桃有实(榴亦于此月实),蕨菜生,豇豆出,草不腐为萤,飓母时怒。

六月,佛桑烧空(三月开至冬,此月尤盛),挂兰香(蕙亦于此月花),桔梗花,夬明开,禾毕登于场,绿豆收,鹿入水为鱼(沙鱼跃岸化为鹿,鹿畏热,以舌咂水,亦化为沙鱼)。

七月,木兰再芳(海棠、玉簪,俱于此月开),棉花收,龙眼圆,玄鸟来(燕至此月始来),寒蝉鸣,刀豆出(丝瓜,亦于此月出),野菊秀(如中国青蘘,生满田中),毛鱼阵于水(此月朔前后五日,八月朔前后五日,毛鱼排队成阵,他月不然)。

八月,木芙蓉华(桂亦于此月花),容蔬至(鸟名,又有鸟名恨煞,亦于此月来),赤小豆收。

九月,梅始华,戍土实(菓名古把梯斯,形如青果而匾,闽中亦有之,名戍土),柿紫,霜乃降,海鹰来(国中无鹰,此月东北风起,自日本飘来),大豆收,麦种下,雷始收声(或至冬不收声,时有之),田野毕垦,麻石求子来(鸟名,绿翅白眉),蛇为暴(此月蛇出伤人,立毙)。

十月,绿秧出于水,橘实,田豆下种,铁树有花,蛇乃蛰,虹藏不见,松露入土化为菌(松下土中,此月有土菌形如芋,松露滴入土中,所化色白,出牛粪中者,灰色不可食),纸鸢升,石求读来(鸟名,又有鸟名莫读史与伊石求子,皆于此月来)。

十一月,水仙开,寒菊花,枸杞红,蚯蚓鸣,美人蕉红,野有黄华(如中国蒲公英,开遍山罅中),大雨时行。

十二月,佛手指空,绿鸠至,蛰虫不俯,蚊不收声,无冰。

物　产

中山气候,多暖少寒,无冰霜雪希降,草木常青,土产所有同中国者,祇标其名,异产则详其形状,花卉并记其开时,如后。

谷则六谷咸备,米六种,麦三种,菽有绿豆、赤豆、黑豆、白豆、大豆、小豆。大豆,即中国黄豆毛荚,七八月生,田中所见比中国产者特小,仅如细黑豆。异产有番薯在处皆有之,犁种沙土中,蔓生蔽野,人以为粮,功并粒食。家种芭蕉数十本,缕丝织为蕉布,男女冬夏皆衣之,利匹蚕桑。明册使萧崇业夏子阳旧录云,土不植棉,地不宜茶,今亦间有之,但不甚繁植云。

蔬有白菜、芥菜、菠菜、萝卜、香菜、丝瓜、冬瓜、茄子、刀豆、蚕豆、芋、葱、蒜、韭、姜、胡椒、薤、芹、荠、蕨、瓠、菱荾、茼菜、茼蒿、香菰、紫菜、松木耳、石花菜,异产有海带菜、女蒡、辣荞、茯苓菜、罋菜,又有松露,土音称为蓄萝,九十月中,生大松树下土中,实圆白色,菌类味鲜美,产具志头者尤良。灰色者生牛粪中,不可食(海菜有海带,一名昆布。又有红菜,类石花菜而少匾,出海滩中。又有鸡脚菜麒麟菜)。

木有松、柏、桧、杉、榕、樟、栀、柳、槐、棕、桐、黄杨,梧桐甚少,异产有樫木等。

【樫木】一名罗汉杉,叶短厚三棱,与中国罗汉松同,木理坚腻,国中造屋,梁柱皆用之。诸岛皆有,出奇界者尤良。

【福木】叶如冬青特大,对节生,长二寸许,如腰子形,厚而光泽,一名常盘木,树直上长丈余,四时不凋,叶可染绿色,开小黄花,结实如橘,可食。又有一木,土名呀喇菩,叶皆似福木,亦对节生,白花似梅,十一二月实,俱号君子树(叶纹对缕如织,中边映日,通明作金黄色,旧传斗镂树叶如橘,当即此也)。

【铁树】即凤尾蕉,一名海棕桐,身蕉叶,叶劲挺对出,灕襳如凤尾,映日中心一线,虚明无影,四时不凋,处处植之。

【乌木】叶如桂直上,外与常木不异,中心木质黑色,然亦有白理者。又有红木。

【油树】叶似橘,实如橘大,不可食,用以榨油。又有福满木,树高数尺,叶似木槿差小。花如橘,子累累红色,可食。又有树,叶似冬青,高丈余,花如枣,子累累生,如中国女贞子,甘酸可食,亦可染物作青莲色。名山米,又名野麻姑当,即青精也。

【古巴梯斯】树高二三丈余,叶大如柿,叶花五桠,八九月实,如青果而少匾,味香甘,闽中有之,名戊土。

【右纳】树高三四丈余,叶似白桐,夏季开花,如中国秋葵,黄瓣檀心。

【地分木】高五六丈,叶如榖树,小白花丛生,冬月开,有毒,可药鱼。

【月橘】树高丈余,细叶如枣,五六月开小白花,甚芬烈,名十里香,结实如天竺子稍大,二月中红累累满树。

【梯姑】树高七八丈,大者合数围,叶大如柿,每叶抽作品字形,对节生,四月初花,朱红色,长尺二三寸,每干直抽,攒花数十朵,花叶如紫木笔吐焰,高丽种,出太平山。

【悉达慈姑】树高丈许,叶类桃,子如葡萄,穗累累深蓝色,名慈姑奶,不可食。

花有梅、桃、杏、桂、木兰、木莲、水芙蓉、红樱、雪球、山茶、安石榴、杜鹃(杜鹃十月开花,至三月止,花绝大,四倍于中国所产者),佛桑(千叶者,有大红及浅红二色,单叶者,惟大红一种,中心蕊高出花瓣外一寸许,如烛承盘状,故一名照殿红,四时皆花,六月为盛),山丹(比中国特大,有成树长丈余者,红花四出,数十朵攒生如火,有千叶者,重台甚艳。五雅统注云,山丹扶桑同出日本,始入中国),兰(四时皆开)、菊、茉莉、海棠、长春、水仙(十月花)、剪秋罗、月季、蔷薇、千日红、银台金盏(即水仙)、杜若、菖蒲、百合、葵、鸡冠萱、石竹、仙人掌、雁来、红藤,异产有名护兰等。

【名护兰】叶短而厚,与桂叶同,大仅如指,三四月开花,与兰无异,一箭八九朵攒开,香清越胜兰,出名护岳岩石间,不假水土,或寄树桠上或以棕皮裹悬之,又有风兰,叶比兰较长,香如山柰茴香,蔑竹为盆,悬挂风前,极易繁衍,俗皆尚兰,号为孔子花。

【粟兰】一名芷兰,叶如凤毛,花如珍珠兰,又有松兰、竹兰、棒兰(状如珊瑚树,绿色无叶,花从桠间出,似兰较小)。

【野牡丹】土名芉花,叶与牡丹无异,二三月,花开作丛,累累如铃铎,素瓣紫晕檀心,如碗大,极芳烈,其叶嚼之以为口香,种出太平山。又有野海棠,仙人掌,冞桃,野兰(即中国青蘘)。

【文萱花】一名欢冬花,花如萱花,特小,叶有青白相间纹。

【山蕉花】一名猿莚花,无花无干,出土长不及尺,叶如蕉而小,坚厚有纹。

【雷山花】土名吉茄,叶如铁梗海棠,花如牵牛花差小,鸦翠色,四五月开,至十一月结子如豆,苞如榴房,藏子数十粒,可种。

【吉姑罗】一名火凤,人家墙上多植之,以辟火。干似霸王鞭草,叶似慎火草,花似黄菊。亦有红者,名福禄木。

果有藕、蔗、西瓜、青瓜、木瓜、橘(数品)、香橙、金柑、佛手、荔枝、龙眼、葡萄、樱桃、杨梅、覆盆子(形如杨梅)、栗、柿、核桃、枇杷、梅(小如龙眼),异产有蕉实等。

【蕉实】芭蕉所结实,名甘露。花紫红色,大如瓢,日开一瓣。结实如手,五六指并垂,采久之肤理似藕之最嫩者。可熟之如薯而甘。

【阿咀呢】叶长旁有刺,久成林连蔓,坚利可为藩墙,叶可造席,根可造索。开花者为男木,花白若莲,瓣合尖左右迸叠十余朵直上,五桠蕊露如杖,长数寸,芳烈如橘花。女木无花结实,大如瓜,肤纹起钉,皆六棱,可食,云即波罗蜜别种,粤东亦有之,名凤梨。

【槠子】一名芝,子如橡栗而小,山中处处有之,一名椎子。

竹有苦竹、猫竹、虎斑竹、凤竹、竿竹、冞竹、乌竹、大竿竹、矢竹、笏竹,异产有观音竹。

【观音竹】着地丛生,叶长尺许,宽三四寸,紫色。

兽有牛、马、羊、豕、犬、猫、鹿、猿、山猪,无虎兔獐(明《一统志》言其土产有熊罴豺狼,今考皆无之)。

畜有鸡、鸭、鹅,异畜有太和鸡,比常鸡特小,短足长尾,种出七岛。

禽有雀、乌、鸽、鹭、鸥、凫鸨、班鸠、绿鸠(十二月来)、野凫、鹈鸩(俗呼神鸟)、田鸟、雉、鹡鸰、杜鹃、鸳鸯。

燕七月来,不巢人屋。鹰九月中东北风,从外岛飘来。雁偶有之,不恒至。鹤或一有,亦希见之。异鸟有古哈鲁等。

【古哈鲁】金黄毛羽,长觜缩尾,四月鸣。

【麻石】翅羽绿色,白眉,九月来。又伊石求子,似麻石。

【鸟凤】一名王母鸟,四月来。

【恨煞】毛羽似鹰而差小,八月来。

【容蓝】翅灰褐色,黑头,八月来。

【石求读】毛羽似雀,十月来,春乃鸣。

【莫读吏】绿毛,十月来。

虫有鼠、蝙蝠、蝎虎,能作声如雀,冬夏皆然。蜥蜴生水池中,红腹,背有金光,又有四脚小青蛇,常见之。国中蛇最毒,九月中,每出伤人,人立毙(前使录云,其蛇不伤人,未然)。蚊蝇皆冬生,蚁与中国同,但腹亮如晶,毙之有点水。

鳞族有鲛、鲤、鲋、鳗、鳅、虾、金鱼、银缕鱼,异产有毛鱼、针鱼、燕鱼等,其绿色红色,绿鳞红章,五彩相间,或圆或长者,不可胜数。土人就其色其形呼之,皆无名。海鱼生切片,夜中黑处视之,皆明透有绿火光色,如热河夜光木。

【毛鱼】细小,外视似腐,咀嚼有味,闽人皆重之为珍品。七月朔后五日,八月朔前后五日。于海中排阵出,他月则否。

【针鱼】头戴针形,亦名鱵。

【靴鱼】头长如靴。

【燕鱼】如燕有翼能飞,古名鳐,俗呼飞鱼。

介族有龟、鼋、鳖,异者有玳瑁等。

【玳瑁】甲如龟鳖,首尾形少尖,头带淡红色。

【海马】马首鱼身无鳞,肉如豕,颇难得,得者先以进王。

【石鮔】首圆,下生八手,无脚,土人皆以入馔。

【蟳】肉最佳味,如蟹而大,性温。

【蟹】大小种族各异,有小蟹五色,两螯左大右小,小以取食,大以外御,惟大螯朱红色,名曰照火。小蟹居螺壳中名寄生。

【海胆】背生刺如猬,蠕蠕能运徐行,味如虾蟳。

【螺】族尤异,五色璀璨,形状诡出,蜱螯大如盘,国人以为盉,为户枢为釜皆是。异者有壁虎鱼等。

【壁虎鱼】螺壳上生五六爪,形如壁虎,名壁虎鱼。

【桅螺】壳尖出如桅,生刺满之,名桅鱼。

【贝】有数种,一种外白色内朱绀色,一种玳瑁斑内紫白色。

【龙头虾】名鰝,大者一二尺,形绝似龙,时以供馔。蛤蚶之族,不可胜纪。

【佳苏鱼】削黑鳗鱼肉,干之为腊,长五六寸梭形,出久高者良。食法,以温水洗一过,包芭蕉叶中入火略煨,再洗净,以利刃切之,三四切皆勿令断,第五六七始断,每一片形如兰花,渍以清酱,更可口。

【海松】海松生海水中,大者二三尺,根蟠海底石上,久之与石为一矣。国人亦名曰礠松,似言松本木类,附生石上,如义甲义髻之义,此字甚切,按字书礠石貌,别是一意。其枝叶纤细,与侧柏无少异,鲜焰如火,疑似柏枝。叶成朱色,有腥气,不可近瓶。其根木色,轮囷屈曲如老树,根以刀刻之,拒不可入,俨然石也。生马齿山者较他处尤良,红色不即褪落。又有一种无枝叶,拳石殷红,上作蜂窠细眼,攒蹙遍满,如鸡冠花头,皆生海底。惟马齿山渔人能泅水深没取之,中山渔户能入水者,亦不能及也。

【石芝】石芝生沿海海底石罅中,天使馆西北海上有小石山,名石笋崖,土人亦称为波上,此崖之下。石芝所聚。前使旧录云,有根有叶,大者如盆,小者如盉,其他如菌如菊如荷叶者,不可胜数,灵壁羊肚,俱不足道,亦惟马齿山人能深没取之。盐水久渍而成腥气,尤不可近,出水久之,腥气渐退,然脆折亦难致远,故不贵重云。

凡石大小皆极嵌空,大者如楼如屋,玲珑明透,古藤萦结葱郁,即拳石亦有奇致,山崖海边,遍地多有,但质甚松利易脆折。惟磨刀石甚坚而腻,以为砺,胜中国者,故世以充贡。

字　母[①]

イ(人读如依),ロ(类读如鲁),ハ(波读如花),ニ(仁读如义),ホ(保读如

[①] 编者按:字母有真草二体,草体刊刻不便,略,真体如下。

夫），ヘ（飞读如挥），卜（登读如都），チ（知读如痴），リ（里读如利），ヌ（奴），ル（留读如禄），ヲ（远读如乌），ワ（和读如哇），カ（加读如喀），ョ（有读如禾），夕（太读如达），レ（礼读如力），ソ（卒读如苏），ツ（律读如即），子（你），ナ（奈读如那），ラ（罗读如喇），ム（无读如某），ゥ（宇读如务），井（而读如依），ノ（乃读如奴），ォ（于读如乌），ケ（可读如姑），ヤ（也读如耶），マ（未读如马），ヶ（计读如其），フ（不读如夫），コ（科读如库），ェ（江读如而），テ（天读如梯），ア（安读如牙），サ（世读如沙），キ（其读如基），ュ（由读如禾），メ（女读如霉），ミ（弁读如米），シ（之读如志），ヱ（忌读如意），ヒ（北读如蜚），モ（毛）。セ（世），ス（丈读如使），ニ（妈）。

琉球字母四十七，名伊鲁花，自舜天为王时始制。或云即日本字母，或云中国人就省笔易晓者教之为切音色记，本非字也，古今字繁而音简。今中国切音字母，旧有三十六，后渐为二十八，自喉腭齿唇张翕轻重，疾徐清浊之间，随举一韵，皆有二十八母，天下古今有字无字之音，包括尽矣。今实略仿此意，有一字可作二三字读者，有二三字可作一字读者，或借以反切，或取以连书。如春色二字，琉人呼春为花鲁二音，则合书ハロ二字即为春字也；色为伊鲁二音，则合书イロ二字即为色也。若有音无字，则合书二字反切行之，如村名泊与泊舟之泊并读作土马伊，则一字三音矣；村名喜屋武读作腔字，则又三字一音矣，国语多类此。国人语言，亦多以五六字读作一二字者甚多。得中国书，多用钩挑旁记，逐句倒读，实字居上，虚字倒下逆读，语言亦然。本国文移中，亦参用中国一二字，上下皆国字也。四十七字之末，有一字作二点，音妈，此另是一字，以联属诸音为记者，共四十八字云。

元陶宗仪云，琉球国职贡中华所上表，用木为简，高八寸许，厚三分阔五分，饰以髹，釦以锡，贯以革，而横行刻字于其上，其字体科斗书。又云日本国中自有国字，字母四十有七，能通识之，便可解其音义。其联辏成字处，髣髴蒙古字法。以彼中字体，写中国诗文，虽不可读，而笔势纵横，龙蛇飞动，俨有颠、素之遗。今琉球国表疏文，皆用中国书，陶所云横行刻字科斗书，或其未通中国以前字体如此，今不可考。但今琉球国字母亦四十有七，其以国书写中国诗文，笔势果与颠、素无异，盖其国僧皆游学日本，归教其国子弟习书。汪录所云皆草书无隶字，今见果然，其为日本国书无疑也。

琉球语

臣按，前明嘉靖中册使陈侃记云，称有夷语夷字附录卷末，所传钞本，阙而未见。万历中册使夏子阳给谏使录,刻有琉语。

本朝张学礼册使,亦略载杂记中。今就其本,少加订正,对音参差,轻重清浊之间,终不能无讹也。

天文

天(町),日(飞),月(子急),星(夫矢),风(喀买子),雨(阿梅),雷(喀呒渺一),云(枯木),雪(又急),电(贺的),霜(什呒),下雨(阿梅福的),下雪(又急福的),雾(气力),露(秃有),霞(噶喀泥),雹(科立),明日(阿着),起风(喀买福的沽),天阴(町奴姑木的),天晴(町奴法力的),后日(阿煞的),大后日(郁加)。

地理

地(池),土(足池),江(密乃度),河(喀哇),海(鸟米),山(呀麻间字亦读同麻音),水(闵子),冰(谷亦里),路(密之),岸(倭喀),石(一是),井(依喀喇),泥(巴罗),沙(是挪),灰(活各力),砖(呀及一什),瓦(喀哇喇),远(土煞迷),近(土古尼迷),长(拿夹煞),短(阴夹煞),前(妈乜),后(呒什的),左(分搭里),右(名急里),上(威),下(昔着),东(窟之),西(尼失),南(灰),北(屋金尼失),府(间切),村(毋喇)。

时令

春(哈罗),夏(约之),秋(阿纪),冬(灰唷),冷(晦煞),热(阿子煞),寒(辟角罗煞),暑(奴罗煞),阴(姑木的),阳(法力的),昼(皮罗),夜(唷罗),朝(阿噶子吉),晚(有煞呒的),时(吐吉),气(亦吉),年(多式),节(柴谷尼即),正月(夏括子),二月(腻括子),三月(三括子),四月(式括子),五月(吾括子),六月(六姑括子),七月(失之括子),八月(瞎之括子),九月(空括子),十月(躅括子),十一月(躅一之括子),十二月(躅腻括子),初一(之搭之),初二(福子介),初三(之搭之密介),初四(之搭之唷介),初五(之搭之一子介),初六(之搭之美介),初七(之搭之挪介),初八(之搭之鸦介),初九(之搭之哭古鲁),初十(之搭之土介),十一(之一子泥子),十二(之泥泥子),十三(之三泥子),十四(之唷泥子),十五(坐古泥子),十六(坐六古泥子),十七(坐十七泥子),十八(坐瞎之泥子),十九(坐苦苦泥子),二十(瞎子介),二十一(瞎子介疽),二十二(瞎子介泥泥子),二十三(腻徂泥子),二十四(腻徂唷介),二十五(腻徂姑泥子),二十六(腻徂六姑泥子),二十七(腻徂失之泥子),二十八(腻徂瞎之泥子),二十九(腻徂苦苦泥子),三十(三徂泥子)。

花木

茶(札),花(豁那),叶(豁),枝(又打),树(那吉),果(吾乜),松(贸子),栢(贸子那吉),竹(托儿),笋(打吉),枣(那多乜),木(鸡),草(谷煞),梅花(呒梅),莲花(临),龙眼(客梗),木头(梅呒梅拿乃),杉木(思鸡),榆木(舀鸡),乌木(哭罗鸡),桃(莫莫拿乃),杏(色莫莫),柳(现其),芭蕉(巴拉),石榴花(石古鲁),藕(菱公),扶桑花(菩萨豁那),榕(茄子埋太),梧桐(谷多),桂(鸡花),鸡冠(鸡朵),茉莉(木一乖),凤尾蕉(靴底子),荔枝(利市),甘蔗(翁吉),胡椒(窟受),槴木(司哇)。

鸟兽

龙(达都),虎(土拉),鹿(呵呒失失),马(呒马),狮(施失),牛(兀失),兔(兀煞吉),熊(谷马),象(喳),鸡(推),鹅(鸟孤欲士),猪(呀妈失失),狗(因),皮(喀哇),鼠(聂),莺(打苔噶),羊(皮着),蛇(密密),猴(煞陆),龟(喀乜),雀(由门多里),凤凰(呼窝),麒麟(其邻),孔雀(枯雀姑),獬豸(瞎宅),仙鹤(司禄),象牙(喳冷其),玳瑁(喀也那各),牛角(元失左奴),喜鹊(孔加喳司),鹤顶(拖立奴谷之)。

宫室

宫(迷耶),屋(耶),门(浊),户(耶独可之),窗(马都),墙(舀几),垣(仝止),亭(堤),园(腻滑),阶(乞齐夵书又喀呒条书),瓦房(喀喇亦弃牙)。

器用

弓(优米),箭(一牙),担桶(呒格),木杓(你波),脚踏棉(波着子),棹(琫),浴桶(克搭里),椅子(倭里那),风炉(鲁),牙刷(番呒脚鸡母鲁),畚箕(失忒),戥子(法介依),天平(听马苔白),刀(和着),刀鞘(丝古礼耶),轿子(夹介子),木套(阿书着),伞(夹煞),竹片(兀执),床(闲札古),灯(秃罗),面桶(他古又他里),锅(那脾),锅盖(福大),瓦罐(之呒),瓢(弥呒),扫帚(火气),船(胡你),算盘(山姆盘),油盏(虽之既),木梳(沙八巳),瓮(客免),索(争拿),斧头(霞夹),汤盆(他阿喇),竹笼(古衣八古),筯(卖生又皮爬失),锁(柴心又沙四内古),烟筒(启力),荷包(荷作),茶钟(茶碗),饭碗(麦介衣),铜罐(约惯),蜡签(式执直),围棋(古),香炉(科炉),箱子(科阿里阿哥),面盆(汗你及里),盘(他喇古),匣(哥八),水注(闵子磁之),镜子(喀敢泥),酒壶(亏奴),烛签(乱思古苔),短簪(喀你煞失),长簪(弥夸),酒杯(失六加泥),象棋(冲棋),盔(噶坞吐),甲(幼罗衣),弦(子奴),枪(牙立),盆(大箣),瓶(四胡平),船(莆泥),桅

（花时），舵（看失），橹（罗），篷（贺），带（文笔），书（什么子），画（夷夷喀之），字（阿三那），笔（夫的），墨（细米），纸（瞎皮），砚（思子里），扇子（丫吉），屏风（飘布），花瓶（抛拿），香盒（福法名），倭扇（枉其），玉带（衣石乞各必），金杯（孔加泥麻佳里），围棋（右）。

人物

皇帝（倭的每），国王（哭泥华），王妃（倭男礼喇），王子（倭奴郁勃人诗），朝廷（倭每奴），大夫（大福），长史（丈史），使者（使臣），通事（通资），正使（申司），副使（付司），大老爷（阿几噶那什），老爷（安主），大臣（沈噶），女婿（母姑），祖（五虎之），孙子（姆马噶），父（会几噶鸟耶），子（括），女儿（会南姑括），大（五晦煞），小（枯煞），弟妇（唷美），妻（拖厨），夫（户多），弟（屋多），兄（洗之），朋友（独需），你（呀），我（乞吼），妓（俗里），母（会南姑鸟耶），男（会几噶），女（会南姑），丫头（土母），仆（浓煞），亲戚（喂街），公子（三波堤），客人（客姑），主人（堤就），唐人（叨浓周），姊（洗之乌乃），妹（屋多乌乃），贫（平素奴周），富（喂既奴周），和尚（巴子），医生（一着），伯（洗之浑局），叔（屋多浑局），姑娘（喂妈），爹（靴罗买），娘（阿姆买），阿姪（威），小孩子（歪拉培），丈人（色多），师父（失农褒），琉球人（倭急拿必周），日本人（亚马吐必周），朝贡使臣（噶得那使者），琉球国王（倭急拿敖那）。

人事

作揖（礼及），洗浴（阿美的），上人洗面（鸟木的阿采），下人洗面（思答阿来来），拳头打（蹄子烘），打（鸟兄），脱衣（轻化子荣），杀（枯必起），大醉（威帝），睡（殷帝），上人吃（三衣米小利），疼（呀的），痛（阿格着），洗东西（阿约的），采花（抬奴吉之），行路（阿之），等待（未之），病（牙的），生（一吉之），死（失直），伤风（哈那失几），兴（屋起坚），走（追姑一甚），行（亚立其），好（优答煞），不好（乞煞），买（科的），卖（屋的），打更（柯北音），言语（幺奴喀答里），上紧走（排姑亦急），上御路（恶牙密即约里），梦（一梅），瘦（捱的），肥（滑的），再叩头（麻达喀篮子其），入朝（大立叶密达），鞠躬（曲尸麻平的），底头（喀兰自之），立住（苔止歪立），叩头（嗑篮自之），谢恩（温卜姑里），朝贡（密加妳吸之），平身（度漫思吾），庆贺（密由鸟牙），表章（彪鸟），赏赐（吾加一每奴），起来（揭之），进贡（喀得那），进表（漂那阿杰的），报名（包名），辞朝（畏之谩归），回去（阒都里一其），早起（速都密的），下程（司眉日尸），筵宴（札半失），敕书（倭眉脚都司墨），晓得（识达哇），不晓得（失篮），圣旨（由奴奴失），御前谢恩（恶牙密卜姑里），且慢走

(慢的),拿来(一得姑),放下(由六尸),给赏(乌鹊没谷古里),方物(木那哇),多少(亦加煞),请来(子失之)。

身体

发(哈那子又喀拉齐),头(他喇子),眉(卖由),眼(美),耳(你米),鼻(豁纳),舌(失着),口(阔生),齿(夸),须(非几),手(蹄),脚(烁),身(摺鞑),心(气么),头颈(科必),胸(吼尼),奶(齐),牙(诺其),额(失脚衣),脐(哭素),指头(威彼),臂(非之),腿(膜膜)。

衣服

衣裳(佥),帽(摺煞),衣服(密子满吉又岂奴),裤子(哈加马),带(乌必),手巾(梯煞几又皮沙之),被(乌独),帐子(喀着),毯单(木心),枕(妈括),褥子(福冬),袜(搭粥),衫子(哈加),笠(由沙),缨(毛疽),靴(呵牙),鞋(煞巴),汗衫(阿米琴),冬短衣(木绵景),夏短衣(百索景),紬(亦周),缎(动子),纱(撒),罗(罗),绢(活见),布(奴奴),绵衣(奴奴木绵),纱帽(纱帽),网巾(网巾),圆领(员领),裙(喀甲眉)。

饮食

饭(吼班),酒(煞几),烟(塔八孤),油(阿吼打),酱(弥沙),酱油(沙由),米(可木),盐(麻虾),豆腐(托福),茶(札),肉(失失),菜(绥),索麦(错闵),菜瓜(喂),蒜(非徒),西瓜(乌贻),冬瓜(失布衣),生姜(那没烧介),黑豆(枯罗马马),蕉蔗(巴煞那),番薯(番子母),豆芽菜(马米那),饼(木之),芋羹(坤轧姑),菓(刻纳里),粉(由诺姑),鱼(一由),虾(一必),哈蜊(克培),螺甸(阿古噶),蟹(夹煞眉),砗渠(阿札噶),海狮(子菩拉)。

珍宝

金(枯轧腻),银(喀腻),钱(一层),铜(阿里喀腻),铁(窟碌喀腻),锡(右碌喀腻),钞(支腻),玉(依石),珠(达马),石(一石),玛瑙(吾马那达马),珊瑚(牙马那达马),水晶(血子达马),玉石(挞马一石),琥珀(它喇),犀角(吾失祖奴),硫磺(油哇)。

数目

一(抵子),二(打子),三(乜子),四(天子),五(一子子),六(姆子),七(纳纳子),八(呀子),九(科过碌子),十(拖子),十一(拖抵子),二十(腻徂),三十(掺徂),四十(细徂),五十(古徂),六十(六古徂),七十(锡汁徂),八十(河汁徂),九十(苦徂),一百(夏古),千(先),一千(一贯),万(漫),两(聊茶切),钱

(层),分(风),一半(纳加那),一样(一奴摩奴),轻(喀罗煞),重(呃卜煞),多(屋火煞),少(一革拉煞又速都),长(那夹煞),短(阴夹煞),阔(非罗煞),狭(一伯煞),中(屋之),上(威),下(昔着),满(抵子密之),浅(阿煞之),里(利),一钱(一止买每),二钱(尼买每),三钱(山买每),四钱(申买每),五钱(吾买每),六钱(六姑买每),七钱(式之买每),八钱(法之买每),九钱(枯买每),一两(执买每),十两(撒姑每),一百两(撒牙姑),一万个(麻埶吐失),千岁(森那),万万岁(麻由吐失)。

通用

甜的(阿妈煞),酸的(关爽煞),辣的(喀喇煞),咸的(什布喀煞),淡的(阿法煞),黄(绮罗),红(阿夹煞),青(哑煞),白(稀罗煞),念书(西米那那容),看(妙母),听得(乞介楞),不听得(乞介蓝),有(阿美),无(你嫩),臭(哭煞煞),求讨(答毛里),说话(麽奴喀达里),知道(识之),不知道(失蓝子),不敢(扬密撒),东西(加尼尼失),闲(漫图押里),说谎(由沽辣舍),实话(马讼沽夷),不见(迷阑),快活(括其),辛苦(南及之),笑(瓦喇的),啼(那其),叫(院的),痒(课沙),明早起身(阿着速图拖枚榻支),抛球(马一),捉七子(一深虐古),下碁(古鸟鞑),唱歌(屋鞑)。

琉球土人居下乡者,不自称琉球国,自呼其地曰屋其惹,盖其旧土名也。

(苏门先生句读《重刻中山传信录》,平安　兰园藏板,早稻田大学图书馆馆藏。)

6.《台海使槎录》

1722年(清康熙六十一年)

赤崁笔谈：武备

"洪武五年,汤信国经略海上。以岛民叛服难信,议徙近郭。二十一年,尽徙屿民,废巡司而墟其地。继而不逞者潜聚其中；倭奴往来,停泊取水,亦必经此。嘉、隆以后,海寇曾一本等屡啸聚为寇。万历二十年,倭犯朝鲜,哨者云将侵鸡笼、淡水,于是议设兵戍险。二十五年,增设游兵。四十五年,倭犯龙门港,增冲锋游兵。其地环衍可二百余里,地斥卤,水咸涩,常燠多风,稼穑差艰。峙正中曰娘宫屿。从西屿入,二十里为茶盘,又十里即娘宫屿矣。波平浪息,无溯奔激射之势。其状如湖,因曰彭湖。宽可泊船。面为案山,右为西安,各置小城,列铳为守,名曰铳城。又左为风柜山,高七、八尺,红毛凹其中,上垒土若雉堞；今毁其城,仍分军戍守,与案山、西安相犄角。东为莳上澳、猪母落水,最当东南之冲。由陆趋娘宫三十余里,旧有舟师戍守,今更筑铳城以防横突。又东向为锁管港、林投仔、龙门、青螺诸澳。龙门有原泉,旧为居民聚落。万历三十五年,倭突犯泊此屿。西为西屿头,有果叶澳；泉甚冽,可饮。稍北为竹篙湾。又西为蝎仔员。又西北为丁字门、水吼门。今皆有兵戍守。屿北为北山墩,有北太武,稍卑为赤崁；循港而进,为镇海港,垒城于此。又西北为吉贝屿。又北太武与中墩称两太武,俱最高,便于瞭望。娘宫稍后二里有稳澳山,颇平坦。自万历三十七年,红毛一舟阑入彭湖,久之乃去。天启二年,高文律乘戍兵单弱,以十余船突据彭岛,遂因山为城,环海为池；破浪长驱,肆毒漳、泉。总兵俞咨皋移红毛于北港,乃复彭湖。议于稳澳山开筑城基,大石垒砌,高丈有七,厚丈有八,东、西、南留三门,北设铳台一座,内盖衙宇营房,凿井一口,戍守于此,以控制娘宫。然议者谓彭湖为漳、泉之门户,而北港即彭湖之唇齿,失北港则唇亡齿寒,不特彭湖可虑,即漳、泉亦可忧也。北港在彭湖东南,亦谓之台湾；天启以后,尽为红毛所踞"(《方舆纪要》)。

"彭湖远在海外,内澳可容千艘。周遭平山为障,止一隘口,进不得方舟；令贼得先据,所谓一夫守险、千人不能过者也。矧山水多礁,风信不常,吾之战舰难久泊矣；而曰可以攻者否也。往民居恃险为不轨,乃徙而虚其地,今不可以民实之,明矣。若分兵以守,则兵分为弱,远输为贫;且绝岛孤悬,混茫万顷,脱输不足而援后时,是委军以予敌也;而曰可以守者,否也。亦尝测其水势,沈舟则不尽其深,输石则难捍其急;而曰可以塞者,亦非也。惟峻接济之防,而敷陈整旅以需其至,则贼既失其所恃,讵能为久顿谋哉"(《图书编》)。

"南路自大冈山以下,至下澹水、琅峤社,北路自木冈山以上,至上澹水、鸡笼城。其间如凤山、傀儡山、诸罗山、半线山,皆扼野番之冲,为陆汛所必防。如下澹水、硫磺溪、大线头、鹿仔港,皆当入海之道,为水汛所必守。至鸡笼、澹水,乃台湾极北之岛,突处海中,毗连番社。后垄一港,与南日对峙,即兴化港口也。后垄而上,一百二十里为竹堑社,对海坛镇。竹堑而上,一百五十里为南嵌社,对峙关缝,即福州、闽安港口。自南嵌至上澹水七十里,对北胶;澹水至鸡笼三百里,对沙埕烽火门:皆浙江省界也。大洋之外,红夷出入之路,而又远隔郡城,港道四达,往来一帆直上;伪郑设重兵于彼,虽曰远御红夷,实恐我师从福兴分出以袭其后也。鸡笼至闽安不过七、八更水;若闽安、兴化等港听商人往来贸易,非止利源通裕,万一意外之警,则厦门、彭湖之师以应其前,福、泉、兴化之船以应其后,首尾呼应,缓急可恃"(《东宁政事集》)。

"台湾环海依山,欲内安必先守山,欲外宁必重守水。守山之法劳而易,守海之法逸而难。盖陆地之防,惟在严斥堠、慎盘诘,实心卫民,勿以扰民,不过得其人以任之而已。水地之防,必资于船;多设船则有篷桅缆碇修葺之工费,岁需不赀,是在主计者之持策也。盖台湾善后之计,莫急于增兵,增兵自不得不增饷;若仅驻镇于郡、驻协于安平,南北两路兵单汛薄,恐未雨之忧,不在鹿耳,而在海港、山社之间矣"(《诸罗杂识》)。

"台湾水陆制兵盈万,费綦重矣;乃彭湖、安平之兵居其半。水师汛重,不容以核减,台湾之兵居其半。陆路汛广,又不得不议增。然有可节省之道、至便之术,亦持筹者所必讲也。台湾原有官庄,即可为屯田,其佃即可为屯兵;不过加以训练,明其节制,或仿古者耕七调三,或立在要地屯守,寓兵于农之中,非特兵无跋涉、岁免度支已也。历观名臣奏议所用边守之众,多取土著;以土著宜于水土,明于地势,而又欲自保其身家,则守御必周。且闻名将用兵,有取农人,号为新力兵;则以其性质椎鲁、手足强健,虽风雨奔驰,可无倦乏耳。今议旧设制兵仍用内地更代,增设之名就台另立屯田,可以相资,则兵力愈强而巡防弥周矣"(《理台末议》)。

"陆师重马力,水师重舟力。战阵之时,务争上风,而运转不灵,不能占居上风,压持不重,或反退居下风;此虽人力,全在良舟。然匠人为舟,固守绳尺,及驾中流,而快利迟钝之用乃见;同时发棹,而前后入港之日顿殊者,何也?盖木之本质不类(如盐木为柂,遇波涛乃不摇动,余则否),轻重亦异(木老则坚而重,否则轻);必得良材,轻重配合,如人一身筋骨相配,然后善于运动也。故水师必讲于造舟者,此其一也。水师之湾泊,犹陆师之安营。凡水师不能于外洋觅战,皆于进港交锋;所以湾泊之处,即是战争之场。我舟先至,利在居要以争上风;然风信难凭,透发之后,往往转变,先要泊稳;傥一澳中有南风澳、北风澳不同,则宁泊南风澳以待;此又老将之持重,不可执一而论也。故水师必明于湾泊者,此其一也。水师之入港,犹陆师之克城。凡港门为贼所守,而险隘尤为贼所恃;兵法有挟制其险而攻其虚之说,以险处多虚,故险可制而虚可攻耳。故水师必详于入港者,此其一也。此水师之大概也,而其要在机;曰扼要、曰伺隙、曰察变、曰虚中四者。夫扼要则握其权矣,伺隙则分其力矣,察变则夺其守矣,虚中则避其害矣;此所以能于衽席之上以过吾师,克期取敌捷如也。要而言之,师之用在舟,舟之用在水,水之用在风;舟与师相习,风与水相遭,其用在于变而通之以尽利,神而明之存乎人。易曰:'刳木为舟,剡木为楫;舟楫之利,以济不通,盖取诸涣'。涣者,风水之义。圣人一言尽之矣"(《理台末议》)。

"彭湖出洋巡哨,由妈祖宫澳开驾,向西至西屿头,经内堑、外堑,复收泊西屿头内大果叶登岸。大果叶二里,左为缉马湾,右为小果叶,南四里至内堑;按季轮拨千、把各一员。澳口炮台一,东山顶烽台三。内堑西南三里至外堑澳口,炮台一,西山顶烽台三。再北经缉马湾、小里叶,八里至小池角,西北四里至大池角,十五里至小门,炮台一,烽台一;四里至鸽界头横礁,三里至竹篙湾,仍回至大里叶,十里,登舟。由内港驾至北山瓦硐港寄泊,登岸,四里至通梁,三里至后寮,二里至大北山山顶瞭望。北为吉贝屿、姑婆屿、土地公屿、铁砧屿、目屿、白沙仔屿险礁,东为湾贝屿、蓝笨仔屿、鸟屿、鸡膳屿、碇齿屿。欲赴吉贝各屿,须出吼门往北;若逆流、逆风,未可驾驶。瓦硐港四里至大赤崁社南,有塘汛,按季轮拨千、把各一员;一里至小赤崁,三里至港仔,东二里即崎头,东南一里至镇海,三里至港尾,二里至城前,仍至瓦硐港,登舟。从吼门出洋哨巡,由西屿头外收入内埯寄泊,回妈祖宫澳。""再妈祖宫澳开船出哨,由西往南,经鸡笼屿、四角仔、桶盘屿、虎井,直抵八罩、金鸡澳,入挽门汛(南北风可泊五、六船);按季轮拨千、把各一员,汛后山顶炮台一。由塘口往西南一里至网垵,南为半坪屿、头巾礁、铁砧屿、砗仔屿,西南为大屿,西北为花屿、猫屿、草屿,西北半里至瓮菜堀,北四里至花宅,四里至水埯;埯口北炮台一(南风时可泊船),复回挽门汛。东隔半里为将军澳,与挽门汛对峙(立冬后可泊四、五船)。东临海有石山,名船帆屿,山顶炮台一。向北为金鸡屿(南北风俱可泊船),在将军澳后,北有马鞍屿。由挽门登舟,出金鸡屿口往东南,至东吉、西吉、锄头精屿,至文良港驾回,经过锁管港、猪母落水、虎井、嵵里、风柜尾、鸡笼屿、四角仔,回妈祖宫澳。""陆巡由妈祖宫澳四里至暗澳,有巡检司;三里至东卫,五里至大;城北三里至隘门仔,一里至林头仔、埯南、香炉屿、鼓架礁,四里至尖山仔,一里至文良港、东鼻头,烽台一,可望阳屿、阴屿;北五里至果叶仔,二里至奎壁港,北三里即奎壁港山;西三里白湾坑,二里至湖东,二里至湖西,五里至红罗罩;北三里至青螺仔。红罗罩半里至西溪仔,南三里至太武仔,西三里至港底,北一里至东石,六里至沙港头,南三里至鼎湾,西北三里至中墩屿,潮退可通;西南二里至潭边,南二里至港仔尾,三里至蚱脚屿,二里至东卫,四里至西卫,三里至后堀潭,四里至妈祖宫澳。""再陆巡用大杉板往嵵里后山登岸;嵵里澳口炮台一,山顶烽台一。五里至风柜尾澳口;炮台一,烽台一。东二里至井仔埯,东南四里猪母落水,东北二里锁管港,西北一里鸡母坞,北五里至铁线尾,八里至乌嵌,五里至双头挂,与大城北相对;三里至菜园,三里至暗澳,回妈祖宫澳"(副将薄有成出哨月报)。

康熙辛丑,兵部奏准:彭湖系台湾咽喉紧要适中之地,移台湾总兵驻澎湖,台湾陆路改设副将。金门总兵黄英奏言:"彭湖为台湾之门户,今将台湾总兵移改彭湖,台湾设立副将,与水师彼此接应,遥度形势,尽善之谋无大于此。臣阅地势轻重,彭湖虽称三十六岛,居于台、厦之中,究皆一抔之土,错落弹丸,除妈宫、八罩略有人烟,余悉冷落荒屿,原设副将尽堪防守。兹台湾南北延袤二千余里,村庄、番社,闾井户口,不下百余万,丛山深林,最易藏奸,非总兵不足以资弹压。况安平水师及南北路副、参各员,与台湾副将职位不相上下,有事势必各怀己见,非若总兵可行调度。今若将总兵设在彭湖,与台湾悬隔,往来船只俱候风时;台湾水陆各营傥有紧急事机,不能朝发夕至。是彭湖固台湾之门户,而台湾实彭湖之腹心,形势重于彭湖,关系沿海各省要害。请将总兵仍设台湾,庶得居重驭轻之道,以造海宇无疆之福。"提督姚堂亦为陈请,仍照旧制驻札。

安平水师额设战船:中营平字号十八号,内赶缯十、双篷艍六、双篷舢二;左营定字号十六号,内赶缯八、双篷艍八;右营澄字号十八号,内赶缯十、双篷艍八。彭湖水师额设战船:左营绥字号十八号,右营宁字号十八号,与安平中、右营同。赶缯长四、五丈至七、八丈,双篷艍长二丈至五丈。设为分、总巡哨之法,每年二、三、四、五月为一巡期,六、七、八月为一巡期;轮拨本营将备一员带领兵船四分巡所辖洋面,副将统领兵船四总巡各营所辖洋面。大赶缯配兵六十、小赶缯五十、大艍四十、小艍三十四。巡期满日,官兵船只撤回安平水次。十月至正月,各船配兵一半,于本辖水汛巡哨。澹水营旧拨左营赶缯二,近又拨道标波字号赶缯四;又道标双篷艍四,亦归镇标。各船三年小修、六年大修、九年再大修、十二年拆造;小修自三十两至一百五、六十两,大修自四十两至二百三十余两,拆造自五十两至三百六十两不等。

凤山打狗港距鹿耳门水程三更,北风盛发,鹿耳门港道狭隘,舟不得进,而打狗可扬帆直入,由此登岸者甚多。水师把总配哨船二只,领兵防汛。下澹水离邑既远,奸宄易滋,陆路千总领兵防汛。此二处,为南路水陆扼要之地。

伪郑在台,民人往来至半线而止。自归版图后,澹水等处亦从无人踪。故北路营汛,止大肚安设百总一名,领兵防守;沙辘、牛骂二社,则为境外。自海盗郑尽心脱逃,部文行知:伙盗供称郑尽心约在江、浙交界之尽山、花鸟、台州之鱼山、福建台湾之澹水等处藏匿;维时总兵崔相国分拨千总一员领兵分防澹水。自后遂以为常,而业户开垦,往来渐众。

镇标原额兵三千三百五十名,道标兵三百六十名。康熙六十一年,提督姚堂奏准将道标裁归镇标。安平协二千五百名,彭湖协二千名,南路营八百九十名,北路营八百九十名,澹水营五百名;全郡共兵九千四百九十名(合拨闽省将军兵五百名,共一万)。六十年,总督满保疏请于府治增一千名,四面协护。南路增一千名,以五百驻冈山,前护本营,后护府东,并保护罗汉门口;以五百驻下澹水、新园,后护本营,前查龙桥东之阿猴林等处。北路增一千名,以五百驻斗六门,后护半线,前护本营,并查笨港海口,防御生番;以五百驻半线,后护澹水,前护斗六门,稽查鹿仔港,防护大江口。再北路营去府两日,又有大河,不能实时接应,于适中之地亦应增五百名,前则协护府治,后则稽查北路横港海口,堵截内山。共计增兵三千五百名。九卿议覆:"匪类聚众为乱,并非兵少之故;添设官兵,甚属无用。"遂寝其议。

癸巳九月,福督范时崇题准:在台逃亡汰革兵丁,不得在台募补,应于各原营挑选年力精壮有家业者,计有十名以上,即拨百队一名,押往补额。兵米:镇标三营,台邑支给;安平水师,凤山支给;彭湖水师,诸罗支给。

半线、澹水兵米,向皆折给:半线每石连脚价至九钱,澹水每石连脚价至一两五钱;尽派里民。邑令周钟瑄于半线建仓三间,贮谷三千七百有奇;澹水建仓二间,贮谷千余;随便拨补,就地耷给。

偷渡来台,厦门是其总路。又有自小港偷渡上舡者,如曾厝埯、白石头、大担、南山边、镇海、岐尾;或由刘武店至金门,料罗、金龟尾、安海、东石,每乘小渔船私上大船。曾厝埯、白石头、大担、南山边、刘武店系水师提标营汛,镇海、岐尾系海澄营汛,料罗、东石、金龟尾系金门镇标营汛,安海系泉州城守营汛:各汛亦有文员会同稽查。余有清台地莫若先严海口一疏。

近海港口哨船可出入者,只鹿耳门、南路打狗港(打狗山南岐后水中有鸡心礁)、北路蚊港、笨港、澹水港、小鸡笼、八尺门。其余如凤山大港、西溪、蚝港、蟯港、东港(通澹水)、茄藤港、放綵港(冬月沙淤,至夏秋溪涨,船始可行)、大昆麓社、寮港、后湾仔(俱琅峤地)、诸罗马沙沟、欧汪港、布袋澳、茅港尾、铁线桥、盐水港、井水港、八掌溪、猴树港、虎尾溪港、海丰港、二林港、三林港(二港亦多沙线,水退去口五、六里)、鹿仔港(潮长,大船可至内线,不能抵港,外线水退,去口十余里,不知港道,不敢出入)、水里港、牛骂、大甲、猫干、吞霄、房里、后垄、中港、竹堑、南嵌、八里坌、蛤仔烂,可通杉板船。台湾州仔尾、西港仔、湾里、凤山喜树港、万丹港、诸罗海翁堀、崩山港,只容舼仔小船。再凤山岐后、枋寮、加六堂、谢必益、龟壁港、大绣房、鱼房港、诸罗门仔、宊象领,今尽淤塞,惟小鱼船往来耳。山后大洋,北有山名钓鱼台,可泊大船十余;崇爻之薛坡兰,可进杉板。

沿海暗沙险礁,哨船龙骨艰于驾驶。即有可以开驾者,必俟潮水平时方可进港,否则沙坚水浅,终于望洋港外;更值风暴,又无收泊之所。或云:当改制杉板舼仔数只,质轻底平,随波上下,易于巡防,随处可以收泊。高知府铎云:"朱逆之变,士民避乱,及平台后,商旅贸易,乘艋仔等平底船,在洪涛巨浪中,往来如织。康熙壬寅五月,水师营雇坐艋仔出哨,遭风失桅,飘至浙江黄岩,人船卒致保全。"是在内港既属相宜,即外洋亦可无患。

鹿耳门炮台,今圮。炮十五位,中、左、右三营各五位;以木架之,中有一枢,随向转动,名曰转轮炮。雍正甲辰,总兵林亮新修炮架,上横梁前后各长四尺,中实三尺,下横梁前后各长五尺,中实三尺,上下直梁各长四尺,梁柱各五寸,四方直柱各高四尺,接笋处俱裹以铁,下坐板厚三寸,横八尺,阔七尺,柱脚木九根,围一尺八寸,长五尺、入地四尺五寸。盖以木为之,如屋顶式,可以避风雨剥蚀;两边用环勾牵,然炮时掀下极易。

修造哨船工料:大吉木(八丈以上)、中吉木(六丈以上,俱杉木名)、浮溪木(松柏木)、高洋木(即土杉木,福州出)、舵、碇、龙骨(每丈配桅一丈二尺)、大桅(赶缯长八丈二尺,围六尺五寸,篷艉长五、六丈,围四尺五寸)、头桅(赶缯长六丈,围四尺,篷艉长四丈五尺,围三尺五寸)、大橹、小橹、大小风篷、大小桅饼(大木圈,或十余,或数个,用套大桅,便于起篷)、大小无底升(亦木圈。风篷挂于桅上,用木圈以动之。赶缯一千三百个,双篷艉七、八百个)、樟梁、头梁座、大桅座、头桅座、头尾托浪板、斗盖、水柜、头禁水(镶船头木)、尾禁水(镶船尾木)、上金(尾楼边高起木)、下金(在船尾水内,用以拴舵)、招(船顶上招子,便于头起也)、撑面(舱盖)、扛罩(舱口直木。此木自官厅口起至大桅兜止,所罩舱之撑盖,俱扛于此,故名;隔舱板木,乃横木也,在大桅处名舍檀,又曰梁头,在各舱则名堵经)、披枋(杉木板,隔船两边水)、笨枋(船顶板,在战棚枋之下)、占柜(铺官厅顶盖)、覆竹(船两旁所钉樟木)、车战棚(杉木板,重铺笨枋上)、车耳(扯篷起碇索缚于此)、稳仔(水蛇下湾木)、大缭极(系大绳索木)、湾极、直极、头尾八字极(俱樟木,用以镶船)、屈尺极(妈祖堂前两湾樟木;大赶缯用,双篷艉无)、番人耳(船头木)、头舍檀(树头桅木)、大舍檀(树大桅木,凡船身长阔满汉字号,俱于此印烙)、大转水(附大舍檀木)、舍檀鞋(削成方木,镶舍檀内)、木里鞋(镶桅座内方木)、转水鞋(船梢上两边方木)、车档(扯篷起碇纹棍木)、大鹿耳(夹大桅木)、头鹿耳(夹头桅木)、夹车档(靠车木棍)、金楦(下金内木棍)、软箸(船尾中间镶木,用以夹舵)、橹橡(放橹架,一作橹床)、上下秤(拴风篷木,头尾在上者名上秤,在下者名下秤)、尾穿梁(船尾柱)、通梁(舱口上木)、下株梁(船底木)、舵牙(夹舵木)、水蛇、猴楦、桅猪(见前)、铁钉(赶缯一千八百斤,篷艉七百斤)、茅铁(四、五百斤)、槐藤(十斤)、张篷水藤(百余斤)、黄麻(为绳索之用,其名有大律索、小律索、篷踏索、小踏索、大缭母、小缭母、大千斤坠、小千斤坠、篷尾吊、小篷尾吊、鸡贯流浪索之属)、棕(亦为绳索之用,其名有篷头根、篷尾根、舵吊、虎尾、碇奴、碇索、摘尾、腰边秦、出尾秦之属。一项,赶缯一千数百斤、篷艉八九百斤)、篾碇索(二条,每条篾三担,草四担)、桐油(赶缯一千五百斤、篷艉五六百斤,每油百斤配灰三百斤、钉一百斤、网沙一百斤)、网沙(破鱼网炼入油灰内用以补缝)、灰、草饼(舂灰用)、炭(千二百斤至千八百斤)、勒肚(拴舵绳。自船底贯于碇前缚紧,舵乃有力,水浅放松,便可悬起)、杉板船、尾楼灯、金鼓各一;其余颜料、旗布、匠役工价、大修小修为数不等。

水仔尾设有桔架地，系修船之所。郡守召募桔匠，结绳应工，不偿工费。桔架不限数目，各商船户自备。棕藤及绳匠只用所竖桔架，每一绳付赁值百钱。

台、彭各标营船，初俱分派通省内地厅员修造；康熙三十四年，改归通省内地州县。其尚可修整而不堪驾驶者，内地之员办运工料赴台兴修。迨按粮议派，台属三县亦分修数船；此非偏庇台属，以内地各厂员多力分，工料俱便，不烦运载，可以克期报竣。后定左近道府监修。统计闽省船只匀派通省道府，乃将台、彭九十八船内派台湾道府各十八只，余俱派入内地。既而仍归内地修造，惟未至朽烂而不堪驾驶者留台修补。至康熙四十四、五年间，仍具改归台属，而派府船数倍于道；然令其与福府分修，议于部价津贴运费外，每船捐贴百五十金。续交延粮厅代修其半，道、镇、协、营、厅、县共襄厥事。迨后专责知府，并将道船亦归于府矣。

台郡修船，桅木、大吉、杉木等料并钉、铁、油、府、棕丝、网纱、篾片、蓬叶，俱非台地所产，远购福州，料价、运费不赀。再大木附搭商船装载，往年被风覆溺多案，船户深畏之。至樟枋、厚力木在凤、诸内山，鸟道羊肠，涧溪阻隔，倩匠砍锯、倩夫肩运，动辄经月，泥淖尤难计日。且从前山厂，近遭焚燬，今另为搭盖，尤为烦费需时。况附近水沙连等社，接壤生番，最易启衅。此办料之难也。又台厂修舱各匠，原止二、三十人，向已不敷拨倩，今经变乱，或逃回内地，或为贼杀害，见在无几；一举大工，内地倩募非易，倩价较内地数倍。此又募工之难也。每遇修船，将备兵目恣意苛求，或将完固勒令修改，或稍有损裂故行残毁，或将板木藏匿，致累多费工料。兴工时，又于配定丈尺，将大斫小，将长截短；又于修整合式之工挍剔拆换，逼使加添；又或押船赴修之兵，乘夜伺隙偷窃料物。则是既苦办料催夫之难，又苦弁兵之扰累，所以台地船工领价贴运，必赔贴两倍而后得竣也。台守高铎申详制府，请查照往例，将船身朽烂者内厂补造，尚堪驾驶而应修者驾赴内港兴修，其尚可修整而不堪驾驶者留在台湾交营兴修；文员仍遵例监视，将府庄递年所收官租为津贴修船之资。不惟节费，且易于集事，重工务而保残疆，实于台地有益。

前此覆辙，患在兵虚将惰。而兵虚之原，皆由台地招兵，换名顶替。盖兵从内地抽拨，逃亡事故不为申报，每至放饷，即留饷以饱私橐；即有召募，强半市井亡赖，空名挂籍，含混欺蒙，则主帅大府之过也。当责总兵不时清厘，使随丁悉照定制，空粮悉行拨补，无籍之人一名不得妄招，到伍之兵一名不得顶替，则虚冒之弊可除。兵既充伍,而训练尤所当亟讲者。拨换入班,即宜配明队伍,将统弁,弁统队,队统卒,清查器械,不足者补之,不精良者淬砺之,按期操演。各营将操期并演何技勇,逐月汇报,务使兵与将习,手与器习而后可。而分汛又当斟酌变通。台地辽阔,大汛驻兵一、二百名或数十名,究之官多离汛,兵多聚赌,有汛防之名,无守望之实,多汛亦奚益乎？防汛分作几处,匀作几班,统以该汛弁目,于本汛乡庄、市镇、山口、港隘,分地划界,巡哨侦探,有事则飞报本营,酌量调遣追捕,无事则远者一月一换,近者半月一换,歇班之兵归营操练；更番戍守,人无偏劳,声息可以时通,庶卖汛旧弊,自此绝矣。巡哨海口,责之水师。远近岛屿,必明港澳险易丛杂交错之区；上下风涛,必察湾泊向背取水风候之所。善其舟楫械器,习其行阵击刺,定其游巡往来,毋潜伏内港,空文申报；驾驶既熟,乘风自易,则整练平时,可资备御,出师剿捕,可成劲旅。宁有兵虚将惰之患哉！

（[清]黄叔璥：《台海使槎录（卷2）：赤崁笔谈/武备》，《台湾文献丛刊》(4)，台湾银行经济研究室,1957年）

7. 台湾志略(卷1)：地志

地 志

台湾在福建布政使司东南大海中。自泉州同安之厦门乱流经澎湖抵鹿耳门至治，计水陆程一千二百六十里（陆自省城五百四十里至同安，又六十里至厦门；自厦门至澎湖水程七更，自澎湖至台湾水程四更，旧志以六十里为一更，则六百六十里）。为古荒裔地，不入版图。元之末，于澎湖设巡检司以隶同安。中国之建置于是始（朱景英《海东札记》云："文献通考：琉球国居海岛，在泉州之东，有岛曰澎湖，水分五日而至。隋大业中，曾令羽骑尉朱宽入其国取布甲而归。时倭国使来朝，见之，以为夷耶久国人所用。旁有毗舍耶国，语言不通，袒裸盱睢，殆非人类。宋淳熙中，其酋豪尝率数百辈猝至泉州水澳、围头等村，多所杀掠。喜铁器，掠取门环及剜甲取铁。临敌用镖，镖以绳十余丈为操纵，盖爱其铁不忍弃。论者疑其情状相似，以台湾即毗舍耶国；其足信欤？又有据名山藏乾坤东港华严婆娑洋世界名为鸡笼之说，指为今台湾；恐亦影响谭耳。至海防考有隋开皇中遣虎贲陈稜略澎湖三十六岛，郡志据之，语尤可疑。考隋书陈稜琉球之役在大业中，而本传亦无略澎湖三十六岛之词。独不解当日谈海防者何所据而云云也"）。明洪武五年，信国公汤和略海上，尽徙澎湖民置漳泉闲，废巡检司而墟其地。嘉靖四十二年，流寇林道干导倭人掠近海地，都督俞大猷征之，追至澎湖，道干走台湾，大猷以水道险远，法不轻进，于是留偏师驻澎湖以哨鹿耳；道干困走占城，乃罢澎湖偏师而复设巡检；寻亦废。万历闲，增设澎湖游兵，寻复增冲锋游兵，为备倭故。于是澎湖常为驻防之所。万历末年，荷兰据台湾，筑城于一鲲身之上，曰台湾城。台湾之名于是始。天启二年，荷兰据澎湖，又城焉。天启五年，海寇颜思齐入台湾，郑芝龙附之。而荷兰之据台湾自若。思齐引倭奴剽掠海上，与荷兰共有台湾之地以为巢穴。又所部属多中土人，中土人之入台湾自思齐始。时芝龙弟芝虎亦为海寇，并附思齐。思齐死，贼众立芝龙为长。于是郑氏遂有台湾之地。崇祯元年，芝龙率所部降于督师熊文灿，然犹迁延海上也。国朝顺治三年秋八月平闽，芝龙乃就抚。芝龙既降，而荷兰尽得台湾之地。顺治十八年，芝龙子成功以江南败归，袭澎湖。夏五月，入台湾，逐荷兰。冬十有二月，荷兰归国，成功改台湾城为安平镇，以今县治为承天府（南北路设县二：曰天兴、曰万年），总台地曰东都。康熙二年夏五月,成功死,子经嗣,改东都为东宁(二县为二州,设南北路澎湖安抚司)。二十年春正月,经死,子克塽嗣。是年,福建总督姚启圣计招伪宾客司傅为霖为内应;事泄,为霖辈遇害。启圣仰遵庙算,定平台策。二十二年,水师提督施琅统师专征。夏六月癸亥,大战于澎湖,克之。秋七月丙申,郑克塽降于我。八月壬子,王师至台湾。于是琅疏请留台湾为外蔽,诏报可。二十三年,廷议设台湾县,隶台湾府为附郭。雍正五年,增设澎湖厅,而台湾之建置駸駸乎盛矣。

台湾县东负山,西面海。邑治之境,东至龙山寺,西至海岸,南至府儒学南,北至城守营北;纵横径五里而遥。所辖东至罗汉门庄外门七十里(乾隆四十九年臬司杨延桦勘定),其东曰内山;北至新港社新港溪二十里,北为嘉义;南至文贤里二赞行溪二十一里,南为凤山;西尽海岸三里入于海。海西南至安平镇七里(陆自七鲲身有路可至,计二十里),西北至鹿耳门三十里,又西北至黑水小洋,其西隶澎湖。幅员南北袤四十一里,东西内广七十三里,其外东不尽内山,西不尽海。

台湾地入东海,在禹贡扬州之徼外。其星野无考。前志谓:"地隶闽,宜从闽,以附于扬州;其星野属牛女、星纪之次,其辰在丑。据僧一行曰,星纪当云汉下流,百川归焉。其分野下穷南纪之曲,东南负海为星纪。"陈氏元麟曰:"按古四译馆外彝来贡,以外彝分方纪星。台湾属岛夷,分野在鹑尾之次,其辰在巳;与吕宋、日本同占,整台湾值翼九度。据宋《天文志》云:'鹑尾在翼轸之交,居南方七宿之末,随南极而半入海,吕宋、淡水、台湾是也。'利玛窦云:'鹑尾之次,于律仲吕冈山分野(台有大小冈山)。'二说者,其言各殊,然皆依附离合之见,无实验云。"

东倚者皆山,西控者皆海。山渡海而来,则以为发源乎福州,东汨乎鼓山(赤嵌笔谈云:"宋朱文公登福州鼓山占地脉曰:'龙渡沧海,五百年后海外当有百万人之郡';今台湾入版图年数适符"),示向乎五虎(福州五虎山入海,首皆东向,是气脉渡海之验),见迹乎关潼、白猷,而结脑乎大鸡笼(旧志云:"台湾山脉自福州五虎门磅礴入海,东至大洋中突起二山,曰关潼、曰白猷,复渡重洋至淡水,结脑为大鸡笼"),南行数百里至郡治。彼堂堂兀兀以去者,且不知其所之也(或云,吕宋地脉发于台湾)。然山渡乎海,其盘旋屈曲,垂乳结穴,可造郡邑、聚村落者,必西向内地而复归于海。水出于山,其可舟、可游、可灌、可汲以养吾民者,必西流而卒归于海。岂地理之所存顾有不忘其本者欤?今居斯土者,官则受国恩、衔王命而至,君门万里,臣心凛凛,视同咫尺;民则农商富庶,必念食毛践土之惠,以毋忘首邱之仁。反是者不祥。盖观诸地理,则有断断然者。地理即天理,亦即人道也。邑区区数十里,则有专脉注结者,有别派分支、罗列拱卫,且有蜿蜒游行过境以去者。盖自番酋杂居,箐篁丛翳,士大夫终不肯裹粮犯雾露为奇岩秀石之评,樵夫猎户过之而不能名、名之而不能书,故不知名者盖伙。名之矣,而游移彷佛,所闻异词,指东讹西,以此易彼,旧志所称,差谬殊甚。以其所可知者书之,各号虽殊,而山川不改,道里之远近,可约而知,南北东西,方面不可易也。谈地理者,要以天道人事为断。

　　大乌山在邑东北百里而遥,郡垣之祖山也。山势西南行十余里而高耸秀拔者为分水山。稍下又西行为分水仑。仑南北两石峰,苍翠秀削,翼之以行。缘仑皆结细石,产青草,碗䃯嫩绿。仑南北皆良田美石,无坑堑。仑左之水南趋罗汉内门,仑右之水北入木岗山溪以出大穆降(此水入溪西落,则木岗山之脉已隔;旧志谓:"木岗山为郡少祖",可知其讹)。仑西行二十余里,顾盼逶迤,欲收仍纵;前起巨阜曰草山(以多茅草故名),则郡垣之少祖山也。南北复有两高峰翼之以行。峰多石,势甚雄伟。西行列屏障,自北而南,横亘数十里,则为内大乌山(此在郡城背后,为第三重屏障)。逾山西南,孤峰突起者,曰一峰尖。峰皆大石,石壁高可数丈,下有石井,水清而甘,环山居人数家皆食焉。由是西下,伏而起、起而伏,如是者三,曰三凸仑。迤仑西行,八峰平列于前,自南而北,连亘二十余里,如开楼窗,如展镜屏。每天清气霁,倚窗窥屏,远见红毛楼;故昔人名之曰蚝镜窗。八峰者复有专名:最南第一峰曰天马;第二峰独高,大石屏如竖镜,则独以蚝镜属之;北第三峰曰飞鸢巢;又北曰猴晒日;又北曰接云;又北曰山猪;又北为獐仔壁;极北曰尾峰,终焉(此郡城第二重屏障也)。自第二峰蚝镜西下二十余里,至老鹖岭,中间南北诸峰,星罗棋布,蚕丛鱼凫,游衍错落,多不知名。而自老鹖岭西下又二十里,则结凹脑曰马鞍山。其西为香洋。香洋西面二十余里,平畴旷衍,沟塍绣错,袯襫成云,春夏之交,可以观耨;旧志以为八景之一者。由是而西,小阜嵌崎,绵亘错互,若坡若陇。南北迢迢二十余里,横为郡城之背者,曰嵌顶山(此郡城第一重屏障)。嵌顶西上五里许为大东门。

　　番仔湖山在大乌山西北,距城八十里,亦东北最高山也。其西为刚仔林大尖山,又西为小尖山,皆极危峻,人不可行。又西下为左镇山。左镇北逾溪为木冈山,木冈西下为卓猴山。卓猴逾溪西南为猪母耳山,又南为柳仔林山,皆邑之右肩也。又南为鉴里山。鉴里北逾溪为草潭山，又西北为大丘田山。大丘田西为湖仔内山，则邑右臂之拱卫也。

内乌山在分水仑之南者，直趋南路。其分支者，东趋罗汉内门，西落脉为上仑石屏山，其南则翁仔上天山，稍西为雁门关，前志所谓"雁门烟雨"者是也。旧路由此入内门，今崩陷不可行。雁门之西为土楼山，亦曰险山门，径甚险，惟容一人一骑；乱时人争逃之，扼其险，贼不能至。下有大坪社，故亦名大坪山。西南为茅草埔山，皆邑之左肩也。又南为狗囵圈山，则左肩之外辅。又西北为户橄岭，又西北为湾崎山，又西北为虎头山，又西北为猴洞山；则邑左臂之拱卫也。

魁斗山在邑城南。其脉自东南来，至正南澳起三峰，状若三台星，为府学文庙拱案。又蟠屈蜿蜒，以至西南，势若内抱，形家所谓"下砂"者是也。邑来脉甚长，而所谓下砂者止此。

罗汉内门在邑东南六十五里。其地四壁皆山，中开平畴；东西可二十余里，南北可三十里。以形家之说较之，则邑之库藏也。其山自东北来者，上接大乌山，层峦叠翠，邑人不知其名；内门东北设木栅，则称之曰木栅后大山，疑即旧志所纪"目眉徽山"者是也。山之南，高峰峭出，曰苏远埔岭。逾岭而南，有湖曰内湖。又其南，曰外湖。湖之西曰烧灰山，其东曰石门山，下有坑曰石门坑。石门之南为赤竹岭。岭东为三峰仑，南为小东方木山。小东方木连峰委折而南，逾菜公坑口高耸而起者为大东方木山，则内门之正东山也。东之东重冈复岭，高入云际，北接嘉义，南抵凤山，亘数十里，为邑之后屏者，则曰南马仙山。大东方木之南，巨石踞沟，流丛石结，山甚高，其上为大叶林山，山南为龙潭山，西下有潭曰龙潭。龙潭山南曰金交椅，其南为大崎越岭，又其南为鼓山，则出罗汉外门焉（以上为内门东壁，故山皆南行）。鼓山所处，极内门之东南。由是山势折而西行。始折而蓬起者曰将军山，山之西纡徐轩伏，不数里而叠秀可望者曰银锭山，则内门之正南山也。又西而至于打鹿埔溪口止焉（此为内门之南壁，山皆西行）。银锭之南，自东往西，亘数十里，为南壁之外屏者，曰外乌山。其南则獐仔壁山、大杰巅山皆在焉。外乌之东，高耸可数者，曰南麻蓼山、尖山、大冈山、小冈山，则界于凤山矣（此为南壁外屏）。内门之北，则全倚分水仑、无仙山。分水仑西行，至内乌山而尽，则内门北境之山亦尽焉（此为内门北壁）。内乌既横亘数十里，则自分水仑以南为内门之西壁，其分支落仑皆东趋于内门，南逾虾蠡林山至溪口终焉（此为西壁）。罗汉外门，其地在内门之东,复转而绕内门之南,略如曲尺然。其在东者,中有淡水大溪,溪流自北而南。溪东即南马仙山。东之南为旗尾山,志所谓"旗尾秋搜"者;凤山界也。溪西迤内门东壁之外,自三峰仑、东方木以南至鼓山,则与旗尾山东西相对(中为番薯寮街)。自鼓山西折,始绕内门之南,过将军山北,缘内门南壁之外,南迤外乌山以西,则有虎仔山、大杰巅山、獐仔寮山,其东则大小冈山、尖山、南麻蓼山,皆凤山界。

七鲲身屿在邑西南海中。脉自东南而来,西转下海,联结七屿,相距各里许,接续不断,势若贯珠,自南以北,而终于安平镇,与南北汕参差斜对,为邑之关锁。地皆沙土,风涛鼓荡,不崩不蚀;多产菻荼、桄榔,望之郁然苍翠;泉尤甘美。一鲲身地最广,即安平镇;红毛旧城在焉。今水师营驻于此,有居民街市。二鲲身至七鲲身,居者多渔户。每斜阳晒网,笭筶家家,烟月苍茫,渔灯明灭,佳景如披图画。

鹿耳门屿在邑西北三十里大海中。浮沙横亘,形如鹿耳。尾迤南为四草屿,首枕北为鹿耳门。鹿耳门之北有屿曰北线尾,亦沙屿横亘,与鹿耳门南北遥接,中隔大港曰隙仔港。港之中有石礁在水底。北线尾既称北汕,鹿耳门亦称南汕;隙仔港中石礁,所以暗接南北二汕。故港虽大而水浅径狭,舟必插标以行,触礁则船立碎。北线尾之北有沙汕曰加老湾汕,稍小于北汕,而不堪泊舟。又其北曰海翁汕,则自北路而来,迢迢百余里,在县境之外矣。

德庆溪(俗呼坑仔底),源出小东门外旧万寿宫前,入郡城东安坊,合旧县署后并府署东二泉,西流经县署右至水仔尾北厂,入于台江。

福安坑,源出小南门内,经宁南坊府学宫前,西流至涂墼埕,入于台江。

台江在邑治西门外,汪洋渟滀,可泊千艘。南至七鲲身,北至诸罗萧垄茅港尾,内受各山溪水,外吞大海。

鉴里溪,源出鉴里东南内山,经香洋之北,西出为鉴里溪,又西为旧社溪,又西北与咬狗溪合流,西入于许宽溪。

咬狗溪源合鉴里、草潭诸山之水,西与旧社溪合流,又西为许宽溪。

许宽溪源合旧社、咬狗诸溪之水,西流受鲫鱼潭之水,又西北受大丘田、湖仔内诸山之水,西入于茑松溪。

茑松溪在县治北五十里,为许宽溪、鲫鱼潭之下流,又东北受大穆降之水,西入台江,注于海。

左镇溪,源出分水山之北,西北受冈仔林、大小尖诸山之水,西经左镇之南,又西流为新围溪。

新围溪源接左镇溪,西流受大穆降诸溪之水,又西北与本藩溪合流,西下为新港溪,入于台江,注于海。

本藩溪,源出冈仔林之北,西流经木冈山之南为木冈溪,又西出左镇、卓猴之间,又西与新围溪合流为新港溪,入于台江,注于海(新港溪北为嘉义界)。

卓猴溪,源出卓猴山,北流入于曾文溪(嘉义界)。

分水溪,源出分水山之南,经水蛙潭南流,至罗汉门东受石门坑、东方木诸山之水,西受石车仑、茄苳仑(皆罗汉内门山)诸山之水,汇为长潭,清莹可鉴。西走出内门,过狗囚圈下,北受湾崎溪水,西流为冈山溪。又北受打鹿洲溪水,西流为角带围溪。又受红毛寮溪水,西流为二赞行溪。又西为喜树港,入于台江,注于海。

湾崎溪,源出三凸仑,南流过狗囚圈,入于冈山溪。

打鹿洲溪,源出马鞍山,西南流经打鹿洲,北受深坑仔水,复南流入于角带围溪。

红毛寮溪,源出红毛寮,南流入于二赞行溪(溪南为凤山界)。

淡水溪自北而南,横绝郡治之背。源出自诸罗内山,其来极远。至罗汉门东方木东,受小溪水,经旗尾山西下,绕凤山县东南至东港,西入于海。

石头沟在邑治东北三里许,无水源,受东北众坡之冰,经海会寺前,转邑治北大桥港出柴头港,西入台江。

鹿耳门港亦名隙仔港(旧志另作隙仔港,误),在南北二汕之间,水底皆沙,纵横布列,舟不可犯;就其稍深处觅港出入,港路窄狭,仅容两艘。潮长时水可丈四五尺,潮退时不能一丈,舟悬后舵而进。其纡折处必探视深浅,盘辟而行。而沙水相荡,深浅又时变易,必插竹标以识:南白北黑,名曰"荡缨"(初设五杆,后增设十三杆)。初近北汕以入为旧港,今近南汕而入为新港。

加老湾港在北汕北,不堪泊舟,西南即大洋。其北即海翁汕港口,大澳曰海翁窟,亦名月眉湾,可泊百艘。

安平镇大港在台江西南、赤嵌城之西。红毛时,巨舟悉从此入,泊于台江。自郑成功由鹿耳门入台,后遂淤浅。今惟南路贸易之船经此,巨舟不得入矣。

鲫鱼(原刊脱"鲫鱼"二字)潭在永康、长兴、广储西三里之界,汇纳众流,修而不广,计长可二十余里。多生鲫鱼,年有征税。三用之,内田资灌溉。亦名龙潭,旱时祷雨于此。又名东湖,最宜霁月;旧志以为八景之一。

营林潭亦名嵌下陂,在长兴里,地势洼下,泉流所归。里众筑堤障之,以资灌溉,屡有争竞。康熙五十七年,太守王珍勘明勒石,定其限焉。其水北通鲫鱼潭。

无源潭在永丰里,潦水所钟也。草潭、白衣潭,郑氏凿也。荷兰陂,红毛筑也。公爷陂,郑氏筑也。皆在新丰里。甘棠潭在保大东里,地多甘棠。王有潭在仁和里,里民王有所凿。莲花潭,其源甚深,多产红白芙蕖。鸳鸯潭,两潭比偶,如鸳鸯然。水漆潭,多生水漆。参若陂,红毛时佃民王参若筑。十嫂陂,寡妇王十嫂募佃筑。陴仔头陂,伪郑时筑。月眉池,形如半月也。皆属文贤里。鼎济塞在新港社,产鱼虾。新港东陂在新化里,西陂亦在新港社。

邑治八景:曰鹿耳连帆,曰鲲身集网,曰赤嵌夕照,曰金鸡晓霞(此属澎湖),曰鲫潭霁月,曰雁门烟雨,曰香洋春耨,曰旗尾烁搜(散见山水古迹各志,自御史钱琦以下,皆有题咏)。又郡八景:曰安平晚渡,沙鲲渔火,鹿耳春潮,鸡笼积雪(此属淡水),东溟晓日(同上),西屿落霞(属澎湖),澄台观海,斐亭听涛(俱在道署内;自巡道高拱干以下,皆有题咏)。

秀峰塔,居郡学之巽方,高丈三尺五寸,周底六丈;四门阶级,空其中。乾隆六年,提学杨二酉建,后废不修治。

南湖书院在小南门外。乾隆三十年,郡守蒋允焄以崇文书院狭,且近市,复建书院于此。辟斋舍、设讲堂于法华寺之左,即旧梦蝶园处也。其地有湖山林木之胜。后以院长居此者多弗康,遂废。

又有正音书院,在东安坊旧县署之左。雍正七年建,寻废。

环台湾皆海。自邑治计之,南至凤山县之沙马矶头,旱程二百九十六里,水程七更;北至淡水厅之鸡笼鼻头山,旱程六百三十里,水程一十九更;西北至鹿耳门,水程二十五里(康熙五十五年,钦差丈量,依旱程折算,仅十里零七绳)。鹿耳门西北至澎湖,水程四更,约一百八十里。澎湖西北至厦门,水程七更,约三百里。邑治内优大山之东曰山后,归化生番所居。舟从沙马几头盘转,可入卑南觅诸社。山后大洋之北有屿名钓鱼台,可泊巨舟十余艘。崇爻山下薛波兰港可进三板船。

海洋行舟,以磁为漏筒,如酒壶状,中实棚沙悬之,沙从筒眼渗出,复以一筒承之;上筒沙尽,下筒沙满更换,是为一更。每一日夜共十更,每更舟行可四十余里。而风潮有顺逆,驾驶有迟速。以一人取木片赴船首投海中,即从船首疾行至船尾,木片与人行齐至为准;或人行先木片至,则为不上更;或木片先人行至,则为过更。计所差之尺寸,酌更数之多寡,便知所行远近。所至地方,若岛屿可望,令望向者(曰"亚班")登桅远望;如无岛屿可望,则用绵纱为绳,长六七十丈,系铅锤,涂以牛油,坠入海底,粘起泥沙,辨其土色,可知舟至某处。其洋中寄椗候风,亦依此法。倘铅锤粘不起泥沙,非甚深,即石底,不可寄泊矣。

通洋海舶,掌更漏及驶船针路者为"火长";一正一副,各有传抄海道秘本,名曰"水镜"。台厦重洋往来之舟,水程颇近,中有澎湖,岛屿相望,不设更漏,但焚香几行为准。针路则以罗盘按定子午,自台抵厦,向乾方而往;自厦抵台,指巽方而来。若由厦北赴江、浙、锦、盖诸州,南抵广、粤、惠、潮各府,沿海傍山,逐日有澳可泊,不用更漏筒。

或问:"旧志舟行一更六十里,今谓四十余里,何也?"曰:"南路沙码矶头至府治,舟行七更。康熙五十五年,钦差丈明旱程二百九十六里,水程与旱程相傍,是一更该四十二里有零。通志载福州至琉球,水程一千七百里,府志称船行四十三更,是亦一更四十里矣。"

又问:"舟自南路抵府七更,顺风一日可至;自厦抵澎亦七更,必一日有余乃至,何也?"曰:"台海潮北汐南;南路抵府,顺流也,台厦横流故稍迟。"曰:"北流为顺,南流不逆乎?"曰:"有风不怕流;南流虽逆,非如黑沟之湍激也。"

又问:"舟中定更,以人行与木片齐至为度。台地人行,穷日不能百里,舟行乃二百余里,何也?"曰:"投木片时其行速,且船无休息,故倍之。"

又问:"北路水程十九更,旱程仅六百三十里,何也?"曰:"此未暇详考,依府志所载。"

台海潮流,止分南北。台厦往来,横流而渡,号曰"横洋"。自台抵澎为小洋,自澎抵厦为大洋,故亦称"重洋"。

凡往内地之舟,皆于黎明时出鹿耳门放洋(舟人捩舵扬帆出海曰"放洋"。鹿耳门港南北有二礁,植标以记,不敢逼犯;质明见标,舟乃可行)。清明后南风始发,从鹿耳门外径去。白露后北风渐盛,必至隙仔港口(在鹿耳门外之北),方可开驾(舟行务上依风,故南风放洋从南,北风放洋从北,若误落下风,针路便失)。约行百里,望见东西吉屿,经二屿便抵澎湖,大约后午可到。南风宜泊水埯澳,北风宜泊网澳、内堑、外堑等澳;余详前澳屿内。自澎往厦,悉以黄昏为期,越宿而内地之山隐现目前。此就顺风而言。若南风柔若,风不胜帆,常一二日夜方抵澎湖。至厦门则更缓。又若北风凛冽,帆不胜风,摺帆驾驶,登岸亦稍迟焉。

帆往福州,望北直去,至闽安镇,水程一十五更,不用湾泊澎湖。若从北路淡水西渡,水程仅七更。登舟半日,可见关潼山。自关潼趋定海,行大洋中五六十里,至五虎门;两山对峙,势极雄险,为闽省外户。门外风力鼓荡,舟帆颠越;既入门,静渌渊渟,与门外迥别。更进为城头,土名亭头;十里即闽安镇,再数十里至南台大桥。

鹿耳门外,初出洋时水色皆白。东顾台山,烟云竹树,叠翠浮蓝,自南抵北,罗列一片,绝似屏障画图。已而渐远,水色变为淡蓝,台山犹隐现于海面。旋见水色皆黑,则小洋之黑水沟也。过沟,黑水转淡,继而深碧,澎湖诸岛在指顾间矣。自澎湖放洋,近处水皆碧色,渐远则或苍或赤,苍者若靛绿,赤者若臙红。再过,深黑如墨,即大洋之黑水沟,横流迅驶,乃渡台最险处。既过,水色依然苍赤。有纯赤处,是名红水沟,不甚险。比见水皆碧色,则青水洋也。顷刻上白水,而内地两太武山屹然挺出于鹢首矣(南风时,驾驶近南,先见镇海之南太武;北风时,驾驶近北,先见金门之北太武)。

黑水沟为澎、厦分界处,广约六七十里,险冠诸海。其深无底,水黑如墨,湍激悍怒,势又稍洼。舟利乘风疾行,乱流而渡,迟则波涛冲击,易致针路差失(按黑水沟有二:其在澎湖之西者,广可八十余里,为澎、厦分界处,水黑如墨,名曰大洋;其在澎湖之东者,广亦八十余里,则为台、澎分界处,名曰小洋。小洋水比大洋更黑,其深无底。大洋风静时,尚可寄椗,小洋则不可寄椗,其险过于大洋;此前辈诸书纪载所未及辨也)。厦船过黑水沟良久,令亚班(舟中占风望向者二人,名曰"亚班")登桅遥望,必见澎湖西屿、花屿、猫屿,乃可前进;倘计程应至,而诸屿不见,便失所向,须亟收回,恐漂越台之南北而东,则邈不知其所之。或已抵鹿耳门,为东风所逆不得入;或遇海吼浪涌,隙仔不可寄泊,当回澎湖。值若月黑,莫辨岛屿何处,不得不仍归厦门。而针路已失,往往有随风北至南日而上、南至铜山以下者。

来台诸舟,必以澎湖为关津。由西屿头入泊妈宫等奥,然后出东吉,过小洋,抵鹿耳;其常也。或已入澎湖,而风信未可行,尝有湾泊至旬以外者。

澎湖诸岛,皆平冈无峰峦,舟行稍远,辄伏而不见。渐近时,登鹢尾高凭眺,恍惚天际微云,一抹如线。徘徊回顾,天水混连,孤舟荡漾,若纤芥在明镜中。

泛海不见飞鸟,则渐至大洋,盖水禽陆栖也。近岛屿,先见白鸟飞翔。

海波夜动,焰如流火,天黑弥烂。船在洋中,可击水以视物。一击而水光飞溅,如明珠十斛,倾撒水面,晶光荧荧,良久始灭。

台湾县治之海常吼。自七鲲身北至鹿耳门,南至打鼓港止,小吼似击花腔鼓,点点作撒豆声,乍近乍远,若断若续,临流听之,有成连鼓琴之致;大吼如万马奔突,如众鼓齐鸣,如三峡崩流,如千鼎共沸,厥声远闻,累数日夜罔有闲歇,惊涛溢涌,舟莫敢近,虽钱塘八月怒潮,未足拟也。或曰风兆,时亦不风;或曰涛响,何港无涛?若云雨征,宜其近之;谓海气发,故地籁鸣也。乃微雨辄吼,大雨而或不吼;既晴犹吼,久旱而亦时吼;斯不可解矣。惟吼声南下而渐细,则久雨必晴,颇验(按海自嘉义以上不吼。惟台湾下至凤山则吼,俗呼曰"做涌";惊涛迅发,舟触之,沸击迫岸辄碎。自岸边至中流,浪之最巨者有三叠,约广不上十里,以外则渐平。春冬不吼,惟四月廿六日起。舟人谣曰:涌仔开目,不因风兆,不因潮汐。谓海气一发,微雨几泼,辄吼;或大雨不吼,大风不吼;或既晴犹吼,必待烈阳炎暴至终日则吼息。四五月之吼,凤山最甚;六七月之吼,台湾最甚。其地气由南而北。七月廿六后,谓之"埔占涌",渐轻;至中秋则不吼也。盖夏令地气蒸热,自下而升,犹煮饭之滚于锅底然)。

台处闽之东南,以一郡藩蔽全省。即沿东西地方之对峙者计之:北路淡水厅之后垄港,与兴化府南日对;后垄而上有竹堑,与福清县海坛镇对;后垄而上有南嵌社,与福州府闽安镇关潼对;自南嵌至淡水港,与连江县北茭对;自淡水港至鸡笼山,与福宁府沙埕烽火门对;南路凤山县之弥陀港、万丹港、岐后港、东港、茄藤港,则与漳州府之古螺、铜山等处对。顺风时,驾驶针路皆以卯西为方向,不用斜转;惟鹿耳门居邑治之西北,澎湖又居鹿耳门之西北,与泉州府同安县之厦门东南斜对,针路以巽乾为方向。迩来海不扬波,凡艍仔、三板头等小船,每由北路笨港、鹿仔港等处乘南风时径渡厦门、泉州,自东徂西,横过澎湖之北,名曰"透西",例禁甚严;趋险者犹如鹜也。

台海港口,哨船可出入者,只邑治鹿耳门及南路打鼓港、北路蚊港、笨港、淡水港、小鸡笼、八尺门七处,其余如邑治之大港、南路之西溪、蚝港、蛲港、东港、茄藤港、放𦁘港(冬月沙淤,至夏秋溪涨,船始可行)、大昆麓社寮港、后湾子(俱琅𪖨地)、北路之马沙沟、欧汪港、布袋澳、茅港尾、铁线桥、咸水港、井水港、八掌溪、猴树港、虎尾溪港、海丰港、二林港、三林港(二港亦多沙汕,水退去口五六里)、鹿仔港(潮涨大船可至内汕,不能抵港,其外汕水退时去口十余里,非熟港道者不敢出入),哨船俱不能常至。

邑治州仔尾、隙仔、喜树港、南路万丹港、北路湾里、竿寮、含西、篷山港,只容舥仔小船。再南路岐后、枋寮、加六堂、谢必益、蜣鼊港、大绣房、鱼房港、北路鳝仔窀、象领,今尽淤塞,惟小渔船来往。

相传台海有万水朝东处,诸书所载不同。《续文献通考》及《岛上附传》、《稗海纪游》皆云在澎湖南(《续文献通考》云:"水至澎湖渐低,近琉球谓之落漈;漈者,水趋下而不回也。凡西岸渔舟,到澎湖以下,遇飓风发,漂流落漈,回者百无一。"《岛上附传》云:"澎湖风涛喷薄,悍怒激斗,瞬息万状。子午稍错,北则坠于南风氚,南则入于万水朝东,皆有不返之忧。"《稗海纪游》云:"澎湖黑水沟最险,自北流南,不知源出何所。水黑如墨,势又稍洼;广约百里,湍流迅驶。舟师至此,喘喘屏息,惧或顺流而南,不知所之")。《福建海防考》谓:"澎湖为漳、泉南户,日本、吕宋、东西洋皆所必经。南有港门,直通西洋。"《台湾志略》谓:"海船直指,南离至东京、广南、占城、柬埔寨、暹罗等处。"旧府志亦谓:"子午稍错,南犯吕宋,或暹罗,或交趾。"今通洋之舟,岁岁南行,未尝入于万水朝东,则云在澎湖南者误也。至云水至澎湖渐低,黑水沟自北流南,亦误。又《漳州府志》云:"沟水分东西流,过沟则东流达于吕宋,回日过沟则西流达于漳、泉。"皆未详考。盖台海潮流止分南北,潮时北流较缓,汐时南流较驶。澎岛在厦门之东南,乃渡台标准;但无高峰,不可远望,过沟时针路指定东南,船稍近北,虽不见澎岛,犹可见台北诸山。苟为南流所牵,则径出南路沙马矶头之下,无岛屿可望,不知台湾在何方矣。故黑水沟中,值静风潮涨可随流,潮退必悬碇停舟,非畏万水朝东也。《稗海纪游》又云:"鸡笼山下实近弱水,舟至则沉,或名为万水朝东。其势倾泻,卷入地底,滔滔东逝流而不返。"二说俱无稽。若旧府志云:"北则漂荡,无复人境,甚至无力水而莫知所之。"亦第想象之词。然则《赤嵌集》所云"黑水沟惊涛鼎沸,险冠诸海,顺流而东,则为弱水。昔有闽船漂至弱水之东,十二年始还中土"者,皆不可信乎?曰:弱水见于禹贡,自有其处。万水朝东,天下之公言也。地缺东南,尾闾有焦釜,岂即在鸡笼山下?且顺流而东,果为弱水,则府志所载外域诸国在台海正东、东南、东北者,将无由而至矣;而皆非也(按府志载琉球在台海正东,日本在台海东北,吕宋、苏禄在台海东南。今考台海北至鸡笼,南尽沙马矶头而止。琉球在福州正东一千七百里,自五虎门放洋,经鸡笼山之北而去。日本以近东海日出而名,舟必北上抵江南界之秦山、花鸟屿始可放洋。明史载吕宋居南海中,去漳州甚近;苏禄地近浮泥、阇婆,去泉州甚远。似俱与台海无涉)。诸书言顺流而东、而南者,就内地言之也。台处东南,其北之鸡笼山即内地之东,其南之沙马矶头即内地之南。水归东南，故皆可曰顺流。或东、或南，俱错过台湾山后，大海茫茫，舟随风去，无所终泊，得还中土者盖鲜；幸而岛屿可依，帆柁未失，乘风忽返，间尝有之。其所至果弱水之东否，未可知也。闻老舵工云：尝遭风至台湾山后绝远处，夜闻水声溯湃，知为万水朝东；努力回柁，幸免落漈，天明见岛屿甚近。语似可据。然闻水声，以为落漈，非也；岛岸风涛，冲击作声也。舟不回柁，触礁齑粉，无生还理。旧称落漈，杂云沉海，乃舟人之讳词。风土记谓十二年气候一周，漈水复满，东风大起，船乃还；则海滨人习言之，特以慰其家人，即诗所云犹来无止耳。亦有搁浅簸浪，因而傍崖登山者，苟延残喘，际会幸归，各述所见。大海之中，何奇不有、何怪不储，存而不论可也。岛上附传所称南风㠀，今亦莫知其处。

台船岁往江、浙、锦、盖诸州者以千计。沿海水程，内地郡邑志及通志俱未详载。既无以稽舟楫之去来，又何以资哨防之备御？倘谓邑志例限不书，得毋终听其阙乎！因就见闻所及，附着于此。至道里远近、澳港险易，略之以俟知者。

台船至厦门，水程一十一更。自厦门至浙江宁波，水程三十七更；江南上海较远十更。先由厦门挂验，出大担门北行，经金门、辽罗，系同安县界；过围头、深沪、浚里至永宁，俱晋江县界；又过祥芝头至大坠，为泉州港口；经惠安县之獭窟至崇武，可泊船数十；复经莆田县之湄州至平海，可泊船数百；其北即南日，仅容数艘。莆田、福清交界从内港行，经门榈、后草屿至海坛宫仔前，有盐屿，即福清港内；过古屿门为长乐县界。复沿海行，经东西洛至磁澳，回望海坛诸山，环峙南日、古屿之东，出没隐现，若近若远；再过为白畎、为关潼，可泊船数百，乃福省半港处，入内即五虎门。由关潼一潮水至定海，可泊船数百余。复经大埕、黄岐至北茭，为连江县界；再过罗湖、大金抵三沙、烽火门。由三沙沿山戗驶，一潮水过东壁、大小目、火焰山、马屿，进松山港，即福宁府。由烽火门过大小仓山、秦屿、水澳至南镇、沙埕，直抵南北二关，闽、浙交界。由北关北上至金香大澳，东有南纪屿可泊千艘；其北为凤凰澳，系瑞安县港口；又北为梅花屿，即温州港口。过垄内三盘，伪郑常屯札于此；再过王大澳、玉盘山、坎门、大鹿山，至石塘，内为双门卫；复经鲎壳澳、深门、花澳、马蹄澳、双头通至川礁，为黄岩港口。从牛头门、柴盘抵石浦门。由龙门港、崎头至丁厝澳，澳东大山叠出，为舟山地；赴宁波、上海，在此分综。从西，由定海关进港数里，即宁波；从北，过岑港、黄浦至沈加门；东出即普陀山，北上为秦山、花鸟屿。秦山西南有板椒山,属苏州府界;又有羊山,龙神甚灵,凡船到此,须悄寂而过。放大洋,抵吴淞,进港数里,即上海。再由舟山丁厝澳西北放小洋,四更至乍浦;海边俱石岸,北风可泊于羊山屿。向北过崇明外五条沙转西,三十四更入胶州口。过崇明外五条沙,对北三十二更至成山头。向东北放洋,十一更至旅顺口;由山边至童子沟岛向东,沿山七更至盖州;向北放洋七更,至锦州府。

自厦门出大担门外南行,由浯屿至南澳,凡一十三澳:曰浯屿、麦坑、镇海卫、将军澳、陆鳌、杏仔、古螺、铜山、苏尖、刘澳角、宫仔前、悬钟、南澳,入广东界(附记:自浙入闽,由沙埕南下,一潮水至南镇;南镇一潮水至南关;南关一潮水过大小白鹭至屏峰;屏峰一潮水至仓山门;仓山门一潮水至三沙;三沙一潮水过大小目至短表,过海尾澳、长表一潮水至斗美;斗美一潮水过间尾至罗湖;罗湖一潮水过西洋至北茭;北茭顺风一潮水至黄岐,若遇逆风则在北茭候风;黄岐一潮水过赤澳、猫坞、安海、黄宫四屿至定海;定海一潮水过小目入五虎门,到虎树;虎树一潮水过白塔、熨斗、浮江、双龟、破荠入金牌、急水门至馆头;馆头一潮水过梅屿、长湾,大小芦亭头到福州闽安镇;又馆头一潮水往北港过蓬崎至狄芦,过乌猪、小目、小埕、长澳复至定海)。

南路沙马矶头之南有澳,名龟那秃,北风可泊巨舰。从此东去,水程四更至红头屿,生番聚处。地产铜,所用杂物皆铜器,不与中国通。顺风两日夜即是吕宋之谢昆山、大小覆金山,沿山行四五日夜至吕宋,共水程五十八更。

台湾风信,自厦来台,以西北风为顺;自台抵厦,以东南风为顺。但得一面之风,非当头逆顶,皆可转帆戗驶。故两舟并行,一往一来,不闻阻滞,仅分迟速。惟鹿耳门进港忌东风,出港忌西风。而台湾风信,与内地迥异;清晨必有东风,午后必有西风,名曰"发海西";去来诸舟,乘之以出入,乃天造地设之奇。时或反是,则飓风将作,去者未可遽去,来者必亟收回云。

舟人呼大风曰"暴"。按诗邶风"终风且暴";传云,暴,疾也,疏云,大风疾起也。旧志暨凤山各志以"暴"为"报",失其义矣。府志作飑,亦误。飑乃海中灾风,其至叵测。暴则每月有期,所传名称虽涉怪诞,而验之多应。凡暴期将至,舟必泊澳;俟暴发后辄尾之而行,最便利,不为灾。府志又云,飓之甚者曰台。飓倏发倏止,台常连日夜;飓骤而祸轻,台缓而祸久。考六书无"台"字,所云台者,乃土人见飓风挟雨四面环至,空中旋舞如筛,因曰"风筛",谓飓风筛雨,未尝曰台风也。台音筛同台,加风作台,诸书承误,今删之(按韵会:海中大风曰飓。《投荒杂录》云:"岭南诸郡皆有飓风,以四面风俱至也。"《南越志》:

"飓风,具四面之风,常以五六月发,永嘉人谓之风痴。"陆放翁曰:"岭表有瘴母,初起圆黑,久渐广,谓之飓母。"韩文公赴江陵诗:"飓起最可畏,訇哮簸陵邱。"注:《岭表录异》云,"岭峤夏秋雄风曰飓。"又云:"南海夏秋间有云物如虹,长六七尺,见则飓风必发,故曰飓母;其风一发,鸡犬不宁。并从具,音惧。"康熙字典载韵笺引杨升庵说,飓作䬃,音贝。佛经云:"风虹如贝。"柳柳州诗:"䬃母偏惊估客船。"补入"七队"逸字中。又六书故:"䬃,补妹切,海之灾风也,俗书讹作飓。"正字通复云:"飓字即䬃字之讹。"又《艺林伐山》云:"䬃风之作,多在初秋。"《南越志》亦云,"母即孟婆,春夏间有晕如虹是也。"又李西涯讥许氏从具,谓具四方之风,乃北人不知南人之候,误以䬃为飓耳。西涯博学,必有所据。且闽、粤诸儒皆云䬃风,今韵书多䬃作,并志以备考)。

([清]李元春:《台湾志略(卷1):地志》,《台湾文献丛刊》(18),台湾银行经济研究室,1958年。)

8. 台湾生熟番纪事：台湾生熟番舆地考略

台湾生熟番舆地考略

台疆初辟时，预筹进山要道，以便策应缓急。南北通衢，由大甲至新庄、抵淡水北路凡三条：一由淡水基隆、三貂过崒岭，抵头围，系入山往来大路；即漳人分得地界之内，今由艋舺入宜兰通行大路。又一路由艋舺之大坪林进山，从内山行走，经大湖隘，抵东势之溪洲；系泉人分得地界之内。又一路由竹堑之九芎林进山，经盐菜瓮、玉山脚，由内鹿埔出东势之叭哩沙喃；系粤人分得地界之内。近年来，艋舺安溪茶贩，竟由大坪林内山一带行走，直出头围，其径甚捷。艋舺近庄人，多由万顺寮六里至平林尾过溪，入九芎林，开垦田园千万顷；桑麻黍稷，被野盈畴。

台湾入山孔道，初由东北行。自淡水之八堵折入基隆，循海过深澳，至三貂、崒岭，入宜兰界。嗣改从东行，由暖暖、三爪仔过三貂，则较由基隆而稍近矣。迨开疆时，复由三爪仔迤东南走三貂、鱼桁仔、远望坑过岭，至大里简，入头围；此即现在通衢，视番路又较近矣。然自宜兰至艋舺计程二百余里，官程四站、民壮五寮，虽便而犹未捷也。兹查有一路，地甚宽坦，毋庸多涉深溪、重经峻岭；但由头围炮台外斜过石空仔山六里至鹿寮（一名待牛寮），再十二里至大溪，又十二里至大坪、二十里至双溪头，双溪头二十里出淡属之水返脚，再二十五里便抵艋舺矣。凡所经过内山，皆做料、煮栳、打鹿、抽藤之家；而大溪、大坪、双溪头一带，皆有寮舍，行人可资栖息。现安溪茶贩往返，皆资此途。惟中有溪流数处，深广五、六尺许，必须造桥五、六座，设隘一、二寮，方足利于行人。又中有一路，不出水返脚而出锡口。又有一路，不由大坪，可直向万顺寮出口，路更坦旷无溪；出口十余里，即抵艋舺。附志之，以俟捷足者先登。

宜兰县，南与奇莱社番最近。奇莱，陆由鸟仔埔触奇莱至苏澳南关，大约一百五十里；水由米浪港出口，直入苏澳界，程五、六十里。该处生番，现有根耶耶、直脚宣、豆难、薄薄、李刘、罢鞭等六社名目。查根耶耶即筠椰椰，直脚宣即竹仔宣，豆难即多难。此四社，旧属诸罗县界崇爻山后、傀儡大山之东，后与崇爻、芝舞兰、芝密、猫丹、水辇合为九社，归入诸罗，岁输社饷；近又改照民丁例，凡四社与芝舞兰、芝密、水辇、纳纳，名为崇爻八社，另输鹿皮杠征丁银；亦可见番性之迁改无常，故社之分合不一也。今芝密讹作奇密，与纳纳同属泗波澜。泗波澜有十八社番,与奇莱相近,属凤山县界,亦在崇爻山后;可知奇莱即嘉义之背、泗波澜即凤山之脊。由此而卑南觅、而沙马矶头,回环南北一带;则后山诸地,自㳽鼻至琅峤,大略与山前千余里等耳。海舟从沙马矶头盘转而入卑南觅诸社山后大洋之北,有屿名钓鱼台,可泊巨舟十余艘;崇爻山下泗波澜,可进三板船,漳、泉人多有至其地者。

卑南觅自山阔五、六十里,南北长约百里到海。此地开辟,可垦良田数万甲,岁得租赋数万石,足置一县治;与秀孤鸾为邻,今嘉、彰两相接壤也。其地为东面大平洋,向西北行百余里即彰化界外之埔里社,乃全台适中之处也。卑南觅土产槟榔,薯榔尤多,漫山遍野皆是。近时郡城有小船私到山后,向番摆流(华言互易)者,即卑南觅也。所出鹿茸、鹿脯亦多。交易不用银钱,但以物互换而已。其地港澳数处,皆可泊舟。小舟由溪而入百二三十里,溪水清且深。

乌石港口,南去"万水朝宗"洋面不远。舟行至此,百无一回;俗谓之"落溜",即"落漈"也。按《续文献通考》:"水至澎湖渐低;近琉球,谓之落漈。落漈者,水趋下而不回也。凡西岸渔舟,到澎湖以下遇飓风发,漂流落漈,回者百无一、二。"又《稗海记游》云:"基隆山下,实近弱水,秋毫不载。舟至,即沈。或名为'万水朝东'。势倾泻,卷入地底,滔滔东逝,流而不返。"二说微异。但谓在澎湖以下者,时尚未开台也;谓在基隆山下者,时尚未开兰也。总之,不离平东流者近是。新修《台邑志》则云:"弱水见于《禹贡》,自有其处。'万水朝东',天下之公言也。诸书言顺流而东而南者,就内地言之也。台处东南,其北之基隆(本系鸡笼,近时更易)山,即内地之东;其南之沙马矶头,即内地之南。水归东南,故皆可曰顺流。"康熙初,张给谏《出使琉球记》谓:"由五虎门放洋,已离梅花所七日矣。令舵工上斗遥望,见东北一山,形圆,卑如覆盂,四面无址;谅无居民,心甚疑。越日,因北风,引舟南行至小琉球;询之土人云:'尤家埠琉璜山也'。北去日本、东出弱水洋,当飘蓬莱、扶桑,不知何日西还矣!"据此,所言则又似"朝东"之水与小琉球遥相对云。

嘉庆丙寅春,海寇蔡牵至乌石港,欲取其地,使人通谋共垦,众患之。贼舟有幼童被虏者,乘间登岸,遇其父匿之,贼索不得,扬言且灭头围;众益惧,头人陈奠邦、吴化辈相与谋:今通贼,官兵必讨,自家之害,尤为切要;不如拒之,且以为功。乃夜定计,集乡勇并各社番伏岸上为备;贼犹未觉,晨入市货物,众乃缚之,得十三人并头目。贼闻之怒,连帆进攻;众断大树塞港,贼不得进。拒敌久之,贼败去;化等乃以所擒贼献。将军赛冲阿闻,乃有"该处膏腴为蔡逆窥伺"之奏。越丁卯秋,朱濆大载农棋泊苏澳,谋夺溪南地为贼巢。陈奠邦遣人告急,知府杨廷理缉捕至艋舺,得讯,遂与南澳镇王得禄水陆赴援。先是,漳人尽得有西势地,柯有成、何绘、陈奠邦、赖岳、吴化、吴光裔六人为之董事;而东势之强者,独番社潘贤文驻罗东。自罗东以南至苏澳三十里,朱濆谋夺之,以哗吱、红布散给东、西势诸社番;有漳人李祐,阴结党羽勾通。廷理乃以札谕柯有成、潘贤文七人,晓以大义,出哗吱十板、红布五百匹、番镪千圆赉番众,贤文大悦,民咸踊跃用命;设木栅于海口,各出器械巡逻,捕通贼者。祐党惧,挈妻子入贼舟;贤文复获海寇黄善等七人以献。有黄灶者,大股贼目也;为黄姓所匿,廷理索之,即缚灶出献。于是蛤仔难居民竞出,治道以迎廷理。四日而至五围,至则泉州义首林永福、翁清和自艋舺率精壮番勇千二百人穿山开路,以达苏澳;潘贤文亦以众断贼樵汲,遂与舟师夹攻败贼,贼顺流而东遁。

蔡牵僭称王号,逆造正朔(自称镇海威武王光明元年),起衅沪尾,窜连东港,厚集郡城,皆山贼为之扬其波;一若至微极贱之蔡牵,一日可鞭箠番民,控制闽、粤也,岂不悖且惑哉?蔡牵虽垂涎台湾,然日久计熟,所欲得志者噶玛兰耳。其地膏腴,未入版图,田亩初开,米粟足供给郡城;上流险固可守,漳、泉人杂处,其衅易乘,而同时巨盗朱濆力足控蔡牵,又虑为其所夺,是以挥金布赂,密谋先发,令其党赴东港而自留沪尾督率,意以沪尾既得,即可上追噶玛兰而下制郡城。不图羽翼未成,陆贼元凶就戮,不得已始率党南下。既入鹿耳门,又迁延逾旬;若其初意在郡城,必乘无备,并力急图。盖蔡牵虽愚,生长海涯,习闻往事,纵使侥幸得有郡城,未有不惧为朱一贵之续。以此度群贼所为,决非噶玛兰不可也。蔡牵乌合鸮张,多以林爽文比;而大势实相反。林爽文之变,实激之使起;故衅生一时,蔓延数载。而其败也,至于穷蹙自投。蔡牵之变,若招之使来;故勾通数载,流毒一时。而其败也,祗于诡秘自逸。以势论之,山贼被诱迫胁,身虽从贼,心怀两端,群呼跳跃,如同儿戏;有节制之师,不足平也。海贼虽拚命敢杀,然其入港借势风潮,即使登岸必无倾船尽出之理;有勇力之师固守海口以逸待劳,亦足恃险无虞!惟上流噶玛兰,官所不辖、所不必争,万一民番失守,弃以与贼,台湾之患,由是方滋。故为台湾久远计,非扫清洋面以拔其根,即当破力上流以绝其望!论者谓海贼出没踪迹无常,水师频年剿灭苦于风涛,无已,则请踵蓝鼎元"鹿州集"中之故智,而以假扮商船之说进。然时至今日,则又不然!自泰西诸国通商后,商船往来不绝,台中物产丰饶,皆外夷所窥伺;为夷人第一紧要者,基隆之煤、全台之樟脑木料耳。地方官因现敦和好,借轮船飞渡为便捷。凡漳、泉人飘海之舟,几置为无用;番社屯丁、团勇并不时加训练,又未能抚卹招徕为固结人心之本。一旦海疆有事,将鞭长莫及,其为患有甚于从前者矣。

　　乌筠林,讳竹芳。前宰诏安,以缉捕勤能,擢升刺史,借署噶玛兰通判(道光五年六月)。到任次年五月间,嘉、彰分类,匪徒窜入兰境,布散谣言;吴郑成、吴集光、吴乌毛等从而和之,聚众数千人,焚村庄、劫财物,全台鼎沸。乌闻信,星驰至冬瓜山,粤庄贼众甫集,仓皇惊散;追至马赛,生擒贼七名。次早至罗东,闻贼正攻打圆山,遂不暇食,率众前往。贼伏那美庄竹园中,枪铳齐鸣,伤勇役三名,众欲奔避;乌以身当先,大呼各役奋勇冲击,生擒五名,贼畏逃。次日,探贼聚鹿埔庄,乌与营员议分路夹攻。乌先至鹿埔,贼正焚庄;见官兵骤至,率众齐出,漫山遍野而来;彼众我寡,人人皆惧,乌独激励勇役以一当百,冲锋直入,生擒贼九名。从此贼众丧胆,望风而靡;但团聚四处,一时未能即散。二十四日,诸路贼又会,攻打圆山。乌传谕各村居民:团练乡勇,竖立义旗;身领兵勇,并带大砲三尊,布列山前,与贼对垒;各路伏勇又生擒八名。自此贼众计穷势蹙,遁影无踪;而全台不至蹂躏,居民得以保全矣。又中港逃来难民不下三千人,乌恐与贼合谋;率领头人,亲至头围抚卹,给以米银、栖以庐舍;皆欢然不敢滋事。时淡水小鸡笼与兰接壤山上,又有避难粤人千余,被漳人围圈日久,饮食几绝;乌闻信,即饬漳属头人带银数百,星夜驰赴,给以米石,劝漳人解围和好。由是,欢颂之声遍于道路。光绪八年(壬午),逢昶奉委至宜兰催收台北城捐,兰中父老有详述其事者,遂不握管直书。足见轶事流传,至今不替云。

（[清]黄逢昶:《台湾生熟番纪事:台湾生熟番舆地考略》,《台湾文献丛刊》(51),台湾银行经济研究室,1960年）

9. 福建通志:台湾府

噶玛兰厅

噶玛兰即厅治,北界三貂,东沿大海,生番聚处。時有匪舶潜艐。又治西有乌石港,与海中龟屿相对。夏秋间港流通畅,内地商船集此,设炮台防守。嘉庆十七年,设噶玛兰营。道光四年设郡司,驻五围城内。苏澳港在厅治南,港门宽阔,可容大舟,属噶玛兰营分防。又后山大洋北有钓鱼台,港深可泊大船千艘。崇爻之薛坡兰可进杉板船。

([清]王凯泰等:《福建通志:台湾府》,
《台湾文献丛刊》(84),台湾银行经济研究室,1960年)

10. 重修台湾府志(卷二):附考

附 考

定例:海船出洋,其置船时,先赴各该县报明购料在厂;成造竣日,仍赴县禀请验量梁头长短、广深丈尺,填明印烙,取具澳里族邻行保结状给照,听其驾驶出洋贸易。

商船自厦来台,由泉防厅给发印单,开载舵工、水手年貌并所载货物,于厦之大嶝门会同武汛照单验放。其自台回厦,由台防厅查明舵水年貌及货物数目换给印单,于台之鹿耳门会同武汛点验出口。台、厦两厅各于船只入口时,照印单查验人货相符,准其进港。出入之时,船内如有夹带等弊,即行查究。其所给印单,台、厦二厅彼此汇移查销。如有一船未到及印单久不移销,即移行确查究处。

商船自台往厦,每船止许带食米六十石,以防偷越。如敢违例多带米谷,严加究处。

台属之艋仔、杉板头、一封书等小船,领给台、凤、诸三县船照,周年换照;三邑各设有船总管理。惟彰化县止有大肚溪,小船仅在该港装载五谷货物;系鹿子港巡检查验,按月造册申报台防厅查核。台、凤、诸三县各船若往南路,俱由台邑之大港汛出入;系新港司巡检挂验,仍报台防厅查考。如赴北路,俱由鹿耳门挂验出入。其各船往南北贸易,船总、行保俱结状一纸,填明往某港字样;同县照送台防厅登记号簿,给与印单;以水途之远近,定限期之迟速。该港汛员查验,盖戳入口。在港所载是何货物及数目填明单内,查对明白盖戳,听其出口。回郡到府之日,将印单呈缴鹿耳门文、武汛查验单货相符,盖戳听其驾进。府澳各港汛员,仍将出入船只每五日折报,听台防厅稽查。如违限未回,严比行保;并行各港汛员挨查,以防透越之弊。

淡水旧设社船四只,向例由淡水庄民金举殷实之人详明取结,赴内地漳、泉造船给照;在厦贩买布帛、烟茶、器具等货来淡发卖,即在淡买籴米粟回棹,接济漳、泉民食。雍正元年,增设社船六只。乾隆八年,定社船十只外,不得再有增添。每年自九月至十二月止,许其来淡一次;回棹,听其带米出口。其余月分,止令赴鹿耳门贸易。九年,定台道军工所办大料,由社船配运赴厦,再配商船来台交厂。自九月至十二月止,不限次数,听其往淡。

商船拨运内地兵米及采买平粜米谷，俱照梁头丈尺分派。该船梁头一丈七尺六寸至一丈八尺者为大船，配载三百石；梁头一丈七尺一寸至一丈七尺五寸者为次大船，配载二百五十石；梁头一丈六尺至一丈七尺者为大中船，配载二百石；梁头一丈五尺六寸至一丈六尺者为次中船，配载一百五十石；梁头一丈四尺五寸至一丈五尺五寸者为下中船，配载一百石。其梁头一丈四尺五寸以下之小商船，例免配载。每石脚价，定银六分六厘六毫五丝；自厦载往他处，水程每百里加银三厘。遇奉文起运之时，将入口船只，计梁头之丈尺、配米谷之多寡。至交卸处所，水程有近远之不同；将交卸地方写入阄内，当堂令各船户公同拈阄。阄值何处，即照拈配运。若水途较远，如至福州府属及南澳等处交卸者，给与免单二张；其余兴、漳、泉等属则水途较近，给与免单一张。俟该船下次入口，将免单呈缴，免其配运。至台湾小船往各港运载到府交卸者，每石脚价银三分，着船总雇拨小船运载。

流寓台民有祖父母、父母、子女以及子之妻与幼孙、幼女先在内地，有愿往台及欲来台探望者，许其呈明给照渡海。乾隆五年停止。

海洋禁止偷渡，如有客头在沿海地方引诱包揽、索取偷渡人银两，用小船载出复上大船。将为首客头比照大船雇与下海之人分取番货例，发边卫充军。为从者减一等，杖一百，徒三年。澳甲、地保及船户、舵工人等知而不举者，亦照为从例，杖一百、徒三年，均不准折赎。其偷渡之人，照私渡关津律，杖八十，递回原籍。乾隆元年，水师提督王郡奏准：偷渡船户照为首客头例，发边卫充军；所得赃银，照追入官。该地方官弁疏纵偷渡人数至十名以上者，专管官罚俸一年、兵役各责二十，至疏纵偷渡人数至数十名者，专管官降一级、兵役各责三十（以上并见行"则例"）。

北路米，由笨港贩运；南路米，由打鼓港贩运。壬寅六月，台邑存仓稻谷无几，每日减粜数百石；不敷民食，暂借凤山仓谷支放。自东港运至台邑进大港，不由鹿耳门；每石船价八分。陆运每牛车止五、六石，溪涨难行，脚价数倍水运。雍正癸卯，浙江饥，运米一万石；甲辰，补运四万石。每商船载米五百石，运费每石二钱；未去之船，尚有贴费（《赤嵌笔谈》）。

偷渡来台，厦门是其总路。又有自小港偷渡上船者，如曾厝埯、白石头、大嶝、南山边、镇海、岐尾，或由刘武店至金门料罗、金龟尾、安海、东石，每乘小渔船私上大船。曾厝埯、白石头、大嶝、南山边、刘武店系水师提标营汛，镇海、岐尾系海澄营汛，料罗、东石、金龟尾系金门镇标营汛，安海系泉州城守营汛，各汛亦有文员会同稽查(同上)。

　　近海港口哨船可出入者,只鹿耳门、南路打鼓港(打鼓山南岐后水中有鸡心礁)、北路蚊港、笨港、淡水港、小鸡笼、八尺门。其余如凤山、大港、西溪、蚝港、蟯港、东港(通淡水)、茄藤港、放𦂅港(冬月沙淤,至夏秋溪涨,船始可行)、大昆麓、社寮港、后湾子(俱琅峤地)、诸罗马沙沟、欧汪港、布袋澳、茅港尾、铁线桥、盐水港、井水港、八掌溪、猴树港、虎尾溪港、海丰港、二林港、三林港(二林亦多沙线,水退,去口五、六里)、鹿子港(潮长,大船可至内线,不能抵港。外线水退,去口十余里。不知港道,不敢出入)、水里港、牛骂、大甲、猫盂、吞霄、房里、后垄、中港、竹堑、南嵌、八里坌、蛤仔难,可通杉板船;台湾州仔尾、西港子、湾里、凤山喜树港、万丹港、诸罗海翁堀、蓬山港,只容舡仔小船。再,凤山岐后、枋寮、加六堂、谢必益、龟璧港、大绣房、鱼房港、诸罗鲢仔㟁、象领,今尽淤塞,惟小鱼船往来耳。山后大洋,北有山名钓鱼台,可泊大船十余;崇爻之薛坡兰,可进杉板(同上)。

　　　　　([清]范咸等:《重修台湾府志(卷二):附考》,
《台湾文献丛刊》(105),台湾银行经济研究室,1961年)

11. 重修台湾县志(卷二)：山水志/海道

海 道

环台皆海也。自邑治计之，南至凤山县之沙马矶头，旱程二百九十六里，水程七更；北至淡水厅之鸡笼鼻头山，旱程六百三十里，水程一十九更；西北至鹿耳门，水程二十五里（康熙五十五年，钦差丈量，依旱程折算，仅十里零七绳）。鹿耳门西北至澎湖，水程四更，约一百八十里。澎湖西北至厦门，水程七更，约三百里。邑治内优大山之东曰山后，归化生番所居。舟从沙马矶头盘转，可入卑南觅诸社。山后大洋之北，有屿名钓鱼台，可泊巨舟十余艘。崇爻山下薛坡兰港可进三板船。

按海洋行舟，以磁为漏筒，如酒壶状，中实细沙，悬之，沙从筒眼渗出，复以一筒承之，上筒沙尽，下筒沙满，更换是为一更。每一日夜共十更。每更舟行可四十余里。而风潮有顺逆，驾驶有迟速；以一人取木片赴船首投海中，即从船首疾行至船尾，木片与人行齐至为准。或人行先木片至，则为不上更；或木片先至，人行后至，则为过更。计所差之尺寸，酌更数之多寡，便知所行远近。所至地方，若有岛屿可望，令望向者曰亚班，登桅远望；如无岛屿可望，则用棉纱为绳，长六、七十丈，系铅锤，涂以牛油，坠入海底，粘起泥沙，辨其土色，可知舟至某处，其洋中寄椗候风，亦依此法。倘铅锤粘不起泥沙，非甚深即石底，不可寄泊矣。通洋海舶，掌更漏及驶船针路者为火长；一正一副，各有传抄海道秘本，名曰水镜。台厦重洋，往来之舟，水程颇近，中有澎湖岛屿相望，不设更漏，但焚香几行为准，针路则以罗盘按定子午。自台抵厦，向乾方而往；自厦抵台，指巽方而来。若由厦北赴江、浙、锦、盖诸州，南抵广、粤、惠、潮各府，沿海傍山，逐日俱有埯澳可泊，不用更漏筒。

或问：旧志舟行一更六十里，今谓四十余里，何也？曰：南路沙马矶头至府治，舟行七更，康熙五十五年钦差丈明旱程二百九十六里，水程与旱程相傍，是一更该四十二里有零。《通志》载：福州至琉球水程一千七百里；《府志》称：船行四十三更；是亦一更四十里矣。又问：舟自南路抵府，七更。顺风一日可至；自厦抵澎亦七更，必一日有余乃至，何也？曰：台海潮北汐南，南路抵府，顺流也；台厦横流，故稍迟。曰：北流为顺，南流不逆乎？曰：有风不怕流。南流虽逆，非如黑沟之湍激也。又问：舟中定更，以人行与木片齐至为度，台地人行穷日不能百里,舟行乃二百余里,何也?曰:投水片时其行速,且船无休息,故倍之。又问:北路水程十九更,旱程仅六百三十里,何也?曰:此未暇详考,依《府志》所载。

台海潮流,止分南北。台厦往来,横流而渡,号曰横洋。自台抵澎为小洋,自澎抵厦为大洋,故亦称重洋。

凡往内地之舟,皆于黎明时出鹿耳门放洋(舟人挨舵扬帆出海曰放洋。鹿耳门港南北有二礁,植标以记,不敢偪犯。质明见标,舟乃可行)。清明后,南风始发,从鹿耳门外径去。白露后,北风渐盛,必至隙仔港口(在鹿耳门外之北),方可开驾(舟行务依上风,故南风放洋从南,北风放洋从北。若误落下风,针路便失)。约行百里,望见东西吉屿,经二屿便抵澎湖。大约午后可到。南风宜泊水垵澳,北风宜泊网澳、内堑、外堑等澳。余详前澳屿内。自澎往厦,悉以黄昏为期,越早而内地之山隐现目前。此就顺风而言。若南风柔弱,风不胜帆,常一、二日夜方抵澎湖。至厦门则更缓。又若北风凛烈,帆不胜风,折帆驾驶,登岸亦稍迟焉。

船往福州,望北直去至闽安镇,水程一十五更,不用湾泊澎湖。若从北路淡水西渡,水程仅七更。登舟半日,可见关潼山。自关潼趋定海,行大洋中五、六十里至五虎门;两山对峙,势极雄险,为闽省外户。门外风力鼓荡,舟帆颠越。既入门,静渌渊渟,与门外迥别。更进为城头,土名亭头。十里即闽安镇。再数十里至南台大桥。

鹿耳门外,初出洋时,水色皆白。东顾台山,烟云竹树,缀翠浮蓝。自南抵北。罗列一片,绝似屏障画图。已而渐远,水色变为淡蓝,台山犹隐现于海面。旋见水色皆黑,则小洋之黑水沟也。过沟,黑水转淡,继而深碧。澎湖诸岛,在指顾间矣。自澎湖放洋,近处水皆碧色,渐远则或苍或赤。苍者若靛绿,赤者若臙红。再过深黑如墨,即大洋之黑水沟。横流迅驶,乃渡台最险处。既过,水色依然苍赤。有纯赤处,是名红水沟,不甚险。比见水皆碧色,则青水洋也。顷刻上白水,而内地两太武山,屹然挺出于鹢首矣(南风时,驾驶近南,先见镇海之南太武。北风时,驾驶近北,先见金门之北太武)。

([清]王必昌等:《重修台湾县志(卷二):山水志/海道》,《台湾文献丛刊》(113),台湾银行经济研究室,1961年)

12. 续修台湾县志（卷一）：地志/海道

海 道

　　海道集旧闻，信所可信，而疑者亦并存之。风涛茫渺中，吾安知信者非疑，疑者非信也？偶得一解，惴惴然欲奉为据依。凡有言者，皆几孤竹之老马也。

　　环台湾皆海。自邑治计之，南至凤山县之沙马矶头，旱程二百九十六里，水程七更。北至淡水厅之鸡笼鼻头山，旱程六百三十里，水程一十九更。西北至鹿耳门，水程二十五里（康熙五十五年钦差丈量，依旱程折算，仅十里零七绳）。鹿耳门西北至澎湖，水程四更，约一百八十里，澎湖西北至厦门，水程七更，约三百里。邑治内优大山之东曰山后，归化生番所居；舟从沙马矶头盘转，可入卑南觅诸社。山后大洋之北有屿，名钓鱼台，可泊巨舟十余艘。崇爻山下薛波兰港，可进三板船。

　　海洋行舟以磁为漏筒，如酒壶状，中实细沙悬之。沙从筒眼渗出，复以一筒承之。上筒沙尽，下筒沙满更换，是为一更。每一日夜共十更。每更舟行可四十余里；而风潮有顺逆，驾驶有迟速。以一人取木片，赴船首投海中，即从船首疾行至船尾，木片与人行齐至为准；或人行先木片至，则为不上更；或木片先人行至，则为过更。计所差之尺寸，酌更数之多寡，便知所行远近。所至地方，若岛屿可望，令望向者曰"亚班"，登桅远望。如无岛屿可望，则用绵纱为绳，长六七十丈，系铅锤，涂以牛油，坠入海底，粘起泥沙，辨其土色，可知舟至某处。其洋中寄椗候风，亦依此法。倘铅锤粘不起泥沙，非甚深即石底，不可寄泊矣。通洋海舶掌更漏及驶船针路者为火长，一正一副，各有传抄海道秘本，名曰水镜。台厦重洋往来之舟，水程颇近，中有澎湖，岛屿相望，不设更漏，但焚香几行为准。针路则以罗盘按定子午。自台抵厦，向乾方而往；自厦抵台，指巽方而来。若由厦北赴江、浙、锦、盖诸州，南抵广、粤、惠、潮各府，沿海傍山，逐日皆有埯澳可泊，不用更漏筒。或问旧志舟行一更六十里，今谓四十余里何也？曰：南路沙码矶头至府治，舟行七更。康熙五十五年，钦差丈明旱程二百九十六里。水程与旱程相傍。是一更该四十二里有零。通志载：福州至琉球水程一千七百里。府志称：船行四十三更。是亦一更四十里矣。又问舟自南路抵府七更，顺风一日可至。自厦抵澎亦七更，必一日有余乃至，何也？曰：台海潮北汐南，南路抵府，顺流也。台、厦横流，故稍迟。曰：北流为顺，南流不逆乎？

曰：有风不怕流。南流虽逆，非如黑沟之湍激也。又问舟中定更，以人行与木片齐至为度。台地人行，穷日不能百里，舟行乃二百余里，何也？曰：投木片时，其行速，且船无休息，故倍之。又问北路水程十九更，旱程仅六百三十里，何也？曰此未暇详考，依《府志》所载。

台海潮流止分南北。台、厦往来横流而渡，号曰横洋。自台抵澎为小洋；自澎抵厦为大洋；故亦称重洋。

凡往内地之舟，皆于黎明时出鹿耳门放洋（舟人捩舵扬帆出海曰放洋。鹿耳门港南北有二礁，植标以记，不敢逼犯。质明见标，舟乃可行）；清明后，南风始发，从鹿耳门外径去。白露后北风渐盛，必至隙仔港口（在鹿耳门外之北），方可开驾（舟行务依上风，故南风放洋从南，北风放洋从北。若误落下风，针路便失）。约行百里，望见东西吉屿，经二屿便抵澎湖。大约午后可到。南风宜泊水垵澳，北风宜泊网澳、内堑、外堑等澳。余详前澳屿内。自澎往厦，悉以黄昏为期，越宿而内地之山隐现目前。此就顺风而言。若南风柔弱，风不胜帆，常一二日夜方抵澎湖。至厦门则更缓。又若北风凛烈，帆不胜风，折帆驾驶，登岸亦稍迟焉。

船往福州，望北直去至闽安镇，水程一十五更，不用湾泊澎湖。若从北路淡水西渡，水程仅七更，登舟半日可见关潼山。自关潼趋定海，行大洋中五六十里，至五虎门，两山对峙，势极雄险，为闽省外户。门外风力鼓荡，舟帆颠越。既入门，静渌渊渟，与门外迥别。更进为城头，土名亭头，十里即闽安镇。再数十里至南台大桥。

鹿耳门外初出洋时，水色皆白。东顾台山，烟云竹树，叠翠浮蓝。自南抵北，罗列一片，绝似屏障画图。已而渐远，水色变为淡蓝，台山犹隐现于海面。旋见水色皆黑，则小洋之黑水沟也。过沟，黑水转淡，继而深碧，澎湖诸岛在指顾间矣。自澎湖放洋，近处水皆碧色，渐远则或苍或赤。苍者若靛绿，赤者若臙红。再过深黑如墨，即大洋之黑水沟，横流迅驶，乃渡台最险处。既过，水色依然苍赤，有纯赤处，是名红水沟，不甚险。比见水皆碧色，则青水洋也。顷刻上白水，而内地两太武山屹然挺出于鹢首矣（南风时驾驶近南，先见镇海之南太武。北风时驾驶近北，先见金门之北太武）。

黑水沟为澎、厦分界处，广约六、七十里，险冠诸海。其深无底，水黑如墨，湍激悍怒，势如稍泔。舟利乘风疾行，乱流而渡，迟则波涛冲击，易致针路差失（按黑水沟有二：其在澎湖之西者，广可八十余里，为澎厦分界处，水黑如墨，名曰大洋。其在澎湖之东者,广亦八十余里,则为台、澎分界处,名曰小洋。小洋水比大洋更黑,其深无底。大洋风静时尚可寄椗,小洋则不可寄椗;其险过于大洋。此前辈诸书纪载所未及辨也)。厦船过黑水沟良久,令亚班(舟中占风望向者二人,名曰亚班)登桅遥望,必见澎湖西屿、花屿、猫屿,乃可前进。倘计程应至,而诸屿不见,便失所向,须亟收回,恐漂越台之南北而东,则邈不知其所之。或已抵鹿耳门,为东风所逆不得入,或遇海吼浪涌,隙仔不可寄泊,当回澎湖。若值月黑,莫辨岛屿何处,不得不仍归厦门,而针路已失,往往有随风北至南日而上、南至铜山以下者。

来台诸舟,必以澎湖为关津,由西屿头入泊妈宫等澳,然后出东吉,过小洋,抵鹿耳,其常也。或已入澎湖,而风信未可行,尝有湾泊至旬以外者。

澎湖诸岛,皆平冈无峰峦,舟行稍远,辄伏而不见。渐近时,登鹢尾高处凭眺,恍惚天际微云一抹如线,徘徊四顾,天水混连,孤舟荡漾,若纤芥在明镜中。

泛海不见飞鸟,则渐至大洋,盖水禽陆栖也。近岛屿先见白鸟飞翔。

海波夜动,焰如流火,天黑弥烂。船在洋中,可击水以视物。一击而水光飞溅,如明珠十斛,倾撒水面,晶光荧荧,良久始灭。

邑治之海常吼。自七鲲身北至鹿耳门,南至打鼓港止,小吼似击花腔鼓,点点作撒豆声,乍近乍远,若断若续。临流听之,有成连鼓琴之致。大吼如万马奔突,如众鼓齐鸣,如三峡崩流,如千鼎共沸。厥声远闻,累数日夜,罔有闲歇。惊涛溢涌,舟莫敢近。虽钱塘八月怒潮,未足拟也。或曰风兆,时亦不风;或曰涛响,何港无涛。若云雨征,宜其近之。谓海气发,故地籁鸣也。乃微雨辄吼,大雨而或不吼;既晴犹吼,久旱而亦时吼,斯不可解矣。惟吼声南下而渐细,则久雨必晴,颇验(按海自嘉义以上不吼,惟台湾下至凤山则吼。俗呼曰做涌。惊涛迅发,舟触之沸击,迫岸辄碎。自岸边至中流浪之最巨者有三迭,约广不上十里,以外则渐平。春冬不吼,惟四月廿六日起;舟人谣曰:涌仔开目,不因风兆,不因潮汐。谓海气一发,微雨几泼辄吼。或大雨不吼,或大风不吼,或既晴犹吼,必待烈阳炎暴至终日则吼息。四、五月之吼,凤山最甚。六、七月之吼,台湾最甚。其地气由南而北。七月廿六后谓之埔占涌,渐轻。至中秋则不吼也。盖夏令地气蒸热,自下而升,犹煮饭之滚于锅底然)。

台处闽之东南,以一郡藩蔽全省。即沿海东西地方之对峙者计之,北路淡水厅之后垄港,与兴化府南日对。后垄而上有竹堑,与福清县海坛镇对。后垄而上有南嵌社,与福州府闽安镇关潼对。自南嵌至淡水港,与连江县北茭对。

自淡水港至鸡笼山,与福宁府沙埕烽火门对。南路凤山县之弥陀港、万丹港、岐后港、东港、茄藤港,则与漳州府之古螺、铜山等处对。顺风时,驾驶针路皆以卯酉为方向,不用斜转。惟鹿耳门居邑治之西北,澎湖又居鹿耳门之西北,与泉州府同安县之厦门东南斜对,针路以巽乾为方向。迩来海不扬波,凡艋舺、三板头等小船,每由北路笨港、鹿仔港等处乘南风时,径渡厦门、泉州。自东徂西,横过澎湖之北,名曰透西,例禁甚严,趋险者犹如骛也。

台海港口,哨船可出入者,只邑治鹿耳门及南路打鼓港、北路蚊港、笨港、淡水港、小鸡笼、八尺门七处。其余如邑治之大港,南路之西溪蚝港、蛲港、东港、茄藤港、放縩港(冬月沙淤,至夏秋溪涨,船始可行)、大昆麓社寮港、后湾子(俱琅峤地)、北路之马沙沟、欧汪港、布袋澳、茅港尾、铁线桥、咸水港、井水港、八掌溪、猴树港、虎尾溪港、海丰港、二林港、三林港(二港亦多沙汕、水退去口五、六里)、鹿仔港(潮涨大船可至内汕,不能抵港,其外汕水退时去口十余里,非熟港道者,不敢出入),哨船俱不能常至。

邑治州仔尾、隙仔、喜树港,南路万丹港,北路湾里、竿寮、含西、篷山港,只容舫仔小船。再南路岐后、防寮、加六堂、谢必益、鼃鼊港、大绣房、鱼房港,北路鳀仔宆象领,今尽淤塞,惟小渔船来往。

相传台海有万水朝东处,诸书所载不同。《续文献通考》及《岛上附传》、《稗海纪游》皆云:在澎湖南(《续文献通考》云:"水至澎湖渐低,近琉球谓之落漈。漈者,水趋下而不回也。凡西岸渔舟到澎湖以下,遇飓风发,漂流落漈,回者百无一。"《岛上附传》云:"澎湖风涛喷薄,悍怒激斗,瞬息万状。子午稍错,北则坠于南风气,南则入于万水朝东,皆有不返之忧。"《稗海纪游》云:"澎湖黑水沟最险,自北流南,不知源出何所;水黑如墨,势又稍洼,广约百里,湍流迅驶。舟师至此,喘喘屏息,惧或顺流而南,不知所之")。《福建海防考》谓:"澎湖为漳、泉南户,日本、吕宋东西洋皆所必经,南有港门,直通西洋。"《台湾志略》谓:"海船直指南离至东京、广南、占城、柬埔寨、暹罗等处。"旧《府志》亦谓:"子午稍错,南犯吕宋,或暹罗或交趾。"今通洋之舟,岁岁南行,未尝入于万水朝东,则云在澎湖南者误也。至云水至澎湖渐低,黑水沟自北流南,亦误。又《漳州府志》云:"沟水分东西流,过沟则东流达于吕宋。回日过沟,则西流达于漳、泉。"皆未详考。盖台海潮流,止分南北。潮时北流较缓,汐时南流较驶。澎岛在厦门之东南,乃渡台标准;但无高峰,不可远望。过沟时,针路指定东南,船稍近北,虽不见澎岛,犹可见台北诸山。苟为南流所牵,则径出南路沙马矶头之下,无岛屿可望,不知台湾在何方矣。故黑水沟中值静风潮涨,可随流。潮退,必悬椗停舟。非畏万水朝东也。《裨海纪游》又云:"鸡笼山下实近弱水,舟至则沉,或名为万水朝东,其势倾泻,卷入地底,滔滔东逝,流而不返。"二说俱无稽。若旧《府志》云"北则漂荡无复人境,甚至无力水而莫知所之",亦第想象之词;然则《赤嵌集》所云"黑水沟惊涛鼎沸,险冠诸海。顺流而东,则为弱水。昔有闽船,漂至弱水之东,十二年始还中土"者,皆不可信乎?曰弱水见于《禹贡》,自有其处。万水朝东,天下之公言也。地缺东南,尾闾有焦釜。岂即在鸡笼山下?且顺流而东,果为弱水,则《府志》所载外域诸国,在台海正东、东南、东北者,将无由而至矣,而皆非也(按《府志》载琉球在台海正东,日本在台海东北,吕宋、苏禄在台海东南。今考台海北至鸡笼,南尽沙马矶头而止。琉球在福州正东一千七百里,自五虎门放洋,经鸡笼山之北而去。日本以近东海日出而名,舟必北上,抵江南界之秦山、花鸟屿始可放洋。《明史》载吕宋居南海中,去漳州甚近。苏禄地近淬泥、阇婆,去泉州甚远。似俱与台海无涉)。诸书言顺流而东、而南者,就内地言之也。台处东南,其北之鸡笼山,即内地之东。其南之沙马矶头,即内地之南。水归东南,故皆可曰顺流,或东或南俱错。过台湾山后,大海茫茫,舟随风去,无所终泊,得还中土者盖鲜。幸而岛屿可依,帆柁未失,乘风忽返,间尝有之。其所至果弱水之东否,未可知也。闻老舵工云:尝遭风至台湾山后绝远处,夜闻水声澎湃,知为万水朝东,努力回柁,幸免落漈。天明见岛屿甚近,语似可据。然闻水声,以为落漈,非也。岛岸风涛,冲击作声也。舟不回柁,触礁虀粉,无生还理。旧称落漈,杂云沉海,乃舟人之讳词。《风土记》谓:"十二年气候一周,漈水复满,东风大起,船乃还。"则海滨人习言之,特以慰其家人。即诗所云"犹来无止"耳。亦有搁浅簸浪,因而傍崖登山者。苟延残喘,际会幸归,各述所见。大海之中,何奇不有,何怪不储,存而不论可也。《岛上附传》所称风佫,今亦莫知其处。

台船岁往江、浙、锦、盖诸州者,以千计。沿海水程,内地郡邑志及通志,俱未详载,既无以稽舟楫之去来,又何以资哨防之备御。倘谓邑志例限不书,得毋终听其阙乎?因就见闻所及,附著于此。至道里远近,澳路险易,略之以俟知者。

台船至厦门,水程一十一更。自厦门至浙江宁波,水程三十七更。江南上海较远十更。先由厦门挂验,出大担门北行,经金门榴、辽罗,系同安县界。过围头、深沪、浚里至永宁,俱晋江县界。又过祥芝头至大坠,为泉州港口。经惠安县之獭窟至崇武,可泊船数十。复经莆田县之湄州至平海,可泊船数百。其北即南日,仅容数艘。莆田、福清交界。从内港行,经门、后草屿至海坛、宫仔前有盐屿,即福清港内。过古屿门为长乐县界。复沿海行,经东西洛至磁澳,回望海坛诸山环峙南日、古屿之东,出没隐现,若近若远。再过为白畎、为关潼,可泊船数百,乃福省半港处;入内即五虎门。由关潼一潮水至定海,可泊船数百余。复经大埕、黄岐至北茭,为连江县界。再过罗湖、大金,抵三沙、烽火门。由三沙沿山㪇驶一潮水过东璧、大小目、火焰山、马屿,进松山港,即福宁府。由烽火门过大小仑山、蓁屿、水澳至南镇、沙埕,直抵南北二关,闽、浙交界。由北关北上至金香大澳,东有南纪屿,可泊千艘。其北为凤凰澳,系瑞安县港口。又北为梅花屿,即温州港口。过陇内三盘,伪郑常屯札于此。再过王大澳、玉盘山、坎门、大鹿山至石塘,内为双门卫。复经鲎壳澳、深门花澳、马蹄澳、双头通,至川礁,为黄岩港口。从牛头门、柴盘,抵石浦门。由龙门港、崎头至丁厝澳,澳东大山叠出,为舟山地。赴宁波、上海在此分綜。从西由定海关进港数里即宁波。从北过岑港、黄浦至沈加门东出,即普陀山。北上为秦山、花鸟屿。秦山西南有板椒山,属苏州府界。又有羊山,龙神甚灵,凡船到此,须悄寂而过。放大洋抵吴淞,进港数里即上海。再由舟山、丁厝澳西北放小洋四更至乍浦海边,俱石岸;北风可泊于羊山屿。向北过崇明外五条沙,转西三十四更,入胶州口。过崇明外五条沙,对北三十二更至成山头,向东北放洋十一更,至旅顺口。由山边至童子沟岛,向东沿山七更至盖州。向北放洋七更至锦州府。

　　自厦门出大担门外南行,由浯屿至南澳,凡一十三澳:曰浯屿、麦坑、镇海卫、将军澳、陆鳌、杏仔、古螺、铜山、苏尖、刘澳、角宫仔、前悬钟、南澳,入广东界(附记自浙入闽,由沙埕南下,一潮水至南镇。南镇一潮水至南关。南关一潮水过大小白鹭至屏峰。屏峰一潮水至仑山门。仑山门一潮水至三沙。三沙一潮水过大小目至短表过海尾澳、长表一潮水至斗美。斗美一潮水过间尾至罗湖。罗湖一潮水过西洋至北茭。北茭顺风一潮水至黄岐。若遇逆风,则在北茭候风。黄岐一潮水过赤澳、猫坞、安海、黄宫四屿,至定海。定海一潮水过小目,入五虎门,到虎树。虎树一潮水过白塔、熨斗、浮江双龟破荐入金牌、急水门至馆头。馆头一潮水过梅屿、长湾、大小芦、亭头至福州、闽安镇。又馆头一潮水往北港,过蓬崎至荻芦过乌猪、小目、小埕、长澳复至定海)。

　　南路沙马矶头之南有澳,名龟那秃,北风可泊巨舰。从此东去水程四更至红头屿,生番聚处,地产铜,所用什物皆铜器,不与中国通。顺风两日夜,即见吕宋之谢昆山、大小覆金山,沿山行四、五日夜至吕宋,共水程五十八更。

  右所编录,多出郡、县旧志,《赤嵌集》《裨海纪游》《使槎录》诸书中。有本出诸书,而前志加以润色、增减致变易原文者,不能确指为某书所有。故各条之下,概不标录,览者可推而得焉。

  ([清]谢金銮等:《续修台湾县志(卷一):地志/海道》,《台湾文献丛刊》(140),台湾银行经济研究室,1962年)

13. 噶玛兰厅志(卷8)：杂识(下)/纪事

纪　事

嘉庆丙寅春，海寇蔡牵至乌石港，欲取其地，使人通谋共垦；众患之。贼舟有幼童被掳者，乘间登岸，遇其父，匿之。贼索不得，扬言且灭头围。众益惧，头人陈奠邦、吴化辈相与谋："今通贼，官兵必讨；不如拒之，且以为功。"乃夜定计，集乡勇并各社番，伏岸上为备。贼犹未觉，晨入市货物。众乃缚之，得十三人并头目。贼闻之怒，连帆进攻。众断大树塞港，贼不得进。拒敌久之，贼败去。化等乃以所擒贼献。将军赛冲阿闻，乃有该处膏腴为蔡逆窥伺之奏。越丁卯秋，朱濆大载农棋，泊苏澳，谋夺溪南地为贼巢。陈奠邦等遣人告急。知府杨廷理缉捕至艋舺，得讯，遂与南澳镇王得禄水陆赴援。先是漳人尽得有西势地，柯有成、何绘、陈奠邦、赖岳、吴化、吴光裔六人为之董事；而东势之强者，独番社潘贤文驻罗东。自罗东以南至苏澳三十里，朱濆谋夺之，以哔吱、红布散给东、西势诸社番；有漳人李佑阴结党与通。廷理乃以札谕柯有成、潘贤文七人，晓以大义，出哔吱十板、红布五百匹、番镪千圆，赉番众。贤文大悦，民咸踊跃用命。设木栅于海口，各出器械巡逻，捕通贼者。佑党惧，絜妻子入贼舟；贤文复获海寇黄善等七人以献。有黄灶者，大股贼目也，为黄姓所匿。廷理索之，即缚灶出献。于是蛤仔难民，竞出治道，以迎廷理。四日而至五围。至则泉州义首林永福、翁清和，自艋舺率精壮番勇千二百人，穿山开路，以达苏澳。潘贤文亦以众断贼樵汲，遂与舟师夹攻败贼。贼顺流而东遁。廷理归，请于将军益力。戊辰春，赛冲阿于是乎有请设屯免升科之奏，部驳又中止。是年冬，少詹事梁上国，福州人也，得乡官信，条陈其状甚悉。朝廷乃着督、抚奏覆。阿林保奏勘地势、番情，另行酌办。此己巳正月事也。越年夏，方维甸巡台至艋舺，始有收入版图之请。迨十六年辛未秋，汪志伊勘查事宜一奏，而兰于是乎入籍(参《东槎纪略》)。

台中独兰无业户。因开兰时，恐经费不足，故以田六、园四之租谷，尽归诸公。除应完正、耗而外，另有余租一款；凡一切地方公费，皆取办于余租。详在"田赋"条内。而小民无知，动以业户为请；不特柯、赵、何诸姓钻充已难，且开征数载，尚有刘碧玉、王有福等，冒昧渎请。试思利既归公，权以官重；如再于田六、园四而外加额以置业户，在各农佃力既有所不堪，如就田六、园四之中而欲加设业户,则官有胥差尚不能使民按期完纳,又安能任凭一、二业户而总汇全兰之粮储乎?且出资本以开透荒埔者,台之所谓业户也。今兰中散佃,各给丈单,既自垦透升报完粮,办有成案,亦未便使该业户坐享其利。是公私均有所不宜者也。

乌石港口,向有兴化、惠安等处捕鱼小船,每当春夏间,遭风寄泊入港,散卖盐斤,贩载兰中米石。自开兰后,私枭既已斥禁,而兰港请示招商之日,即议以兴化、惠安来往索熟之船,准其入兰贩载;而他船固未尝声请禁绝,亦未尝概予往来也。道光五年七月间,突有闽县行户蔡以蕃者,投赴升福州府何聪请准,以"庆、安、澜"三字分编该处商船三十号,来兰贩米,并饬禁他处船只不准入兰。商民见之,不胜骇愕。登经署倅乌竹芳通禀撤回在案。其略云:"兰为产米之区,若专令庆、安、澜贩货,而他处概行拿截,则所载无多,用物既不免缺乏;且番银自此缺少,完纳折价余租,难期踊跃,兵饷将无以支,钱粮亦无以解;官民恐日形其拮据。又兰地商民,半属漳、泉,应请将漳、泉船只,与该号一体验照放行,不得扣留截拿。现庆、安、澜到者,仅十余号,俱插黄旗,声言官船不许查看,亦不将牌照缴验,难保无夹带私货情弊,禀请宪示撤回"云云。

山匠林泳春滋扰时,营弁兵有暗与之言和者;故文(员)之势益孤,而县丞一署,又处在头围。道光三年六月朔,竟至蜂拥排闼,势甚猖獗。朱懋手携二子,责以大义,众始散去。时以懋为镇静示威云(懋后死于嘉义寇难)。

台湾北路番社,自乾隆五十二年,福康安将军请照四川屯番例设立屯弁丁,以界外无碍荒埔,充为屯租饷。当日饷取诸田、租给诸园,皆归番自经理。逮嘉庆二十一年,将饷改归官征给,其租仍分配番丁自收。此皆前修《府志》所未及详,而为淡水、彰化现所奉行者也。噶玛兰归附之初,梁少詹一奏,亦请概行屯田议者。因各田园由民资本先经垦熟,与未垦荒埔分限续开诸地皆供、耗攸关,不便设屯;而各社另有东、西势加留余埔,为三十六社化番生计,又不便以其口粮划充屯饷。故开兰之初,屯议遂寝。惟查嘉庆乙亥二月间,翟前厅淦曾议将东势阿里史等社,在罗东一带番社之旁有开透埔地一百余甲,免其陞科;仍照兰租章程,每甲田纳谷六石,计年可得租谷六百数十石;不敷,又请马赛社流番,在马赛等埔地私垦成田五十甲,免其完纳番租,仍照民佃年纳番租每甲四石之式,年可得租谷二百石以上。又查勘得西势、礁坑、汤沟等处,自二围至四围一带山林,间有生番出没,耕樵不能安业(按此当开兰时事,今则否),应添设隘寮十处。每隘挑募丁壮,自八名至十二名不等,就沿山界边荒埔,听各隘丁附近垦辟，以资现在口粮。俟三、四年后，开成田园。其地沙土劣瘠，不堪并征余租，只照田园陞科供、耗，征谷二石。年可得五百石左右，充为屯饷。每谷一石各折征番银一元，统计三处，年可得番银一千三百元。仿照福将军原议，屯丁一名年给番银八元，可添设屯丁一百五、六十名，俾缓急可资调遣。其人则未入版图之先，查有彰属之阿里史、乌牛栏、阿束、东罗溪等社流番，移住西势一带，近有千丁，颇精壮，鸟枪弓箭亦娴熟，堪以募作屯丁。该社通事堪以挑作屯弁。经将丈绘图说、征领章程、挑募名册，牒府转详，批由道府议覆。嗣镇道覆以：该处究属流番，并非土著番黎，未便议设屯丁。其各处田园，即饬照例升科。所有该厅请设屯之处，应毋庸议。由是屯弁、屯丁即无举充，而屯饷、屯租亦无拨给。将所详作屯地之阿里史垦埔，归入嘉庆十九年分升科正款，造报起科；而马赛私垦番埔五十甲，续由武隆阿升镇凑作兰营隆恩官庄，募垦户翁承辉等管收额课，按给社番口粮，并资恤戍兵不时药饵之费。其汤围垦地，旋被汤泉泡伤禾苗，不能援照田六、园四之例陞科纳赋；而深沟尤低湳之区，被水冲失，所有余地附入新兴庄黄添结下，同汤园、白石山脚诸瘠地，详奉奏准豁免余租。每甲只征供谷二石，归入正款内下则额征。至礁溪、施八坑两处，现已分设隘寮，地归隘佃垦耕，租由隘首自收自发，以作隘粮及器械、铅药之资。亦已奏准归该隘丁首等相安收管，不必官为经理，以免纠缠繁费矣。此屯议之所以不果也。

《海隅里谣序》一篇，为前署通判乌竹芳托其门生李彦昭、谢大经等之笔也。乌厅任内，遇闽、粤分类，自嘉、彰蔓延入境，一时设法捕抚，自不免移挪受亏。惟中如会捕山匪、约束和、福夫匪，经有前后任详办专案，载入《武功》，此处未便纷繁；故摘叙其近实者，一以扬前徽，一以征后信云。

筠林乌老夫子，前宰诏安，以缉捕勤能，擢升刺史，借署噶玛兰通判（道光五年六月）。到任次年五月间，嘉、彰分类，匪徒窜入兰境，布散谣言，吴郑成、吴集光、吴乌毛等从而附和，聚众数千人，焚烧村庄、劫抢庐舍，合兰鼎沸。吾师闻信星驰至冬瓜山粤庄，贼众甫集，仓皇惊散，遂追至马赛，生擒贼匪七名。次早回至罗东，闻贼正攻打员山，遂不暇食，率众前往。贼伏在那美庄竹围中，枪铳齐鸣，打伤役勇三名。众欲奔避，师以身当先大呼，各役奋勇冲击，生擒五名。贼畏惧始逃去。次日探贼聚鹿埔庄，师与营员议，分路夹攻。师先至鹿埔，贼正在焚庄，见官兵骤至，遂率众齐出，漫山遍野而来。彼众我寡，人人皆有惧色。师独激励勇役，以一当百，冲锋直入，生擒匪徒九名。从此贼众丧胆，望风而靡。但团聚四处，一时未能即散。二十四日，诸路贼又会攻打员山。师遂传谕各村居民团练乡勇，竖立义旗，身领兵勇并带大炮三燉，布列山前，与贼对垒。各路伏勇，又生擒八名。自此贼众计穷势蹙，遂遁影无踪，而合兰不致蹂躏，粤民得以保全矣。又中港逃来难民不下三千人，师恐其与贼合谋，遂率领头人，亲至头围抚恤，给以米银，栖以庐舍。皆欢然不敢滋事。时淡水、小鸡笼与兰接壤，山上又有避难粤人千余，被漳人围圈日久，饮食几绝。师闻信，即饬漳属头人，带银数百，星夜驰赴，给以米石，并劝漳人解围和好。邻邑之欢颂者，至今不替云。

姚太翁骙，字襄纬，世为安徽桐城麻溪望族；以笔记遍游两粤、苏、浙、山右、西江诸幕几三十年。所历之地，遇狱枉者，不避嫌怨，危言救之。人多推其伉直。晚乃就养。其子莹之任于政教，多所督授。道光二年，莹权兰倅篆，擒解著名贼目首从十余人。翁在郡闻之，欲贷其一、二；而诸盗至郡，皆谈笑歌呼，以为更十八年，仍伟丈夫也。翁叹曰，天下固有至愚若此者哉？益可悯矣！内三人竟得未减。淡水男子朱蔚者，自称明后，妄造妖言，入兰煽惑愚民，图为乱。莹访获之；或忌其事，倡言于众曰："小民颠疾耳。时方太平，焉有此事？"莹以党证明确，妖书、木印、悖诗皆具，台湾浮动，当以朱一贵、林爽文为戒。翁曰："毋争也。事关酿乱，有司之责；幸未起，获其首逆，诛否听于上官，且吾不愿汝以多杀为能也。"令出所获物，尽献而焚之。蔚至郡屡讯皆实，卒以狂疾抵罪。事载《东溟文集》。

兰初辟时，预筹进山备道，以便策应缓急。其路凡三条：一由淡水、三貂过礁礁岭抵头围；系入山正道，作往来大路。即在漳人分得地界之内（按此条，即今由艋入兰通行大路）。又一路由艋舺之大坪林进山，从内山行走，经大湖隘，可抵东势之溪洲；系在泉人分得地界之内。又一路由竹堑之九芎林进山，经盐菜瓮、番玉山脚，由内鹿埔可出东势之叭哩沙喃；系在粤人分得地界之内（按此二路，入"开兰事宜奏案"内，原称筹开；经翟前厅于嘉庆二十三年间详请，与泉、粤头人捐资办理在案。至道光四年，吕陞厅筹议定制，又以事非急要，请咨缓修。近年以来，艋舺、安溪茶贩，竟由大平林内山一带行走，直出头围。其径甚捷，从无生番出没，可见今昔形势，又自不同矣。查定制（详文案内）云：将来民人入山樵采渐多，人烟稠密、行旅渐通、生番潜迹，再议兴修，未为不可。但此时艋舺近庄人已多由万顺寮六里至平林尾，过溪入九芎林，开垦田园千万顷，逼将来矣）。

兰入山孔道,初由东北行,自淡水之八堵折入鸡笼,循海过深澳至三貂、薩岭,入兰界。嗣改从东行,由暖暖、三瓜仔过三貂,则比诸由鸡笼而稍近矣。迨开疆时,复由三瓜仔迤东南行,三貂、鱼桁仔、远望坑过岭,至大里简,入头围。此即今所行,视旧路又较近矣。然自兰城至艋舺,计当二百余里。官程四站,民壮五寮,虽便而犹未捷也。兹查有一路,地甚宽坦,毋庸多涉深溪、重经峻岭;只由头围炮台外,斜过石空仔山六里至鹿寮(一名待牛寮),再十二里至大溪,又十二里至大坪,二十里至双溪头,双溪头二十里出淡属之水返脚,再二十五里便抵艋舺矣。统计自头围至艋舺九十五里,自兰城至艋舺一百二十五里。凡所经过内山,素无生番出扰,一概做料煮栳、打鹿、抽藤之家。而大溪、大坪、双溪头一带皆有寮屋,居民可资栖息。现安溪茶贩入兰往返,皆资此途。惟中有溪流数处,深广五、六尺许,必须造桥五、六座,设隘一、二寮,方足以利于行人。又中有一路,不出水返脚而出锡口。又有一路,不由大坪,可直向万顺寮出口;路更坦旷无溪,出口到艋,皆十余里。附志之,以俟捷足者先登。

兰界外,南与奇莱社番最近。奇莱陆由鸟仔埔、触奇莱至苏澳南关,大约一百五十里;水由米浪港出口直入苏澳,无过五、六十里而已。道光辛卯秋,据漳民蔡某甲呈称:该处生番现有根耶耶、直脚宣、豆难、薄薄、李刘、罢鞭等六社名目。查《府志》则无所谓奇莱也。其六社内,如李刘、罢鞭,亦不见于《府志》,或系近时迁改,原未可知。至薄薄等四社,见《府志》"户口"门;根耶耶即筠椰椰,直脚宣即竹仔宣,豆难即多难。此四社旧属诸罗县,界崇爻山后傀儡大山之东。自康熙三十四年后,经与崇爻、芝舞兰、芝密、猫丹、水辇合为九社,归入诸罗,岁输社饷。至乾隆二年社饷改照民丁例,凡四社又与芝舞兰、芝密、水辇、纳纳名为崇爻八社,另输鹿皮折征丁银;亦可见番性之迁改无常,故社之分合不一也。今芝密讹作奇密,与纳纳另属泗波澜。泗波澜有十八社番,与奇莱连界。《府志》作薛波澜(志据《赤嵌笔谈》),属凤山县界,亦在崇爻山后文。可知奇莱即嘉义之背,泗波澜即凤山之脊;由此而卑南觅,而沙马矶头,回环南北一带。则山后诸地,自泖鼻至琅峤大略与山前千余里等耳。《台湾县志》谓:舟从沙马矶头盘转而入卑南觅诸社,山后大洋之北,有屿名钓鱼台,可泊巨舟十余艘。崇爻山下薛波澜可进三板船,则竟有至其地,可知也。

卑南觅自山到海,阔五六十里,南北长约百里。此地开辟,可垦良田数万甲,岁得租赋数万石,足置一县治;与秀孤弯为邻境,如今嘉、彰两相接壤也。其地为东面太平洋,向西北行百余里,即彰化界外之埔里社;乃全台适中之处也。卑南觅土产槟榔、薯榔尤多,漫山遍野皆是。近时郡城有小船,私到山后,向番摆流(华言互易)者;即卑南觅也。所出鹿茸、鹿脯亦多。交易不用钱银,但以物互换而已。其地港澳数处,皆可泊舟。小舟由溪而入,可二、三十里,溪水清且深(《彰化志》)。

秀孤鸾(一作秀姑兰,兰人云泗波澜,皆音之转也),山麓皆菊花,有能结实者。老番不知几百岁,相传海中有一浮屿,上皆仙人所居,奇花异草,珍禽驯兽;每岁初冬,则遣一童子,驾独木小舟,到秀孤鸾遍采菊实。番有从童子至其处者,归则寿数百岁,犹依稀能忆其概。或童子不来,欲自驾舟往寻,终迷失水路,莫知其处。惟随童子往返者,登舟瞬息即到。山无城市,祇有人家。至今相传,以为仙山云(同上)。

尹氏《台湾志略》云:陆路提督万正色有海舟将之日本,行至鸡笼山后,因无风为东流所牵,抵一山,得暂息。舟中七十五人,皆莫识何地(谅其时并未有蛤仔难之名)。有四人登岸探路,见异类数辈疾驰至,攫一人共啖之。余三人逃归,遇一人于莽中,与之语,亦泉人,携之登舟,因具道妖物啖人状。莽中人曰:彼非妖,盖此地之人也。蛇首狞狰,能飞行,然所越不过寻丈。往时余舟至,同侣遭啖,惟余独存。问其故,则举项间一物曰,彼畏此不敢近耳。众视之,则雄黄也。众皆喜曰:吾辈皆生矣。出其箧,有雄黄百余斤,因各把一握。顷之,蛇首数百,飞行而来;将近船,皆伏地不敢仰视。久之,逡巡而退。殆后水转西流,其舟仍回至厦门,乃康熙二十三年甲子八月间事。

乌石港口南去万水朝宗洋面不远,舟行到此,百无一回。俗谓之落溜。落溜,即落漈也。按《续文献通考》:水至澎湖渐低,近琉球,谓之落漈。漈者,水趋下而不回也。凡西岸渔舟,到澎湖以下,遇飓风发,漂流落漈,回者百无一。又《稗海纪游》云:鸡笼山下实近弱水,秋毫不载,舟至即沈。或名为万水朝东,势倾泻卷入地底,滔滔东逝,流而不返。二说微异。但谓在澎湖以下者,时尚未开台也;谓在鸡笼山下者,时并未开兰也。总之,不离乎东流者近之。是新修《台邑志》则云:弱水见于《禹贡》,自有其处。万水朝东,天下之公言也。诸书言顺流而东而南者,就内地言之也。台处东南,其地之鸡笼山,即内地之东;其南之沙马矶头,即内地之南。水归东南,故皆可曰顺流。或东或南俱错。过台湾山后,大海茫茫,舟随风去,无所终泊,得还中土者盖鲜。幸而岛屿可依、帆柁未失,乘风忽返,间尝有之。其所至果弱水之东否,未可知也。然阅康熙初张给谏《使琉球记》,谓由五虎门放洋,已离梅花所七日矣;令舵工上斗遥望,见东北一山形圆,卑如覆盂,四面无址,谅无居民,心甚疑。越日因北风引舟南行,至小琉球。询之土人,云尤家埠,琉璜山也。北去日本,东去弱水洋,当飘蓬莱扶桑,不知何日西还矣。据此所言,则又似朝东之水与小琉球遥遥相对云。

([清]陈淑均等:《噶玛兰厅志(卷8):杂识(下)/纪事》,《台湾文献丛刊》(160),台湾银行经济研究室,1963年)

14. 台湾舆地汇钞：全台图说

全台图说
周懋琦撰

　　府治，东抵罗汉门（六十五里），曰中路；西抵澎湖（三百二十里）；南抵沙马矶（四百六十里），曰南路；北抵鸡笼山（六百三十四里），曰北路。东西广阔四、五百里，南北袤延千二、三百里（按里数校内地弓步计里者加长）。

　　台湾县，东至老农庄（一百二十里），西至赤崁城西大港口（十里），南至二层行溪凤山界（一十三里），北至曾文溪嘉义界（三十里）：广阔百三十里，袤延四十三里。

　　凤山县，东至弥农山麓（七十里），西至旗后港（十五里），南至沙马矶（三百七十里），北至二层行溪台湾界（六十里）：广阔八十五里，袤延四百三十里。距府八十里。

　　按凤山之南，自琅瑀而东至卑南觅秀姑鸾以达北境，中多未垦之土；前临大海、中隔生番，往来洋舶遭风礁者多为番所苦。近议于枋寮分驻文武员弁、设立衙署以资镇压；然相距太远，声息仍复不通。应于琅瑀添设营汛，或移安平协台防同知分驻于此，或将南路参将改为水师移驻于此，并将其水口堵塞；又将卑南以北各社全行收隶版图，凡可以泊船所在一律填塞。乃为善策。

　　嘉义县，东至大武峦（三十一里），西至笨港（三十里），南至曾文溪台湾界（七十里），北至虎尾溪彰化界（四十里）：广阔六十一里，袤延一百一十里。距府一百里。

　　彰化县，东至平林庄（七十里），西至鹿港（二十五里），南至虎尾溪嘉义界（六十里），北至大甲溪淡水界（四十五里）：广阔一百里，袤延一百里。距府二百里。

　　按彰化县东南有水沙连，其广袤加倍。相度地形，今之城池建于半线保，全无堂局；城外八卦山凶克特甚，未为善也。城池似宜改筑于该县东北之拣东地方，距城十五里，周六、七十里，有一百八十余庄；山川脉络交会，后枕炎峰，前面堂局开阔，两水分流，左右合抱，极有形势。林镇宜华欲将北路协、县移设于此，并谓其民俗强悍、又多殷富，向来土匪蠢动多起此乡，亟宜驻重兵以镇压之;官小兵单,反为民所轻视。其说甚允。惟拣东之北疆界略促,宜割淡水所辖之大甲、蓬山以至后垄归入该县为界。瓯北赵氏《皇朝武功纪盛》谓台湾有当酌改旧制者,正此类也。至于彰化县城,宜设于鹿港,而以台湾道及副将驻之。彰化县城不傍山、不通水,本非设县之地;若移于鹿港,镇以文武大员,无事则指麾南北、有事则守海口以通内地,千百年长计也。按县城移建鹿港,时异势殊,似非确论。彼时沪尾一口尚未通商,今则情形不同,沪尾较冲于鹿港耳。而谓彰城之不得善地,请以台道移驻中路,则与琦"议复水师李提督"八则不相违背。杨镇在元欲于南投地方设一武署,移大营驻此半年以资弹压;琦按拣东民繁地广、犷桀至多,更须弹压,南投可以缓图。然必文武兼资,有张有弛,乃合机宜;单设一武营于此,亦属非是。

淡水厅,东至南山(十里),西至大海(八里),南至大甲溪彰化界(百零五里),北至大鸡笼山(百九十五里)由三貂岭转远望坑噶玛兰界(五十里):广阔十八里,袤延三百五十里。距府三百四十五里。

按淡水厅所辖,四百里而长;自竹堑至艋舺,中距百里。该厅仆仆往来,实难治理。宜将艋舺县丞升为一县,淡水同知降为一县;另设台北知府驻于艋舺、大稻埕一带地方,专管海防兼司北路后山开垦事宜,方为久计。其地产磺,今虽封禁,小民偷采亦多;或官为开采,不至弃其利于空虚为得。又沪尾守备管辖洋面,上由苏澳、下至大甲七八百里,兵船单薄,断不得力;亦应改为水师副将为宜。

噶玛兰,东至过岭仔(十五里),西至枕头山后大陂山(十里),南至苏澳(五十里),北至三貂溪远望坑淡水界(八十一里):广阔二十五里,袤延一百三十里。距府六百七十一里。

按该厅民极驯顺,讼案稀少。其东南奇来、秀姑鸾,风气未开,水有瘴毒;外人至彼,饮其水,多腹胀生病。近略有人在外开垦,荒旷尚多;急宜官为经理。否则,必为东西人所得也。该厅另有僻径,两日即可达淡水;似宜开辟。

澎湖厅,东至阴、阳屿(水程三十里),西至西屿(水程三十里),南至八罩澳(水程十里),北至北屿(水程八十里)。距府水程三百二十里。

按全台形势,宜于南路移驻一协、一厅,北路增设一府二县,方足以资控制。南路则台湾一府,台、凤、嘉三县,台、澎二厅隶之;而安平副将、台防同知移扎琅𤩝,或将南路参将改为水师隶安平协辖,分驻于此。北路则移彰化县于拣东,而移镇、道于此,居中节制;北路改艋舺、竹堑为二县,添设一台北知府,隶以鹿港、噶玛兰厅：共为三县二厅。将来埔里六社果能归官经理，即以鹿港厅移驻于内，就近抚治。

水沙连，在彰化东南隅，集集铺入山之始、内木栅番界之终。南距府二百二十里，西距彰化八十里、嘉义一百二十里；东北距噶玛兰，有三路可通。山后平埔，直长四、五百里；北为噶玛兰，中为奇来，南为秀姑銮、卑南觅直接凤山之琅瑀内山：南北袤延一百三十里，东西广阔六、七十里。

埔、水二社，居水沙连之中。陆路入山，南由集集，北由木栅。中间有小路为八圯仙岭，险仄难行；故入山多由集集：此彰化通沙连之路也。水道则有南北清、浊二溪，均由万务大山发源；分注在六社之南者为浊水大溪，绕流在六社之北者为清水大溪。

按埔里六社居全台心腹，为中权扼要之区。往者鹿洲蓝氏有言："辟其地而聚我民，害将自息。勥焉、辟焉，正所以少事而非多事；理焉、治焉，正所以弭患而非贻患。"又云："气运将开，必因其势而利导之。"又云："或谓海外不宜辟地聚民；不知委而去之，必有从而取之。"又云："利之所在，人所必趋。不归之民，则归之番；不归之番，则归之贼。即使内贼不生，又恐寇自外来。"此以见前人深识远虑，卓不可及。前道光年间，疆臣奏请抚治，部议未允。查所奏内谓"六社番地僻处山隅，距海口甚远，外人断无垂涎之理。又台地所产，俱非异域所珍惜"云云。据今履勘，则大不然。现在六社之中多设立教堂，其意安在？所产樟脑、茶、磺，亦不可云"非所珍惜"！又山后奇来、苏澳一带沿海之地，皆可通入六社；谓为"距海口甚远"，置奇来、苏澳于不理，亦太疏矣。此时不即为患者，各国互相观望，不肯发端；久则，必为外人所据。腹心既为所据，沿边海口交午相通，患有不可胜言者矣。是故为今日计，不特六社宜所措意，凡南北沿边海口如卑南觅、秀姑銮、奇来、苏澳等处皆急宜防堵者也。防北堵南，气力尚省。

奇来，即淡、彰之背；秀姑銮，即台、嘉之背；卑南觅，即凤山之背。奇来之地三倍兰厅，秀姑銮又四倍之。奇来至苏澳又与噶玛兰界，大约一百五十里；由秀姑銮而卑南觅、而琅瑀，大略与山前千余里等。山后大洋有屿名钓鱼台，可泊巨舟十余艘，崇爻山下可进三板船。卑南觅自山到海，广阔五、六十里，南北袤延约百余里。自秀姑銮等境，官能垦辟，可得良田数万甲，得租赋数万石；可置一县治，与奇来为接壤。近时郡城有小船私到山后向番贸易者，即卑南觅也。

(附)埔里社图说

　　查眉社、埔社两处化番男妇,现仅存三十丁口;而熟番、屯番之分居于三十四社以内者,就其领米人数计之,大小男妇已五千零十九丁口,其私垦之汉民尚不在内。熟番内有乌牛栏、大湳、虎仔山、蜈蚣仑、牛眠山五社均被诱习教,而教堂设乌牛栏。本年四月间,有外人因天旱无雨、早冬歉收,私行入社散给银洋,意图要结。若再不开,必有从而取之者。二社为外人所得,全台心腹之患也。

　　查六社所辖,原一大县之地;此时无容遽议设县,先由府暂驻南投地方,一面办理府中公事、筹划开垦事宜,所有屯丁应专归调遣;不过一年,规模粗定,然后请鹿港同知入驻于社,随时抚治。其工程一项,全在开圳修路、制备农具;城垣、衙署祇植竹围,三年而成。一切经费约需二万数千两,不过数年全可归补,无容动帑。其垦地一项,番垦归番、屯垦归屯、民垦归民;惟民垦者,酌量升科。未垦者全垦屯田,省得无限兵费,此尤要务;台中内山屯丁,大可用也。

　　查集集铺入社,如土地公案、鸡胸岭等处高山大岭,险仄异常;万一社中有变,土地公案以百人守之、鸡胸岭以五十人守之,虽数千悍勇亦不能入,所谓"一夫当关、万夫莫开"者。急应将中路先行修通,此事断不容缓。所需经费,料理得人,不及千元。已密饬妥人前往察看;番丁修番路,固不在禁令中也。倘蒙奏准开垦,通商惠工,先由此路。

　　头社,山势较高,水圳未浚,全系旱田。上冬下霜,地瓜不实;本夏无雨,早稻全枯;番黎极苦。然周围高山大岭层层包裹,乃门户要隘也。宜设巡检或屯弁居之。

　　土地公案、鸡胸岭两处,应挑选健丁百名分扎;并建汛房数处,每处以容十人为度。全岭高险而仄,多驻兵勇反嫌拥挤,且无处觅水。

　　——自盛康辑《皇朝经世文编续编》卷九十一。

（［清］周懋琦:《台湾舆地汇钞:全台图说》,

《台湾文献丛刊》(216),台湾银行经济研究室,1965年)

15.《琉球国志略》

1756 年(清乾隆二十一年)

初十日早,潮,出五虎门,过官塘进士门开洋,单午风、乙辰针,至日入,行船六更。夜,单午风,单乙针行船五更,见鸡笼山头;十一日上午,坤未风,单乙针二更;下午,单酉风,单乙针,至日入,行船四更,见钓鱼台……夜,单丙风,单乙针,行船四更;十二日,单午风,单乙针一更,见赤洋;转单丁风,单乙针,至日入,行船五更;夜,单午风,单乙针四更,是夜过沟祭海;十三日,丁午风甲卯针,行船二更,见姑米山;风轻,转单午、单乙针,日入,行船一更。夜,丁午风,乙卯针二更,姑米人登山举火为号,舳以火应之。十四日,单甲风;姑米头目率小舟数十,牵挽至山西下碇……七月初四、初五日,王世子连拨国中海舶迎载……初八日,至那霸港(自遭风登岸易海舶至那霸计二十三日)。

……

(琉球)环岛皆海也。海面西距黑水沟与闽海界。福建开洋至琉球,必经沧水过黑水,古称沧溟,溟与冥通,幽元之义,又曰东冥琉地。

(周煌:《琉球国志略》,乾隆己卯年刊本,漱润堂藏板,京都大学图书馆藏书。)

16.《琉球入学见闻录》

1764 年（清乾隆二十九年）

汲古阁藏版

琉球入学见闻录序

尝闻越裳之驯雉北飞，《外传》备征其事；肃慎则风牛南偃，《家语》详列其文。终古所藏，珍于九鼎；充国之学，通乎四彝。是以航海梯山，著山海之经于域外；何异观风问俗，登风俗之书于寰中：非矜一家之言，皆洽同文之治也。仰惟盛朝之德化远被无垠，圣主之怀柔诞敷有截。伊琉球之蕞尔，沾雨露之湛斯；觇出日以来宾，望苍云而入贡。峰飞成怪，无事于五丁；波静不扬，更平于九版。请遣陪隶，受业成均。非如典属国之在秦，主其侍子；大鸿胪之于汉，典厥朝仪而已。

潘子润章，珪璧其躬，珠玑在抱。慎简教铎，荷俞允于九重；时切提撕，历晦明者四载。请益请业，弟子既日异月新；载笔载言，先生亦膏焚晷继。惟兹教学之半，已观记载之全；殚厥编摩，汇为卷帙。然使驰思六合，逞辞八荒；极奇士之才情，肆文人之笔墨。魍魉魑魅，蒐剔《禹图》；骊騄骅骝，铺排《穆传》。洞胷穿背，何关舞羽两阶；毫氂胾羊，奚当献琛重译！则齐谐志怪，既荒渺而无稽；即邹衍谈天，亦空虚而不用。今观制作，具有体裁。首重恩施，先登锡爵。龟衮鹭冕，辑圭荒服而遥；凤翥鸾翔，焕彩海隅而外。贡獒西旅之国，任土亦悯艰辛；赐楮南越之邦，厚往频施德意。星躔所指，历历都拱北辰；地轴无多，在在胥归王会。于是仿洪畴之衍八政，次于五行；师周室所颁六等，施于庶位。从宜从俗，渐染中华；为兵为刑，申明小邑。

凡斯巨典，备载宏编。若夫考土训、诵训于地官，合图与书而毕录；列大行、小行于司寇，验形与声之攸分。虫篆鸟章，如见蹛阮之迹；齐登楚毂，皆因封域而殊。讵必仓颉之所遗，不待象胥而后谕。然后备陈教款，详列学规；试验婆心，但观苦口。一隅可反，俨见其负墙；三渎何妨，弥殷于养正。前此谈经座北，泮林扬芹藻之休；今兹吾道行南，海峤有弦歌之化。固作书之宗旨，极记事之周详。至其终以词章，不遗吟咏。来王来享，氏、羌至而颂声盈；如霆如雷、淮、徐集而雅诗作。虽采风十五国外，亦继响三百篇中；洵可谓网则有纲、物从其类者矣。

或谓见闻之义，不可无疑？必涉历之所经，庶著述之非妄。不知赋天门于闾阖，讵必身亲；记帝轨于羲、轩，匪关目击！考言询事，但使闻其所闻；按部就班，何异见所未见。是以时当奏绩，入对殿廷；近咫尺之天颜，邀再三之清问。受也如响，语焉必详；得自心稽，非同耳食。乃知五岳可以卧游，岂其天台不能遥赋！刘歆若遇，应登《七略》之书；郭璞如逢，定有重申之注矣。

年家眷友生仁和陆宗楷凫川氏序。时乾隆甲申八月之朔。

本朝为主，大书、特书。至前代事实，则带叙于逐目小引之中，亦无挂漏。

琉球土音，上承咨问；《传信录》所载甚多谬误，《琉球国志》并削之不录。兹令官生逐条辨析，正其讹舛。至其字母四十有七，亦详细审问，备列于篇。盖亦谕言语、协辞命之意也。

琉球书籍，诸录不载。诵读之声则适其国者，皆未之闻见。今就官生所携之书、从人所诵之声，分别记录，用见言语不通，心理自同。其法司所著教条，亦附载一则，以广异闻。

入学事例，诸录既略，档案亦多遗。今特详加蒐辑，以志皇仁；并欲请将此书存贮国子监典籍厅，造入交代册内，庶后来有所遵守，易于办理。

吾师安乡潘经峰先生，蚤岁贡成，均以终养还家教授，一心穷经古者，二十年已。而捧檄入都门受知，观补亭陆凫川奏荐教琉球国入学官生，举顺天闱成进士文，名燥萩林、泹民、齐鲁三预分校；气类感召，所得士尽老，宿拟墨全稿无知不知，皆传诵奉为楷模。尝语学人："读书惟以小学近思录，为四子六经阶梯史。"则笃好《史记》《汉书》，古文惟韩柳，顾自惭未能卒业，民事余月，孜孜披吟不稍辍。所著《周易尊冀》《周礼撮要》《春秋尊孟》《礼记厘编》等书皆寝馈。

钦定诸经务于深造，自得《琉球入学见闻录》《曲阜县志》《本史法编》，载一国一邑事实，恭纪圣天子治教德威，传示无极。其文不在诸史后，用功深者，收名远读。先生制义，其亦知所从来也。夫戊戌春日，受业济宁李光时跋，始闻吾师刊制义倣冯夔飏稿例，惧列师友于旁，行为不敬，因不书评阅、姓字，兹虞外人弗知也。乃命钟泰倣古人师友记跋，其尾定师文者国子监，则有总宪吉林观公（保补亭）、今司农三韩全公（魁穆齐）、大司马仁和陆公（宗楷凫川）、司成桐城张公（裕挙樊川）；乡试则有武进阁部刘文定公（纶绳菴）、宗伯铁岭介公（福受兹）、今少宰嘉善谢公（墉金圃）；会试则有金匮大司寇秦文恭公（惠田味经)、今大宗伯吉林德公(保定圃)、大司徒钱塘王文庄公(际华白齐)、今太常乡大庚戴公(第元筼圃);而陆、王公尤严去取慎评,隋与秦公皆有序文。一时朝久论辩最密契者,永嘉张颙齐(元观)、桐城张函晖(若霍)、江阴金志远(鉴)、浦江戴桐峯(望暉)、侯官林心芝(人櫾)、善化张漱渠(汝润)、辰阳李丽堂(衡一)、湘潭张度西(九铖)。视家居时,阳湖黄芝园(宫)、湘乡黄揆一(宜中)、澧州黄伯税(棠)、同里熊南湖(腴),切磋琢磨更专且人,以是数百篇止存九十余首,一首或再四改窜者,盖三十余年矣。甲申以后,历官齐鲁,殚心民事,不复事时文,而分校三科,皆寅僚事。主司学使接本房士及诸州县岁科童试,十余次之执贽请业者,辄意兴勃勃不自禁,又得若干首。时则今湖北抚军揭阳郑公(大进谦基)、今司空奉天徐公(绩树峯)、今山东抚军长白国公(泰拙齐)、清苑朱公(岐克齐)、桐城姚公(鼐姬传)、丹阳吉公(梦熊渭崖)、乌程费公(南英道峯)、新安汪公(永锡晓园)、休宁黄公(轩小华)、芜湖韦公(谦恒约轩)、任邱李公(中简文园)、仁和孙公(廷彪芥园)、蔡公(应彪崧霞)、归安潘榕堂(汝诚)、钱塘周衢尊(嘉献),俱交口称誉,文中总评、旁批,皆诸老手书。若金坛阁部于文襄公(敏中耐圃)、江夏总宁崔公(应階吉升)、制府讷殷富公(明娄)、方伯吴江陆公(耀朗甫)、及孔止堂(继汾)、孔红谷(继涵),民部皆止以经学相生,复拔贡师钱塘倪公(国琏毯畴)及受业师,以蚤世未及见门弟子名较多,均未载其题跋,惟琉球官生郑孝德(绍衣)、蔡世昌(汝显),以鲁捐留梓费,因命附之。庚子秋日受业福山王钟泰识。

琉球入学见闻录总目

凡例

采用书目

图绘

卷一

封爵　锡赉(土贡附)星土　星槎(岛迹附)　谨度

卷二

爵禄　田赋(食货附)制度　祀法　兵刑　风俗　书籍　字母　土音　诵声(教条附)　贤王(吏民附)

卷三

奏疏　廪给　师生　教规　答问

卷四
赋　诗　序　记　表笺

凡　例

　　臣谨按隋大业元年，海帅何蛮上言："海上有烟雾状，不知几千里；乃流求也。"流求之名，始见于此。由隋以后，招之不服，伐之亦不服。其事实之见于历代史者，荐绅先生盖难言矣。自明初，始通朝贡；遣子入学，渐染华风，稍变旧习。至于圣清受命，威灵震叠，文教诞敷。皇纶三锡，宸翰叠颁；定两年一贡之令，沛三次入监之恩。百有二十余年，其国之政俗沐浴圣化，烝烝然日进于雅，视朝鲜国殆弗让焉。臣尝历考册封使臣于还朝之日，皆有《使录》进呈。顾以严程匆卒，语言难通；见闻既少，谘询亦略，率多踵旧因讹之患。惟国朝编修臣徐葆光之《中山传信录》、侍讲臣周煌之《琉球国志》留心考证，颇称详明。臣兹与入学陪臣郑孝德、蔡世昌同居四年，逐条核问；又参阅其国人程顺则等所编诸本，颇多同异。用是频加考订，别为义例；其文较简，其事亦该。盖以志昭代声教无外之盛，俾来学之士不昧于其自也。至于入学事例，则广蒐博辑，录其奏牍、记其廪赐、志其族姓；凡教学矩规、进呈诗赋及各艺文之系乎其地、其事、其人者，亦以类附入：令远国君臣感九天之雨露、听六馆之鼓钟，悦周、孔而化夷蛮，永永年代共被文明；而后之北学者，亦有所考信，毋病于阙遗焉。总四卷，凡千万言，皆就所见所闻而类次之者，故名之曰《琉球入学见闻录》。

　　纪实之编，必有图绘。兹谨绘星野图、国都图、岛屿图、封舟图、针路图、傅经图，所以定分度、辨疆域、记安澜、志同风也。其他名胜多属铺张，器具亦为琐屑；见闻末确，毋宁阙如。

　　诸录序次，义例不一。臣以为琉球王爵由天朝，遣使册封；故首"封爵"。厚往薄来，我国家柔怀之典，近古未有；故次以"锡赉"，而"土贡"附焉。九州内外，皆吾保章氏掌其星土；故括分野、舆地等目曰"星土"。册封使臣由闽省开洋至琉球，非尽球地也；故名之曰"星槎"，而"岛迹"附焉。奉正朔、受封典，该国王礼仪最肃；故"谨度"次之。佐其王守土者有官吏，故"爵禄"次之。其君与臣治之、养之、教之，因其地而风俗以成；故"田赋"、"食货"、"制度"、"祀法"、"兵刑"、"风俗"次之。纪风俗之同，故次以"书籍"；记风俗之异，故次以"土音"。字母诵声，而教条附之。自舜天以后，世多令辟，故次以贤王，而良吏民附之。自此以后，皆入学事矣。凡入学，必请于朝，议于部；故"奏疏"重焉。学有食用,故次以"廪给";学有祭酒、有司业、有博士等官理其事,有教习专其教子弟。自明及今,有姓氏可考;故次之曰"师生"。在学四年,严其规、解其疑,故次之曰"教规"、曰"答问"。至于进呈诗赋及一切唱酬纪序之篇,皆足志盛典、广和声;故以"艺文"终焉。

诸录所载,举我列圣及我皇上盛典,列于隋、唐、元、明之后,甚非体制;兹一以诸录所载,举我列圣及我皇上盛典,列于隋、唐、元、明之后,甚非体制;兹一以本朝为主,大书、特书。至前代事实,则带叙于逐目小引之中,亦无挂漏。

琉球土音,上承咨问;《传信录》所载甚多谬误,《琉球国志》并削之不录。兹令官生逐条辨析,正其讹舛。至其字母四十有七,亦详细审问,备列于篇。盖亦谕言语、协辞命之意也。

琉球书籍,诸录不载。诵读之声则适其国者,皆未之闻见。今就官生所携之书、从人所诵之声,分别记录,用见言语不通,心理自同。其法司所着教条,亦附载一则,以广异闻。

入学事例,诸录既略,档案亦多遗。今特详加搜辑,以志皇仁;并欲请将此书存贮国子监典籍厅,造入交代册内,庶后来有所遵守,易于办理。

图　绘(略)

采用书目

钦定《明史》、《大清会典》、《渊监类函》、《大清一统志》、《隋书》、《南史》、《唐书》、《宋史》、《元史》、《明实录》、《明一统志》、《明会典》、《韩文考异》、《柳子厚集》、杜佑《通典》、《资治通鉴》、《朱子纲目》、《朱子文集》、《朱子遗书》、郑樵《通志》、马端临《通考》、《历代儒先语录》、《太学志》、《国学礼乐录》、《福建通志》、《寰宇记》、《广舆记》、《廿一史约编》、《池北偶谈》、《朱竹垞集》、明陈侃《使录》、高澄《操舟记》、郭汝霖《使录》、萧崇业《使录》、夏子阳《使录》、胡靖《记录》、张学礼《使录》、《中山纪略》、汪册使《疏钞》、《中山沿革志》、《使琉球杂录》、《海东吟稿》、林册使《竹枝词》、海册使《使琉球诗》、徐册使《中山传信录》、《使琉球诗》、周册使《琉球国志略》、《集事渊海》、《嬴虫录》、《星槎胜览》、《职方外纪》、《殊域周谘》、《天经或问》、《天文大成》、《朝野佥载》、《四译馆考》、郑若曾《日本图纂》、《高丽史》、《高丽通鉴》、《高丽史略》、《海东诸国记》、《日本东鉴》(即《吾妻镜》)、《越峤书》、《安南志略》、琉球各经书刻本(以后皆琉球书)、《中山世缵图》、《中山世鉴》、《闽游草》、《官制考》、《指南广义》、《执圭堂草》、《观光堂草》、《澹园集》、《要务汇编》、《四本堂集》、《五云堂集》、《何文声集》、

《郑利宾集》、《翠云楼集》、《中山诗汇集》、郑孝德《太学课艺》、蔡世昌《太学课艺》。

琉球入学见闻录卷之一
琉球官学教习臣潘相恭辑

封　爵

　　西旅贡獒,越裳献雉;皆令各守尔宇,永作屏藩。琉球僻处海南,仅如弹丸黑子。自宋、元以后,始有统系可谱;禅革互乘,姓氏迭更。独思德金王(即尚圆王,又神主称"龙庆云君")有国,传世十余,历年二百。至于尚贞王以后,益有令闻。盖由我列圣之宠灵、我皇上之威德柔怀抚绥,俾其与国咸休,永世无穷也。抑闻该国素称守礼之邦,其亦笃于仁义,奉上法自全,以为藩卫者欤!

　　臣尝按其图记、考其世次,其国初名流虬(《中山世鉴》云:"隋使羽骑尉朱宽至国,于万涛间见地形如虬龙浮水中,名曰'流虬'"),隋、唐及宋曰流求(《隋书》云:"流求居海岛中,王姓欢斯,名渴利兜;国人呼王为'可老羊',王妻曰'多拔茶'。"《唐书》云"流鬼",韩、柳集皆称"流求"),元曰瑠求(《元史》:"瑠求在漳、泉、福州界,与澎湖诸岛相对"),明定为琉球国(洪武五年,诏称"尔琉球")。厥初一男、一女,生于太荒,自成夫妇,曰阿摩美久。生三男、二女。长男曰天孙氏,为国主始;次为诸侯始,三为百姓始。天孙氏传二十五代,历一万七千八百有二年,荒远不可信;今断自舜天始。舜天者,日本人皇后裔大里按司朝公子也;为浦添按司。宋淳熙十四年,天孙氏世衰,逆臣利勇弑其君而自立;舜天讨之,诸按司奉舜天即王位。五十一年,卒;子舜马顺熙嗣。十一年,卒;子义本嗣。十一年,让位,隐北山;国人立天孙氏裔英祖为王。四十年,卒;子大成嗣。九年,卒;子英慈嗣。五年,卒;子玉城嗣。玉城无道,诸按司不朝,国分为三:玉城号中山王,大理按司称山南王,今归仁按司称山北王。玉城,二十三年,卒;子西威嗣。十四年,卒;国人废其世子,奉浦添按司察度为中山王。察度者,浦添间切谢那村奥间大亲子也。明洪武五年,遣行人杨载赍诏谕之;王遣弟泰期奉表、贡方物,中山始通于上国。巳而山南王承察度、山北王帕尼芝亦各来贡,中山、山南皆各遣子入学。洪武三十一年,始赐中山王及臣下冠服。中山王察度在四十六年,卒;子武宁,遣使讣告。永乐二年,遣行人时中谕祭察度王,诏武宁袭爵。是后易世请封,中朝皆遣正、副使封之。武宁无道,有山南王佐铺按司思绍之子尚巴志者兴义兵，攻山南、山北，并灭武宁；遂奉其父思绍为王，遣使以武宁之丧来告，称为其父。成祖赐祭武宁，诏思绍袭爵，仍称中山王；到今因之。思绍在位十六年，卒；子巴志嗣，初赐尚姓。尚巴志十八年，卒；子忠嗣。五年，卒；子思达嗣。五年，卒；子金福嗣。四年，卒；子泰久嗣。七年，卒；子德嗣。九年，卒；子世子幼，国人废之，奉尚圆为王。圆字思德金，生于北夷伊平（即叶壁山），其先莫可谱。或曰义本隐北山，圆其后也；或曰叶壁有古岳名天孙岳，圆故天孙氏裔也。圆生有异端，长为内间里主，累转御琐侧；德盛民归，拥而立之。圆立七年，卒；弟宣威摄位一年，奉圆之子真为王。五十年，卒；子清嗣。二十九年，卒；子元嗣。十七年，卒；子永嗣。十六年，卒；无世子，国人立尚真王孙懿之子宁为王（宁，神主曰"康翁"）。嘉靖四十年，倭入琉球，执王及群臣以归；留二年，不屈。归，复位。前后在位三十二年，卒；无世子，国人立尚丰（神主曰"宗盛"）——丰为尚永弟，尚久之子。立二十年，卒，子贤嗣（贤，神主曰"秀英"）。七年，卒；弟质嗣（质，神主曰"直高"）。时为我皇清受命顺治五年（戊子岁），圣人出而逆乱平，四海内外悉主悉臣，琉球尤先诸属国归顺；于是恭承册命，斥堠南荒，岁事恪修，永膺爵服矣。

兹故谨录列圣及我皇上锡封之典如左：

顺治六年，琉球国王世子尚质差官奉表纳款。十一年，遵敕谕缴前明敕印，请册封；命兵科爱惜喇库哈番张学礼、行人司行人王垓充正副使，赐一品麟蟒服，给仪仗，驰驿；许随天文生一人、南方医生二人，赍诏书一道、镀金银印一颗往至福建造海船，以将弁二、兵二百从。因海氛未靖，不至而复。圣祖仁皇帝御极，谴责学礼等，复遣行。康熙二年至国，宣诏敕封质为琉球国中山王；诏仍顺治十一年，敕则康熙元年也。

康熙七年，王质在位二十一年卒，世子尚贞嗣。康熙二十一年，贞请封；命翰林院检讨汪楫、中书舍人林麟焻充正副使，允楫等请，颁御书，许带修船匠役随行。制祭文二道，祈、报海神；并给俸二年。二十二年六月至国，谕祭故王尚质，宣诏敕封贞为琉球国中山王。

康熙四十八年，王贞在位四十一年卒，嫡孙尚益嗣；三年卒，世子尚敬嗣。康熙五十六年，敬始告其曾祖与其父之丧，并请封；五十七年六月，命翰林院检讨海宝、编修徐葆光充正副使往。五十八年六月至国，谕祭故王尚贞、尚益，宣诏敕封敬为琉球国中山王。

乾隆十六年，王敬在位三十九年卒，世子尚穆嗣，遣使告哀。越三年，遣使请袭封;二十年五月初七日,命翰林院侍讲全魁、编修周煌充正副使往。二十一年七月初八日至国,谕祭故王尚敬,宣诏敕封穆为琉球国中山王。

锡赉（土贡附）

采菽之诗,天子锡诸侯以路车、乘马、元衮及黼,犹曰"虽无予之,又何予之!"而厥贡厥篚,岁有常制。古先哲王柔怀群辟,率以厚往薄来为常经。若乃四夷底贡,惟服食、器用,不贵异物、不宝远物:诰诫尤谆谆焉。顾其锡予之数、献纳之文,书缺有间矣。琉球自明初来王,朝元旦、庆天寿、谢敕谕、贺登极,进香有仪,册东宫有贺,请封、谢封有礼,遣子入学有例;一岁之内,再至四至。后乃定其年限(成化十一年,定为二年一贡),简其傔从(宣德元年,定正、副使来京,许从二十人,余悉留闽给待。成化十一年,令来人止许一百,多不过加五人。正贡外,不得私附贡物并途次骚扰);其锡予之典,有常赐,有特赐。臣考之洪武七年,赐琉球王《大统历》及文绮纱罗,正副使、通事、从人皆有赐。九年,命刑部侍郎李浩赍赐文绮、陶铁器,且以陶器七万、铁器千就其国市马。旋因该国不贵纨绮,赏赉多用磁、铁。自洪武十年至崇祯十二年,凡遣使入贡、入谢一百八十余次,燕赐赉如常例。其特赐者,若十五年赐币帛有加,命尚佩监御路谦送来使。十六年,赐王镀金银印、币帛七十二匹(赐山南王亦如之)。二十五年,赐闽人善操舟者三十六姓,以便往来(今止存金、梁、郑、林、蔡五姓。又万历间,赐毛、阮二姓。万历时,王曾附奏云:"洪武间,赐闽人三十六姓。知书者,授大夫、长史,以为朝贡之司;习海者,授通事,总为指南之备")。三十一年,赐王冠带及臣下冠服。永乐元年,遣使赐绒锦绮币,又赐冠带、衣服。二年,遣行人时中祭察度王,赙布帛;又赐新王冠服。宣德元年,王遣使进香长陵,赐海舟一。三年,加赐王金织纻丝、纱罗绒锦。七年,命行在工部给王使漫泰来结制海舟一。正统元年,赐《大统历》并王及妃白金、彩币。六年,命遣还东影山往他国市贡物遭风之通事沈志良等。景泰五年,赐镀金银印。天顺元年,赐钞贯(王遣贡言:"本国王府失火,延烧仓库铜钱;请照永乐、宣德间例,所带货物以铜钱给赐"。礼部言:"铜钱系中国所用,难以准给;宜将估计钞贯,照旧六分京库折支生绢,其四分行文福建布政司收贮纻丝纱罗绢布等物,依时值关给"。从之。成化十年,仍以纱绢酬。其自贡物值,贡使沈蒲志等乞如旧制折给铜钱;不许)。成化十一年,赐立皇太子诏、王及妃锦币。十四年,遣使册封王尚真,赐冠服、金镶犀带、王及妃彩币。弘治三年,令增来京人员五名、增口粮二十名。十六年,命福建守臣收养广东所送该国收买贡物遭风漂泊之吴诗等一百五十二人。嘉靖十三年,弛"贡使在京五日一出"之禁(从朝鲜国王李怿请也)。四十二年,敕褒王送还内地漂流人口,赐镪、币。隆庆三年、五年,再赐敕褒王送归日本掠去内地人口,赐银、币(自后送还被掠人口,皆奖赏如例)。万历四年,命如例给赏贡使外,每五日另给鸡、鹅、米、面、酒、果。二十三年,命优恤遣还该国飘风之哈那等:典亦渥矣。然而航海献马贡物,多非土产(察度王入贡之物,据《中山世鉴》云:"贡物,有马、刀、金银酒海、金银粉匣、玛瑙、象牙、螺壳、海巴、榷子扇、泥金扇、生红铜锡、生熟夏布、牛皮、降香、速香、檀香、黄熟香、木香、苏木、乌木、胡椒、硫黄、磨刀石"),至乃令收买于满剌加国、瓜哇国。出入万里,飓台之中,频遭飘溺,力亦稍绌焉。恭逢我列圣及我皇上受天景命,君临万邦,一视同仁,思纶频锡,赍予稠叠;令勿贡马,勿贡非其所产。谢恩之贡,准作正贡;屡辍贡期,弗令仆仆。而官生入学,于廪给外,又有遣归之赏,有加恩之赏,有锡类之赏:湛恩汪濊,度越万古。炎徼君臣,益深感激;恪共典礼,历久弥虔。臣故恭纪于篇,用昭皇仁浩荡,穹天博地;凡有血气,莫不涵濡也。

顺治六年,尚贤弟尚质遣使入朝,赐缎锦䌷纱罗三十、妃二十,赏正副使䌷缎表里及通事、从人缎䌷表里各有差(进贡人数,毋过一百五十人;许正副使、从人十五名入京,余俱留闽听赏)。

十一年,封王尚质,赐王印一、缎币三十匹、妃缎币二十匹。

康熙四年,令琉球贡物之飘溺梅花港口者,免其补进。

五年,令贡非土产勿进(玛瑙、乌木、降香、木香、象牙、锡、速丁香、檀香、黄熟香,皆免贡),贮硫黄于闽库。

二十年,令琉球止贡硫黄、红铜、海螺壳,余贡免进(金银罐、金银粉匣、金银酒海、泥金彩画屏风、泥金扇、泥银扇、画扇、蕉布、苎布、红花、胡椒、苏木、腰刀、大刀、枪、盔甲、鞍、丝绵、螺盘,俱免进)。

二十一年,赐王及妃文币共五十匹;锡故王银、绢,并赐谕祭;御书"中山世土"四字赐之。

二十四年,加赐王缎二十,共表里五十。

二十八年,允进贡两号船,人数可二百名;免接贡船税合三只之例。

三十一年,赐入学官生梁成楫等归国;礼部奏准赏给筵宴一次,各赏云缎䌷布等物,乘传厚给遣归。

三十二年,免贡海螺壳(是后定常贡熟硫黄一万二千六百斤、红铜三千斤、白刚锡一千斤外,有加贡,无定额)。

四十一年,飓风坏回贡船,渔人捞救柯那什库多马二人,令官赡养,附二次贡舟回国;并饬督、抚舱船令坚固,以副矜恤远人至意。

四十六年,该国进贡船附送内地飘风商民一十八名回籍。五十二年,令养该国飘风难夷三十名于闽省之柔远驿,附贡舟回国后沿为例。

五十八年,封王尚敬,赐王文币三十匹、妃文币二十匹。

五十九年,王遣王舅向龙翼、紫金大夫程顺则入贡、谢封,加贡金鹤等物(《徐录》:"金鹤二(银座全)、盔甲一副(护手、护臁全)、金靶鞘腰刀二、银靶鞘腰刀二、黑漆靶鞘腰刀二十、黑漆靶鞘衮刀十、黑漆洒金马鞍一(辔镫全)、金彩画围屏四、扇五百、土绵二百、纹焦布二百、土苎布一百、白刚锡五百斤、红铜五百斤。旧例有胡椒;今缺,以刚锡代之。")六十年,加赐王缎匹,正、副使以下各加赏有差。

雍正元年,贡船头号人员冲礁覆没;奉旨:"二号船贡物,令来使带回,准作进贡京师;仍令督、抚即赏给起程。"

二年,召见王舅翁国柱于乾清宫,御书匾额"辑瑞球阳"四字,赐王玉、缎等物(法琅炉饼盒一分、白玉盒一对、汉玉玦一件、白玉镇纸二件、三喜玉盃一件、青玉炉一件、白玉提梁罐一件、汉玉螭虎笔洗一件、青玉三喜袍插一件、白玻璃大碗四、白玻璃盖碗六、磁胎烧金法琅有盖靶碗六、青花白地龙凤盖碗十二、青花白地龙凤盖钟十、蓝磁碟十二、霁红碟十二、霁红碗十、填白八寸盘十二、绿龙六寸盘二十、青花如意五寸盘二十、青团龙大碗十二、五彩宫碗十四、绿地紫云茶碗十、紫檀木紫绿端砚一方、棕根盒绿端砚一方、上用缎二十匹。又赏翁国柱银一百两、上用缎八匹。又恤病故官生蔡宏训银三百两)。

四年,召见紫巾官向得功于乾清宫,赐王玉、缎等物(内造缎二十匹、玉方鼎一件、玉双龙水注一件、汉玉方壶一件、玉五老双寿杯一件、玉异兽花插一件、玉荷叶盘一件、玉龙凤方盒一件、玉螭虎双寿碗一件、玉云喜卮一件、玉磬一架、白玻璃碗四、蓝玻璃盖碗六、青龙红水七寸盘十二、霁红白鱼七寸盘二十、青花如意五寸盘二十、绿地紫云茶碗十、青龙暗水大宫碗十二、五彩蟠桃宫碗十四、霁红盘十二、霁红盖碗十、霁蓝盘十二、红龙高足有盖茶碗六、青花龙凤盖碗十二、青花龙凤盖钟十、法琅炉瓶盒一分、紫檀木盒绿端砚一方、杏木盒绿端砚一方。又赏得功内造缎八匹、银一百两,通事官缎四匹、银三十两);令沿途加赏供给,准以王谢恩加贡之物作六年正贡。

六年,入学官生郑秉哲等呈请归养。礼部奏准遣归,照都通事之例赏给大彩缎各二匹、里各二匹、毛青布各四匹;跟伴二名亦照例赏毛青布各四匹;礼部赏给筵宴一次,兵部给勘合、驿马。奉旨:"官生等每名加赏内库缎二匹、里二匹,从人等每人着加赏缎各一匹。"

八年,奉旨:"将该国是年贡物准作十年正贡,十年贡物准作十二年正贡,十一年不必遣使前来。"

十年,赏王舅向克济玉、磁器物(黄玻璃瓶一对、红玻璃瓶一件、绿玻璃瓶一件、白玉笔搁一件、白玉双龙觥一件、汉玉双喜杯一件、红玛瑙水盛一件、牛油百福寿盒一件、铜法琅花瓶一件、铜法琅茶盘一件、琼石荷叶觥一件、青绿鼎一件、彩漆小圆盘八件、哥窑四系花囊一件、蓝磁瓶一件、霁红瓶二件、霁青胆瓶二件、哥窑瓶一件、官窑双管瓶一件、填白双圆瓶一件、彩红磁小瓶一件、青花磁桃式盒一件、五彩套盃一副、五彩酒钟四件、洋红酒钟四件)。

乾隆四年,敕奖王遣使庆贺之忠荩,御书"永祚瀛堧"匾额赐之,并赐王及妃文绮等物。

六年,以王谢恩礼物准作七年正贡。

七年,以进贡礼物准作九年正贡。

十五年,王遣官送回内地飘风人民,奉旨褒嘉,赐王缎十四匹;并着督抚优赏其官吏。

十六年,贡船附送内地飘风民三十九人;奉旨:"于常例外,加赐王缎十四匹,并优赏其官伴。"

十九年,封王尚穆,赐诏敕、文币如往例。

二十二年,王遣使谢封,加贡金鹤等物;如前例,准作下次正贡。

二十四年,王遣官生入学,附贡围屏纸三千张、细嫩蕉布五十匹。

二十六年,官生恭庆皇太后万寿,叩迎安舆;奉旨:"赏每人缎四匹、貂四张。"

二十九年,官生等还国,奉旨:"着照雍正六年之例,加恩赏给。"

星　土

臣按《周礼》:"保章氏掌其星土。"疏云:"蛮貊岛夷,皆系于扬州分野。"琉球,固岛夷也。《隋书》云:"国居海岛之中,当建安郡东,水行五日而至。土多山洞。"《元史》云:"国在漳、泉、福州界,与澎湖诸岛相对;西、南、北岸皆水。"《中山世鉴》云:宋景定五年,西北诸岛始贡于中山。咸淳二年(丙寅),北夷大岛亦来朝。元延佑元年,国王玉城嗣位,世衰政废,内为色荒、外为禽荒。诸按司不朝,国分为三。大理按司据佐敷、知念、玉城、具志头、东风平、岛尻、喜屋武、摩文仁、真壁、兼城、丰见城十一国(据此,该国于其村、县亦称国),称山南王。今归仁按司据羽地、名护、国头、金武、依江、大宜味、恩纳七国,称山北王。中山惟有首里、玉城、那霸、泊、浦添、北溪、中城、越来、读谷山、具志川、胜连、首里、三平(西平、南平,真平地)等数国。明洪武庚午,南夷宫古岛、八重山岛始入贡中山。永乐癸卯,尚巴志始平山南、山北,国合为一,仍称中山王。顾其星野之度、地舆之图,无传焉。康熙五十八年,圣祖仁皇帝初遣精习理数之内廷八品官平安、监生丰盛额偕册使海宝、徐葆光同往测量,定其分度次舍。葆光更留心记览,考其疆域,观其形胜,去疑存信,绘图以献,附于禁廷新刊朝鲜、哈密、拉藏属国等图之后。三十九府,棊列于中;三十六岛,星罗于外。北恃叶壁尾间控其后,敌虞落漈(漈,即尾间也。台湾淡水外,亦然);南凭那霸马加镇其前,舟惧冲礁(详见后):洵海表之钜藩也。恭读列圣诏书,皇上敕谕,皆屡谆命国王祇承宠眷,永延宗社、长作屏藩;乾坤覆载之恩,河山有誓,方兹褊矣。从兹扶桑守土,益励忠纯;北拱星垣、南绥岛屿,世世享王,恭承我圣天子之丕显休命。

　　琉球分野,与扬州吴越同属女牛星纪之次,俱在丑宫。旧测:北京北极出地四十度,福建北极出地二十六度三分;今测:琉球北极出地二十六度二分三厘,地势在福州正东偏南三里许。旧测:福建偏度去北极中线偏东四十六度三十分;今测:琉球偏度去北极中线偏东五十四度,与福州东西相去八度三十分。每度二百里推算,径直海面一千七百里。凡船行六十里为一更,自福州至琉球姑米山四十更,计二千四百里;自琉球姑米回福州五十更,计三千里:乃绕南北行,里数故稍为纡远耳。始知从前动称万里者,皆臆度也。按夏子阳《录》云:"以《一统舆图》视之,则在东南;以闽省视之,则在闽之东北。故去必仲夏,乘西南风;来必孟冬,乘东北风。"然册使多用乙针,直指姑米;遥度中山,又似实居艮方:谨俟知者。

　　国分三省:中山为中头省、山南为岛窟省、山北为国头省。三省共分三十五府——府土名"间切",府各有所属村县(曰村头,土名"母喇")。首里及附近之府曰泊、曰那霸、曰久米,皆官民所居,无土田,俱不入间切之数。首里属村县二十一:崎山、金城、内金城、新桥、赤平、仪保、西仪保、末吉、山川、新川、殿川、寒川、大中、鸟崛、汀白次、赤田、姑场川、桃原、当藏、真和地、立岸。泊(土音"土马爷",一字三音)属村县二:东境、西境。那霸属村县六:东县、西县、泉崎、若狭町、辻山("辻"音"失汁",一字两音)、渡地。久米("粂"字土音"苦念搭",一字三音;今讹为"久米")属村县四:东门村、西门村、北门村、南门村亦名大门村(四村皆洪武中所赐闽人三十六姓之居,不他徙;故名"唐营",亦称"营中"后改名"唐荣")。久米而外,三十五府:一曰真和志,属村县十二:识名、国场、牧志、天久、松川、与仪、龟田、安里、凑川、古波藏、仲井间、上间。一曰南风原,属村县七:宫平、津嘉山、内岭、本部、喜屋武(读如"腔",三字一音)、神里、平川。一曰东风平,属村县九:东风平、富盛、志多伯、世名城、友寄、高良、山川(名同首里)、宜寿次、当铭。一曰西原,属村县十六:幸地、小桥川、安室、桃原(名同首里)、我谢、翁长、平郎、小那霸、棚原、末吉(名同首里)、石岭、嘉斗刈、小波津、与那城(与与那城府同名)、吴屋。一曰浦添,属村县十一:浦添、伊祖、牧港、安波茶、泽岻、屋富祖、城间、西原(与西原府同名)、内间(名同西原)、势理客、前田。一曰宜野湾,属村县十二:宜野湾、谢名、普天间、新城、具志川(与府同名)、城田、嘉数、安仁屋、伊佐、喜友名、野嵩、我如古。一曰中城,属村县十九:中城、姑场、热田、当间、岛袋、粤间、和宇庆、屋宜、津灞、安谷屋、伊集、渡口、喜舍场、添石、瑞庆览、新垣、安里(名同真和志)、中顺、比嘉。一曰北谷,属村县十二:北谷、滨川、砂边、野国、野里、玉代势、屋良、桑江、嘉手纳、平安山、伊礼、前城。一曰读谷山,属村县十二:读谷山、高志保、喜名、宜间、渡具知、大湾、伊良皆、渡庆次、波平、长滨、濑名霸、根波。一曰胜连,属村县十:胜连、神谷、比嘉(名同中城)、平敷屋、平安名、内间(名同浦添)、新垣(名同中城)、龟岛、滨村、南原。一曰与那城,属村县六:仲田、平安座、安势理、上原、池宫城、伊计。一曰越来,属村县十:越来、照屋、安庆田、湖屋、上地、诸见里、山内、宇庆田、大古回、中宗根。一曰美里,属村县十八:嵩原、高原、恩纳、石川、古谢、伊波、野原、松本、田里、楚南、比屋根、与仪(名同真和志)、宫里、知花、池原、嘉手苅、登川、山城。一曰具志川,属村县十五:安里(名同真和志)、上江洲、宇坚、祝岭、中岭、天愿、高江州、田场、田畸、安庆名、江洲、大田、荣野比、川畸、兼嘉段(以上属中山省)。其隶山南省者,一曰大里,属村县十七:与那原、与古田、涌稻国、板良敷、仲程、与那霸、稻福、上与那原、大城、宫城、古坚、目取真、岛袋(名同中城)、南风原(名同南风原府)、高宫城、真境名、当真。一曰玉城,属村县十一:玉城、中村渠、富里、丝数、垣花、富名腰、前川、当山、知名、奥武、志坚原。一曰丰见城,属村县十七:丰见城、饶波、长堂、翁长(名同西原)、真玉桥、盛岛、奥平、高岭、仪保(名同首里)、我那霸、渡嘉敷、高安、伊良波、名嘉地、田头、保荣茂、嘉数(名同宜野湾)。一曰小禄,属村县十一:小禄、上原、当间(名同中城)、罕宫城(土音"罕"为"五十"、"宫"为"詖"、城为"五十姑",三字六音)、大岭、仪间、湖城、具志、多加良、安次岭、赤岭。一曰兼城,属村县十:兼城、座波、照屋(名同越来)、嘉数(名同宜野湾、丰见城)、波平、武富、安波根、丝满、潮平、志茂田。一曰高岭,属村县五:大城(名同大里)、真荣里、国吉、与座、屋姞。一曰佐敷,属村县八:佐敷、新里、屋比久、手登根、外间、津波古、与那岭、小谷。一曰知念,属村县十:知念、敷名、久手坚、山口、钵岭、久高、外间(名同佐敷)、知名、安座真、下敷屋。一曰具志头,属村县六:具志头、波名城、中座、喜纳、新城(名同宜野湾)、与座(名同高岭)。一曰麻文仁,属村县五("麻"一作"摩"):麻文仁、米次、石原、松岭、小渡。一曰真壁,属村县八:真壁、田岛、真荣平、丝洲、宇荣城、古波藏(名同真和志)、新垣(名同中城)、名城。一曰喜屋武(国极南边海),属村县五:喜屋武(名同南风原)、上里、福地、山城(名同美里)、束边名。其隶山北省者,曰金武,属村县五:金武、宜野座、奥松、汉那、祖庆。一曰恩纳,属村县九:恩纳、安富祖、名嘉真、山田、真荣田、仲泊、古良波、谷茶、富津喜。一曰名护,属村县九:名护、屋部、世富庆、安和、喜濑、幸喜、松堂、许田、宫里(名同美里)。一曰久志,属村县十一:久志、松田、边野古、嘉阳、宜作次、濑嵩、汀间、松滨、田荣良、川田、宇富良。一曰羽地,属村县六:池城、屋嘉、伊指川、真喜武、源河、谢敷。一曰今归仁,属村县十一:今归仁、亲泊、谢名(名同宜野湾)、中城(名同中城府)、运天、崎山(名同首里)、玉城(名同玉城府)、平敷、仲宗根、吴我、天底、我部。一曰本部,属村县七:伊野波、浦崎、波久知、崎滨、濑底、伊豆味、谢花。一曰大宜味,属村县五:屋嘉比、喜如嘉、田凑、根路铭、津渡。一曰国头,属村县四:国头、边土名、伊地、宇郎。

三省之外,有属岛三十六。东四岛:曰姑达佳(译为"久高")、津奇奴(译为"津坚")、巴麻(译为"滨岛")、伊计(译为"池岛")。西三岛:一曰东马齿山,属间切一:渡嘉敷(名同丰见城);一曰西马齿山,属间切一:座间味,别有姑巴汛麻山;一曰姑米山(译曰"久米岛",在国西四百八十里。产五谷、土绵、茧紬、白纸、蜡烛、螺、鱼、鸡、豚、牛、马。由福州至国,必针取此山为准),属间切二:安河、具志川仲里。西北五岛:曰度那奇(译曰"度名喜岛")、安根岷(译曰"粟国岛")、椅山(译曰"伊江岛")、叶壁山(土名伊平屋岛)、硫磺山(一名黑岛。置采硫磺数十家,其人目为硫气薰灼,皆如羊,不精明);相近,有灰堆山、尤家埠、移山奥。东北八岛(国人皆曰"乌父世麻"。过此,为土噶喇七岛。土噶喇,亦作度加喇):由论、永良部、度姑(译曰"德岛")、由吕、乌奇奴、佳奇吕麻、大岛(即小琉球之地,属二百余村县,物产最多。有《四书》、《五经》、《唐诗》等书)、奇畔(亦名鬼界。此外,又有口岛、中岛、诹访濑岛、恶石岛、卧蛇岛、平岛、宝岛共七岛,国人统呼之曰土噶喇,或曰:即倭也。以非琉球属岛,故不载)。南七岛:曰太平山、伊奇麻(译曰"伊喜间")、伊良保、姑李麻(译曰"古里间")、达喇麻、面那、乌噶弥。西南九岛:曰八重山、乌巴麻(译曰"字波间")、巴度麻(译曰"波渡间")、由姑那呢(译曰"与那国")、姑弥、达奇度奴(译曰"富武")、姑吕世麻(译为"久里岛")、阿喇姑斯古(译为"新城")、巴梯吕麻(译曰"波照间")。

臣按汪楫《录》云:"琉球国三省,幅员可五、六千里,东西长、南北狭。"徐葆光谓其国里数,以中国十里为一里;今以中国里数定之,乃南北长四百四十里,东西皆见海。周煌《琉球志》从之,两官生弗是也。至属岛,则《徐录》谓水程南北三千里、东西六百里;前史所载高华、鼋鼍诸屿,今皆无其名。澎湖岛与台湾相近,并非球之属岛。彭家山、钓鱼台、花瓶屿、鸡笼山、小琉球、太平山等,皆去中山省二、三千里;而昆山郑子若著《琉球图》乃图于那灞港及欢会门之左近,舛谬甚矣。

星槎(岛迹附)

《周官》:"小行人之职,使适四方,必录为一书,反命于王。"——以周知天下之故。汉、唐而后,寻源泛槎,始及于海外诸国矣。琉球自隋大业三年令羽骑尉朱宽入海求异俗,海帅何蛮与俱;往抵其国,语言不通,掠一人而返。明年,宽复受命往,抚之不服。武贲将陈稜率昆仑军人通语言者往,终不服;逆战,为稜所败,掠男女千人。嗣是,遂绝。元世祖至元二十八年,海船副万户杨祥请以六千军往降之,给金符,赍诏以行。出海洋,遽掠一山,军小挫;未至瑠求,引还。成宗元贞三年,福建省平章政事高兴上言瑠求可图状;遣省都镇抚张浩等往袭之,禽生口百三十人;抗命如故。明洪武五年,遣行人杨载赍诏至国,中山王察度及山南、山北王始皆遣使入贡。九年,遣刑部侍郎李浩就其国市马。十五年,遣尚佩监奉御路谦送来使返国。永乐元年,遣行人边信、刘亢赍赐绒锦绮币。二年,遣行人时中立武宁。十三年,遣行人陈季芳封山南王。二十二年,遣行人周彝祭尚思绍。洪熙元年,遣中官柴山封尚巴志。宣德七年,复命柴山赍敕令王遣人赍往日本,谕其朝贡;明年,日本遂来朝。正统七年,遣给事中俞忭、行人刘逊封尚忠。十二年,遣给事中陈传、行人万祥封思达。景泰二年,遣左给事中乔毅(《殊域周咨》作陈谟)、行人童守宏(童,一作董)封尚金福。六年,遣给事中严诚(《殊域周咨》作李秉彝)、行人刘俭封尚泰久。天顺六年,遣吏科右给事中潘荣、行人司行人蔡哲封尚德。成化七年,遣兵科给事中管(一作官)荣、行人司行人韩文封尚圆。弘治十七年武宗登极,遣行人左辅颁诏至国。嘉靖十一年,遣吏科左给事中陈侃、行人司行人高澄封尚清;澄始有《操舟记》,侃始有《使录》。《录》云:十三年五月初八日自广(以冉切)石放洋,共十八日,至那霸。自九月二十日开洋,共九日,至定海。及还朝,奏言:"海中值风涛之险,多藉神休;乞赐谕祭!"从之。已而国王遣谢,且言侃等却馈金四十两;上特命侃等收受。三十七年,遣给事中郭汝霖、行人李际春封尚元。汝霖《使录》云:四十年五月二十九日自梅花开洋,共十一日,至那霸;十月十八日开洋,共十一日,入五虎门。及还朝,谕听汝霖等辞馈金四十两;旋嘉其远行着劳,各赐银、币。万历四年,遣户科左给事中萧崇业、行人司行人谢杰封尚永。崇业《使录》云:七年五月二十二日自梅花开洋,共十四日,泊那霸港;十月二十四日开洋,共九日,进定海。二十九年,遣兵科右给事中夏子阳、行人司行人王士桢封尚宁。子阳《使录》云:三十四年五月二十四日自梅花开洋,共八日,至那霸港;十月二十一日开洋,共十一日,到五虎门。崇祯二年,遣户科左给事中杜三策、行人司司正杨抡封尚丰。三策从容胡靖《录》云:六年六月初四日自梅花开洋,共六日,到那霸港;十一月初九日开洋,共十二日,到五虎门。封舟例以夏至后乘西南风至琉球,以冬至后乘东北风回福州;然北风凛烈,不比南风和缓,故归程尤难。其回闽之最安吉者,惟萧崇业;乃以十月二十四日放洋。海船三老皆言:无论冬至迟早,总以十月二十后东风顺送为吉;若冬至前后,则风势日劲,浪从船上过矣。正月,台飓最多,应期不爽;万无行舟之理。二月,则多雾,恐风顺而遇山不见,反至逼山;且龙蛰时多出海,复有龙起船傍,水沸立二、三丈之患。清明以后,地气自南而北,则南风为常;霜降以后,地气自北而南,则北风为常。反是,飓台将作矣。正、二、三、四月多飓,五、六、七、八月多台;飓骤发而倏止,台渐作而多日。九月则北风,或至连月,俗称"九降风";间有台起,亦骤至如飓。遇飓已危,遇台难当。十月以后,多北风。台飓无定期,舟人视风隙以来往。凡飓将至,天色有黑点,急收帆严柁以待之;稍迟,则殆矣。凡台之将至,天边断虹见:若片帆者,曰"破帆";稍及半天如鲨尾者,曰"屈鲨"。若见北方者,比他方尤虐。又海面骤变多秽如米糠及海蛇浮游,皆台飓之征。十二月二十一日起风,一日应来年正月一月,多风;二日应二月;后皆以次递应。或一日风作一次、二次,则来年所应之月,台亦一次、二次;多亦如之,无不验者。俗传暴期,不在本日,则前后三日。又日值箕、毕、翼、轸四宿,亦主起风;皆宜避,不得谓诬也。渡海船二座,自五虎门至姑米山,四十更;自姑米至定海所,五十更。一更六十里,以沙漏定之。漏用玻璃瓶两枚,细口大腹;一枚盛沙满之,两口对合,中通一线以过沙。倒悬针盘上,沙尽为一漏,复转悬之。计一昼夜约二十四漏,每二漏半有零为一更。风缓船迟,虽及漏刻,尚不及更;风疾船速,未及漏刻,已逾六十里,为"过更"也。又以木柹(即木柴)从船头投海中,人疾趋至梢,人、柹同至,谓之"合更";人行先于柹,为"不及更";人行后于柹,为"过更"。船尾安用针盘罗星,以山为准。自福州往琉球,出五虎门,取鸡笼山、花瓶屿、彭家山(一作平佳山)、钓鱼台、黄尾屿、赤尾屿、姑米山、马齿山诸山,皆偏在南;夏至取山北过,乘西南风,参用辰、巽等针,袤绕南行以渐折而正东,收入那灞港。自琉球回福州,出姑米山,取温州南杞山、台山、里麻山(一名霜山)诸山,偏在西北,冬至取山南过,乘东北风,参用乾、戌等针,袤绕北行以渐折而正西,收入定海所,进五虎门。盖福州、琉球虽地势东西正对,然船身宜上、不宜下;故前明封舟不至落北者,惟夏子阳。余皆多用卯针,以致飘过北山。故《指南广义》主用卯针之说,不可信也;《徐录》、《周志》言之详矣。钦惟我朝圣德天威震叠寰海,神灵效顺。凡四次乘槎之使,无不凭藉诏敕,履险若夷;从容成礼,无辱册命。且各访其山川、形胜,录为一编,恭呈乙览。臣故类辑于左,以见"东风应律、海波安恬",洵非虚诬云尔。

顺治十一年,命张学礼、王垓封王尚质;康熙元年,始行。二年四月内,登舟(舟长十八丈、宽二丈二尺、深二丈三尺);六月初七日,梅花开洋。初九日,过分水洋。十一日,见巨鱼如山。十二日,过糠洋。自梅花七日不见山;十五日,见北山。十九日,泊伊兰埠,地近龙潭;二龙见,大桅决、铁箍失,二、三转至山南。二十五日,次温镇,抵那霸港(共十九日)。十一月十一日,冬至;十二日,登舟。十四日,开洋,过姑米山。十六日,飓大作,桅半折,霹雳断桅。十八日,勒索断,柁浮。十九日,风止,起柁。二十一日,异鸟集战台。二十三日,见浙江山。二十四日,到五虎门(共十一日)。

康熙二十二年,命汪楫、林麟焻封王尚贞,用二鸟船(长十五丈、宽二丈六尺)。六月二十三日,开洋;双鱼导引,万鸟回翔。二十四日酉刻,过钓鱼台。二十五日,过赤屿;薄暮,祭沟。二十六日,过马齿山,至那霸港(计四日)。十一月二十四日,开洋。二十七日,过姑米山。二十八日夜初,飓大作,大桅铁箍断十三,顶绳断,金拴裂尺余。十二月初二日,见南杞山。初四日,泊定海(共十一日)。

康熙五十八年,徐葆光、海宝封王尚敬,用商泊二(长十丈、宽二丈八尺、深一丈五尺)。五月二十二日,出五虎门,开洋——出五虎门自此始。二十四日,过米糠洋;二大鸟集桅。二十九日,见叶壁山;回针东南,取读谷山,收那霸港。六月初一日,登岸(共十日)。五十九年二月十六日,开洋;日入,见姑米山。十七日,二龙见,水沸立。二十日,过沟。二十一日,大雾,有鸟集桅。二十二日,双燕集桅。二十四日,至鱼山;日入,至凤尾山。二十七日,见盘山;日入一更,至台山。二十八日夜,飓作,椗走。二十九日,至霜山;日晡,至定海所(共十五日)。

乾隆二十一年,全魁、周煌封王尚穆,用民船二座(长十一丈五尺、宽二丈七尺五寸、深一丈四尺;加上棚六尺。前九舱,中八舱,后七舱。水柜二、水桶二,共受水六百二十石)。六月初十日,出五虎门;过官塘进士门,开洋。夜,见鸡笼山。十一日日入后,见钓鱼台。连日俱有大鱼夹舟左右,或三、或四;又宿洋鸟,绕樯而飞。十二日,见赤洋;是夜过沟,祭海。十三日,见姑米山;姑米人登山举火为号,舟中以火应之。十四日,姑米头目率小舟数十牵挽至山西,下椗;十五日,又挽至山北,下椗,距岸约三、四里许。二十二日,大风。二十四日,风愈暴。夜四鼓,大雷雨,椗索十余一时皆断,椗走;龙骨触礁而折,底穿入水。倏见神火飞向桅末,焚招风旗而坠。又海面一灯浮来,若烟雾笼罩状。众悉呼曰:"天妃遣救至矣!"须臾,船身直趋向岸,一礁石透入船腹,不动、亦不沉;乃得登岸。二十二年正月三十日,开洋;至马齿山安护浦,下椗。初四日,出澳,过姑米山。初五日夜,过沟,祭海。初七、八、九日,大雾,不见山;寄椗。初十日早,白虹见,雾开;见台州石盘山。午,复大雾;白虹再见,东北风,起椗,见温州南杞山。十一日,至罗湖,下椗。十二日,收入定海所,下椗。十三日,进五虎门。

环岛,皆海也。海面西距黑水沟,与闽海界。由福建开洋至琉球,必经沧水、过黑水,古称"沧溟"("溟"与"冥"通,幽元之义);又曰东溟,琉地固巽方,实符其号。而黑水沟为中外畔水;过沟,必先祭之。东临日本萨摩洲(《指南广义》作"要是麻"),常与交市,一苇可航;北望野古,可直通高丽。南逼台、澎、淡水后之溜山,与叶壁后之漈水同属尾闾、沃焦之壤;而三十六岛水中复有沙舟隐现断续,若草蛇灰线、马迹蛛丝。海潮之进退有度,朝而至者为潮,夕而至者为汐。《山海经》以为海鰌出入,浮屠氏谓为神龙变化;《抱朴子》以为两水相合相荡而成,然必疾风暴雨,始足以张其势;卢肇以为日出于海,冲激而成;《高丽图经》谓天包水,水承地,地沉则水溢、地浮则水缩。之数说者,皆未足深信。独邵子以为海潮者,应月之喘息;余襄公以水之应月,各从其度:二说为是。故月临卯、酉,则水涨于东、西;月临子、午,则水平于南、北:福州与各省之潮皆然。独琉球,较福州每潮率后三辰:望日,福州午时潮满,琉球则满以戌时;余日因以递迟。

三省之山,曰崎山(上有望仙阁,下为雩坛。坛侧有茶亭,亭旁有石岩。又有堂曰"东苑",汪楫书额)、升篝山、石虎山、龟山、勒马岩、万松岭(一名万岁岭,取"嵩呼"之义)、泊山、天久山、奥山、鹤头山、辻山(旧演武场,女集在焉)、波上(八月十八夜,候潮于此;为中山八景之一)、雪崎山(有洞,可憩。正、三、五、九月,男女同至拜祷)、龟山(在雪崎东北,与前同名)、识名山(东苑八景之一)、七星山、壶家山、中岛(多蕉树;为中山八景之一)、浦添山、姑场山(即姑场岳。以上中山省)、石火山、小禄山、仪间山(有垣花村,多米廪)、大岭、高岭(山南王故城)、国吉山、樱岛山(以上山南省)、金武山、恩纳山、名护山(一称名护岳)、佳楚山(一名宇胜岳;为一国最高之峰)、运天山(多稻田。以上俱山北省)。属岛之山(凡岛皆山;兹特于岛中之小山著名者揭书其一、二):清水山、菊花山、永名山(俱在大岛)、筑山(在太平岛。土名七姑山;上有碧于亭)、金城山(在姑米山。松杉蔽天;下有甘泉,泻右崖直下,如瀑布。以上外岛)。

水泉之利,有瑞泉(在王城欢会门内;郑孝德等有记)、龙潭、奇泉、吉泉、笠泉、泊津(西流入海)、那霸港(首里西十里,直达大洋。港中流有巨石,名曰"马加";四围皆铁板沙,沙坚逾铁,嵌空嵯岈,长沿乎海。潮长则没,舟误触辄碎:国人恃为金汤。南北跨海,筑长堤,建两炮台)、漫湖(即那霸港所停猪处。水中一石甚奇耸,正对久米村)、日泉、旺泉、天真泉、无漏溪(宋淳佑中,有恶蛟为害,义本王欲以宜野湾妻章氏祭之。其女真鹤舍身代母,感神灭蛟,王以女配王子)、玉泉(祈雨处)、饶波、玉湖、砂川、乐平泉、惠泉、芳泉、富藏河、诸喜泉、轰泉、手水、许田湖、大荣川、亲川泉、获剑溪、运天江(亦名运天津;舟多泊此。以上国中)、白川、上行瀑(姑米山之瀑自下而上,盘逾山脊,乃旁溢四注)、面那水、赤濑、温泉。

桥梁之著者,龙渊桥、天女桥、观莲桥、临海桥、泉崎桥(双门拱月,皓魄澄虚;一碧万顷,如玻璃世界。为中山八景之一)、金城桥、泊桥、真玉桥、石火桥、大里桥。

　　名胜之迹，天使题为八景，曰崎泉夜月、临海潮声、唐荣竹篱、龙洞松涛、笋崖夕照、长虹秋霁、城岳灵泉、中岛蕉园。又有迎恩亭（明洪武时，武宁王建为迎诏之所）、却金亭（为明嘉靖册使陈侃建）、息思亭（明嘉靖册使郭汝霖有"息思亭说"）、洒露堂（在旧天使馆内）、东苑（在崎山；汪楫有记）、茶亭、同乐苑、观旭峰、神木、全宫、戏马台、翠岩、白金岩、龙洞（八景之一）、金峰洞、崚石、受剑山、山南故城（山南王子孙那姓居之）、山北故城、山南王弟故城、佐敷殿、尚圆王旧宅、麻氏隐居、毛家园、澹园（蔡温别墅）、碧放亭、山北王茔（在今归仁运天村；土人呼"百按司墓"）、尚圆王祖茔（在叶壁山；中有一山，宛转如游龙）、中山王祖茔（在王城西南。张《录》云："茔中无冢，石阡镌'中山王祖茔'。前五峰相对，左右有情沙水相映，前山开广。"）

谨　度

　　小国之保邦在畏天；畏天，则制节谨度而不敢纵逸。琉球臣事中朝，世修职贡；前明制词，已称为"守礼之邦"（《池北偶谈》云："册使奉命，恭请俯赐御书，该国得'守礼之邦'四大字"；误矣），忠顺可嘉；王城坊榜，厥额烂焉。况逢我国家文治遐敷，皇恩覃被百数十年，举九有八纮而甄陶之，一时蜃区蛟穴，俨类锦城；花屿星碨，共环芳甸。君若臣之所以虔奉天朝者，几于志敬而节具、志和而音雅；谨尔候度，庶无愧云。

　　正朔，遵奉《时宪书》；贡使未赍回之先，特设通事官，豫依《万年书》推算应用（书面有五十九字云："琉球国司宪书官谨奉教令，印造《选日通书》，权行国中，以俟天朝颁赐。宪书颁到日，通国皆用宪书；共得凛遵一王之正朔，是千亿万年尊王向化之义也"）。

　　冬至、元旦，王皮弁、执珪，率陪臣北向遥贺皇上万万岁，行三跪九叩头礼。

　　皇上万寿圣诞，王率陪臣北向祝如元旦礼。

　　二十一年册封礼：先是，王世子承袭之三年，取具通国臣民结状，遣贵臣赍表请封。礼部上其议，特命正、副使二员，赐东珠顶帽、一品麒麟服（初赐副使白泽；康熙五十九年，均赐麒麟服），赍诏敕往。驰驿至闽，登舟。行至那霸港，王世子遣贵臣来迎，舟数百引至却金亭下，搭浮桥，直接亭阶。陪臣班列，仪仗鼓吹，皆集亭左右，迎请龙亭登岸。众官前导，王世子吉服跪迎道左。复至迎恩亭中香案前，行三跪九叩头礼，恭请皇上圣躬万安；使臣谨对"圣躬万安"。礼毕，复导迎至天使馆，奉安诏、敕、节、印。王世子旋至馆候问，使臣对拜；待茶毕,送出。谕祭先一日,长史等官洒扫庙堂,设香案于庙中,司香二人。设开读台于滴水西首;设开读位,东南向;设故王神主位于露台东首,西向;设世子俯伏位于神主位之下,北向;设世子拜位于露台中,北向;设众官拜位于世子后之左右;设奏乐位于众官拜位之下,北向。次日黎明,法司以下官——金鼓、仪仗齐集天使馆;参见毕,请龙亭进公馆中堂。捧轴官捧谕祭文,奉安龙亭内(彩亭二,载祭绢、祭银)。奏乐,引礼通官唱"排班",各官行三跪九叩首礼;毕,前导。至安里桥,世子素衣角带,率众官跪于桥头道左;龙亭暂驻,世子众官平身,天使趋前分立龙亭左右。引礼通官唱"排班",世子率众官行三跪九叩头礼;毕,世子前导,由庙东角门进,立故王神主侧。龙亭进中门至庙内中堂,天使左右立。宣读官、展轴官由西角门入,至开读台下,东向立。司香者举案置龙亭前,添香。世子上露台,率众官行三跪九叩首礼;毕,复立神位下。捧庙官由庙东边门进,天使授谕祭文;由中门出,上开读台,立案右;展轴官立案左,宣读官就开读位。世子率众官俯伏于故王神位下,西北向。引礼通官唱"主祭官就位",天使诣故王位前;上香、献爵,不行礼。引礼官唱"开读";读毕,引礼官唱"焚帛"。世子平身,至焚帛所;捧轴官捧誊黄,加帛焚之。焚毕,捧轴官捧谕祭文由正中门入,奉安龙亭内。世子率众官回露台,行三跪九叩头礼谢恩。礼毕,天使诣故王神位前,行一跪三叩头礼,世子率众官俯伏神位侧。礼毕,退班。世子捧神主由庙东边门进庙内,安于东偏神座;出谢天使,行一跪三叩首礼,天使答拜。世子出更衣,天使易服。世子揖至前堂,天使居东、世子居西,皆四拜,安坐——正使东首、副使西首,南向;世子西首,东北向。不设乐,世子亲献茶、酒,天使辞;紫金大夫代献。天使酬献,世子亦辞;引礼通官代献。席终,天使至滴水前升舆,世子下阶揖别,众官门外跪送。是日,世子遣官诣馆谢天使;次日,遣官入城答谢。册封先一日,所司张幄结彩于天使馆,备龙亭三座、彩亭二座,经过处皆结彩。造板阁一楹为阙庭,设于王殿庭中。中置殿陛,左右层阶。设御案五于阙庭中:中案,奉节;左案,奉诏、敕;右案,置印;边左,置赐王币;边右,置赐王妃币。设香案于阙庭前,设司香二人于香案左右。设世子受赐予位于香案之前,设宣读台于殿前滴水之左,设世子拜位于露台之正中,设陪臣拜位于世子后——左右层列。世子左右,并引礼官二员;众官左右,立赞礼官二员。陈仪仗于王殿左右,设奏乐位于众官拜位之下。次日黎明,法司以下官皆吉服,候于馆外,金鼓、仪仗毕备。天使启门参见毕,迎请龙亭入公馆中堂。正使捧节、副使捧诏敕,捧印官随行,各安奉龙亭中;捧币官捧缎匹,置于左右彩亭中。奏乐,排班;众官行三跪九叩头礼;毕,前导。世子率众官伏迎于守礼坊外,龙亭暂驻。世子、众官平身,天使趋前分立龙亭左右。引礼官唱"排班",世子率众官行三跪九叩头礼接诏。礼毕,世子前导,入国门,立殿下。龙亭进至奉神门,执事者脱节衣,奉节授正使、奉诏敕授副使、奉印授捧印官;捧币官分捧缎币,随行。至阙庭正中,各安奉御案上,天使分立左右,捧诏官、捧敕官立殿陛下,宣读官立开读台下。司香者举香案于御案前,添香。奏乐,引礼官引世子由东阶升,众官各就拜位;世子诣香案前,乐止。引礼官唱"跪",世子、众官皆跪。引礼官唱"上香",案右司香者捧香跪进于世子之左;世子三上香讫,平身。奏乐,引礼官引世子出露台就拜位,率众官行三跪九叩头拜诏礼;毕,平身,乐止。副使诣前,正中立;捧诏官、捧敕官由东阶升。奏乐,副使取诏授捧诏官、取敕授捧敕官,高举下殿陛,同宣读官上宣读台,奉诏、敕并置案上。引礼官唱"跪",世子、众官皆跪;引礼官唱"开读",乐止。捧诏、敕官以次对展,宣读官读毕;引礼官唱"平身",世子、众官皆平身。奏乐,捧诏、敕官各捧诏、敕升殿陛,副使仍安奉御案上,捧诏、敕官下东阶。国王率众臣行三跪九叩头谢封礼;毕,平身,乐止。天使宣制曰:"皇帝敕使赐尔国王及妃缎币!"引礼官引国王由东阶升,法司官随行;至受赐予位,跪。奏乐,正使取国王缎匹、副使取王妃缎匹,一一传授国王;国王高举,法司官跪接,传置案上。毕,平身。引礼官引国王复位,率众官行三跪九叩头谢赐礼;毕,平身,乐止。天使宣制曰:"清字篆文告成,另铸新印,皇帝敕使赐尔国王领受!"引礼官引国王由东阶升,法司官随行;至受赐予位,跪。奏乐,天使取印亲授;国王高举,法司官跪接,仍传置案上。毕,平身。引礼官引国王复位,率陪臣行三跪九叩头谢赐印礼;毕,平身,乐止。引礼官引国王由东阶升,至香案前,跪;请留诏、敕为传国之宝。法司官捧前代诏、敕,一一呈验;天使验明,允所请。副使捧诏、敕亲授国王,国王平身,仍安奉御案上。法司官捧旧印授国王,国王跪授天使,仍并置御案上。奏乐,引礼官引国王复位,率众官行三跪九叩头谢恩礼;毕,平身。正使取节,执事者加节衣,仍置御案上;诏、敕、印、币,法司官等捧入内殿。节案、旧印案仍设阙庭中,各派官员敬谨守护。国王请天使拜御书,引上殿阁;天使瞻拜,礼毕。国王请天使更衣,同往北宫;奏乐,并四拜。礼毕,安坐,献茶;一如前仪。席终,王前导;至御案前,正使奉节、副使奉印,各安奉龙亭内。天使随出奉神门,与国王揖别,各乘舆。王先行,率众官出欢会门外,俟龙亭回过,跪送。天使至,出舆;国王揖别,众官皆跪送。是日,王遣官诣馆谢;次日,天使遣官入王城答谢。越数日,王率群臣于府中北面谢恩;越二日,诣天使馆拜谢。王戴皮弁(常服,黑纱帽,旁斜展两翅)、服蟒衣,玉带、垂裳结佩,乘十六人肩舆。鼓吹八人、鸣金四人、方棍二人、红隔路二人、旗十二人、铁叉二人、曲枪二人、狼牙钩二人、长钩四人、钺斧四人、长杆枪三十二人、月牙叉四人、鸡毛帚十二人、马尾帚二人、大刀二人、黄缴二人、花缴二人、看马四人、提炉二人、黄缎团扇二人、绿珠团扇二人、印箱二人、衣箱二人、红杆枪四人、长腰刀四人、黑腰刀二人、长砍刀四人(旧有武士戴铜假面、衣漆甲、带刀者数十人;今无)、大掌扇一人、金炉二人、(以下俱近侍小童,手执名"察度奴示")金葫芦二人、绿珠兜扇二人、小鹅毛扇四人、蝇拂二人、金漆匣二人。法司以下皆从行,紫帕二十人、黄帕百余人。王经行之处,久米人列盆花数十种于泉崎桥堤上,绕以朱栏。刻木作麒麟形,题云:"非龙、非彪、非熊、非罴,王者之瑞兽。"那霸人于下天妃宫前植大松数株,叠假山数堆;作白鹤二,子母鹿三、四。池上结一大葡萄棚;池中浮水,刻鲤鱼数个,竹栏环之。旁竖木坊,匾曰"偕乐"。坊柱悬一长板,题曰:"鹿濯濯、鸟嘤嘤,牣鱼跃"。王归,则撤之;王复出,则复设如故。王先至更衣处,差长史来禀;王轿至头门,巡捕官跪请;轿进至仪门,王欲下轿,巡捕官跪请如前。国王至滴水前,下轿;天使进前迎接,一揖拱上大堂,交拜一跪三叩首礼。毕,天使请国王更衣,揖让登席;一如前仪。席终,王辞回,一揖;天使送至滴水,同一揖。国王上轿,一揖;天使亦一揖。王轿至仪门,巡捕官跪送。

宴使臣有七(谕祭、册封、中秋、重阳、饯别、拜辞、望舟):谕祭,不奏乐、不簪花;天使世子肃容堂上,各一席。随弁左庑,国相陪之;从客右庑,紫金大夫陪之:俱各一席,皆高座。两厢及堂左右,全半廪给、口月粮等分坐,以长史、大夫等官陪之。通事时在天使左右传译,不预席。册封,奏乐、簪花。中秋,演剧。重阳,观龙舟竞渡。饯别,如前。拜辞宴毕,王先至世子第中,更设小座,手奉三爵为别。望舟宴毕,王面致金扇一握为别。登舟后,王率陪臣诣迎恩亭恭送节、印,跪请圣安;俱如前礼。随遣法司王舅赍表谢恩,于常贡外,加贡物。又将屡次宴金二封——共一百九十二两,具本请钦赐使臣收受(前两次,俱着收受;此一次,不着收受)。

天使初进馆,陪臣分三班进谒,皆一跪三叩头。白事,必长跪;命坐,赐茶。天使每日有供应,极丰;王又遣红帕察度奴示押送瑞泉水各二石。朔、望及五、十两日,遣陪臣起居、馈食、进谒如仪;随弁二员,有每日供应。又有全廪给、半廪给、口粮、月粮，各皆丰备，以待随行员役（以上记封爵典例）。

卷之一终。

琉球入学见闻录卷之二
琉球官学教习臣潘相恭辑

爵　禄

王臣公、公臣大夫、大夫臣士，天子经略、诸侯正封，古之制也。顾古爵莫贵于公、侯，今王亦爵也。琉球王爵，锡自中朝。臣下之秩，惟洪武间赐闽人三十六姓知书者，授大夫、长史，以为朝贡之司；习海者，授通事官，为指南之备。今可考者，若程复、叶希尹，从国王之请，命以寨官兼通事职；右长史王茂、左长史朱复（江西人），从王请，命为国相。他皆听其自置：待属国宜然也。臣就其官制考之，官虽有品，不必品有其人；官虽分职，不必职专其事。而班列不同、禄糈各别，盖亦凛然名器之不假焉。

国王，初嗣位，称权国事；请封、见册使，称中山王世子。受封后，始称王。

王国之官，有王子（总理一郡或二郡，或世领一郡，称某间切按司）、按司（一为王子及贵臣遥领之按司，一为各土著世业之按司；或授以朝列，或充王壻，皆令常居首里。王子、按司不系品，有才德者授国相职）、国相（左、右二员，正一品）、法司官（三员，从一品）、紫巾官紫金大夫加法司衔（正二品）、紫巾官紫金大夫（从二品）、耳目官（四员，正三品）、正议大夫加耳目官衔（从三品）、吟味官（《徐录》作"赞议"）、正议大夫（俱正四品）、御琐侧、那霸官、中议大夫、史长、都通事、察侍纪官（俱从四品）、正殿遏闼理官（正五品）、副通事（从五品）、正殿势头官（正六品）、加势头官（从六品）、里之子亲云上（正七品）、筑登之亲云上（从七品）、正殿里之子（土名"察度奴示"，正八品）、里之子座（从八品）、正殿筑登之（正九品）、筑登之座（从九品）。久米府设紫金大夫（四员）、正议大夫、中议大夫、都通事官。又于紫金内选一人，总理唐荣司；于正中议、都通内选二人为长史，专主朝贡礼仪文移，兼治其府事。有大事，则总理司集诸大夫会议裁决，皆久米秀才习汉文者任其职而递升之。各府旧制，遣按司莅治之；权重兵争，后改令聚居首里，遥领其地，岁遣察侍纪一员知其府事。属岛有世袭头目，王给黄帽，为酋长；又遣中山黄帽官治之，名监抚使——三岁一易，土人称之曰"在番役"（《徐录》有元侯、郡侯、郡伯、邑伯等官；今皆无之）。禄糈三等;有俸米,按时给领;官罢则已。有采地,或一郡两郡、或一邑数邑、或计亩;子孙以次递减,至曾孙则不减,永为世禄。有功米(俗讹称"切米"),视功为额,于俸米、采地之外,加数百石或数十石;有终其身者,有限其年世者,有永为世业者。

田　赋(食货附)

凡居民,财必因天地寒暖燥湿、广谷大川异制。琉球地居炎徼,常暖而少寒;隆冬无冰,霜雪希降。草木常青,蚊至冬不收声。岁以十月布秧,五、六月熟。七、八月后多大风拔苗,故田止一种。米惟王族、官家食之,小民止食番薯。厥田厥赋,均曰"下下"。自入贡中朝,藉以贸迁有无,供其国用。欣逢我列圣轸念穷藩,屡免方贡马匹,弛海舶市货之禁;物力更纾焉。至其土产之充贡、献供、投赠者,举无足罗列。浙、闽人遇何楼所市至,举以相訾謷曰:"琉球货!"其土性然也。然而曝日献芹,情余于物。又况猥琐荒怪,出于山经、海志之外;飞车笞矢、豹鼠鲲鱼,固与昆刀火浣均非可遗。观月令、辨土宜、定田制、别赋役、考农功、察民用,凡鸟兽、草木、蔬果之为食货者悉附焉。

田有公田、有私田。王府田公,民耕之;输米于仓,岁有常额。各官采地公田,亦民耕之,官民均分;应派公费,出于官分之半,不派民也。二项田,俱不得卖买。私田,则民所应募开垦者。每亩量纳官米,听为世业,仍许卖买;价值甚昂,亩约二、三百金。平时上下各食其土,无他诛求。易世请封,则豫派取各府暨属岛谷米、苎布,积数年以供宴犒诸用;事毕,乃止。力役之法,每岁各地头比户派定人数,有事按名受役,每人役二日;大事,则尽役之。官府胥徒——即种采地之人,视官秩为多寡,月一更之。至鸡豕、薪米,亦计米石之数而以时供之。

谷之属:稻、赤杭米、黄小米、黍、粱、麦(有三种)、菽、麻、芝麻、番薯(茎叶蔓生,瘠地可种,生熟可食。民以为粮。按此物内地多有;《徐录》不知,乃以为异产)。

货之属:丝(粗黑。乾隆二十八年,国王奏:求于内地照旧配买丝斤。礼部援例驳奏,奉旨"特加恩许其买丝")、棉(少出;价极贵)、绸(土绸、茧绸)、棉布、丝布(丝经麻纬,一名罗布)、蕉布(缕芭蕉皮为丝织之)、麻布(各布皆花纹相间,綦组斓斒,亦用五色染之)、草席、茶(间有出者)、盐、酒(国中出烧酒,味甚烈。太平山出红酒,名"太平酒";八重山出者,名"蜜林酒"。土噶喇出醇酒,以米肌,从女子口中嚼汁而成;形如乳酪,而味淡甘。埋之土中经年,取作烧酒,味醇无比)、油、蜡、烛、糉、糖、烟、扇、金(偶出)、银(作长条或弹子大,多自日本来;闽人谓之"球饼"。旧饼一两,抵纹银八钱;新饼一两,抵七钱)、钱(自铸小钱、铅、铁、铜杂用。大不及鹅眼,无轮廓、文字。每贯一百,长寸许;或三十、或五十、或一百一十,皆各成贯。以纸封固,钤之以印。亦有私铸者。中国钱甚少,或日常用日本宽永等钱)、珠(螺蜯中间有之,圆而无光)、苏铁、刀、漆器、石、珊瑚、松纹、硫磺(充贡物)、纸(棉纸、清纸、护寿纸;又有花纸,可裱围屏)、笔(鹿毛为之,管最短)。

鸟兽、草木、蔬果,往往与中国同。但兽无驴、骡、兔、獐与虎、豹、豺、狼、熊、罴耳。其异产,则蔬之属,有红菜、鸡脚菜、麒麟菜、松露、辣荞。果之属,有蕉实(芭蕉花开,一穗数尺,紫红色。瓣落,结实如手指揸开,色绿;采而覆之以草、糠,则黄。味如薯而甘,名甘露);草之属,有雷山花、山苏花、吉姑罗(植墙上,可辟火;呼为"福禄木");木之属,有樫木(一名罗汉杉;木理坚腻,用之为梁柱)、福木(四时不凋;实如橘,可食)、呀喇菩(叶纹对缕如织,中边映日通明,作金黄色;花似梅,实可榨油。与福木俱号"君子树")、铁树(一名凤尾蕉,又名海椶棡。叶劲挺,对出如铁,𤅵𤅵如凤尾;根可为粉粮)、福满木、地分木、梯沽(树极高大,叶如。每叶抽作"品"字形,对节生。四月初,开花;朱红色,长尺余。每干直抽,攒花数十朵,花叶如紫木笔吐焰。出太平山)、阿咀呢(连蔓坚利,可为藩墙;叶可造席,根可绞索);竹之属,有观音竹(丛生,长尺许,宽三、四寸;紫色);禽之属,有古哈鲁、麻石、乌凤、恨煞、容𧆑、石求读、莫读史;鱼之属,有佳苏鱼(以马交鱼脊为腊,泡以温水,包蕉叶中煨之。薄切成片,渍以清酱,颇可口)、海马(鱼身、马首);介之属,有绿螺(大如盆、如𨨏,常以充贡)、寄生螺(小蟹生螺壳中,见火则半出,冷复入)、海胆(背生刺如猬,蠕蠕运行;可腌食);虫之属,有四脚小青蛇。凡蛇皆毒,伤人立毙。

按诸录异产最多,今仅录其最异者如右。

制　　度

先王之制,荒服者王。其国之制度,胥听其便;不强使同也。《隋书》称琉球"王所居,曰波罗檀洞;堑栅三重,环以流水,树棘为藩"。其时栋宇之制,盖犹未备。今则闳闳轮奂,阶砌轩崇;于安奉诏敕馆舍、使臣之所,尤加谨焉。至其衣冠、簪缨,亦迥异卉服之旧。我朝朝会大典,诸属国许各服其服;故"王会"有图,服装各别:懿乎铄哉!《易》《比》之五曰:"显比吉"。其象曰:"不宁方来,称是占矣。"

王城在中山省之首里,周回三、四里;有马道,无雉堞。由万松岭东上数里许,衢道修广,有坊,牓曰"中山道"。南有安国寺,对街为世子第。中路砌石为大墩,内植凤蕉一丛。更进,又一坊,牓曰"守礼之邦"(用万历中制词语)。道左,有天界寺;寺西南,为王茔。对街,为大美殿。更进,为欢会门;即王府城也。高踞山巅,砺石砌成;削磨如壁,苍黝磊历。远望如聚髑髅(《隋书》因其形似,误谓"王所居,多聚髑髅其下")。城外石崖上,左刻"龙冈"、右刻"虎崒"。城四门:前西向,即欢会门;后东向,曰继世门(《汪录》:"世子嗣位,由此门入");左南向,曰水门;右北向,曰久庆门。欢会上崖有门,西北向;牓曰"瑞泉"(徐葆光镌"中山第一"四字于碑)。左右甬道,有左掖、右掖二门通入王宫。更进有楼,西向;牓曰"刻漏"(上设铜壶滴水)。更进有门,西北向;为广福门——即王府门也。王殿在山顶,前为奉神门,左右三门并峙。门与殿皆西向,取"一时西拜尽倾心"之意也。殿九间,左右夹室各一间。殿前站台,建穹亭覆之。中阶七级,石栏周护;雕刻花鸟,颇工整。殿上有楼,为御书楼;高敞壮丽,巨梯当楹立。中奉圣祖仁皇帝御书,左奉世宗宪皇帝御书,右奉皇上御书;下为王听政之位。中壁悬上古伏羲画卦像,龙马负图立其前(《汪录》作孔子像);绢色苍古,微有剥蚀,非近代物。殿庭方广数十亩,分砌三道,方砖铺之。左厢北向,为南楼;牕尽垂帘。楼隅隙地亩许,错植蟠松、凤蕉于奇石之间:汪楫题曰"听涛"。右厢南向,为北宫,匾曰"忠顺可嘉"(亦用前制词语)。殿屋皆固朴,柱础一间至用二十余。屋梁甚低,以处山冈,防海飓也。世子府第在安国寺南,别有世子殿在中城。

天使新馆,在那霸;去迎恩亭里许,面南:一仿中朝公廨。旧馆,在其西南,或云"弥世公馆"。那霸又有公馆二,为管理那霸钱谷、讼狱二官之公所。姑米岛亦有公馆二。

冬至、元旦,王皮弁执珪,拜岁为德,遥贺万岁。礼毕,登殿,受群臣朝贺,如明制:就班,一揖;跪,三拜,兴,一揖;跪,又三拜,兴,又一揖。礼毕,各官易常服;王亦易宽博锦衣、戴五色锦帽,坐阁二层。众官跪阶下,唱"太平曲";卑者按拍和歌,尊者捧觞为寿。王以等级,赐酒肴。每月之望,赐诸臣茶,赐久米大夫以下茶、酒。上元及王诞日,皆如之。各官俱于王诞日计功升迁;有大庆,增秩禄有差。

凡王视朝,群臣皆具国服,搓手膜拜;过先王庙,必令下马行。百姓见官长过,男女皆脱屐伏道旁,俟过而后去。若官长坐,过之则两手据地如蚁行。

男子十五，剔顶发，惟留四余为小髻（前明时，不剃顶发，亦不戴网巾）；插短簪一、耳挖一。簪，王及妃皆以金，王龙头、妃凤头。贵官起花金簪，次以金头银柱，又次银；妻视其夫。民以铜，民妇以玳瑁：皆倒插髻中，翘额上。

王冠，乌纱帽，双翅倒冲，上向：盘金朱缨，垂额：又有皮弁。燕居，亦裹五色锦帽。臣下之帽，以薄樫木为骨：蒙之以帕，前七层或九层，后十一、二层。红锦花最贵，紫次之，黄与红又次之，绿为下。医官、乐工及官役，着片帽，以黑绢为之；漫顶，下檐作六棱。雨笠，以麦茎及藤为之。又有皮笠，黑漆其外，而朱其里。衣服，王着蟒袍，犀角白玉带。官民衣服，男女皆宽博交衽，袖广二尺许，长不掩指；缺其右襟之末。男女皆竖领，项上一钮、胸右一带。夹衣，可两面着，无钮带；名曰"衾子"。里衣，短小；古无襦裤，今皆有之。外衣，男子束之以带。别有大带，长一丈四、五尺，宽五、六寸，围于腰；以锦花为最贵，次黄地龙蟠，次赤地龙蟠，次杂色花。七品至九品，冠、带俱同六品。女人不设带，两手曳襟行。国维王着靴；贡使至中国始着，归即去之。臣民无男女，皆着草鞳，名曰"三板"——编细席草为底，上横平梁，中界寸绳；举足入梁，纳于拇指、二指之间。袜最短，及踝而止；别为一窦，栖将指，着草鞳中。

王肩舆，仿中国国相以下。轿高不逾三尺，席地趺坐，四围以席，远望如笼槛；或用罗汉杉木雕镂，金漆锦边绘里，纱縠为蔽。皆用两人，以木杠贯其顶而抬之。

祀　法

明洪武八年，附祭琉球山川于福建。我朝天威震迭，海岳效灵；遣封谕祭，崇报弥隆。该国渐染文教，俎豆尼山，宫墙炳焕，前古未闻；而春秋祭享，庞乱不经。臣故列其祀法，欲俾式我仪章，正其纰谬；庶知祭法、祭统，毋僭毋渎云。

王祭国中山川，于社坛。十月下种，迎龙神像升龙舟，设坛祭。祈雨于丰见城之雨坛，又令官祈雨于首里崎山东苑内之雩坛。旱甚，各寺令僧祈祷，王亲诣躬祷。又有天尊庙（即雷神庙），亦祈雨之所。五、六月收获后，令各地方蜡祭、春秋祭，始教树艺之。阿摩美久，正、五、九月祭山海及护国神于辨岳。王嗣位、受封，皆亲祭辨岳。又八头岳、佳楚岳、名护岳、恩纳岳皆有祠宇，与辨岳称为五岳。又有城岳（有泉名旺泉，为中山八景之一）、姑场岳、苏姑那岳、砂岳，各有祠祀。关帝庙、水母庙，皆岁致祭。

文庙建于康熙十三年，在久米村泉崎桥之北，南向；红墙朱扉。左右立下马牌，内棂星门三。进庭，方广十余亩，上设拜台。大殿三间，中奉圣像，又设木主。两旁二龛,设四配像及主,像各手一经(《诗》、《书》、《易》、《春秋》)。中梁,摹御书《万世师表》匾一。五十六年,复建明伦堂。又建祠,祀启圣并四配父;但启圣神主尚仍公号,殿上未祀十二哲,亦未建两庑祀先贤、先儒。乾隆二十二年,经册使举直省诸郡邑庙祀典制移咨国王,王乃命其臣以次崇祀如典礼。祭仿内地,其本国所无之祭品,以上品土产代之;三日斋。前一日,演礼省牲。至期,遣法司官祭文庙、紫金大夫祭启圣祠,皆行三跪九叩头饮福受胙礼。

天妃封号,肇自宋、元。考"会典",四海龙神各有封号,东海称"显仁龙王之神"、西海称"正恒龙王之神"、南海称"昭明龙王之神"、北海称"崇礼龙王之神";有司岁时秩祀。而天妃亦称"海神",康熙十九年,敕封海神天妃为"护国庇民、妙灵昭应、弘仁普济天妃";二十年,允福建提臣万正色之请,诏封"昭灵显应仁慈天后"。五十九年,允册使海宝等之请,奉旨:"册封琉球,于怡山院祭天妃;并准地方官春秋致祭,编入《祀典》。"乾隆二年,允闽督郝玉麟之请,钦定加封"福佑群生"四字。二十二年四月内,允册使[全]魁等之请,嗣后谕祭天后祈、报文二道,书明天后封号,仍于怡山院天后宫致祭,加封"护国庇民、妙灵昭应、弘仁普济、福佑群生、诚感咸孚天后";别颁谕祭南海神祈、报文二道,于江岸望祭。该国尤尊信,庙宇辉煌:一在那霸天使馆东,曰下天妃宫;一在久米村,曰上天妃宫;一在姑米山。岁时致祭甚虔,历封册使各有匾、联。

天孙氏长女曰君君、次女曰祝祝,为国守护神;一为天神,一为海神。今寺院有三首六臂女神,手执"日"、"月",名曰"天满大自在天神"(《汪录》云:名"辨戈天"),崇祀特隆。

春秋祭先王庙,或亲祭、或遣官。三日斋,乐用"天孙太平歌"。圆觉寺、天王寺、天界寺内本宗香火,有时祭、有月祭,名兰盆祭,三日斋;忌辰,有特祭。朔、望,献茶。先王庙,舜天以下及本宗王位皆在焉。舜天居中,南向;余分左、右,东、西向:共三十位。圆觉寺内,奉祀本宗。尚圆居中一龛,正中;中左祀尚贞、尚益,中右祀尚能、尚敬。左一龛,正中祀尚稷,左祀尚清、尚丰,右祀尚永、尚质。右一龛,正中祀尚真,左祀尚元、尚贤,右祀尚宁。天王寺内,亦于佛堂之左一龛,奉祀尚稷、尚久。旁二主,为王妃;右一间四主,皆王妃。天界寺内,奉尚懿神主;余皆女神主,为王妃及王姊妹之出嫁者。诸庙寺,皆以僧守之。

兵　刑

琉球负重洋之险,恃铁板沙之坚,凭三首六臂易水为盐、化米为沙之天神,往往讳言师兵。顾其先世,三王争强,日寻干戈。尚德王时,奇界岛叛;尚真王时,八重山叛;尚清王时,乌父岛叛:皆发兵攻讨。迨尚宁王之世,见辱倭人,久乃释归:则知兵固未可废也。至于刑章,视内地尤严;盖亦有"明罚敕法"之意焉。

城池,惟首里砺石为垣,高四、五丈,广四、五里,仿内地丽谯为内城——皆无雉堞外,间切及各岛之以城名者,实无城郭也。那霸港口中流有巨石,名"马加"。四围皆铁板沙,沙坚逾铁,嵌空嵯岈,沿海皆然;潮长则没,舟误触,无不碎者。南北沿海筑长堤,两炮台并峙,聚兵守之(姑米山、马齿山亦有炮台,名烟台;为往来舟楫举号火处)。那霸见世馆(土名"亲见世"),每年犒属岛头目酋长于馆中;有罪者,即于此决之:亦设兵防守。

国少铁,盔甲与刀犹坚利(《隋书》云:"刀薄小,多以骨角助之。编纻为甲,或用熊、豹皮。"),诸矛戟皆脆弱。弓长七尺余,卓地高齐屋檐,射可百余步。箭较内地稍短,射必卓地,矢必扣于下方狭处扣弦发;矢皆用决拾,如古制。火药炮位多用铜铸,备舟舰水战之用。辻山旁,有演武场。武职有仪卫使、武备司,余皆文官兼之。兵制仿古制五家为伍,五伍又各相统。亲云上、筑登之以下皆习弓箭,家有刀、甲;有事,则各领其民,如百夫长、千夫长之属(《隋书》:"国有四、五帅,统诸洞。洞有小王,统诸村。村有鸟了帅,并以善战者为之,有刀矟、弓箭、剑铍之器。王乘木兽,左右舁之而行,导从不过数十人。小王乘机,镂为兽形。国人好攻击,骁健善走,难死而耐创。诸洞各为部队,不相救助。两阵相当,勇者三、五人出前,跳噪相詈辱,因相击射;不胜,则一军皆走,遣人致谢,即共和解。取斗死者共聚而食之,仍以髑髅陈王所;王赐之以冠,使为队帅"。《周录》云:"诸洞,疑即今之间切;小王,疑即按司;鸟了帅,疑即庇椰之属。")

国中不设官廨,无听讼之所。执法甚严;即贵倨如法司、紫巾官,有犯亦抵法。止令坐地,不绑缚,轻则流徙太平山,锢之终身。长官之父子、兄弟犯法者,不丝毫曲庇。民有罪者,大夫闻之法司;法司察其重轻,重者或刳其腹、轻者徙,皆不系狱迟留。又轻,则令自闭室中,不得出户;或三年、或二年,乃纵之。近亦设榜掠之具,然不甚施用(犯法重者,多自刎、投环;不敢妄辨求生)。犯淫者,有夫之妇、有妻之夫皆死;鳏、旷,末减。

死刑三:一凌迟、一斩首、一枪刺(用木桩作十字架,捆手足,以枪刺其心死;仍枭于桩,桩倒乃止)。轻刑五:一流(有流至某岛,不准放还者;有限年令其改过,不悛仍徙远岛者;有缚重罪手足置于独木小舟,配遣西马齿山转递外岛,听其漂没者)、一曝日、一夹、一枷(轻者数十斤,重者至数百斤)、一笞(窃盗最严,初犯笞若干,夹一次、曝日一次;再、三犯,递加,或立斩、或立配流外岛)。

风 俗

象寄鞮译,皆有安居、和味、宜服、利用、备器。圣王修其教,不易其俗;齐其政,不易其宜:盖于因之之中,寓化之之权焉。故曰一道德,以同俗。

琉球人形多短小,似昆仑;今亦有魁梧俊伟者,首里、久米、泊、那霸四村尤多。姑米山,亦有丰颐修髯之民。民质骁健,耐饥寒,任劳苦;俭而能勤(《旧录》作"不勤",误)、贫而少盗(《旧录》作"不盗",亦过。昔年道不拾遗、夜不闭户,诚如《张录》;今不然),浑朴而有等。职官之家,或弥旬茹蔬。女力织作,较耕男为勤。女年十五,即针刺手指背,以墨鲸之;岁岁增加,至中年,黳然矣:或方、或圆,如虫蛇、花卉之文。嫁娶,以酒肴、珠贝为聘;或男女相悦,便成匹偶。不治奁具,父母走送之壻家,衣仍白;国俗不讳也。男尚血气,小不平,则露龈裂眦,久不能释;或相争,即持刀刲之,旋引刀自剖其腹。屋卑矮,无粉墁,多用矸粉、花笺及书画表之。中间作神龛,立主,设香炉;贵家乃立祠堂。室内布细席,内里草荐,以布为缘;名曰"脚踏棉"。客至,脱屦以进。坐皆席地,无椅桌。平等皆危坐(古之跪坐;今高丽亦然),或盘跶。卑幼,跪伏于前;命之坐,然后安坐。盘盂,仿古俎豆。席不过六器、八器,每人一小桌;即妻子,不同食(今亦不必然)。器有水火炉,铜表、锡里,一置水、一置火,盛之以架;下二层,黑漆奁三、四事,中藏茗贝:出游则携以随。茶瓯,色黄,描青绿花草。烹茶之法,以茶末杂细米粉少许入碗,沸水半瓯,用小竹帚搅之起沫,满瓯面为度;以敬客。有吉庆事,亲知具酒二壶相贺。有丧,亦邻里聚送。人死则浴之,缠以布帛、裹以苇草,棺制四尺许,屈尸足敛之。士家题木主,近多依仿家礼。民家木主以僧题,男曰"圆寂大禅定"、女曰"禅定尼",无考妣之称。墓皆穴山,亦或筑以三和泥;既窆,垒以石。墓前,女挂梭叶片扇、白巾,男挂白布笠、立杖、草履、木屐;皆各插花筒,置香炉。旧俗:常开函启视;近亦革之。元旦,数日拜贺。十六,拜墓。是月,女子为击球及板舞之戏。二月十二日,浚井,汲新水洗额(云可免病)。三月三日,作艾糕相饷。二、三两月,皆择吉日祭麦神。五月五日、竞渡。六月,择吉,蒸糯米饭相饷。两月皆各择吉祭稻神;祭未举,稻不敢入家。七月十三日,夜列火炬门外,迎祖神;十五,盆祭毕,送之。八月初十、十五,蒸糯米饭交赤小豆相饷。白露先后三日,守天孙。九月,放纸鸢。腊八日,作糯米糕,裹以梭叶相饷遗,名曰"鬼饼";亦驱傩之意。二十四日,送灶;正月初五,迎灶。

正、三、五、九月名吉月,妇女皆至沿海雪崎洞拜水神祈福。朔、望,妇女汲新潮,献灶及天后宫前石神。渡海者,家立长竿,置木小舟其上,桅、柁、帆、橹皆备;另作薄木片风轮五叶安舡首,以候风。归,即撤之:盖古"五两旗"遗意也。

国人平时不称姓,称地名;祖、父、子、孙、兄、弟,皆同名。或充贡使、谒使者,旋乞姓名书手版上;或国中集事,则书其名于上,旁别注某子、几男。至有功,王赐以姓,始敢称姓。实则各有私姓,其图谱藏于王城,以紫巾官入国史院者掌之;不仅首里、久米有姓也。然即二府人,问以其亲邻之名氏,皆懵如;问以地名,则随口而对。言姓名,则曰唐名;称中国,曰唐人(犹曰汉人)。百姓有功,王赐之姓,则为士。

国无道士、尼姑,惟有僧。僧亦有秩,自房头历升法印至座师,而上人为最尊。寺院,若圆觉寺、天王寺、天界寺为首里三大寺;此外,有安国寺、仙江院、莲华院、兴禅寺、广德寺、建善寺、慈眼院、天庆院、万寿寺、手水观、万松院、大日寺、神宫寺、松寿院、临海寺、护国寺、波上寺、广严寺、海藏寺、法音轩、龙翔寺、善兴寺、龙渡寺、普门寺、西福寺、东寿寺、东禅寺、清泰寺、圣现寺、神德寺、崇元寺、神应寺、松山轩、和光寺。或供辨才天女(即斗姥),或供佛及金刚等神。或以石为神,无神像。许愿,皆奉一石祷之。僧识番字,亦识"四书",作诗句。又有男巫、女巫。

土妓,多衣红衫,俗呼"红衣人",又曰"侏㒓"(如华言"倾城")。其亲戚、兄弟,仍与外客序亲往来。良家妇行路上,手持尺布以自别。骑马,男女皆不用鞭;官家女人骑马,拥领蔽面,多侧坐鞍上,两足共一镫,人控徐行。市集,无男人,俱女为市。市物,惟鱼、盐、米、菜及粗窳陶、木器;间有土织蕉、棉布,亦极薄恶,价复不贱。道中无肩担、背负,凡柴薪、米豆累百斤者,女人悉以首衬草圈顶之,垂手曳袖,无偏堕者。

土　音

臣钦惟我皇上建极考文,"御纂同文韵统"及"西域同文志",凡遐方异域重数译而来者,莫不审音知义,令译馆诸生译其字、达其志;琉球独不与焉。臣于乾隆庚辰,奉旨教习该国入学官生;癸未,成进士引见,皇上垂询该国语音,臣未敢冒奏,仰体圣衷,益加考订。及官生归国事竣引见,皇上复垂询再三;臣一一陈奏,天颜和霁,荷蒙录用。谨分门别类,编为一册,以俟谕言语之象胥,亦以志顾问之恩荣也。

称皇上、朝廷,皆同内地。称册使,曰阿几噶加那子。称国王,曰倭急拿敖那——又曰哭泥华,妃曰倭男札喇;又称王曰御主加那志,妃曰御妃——女人称妃曰倭男札喇加那子。琉球,曰乌吉逆呀。又称王曰兄嘉那宾,王妃曰翁那嘉辣,王子曰阿楼瓜,公子曰呀吉哩。

天文类:天,厅。日,虚。月,此吉。星,弗失。风,哈子。雨,阿霉。雷,堪理。云,窟木。雪,欲吉。电,福礼。霜,失木。下雨,阿霉福的。下雪,欲吉福的。雾,哈丝蜜。露,七欲。霞,噶喀泥。电,阿那礼。明日,阿杂。起风,噶子弗吉。天阴,厅窟木的。天晴,厅花力的。天河,厅哈阿拉。后日,阿撒的。大后日,欲哈阿撒的。

地理类:地,齿。土,齿至。山,牙吗。川,哈哇。江,哈哇辣。河,哈哇。海,勿蜜。水,媚吉。冰,库兀利。路,蜜至。岸,倭喀。石,伊石。井,喀。泥,毒露。沙,息拉。灰,怀。砖,十吉哈拉。瓦,喀辣。远,徒撒。近,耻喀撒。长,那喀撒。短,因夹撒。前,麦。后,窟使。左,虚答历。右,蜜吉历。上,哈蜜。下,使木。东,熏喀失。西,逆失。南,闽那蜜。北,及答。府,麻吉历。村,母拉。州,收。里,撒毒。桥,花失。过水,蜜子哇答已。行船,混利酷兀已。渡,混利哇搭已。琉球地,屋其惹。巴麻,读间。泊,土马爷。辻,失汁。久米,苦念搭。喜屋武,腔。

时令类:春,花鲁。夏,那即。秋,阿吉。冬,弗欲。冷,灰撒。热,阿子撒。阴,因。阳,药。昼,虚鲁。夜,攸陆。朝,阿撒。晚,邦。时,土吉。气,其。年,土失。节,失子。正月,芍倭刮止。二月,腻刮上。三月,三刮止。四月,失刮止。五月,其刮止。六月,六骨刮止。七月,失止刮止。八月,瞎知刮止。九月,空刮止。十月,蓐刮止。十一月,蓐亦止刮止。十二月,蓐腻刮止。初一,之搭之。初二,福子夏。初三,之搭之密夏。初四,之搭之唷喀。初五,之搭之一子夏。初六,之搭之美夏。初七,之搭之南喀。初八,之搭之约喀。初九,之搭之酷古卢喀。初十,之搭之突喀。十一,蓐亦之泥止。十二,蓐腻泥止。十三,蓐三泥止。十四,蓐育喀。十五,蓐古泥止。十六,蓐鲁古泥止。十七,蓐十之泥止。十八,蓐滑之泥止。十九,蓐酷泥止。二十,瞎子喀。二十一,瞎子喀止。二十二,泥肉泥泥止。二十三,泥蓐三泥止。二十四,泥蓐蓐喀。二十五,泥蓐古泥止。二十六,泥蓐鲁古泥止。二十七,腻蓐失止泥止。二十八,腻蓐滑止泥止。二十九,腻蓐酷泥止。三十,三蓐泥止。

人物类:人,虚毒。唐人,驮楼周虚毒。大夫,帖夫。长史,察姑事。通事,吐子。正使,芍匙。副使,呼匙。臣子,声喀。祖,乌弗首。父,乌吉喀奴屋牙。

母,乌那姑奴乌呀。兄,西察。弟,屋毒。子,寡。女儿,乌那姑寡。夫,乌毒。妻,吐止。妇,唷美。孙,乌麻喀。朋友,卢失。你,呀。我,往。男,乌吉喀。女,乌那姑。亲戚,喂街。姊,姑西察乌乃。妹,屋毒乌乃。伯,洗察浑局。叔,屋多浑局。侄,威。小孩子,哇辣比。丈人,思毒。婿,慕谷。师父,食芍亦云夫子。徒弟,波子人侍。医生,亦煞。仆,涂末。丫头,乌那姑哇辣倍。客人,恰谷。主人,梯述。日本人,亚马吐虚毒。高丽人,柯列虚毒。大,乌灰撒。小,枯撒。贫,熏述。富,喂格。亲云上,牌金。

人事类:作揖,礼及。洗浴,阿美的。上人洗面,乌木的阿来。下人洗面,此辣阿来。拳头,蹄子拱。打架,蒙罗。脱衣,轻花子的。杀,枯鲁止。醉,威蒂。睡,宁蒂。起来,乌机的。疼,呀的。行路,阿之。等待,麻之。病,呀的。生,亦吉之。死,失直。伤风,哈那失机。好,求喇煞。不好,挖煞。买,科的。卖,屋的。言语,枯毒八。上紧走,准姑亦急。梦,亦梅。瘦,挨的。肥,快的。早起,阿撒乌机。晓得,失之。不晓得,失蓝。回去,木毒利。坐,识吉。

宫室类:宫,密牙。屋,牙。门,浊。户,花失利窟齿。牕,麻毒喀。墙,哈吉。亭,提。园,逆哇。堦,奇栽。瓦房,哈喇弗吉牙。

器用类:弓,欲密。箭,依牙。担箅,塔阿谷。木杓,你不。脚踏棉,蓐子。椁,列。浴桶,阿美塔阿谷。椅子,依。风炉,哈子鲁。戥子,花喀依。天平,厅平。刀,和竹。刀鞘,丝古撒耶。轿子,喀谷。木套,阿失杂。伞,哈撒。床,扪臧。灯,吐卢。面桶,此喇塔阿来。锅,那倍。锅盖,那倍弗答。瓦礶,哈阿美。扫箒,和吉。缸,弗你。算盘,述奴班。油盏,思子吉。梳,撒八吉。索,此那。斧头,由吉。汤盆,阿美搭阿美。竹笼,他吉踢依卢。箸,花失。锁,赊洗。烟筒,奇失礼。荷包,呼作。茶钟,茶碗。饭碗,翁班么喀倚。铜礶,压光。烛签,罗塔低。围棋,古。香炉,柯卢。箱子,滑谷。磁盘,花止。木盘,乌失吉。匣,滑谷。水注,梅子利。镜子,哈哈密。酒壶,撒吉并。女短簪,因渣饥花。女长簪,那喀饥花。酒杯,煞喀子吉。象棋,充机。甲,欲鲁依。盔,哈不毒。弦,子鲁。枪,挨。盆,大莿。瓶,炳。桅,花失辣。舵,哈滞。橹,炉。弦,三审。篷,呼。带,乌比。书,失木子。画,椅。字,日。笔,弗的。墨,思密。纸,哈比。砚,息子利。扇子,窝吉。屏风,妙不。花瓶,花那炳。香盒,柯以礼。玉带,塔麻乌比。金杯,轻撒喀子吉。

身体类:头发,哈喇子。眉,麻由。眼,美。耳,密密。鼻,花纳。舌,失渣。口,窟止。齿,滑。须,虚及。手,蹄。脚,虚煞。身体,鲁。心,气木。头,科倍。奶,耻。额,虚渣衣。脐,呼述。指头,威倍。腿,木木。

衣服类:衣服,衾。帽,膜子。带,乌必。裤子,花喀马。手巾,梯煞之。被,乌独。帐子,喀着。毡,木身。枕,妈寡。褥子,福冬。袜,塔必。靴子,宽古。鞋,煞色。笠,喀煞。汗衫,毒巾。绸,亦周。缎,动子。纱,煞。罗,罗。布,奴奴。绵衣,哇答一利衾。裙,喀喀密。

饮食类:饭,翁班。酒,煞机。烟,塔八孤。油,庵答。酱,弥述。酱油,芍由。米,窟美。盐,麻叔。豆腐,拖福。茶,茶。肉,失失。菜,亚色。索面,索闵。蒜,灰鲁。西瓜,西刮。冬瓜,失布衣。姜,芍喀。黑豆,枯鲁马闵。蕉实,巴煞那衣。番薯,番子母。豆芽菜,马米那。饼,木之。鱼,亦由。虾,色。吃饭,喀煞美。

珍宝类:金,枯喀泥。银,南夹。钱,井。铜,阿噶喀泥。铁,窟碌喀泥。锡,息子。玉,挞马。石,亦石。硫磺,由哇。琥珀,枯花古。

通用类:甜,阿妈煞。酸,西煞。咸,什布喀喇煞。淡,阿花煞。黄,奇鲁。红,阿喀煞。青,窝煞。白,失鲁煞。紫,木喇煞吉。黑,窟鲁煞。念书,西米那喇的。香,哈巴煞。臭,窟煞煞。说话,木奴喀达里。不敢,扬密撒。喜欢,福古喇煞。笑,瓦喇的。啼,那及。歌,屋达。

以上皆入学官生等所逐日口说而手书之者,与《徐录》多异。

字　　母

臣按元陶宗仪云:"琉球进贡表文,用木为简,高八寸许、厚三分、阔五分,饰以髹、扣以锡、贯以革;而横行刻字于其上,字体科斗书。"今无是也。又云:"日本国中有字母四十七,能通之,便可解其音义。其联辏成字处,彷佛蒙古字法。以彼字写中国诗文,虽不可读,而笔势纵横、龙蛇飞动,恍有颠、素之遗。"此则琉球亦有然者,即"汪录"所谓"皆草字、无隶书"也。

其字肇自舜天时,依日本国书制字母四十有七,名"依鲁花";略似中国切音三十六字母之意,或以二字为一音,或以一字为三音,或以三字为一音,或以五、六字为一音。如"春色"二字,呼"春"为"花鲁"二音,则合书"ハロ"二字即为"春"字;呼"色"为"依鲁"二音,则合书"イロ"二字即为"色"字:是二字为一音也。如村名"泊"与泊舟之"泊"并读作"土马伊",则一字三音矣。村名喜屋武,读作"腔"字;则又三字一音矣。又如"君"字之合ケン(エン)二字为"$\frac{ェ}{ン}$"而读为"空";或于字之上隅加两点"ン"如茄(サ)加二点为"ザ"而读为"渣"、

"ス"加二点为"ズ"而读为"凄":有似平、上、去、入圈破读法。故四十七字可衍为千百字,是此二点固可联属诸字,要非以此"ン"为字音"妈"——如《徐录》所云也。至字母之音,乃中国人所为,与入学官生等所读多不相符。如"ハ",本"花"之入声。或置于一句之中而读为"花",犹不甚差;至一句之尾,则读作入声矣。外若"ロ"读"塿"而音者以为"鲁"、又读"楼"而音者以为"奴";"ヨ"读"攸"、"エ"读"欲",而俱音为"天";"シ"读"自"而音"即"、"ム"读"某"而音"木"、"ツ"读"实"而音"志"、"ヒ"读"须"而音"蜚"、"モ"读"莫"而音"毛",则大差矣。今故存其原本而附辨焉。

イ(依)。ロ(本音塿,误作鲁)。ハ(花)。ニ(义)。ホ(夫)。ヘ(挥)。卜(都)。チ(痴)。リ(利)。ヌ(本音楼,误作奴)。ル(禄)。ヲ(乌)。ワ(哇)。カ(喀)。ヨ(本读攸,误作天)。タ(达)。レ(力)。ソ(苏)。ツ(本音自,误作即)。ネ(你)。ナ(那)。ラ(喇)。ム(本音某,误作木)。ゴ(无)。ヰ(沂)。ノ(奴)。オ(乌)。ケ(姑)。ヤ(耶)。マ(马)。ケ(基)。フ(呼)。[コ,库]。ユ(而)。テ(梯)。ア(牙)。サ(沙)。キ(基)。ユ(本音欲,误作天)。メ(霉)。ミ(米)。シ(本音实,误作志)。ユ(意)。ヒ(本音须,误作蜚)。モ(本音莫,误作毛)。セ(世)。ス(使)。

书 籍

臣闻琉球文庙之两庑,皆蓄经书。例取久米村子弟之秀者,十五岁为秀才、十二岁为若秀才;于久米大夫、通事中择一人为讲解师,教于学。月吉,读"圣谕衍义"。三、六、九日,紫金大夫诣讲堂理中国往来贡典,察诸生勤惰。月课其艺,藉其能者备保举(《徐录》谓秀才每年于十二月试之《四书》题,作诗一首,或八句、或四句;能者以次递升。实无此例)。八岁入学者,于通事中择一人为训诂师,教之天妃宫。首里设乡塾三,亦久米人为之师。外村人皆读其国书(即法司教条),学国字;以寺为塾,以僧为师。近日那霸等村亦多立家塾,读经书;书多购于内地。但例不令携《二十二史》等书,故史书略少。国王先后刊有《四书》、《五经》、《小学》、《近思录集解便蒙详说》、《古文真宝》、《千家诗》,板藏王府,陈请即得。臣所见者有《四书》、《诗经》、《书经》、《近思录》、《古文真宝》白文,小注之旁,皆有钩挑旁记:本系镌刻,非读时用笔添注如《诸录》所云,亦未见有日本诸僭号也。又考《四译馆馆考》云:"日本有《四书》、《五经》及佛书、白乐天集,皆得自中国";未闻有宋儒之书。而球板《近思录》屡引《明一统志》、邱琼山《家礼》、梅诞生《字汇》,乃似刻于明季者。盖其三十六姓本系闽人,朝贡往还,止闽动阅三岁;闽又有存留馆,留馆通事之从人多秀才假名入闽以寻师者。或寓闽数年而后归,日与闽人为友,故能知儒先之书;携归另刊,旁附球字以便习。球人读法,非日本人所能;且遵用前明宏治、万历年号正朔屡见于序文,亦必非倭人之书也。今故就所见之书录其小异者如左,而该国人所著之书亦以类附焉。

书之传注,皆遵功令,字画悉依监本,板大而纸坚;以校雠不精,时多讹字,亦或微有不同。如"书经"分为十卷,虞二卷、夏一卷、商二卷、周五卷;取其篇幅之相称也。以集传为集注,经文之下,去音注;传中之字,有音注。如"尧典",传内说文,则双行注云:"后汉许慎叔重作"。今文之下,注云:"伏生所授,马、郑等所注";古文之下,注云:"孔壁所藏,安国所传"。后皆仿此。又一本,其刻最早;正文之傍,有球字讲义。

《诗经》,无异文;但亦以集传为集注。

《四书》,外签有"文字训点"四字。《论语》《为政》卷之末,有圣像。上横额云:"万古儒宗"。下赞云:"上律下袭,祖述宪章;高坚前后,日月宫墙。金声玉振,江汉秋阳。今古一人,春秋素王"。前题"至圣孔子像",后题"后学余象珍赞"。下绘圣像居中,旁绘四像;有室、有几案,又有麒麟。上隅有"刘氏刻像"四字;旁联云:"天地大、日月明,焕乎《六经》事业;宗庙美、百官富,巍然万仞宫墙"。《雍也》卷之后,有曾子像。上横额云:"一贯传心"。下赞云:"战兢成性,宏毅任仁。道发忠恕,学衍明新。一贯神悟,三省功深。杏坛木铎,衣钵传真"。前题"宗圣公曾子像",后题"后学余象珍赞"。下绘贤像,案上有"大学"二字。旁联云:"大学宏纲,明德、新民、止至善;孝经要道,天经、地义、秉民彝"。《下论》之末,有子思像。上横额云:"家传道脉"。下赞云:"大哉圣道,至矣中庸。位育参赞,丕显笃恭。川流敦化,费隐诚明。无声无臭,君子中庸"。前题"衍圣公子思像",后题"后学余家珍赞"。下绘贤像,案上有"中庸"二字。旁联云:"大道现前,作述"中庸"新事业;圣祖在望,传闻《诗》、《礼》旧箕裘"。《大学》之末,有朱子像。上横额云:"诚意正心"。下赞云:"义理精微,蚕丝牛毛;心胸恢廓,海阔天高。豪杰之才,圣贤之学;景星庆云,太山乔岳"。前题"徽国文公朱熹像",后题"后学吴澄赞"。下绘贤像,旁联云:"大道亘乾坤,闽南邹、鲁一脉;圣德同日月,海内儒宗四家"。《孟子》《公孙丑》卷之末,有孟子像。上横额云:"命世亚圣"。下赞云:"学宗孔圣,名世自任;黜伯崇王,辟邪卫正。养气知言,居仁由义;太山岩岩,壁立万仞"。前题"亚圣公孟子像",后题

"后学余象珍赞"。下绘贤像,旁联云:"辟异端、功利之谈,独陈王道;发性善、仁义之旨,有功圣门"。至《离娄》卷之末,又有文昌君像。上额云:"文章司命"。赞云:"大道之宗,斯文之主;翼然焕然,炳矣蔚矣。黼黻帝王,经纬天地;烜烜精华,增光六籍"。后题"后学余象珍赞"。下绘神像,旁联云:"冰鉴无私,三千礼乐皆翘首;文章有用,五百英雄待点愿"(疑当作"头")。《万章》卷之末,又有一像。上横额云:"余明台刻行";下云:"四经六籍,承学宜知;字详音反,画辨差池。文场无误,党塾不迷;大魁天下,从此楷梯"。下绘人马之像,几案上有大魁《四书》字。旁联云:"芸馆校雠,五夜藜光辉北极;儒林矜式,四方文教振中天"(臣按官生等皆云:"《四书》刻于尚真王,在明正德之时;其来亦久矣。但球无科目,兼系海外一隅之刻,乃有"大魁天下"及"英雄待点头"等语;球人不祀文昌,乃有文昌像。其"古文真宝"亦云"大魁",似内地有此本,而球人依仿刻之,特旁添球字者。但其末一像,即余明台自述其刻书之功。明台,疑即象珍别号。《四书》绘像,已为不恭;又无复圣颜子像,称子思为"衍圣公",且附文昌像而至以像殿之,赞及联亦近鄙率。明时内地亦不应有此书,疑刻书时余明台适为册使从客,私妄以己意教之;而尔时球人不精校雠,又因之而加舛耳)。

《近思录集解便蒙详说》,共二十四卷。上格,杂引诸书解释下文,甚为博雅;即跋语所谓"贝原氏备考、宇遬叟鳌头"也。下格,刻叶采《集解》之后,又刻《球人解语》,所谓《便蒙详说》也。首一册,据陪臣称为毛通事误携以归,故无由考其姓氏。其末卷有跋,题云《书便蒙详说后》;其文云:"《近思录集解》行于海内也久矣,顾其为羽翼者二,具原氏备考、宇遬叟鳌头考索精核(当作"核"),甚有益于读书人矣。顷岁,余亦妄以垄语,解为斯编。呜乎!浅才薄识,讹舛固多;不敢曰并肩于二名公,聊以便童蒙耳。乙亥冬十月朔,篸(当作"梁")田忠谨识。"其后有"武陵书林"四小字,疑亦仿内地剞劂氏之为,而误"林"为"陵"耳。下格所刻,如第二卷"诚无为"白文朱注,旁既附刻球字,后又有便蒙解云:コレ通书ニ于テ诚几德ノ章ト云:凡ソ通书ハ图说ト表里ヲナシテ言リ诚ハ天命ノ性真实无妄ノ理ナ无为トハ寂然トメ动カズ(ス,球"使"字;加二点,为"日"字。盖球字母四十七,又于字母不能尽之音,则加二点于上隅以读之。《徐录》所谓"联属诸音者也")。ト云ガ(与"喀"字相似,而音微高,故加□于隅以读之)シ如一念モ心ノ发プザ(サ,球"沙"字,又有与"沙"字相似之音而微异者,则加□于"サ"字之隅以别之)。ル时ハタダ(与"达"字相似而微异读为

"答")。天性ノ实理ノミニテスコシモ营ミ为スコトナキナリ其本ハ真ニメ静ナリト言ルモ亦コノ意ナリ。注:朱子曰:实理ノ性本体真实ノ理ハ是天命ノ自然ノミ何ノ人力ヲ以作为スルコトネラソセ此ガ("喀"平声)即チ人ニ在リラ太极ノ理ナリ(后皆仿此)。①

【《近思录集解便蒙详说》,共二十四卷。上格,杂引诸书解释下文,甚为博雅;即跋语所谓"贝原氏备考、宇遁叟鳌头"也。下格,刻叶采《集解》之后,又刻《球人解语》,所谓《便蒙详说》也。首一册,据陪臣称为毛通事误携以归,故无由考其姓氏。其末卷有跋,题云《书便蒙详说后》;其文云:"《近思录集解》行于海内也久矣,顾其为羽翼者二,具原氏备考、宇遁叟鳌头考索精窍(当作"核"),甚有益于读书人矣。顷岁,余亦妄以埜语,解为斯编。呜乎!浅才薄识,讹舛固多;不敢曰并肩于二名公,聊以便童蒙耳。乙亥冬十月朔,篆(当作"梁")田忠谨识。"其后有"武陵书林"四小字,疑亦仿内地剞劂氏之为,而误"林"为"陵"耳。下格所刻,如第二卷《诚无为》白文朱注,旁既附刻球字,后又有便蒙解云:ユ(球"库"字)。レ(球"力"字)。通书エ(球"义"字)。于テ(球"梯"字)。诚几德ノ(球"奴"字)。章卜(球"都"字)。云凡リ(球"苏"字)。通书ハ(球"花"字)。图说卜(球"都"字)。表里ッ(球"务"字)。ナ(球"那"字)。シ(球"志"字,"志"读"实")。テ(球"梯"字)。言リ(球"利"字)。诚ハ天命ノ(奴)。性真实无妄ノ理ナ无为トハ寂然トメ(球"霉"字)。动力(球"喀"字)。ズ(ス球"使"字加二点为"日"字。盖球字母四十七,又于字母不能尽之音,则加二"ン"于上隅以读之。《徐录》所谓"联属诸音者也")。卜云ヵハ(与"喀"字相似,而音微高,故加"ハ"于隅以读之。如シ(志)一念ヒ(球"毛"字读为"莫")。心ノ(奴)。发ラ(梯)。サン(サ,球"沙"字,又有与"沙"字相似之音而微异者,则加"ン"于"サ"字之隅以别之)。ル(球"禄"字)。时ハタ(球"达"字)。タハ(与"达"字相似而微异,读为"答")。天性ノ(奴)。实理ノ三(球"米"字)。ニ(球"义"字)。テ(梯)。ス(使)。ユ(库)。シ(志)。ヒ(毛读莫)。营三(米)。为ス(使)。ユ(库)。卜(都)。ナ(那)。女(基)。ナ(那)。リ(利)。其本ハ(花)。真ニ(义)。メ(霉)。静ナ(那)。リ(利)。卜(都)。言ル(禄)。ヒ(毛)。亦ユ(库)。ノ(奴)。意ナ(那)。リ(利)。注:朱子曰:实理性ノ(奴)。

---

① 编者按:此段为《台湾文献丛刊》原文,有遗漏,用《国家图书馆藏琉球资料汇编》补正。

本体真实ノ(奴)。理ハ(花)。是天命ノ(奴)。自然ノ(奴)。三(米)。何ノ(奴)。人力ヲ(务)。以テ(梯)。作为ス(使)。ル(禄)。ユ(库)。ト(都)。ア(球"你"字)。ラ(梯)。ン(球"力"字)。ヤ(球"耶"字)。此ヵ("喀"平声)。即チ(球"痴"字)。人ニ(义)。在リ(利)。テ(梯)。太极ノ理ナ(那)。リ(利)。(后皆仿此)。】

《古文真宝》,辑于永阳黄坚,重定于三山林以正,序于至正丙午孟夏旴江郑本士文,重刊于弘治十五年孟冬青藜斋寓云中有斐堂。前后集二十卷,凡二十七体,三百十有二篇;前集二百四十五篇,后集六十七篇。所见者,后集上卷分辞、赋、说、解、序、记六类,连序七十四页;下卷分箴、铭、文、颂、传、碑、辨、表、原、论、书十一类,共七十六页。其目录如《秋风辞》,下一行注"前汉武帝"四字,二行注"七丁目"三字;《渔父词》,下一行注"屈平"二字、二行注"八丁目"三字(丁目者,页也;后仿此)。辞凡三:《秋风》、《渔父》、《归去来》;赋凡六:《吊屈原》、《阿房宫》、《秋声》、《前、后赤壁》、《憎苍蝇》;说凡五:《师说》、《杂说》、《名二子说》、《稼说》、《爱莲说》;解二:《获麟》、《进学》;序六:《春夜宴》、《集昌黎文》(李汉)、《送孟东野》、《送李愿》、《送薛存义》、《滕王阁》;记十二:《兰亭》、《独乐园》(司马君实)、《醉翁亭》、《昼锦堂》、《喜雨亭》、《岳阳楼》、《子陵祠堂》、《黄冈竹楼》、《待漏院》、《谏院题名》、《袁州州学》、《思诚记》(陈师道);箴五:《大宝》、《程子》四箴;铭五:《陋室》、《克己》(吕与叔)、《西铭》、《东铭》、《古砚铭》(唐子西);文二:《北山移文》、《吊古战场》;颂三:《得贤臣颂》、《大唐中兴颂》(元次山)、《酒德颂》;传五:《五柳先生》、《郭橐驼》、《读孟尝君传》(按以《读传》为传体,大误);碑一:《韩文公庙》;辨二:《桐叶封弟》、《讳辨》;表三:《出师》、《陈情》;原二:《原人》、《原道》;论二:《仲长统乐志论》、《过秦论》;书五:《上张仆射》、《为人求荐》、《答陈商》、《与韩荆州》、《答张籍》。

国人所著,有《世缵图记》、《中山历传世系》(编缉姓名系传);王弟尚象贤著:《中山世鉴》;久米人程顺则著:《中山集》、《闽游草》、《燕游草》、《中山官制考》、《指南广义》;曾益著:《执圭堂草》;蔡铎著:《观光堂游草》;铎子温著:《澹园集》、《要务汇编》;蔡文溥著:《四本堂集》;蔡应瑞著:《五云堂集》。何文声亦有《诗集》,徐葆光序之。金坚、郑国观有《诗集》,首里人周新命有《翠雪楼集》。

《指南广义》,皆汉文,不附球字;镌于康熙四十七年,有自序、闽人陈元辅(昌其)序。载《海岛图》、《针路条记》、《传授针法》、《本末考》、《天妃灵应记》、《请天妃安享祝文》、《登舟祝文》、《入庙祝文》、《天妃诞辰及节序祝文》、《祭天妃仪注》、《周公指南地罗二十四位图》、《定更数之法》、《开洋下针祝疏》、《风信考》、《逐月暴风日期》、《许真君传授龙神行日》、《出行通用吉忌日》、《论用往亡日》、《百事吉日大吉时》、《行船通用吉忌日》、《逐月行船吉日》、《四时占候风云》、《准备缓急物件》、《潮汐论》、《月华出时诀》、《定寅时歌》、《太阳出没歌》、《太阴出没歌》、《定四正四隅之法》、《正隅对念法》、《二十四位顺念法》、《观星图》、《四时调摄》、《饮食杂忌》、《养心穷理》、《谨戒戏谑》、《戒浪饮食》、《禁作无益》、《河口柔远驿记》、《重建天妃楼记》、《土地祠记》、《祭祠文》、《崇报祠记》，共五十九页；皆志入贡来去航海诸法，以志天朝福泽、海不扬波之盛。

《澹园集》，七卷；镌于乾隆丁卯等年，有自跋、紫金大夫曾恂（德侯）跋、闽人刘敬（舆雨）序。其目曰《客问录》、《家言录》、《图治要传》、《俗习要论》、《一言录》、《蓑翁片言》、《醒梦要论》（内有《一心灵应图》、《以心制气图》、《心气争斗图》、《以气制心图》、《察俗要诀图》）、《左壁铭》、《右壁铭》，总数千万言，皆依傍儒先、引述经史，谆谆教人去客气、存本心。其自跋有云："若非攻气操心工夫，则圣经贤传日致讲论，实非我有。念后生坠于阱中，因著《澹园全集》；皆以攻气操心为本，以为修治者登高之阶。"其人其书，信海外之杰出者。但理多偏滞，词亦浅率；虚字、语助，尤不知所用。盖由学无师承，而文法之不讲也。

《要务汇编》，中有《重修南北炮台记》，言甚有序；见《艺文》。

诵　声（教条附）

略

贤　王（良吏民附）

海外要荒，亦有异于其地之才起；而君长之治其争夺、遂其生养、明其伦理，虽不必闻道，而抚我则后，莫之或殊。盖由频受天恩、迭承圣训敕谕奖励，感荷奋勉，故能恪修职贡，殚力抚绥也；而奉使入朝、辅君定国，其臣亦与有劳焉。至于良士、贞女，不迹而古信乎！人外无道；道外无人；采而辑之，皆足资劝惩云。

舜天，日本人皇后裔。父朝公，为大里按司。宋淳熙七年（庚子），舜天年十五，屡有奇征。后为浦添按司，人奉其政，断狱不违。值天孙氏世衰，逆臣利勇鸩其君而自立；舜天诛之，诸按司推奉即位。赏功罚罪，民安国乐，肇制文字。

英祖，天孙氏裔，惠祖世主孙。生有瑞征；年二十，通经传，国人师事焉。长为伊祖按司。宋宝佑初，义本王以群臣佥举，命摄政。越七年，义本逊北山，国人立英祖。重农贵粟,庶政修举;西北诸岛及北夷大岛相继朝贡,国寖以强。

大成,英祖世子。元大德四年,嗣位。能以礼让接物、以仁义措事,国治民安。

英慈,大成第二子。元至大初,嗣位。为治遵用旧章,疏通知事,深而有谋。

察度,父业农,质性纯厚;天女来格,生察度。始为浦添按司,有德惠,国人归服。元至正中,西威薨,世子幼,母妃乱政;众废世子,以为王。灾变日销,国用丰饶。明洪武初,遣行人杨载颁诏至国,奉贡归诚;远夷震怖,南夷宫古岛、八重山岛相率朝贡。太祖授以镀金银印,封为"中山王"。王向慕文教,时遣子弟及国秀入监读书。太祖赐闽人三十六姓,以充朝贡译使。文明日启,倭人不敢向迩。

尚巴志,思绍子。初,嗣父为佐铺按司。赏罚不违,视民若伤;南方诸岛多归之。山南王恃胜而骄,穷欲于人,朝暮游宴;巴志合诸按司攻之,并攻山北、中山,山北王自杀。遂灭中山王武宁,而奉思绍为王。已复灭山南王。自延佑中,国土三分;至是百余载——为明永乐之二十一年,复合为一,犹号称中山王,到今未改。赐尚姓,自兹始。

尚圆,字思德;金伊平人。父尚稷,为里主。圆生有异瑞。年二十四,渡国头,来仕中山。尚金福时,始给黄帽。尚泰久时,领主内间;民亲爱之。时久旱苗槁,独其田不雨而润;民惊传为异。圆惧,载妻子隐避一十四年,德日懋。中山王闻其贤,召为黄帽官,转御琐侧——即今耳目官也。闇闇侃侃,万事当理;德著民怀。尚德嗣位,多行不义;圆谏云:"君用财若无穷,杀人若不胜!"尚德怒,不听;再避隐于内间。德卒,世子幼;众欲立圆,圆曰:"世子在,孰敢奸此位乎!"众杀世子于真玉城,迎圆;固让不获,乃至首里嗣王位,除其虐政,顺民所喜。山林隐遁,随材器使;远近蛮夷皆归心焉。

尚真,尚圆世子。天姿明敏,谦己受益。继述父业,政刑咸备。治道大明,享国永年。

尚清,尚真王子。聪明智果、刚强英毅,能振其祖父遗绪。国中事,多所兴革;至今法守。东北属国大岛,恃其险远,朝贡屡绝;王遣将往征,守度如常。

尚宁,尚真孙。万历四十年,倭入中山,袭执王以归;留一年,不屈。倭酋庆长异之,曰:"有此气节,无惑乎受天朝封号也!"卒放回。

尚质,尚贤弟。顺治五年,闻我世祖章皇帝定鼎燕京,喜中原有圣人出,即遣使归诚,缴前明敕印,请册封;帝命册使至其国封之。

尚敬,字允中。恤农爱士,尤尊礼老成。国中政务,皆亲谋独断,历久弗懈。滨海咸卤,王饬拨库储修砌堤岸及那霸等处沟洫,民弗苦旱潦。山原高阪,悉募民垦辟,栽种薯、麦、松、杉,听为世业。尊事天朝,职贡弥谨;护恤难商,络绎相望:屡蒙敕谕奖励。其奉母太妃,克尽孝道。性习冲淡,不迩声色,旁无姬媵:宜其民物安阜,膺爵最久云。

马顺德,官国头按司。尚元王时,二大岛弄兵,屡至那霸;王自往抚之,得疾危甚。顺德吁天,愿以身代,果死。王疾瘳,官其子,世荫国头领主。

郑迥,字利山。嘉靖中,入太学;归,累官至法司。三十六姓为法司,自迥始。万历间,浦添孙庆长(察度王后)兴于日本,自萨摩洲举兵入中山,执王及迥等归,留二年。迥不屈,死之。

蔡坚,久米人;官紫金大夫。始绘圣像,率乡之绅士祀之。

尚象贤,尚质王从弟。聪明才俊,佐其侄尚贞王甚有功。著《中山世鉴》。

金正春,久米人;官紫金大夫。康熙间,请王立文庙;卜地久米村中,鸠工庀材,越二年竣。塑圣像庙中,立四配;请令儒臣行释奠礼。

程顺则,字宠文;久米人,官紫金大夫。屡奉朝贡,历著勤劳。请建启圣祠,设学塾,立关帝庙;国中典制,多其创立。著述甚富(详书籍条)。

蔡温,字文若;久米人。读书知信程、朱,行必蹈矩规。殚心启沃,裁定典制;王甚尊信之。擢任法司,连姻王府,入居首里,食数县采地,世世袭;球之学人咸宗焉。著述甚多(详书籍条)。

蔡文溥,字天章。康熙间,入学;归,以其所学教久米村及国人,人多化之。著《四本堂集》。久米又有曾益,字虞臣;蔡铎,字声之(温之父);蔡应瑞,字□□;郑国观,字利宾。首里有周新命,字熙臣;何文声:皆以文行名。

长田,富盛按司侍士。富盛廉洁慈爱,为丝数按司所并,夫人投岩死。其子小按司年十五,长田携至与座村,匿于从兄庆留庇椰所。丝数侦知,令侍士志坚原率兵搜捕;庆留有子名庆路子、生女乙鹤——年十五,愿易小按司服,代其死。后长田复与庆留伺丝数上巳出郊戏马为乐,奉小按司同庆路子伏兵道侧,要丝数杀之,复立小按司为主。小按司以夫人礼祀乙鹤。

鹤寿,平良按司长子,聘保荣茂按司女乙达吕。鹤寿三岁,母亡。未几,保荣茂亦卒,无子。鹤寿为继母所毒,瞽其双目。平良又信继妻言,欲离乙达吕婚,且放鹤寿于八头山石穴中,断其食。乙达吕感梦,告其母,寻鹤寿归,医治之,双目复明;因送还平良,告之故。平良悟,逐其继妻;鹤寿泣,请留其母。平良感其意,不加谴;迎乙达吕,而使鹤寿继保荣茂之后为按司。

谢纳,大谢名庇椰长子。大谢名为高平良所鸩,纳与其弟为僧名庆运者,密谋报仇,杀高平良。有司怜其孝,特原之。

毛鹤、毛龟,中城按司。父国鼎,为胜连按司阿公所潛,王即令阿公率兵杀鼎。鹤、龟时年十二、三,适随其生母往外家;闻变,乃泣:请于母,欲复仇,母以二剑授之。二子步至胜连,伺阿公醉游,刺杀之。

列女自乙鹤、乙达吕外,又有真鹤之舍身应募养母,感神灭蛟;大里按司妻之弃己子以救前室所生(前室子亦争死);丰姐之日怀夫骨,誓不再嫁;许氏之矢志守节,剪笄辞聘;蔡氏之孀妇勤力,积金助修祖祠:皆有足传者。

卷之二终

琉球入学见闻录卷之三
琉球官学教习臣潘相恭辑

奏　疏

臣按琉球入学,始自明洪武二十五年;疏数不常,原无定例。世远事久,亦无奏疏可考。至我朝康熙二十三年遣使册封既毕,国王面求使者附奏祈许子弟入学;使者还奏,天子允之。自后每遇册封,遂沿为例。凡册使之奏、部臣监臣议准一切保举教习事竣保题之奏、国王遣送入学及请归之奏、归后谢恩之奏、此次请许官生一例迎驾之奏,皆录焉。

康熙二十三年,礼部谨奏:为奏闻事。据差还琉球国翰林院检讨臣汪楫、中书舍人臣林麟焻疏言:"中山王尚质亲诣馆舍云:'下国僻处弹丸,常惭鄙陋;执经无地,向学有心。稽明洪武、永乐年间,常遣本国生徒入国子监读书。今愿令陪臣子弟四人赴京受业。'"事下臣部;臣部咨国子监。据国子监臣咨覆:"查《太学志》载:'洪武二十五年秋,琉球国王遣其子日孜等及陪臣之子入监。'自是以后,至于隆、万之际,凡十四、五次来学。向慕文教,琉球于诸国为最笃,国家待之亦为最优。"臣等覆查史载:唐贞观中兴学校,新罗、百济俱遣子入学。琉球自明初始内封,《会典》载"大琉球国朝贡不时,王子及陪臣之子皆入太学读书,礼待甚厚。"又载:洪武、永乐、宣德、成化以后,琉球官生俱入监读书。今该国王尚贞以本国远被皇仁,倾心向学;恳祈使臣汪楫等转奏,愿令陪臣子弟四人赴京受业。应准所请,听其遣陪臣子弟入监读书。俟命下之日,知会该国王可也。

奉旨:"依议。钦此。"

二十九年,琉球国中山王臣尚贞遣使入贡,并以求遣官生归国奏请。奏为吁恩请许归养,以广皇仁事。据臣国入监官生梁成楫等启称:"楫等于康熙二十五年遵旨同贡使进京,入监读书。抵今四载,感荷皇上优恤之恩,给以廪饩、衣服;楫等虽顶踵俱捐,天恩莫报。况学海之渊源深邃,圣朝之法制昭明;虽终身寝食其中,亦楫等所深愿。但缘贡使毛起龙等入京,得接家信,知父母衰老,倚间望切。楫等虽三冬之讲究宜深,而一本之瞻依倍挚;此'陈情表'所以有'报刘日短'之语也。叩祈恩赐具疏题请归国"等情,据此。该臣贞案查:康熙二十三年,蒙册封天使汪楫等题准臣国陪臣子弟入监读书,臣贞遵奉谕旨,业于康熙二十五年遣官生梁成楫等三人同贡使魏应伯进京;仰荷皇上令其入监读书,月縻廪饩、季给衣服,正梁成楫等感荷高厚、殚心诵读之时也。但伊父前经节次入贡,万里梯杭,罔辞劳瘁;今皆年老,奉养需人:臣贞亦当念之矣。且梁成楫等三人俱未有室,父母之愿,人皆有之。况臣国人皆愚昧,自成楫等入监之后,臣贞望其返国,与臣言忠、与子言孝,以宣布皇上一道同风之化;更为不浅。今据梁成楫等祈题请归养等情,应否准其归养?臣贞未敢擅便。伏祈睿鉴施行。

梁成楫等归国之后,王又上谢表。表云:琉球国中山王尚贞谨奉表上言:伏以布教溢中华,设席阐洙泗之秘;觐光来异域,执经分泮水之光。械朴篇中,时展缥缃歌夜月;杏花坛上,长垂衣带拂春风。喜动儒林,欢腾海国。恭惟皇帝陛下允文允武,乃圣乃神。王泽广敷,措一代于利乐亲贤之内;文风遥播,范四方于诗书礼乐之中。臣贞观海有怀,望洋徒叹。眷中山而倾印绶,蚁封久叨带纴之荣;入国学而奉典章,虎观不遗驽骀之选。一之以声音点画,口诵心唯;教之以节义文章,耳提面命。况乎冬裘夏葛,授衣尽内府之藏;兼之朝饔夕飧,赐食悉天厨之馔。恩深似海,难忘推解之隆;泽沛如天,莫报栽成之大!虽三年国子,敢云得九邱、八索之微言;而一介竖儒,犹幸闻《四书》、《五经》之大旨。祇为养亲念切,君门上重译之章;何意逮下恩殊,天阙赐远乡之诏。归而言忠言孝,咸知君父之尊;固当献藻献芹,聊表臣子之敬。伏愿车书一统,玉帛万方!有分土而无分民,到处珠玑生腕下;得大方乃得大用,何人锦绣不胸中!行见耳目股肱,不出图书之府;亦使东西南北,无非翰墨之林矣。臣贞无任瞻天仰圣、激切屏营之至。谨奉表称谢以闻。

　　康熙五十九年七月内，差回琉球国翰林院检讨臣海宝、编修臣徐葆光谨奏：为奏闻事。臣等奉旨册封琉球礼毕；宴语，王令通事致词云："本国僻处海外，荒陋成风。于康熙二十五年奉旨许遣官生阮维新、蔡文溥等三人入学读书；今得略知文教，皆皇上之赐也。自此三十年来，无从上请。今幸天遣使臣至国，求照前使汪楫代请入学读书旧例，陈明远人向化之意；倘蒙谕允，得照前例再遣官生入学读书，则皇上文教益广矣。"臣等理合据辞缮折代奏，伏候睿鉴施行。

　　奉旨："该部议奏。钦此。"

　　礼部请题：为奏闻事。礼科抄出"差回琉球册封正使翰林院检讨海宝、副使翰林院编修徐葆光等奏前事"等因到部。臣等查：康熙二十三年，差往册封琉球国王使臣翰林院检讨汪楫等将该国王尚贞所请令陪臣子弟赴京入监读书等语转奏到部，臣部照其所请议覆具题，奉旨："依议"；钦遵在案。今琉球国王敬倾心向化，既称再请将官生入学读书，则皇上文教益广等语。应如所请，准其官生等赴京入监读书；应行事宜，到日再议具题可也。

　　于康熙五十九年八月初三日题，本月初五日奉旨："依议。"

　　雍正元年十月初九日，琉球国中山王尚敬谨奏：为圣朝文教广被万方，奉旨遣官生入太学读书事。康熙六十年六月十三日，准礼部咨开："为奏闻事，主客清吏司案呈，奉本部送礼科抄出该本部题前事内开：'议得册封琉球国王使臣翰林院检讨海宝、编修徐葆光等代臣奏称本国'云云等因；于康熙五十九年八月初三日题，本月初五日奉旨：'依议。钦此。'钦遵抄出到部。相应移咨琉球国王可也"等因，奉此。钦遵随于康熙六十一年十一月遣官生蔡用佐、蔡元龙、郑师崇三人同贡使毛弘健等赴京入监读书，不幸在海沉没。伏思臣敬业奉圣祖仁皇帝恩允，未应俞旨；今不敢违先皇遗旨，再遣官生郑秉哲、蔡宏训等三人偕庆贺正使王舅翁国柱等赴京入监读书。诚俾海外愚陋子弟，得以观光上国，执经问字；踊跃之私，不啻臣身躬聆圣训、举国共沐天朝雅化于无穷，而我皇上文教被万方益广矣。外肃贡土产细嫩土蕉布五十匹、围屏纸三千张，少布涓滴微忱。为此合具奏明，伏祈皇上睿鉴敕部施行，臣敬无任战栗惶恐之至。谨具奏以闻。

　　雍正二年十二月十五日，礼部臣谨奏：为请旨事。该臣等议得国子监祭酒宗室伊尔登等疏称"礼部札送到琉球国陪臣子弟郑秉哲、郑谦等到监，臣等询其声音,粗通汉语;问其欲习何业,皆欲愿学八股文字。臣等谨遵旧例,选取贡生李着,俾之朝夕讲解,学习文艺。臣监现今博士员缺未补,今派学正一员暂行董率;俟博士到任,仍照例令博士专管,臣等不时稽察。至教习廪粮、咨部考职等项,应仍照官学教习之例"等因具题前来。查康熙二十七年琉球国陪臣子弟梁成楫、阮维新、蔡文溥等入监读书,臣部议覆"选取贡生一名,令其教习;派博士一员专管董率,该监堂官不时稽察。至教习廪粮、咨部考职等项,俱照官学教习之例行"等因具题,奉旨"依议";钦遵在案。今琉球国遣到陪臣子弟郑秉哲等入监读书,应照二十七年之例,遴选贡生内文行兼优者一名,尽心训迪;派博士一员专管董率,该监堂官不时稽察。其教习廪粮、咨部考职等项,仍照官学教习之例遵行。其陪臣子弟郑秉哲等居住房屋、四季衣服及食用等项,亦令该监堂官不时稽查,务各令得所,不致短少迟误,以仰体皇上加惠远人之至意。为此具奏,伏祈睿鉴施行。谨奏。

本月十七日奉旨:"依议。钦此。"

雍正八年十一月二十一日,琉球国中山王臣敬谨奏:为恭谢天恩肄业官生奉旨归国事。窃照雍正七年四月初四日准部咨:"为天恩之高厚靡涯、亲年之衰迈日甚,乞请归养以遂乌私事,主客清吏司案呈本部奏前事内开:'准国子监咨称据琉球国肄业官生郑秉哲、郑谦呈称:秉哲等雍正元年奉旨入监读书,于二年到京;就馆四载以来,荷蒙圣泽优渥,赏给饭食、衣服、器用,虚縻无数。秉哲等向化敬业,沾被日深。当圣天子文教覃敷,愚蒙渐启;从事经书,固欲穷其奥旨;倾心制义,略已学为成篇(臣按:琉球不设科目,故不学《制义》。所欲讲者,《四书》、《五经》、《小学》、《近思录》;所欲学者,诗与四六及论、序、记,而四六尤要。郑秉哲等初入学时不能声明,至令舍其所学而学《制义》。三年归国,一切惘惘,甚拂国王遣学之愿。此次郑孝德等到监,即将此告知,故专令读正书,学古律、骈、散各体。四年归国,颇成章可观)。所愿驱策驽骀,获识昭明法度。近缘贡使毛汝龙等来京,接有家信,知双亲益衰,倚闾迫切。秉哲等葵诚就日,方瞻圣学之精微;乡思随云,还仰皇仁之浩荡。伏惟皇上孝治丕显,锡类多方;垂念游子恋亲,定许远人反棹。叩祈太宗师恩准题请归养,俾得奉侍晨昏。乞采将父、将母之意,以宏教忠、教孝之化;训迪彝伦,无非至诲。秉哲等抵家,惟焚香顶祝天子万年,且将天朝威仪广宣雅化焉;伏祈具题。据此,相应呈送贵部应否题请之处,听候贵部照例施行等因呈送到部。'"查康熙二十七年琉球官生梁成楫等进京入监读书,至三十年入贡时该国王题请归养,臣部议覆照都通事之例,赏赐筵宴、驰驿归国在案。今郑秉哲等虽未经国王题请,但恳祈归养,乃人子之孝思;且情词恳切,甚属可怜!应如所请,令其归国。其归时亦照都通事之例,赏给大彩缎各二匹、里各二匹、毛青布各四匹;跟班二名,亦照例赏毛青布各四匹。其赏赐之物,于该部移取,在臣部赏给;仍筵宴一次,给驿令随贡使毛汝龙等一同返国。俟命下之日,知会琉球国王可也等因,于雍正六年三月初二日交与奏事员外郎张文斌等转奏,本日奉旨:"官生等每人加赏内库缎二匹、里二匹,从人等每人着加赏官缎各一匹。钦此。"钦遵到部。相应移咨琉球国王可也。为此合咨前去,查照施行"等因,准此。臣敬接读部咨,仰知皇上以仁孝之性,宏锡类之风;令郑秉哲等归养。不独二人阖门顶祝,即举国臣庶感天朝曲成不遗之化,靡不欢声载道矣。臣敬凤荷覆载,莫报高深;谨于常贡外,另具嫩熟蕉布一百匹、围屏纸五千张顺附贡使向克济、蔡文河等赍捧表章叩谢天恩外,理合具疏奏明。伏祈皇上睿鉴,敕部施行;臣敬无任战栗惶恐之至。谨具奏以闻。

按同日国王又具表谢恩,仍用康熙二十九年梁成楫等归国国王尚贞表文,不赘录。

乾隆二十二年四月二十一日,翰林院侍讲臣全魁、编修臣周煌谨奏:为据词代请事。臣等蒙恩简用,远使琉球;事竣将旋,中山王臣尚穆诣馆宴送,令陪臣通事向臣等致词云,"海隅下国,迭被皇上宸翰荣褒、纶音宠锡。但僻处弹丸,荒陋成俗;向学有心,执经无地。先于康熙二十二年,经恳前使汪楫等代请陪臣子弟四人入学读书,奉部议准;遣官生阮维新等入学在案。嗣于五十九年,恳前使海宝等援例代奏,复蒙许遣。今幸天遣使臣至国,敢祈陈明远人向化之诚,俾得再遣入学读书,下国不胜悚企"等语。臣等理合据词缮折代奏,伏候圣鉴,敕部议覆施行。谨奏。

即日奉旨:"该部议奏。钦此。"

五月初一日,礼部谨奏:为遵旨议奏事。乾隆二十二年四月二十三日,内阁抄出翰林院侍讲全魁、编修周煌奏前事等因,具奏到部。查康熙二十三年册封使臣翰林院检讨汪楫等、五十九年使臣翰林院检讨海宝等事竣回京,具奏称该国王恳求转奏令陪臣子弟入监读书;经臣部覆准具奏,奉旨:"依议。钦此。"随据该国王前后遣令官生到京,臣部并札国子监读书三年,遣令归国各在案。今翰林院侍讲全魁等既称该国王尚穆向化输诚,恳请许陪臣子弟入监读书;应如所请,准其于应贡之年遣令来京,臣部札行国子监肄业。俟命下之日,行文福建巡抚转行该国王遵照可也。谨奏。

本日奉旨："依议。钦此。"

乾隆二十三年十月十一日，琉球国中山王臣尚穆谨奏：为奉旨遣官生入太学读书事。乾隆二十三年正月初一日，准福建等处承宣布政使司开前事等因，咨院行司，奉此。兹贡船回国，合就移知。为此备咨贵国王，请烦钦遵查照施行等因，准此。臣穆蚁垤藩封，蜗居荒服；恭逢天朝文教广敷，德泽远施。今蒙隆恩俞允，俾陪臣子弟得入学执经，俯聆圣训；不特臣穆感戴无穷，举国人民亦欢跃忭舞矣。谨遣官生梁允治、郑孝德、蔡世昌、金型四人同贡使毛世俊等赴京，入监读书。外肃贡土产围屏纸三千张、细嫩蕉布五十匹，少布涓滴微忱。为此合具奏明，伏祈皇上睿鉴，敕部施行；臣穆无任战栗惶恐之至。谨具奏以闻。

乾隆二十五年正月二十三日，国子监臣观保、全魁、陆宗楷、博卿额、吉泰、卢毂谨奏：为请旨事。乾隆二十五年正月初十日，礼部札送到琉球国陪臣子弟梁允治、郑孝德、蔡世昌、金型四人到监读书。臣等谨查雍正二年琉球国陪臣子弟郑秉哲、郑谦、蔡宏训等入监读书，经礼部议准照康熙二十七年之例，选取贡生一名，令其教习；派博士等员管理，臣监堂官不时稽察。至教习贡生一切等项，俱照官学教习之例等因，遵行在案。今该国王送到官生梁允治等四人入监读书，相应仍照旧例。臣等公同选得拔贡生潘相，湖南安乡县人；为人老成、学业优长，俾之朝夕讲解教习文艺。又派得博士张凤书、助教林人橒，俾之管理；臣等不时加谨稽察。至教习贡生一切等项，俱照官学教习之例。俟命下后，臣等移咨吏、礼二部存案。为此缮折具奏，伏候皇上睿鉴施行。臣等谨奏。

本日奉旨："知道了。钦此。"

乾隆二十六年十一月初一日，国子监臣观保、全魁、陆宗楷、博卿额、张裕荤谨奏：为请旨事。据琉球国肄业官生陪臣郑孝德等呈称，"窃孝德等籍隶球藩，观光帝里；蒙皇上教育生成，俾令肄业太学。孝德等亲师取友，获随两序衣冠，给馆授餐；日听大昕，钟鼓百生：荣幸感勒五中。兹恭遇圣母皇太后七十万寿，普天同庆；伏查旧例，太学肄业诸生，俱得恭迎慈驾。今孝德等身依辇下，情切呼嵩；敬请一体行礼"等语。臣等查该陪臣以外藩陪隶，现在肄业太学；皇太后万寿庆典，臣等应率领诸生迎叩安舆。伊等恳请一体行礼，情词肫切；理合奏闻请旨。如蒙俞允，请照朝贺之礼，令其用该国服色；合并声明。为此谨奏。

奉旨："知道了。郑孝德等，着赏赐。钦此。"

乾隆二十八年十一月二十六日，琉球国中山王臣尚穆谨奏：为请遣入学官生归国，以宣文教事。窃臣穆僻处弹丸，荒陋成俗。幸于乾隆二十一年叨蒙天恩册封事竣，天使将旋，臣诣馆宴送，兼援旧例恳求天使全魁、周煌代奏，陈明远人向化之诚，俾得再遣陪臣子弟入学读书，不胜悚企；已经天使回京代奏，荷蒙许遣。遵于乾隆二十三年遣官生郑孝德入监读书，于二十五年入监在案。查康熙二十三年、雍正二年，前后官生在监读书各三年而归亦在案。伏念官生郑孝德等在监读书已经四年，理应奏请归国。为此肃具疏章，特附贡使马国器、梁煌等敬谨奏闻；请将官生郑孝德等赐归，下国则益广宣皇上之文教以成雅俗矣。伏祈睿鉴，敕部施行；臣穆无任惶恐屏营之至。谨具奏以闻。

乾隆二十九年二月初四日，国子监臣观保、富廷、陆宗楷、张裕莘谨奏：为琉球肄业陪臣回国，带领教习引见事。乾隆二十五年正月初十日，礼部札送琉球国陪臣子弟入监肄业，臣等查雍正二年礼部议准，照康熙二十七年旧例，选取贡生一名，令其教习；一切照官学教习之例遵行。随公同选得湖南拔贡生潘相为人老成、学业优长，请以充补教习，移咨吏、礼二部存案备查；于乾隆二十五年正月二十三日具奏，奉旨："知道了。钦此。"钦遵在案。今准礼部文称"琉球国肄业陪臣，已奉旨准其回国"等因到监。查该教习中式乾隆二十五年举人、中式乾隆二十八年进士，实心训课，造就有方；在学四年，始终如一。相应照八旗教习之例，恭缮绿头牌，将潘相带领引见；或用为知县、或用为教职之处，伏候钦定。奉旨后，臣等行文吏部，请归进士教习班铨选。为此谨奏。

本日带领引见，奉旨："潘相着以知县用。钦此。"

廪　给

汉、唐外藩遣子入学，不过粗给廪膳；洎乎明代，琉球子弟来雍，始厚其赍予。臣尝考前明《会典》：洪武二十五年，赐中山国入学王子日孜每阔八马、寨官子仁悦慈衣巾靴袜并夏衣一袭、钞五锭。秋，又赐罗衣各一袭及靴袜、衾褥；赐山南王承察度入学从子三五郎尾及寨官子实他卢尾段贺志等如中山例。二十六年，赐中山国入学寨官子段志每夏衣靴袜、秋衣各一袭，傔从各给布衣。二十九年，赐山南王归省官生三五郎亹、实他卢尾白金、绿缎表里、钞锭，又赐山南王入学寨官子麻奢理诚志鲁三人并复来卒业之三五郎尾衣冠、靴袜。三十一年赐，中山国来谢昔年入学旧恩之官生姑鲁妹钞锭有差。永乐三年，赐山南国入学官生李杰衣服。四年，赐中山国入学官生石达鲁等衣、钞有差。八年,皇太子赐入学官生模都古等巾衣、靴绦、衾褥、帐具。冬,帝赐李杰等冬衣、靴袜。十年,赐中山官生怀德祖鲁古夏布襕衫、绦靴。十一年,赐中山官生邬同久等三人钱钞;遣模都古等三人归省,赐衣币、钞锭,给驿传;留学者皆赐冬、夏衣。十二年,皇太子赐琉球生益智每等罗布衣各一袭及襕衫、靴袜、衾褥、帷帐,从人皆有赐;帝赐邬同久等三人衣、钞。十四年,赐琉球生夏衣。成化十八年,令肄业南京国子监之琉球生蔡宾等有司岁给衣服、廪馔如旧制。正德五年,赐南雍琉球生等衣、廪物等如例。嘉靖五年,赐琉球官生蔡廷美等廪米、薪炭及冬、夏衣服。九年,给归娶之蔡廷美等币布有差。二十二年,给琉球归娶官生梁炫等资粮、驿骑。二十九年,处琉球生蔡朝用等于南雍光哲堂,岁时给衣物如例。万历八年,给南雍琉球生郑周等衣粮如例;顾犹未周备也。惟我朝圣主湛恩汪濊,特命琉球官生——光禄寺给食物,工部给衣服、器用,户部给口粮、纸笔,日有饩、月有赐、季有赉;下逮傔从,纤悉曲尽。我皇上格外体恤,特命行文工部应给物件,俱着交内务府办给。由是各衙门应给等项,至丰且备。天恩浩荡,难罄名言;详志于篇,庶来者有以考焉。

康熙二十七年,琉球官生梁成楫等入学;礼部议准:官生照都通事之例,每名日给鸡一只、肉二斤、茶五钱、腐一斤,椒、酱、油、菜等俱备。每年春、秋赐绵缎袍褂、纺丝细裤各一、凉帽各一、靴袜各一双;夏赐纱袍褂、罗衫裤各一;冬缎面羊皮袍褂、绵袄裤各一,貂帽、皮靴、绒袜、被褥、席枕俱备。从人皆有赐。每月朱墨、纸笔银各一两五钱。

雍正二年十一月,琉球官生郑秉哲等入学;礼部题准:官生、从人一切衣服食用,俱照康熙二十七年题定赐梁成楫等之例。

乾隆二十四年,官生梁允治等十二月入京;二十五年正月初二日,礼部札知国子监。二十三日,本监选取教习奏闻。二月初八日,礼部仪制司送官生入学,博士等官带领谒庙、谒后殿及文公祠,入讲堂拜师。

一、官生食用等项,俱照康熙二十七年题准之例。每官生一名,俱照进贡都通事之例,每日各给白米二升;跟役,每人每日各给白米一升。国子监每季核算人数小建,总计若干石,移咨户部关领火仓白米。

二、官生食物,每人每日给鸡一只、肉二斤、茶叶五钱、豆腐一斤、花椒五分、清酱四两、香油四钱、酱四两、黄酒一瓶、菜一斤、盐一两、灯油二两;跟役,每人每日给肉一斤、盐一两、菜十两。此次于乾隆二十五年二月初六日准光禄寺知照内开:"大官、珍羞两署案呈,准国子监咨取官生食物等因前来。查乾隆二十一年七月内，经忠勇公傅奏准：将本寺交送内庭所用猪口肉斤、鸡鸭鹅只等项交膳房办理；所有公主格格分例景山咸安宫、太医院等处外用，差务仍系光禄寺办理。当经本寺行文各该处，将所用鸡只、肉斤数目按月咨行本寺核算折价，各该处持领付寺给发钱粮，悉遵原奏办理在案。今琉球官生梁允治等入监读书，所有应食鸡只、肉斤，自应遵照奏准折给之例，画一办理。相应行文贵监，查照办理。除将算开茶叶、黄酒、油、盐、酱、菜等项，本寺按依每月来文办给外；至应给鸡只、肉斤，每月将伊等用过零总数目扣除小建、禁屠，一并行文过寺核算给发钱粮，于每月三、九之期出具印领赴寺支领。仍将本寺题定鸡只、肉斤价值并应扣带销银两开单知照贵监查办可也。"准此。每月监领银，交官生等自用。至厨役火夫，每月寺另给银四两五钱，听其自雇。

三、官生住房，拨西厢居之。后一进五间，官生四人各住一间，中一间为讲堂。正厅三间，中一间设公座，为堂官稽查之所；东一间，教习居之；西一间，贮食用之物。西耳房二间，为厨房，住厨役、火夫各一名；东耳房，住各从人。下至湢浴、溷厕，莫不修备。每岁四月之朔，国子监行文内务府，府遣官役高搭前后凉棚二座；八月底，自行撤回。

四、官生等用物，内务府广储司遵旨办送；照雍正二年之例，加增应用锡烛台四个、锡灯台四个、锡茶壶二把、锡酒壶二把、黄铜面盆四个、磁大碗二十个、小碗二十个、小盘十个、碟子十六个、茶钟十六个、酒钟十个、席子十领、白毡八条、高棹六张、满棹四张、板橙六条、椅子八张、绵布门帘六个、竹门帘六个、盛书大竖柜四个、火盆四个、广铁锅二口、小磁盆六个、水缸四口、连钩扁担水桶一副。其筷子、木杓、柳礶、笤帚、竹扫帚、铁通条锅盖砂锅、木瓢等物，皆各备具。木器、磁器如有损坏，监咨内务府，府仍随时添补。每日应用煤炭，照例内务府煤炭局每日应送煤三十斤、白炭三斤；每月总扣若干斤，遣役送给。冬月至正月，每人每日各加送烤炭白炭五斤；十月底，总计三月若干斤，遣役送给。

五、官生衣帽等项，内务府广储司遵旨办给。官生每人冬季各给貂皮领袖官用缎面细羊皮袍褂、纺丝绵袄中衣各一件，染貂帽各一顶，鹿皮靴连毡袜各一双（此次鹿皮靴改给缎靴）。春、秋二季各给官用缎面杭䌷里绵袍、官用缎面纺丝䌷里绵褂、纺丝衫中衣各一件，绒纬凉帽各一顶，官用缎靴各一双，马皮靴各一双（此次马皮靴亦改给缎靴）；夏季，各给硬纱袍褂、罗衫中衣各一件。每年春季，各给纺丝面布里棉被、棉褥、纺丝头枕各一分。跟伴四人，每年冬季各给布面老羊皮袍、布棉袄中衣各一件，貉皮帽各一顶，马皮帮牛皮靴、布棉袜各一双。春、秋二季,各给布棉袍褂各一件;夏季,给单布袍、布衫中衣各一件,雨缨凉帽各一顶。每年春季,给布棉被褥、头枕各一分。此项物件,内除库贮者领取成做给发外,其库无之染貂帽、貂皮帽、绒缨凉帽、雨缨凉帽,交该办买催总等每季按时买给。此项应给衣帽,俱于每年二月、五月、十月内国子监按季出具印领,内务府照数遣官送给。

师　生

《周官》:掌教彝人,有靺师、旄人、鞮鞻氏之职,皆大司乐总其成。明时,琉球入学,不设教习;其教法甚略。至我朝康熙二十七年梁成楫等入学,上特命司成于肄业正途贡生中遴学行之优者奏举一人为教习,专司讲解;派博士等官经理之,堂官不时加谨稽察:其犹周制之旧与。至于入学官生,明初,皆王子弟、寨官子弟;成化以后,始遣三十六姓之人。今多不可考。谨就所见录之,尚冀后之人有以补其阙略云。

祭　酒

常锡布,满洲正红旗人。康熙二十五年任(时琉球梁成楫等入学)。

德白色,满洲正红旗人。二十六年任。

图纳哈,满洲镶白旗人。二十七年任。

王士禛,山东新城人;戊戌进士。十九年任。

李元振,河南柘城人;甲辰进士。二十二年任。

翁叔元,直隶永平卫籍(江南常熟人,丙辰进士)。二十四年任。

曹禾,江南江阴人;甲辰进士。二十六年任。

汪霦,浙江钱塘人;丙辰进士。二十八年任。

臣按:《国学礼乐录》:"王士禛,十九年任";二十二年以后,已为李元振。而《池北偶谈》载梁成楫等于二十三年经使臣奏请入学,时士禛为祭酒,咨覆礼部;不解何谓？谨阙之。

伊尔登,满洲正白旗宗室。雍正元年任(时琉球郑秉哲等入学)。

塞楞额,满洲正白旗人;己丑进士。二年任。

鄂宗奇,满洲镶蓝旗人;壬辰进士。四年任。

王图炳,江南娄县人;壬辰进士。元年任。

王传,江西饶州人;辛未进士。元年任。

张廷璐,江南桐城人;戊戌进士。三年任。

蔡嵩,江南南汇人;壬辰进士。五年任。

观保,满洲正白旗人;乾隆丁巳进士。十四年任。升任后,仍管监务(时琉球郑孝德等入学)。

全魁,满洲镶白旗人;辛未进士。二十四年任。

富廷,满洲镶蓝旗人;丙午举人。二十七年任。

陆宗楷,浙江仁和人;雍正癸卯进士。十一年任。

司 业

宋古弘,奉天镶白旗人。康熙二十五年任(时琉球梁成楫等入学)。

彭定求,江南长洲县人;丙辰进士。二十四年任。

董闇,江南吴江县人;癸丑进士。二十四年任。

吴涵,浙江石门县人;壬戌进士。二十八年任。

明图,……;六十一年任(时琉球郑秉哲等入学)。

马泰,奉天正白旗人;□□□□。雍正元年任。

黄鸿中,山东即墨县人;戊戌进士。元年任。

孙嘉淦,山西兴县人;癸巳进士。元年任。

彭维新,湖南茶陵州人;丙戌进士。三年任。

王兰生,直隶交河县人;辛丑进士。四年任。

庄楷,江南武进县人;癸巳进士。五年任。

博卿额,满洲镶红旗人;戊辰进士。乾隆二十四年任(时琉球郑孝德等入学)。

卢壳,贵州□□人;□□进士。二十四年任。

吉泰,蒙古正白旗人;……任。

张裕莘,江南桐城县人;戊辰进士。二十六年任。

派董率官

张凤书,云南建水州人;壬戌进士。任博士。

林人槐,福建侯官县人;修道堂助教。

张若霍,江南桐城县人;正义堂助教。

邬凤翙,广西阳朔县人;壬申进士。由教授,升博士。

教 习

郑(名阙),福建□□□人。康熙二十七年,补教习;一年去。

徐振,浙江宁波县人;拔贡生。二十八年,补教习;三年咨部议叙,以州同即用。

李著,湖北公安县人;拔贡生。雍正二年,补教习;数月去。

赵奋翼,陕西潼关县人;拔贡生。三年,补教习;事竣,咨部议叙,以知县即用。

潘相,湖南安乡县人;乾隆六年拔贡生。二十三年,考充武英殿校书。二十五年,琉球官生郑孝德等入学,经国子监奏充教习。本年应顺天乡试,中式四十一名。二十八年会试,中式三十五名。二十九年,郑孝德等还国,教习事竣;二月初四日,本监带领引见,奉旨:"潘相着以知县用。"四月,选授山东登州府福山县知县。

官　生（病故官生附）

日孜每阔八马,中山王察度之子(或云从子)。明洪武二十五年,初遣入学,诏令工部建王子书房于监前以处之(归之年阙)。

三五郎尾,山南王承察度之从子;与日孜每阔八马同年入学。二十九年,归。旋复来,请卒业。

仁悦慈,中山王察度之舅(诸书作寨官子,或其父为寨官也;并存之);随中山王子入学。

实他卢尾段贺志,山南国寨官之子;随山南王子入学。

段志每,中山国寨官子。二十六年,入学。

麻奢理诚志鲁三人,中山国寨官子。二十九年,入学。

姑鲁妹,中山国人。入学之年阙(诸录误以姑鲁妹为女官生,荒诞殊甚)。

李杰,山南国寨官子。永乐三年,入学。逾三年,归(后仿此。各书又载永乐八年冬,赐李杰等冬衣等项;是六年犹未归也。未详孰是)。

石达鲁,中山寨官子。永乐四年,入学(凡六人,其五人阙)。

模都古,中山官生。永乐八年,入学;共三人。帝及太子厚其赐,礼部尚书吕震曰:"昔唐太宗兴学校,新罗、百济皆遣子入学;当时仅闻给廪膳,未若今日赉予周备也。"帝曰:"远方慕中国礼义,故遣子入学;必足于衣食,然后乐学。太祖高皇帝命资给之,著于'《会典》';所谓'曲成万物而不遗'者,安得违之!"十一年,模都古乞归省。帝曰:"远人来学,诚美事;思亲而归,亦人情。宜厚赐以荣之。"因赐衣币及钞为道里费,给驿传(其二人阙)。

邬同志久,中山国寨官子。永乐十一年,入学(共三人——亦作三十人;余人阙)。

周鲁,中山寨官子(据《池北偶谈》载之)。永乐十一年,入学(共三人,其二人阙)。

益智每,琉球官生(入学之年阙)。

蔡宾,琉球国中山省久米村人。久米属村县四,曰东门村、西门村、北门村、南门村(亦名大门村)——旧有普门寺,又名普门地。明洪武中,以闽人三十六姓赐琉球王,命居此地。至万历时,存而昌者止梁、郑、蔡、金、林五姓。又续赐阮、毛两姓,皆居久米,不他徙;故名"唐营",亦称"营中"。后改"唐荣"代;以村中最贵者为总理唐荣司,专主朝贡事。宾之上世,居闽省泉州府晋江县(一曰南安县);宋端明殿学士蔡襄之后。襄之裔孙崇,奉命入琉球;传四世至宾。宾字玉亭;成化十七年,入学。二十二年,国王请遣归国。帝曰:"昔阳城在太学诸生三年不归国者,斥之。矧远人,岂可长留不遣!其令即归,以遂定省之私。"宾归,后官长史。弘治元年,宾随贡使皮扬那等来京,上言"成化中,读书南京国子监";今吏部侍郎刘宣时为祭酒,特加抚恤。乞容赴宣所执贽谢,诏许之。武宗登极,宾又随王舅亚嘉尼施等贡马及方物,奏乞每岁一贡。礼部议:"琉球在昔,朝贡不时至。成化十一年,因使臣不法,敕令二年一贡。今因彼入贡违期,故为此奏以饰非;宜勿听。"武宗特允之。宾奏乞自备工料修造贡船二只;礼部议行镇巡官验实量修,不必改造。宾复奏;武宗曰:"令二船拆卸补造,勿过式也。"宾子进,字益亭;正德五年,同五人入太学。归国之年,阙。官通事(其四人阙)。

蔡浩,字干亭;宾从兄宝之孙。嘉靖五年,同蔡廷美、郑富、梁梓四人入学(《徐录》作二年,疑误)。九年,同归国。

蔡廷美,字璞亭;浩从兄。官长史。嘉靖二十年,王遣使殷达鲁等入贡,廷美与偕来。二十一年,廷美招引漳州人陈贵等驾船之国,适与潮阳船争利,互相杀伤;廷美乃安置贵等于旧王城,尽没其货。贵等夜奔,为守者所掩捕,多见杀。于是诬贵等为贼,械送福建。廷美赍表将赴京陈奏,巡按御史徐宗鲁会同三司官译审别状以闻,留廷美等待命;奉旨:"贵等违法通番,着遵国典重治。琉球既屡与交通,今乃敢攘夺货利、擅杀我民,且诬以贼;诡逆不恭,莫此为甚!蔡廷美本宜拘留重处,念素系朝贡之国,姑且放回。后若不悛,即绝其朝贡。令福建守臣备行彼国知之。"

郑富,字贵桥;其先福建福州府长乐县人。明洪武中,有郑义才者奉命居琉球,官长史。义才字符桥,子孙世以"桥"为字;十三世后,始易之——犹蔡崇字升亭、子字盛亭、孙字辉亭,世世以"亭"为字;十世后,始易也。富为义才六世孙,官爵无考。

梁梓之先,福建福州府长乐县人。明洪武中,梁嵩字子江,奉命居琉球,官长史;梓其孙也,世次不可考。归国后,官长史。十九年,中山王遣梓贡马及方物,奏请造海舟四只;许之。

梁炫,嘉靖十五年,同四人入学。二十二年,归国;时炫等来学已逾七年。炫官正议大夫,充三十二年贡使(其三人无考)。

郑迵,字利山;义才九世孙、富从曾孙、都通事禄(式桥)次子也。嘉靖四十四年,同梁照等入学。归国后,累官至法司,以身殉难(其详见良臣传)。

蔡㷛,字耀亭;廷美长子。同郑迵等入学。官都通事。

郑周,字格桥;禄季子、迵怀弟。万历七年,同郑迪、蔡常入学。归国之年,阙。官长史。

郑迪,字宪桥;禄弟礼长子。官都通事。

蔡常,字心亭;廷美弟廷贵子。官无考。

梁成楫,字得远;嵩九世孙。祖应材,字绍江;正议大夫。父邦翰,字艳江;正议大夫,充康熙二十一年贡使。生六子,成楫其三也。康熙二十七年,同蔡文溥、阮维新入学。三十一年,归。官都通事。子二人:煌、烈。

蔡文溥,字天章;朝用四世孙。朝用子延,延子国器;器子应瑞、应祥,累世紫金正议大夫,充贡使。应瑞有子五人,文溥为长。笃志问学,著《四本堂集》(略见第二卷)。累官紫金大夫。子其栋,孙功熙,俱正议大夫。

阮维新,字天受;其先福建漳州府龙溪县人。明万历时,有阮国字我萃者,与毛国鼎同奉命居琉球;官正议大夫,充万历三十四年谢封使。传四世至维新,同梁成楫、蔡文溥入学;累官紫金大夫,充康熙五十三年贡使。

郑秉哲,字□□;迵弟达元孙。达子子孝、子孝子宗善、继喜、宗善子宏良,累世正议紫金大夫。宏良有子五人,长秉均,康熙戊辰入学,折桅卒;秉哲,其第四弟也。雍正二年,同郑谦、蔡宏训入学。六年,归。累官紫金大夫,充乾隆十三年贡使,又充二十二年谢封使。

郑谦,字□□。父廷极,正议大夫,充雍正四年贡使。谦入学归,官存留都通事;卒于福建馆。

郑孝德,字绍衣。祖士绚,正议大夫,充雍正四年贡使。父国观,少有志趣;岁壬寅,北学于闽,从江某游;六年,始归。乾隆九年,充朝京都通官;没于馆,葬张家湾。乾隆十九年,孝德年二十,随妇翁紫金大夫蔡宏谟入请封,乞省墓。二十五年，入学；伤父志未就，昼夜刻厉，孜孜问学不息，手抄《四书》、《五经》。儒先语，一衷于子朱子；尤玩味《小学》、《近思录》等书。善书法、诗文，皆有规矩。臣题其座右曰："欲为海国无双士，来读天都未见书。"所以望其成者，固未有涯云。其弟孝思，随孝德来学；二十九年二月，卒于译馆。

蔡世昌，字汝显；文溥弟紫金大夫文河之孙、都通官文海之嗣孙、正义大夫光君之长子也。世昌入学时，年二十四；与孝德相劘切，不欲专为词章学。臣有联云："人在海邦推俊杰，学从京国问渊源。"盖记实也。其词章，亦禀承矩度，多可观者。

蔡宏训，文溥弟文汉次子。同秉哲等入学数日，病卒。礼部请户、工二部发好棺木一口、围棺红紬一匹并抬夫杠绳等物送至张家湾利禅庵茔地埋葬。又特赐白金三百两；以一百两修坟，以二百两附贡使带回交宏训母为养赡之费。

梁允治，字永安；官外间亲云上。祖曰得宗，正议大夫，充康熙五十九年贡使。父锡光，官都通事。允治知读书，即喜从蔡澹园问津。家故多书，日夜披吟，忘寝食；遂以其意，绘"身心性命图"。又仿朱子"或问"法，著《服制辨义》。乾隆二十二年，王选士入学；其大夫，首举允治。允治年二十九，于四人最长。初入谒，即雍容有仪。执经书，孜孜请问，日五、七次不休；一句一字，必求其至是。字义偏傍、声音清浊，不毫毛放过；诗文亦可观。居无何，金型卒，郑孝德暨僚从皆染疫；允治偕蔡世昌日营丧务、料理诸医药，深夜犹奔事诸患者。不寝卧旬余；忽一夜，来请曰："郑孝德始知其妹夫金型之丧，将出视其棺，请呼工人再黝之。"且曰，令允治董工事；遽卧，答云："生病甚，惧不起也。"惊视之，已脱形。急召院医诊视，百方救之，竟以四月十九日卒于馆。

金型，字友圣。远祖瑛，洪武中，自福建奉命入琉球；累世昌炽。至型，始入太学，年十九。资甚清，喜读书；在闽购颁发诸经，昼夜阅之，忘寝餐，因积痨瘵。到监月余，咨太医院发数医诊治，不效；泣曰："生甫入学，遽若兹！无以报天朝及我王之德，贻老母忧；不忠、不孝！"语已，复泣，不及他；遂卒——时庚辰岁三月十六日也。一切恩赐，与梁允治并照蔡宏训旧例奏准施行。

教　规

昔在先民，教学有规；蒙以养正，炳若蓍龟。译馆三箴，于远国诸生尤谆谆焉。

朱子《白鹿洞教条》云："父子有亲，君臣有义，夫妇有别，长幼有序，朋友有信"(五教之目)。"博学之、审问之、慎思之、明辨之、笃行之"(为学之序)。"言忠信,行笃敬;惩忿窒欲,迁善改过"(修身之要)。"正其谊,不谋其利;明其道,不计其功"(处事之要)。"己所不欲,勿施于人;行有不得,反求诸己"(接物之要)。

程、董二先生《学则》云:"凡学于此者,必严朔望之仪、谨晨昏之令。居处必恭,步立必正;视听必端,言语必谨;容貌必庄,衣冠必整;饮食必节,出入必省。读书必专一,写字必楷敬;几案必整齐,堂室必洁净。相呼必以齿,接见必有定。修业有余功,游艺以适性;使人庄以恕,而必专所听。"

真西山《教子规》云:"一曰学礼:恭敬顺从,遵依教诲。与之言则应、教之事则行:毋得怠慢任意"。"二曰学坐:定身端坐,齐脚敛手;毋得伏臬靠背,偃仰倾侧"。"三曰学行:笼袖徐行,毋得掉臂跳足"。"四曰学立:拱手正身,毋得跛踦欹斜"。"五曰学言:朴实语事,毋得妄诞;低细出声,毋得叫唤"。"六曰学揖:低头屈腰,出身收手;毋得轻率慢易"。"七曰学诵:专心看字,断句慢读,须要字字分明;毋得目视东西,手弄他物"。"八曰学书:专心把笔,字要齐整圆净;毋得轻易胡涂。"

朱子《小学题辞》云:"元亨利贞,天道之常;仁义礼智,人性之纲。凡此厥初,无有不善;蔼然四端,随感而见。爱亲敬兄,忠君弟长;是曰秉彝,有顺无强。惟圣性者,浩浩其天;不加毫末,万善足焉。众人蚩蚩,物欲交蔽;乃颓其纲,安此暴弃!惟圣斯恻,建学立师;以培其根,以达其支。小学之方,洒扫应对;入孝出恭,动罔或悖。行有余力,诵诗、读书;咏歌、舞蹈,思罔或逾。穷理、修身,斯学之大;明命赫然,罔有内外。德崇业广,乃复其初;昔非不足,今岂有余!世远人亡,经残教弛;蒙养弗端,长益浮靡。乡无善俗,世无良材;利欲纷拿,异言喧豗。幸兹秉彝,极天罔坠;爰辑旧闻,庶觉来裔。嗟嗟小子,敬受此书;匪我言耄,惟圣之谟。"

程子《视箴》云:"心兮本虚,应物无迹;操之有要,视为之则。蔽交于前,其中则迁;制之于外,以安其内。克己复礼,久而诚矣。"《听箴》云:"人有秉彝,本乎天性;知诱物化,遂亡其正。卓彼先觉,知止有定;闭邪存诚,非礼勿听。"《言箴》云:"人心之动,因言以宣;发禁躁妄,内斯静专。矧是枢机,兴戎出好;吉凶荣辱,惟其所召。伤易则诞,伤烦则支;己肆物忤,出悖来违。非法不道,钦哉训辞!"《动箴》云:"哲人知几,诚之于思;志士厉行,守之于为。顺理则裕,从欲惟危;造次克念,战兢自持。习与性成,圣贤同归。"

朱子《敬斋箴》云:"正其衣冠,尊其瞻视;潜心以居,对越上帝。足容必重,手容必恭；择地而蹈，折旋蚁封。出门如宾，承事如祭；战战兢兢，罔敢或易。守口如瓶，防意如城；洞洞属属，罔敢或轻。不东以西，不南以北；当事而存，靡他其适。勿二以二，勿叁以三；惟精惟一，万变是监。从事于斯，是曰持敬；动静弗违，表里交正。须臾有间，私欲万端；不火而热，不冰而寒。毫厘有差，天壤易处；二纲既沦，九法亦斁。于乎小子，念哉敬哉！墨卿司戒，敢告灵台。"

朱子《学古斋铭》云："相古先民，学以为己；今也不然，为人而已。为己之学，先诚其身；君臣之义，父子之仁。聚辨居行，无怠无忽；至足之余，泽及万物。为人之学，烂然春华；诵数是力，纂组是夸。结驷怀金，煌煌炜炜；世俗之荣，君子之鄙。维是二者，其端则微；眇绵不察，胡越其归！卓哉周侯，克承先志；日新此斋，以迪来裔。此斋何有？有图有书；厥裔伊何？衣冠进趋。夜思昼行，咨询谋度；绝今不为，惟古是学。先难后获，匪亟匪徐；我则铭之，以警厥初。"

朱子《求放心斋铭》云："天地变化，其心孔仁；成之在我，则主于身。其主伊何？神明不测；发挥万变，立此人极。晷刻放之，千里其奔；非诚曷有，非敬曷存！孰放、孰求？孰无、孰有？屈伸在臂，反复维手。防微慎独，兹守之常；切问近思，曰惟以相之。"

吕维祺（介孺）四译馆训士三箴，其《言行总箴》云："心官则思，言行分职；谓士枢机，于斯树极。匪枢胡运，匪机曷发；户弩犹然，士轨乃识。口则兴戎，动或罔益；惟圣达时，退藏于密。知语知默，知动知息。其次克己，主敬宅一；非礼勿言，惠迪趋吉。闭邪存诚，爻象斯立。言满寡尤，淑仪弗忒；六字之内，弗易厥质。思之思之，有物有则；思则得之，不思曷得！"其《言箴》云："思言胡慎，曰忠与信；匪口是缄，惟心斯印。人心之灵，禀于至诚；物欲蔽之，欺伪丛生。厥口则言，厥心未然；信既远义，易诺屡迁。言巧色令，是名为佞；不信不忠，曷存厥性！厥性既非，众恶斯归；多言数穷，食言貌肥。我思动物，宁在鼓舌；所以至诚，豚鱼可格。此非袭取，忠信是主；易训进德，三复斯语。"其《行箴》云："何以思行，盖云笃敬；笃敬维何？主一而静。一则不杂，静则不竞；天君守舍，百司从令。胡为憧憧？朋从靡定；以二以三，乃纵乃横。浮薄长傲，失其性命；既溃厥堤，靡知所竟。我思古人，精义入神；天之明命，以物其身。上帝临汝，如见大宾。静一无欲，乃敬乃笃；夫然后行，百行维谷。是故君子，必慎其独。"

朱子曰："读经要反复精详，方能渐见旨趣。诵之宜舒缓不迫，令字字分明。更须端庄正坐如对圣贤,则心定而义理易究;不可贪多务广、涉猎卤莽,才看过了,便谓"已通"。小有疑处,即便思索;思索不通,即置小册子逐一抄记,以时省阅。切不可含糊护短,耻于质问;而终身受此黯暗以自欺也。起居坐立,务要端庄,不可倾倚;恐至昏怠。出入步趋,务要凝重;不可剽轻,以害德性。以谦逊自牧,以和敬待人。凡事切须谨饰,无故不须出入。少说闲话,恐废光阴;勿观杂书,恐分精力。早晚频自点检所习之业,每旬休日将一旬内书温习数过,毋令心少有放佚;则自然渐近道理,讲习易明矣。"又"示长子受之"曰:"早晚受业请教随众例,不得怠慢。日间思索有疑,用册子随手札记,候见质问;不得放过。所闻诲语,归安下处思省;要切之言,逐日札记。不得擅自出入;人来相见,启禀,然后往报之。此外,不得出入一步。居处须要恭敬,不得倨肆惰慢;言语须要谛当,不得戏笑喧哗。凡事谦恭,不得尚气凌人,自取耻辱。不得饮酒,荒思废业;亦恐言语差错,失己忤人,尤当深戒。不可言人过恶及说人家短长是非;有来告者,亦勿酬答。交游之间,尤当审择。虽是同学,亦不可无亲疏之辨;皆当请于先生,听其所教。大凡敦厚忠信、能攻吾过者,益友也;其诐谀轻薄、傲慢亵狎、导人为恶者,损友也。但恐志趣卑凡,不能克己进修,则益者不期疏而日远、损者不期近而日亲;虽有贤师长,亦无救拔处矣。"

右先儒教学遗规,不能详录;然得此而玩心焉,固终身用之不能尽也。

窃念诸生地居炎徼、人慕华风,缘国典以陈言,邀天恩而入学;儒途远大,经义渊深:问学宜勤,率由匪易。其各仰遵前轨,恪听师言。有物有恒,毋荡闲而逾检;自卑自迩,庶行远而登高。今将学中规条,开列于后。

一、每月朔、望早起、沐浴、正衣冠,候大人拜庙后,随班拜庙三跪九叩首,次拜后殿三跪九叩首,次谒文公祠一跪三叩首。已随诣彝伦堂,上堂打三躬;退,诣讲堂打三躬。

二、未领衣冠时,服该国冠服;已领之后,即服所赐冠服。

三、每日早起,沐浴、正衣冠,诣讲堂听讲《小学》数条;《小学》完,讲《近思录》。饭后,讲经数条,临帖。灯下,讲四六古文各一篇、诗一首,次日背诵。

四、讲书之时,诸生以齿序立,专心听讲;或有语言不通、意义未晓者,须再三问明。

五、听讲之后,各归本位肄习,衣冠必整肃;出入必恭敬、行步必端庄,不得笑语喧哗。

六、逢三日,作诗一首,不拘古律。逢八日,作四六一篇或论序等类一篇。

七、跟伴须各自约束,不得恣其出入、听其傲慢,有乖礼法。

答　问

数年"答问",积成卷帙;于初入学数条,亦足以见其大凡。录之于篇,以示心同理同,罔殊遐迩也。

问:"学生之学,以何者为先?"臣以为学,莫先于定趋向;故即其所明者而告之曰:"邦畿,为万国攸止之区。故中山僻处海南万有余里而北拱神京,必自姑米开洋,枾更沙漏,经飓翻台吼之险,昼夜一针;或兼旬、或十数日,始收帆乎榕城。已而由琼河过钱塘,越金陵、历山左水陆之程,四、三月方抵畿辅,入广宁门,止四译馆。乃欣睹天子圣德神功,仰观官阙之壮、城池苑囿之大、人物衣冠礼仪之盛、亲贤士大夫之光耀,然后叹为天下之大观,而私心自慰;曰:'向之所志者,今仍得止于斯也。'维诸生之于学也,亦然。夫道之在天下,虽有明晦绝续之不同;而道外无人、人外无道,极乎天覆地载之遥。苟有血气,无不同此心而同此理;又况琉球近属牛女星纪之次,与扬州吴、越同一分野哉!我皇上以尧、舜之君,兼孔、孟之师;肫谕太学士子,务以圣贤为志,不溺于俗学、异学与夫权谋术数一切就功名之说。而声教暨讫,一视同仁;弗忍穷徼绝岛一处一人之晦肓否塞,特允诸生遵例入学:深恩厚泽,视前代之所以待乎新罗、百济子弟者,不啻什伯。诸生恭承天诏,负笈来学,学固在于先立其志也。程子曰:'言学,便以道为志;言人,便以圣为志。故《大学》之道,端重知止。煌煌圣谕,诸大人师长之宣扬者,提命谆切;六馆数百人无不遵也,诸生岂能自外!且夫学者之病,大半在于以取利禄为急务。今诸生世禄、世官,富贵本所自有;奔竞之习、得丧之念,既不庸萦于怀来,其于学也甚易。诚能志于正学,先取《小学》立教,明伦敬身;稽古内外之篇,讲习而服行之,得其培根达支之教,有以收其放心而养其德性。然后取《近思录》一书而诵读之、而践体之,凡夫求端用力、修己治人、辨异端、观圣贤之道,皆能见其梗概。由是,可以进究乎《四子》、《六经》而求圣贤之大全。盖修身大法,备于《小学》;义理精微,详于《近思录》。《近思录》者,《四子》之阶梯;《四子》者,《六经》之阶梯也。仰模范之甚近、念教规之至详,窃不自知其庸陋,而愿与诸生共勉之!"

——右端趋向。

问:"下国习尚,各有所宜;祈俯而教之,何如?"曰:"夫人函五常之性,乘五土之气;故其材不一,而其习各殊。幽、燕之沉劲、吴、楚之剽疾,囿于墟也;唐、魏之勤俭,郑、卫之淫恣,染于俗也。古之圣人明于此,莫不以变习尚为先务。

故直宽刚简,化以诗、乐;沉潜高明,归于正直。而南北强勇,必进之君子以和其血气心知,而约之于仁义中正;故曰司徒修六礼以节性、明七教以兴德、齐八政以防淫、一道德以同风俗。方今尧文炳焕,万国同书;象寄狄鞮,靡不一其心志而新其见闻。盖声教之渐被暨讫涵煦于百数十年之深者,不问海内外,无大小咸风移而俗易也。诸生万里来学,固将以去故而即新也;何习尚之狃焉! 且夫古之所谓豪杰,必有"转风气而不为风气转"之心。昔在勾吴,不齿上国;而言氏北来,独传礼教:遂使南方之学得其精华,江左风流于斯为盛。亦越陈良,荆蛮所产;而北学中国,丕变颓风其流。至于濂溪生长衡疑,不由师传,默契道体,肇开伊洛渊源。若夫洛阳旧俗,理学无闻;而二程继起,独肩斯文。及乎龟山还里,称曰"道南";数传而徽国笃生,大成用集。到今八闽问学,犹传此派;安溪、漳浦,遗徽堪仰。他如文翁好学,而川蜀崇文;赵德为师,而潮阳知学:一国之风、一方之俗,莫不变于一人而传于千载。故习尚非一成也,其所以渐之者然也。且即琉球论之,隋、唐以前,不通中土;史书所载,荐绅难言。近自明初入贡,渐染华风。继之以国主好文,遣子入学;又继之以三十六姓之往铎,而士知礼义;然犹未旷然一变其俗也。自金大夫请祀先圣、程大夫请兴学校、蔡法司杰然笃志正学,而国王尊之、国人信人,诸生亦因以知有宋、明及本朝儒先讲学之书,视从前之习尚,不啻秦、越人之不可共语;此岂有异故哉,理义固然而导之者善也。顾有书而不读,犹书肆也;读之而不得其趣,犹买椟而还珠也。故欲求其新,先去其故;欲新一国之人,先新一己之心。而新乎人,非一时一世之事;新乎己,非一朝一夕之功。盖变习尚者,非强有力弗能也。而力因乎识,识因乎学;学之道,非可两是而并存之也。诚能屏除旧见、静坐终日,使此方寸之中,凝然湛然如山斯静、如泉斯清;而后徐徐以正书植之、以新义灌之,笃信力践,弗怠数年。勿拣择难事泛问如定夫,勿一日三次检点如和叔;将优游渐渍,忽不觉其学识之大异于从前。而权度在心,虽贲、育弗之夺也;有力如此,于以归国而移易习尚,弗难矣。昔康昆仑自服其琵琶之术,世莫己敌;及遇段师善本而斥其邪杂,语之以十年不近乐器、忘其本领而后可与学入神之曲。故蒙今亦愿诸生之忘其本领也。"

——右变习尚

问:"古今之书充栋汗牛,学生辈苦不能多读,何如?"曰:"夫读书有要,非必遍观而尽识也。不得其要,则虽识如安世、览若正平,祇以夸多而斗靡。苟得其要,则虽难熟如于嵩、善忘若陈烈,亦可渐积而有得。慨自秦火方炎,简编为烬;汉至孝惠始除挟书之律。孝文以后,书出屋壁,诗始萌芽。至于建元,然后邹、鲁、梁、赵颇有《诗》、《礼》、《春秋》。先师当此之时,一人不能独尽其经;此雅、彼颂,相合成编。洎鲁共坏宅,古文初见,有"逸礼"三十九、"书"十六篇及"春秋左氏";犹复共相排摈,杜塞不学。故西汉诸儒自匡衡、刘向、扬雄而外,皆罢老专究一艺;学"诗"者不知"书","学书"者不知"易",学"易"者不知《春秋》。虽其专已,守残见讥子骏;而余窃观其行事,读其文章,类皆禀经断狱,酌雅修词。由汉以后,书籍日富;五车、四库,详志"艺文"。及乎后唐,明宗初令印卖"九经",得书甚易,藏书愈多;而士或束阁不观、游谈无根,即曰拥书万卷不假南面百城,而其人之言行亦或往往不及乎古:诚有如苏文忠之所诮者。此其故何哉?不知读之之法,而多反为累也。夫专务博记,非圣贤之所贵也。昔者,上蔡谢子举史成诵,明道以为玩物丧志;谢子面赤耳热,汗流浃背;明道又以为此即"恻隐之心",然谢子犹未心服也。一日,见明道看史,亦复逐字逐句,无所遗漏;然后怳然有悟,以为为己、为人之别。自后遂将此事,接引博学之士。即朱子之论"格物",虽有一书不读,便阙一书理道之言,而究以穷天理、明人伦、讲圣言、通世故为先务。故诵"诗"而昧乎从政,虽三百亦徒多;穷"论语"而明于为治,即半部不为少。且夫读书而精于别择者,其书亦本不多也。韩昌黎自序"所以用功,惟在辨古书之正伪,与虽正而不至焉者,昭昭然若白黑之分"。故其生平于礼乐、名物、阴阳、土地、星辰、方药之书未尝闻而不求,而要必曰非三代、两汉之书不敢观;诚辨乎伪也。辨乎伪,则不但百家小说之为伪也,即历代名儒之集亦多伪焉;不但非圣贤之书之为伪也,即《四子》、《六经》之笺注亦多伪焉;不但异学、杂学所传之为伪也,即如二程"语录"游、杨、侯、尹之所记亦各纯驳参半。且虽朱子之书,而"语类"、"或问"、"文集"与大注所定,前后殊解、彼此异说;后之人且复倒颠岁月,以为晚年定论:是极正之书,亦或有万一之伪也。若夫诗文一途,其伪者常十之七、其正者常十之三;而中郎枕秘惟有"论衡"、明允箧中专批"孟子"、庐陵半生酷摹韩文、考亭末岁爱诵杜诗:古之人,莫不博观而约取、明辨而笃志。故曰专精之至,神奇自生。养叔治射、庖丁治牛、师旷治音声、僚之于丸、秋之于奕,皆终身不厌而无暇外慕,然后造其堂、哜其胾也;君子多乎哉!请以为诸生规。"

——右辨正伪。

问:"书之正伪既闻命矣,其读之也,当奈何?"曰:"凡读书,有本原、有次序、有纲领、有要法。何谓本原?朱子曰:"读书之法,莫贵于循序而致精;致精之本,则在于居敬而持志。"盖心之虚灵,神明不测。一有不存,则视听貌言,不能自检,未有不为"仰面贪看鸟、回头错应人"者;安能反复圣言、参考事物,以求义理至当之归。故曰"心要在腔子里"。心存则终日俨然,不为物欲所侵;读书穷理,夫安往而不通也。何谓次序?《大学》者,群经之总会:规模广大,而本末不遗;节目详明,而始终不紊。其学之也,宜最先。次《论语》二十篇,为圣师言行之要;次《孟子》七篇,皆王道仁义之谈。学之,则有以识乎操存涵养之实,与夫体验扩充之端;且知某章某句之为格致、诚正,某章某句之为修齐、治平。凡《大学》所总言者,二书皆分见之,而有以信其确不可易。至于《中庸》,则圣门传授之心法也;上达之意多,下学之意少。必《大学》、《论》、《孟》之既通,然后可以读之而见其为实学。故不先之《大学》,则无以提挈纲领,而尽《论》、《孟》之精微;不参诸《论》、《孟》,则无以发挥缊奥,而极《中庸》之归趣。若不会其极于《中庸》,则亦无以穷神知化,而建立天下之大本、经纶天下之大经。凡此皆朱子师弟之言,而后人所当服行者也。《四书》卒业,乃读《五经》。《五经》如五常,《诗》属仁、《礼》属礼、《书》属智、《春秋》属义、《易》属信,而贯乎四德。夫五行首木、四时首春,于人则性情之勃发而不能自已,如春、如木。故诗之为教,常使人讽诵焉而恻然、悚然有以动其自具之天良,于仁之功居多,而为学人所宜先。三千、三百,无不切于日用。横渠教人,莫急于此书者,古帝王治天下之大经、大法也。学焉而尽其蕴,则可以明理、可以处事。由是而习《春秋》,乃得见圣心裁制之义。故曰诸经之有《春秋》,犹法律之有断例也。又曰诸经如药方,《春秋》如用药治病。至于《易》,为五经之源;仁、义、礼、智皆统兼焉。故曰乾,元亨利贞。其读之也,必并乎诸经;其通之也,倍后乎诸经。通经者,又必通史。《二十二史》,浩繁难记。涑水之《通鉴》、紫阳之《纲目》,先正课程,皆计日而兼读之;力有不能,无宁舍马而从朱。若夫读书之纲领,颁发诸书各卷首详言之矣:要在博考乎诸儒、折衷于考亭。即考亭之说《四书》,如《语类》、《或问》、《文集小注》为说不一,又必以大注之说为定。但大注,未易言也。朱子尝云:"某字字如秤停。"又云:"不用圣贤许多工夫,看圣贤的不出;不用某许多工夫,亦看某的不出。"姑举一、二条言之。如同一仁字,或云爱之理、心之德,或云心之德、爱之理,或云当理而无私心,或云无私心而当于理,或云人心,或云本心之德,或云心之全德:移步换形,不可执一。又所引之说,皆经更定虚字、语助,各有妙义。今试取程、张、范、谢、游、杨、侯、尹本书与之校对,始见其增减改换,文理密察直如神禹之铸鼎、周公之定礼;沉潜反复,久之有得,然后可以明圣传之统、成众说之长、折流俗之谬。《易》之书，经乎四圣而断以夫子之《易》即文周之《易》，文周之《易》即伏羲之《易》。言《易》之书，约有百家，而总以《十翼》为主，以费直《合传解经》为有功。"卒以学《易》，可以无大过"；是《易》为人事切要之书也。《和顺》于道德而理于义，穷理尽性以至于命；是《易》为言性与天道之书也。以言者尚其辞，以动者尚其变，以制器者尚其象，以卜筮者尚其占：是圣人之用《易》，其道有四也。居则观其象，而玩其辞；动则观其变，而玩其占：是君子之学《易》，其道有四也。初为本，上为末，中四爻为杂物撰德；要之，观其象辞则思已过半：是学者之解《易》，其大指惟一致也。不可离象数，不可厌事理，不可专说卜筮；一卦一爻之词，不可分某句为象、某句为占；读卦辞，不可于象传之外，生一解；读爻词，不可于象传之外，添一义。由是以考河洛先后天之图莫不皆然，则中有主而不惑于聚讼矣。读《尧典》，便须知尧之为君之所以大，其则乎天而民无能名者如何！其巍乎成功而焕乎文章者如何！舜、禹之有天下而不与者如何！舜自受终以后，其所以创制者如何（旧人但知言以摄位告。"摄位"二字，亦非是）！即位以后，其所以无为者如何！又若读《尧典》，便须知天文；读《禹贡》，便须察地理。举一反三，是在善读者。读《诗》亦然；如诵《关雎》，便须真见其哀乐、真见其不淫不伤，然后可与说《诗》。《春秋》传为按经为断，以传考经之事迹、以经别传之真伪。大抵无隐语，无凡例；不以日序为褒贬，不以官爵名氏为贵贱；未尝许五霸，未尝贵盟会，未尝与齐、晋，未尝黜秦、楚、吴、越。但不主诸儒先入之言，平心观理，而圣人之情渐可意逆：朱子所谓"据事直书，其义自见"也。古《礼》之亡久矣，《周官》一书，固为《礼》之纲领；至其仪法度数，则"仪礼"乃其本经；而"礼记"郊特牲、冠昏等篇，乃其义疏。朱子以"仪礼"为经，取"礼记"及诸书之言礼皆附于本经之下，名曰"仪礼经传通解"；丧、祭二礼，勉齐续之：洵礼学第一书也。然学者仍以难读，置之。窃谓《礼记》虽传先圣遗言，亦多附会之疵；其篇第失次，每篇之中又错杂不伦。间仿朱子之法，用王氏以言冠者入"冠义"、言昏者入"昏义"之说，别为凡例，篇以义序、文以类从，图绘文左，使读者便览，并取礼制之大者附之，以补本记所不备。注则兼取汉、唐、宋、元、明之说，务从简要。仍以《曲礼》为第一；由小学而大学，故《少仪》、《乐记》、《射义》、《投壶》、《学记》、《经解》、《大学》、《中庸》、《儒行》、《坊、表记》次之；二十以后，冠、昏而有家室，故《冠义》、《深衣》、《昏义》、《哀公问》次之，《内则》、《大传》又次之；家礼莫重于冠、昏、丧、祭，故《丧大记》、《檀弓》、《问丧》、《闲传》、《小记》、《服问》、《三年问》、《丧服四制》、《奔丧》、《杂记》、《曾子问》次之,《祭法》、《郊特牲》、《祭统》、《祭义》又次之;由家而乡,故《乡饮酒》次之;由乡而邦国朝廷,故《王制》、《玉藻》、《明堂位》、《月令》、《文王世子》、《燕义》、《聘义》次之;然后终之以《闲居》、《燕居》、《礼运》、《礼器》、《缁衣》等篇,以统论礼之大凡——而各篇之中又各有次序条理,如珠联而绳贯。《周礼》、《仪礼》,亦仿此为经传撮要。《礼》之纲领,其庶几乎!至于读之之法,以二书言,通一书,然后及一书;以一书言,通一篇,然后及一篇:字求其训,句索其解。未得乎前,则不敢求乎后;未明乎此,则不敢志乎彼。先以熟读,使其言若出于吾之口;继以精思,使其意若出于吾之心。又必以心体之,以身验之,从容默会于幽闲静一之中,超然自得于书言象意之表。凡儒先之所以教人者,千言万语,大指实不外此。谨约记其所闻者,以为诸生勖焉。"

——右严课程。

卷之三终

琉球入学见闻录卷之四

琉球官学教习臣潘相恭辑

艺 文

纪实之余,附诸撰述,非徒曰以文也。华祝嵩呼,臣民同愿;而外藩子弟肄业陈诗,则亿万斯年,惟兹为盛。扬圣皇之孝理,颂文母之慈晖:故录万寿称庆之篇。乘槎泛斗,随事咏歌,既可考其礼仪、观其名胜;而蛙声鲛泪时仿龙吟,片羽吉光亦征文藻:故录游览题咏之作。高丽问中立之起居,新罗重乐天之诗律;而乡树扶桑、浮杯万里,其奉晁监美智藏者多见于诸集投赠之篇。无分区域,亦勤宣圣德之意也:故录官师规诲之句、赠别之言。万里来游,四年授读;简其累句,存彼好音。人各一集,集各有引;戴德述怀,差可诵也:故复节录其月课之艺。凡律赋一、今古诗一百八十有三、序三、记四、表笺题词六,汇为一卷,用志声教之盛,中外同文;庶后之览者,有以采焉。

赋

恭庆圣母皇太后七十万寿赋(以"圣人之德无加于考"为韵,谨序进呈)

潘相

皇上御宇之二十有六年,岁在辛巳;十一月二十五日,恭逢圣母皇太后七十万寿。纯祺天锡,繁祉日升;喜气腾霄,欢声动地:邃古以来未之有也。臣谨按"孝经""援神契"曰:"天子之孝,曰就。"就之为言成也。天子德被天下、泽及万物,随处成就,则其亲获安;故曰就也。又按"嘉乐"之诗曰:"保佑命之自天。"申之言,君子之令德日新,则天之命之,亦反复眷顾之而不厌也。钦惟皇太后毓昊胎轩,包天育地。自《诗》《书》所载,太姒、太任,世嗣徽音,莫能比并;而天慈广被,坤道长宁,穆处璇宫,祉福隆备。迩岁我皇上天威远播,文德覃敷;奏五载之肤功,开八荒之寿域。既臣伊里,旋服大宛,月窟以西、天方之壤,莫不归吾版籍,化我声明。适逢我皇上五十松龄,祝鸿麻于永锡;旋欣皇太后七旬椿算,庆圣寿以无期。(天)开黄鸟之巅,千百国不漏河源海委;神捧元狐之箓,亿万岁长同华祝嵩呼。于是北燮冰天,南谐燠地,扶桑出日,高柳生风;靡不觐凤城、瞻螭陛,扬景烁、颂桢符。时则五老负图,四灵咸畜;雨风从律,珠璧呈辉。甘露如饴,晓垂珍木;卿云似盖,朝映彤墀:诸福之物毕臻,可致之祥环集。盖由圣人之孝,合九有以尊亲,而令闻不已;圣母之仁,载群生以博厚,而纯嘏有常。故天之佑圣人,亦孔之固;而天之福圣母,以莫不增也。谨抒芜制,以展葵忱。其辞曰:

惟圣承天,惟天佑圣。辉丽珠囊,祥开金镜。钦圣母之寿康,仰神功之隆盛;欣阗泽之旁流,庆璇晖之远映。道隆嫄姒,着配天不息之休征;徽迈胥登,绵应地无疆之景命。春回凤阙,扶辇承欢;昼永龙楼,捧觞志庆。同万国之车书,集群仙之歌咏:宁惟近古之所稀,抑亦皇初其莫并。猗思齐之圣母,毓睿哲之圣人;溥无方之达孝,敦不匮之深仁。缵世德以作求,觐光扬烈;奉安舆而问俗,过化存神。德有亲而可久,教靡远而不遵;燕然勒石,瀚海无尘。水记方流之玉,苑来朱汗之骊。弥天区而奉朔,统日域以称臣;廓二万余里之疆索,抚三十六国之人民:皆奉慈宁之懿训,迭上尊号以恭伸。尔乃民之质矣,天实相之。重光阅岁,长至纪时。晷渐添乎绣线,风乍解乎流澌。当严冬之凛冽,俨丽景之暄迟。复得乾初函乾坤,万有一千五百二十之策;律维天统肇律吕,十有七万七千一百之基。七秩遐龄,七政之运行献瑞;三元首月,三才之宝道呈奇。光复旦兮,比升恒于二曜;炽而昌也,符悠久于两仪。我皇上舜孝同心,尧仁比德;万年受祜衣龙衮以娱颜,五十慕亲侍金根而愉色。鸾笙象板,起十部于箫韶;凤膺龙羹,陈万方之玉食。延龄天酒,仙人之掌上常清;益寿神芝,玉女之窗前纷植。幔城鱼贯,纷绕瑶墀;绣仗鸳排,共环紫极。谐歌谣于绮陌,智戴陈诗;效拜舞于清班,可汗述职。于是因欢心之攸洽,恢囊牒之所无;上锡光于百辟,下遍德于康衢。钞给尚方,不遗野老;材罗蓝榜,尤拔耆儒。育泮林之棫朴,收沧海之遗珠。礼无废而不兴,需云宴乐;情有微而必察,解雨涵濡。此其恩覃乎靡外,泽沛于无加。以垓埏臣附为悦娱,以兆庶时雍为尊养;以兽舞凤仪进称觥之颂,以天章云汉摛介福之华。育物诚民,洵不外乎要道;则天因地,乃广集乎休嘉。萃泰运之景厘,镌璆难纪;极乾符之上瑞,镂玉非夸。盖以诚无不格,理本相于;德臻乎极盛,福积而有余。被练中安,腾东华之瑞牒;含饴长乐,拥金母之琼书。辉宝册于山河,如川方至;播徽称于南朔,比日初舒。申命用休,承无穷之帝眷;既多受祉,歌难老于皇舆。乃知率土同欢,一人教孝;至仁必寿,允膺上寿之符;大德曰生,难罄长生之效。此固桃熟蓬莱,五百年花实未堪尽厥铺扬;筹添瀛海,八千岁春秋不足与兹比较者也。微臣叨沐恩荣,观光学校;识愧管蠡,辞惭体要。赓六馆之讴吟,惟九如是则效;用以颂扬萱陛之鸿禧,而钦仰紫宸之至教。

诗

听海楼二首

前册使杜三策从客　胡靖

夜听鱼龙出水吟,一尊对月酒频斟;寒涛喷洒连天雪,残菊飘零满地金。数曲歌萦孤客思,几回梦绕故园心;平生浪迹知多少,此处夷犹可再寻?

支离游况此来豪,万顷波光入彩毫;泼墨烟云龙出海,临池朗月鹤鸣皋。浮槎欲泛天河斗,乘兴犹疑雪夜舠。小饮中山浑是梦,不知身寄海天高(又杜三策句云:"一帆多藉乘风力,万里长悬捧日心;兴来欲泛张骞斗,归去羞言陆贾金。"惜不见其全)。

临海寺听潮二首

胡靖

萧萧兰若海门悬,物古音奇漫纪年;时与涛声相节奏,一天秋水月孤圆。海边寥廓白云高,屿色苍茫映碧滔;忽送金声风上下,如龙吼月和寒涛。

辅国寺观海四首

胡靖

几年观海志,此日始登临;浪涌千山雪,潮来一片瑢。胸中吞地阔,眼底插天深;顿觉乾坤里,波涛自古今。

数顷看无际,徘徊望莫从;微茫但一水,荡漾是千峰。遂尔烦襟涤,迥然豪兴浓;临崖思大道,万派总朝宗。

寺古依松竹,巉岩石笋悬;洪涛冲岸畔,乳燕巢峰巅。下上天成两,东西水并圆;平临增怅望,每叹说桑田!

荡迹似何极?探奇绝险中。霾鳌翻雪浪,海马御天风。兴与云飞逸,情同鹤唳空。置身聊不迩,已比扶桑东。

圆觉寺古松

胡靖

知是天工巧自栽,遥瞻海色迥蓬莱;孤根劲挺亭三尺,古干横斜盖二台。夜静龙鳞明月照,天空鹤影倚云来。菁葱已湿千年露,曾见三花几度开!

谕祭中山王即事

册使　汪楫

海风激激马萧萧,龙旆徐过真玉桥;国主望尘遥下拜,圣朝肯使尉陀骄!三尺黄麻下阙宫,密云叆叇日曈昽;阴膏着物无由见,尽在絪缊一气中。

册封礼成即事

汪楫

夜雨廉纤快晓晴,相看搓手贺升平;海风不动秋风劲,吹作嵩呼万岁声。龙跳天门下碧虚,光芒万丈掩瑶玙;强邻一任夸多宝,敢把珍奇斗御书?紫巾黄帕绕丹墀,鼍响鲸鸣羽扇欹;独上龙亭呼"万福",锦衣纱帽好威仪!石城百尺拥王宫,浑朴规模自不同;岩壑回环松影外,楼台隐见海光中。

马耕田歌

中山山多稻田寡,耕不见牛时见马;曳犁负轭当町畦,编草络头泥没髁。喷沫徒怜气凋丧,局踏安知材尽下!王良、伯乐无时无,不待悲鸣泪先洒?侧闻洪武开国时,曾来此地求骕骦;连檣累舶动千匹,购买不惜倾高赀。陟险冲波有底急,每翻旧史常怀疑。维时布衣起江左,涣号止及东南陲;壮士健儿悉腾踔,步卒敢向中原窥?圉人太仆但充位,登床厌谷皆虚词。谁欤忽建凿空计,外厩祇藉长风吹。飘飘远致列云锦,骑出奘竷熊与罴;永辞绝域骋皇路,寸长一技皆得施。不走沙场縈畎亩,吁嗟尔马生何迟!今制三年两入贡,使者执鞭大夫控;天子垂裳顾曰"嘻!""此物何烦跨海送!"异域从教宝骐骥,天家绝不求麟凤;终老邱园何足惜,竟辱泥涂亦堪痛!吁嗟尔马无自伤,不逢汤、武逢虞、唐;纵有龙媒四十万,中山只作华山阳。

八月十七夜,过波上候潮

汪楫

中山忽过中秋节,连宵对月乡心切!客言十八潮生辰,万里波翻定奇绝!我闻此语神为王,隔夜传呼启门臬。海滨大都无障碍,望远还须登嶬嵲。夷官遥指波上好,胜地佳名夙所悦。半夜骑马到山脚,皎月繁星一时灭;天欹地侧风怒号,列炬如林不得热。歇鞍徒行杖马棰,或作蹒跚或蹩躠;小憩争依石台稳,冥坐只觉山根裂。神女掷沙群目闭,水怪搏风万夫咽!拟凭绝壁窥蛟宫,转类乘车入鼠穴;不分空蒙都晦昧,真惭胜游成麂麕!昌黎默祷衡云开,东坡密咏庐峰列;顾我胡能匹二公,正直感通同一辙。靡空谁将银烛晃,掠波恍见金蛇掣;须臾天地还旧观,放眼依然对濠沵。剪余十丈、五丈云,扫剩千堆、万堆雪;石笋崖下浪如礤,匎匒乍定偏清澈。波底石片能作花,朵朵芙蓉手堪掇;惜哉可望不可亲,铁网徒令青玉缺!泗水巧凿烦老渔,擘出苍皮等蝉蜕。意中得失浑错料,宇外游观殊小别。归来作歌纪所见,天淡云收笑才竭!

中山竹枝词

汪楫

道是佳人亦复佳,一生赤脚守荆钗;宵来忽作商人妇,竟戴银簪不脱鞋(土妓,不得簪银。道遇官长,必脱草鞵,跣足据地,候马过乃起。若中国人主其家,则超然禁令之外矣)。

两耳无环髻不殊,孰为夫壻孰罗敷?译人笑说公无惑!验取腰间带有无(国俗:男子二十,始薙顶发为小髻。服与妇人无别,惟男子必以大帕束腰,女则曳襟而趋,皆无衣带)。

中山竹枝词

册使 林麟焻

手持龙节渡沧溟，璀璨宸章护百灵；清比胡威臣所切，观风先到却金亭。
徐福当年采药余，传闻岛上子孙居；每逢卉服兰阇问，欲乞嬴奏未火书。
日斜沙市趁墟多，村妇青筐藉绿莎；莫惜筹花无酒盏，人归买得小红螺。
匹练明河牛斗横，冬冬衙鼓欲三更；思乡坐拥黄绸被，静听盘窗蜥蜴声。
三十六峰瀛海环，怒潮日夜响潺湲；楼西一抹青林里，露出烟萝马齿山。
射猎山头望海云，割鲜捅酒醉斜曛；纸钱挂道松楸老，知是"欢斯"部落坟。
心斋生白室能虚，棐几焚香把道书；读罢凭栏笑幽独，藤墙西角对棕榈。
庙门斜映虹桥路，海鸟高巢古柏枝；自是岛夷知向学，三间瓦屋祀宣尼。
王居山第兔园开，松枥棕花倚石栽；多少从官思授简，不知若个是邹枚！
奉神门内列鹓行，乞把天书镇大荒！唤取金滕开旧诏，侏㒸感泣说先皇。
閟宫甍角压山原，将享今看几叶孙；二十七王禋祀在，厘圭锡豐见君恩。
译章曾记莋都夷，盘木白狼归汉时；何似岛王怀圣德，工歌三拜"鹿鸣"诗。
宗臣清俊好儿郎，学画宫眉十样妆；翘袖招要小垂手，簪花砑帽舞山香。
望仙楼阁倚崔嵬，日看银山十二回；笙鹤彩云飞咫尺，不教弱水隔蓬莱。
纤腰马上侧乘骑，草圈银钗折柳枝；连臂哀歌上灵曲，月明齐赛女君祠。
久稽异域岁将徂，自笑流连似贾胡；三老亦知归意速，时时风色相铜乌。

谕祭中山王尚贞、尚益礼成，恭纪二十四韵

册使　徐葆光

海岛无遗泽，天王归赗遥；吉辰仪具举，幽壤礼咸昭。专介求恩恤，驰纶走使轺；经年迟节命，十日降云霄。仙诏诸灵护，龙光奕叶邀；戒期开正寝，列陛设行朝。铙吹军仪肃，氎毹马步骄；海沉香爇路，火浣帛拦桥。（排）仗云霞丽，侵晨风雨销；岩松飞翠盖，铁树引云（韶）。抃舞肩相属，啁嘈语绝嚣。望尘迎玉案，谒阙备工寮；缁素犹冠首，冲牙未佩腰。拜庭祈祀号，宣祭遣巫招；悱恻天心露，铿锵玉韵飘。屏藩勋最茂，枝干恨连凋；海服丧频告，曾孙齿尚龆。十年今赐恤，三世幸承祧！体荐牲牢洁，登歌箫管调；两楹设银绮，三爵奠兰椒。昭穆欣同衬，恩光被一朝；刻铭留鼎鼐，顶册秘琼瑶。宠渥鲛人泣，恩浓鲲户谣；伏鲸长守窟，怒飔不惊条。献雉趋王会，浮航指斗杓；万年同寿域，世世戴唐尧。

册封礼成，恭纪四章

徐葆光

海邦万里岁朝宗,奉册天朝礼最恭;中外一家同寿域,祖孙五世共皇封。国泉瑞应天边诏,翠盖阴成岭上松。六十年来三遣使,日边偏荷圣恩浓。

十里连冈走翠虬,雪璈夹路引珠斿;仗前争拥夷民拜,域外如亲帝里游。玉检辉煌天上册,朗仪照耀海中洲;蓬莱仙馆环相望,只恐炉烟障远眸!

中山宫殿压山椒,设阙王庭俨内朝;乍启瑶函瞻日丽,高宣天语入云飘。龙章五色从中赐,御玺三封奕世邀。九列亲方随拜舞,紫罗帕首锦缠腰。

大典重光欢会门,玉函带砺誓长存;十年摄事犹称"子",此日膺封始拜恩。舞蹈庭中藩礼肃,起居阙下译词温;使臣将命无余事,载笔归来献至尊。

中秋宴,小乐府十章

徐葆光

丹桂飘云落,金风拂殿来;仙洲娱上客,遍舞袖新裁。
当筵呈帖子,第一起神歌;海国羲皇代,天孙降(福)多。
皇恩如海深,海深不盈掬;队队彩衣童,声声"太平曲"。
朱笠垂曼缨,珊珊摇杂贝;繁弦何滔滔,和雅与心会!
竖头箜篌郎,曲项琵琶部;后行引吭歌,前行踏节舞。
宫漏秋来永,方诸月正中;燕开长不夜,乐奏迭无终。
鱼龙动夜澜,戢戢仰云端;似听"霓裳曲",天风落广寒。
国醋倾池饮,王人遍作宾;译词邮劝酬,语隔意偏亲!
星流汤谷沸,火迸烛龙旋;凉夜浩如水,当杯月正圆。
皓皓流华采,清晖间九行;重轮瞻圣德,中外共环瀛。

重阳宴,龙潭曲(集长古锦囊句)

徐葆光

摇摇锦旗夹城暖,蛇子蛇孙鳞蜿蜒,松溪黑水新龙卵。鸢肩公子二十余,斗乘巨浪骑鲸鱼。黑幡三点铜鼓鸣,银浦云流学水声;烟底蓍泉乘一叶,海绡红文香浅清。毒虬相视振金环,舞霞垂尾长盘跚;乱卷黄河向身泻,秋肌稍觉玉衣寒。秋寒扫云留碧空,凉夜波间吟古龙。玉宫桂树花未落,烛龙两行照飞阁。方花古础排九楹,银云栉栉瑶殿明。玉壶银箭稍难倾,挝钟高饮千日酒,主人称觞客长寿。山头老桂吹古香,玉喉窱窱排空光;乱袖交竿管儿舞,午夜铜盘腻烛黄。挈舟海上寻神仙,斫桂烧金待晓筵;天河落处长洲路,遥望齐州九点烟。

琉球三十六岛图歌

徐葆光

　　琉球属岛三十六,画海为界如分疆;罗列众星皆内拱,中山大宅居中央。往来税赋有期会,冬夏候汛输舟航。其北大岛号"爷马",境邻倭国分东洋;太平诸山作南镇,台湾直北遥相望。前王察度通朝贡,岛酋始附中山强;星槎旧录缺地纪,其国有禁多周防。封舟此来落国北,叶壁六点斜相当;勒柂回针取那霸,船头但见椅山黄。姑米、马齿渺何许,面南极望空青苍。今来三月遍咨访,海滨踏尽犹彷徨;洲屿虽能举一二,更船远近犹迷方。主人输诚出图籍,题写六六何周详!綦置尺幅三千里,对音绎字标其旁。其中各岛语言别,译词受事中山王;颙颙独居乃恭顺,无一自大如夜郎。圣人声教弥六合,河源佛国归堂皇;天下全图成一览,朱书墨界穷毫芒。琉球弹丸缀闽海,得此可补东南荒;朝来张挂向东壁,红旭冉冉升扶桑。

中山竹枝词

徐葆光

　　小船矗起半天中,一尺樯悬五寸篷;渡海归人当有信,竿头昨夜是南风(渡海之家,例造小木船,桅帆毕具;置竿头,立庭中候风,以卜归期。自闽归国,皆以南风为候)。

　　衾子垂垂不系腰,招风长袖学芭蕉;不知螺髻东西堕,玳瑁簪长尾倒翘(女衣,名"衾子";腰无带,被身上。头髻甚松,东西偏堕;盖古倭堕髻也。女簪玳瑁,长尺许;倒插髻中,尾翘额上)。

　　纤纤指细玉抽芽,三五初交点点瑕;墙上空怜小垂手,回风如卷落梅花(女十五,黥手指背,墨点如梅花)。

　　海滨鱼市早潮还,细径斜通失汁山;头带荷筐趁墟去,归来压扁翠云鬟(辻山,一名失汁山;女集所)。

　　海光晴漾碧天云,三、五龙姑自作群;石笋崖边朝"不动",雪崎洞里拜龙君(波上山,一名石笋崖。寺中有神,手剑而立;名"不动"。波上山东有小山,名雪崎;下有洞。正、三、五、九月谓之"吉月",女子相约拜洞以为常)。

　　中秋满月照空村,鸡犬无声昼掩门;八月灵辰惟"白露",家家三日守天孙(白露节,国中为大节;前后三日,闭门不语,静坐守天孙。天孙氏,国中开世祖也)。

小窗傍晚向西开,忽见纤纤落镜台;豫算初三拜新月,隔墙先约小姑来(俗有待月之期:初三夜,焚香,对月拜;十八夜,焚香,立待月升拜毕,乃坐。二十三夜,焚香,坐待月上,乃拜)。

海波日出静无垠,子午灵期又一新;银蟾今日团圞夜,汲取新潮献灶神(每月十五,女至炮台,取潮水献灶)。

城岳灵泉

徐葆光

瑞泉托王居,巨榜标金阙;玉乳泻岩溜,泠泠自幽绝。

迎恩亭

徐葆光

一片仙飑下九天,海东属岛喜骈阗;迎恩亭下潮初涨,百绠争牵万斛船。

东苑

徐葆光

一曲崎山路,峰回启苑扉;缭垣藤络石,盖地毯为衣。岩瀑当门落,林禽背客飞。置身瀛海上,寥廓坐忘机。

极目浩无界,超然八景空;云开识名翠,日上久高红。宫阙仙山近,楼台蜃气通。望来高阁上,坐御列仙风。

昔构原从简,今来未改观;依山微凿磴,倚树借为栏。景色围空翠,烟云洗碧丹。亭中祖训在,澹泊素能安。

迭迭南山秀,都归东苑偏;海涛晴带雨,岳色午浮烟。俭德存遗构,清游继昔贤。壁纱笼句处,犹宝凤池篇。

白金岩(在兼城丝满村。巨石圆立,前通一门;中可坐数百人,榕树蔽之。葆光游山南,与大夫蔡温等赋诗)

徐葆光

边土行将尽,摇鞭丝满村。溪深查度马,卢合树为门;村女窥崖隙,山农列酒樽。白金联句就,书破翠岩痕。

冬耕

徐葆光

寒风飒飒却为霖,高下连山耕事深;十月芋田叶未老,隔塍已透绿秧针。
菊含英处已寻梅,六月收田十月栽;有稻莫闻两番熟,无花不是一年开。

唐荣竹篱

徐葆光

村村编竹墙,筠绿满秋径;客伴迷东西,隔篱忽相应!

中岛蕉园

徐葆光

蕉影墙头合,人家住绿云;机声织明月,幅幅水绡纹。

长虹秋霁

跨海卧长堤,秋来宜晓望;脚底彩云生,月在虹霓上。

东苑八景诗

琉球贡使　程顺则

宿雾新开敞海东,扶桑万里渺飞鸿;打鱼小艇初移棹,摇得波光几点红(东海朝曦)。

海色晴明屿色丹,流霞早晚涨西峦;若教搦管诗人见,定作笺头锦绣看(西屿流霞)。

锦阡绣陌丽南塘,天气清和长麦秧;一自东风吹浪起,绿纹千顷映溪光(南塘麦浪)。

北来山势独嵯峨,葱郁层层翠较多;始识三春风雨后,奇峰如黛拥青螺(北峰积翠)。

仙洞花发洞门开,猛兽成群安在哉?将石琢为新白泽,四山虎豹敢前来(石洞狮蹲)!

凌云亭子有龙眠,吐出珠玑滚滚圆;今日东封文笔秀,好题新赋续"甘泉"(云亭龙涎)。

行到徂徕万籁清,银河天半早潮生;细听又在高松上,叶叶迎风作水声(松径涛声)。

东方初月上山堂,万木玲珑带晚霜;照见皇华新铁笔,千秋东苑有辉光(仁堂月色)。

题使院种蕉图

中山大夫　蔡文溥

数株蕉扇半遮空,仙客栽培兴不穷;虚槛笼阴消暑气,幽窗伴月引凉风。飘摇影出高墙外,掩映绿浮一院中。拟似辋川当日景,好将图献未央宫。

呈册封天使四韵

蔡文溥

熙朝恩宠航溟海,万里鲛宫紫气临;五色彩云天子诏,一泓秋水使臣心。东藩恪守共球职,北阙颁封雨露深。为咏"皇华"光远地,高悬远望想商霖。

徐太史枉过四本堂志喜

蔡文溥

陋巷萧萧一草堂,翘翘旌斾下寒乡;山村也识朱轮客,咸道文星载路光!

同乐苑八景诗

蔡文溥

江芷汀兰映水清,风飘香气到前庭;曾传东阁招贤地,可胜圜桥聚德星(延贤桥)!

明王轸念草莱民,时上农坛望亩频;省敛、省耕行补助,海邦无岛不生春(恤农坛)。

一曲银塘供洗笔,光浮星斗自成文;金鳞列队争吞墨,彷佛龙宫献彩云(洗砚塘)。

台上新晴宿雾披,鸾旗掩映日迟迟;春和淑气催黄鸟,正是农工播种时(望春台)。

峰高路转欲凌云,亭上风光自不群;纵目远观沧海外,登临何异读奇文(观海亭)!

人间似隔红尘外,错认桃源有路通;阴锁洞门闲寂寂,惟余鹤梦月明中(翠阴洞)。

香出琼楼阆苑种,长承雨露叶苍苍;春来每向岩头摘,先制龙团献我王(摘茶岩)。

闻道仙家延寿草,移栽堤上自成丛;莫教刘、阮长来采,留与君王佐药笼(种药堤)。

赠润章年兄之福山任

都御史　观保

成均常晤对,性量喜渊深;化洽中山雨,名倾鲁国心。几年甘蠖屈,百里见棠阴;单父思前哲,鸣琴继古音。

题赠绍衣贤友回琉球

观保

辟雍四载诵经勤,花屿春帆溯白云;海上连成如可待,焦桐清响异时闻!

题赠汝显贤友回琉球

观保

一帆东去坐春风,际隐波恬海日红;从识观光文治蔚,无私膏露仰天功。

赠润章年兄之福山任

阁学　谢墉

自喜平生取友端,五年翘首见鹏抟;经帷道术原推董,花县文章旧姓潘。化雨早征沾海外,仁风定卜咏河干!循良遗绩今犹昔,好寄清音慰古欢!

前题

司业　张裕莘

万里华风被岛夷,对扬天语慰畴咨;槐阴结绶诸生喜,蕊榜题名异域知。手种县花思世业,泽流海国称人师;表东门外行春日,鞭起鱼龙一赋诗。

送经峰兄之官

知县　罗德霖

安乡人品玉无瑕,少小读书破五车;海外亲臣为弟子,中原名士让声华。盈箱风雨重阳句,唾手功名满县花。循吏、儒林看合传,故人翘首在天涯!

感旧咏十二,柬潘润章(有序)

原任助教改授知县　戴望峄

天临双阙,邦畿为首善之区;地建三雍,钟鼓有于论之盛。官清似水,滥竽而谬托分曹;士集如云,秉铎而忝司助教。计素餐以八载,廪粟空縻;泊释褐于三春,恩荣叨窃。辞六堂之绛帐,绾百里之铜章。采杜若于湘南,烟波满目;萎萱花于堂北,风木惊心!返梓里以端忧,企燕台而慨想!年光荏苒,不无易逝之悲!意绪纷纶,尽是难忘之处。嗟乎!桑阴一宿,犹认前因;圆泽三生,都成昨梦!望长安于日下,迢迢路隔三千;疏短咏于灯前,累累诗成十二。绿槐犹在,愿与君追石鼓之欢;青鸟能来,幸为我报蓬山之信!

最难忘处古槐楷,手植犹传许鲁斋;一自奎章嘉瑞应,太和元气验根荄。

最难忘处过桥门,猎碣苍苍十鼓存;几度摩挲趑趄字,塌归灯下细评论。

最难忘处御碑亭,谟烈三朝海甸宁;新辟西陲二万里,太平天子自书铭。

最难忘处放朝衙,日照东厢绚彩霞;坐拥皋比人似玉,暖风吹上紫藤花(东厢前,有紫藤一架)。

最难忘处是西厢,宾馆新开教士堂;圣代车书通万国,琉球子弟许观光!

最难忘处讲堂西,晨入冠裳取次齐;午帐谈余人未散,笑看日影候棠梨(成均故事:候日影过棠梨始散)。

最难忘处是南雍,九域英才萃此中;廨舍结邻无俗客,六堂灯火夜窗红(余于戊寅春,移居南学公署,六堂环绕。诸生晨夕过谈,至夜分不倦)。

最难忘处是宜台,小筑呼童荷锸来;今日不知谁是主,可曾着意买花栽(余于公署之东偏,筑小台三尺许,名曰"宜台";著有《宜台记》一首)?

最难忘处盍朋簪,酒地诗天惬素心;余兴偶然思对弈,一枰花底昼愔愔。

最难忘处订交游,亭号"陶然"得小休;胜侣无端云散后,白苹红蓼为谁秋!

最难忘处上丁期,玉殿凝禧此习仪;肆祀春秋叨与祭,曾经十度捧尊彝。

最难忘处点朝班,也逐鹓行觐圣颜;一坠风尘追西梦,葵心犹向五云间。

辛巳秋九月,同琉球学潘掌教携郑、蔡两生游城南陶然亭,次颙斋元韵二首

助教　张若霍

川原云物杳何穷,秋色茫茫落照空;曲槛远浮松嶂翠,野塘低漾荻花风。天边高剪看孤鹤,庭际长鸣有砌虫。异域客来佳胜地,升平宴乐万方同。

杰阁登临入望穷,置身疑是陟虚空;九霄日丽云中树,两袖寒生海上风。楚泽清才真绣虎,燕山丽句愧雕虫!良辰载酒成高会,觞咏幽情自昔同。

秋日忆桂,用文和公《载赓集》中旧韵,率成四首;示郑、蔡两生索和

张若霍

一院晴云满树黄,仲秋时节压群芳;家山此日花连屋,夜夜庭阶绕梦香。
谢庭良燕客来迟,曾向方壶见一枝;瑶岛鹤归花事寂,相思宁独惜芳时!
翁家山畔蕊初黄,嘉植亭前自吐芳;二十年来空怅望,高秋何处觅天香!
欲暮花开未觉迟,广寒宫近最高枝;分明一树皆仙种,要到人间露冷时。

访桂于花市中,见有数盆初作花,喜而赋此;仍迭韵索和

张若霍

梦想仙葩浅淡黄,驱车乘兴独寻芳;不辞十里城西路,领取幽丛片刻香。
节序今秋偶较迟,半含嫩蕊半垂枝;花神亦爱南天好,水榭风廊夕照时。
马首尘飞扑面黄,何来金粟乍芬芳;小山一别三千里,输与阿郎自在香。
花师灌溉漫嫌迟,几许辛勤保故枝;莫道我来相觅晚,吐苞竞秀正当时。

辛巳九月初三日,偕潘掌教率琉球二生赴家函晖丈陶然亭之约,率成二律索和

助教 张元观

秋容开爽霁,送目得晴空;烟抹远山翠,波吹幽涧风。每来偕胜友,又是听阴虫。此地自千古,高怀孰与同!

孤亭俯南郭,独立倚长空;水色澄寒日,草香送晚风。回廊檐响马,古树叶书虫。更得球阳客,清吟臭味同。

赠中山大夫

张元观

久知渤海不扬波,海外风神自协和;七岛羽仪推鸑鷟,三山威令压鼋鼍。好文能数中朝典,考古还知土俗讹。何幸乘潮天上使,扶桑宝树得攀柯!

书潘云逵掌教文稿后

张元观

拥炉秉烛想挥毫,百迭云霞楚岫高;自佩白珩珍国宝,爱寻香草读《离骚》。盘螭古器推三代,鸣鹤清声出九皋。我有故人伤物化,与君桑梓并文豪(故人谓郭昆甫焌)!

向谒圣庙,遇洞庭潘掌教,与之款洽。后数日,枉顾南馆,惠以华藻;盥手吟讽,牙颊生香。聊此强拙续貂,以博一粲

朝鲜国正使吏曹判书　洪启禧(澹窝)

鸿渐天逵伫用仪,菁莪泮水老经师;许衡槐下班荆语,荀令香中纵笔词。行逐辽云怀子面,好将郢雪沁人脾。可能再枉论今古,别后心期夜月知。

潘少年随其尊大人来枉,如荀氏故事;芳兰玉树,令人不能忘。用其尊府韵,书寄词案

洪启禧

芳年舞象见丰仪,始信灵均橘可师;冀北良蹄千里步,荆南归梦几篇词。须从周庙观金口,时阅"黄庭"炼土脾。何限云霄男子事,莫孤东海老夫知!

日昨左顾,兼惠华什,达宵耿耿。鄙诗病里信笔,且甚凌剧,有一、二未照检处。兹又别写呈似,更联一编,原本还掷幸甚

朝鲜国副使完山后人　李晬

揖让桥门敬有仪,江南士子识殷师;百年春过槐坛影,劫后苔深石鼓词。掷地更聆空外响,咀真剩洗病余脾。自私眉睫看犹远,达去敷天似旧知。

笾豆曾闲享圣仪,七年栖屑作人师;嵬峨自是三庠秀,糠粃犹堪八股词。偶到頖宫成礼数,笑班庭草露心脾。城南不负花前约,袖落清诗意可知。

大螺歌,为张颙斋赋

潘相

球阳异产有文骡,拔出凡介匹蛟鼍。土人名之"衿札喀",或云绿螺充贡艖。大者如盘小如斗,左旋虚中吞海波;佛髻收来月影细,仙房吐出日华多。颣如白苹穿翡翠,娇如红豆舞鹦哥;怪如文贝喀达哈,怒牙厉齿相切劘。往往

朝游抛皮壳，群蟹守护烦撝诃。有若大厦凭寄寓，千间、万间遍遮罗。卷怀闭户性奇巧，般倕伺之挥斧柯；屚以合香钿饰镜，吹之为角剖为牺。涪江学士承简命，册封归来驾海舸。却金（球有却金亭，为前使建）空余风两袖，一螺竟作陆装驮；持赠先生列书案，仄轮九曲状嵯峨。古之矜也饶棱角，觚哉！觚哉！不差讹。又如周庙观欹器，中正妥帖无偏颇；山石荦峃恣容纳，咫尺沧溟龙腾梭。我友陈君（名文豹，字蔚三）才双妙，挥毫制律酬吟哦；命我长歌貂续尾，才薄将奈兹赢何！我观"说卦""离"之象，为蟹、为蚌莫能过。内实外刚文明聚，神完质厚貌逶迤。不知经历几年岁，待时浮出蓬山阿！一朝得遇真知己，宝于盘盂爱于蝌。由来先生奇心眼，睥睨千古弗婥婀；地负海涵富生畜，廉隅砥砺介且和。爱客每忘夜过半，纵酒高谈若悬河；天下英奇多在席，惓惓诲育长菁莪。嗟余门外遥瞻望，枯朽屡蒙大气呵；感激誓将传模范，测量无术谬持蠡！何如兹蠡立座侧，先生朝夕勤摩挲；赢兮赢兮真得地，庶同"石鼓"不消磨。

送林心芝之官浙江

潘相

韩公重望如山斗，一麾作令绾黄绶；政事由来属老儒，于今河南声不朽。先生有道学昌黎，穷年好古摩蝌蚪；四海英奇半在门，经义两斋真善诱。老更顾之屡咨嗟，诸务必经先生手；端坐指挥肃范模，力所有余心更厚。国家声教遍炎荒，鲛人亦采三雍茆；王正诏遴教读师，谬辱刿章附马走。乍睹仪型喜且惊，鸾停鹄峙知非偶；从此诲言日相亲，小鸣、大鸣无弗有。礼闱春榜尽名贤，先生鸿文更压纽。神仙意气凌云霄，染翰螭坳宁当后！胡为百里挥牛刀，严程催晋青门酒！十年魏阙心依依，欲行且止重回首。当今上理跻唐、虞，官重亲民令牧守；宣化承流廑睿怀，贤声此去肩重负。况复治县谱世传，吾乡讴思碑在口（公尊人，历任湖南县）。当年公子赞神君，此日儒官为慈母；湖天佳景日正秋，白公堤外掇新藕。香吏轻舟试仙才，咏吟应似鲸钟吼。政成计日赋遄归，褒德封侯看大受！独念微才尚滞留，何时重得亲座右！

送戴桐峰之官湖南

潘相

儒臣衔命赴星沙，道学循良总一家；六馆人长思雨露，三湘地旧富桑麻。承颜喜奉迎船笋，问俗应栽遍野花。料得心依宣室席，时临岳麓望京华。

吾乡共喜得吾师,独有驽骀怅别离！久恨生涯同泛梗,才叨庇荫暂栖枝；春风席上谈经日,雪夜门前问礼时。多少残编须是正,欲凭雁字析群疑。

同张函晖、张颢斋携二生游陶然亭依韵

潘相

先生秋日兴无穷,携我城南眺远空；背郭千里芦叶雨,抱楼四面菊花风。凌霄健翮看鹏鹗,怀古高谈薄草虫。况许鸡林陪座末,一亭佳话鲜人同。

乾坤浩浩意何穷！此日登临眼界空。天放新晴饶胜趣,地余旷野足清风。会心先醉重阳酒,得句谁惊四壁虫！千古亭台留我辈,陶然襟抱几人同！

送郑绍衣、蔡汝显归国

潘相

承恩万里盍朋簪,中外师生兴倍酣；备历艰虞亲似漆,几年渐染碧于蓝。客程此日辞天北,吾道从今度海南。分手无为儿女别,来朝时遣鸽奴函！

恭庆圣母皇太后七十万寿诗进呈

官生　郑孝德

球藩奕叶荷丝纶,累译来王拱紫宸；万里风恬波静海,三山日暖草回春。惠覃远塞休声遍,恩覆炎荒寿宇新。喜值慈宁绵圣算,叨随属国颂皇仁。

华府(琉球王殿名)门前膺册封,一方阜寿沐恩隆。三平村(琉球村名)酒千家碧,万岁山(取"望阙嵩呼"之义)花四野红。地应离明长捧日,天瞻乾极远呼嵩。今朝恭庆璇宫福,躬沐春晖虎拜同。

文教遥敷岛屿边,辟雍诏许沐陶甄；手摩鼓碣春光暖,身托槐阴旧荫妍。豢养恩波深似海,栽培德化博如天。幸逢圣母长庚日,同效华封祝万年！

炎徼常悬向日心,喜将姓字附青衿；履长共庆徽音远,称寿同沾圣泽深。玉宇祥云浮凤阙,瑶池瑞霭遍鸡林；从知海屋添筹永,难老松龄迈古今。

律转初阳绣线长,九霄庆霭正无疆；圣皇孝理高千古,寿母慈晖照万方。日下尊亲同覆载,春台颂祝遍梯航。自欣陪隶随多士,恭上南山寿一觞。

圣寿绵绵庆九围,纯祺稠迭锡慈帏。珠连五纬明丹陛,璧合双轮拥紫微。阆苑书翻琼玉检,瑶阶彩试衮龙衣；共欢天意同人意,于万斯年仰懿徽。

禹拜皋扬颂母仪,许陈任鞁奏侏僛；两阶羽杂瞿瑜舞,六律钟调韶濩诗。

欢洽敷天长燕喜,庆流薄海普鸿慈;讴歌此日同中外,岁岁年年祝介禧!

万国车书拱帝京,普天齐唱"九如"声;春明露掌开瑶席,日丽彤墀捧觥觚。锡类无穷绵景福,推恩有永洽皇情。虎闱幸听康衢颂,山阜歌吟喜载赓!

辛巳十一月十五日,皇上恭迎皇太后自圆明苑还宫,恭庆万寿;诏许陪臣孝德等用本国衣冠随班接驾,恭纪一首
郑孝德

温纶特许附鹓班,绣陌恭迎慈驾还;自喜频年叨圣泽,旋欣此际仰天颜!春明紫罽晖光远,日丽金鞭指顾间。夹道虞弦歌复旦,陪臣拜舞效呼山。

二十四日,承恩赏赐缎三匹、貂四张恭纪
郑孝德

霄汉欢输就日心,迭欣醲泽沛儒林!筐颁凤阁恩波暖,珍锡鲛人雨露深。文绮辉煌流瑞霭,丰貂灿烂映璆琳;捧将归国悬堂上,光拂柴门价万金。

游陶然亭(有序)
郑孝德

辛巳重阳前六日,堂师张函晖邀同张颐斋及我经峰师游城南陶然亭,命德等随行。此地清幽绝尘,为天都名胜之区;贤士大夫之游观者,常络绎不绝。是日也,久雨新晴,金风清爽;芦叶弥川,菊花铺径:俯仰左右,真足以游目骋怀。矧两堂师及吾师吟诗飞觞,谈古今、论人物,无非至教。生等侍列座末,其乐何极!既而斜阳在山,告归西序;余兴勃然,爰赋诗以志之。

携我探奇九月秋,陶然亭上喜从游;放怀别具千年眼,望远欣登百尺楼。菊近重阳香满地,风清佳日酒盈瓯。座间谈笑皆明训,欢豁心茅益进修。

承久米府王成绩、蔡玉台寄问,赋此答之
郑孝德

万里燕京学步趋,每依北斗望枌榆;天边过雁传瑶简,日下烹鱼得宝珠。王粲奇才人似玉,蔡邕博记腹如厨;惭余六馆沾槐露,几载婆娑一字无!

依然海畔旧头颅,别后空余面有须!秋晓长闻砧响急,夜深遥看月辉苏。双龙跳跃蟠蛛网,群凤雝喈起碧梧。反旆乡园犹计岁,可能重遭北飞奴?

酬高丽李伯祥

郑孝德

延平衍派重王门,器宇峥嵘卜凤骞;泛海双蓬逢辇下,洒毫三峡倒词源。春暄驿邸谈今古,夜静儒廛引梦魂。订日西胶亲扫榻,细将文史与君论。

春望

郑孝德

帝畿无地不春光,万里风恬化日长;到处江山辉锦绣,望中云物焕文章。青归柳线高低色,红入桃腮远近香。俯仰乾坤双眼豁,一时新景拂诗囊。

赋得"秋色正清华"

郑孝德

早秋城郭雨初晴,极目江山景色清;千里陌头金作绘,万家篱外菊含英。摊书细对梧桐月,隐几常通玉笛声。此日楼台多逸兴,谁家砧杵送离情!

赋得"既雨晴亦佳"

郑孝德

应时霖霈洒畿封,倏见晴辉照远峰;万片归云初拥树,一川余点不妨农。暑清绣陌风声细,日晒名园草色浓。雨后炎曦恩倍渥,欢歌处处庆时雍!

秋雨叹

郑孝德

秋雨滂沱久未晴,陌头水涨断人行;九衢珠桂腾金市,万户桑麻落玉英。凭几常惊颓屋响,隔窗厌听滴阶声;夜深剪烛摊书坐,四壁凄其动客情!

冬夜书怀

郑孝德

寒冬冷月照书帷,夜半拥炉有所思;学步常忧中道废,潜修宁愿外人知!心从静后能忘我,文到神来自得师;倾覆须先防未满,悔尤每自小瑕滋!

成均望家信

郑孝德

人事犹浮萍,海南羁天北;去国已三秋,驻足桥门侧。秋深冷露繁,篱菊夸逸色;孤檠亮复幽,寒壁虫唧唧。游子倍思亲,远梦翔弗息;山长水且遥,家书难可得。出城问闽邮,忧心日已极!每闻风帘声,惊喜令人惑;雁飞曾不到,何日舒胸臆!

接家信志喜

郑孝德

海外一飘渡重洋,舌耨笔耕傍六堂;回忆离家经四载,思亲何尝一日忘。年年空作"登楼赋",雁飞曾不到炎荒。有客忽从榕城至,遗我平安书一囊;开缄惊视眶旋泪,捧诵一过喜欲狂!天相蓬庐常迪吉,慈母康宁晚景昌。从知万金何足宝,置书怀袖乐无疆!孤身远道虽未返,欢心何异到家乡!

秋日郊游书怀

郑孝德

久雨新晴北郭秋,闲游川上思悠悠;临流席草舒清兴,何处吹篪未肯休!远辟轻埃傍水游,晴川一色荻花秋;盘旋最是心无极,逝者如斯昼夜流!携手河干赋胜游,一泓秋水向东流;风吹苇岸舒凫翼,日暮杨林树色幽。

有感口占

郑孝德

风满桥门月映川,一飞一跃见鱼鸢;宫墙万仞云梯在,翘首于今已数年!

恭庆圣母皇太后七十万寿进呈

官生　蔡世昌

天朝教化覆垓垠,小国尤叨宠锡频;累叶衣冠邀盛典,三洲草树载皇仁。望云久祝慈晖远,观海长歌孝理纯。此日璇霄称万寿,欢呼岛屿共尊亲。
瀼瀼浓露洒扶桑,三锡温纶镇海荒;广福门前欢不尽,万松岭上庆无疆。鲸波恬作卿云色,蜃气销为瑞日光。今值中安椿算永,一时齐祝"寿而昌"!
万里梯航载好音,艺文诏许共窥寻;喜当圣世风云会,叨列贤关雨露深。

几载饔飧糜玉粒,三时裘葛费兼金。幸逢慈寿天同久,歌效华封表藿心。

玉管春回畅月天,太平圣主扈金輧;萱庭日永斟尧酒,兰殿风和鼓舜弦。箓捧瑶池仙侣会,辉明宝婺寿星悬。桥门共沐菁莪化,忭舞康衢颂大年!

慈宁庆霭遍寰瀛,圣孝承欢典礼明;律转洪钧绵景福,祥迎亚岁祝长庚!千官虎拜层霄日,四海山呼万岁声;最喜陪臣逢盛轨,叨随六馆共称觥。

七曜同躔灿璧珠,天申圣寿集祯符;凤衔玉检千秋鉴,龙负金泥五老图。戬谷徽音开睿略,含章厚德启呼谟。从知尊养绥繁祉,如日初升载海隅。

风光晓拂万年枝,正值星轩上寿期;烂缦东华腾瑞牒,辉煌南极灿祥曦。武功文德宣徽训,锡类推恩溥介禧。拜献"九如"赓未尽,穹天亿载乐清时。

亿春寿崛八荒开,中外声名渐被该;官宅南交笼雉至,道通西旅贡獒来。一人燕喜陈琼液,三殿鹓行捧玉杯。译馆何因随拜舞,作诗惭乏颂扬才!

辛巳十一月十五日,皇上恭迎皇太后自圆明苑还宫,庆贺万寿;诏许陪臣世昌等用本国衣冠随班接驾,恭纪一首

蔡世昌

鸿钧律转一阳天,万国嵩呼慈驾前;瀛海琪花暄日影,蓬山宝树极春妍。填衢土鼓尧三祝,夹道仙音舜五弦。自喜今朝随拜舞,亲睹圣主扈金輧!

二十四日,承恩赏赐缎三匹、貂四张恭纪

蔡世昌

锡类推恩及远人,云霞一筐宠颁新;九重飞下鸡林暖,三殿擎来虎观春。文绮光华辉藻火,丰貂绚烂妥簪绅。他年诏许还家日,世世传观耀海滨。

芙蓉

芙蓉不与众芳同,蝉蜕淤泥出水中;玉柄凌波标洁白,绁幢泄渚弄轻红。全无雕饰擎朝露,独绽绉纹映午风。小立银塘频驻目,天然净植郁珑璁。

晴望

蔡世昌

川原雾敛雨初晴,翠黛鲜新霁色清;涧草还沾余润湿,野林尚映早霞明。山分宿霭无云迹,树散疏烟有鸟声。画景环城供客望,凭高送目惬诗情。

游陶然亭（有序）

蔡世昌

岁在辛巳，节近重阳；函晖先生邀吾师及颙斋先生携予两人南游陶然亭。兹亭也，贤士大夫之所以游目骋怀者。是日天朗气清，金风徐来；倚栏纵目，真可乐也。饫聆明训之余，忘其固陋，赋诗一章以志胜游。

高台一上思悠悠，且喜黄花插满头！碧水晴光摇草树，名山画景拥城楼。一时诗酒同清赏，百代风流纪胜游。况有雄谈惊四座，更教远客豁双眸。

入学呈经峰师

官生 梁允治

奇文诏许共窥探，万里从游意兴酣；海外长瞻星聚北，帷前真喜派分南！藏书有库常兼四，淑世余肱已折三。遥听同门原济济，春风春雨楚山岚。

入学呈经峰师

官生 金型

丝纶特降海门东，王命从游国学中；圣域乘时沾化雨，贤关到处坐春风。鲸钟远响开屯否，石鼓奇文发困蒙。独愧浅才多未达，不知何日奏微功！

赠藩二仲焜

郑孝德

久闻芳讯望云霓，此日才欣接骏蹄；宝树频怀三楚北，琪花惊拂六堂西！风吹马帐同温暖，雪满程门共品题。海国人欢随骥尾，相期文学步昌黎！

送郑大绍衣、蔡大汝显还国

潘瓒

炎陬万里到燕台，为悦宣尼航海来；四载亲师传北学，一时将母赋南陔。归程应有诗千首，别绪重斟酒几杯。料得还乡同荐擢，可能怀旧望三台！

寄赠郑大绍衣、蔡大汝显还国

潘承炽

炎天姓字重扶桑，入学翘瞻日月光；予弟欣闻陪鲤对，不才漫喜接瑶章！

到来奔走京畿士,归去股肱海国王;衣锦从知稽古力,莫忘辛苦客虞庠!

送郑大绍衣还国

潘承炜

桥门两载共灯檠,客舍难为送别情;策马心犹依北极,望尘人已赋南征。风和绮陌邮程远,日照鲸波海帕平。遥计扶桑同忭舞,道东果有郑康成!

送蔡大汝显还国

潘承炜

九峰气宇信峥嵘,金比坚凝玉比莹;海国人原推异等,天都士共识才名。皇华驿路荣归日,南浦春风送客情;樽酒劝君须尽醉,何时重得会燕京!

寄赠郑大绍衣、蔡大汝显还国

潘承炳

累世簪缨压海邦,连翩东序照银釭;挥毫霞起姑场岭,泼墨龙翻那霸江。旧学遥闻循轨辙,新辉遂听拥旌幢。通家独愧悭谋面,徒寄鱼鸿送远艭!

送郑大绍衣还国

潘承焯

捧书万里到长安,鲤对叨陪共仰钻;六馆风流人似玉,四年唱和气如兰。芦沟桥上天边月,姑米山头海外峦;想见还家承宠后,时时翘首五云端。

送蔡大汝显还国

潘承焯

西胶四载共磨研,长夜书声人未眠;七岛文章谁与并,三山豪杰莫之先。春风万里还乡辔,晓月连宵渡海船;此别何时重握手,相期奉使到天边!

序
中山郑绍衣太学课艺序

潘相

一方之风气,必其人之精神、志意与天地山川之光辉相感发,而后草昧以启而文运以开。琉球于天文，其次星纪、其宿牵牛；辨岳峙其南,巨海荡其北。清淑之气,蜿蟺扶舆磅礴而郁积,固必有鸿裁健笔、希踪上国之士生其间；若郑生绍衣,其一也。

庚辰春,绍衣奉天子命入成均,学于余。因其旧习,率骤言讲学而视文若可缓。余语之曰："四科殿以文学,而文顾先学；盖学朒于中而襮之以文。文非学无本、学非文不着；彼昧昧于文者,犹昧昧于学也。自古有道所生之文、有因文见道之文,经传尚矣。秦、汉而后,种学之士,未尝不绩文。昌黎远绍旁搜,必曰'文从字顺各识职'。吾楚濂溪先生,初不欲以文见；而《太极通书》上宗'易系',其论文必蕲于美而爱、爱而传。程子亦言'吾无子厚笔力,不能为《西铭》'。若乃朱子'全集',雄视百代；其文理密察,词组只词莫不各有妙道精义。即今所读"集注"章句,字字秤停,尤为千古至文；而学者童而习之、老而不知,又奚足与论学也！"绍衣以为然。予乃授之"小学"、《近思录》,俾知穷经阶梯。继之"四书"、《六经》,指示乎"朱注"之学之粹、文之密,常于"之乎也者"等字增减同异处辨之；生始知有文法。然后与之读汉、唐以来之古文,磨砻乎句读而含咀乎英华,反复乎篇章而沉潜乎意义。如是者有年,生又知文有肤、有肉、有气骨、有神韵,要视乎缔构段落、宅句措字之不可苟,起伏呼应之未或诬；于是以其学之所至焉者发而为文,则每出益奇。其法律谨严,若梓人构室千门万户,一衷于绳墨；其采取宏富,若海涵地负,万物生蓄无不毕具；而又长于设色,若万紫千红之攒簇而迷离。要其迎之、距之、敲之、推之,务求其是而后已。其信之甚笃,而好之甚挚；至盛暑隆寒、疾病呻吟,穷日夜而为之不厌。伟哉、懿乎！是其精神、志意固足以开球阳之风气者乎！他日者陈于王廷,率其国之人举囊之所以为文者倍精而加详焉,中原之文其信渡海而南矣。

抑余所言者,文也。文之境,视乎学之功；学之既深,而充乎其中而见乎其外,庶几由因文见道之文,以渐窥乎道所生之之文。然而难矣,是岂易与轻谈文学者言哉！既书其集以勗之,亦因以自警焉。

时乾隆癸未孟冬之吉,友生楚安乡潘相经峰氏书于太学之西厢。

中山蔡汝显太学课艺序

潘相

处中土者利用因,居边方者利用变。言子之于吴、陈良之于楚,皆以北学邹、鲁而变其旧俗,使南戒雄风,方驾上国。然自汉、唐以来,匈奴及新罗、百济皆尝遣子入学,彪炳史书;乃其来学者既弗闻有所表见,而其国之风亦未见蒸蒸然日进于雅者,何也?岂非务于虚文,而诚心小耶!抑又考"周官":大司乐籥师教籥乐、旄人教夷舞、鞮鞻氏又掌夷乐与其声。夫东昧南任固征来王之盛,而使彼之入学者仍服其服、舞其舞;因此而推,则汉、唐之学之所以教之者,亦庸有未尽也。琉球虽远处海南,然与扬州吴、越同分野;于外藩若东高丽国,于内郡若广之琼州、福之台湾。又地当南位,南为火房,于人文最宜。故自明初中山王子日孜每阔八马入成均,及今凡十九次,渐染华风,祀先圣、兴学校、家购儒书、人崇问学;信哉乎,其易变也!顾此十九次之士,其立功德于国者类班班可谱,惟天章蔡君有《四本堂集》见称徐太史;而余窃观其所载,犹以为变之而有大力焉者,仍有俟乎后之人。若蔡生汝显二、三子,固不得不共肩其任矣。

蔡生为天章从孙,其先世自宋端明殿学士君谟以文章、政事显;厥后六世孙奉明太祖命入琉球,传十数世,子孙著录者数十人,入太学者强半蔡氏子弟。蔡生祖、父、伯、叔皆官上大夫,娴礼法;澹园法司尤窥寻向上,笃志洛、闽学。蔡生胚胎前光,目濡耳染,早铮铮有才声。会中山王选士入学,诸大夫佥举生。岁庚辰,偕郑生绍衣学于余。余不欲以古司乐之所教者教之也,作"答问"四条;一曰端趋向,二曰变习尚。生笃信之,与郑生禀承指授,刻苦力学,无间旦夕者凡四年;衮其课艺若干首,将以献于廷、师于家、模范于国。美哉!洋洋乎,其诚心于学者耶!其予所谓有大力而善变者耶!

生好读韩文,言必举为宗;顾其俊杰廉悍、峭刻雄厉,往往似柳州、半山。余尝论唐、宋八家,惟柳、王足亚韩豪,而韩公于柳、王之长无不有。生学焉而得其性之所近,故常相似也。韩公起八代之衰,生归而举公之所以为文者教其国之人,其弗变矣乎?抑闻昌黎居潮州,命进士赵德为之师,而潮人知学;衡、湘以南,经子厚讲解画指,为文词者皆有法度可观;到今两地尸祝之。蔡生勉乎哉!球阳之人千百世后,其犹如楚、越之尸祝两公也哉!

时乾隆癸未孟冬之吉,友生楚南平潘相云逵氏书于敬一亭之右屋。

中山郑绍言太学课艺序

潘相

今天子之二十有四年,中山王选士入太学。郑生绍言以唐荣茂才,限于额,不得与;即负笈随兄绍衣、蔡生汝显航巨海水陆万里,以其私,请从予游。

予教之比两官生自敦品、读正书外，亟与言为文。顾谆谆然惟篇章段落、虚字语助是辨，尤禁其为语录、讲章之派；举世之所谓高且远者，若概置焉不讲，凡以云救也。然"昌黎全集"大振颓风，其"通解"、"择言"、"鄠人对"诸篇，陈齐之谓其"之乎也者"不伦，指为少作，与晚年笔法若两手。即其"自序"用力，惟曰"陈言务去"；以剽贼为圣神徂伏，以词必己出为古，以苦涩若樊绍述为躅。究其要归，则曰"文从字顺各识职"而已。故朱子"考异"秉其权衡，正于片字只语、文势义理，定厥从违。若是乎篇章段落、虚字语助之辨固彻乎上下，而非遗高远而专言卑迩者比也。且夫上古之为文以舌，秦、汉而后之为文以腕；"六经"、"四子"，岂尝秉笔为词章！而道足而文生，若天地之有日月星辰、山川河岳，后之人才分悬殊；即操管营度，犹往往不及古人，何况语录！故《近思录》一书自所引《太极通书》、《西铭》外，往往多诸公口授门弟子之语，杂以方言。学之者以为作圣之筏、穷经之阶、行文之根柢则得矣，而一袭其貌、用其句以入于文，则迂腐陈俗，而不可行远。故曰"人声之精者为言，文词之于言又其精者。"语录，固非文词也；其他则又何说！

绍言敦孝友、厉廉隅，一如其兄；而兀兀穷年，耕锄经畲，用工更苦。盖其质较鲁，而竟以鲁得力，笃信"五子书"若性命、肌肤不可离；其行文因好用之，而于古文法亦未深。既禀乎绳尺者三年，而后乃旷然一变其旧。论，笃实而雄畅；表，流丽以端庄；尤长于碑记，奇崛之概，每得古人三昧。都计课艺若干首，其于两官生殆伯仲之间矣。回忆绍言始来时何似，而乃今至此！

吾尝论为学如涉海；海于天地物最巨，气怯者望洋反耳。有强力者问于长年，慎厥舟手一针，柝更沙漏，经台翻飓吼不震惊；不数日，蹑彼岸：志定而神王也。绍言渡海而来、观海而归者也，题其集，即与之论海。

记

瑞泉记

郑孝德

王城之中有泉，曰瑞泉；嵌铁龙于泉眼，水从龙口喷出，故一名龙泉。泉侧有石岩，峭屹丈余。岩上多铁树，郁葱而丛茂；其势彷佛苍龙，隐于青云之中，蚴蟉而欲腾。是泉也，碧澄而甘醴，虽旱弗竭；烹茗而茗清香、酿酒而酒清冽，宗庙朝廷莫不需焉。前后册封天使饮而嘉之，勒碣二：一曰"中山第一"、一曰"云根石髓"，志瑞也。凡官吏登朝，道必由乎斯泉之旁。远而闻之，其声琤琮然如鼓瑟弄弦,闻于城郭之外;近而观之,其脉瀺灂然若跳珠飞雪,灌于金沟之中;诚足以清尘耳、沁诗脾也。

若乃径圆觉寺、观莲桥直汇于龙潭,民间赖以灌田圃,屡享岁丰之乐;其又瑞之所由溥欤!是维我王德隆道茂、政通人诚,措国家于辨岳之宁。迩自三山、遐及三十六洲,靡不沐浴鸿泽,敬宣盛化。由是其泉潆然而清,永表瑞于亿千万叶耳。

微臣欣睹斯泉之溥博无穷,而窃叹乎至诚之不息也!爰缀文以记之。

那霸港记

郑孝德

王城之西,有江焉;潮汐震荡,浩浩汤汤,源远派别,厥利无疆。在那霸南数十步之近,故名那霸港。其东北,径唐荣泉崎桥、泊江以通城北山川村;其东南,过丰城真玉桥、国场极、新城、下津、嘉山之前:吞溟海、达诸江。凡入贡天朝与外岛入贡之舶、贾货之艘,靡不会兹;洵中山之咽喉也。

港之左,曰屋良座;其后有阁,曰住吉亭。右曰见城;其旁构院,曰临海寺。登见城而西望,则遥岑耸翠出没于云霞之间者,马齿山也。其偏东平地数百亩,沙光耀银浮于沧瀛之中者,奇洲也。登屋良座而东眺,则层峦嵯峨,有亭飞耸、邻云霄而枕绿波者,波上山也。其偏北青屿十余里,横流于碧澜之内者,读谷山崎也。港后一、二里,古松郁葱峙于中流者,奥山也。其南笔架峰麓,遥闻水声琤然出松林直灌江流者,落平泉也。朝岚暮霭,一碧万顷;天高水阔,气象万千:此固霸港之奇观也。

至若港腹中流,有暗礁碍舟;砌石为表,谓之"马喀牙"。夹江皆铁板沙,嵌空嵯岈。自马喀牙直达大瀛,波涛冲激,怒号澎湃如万马之腾空;潮长则没。舟误触,无不立碎者。港崖左右筑长堤,建两炮台,雉堞翼如,有龙蟠虎踞之势。其天之所以付以金汤,俾我王德威溥博,万万世奠国祚于盘石之固乎!

德不敏,窃有感于"大易"设险之文,遂书以为记。

重修泉崎桥记

郑孝德

先王构桥于泉崎之北,发仁政,济群黎也。代远年湮,厥桥颓坏。我新主重修之,恢旧制;命臣为文记其事。

臣观是桥在学宫之前，玉蝀为腰，金鳌作背，迭石砌成、仙工赞就，高耸如磴，双门拱月，直跨唐荣东南。东极泊江，西通灞港；吞喷二水，仍归溟海。泉崎涌田之官吏藉以达朝，山南诸岛贡于都、贾于市者罔弗由焉：洵要津也。且夫大屿、小屿屹于中河，每当海潮甫进，半浮水上、半潜波底，犹龙马负图而游泳。逮夫海潮既止，烟水悠悠，一碧万顷；沙鸥翔集于晴渚，锦鳞潋濿于澄渊。凡山北马齿之艘维于船藏与中洲者，或临风而吹笛，或把酒以弄弦，信宿渔火，歌谣互答。登斯桥也，固有尘虑顿消、诗思清远，其乐无极者矣。前册封天使徐先生游而奇之，题诗曰："明月送潮来，桥上不知暮；遥见渡头人，纷纷厂西去"：盖志实也。

臣德识浅才疏，固不足以述之。感吾君德盛化远，有即一桥可见者；因缀芜篇，以拜扬休命云。

久米村记

蔡世昌

久米村，一名唐荣；即古之普门地也。明太祖赐唐人三十六姓，聚族于此；故曰"唐营"。又以显荣者多，故改曰"唐荣"。国王厚其裔，世其糈，故取"世禄"之义曰"久米"。

村之中有长道，纡回数里，蜿蜿蜒蜒。其南口港堤突出，圆广如唇，泉崎水萦带其间。中岛石卓立如印，洵所谓天马行空，鬼乐相生者。故是村有文明之象，而俊髦辈出，崭然见头角也。村之东有文庙，紫金大夫金正春请王建之；厥宇背林，厥位面阳；殿堂墙扉，黝垩丹漆皆如法。殿外，为露台。殿内，割后楹为神座，塑王者像，垂旒搢圭，而署其主曰"至圣先师孔子神位"；左右二龛四配，各手一卷，则《诗》、《书》、《易》、《春秋》四经也。庙之左有明伦堂，紫金大夫程顺则启建之。堂中北壁分三小龛，奉启圣王及四氏神主。两庑设学，选立二师：一曰讲解师、一曰训诂师；村中通事、秀才及童幼皆从业。于焉师生有舍、庖廪有次，人知向学，争自濯磨，改粗鄙之俗为儒雅之风；皆庙学之赐，而吾村之盛迹也。

自村口而入，行数十步，有神庙曰"上天妃宫"；嘉靖中，册使郭汝霖所建。宽不过数亩，周围缭垣。殿宇宏敞，其正中为天妃神堂，其右为关帝位座，其左为久米公议地。凡中朝册使及一切渡海官民，莫不赖天妃灵佑；故累朝天使，皆诣庙行香，竖匾挂联以酬之。庙东门之内，有小院曰"龙神庙"；徐太史有联云:"受朝宗而宅海,敷雨露以行天"。左小扉外东北半里许,有松林焉,为吾蔡氏祖祠,广数十亩;堂之作,不用华饰、不列墙垣,以万松为藩篱、小山为屏风。其始浮屠居之,名曰"清泰寺";其后澹园公与我伯祖价而售之,毁其旧寺,洁其园囿,汉松、福水之植周于四隅,嘉葩、美石又经纬之,乃作门堂寝室,颜曰"忠荩堂"。每岁春秋时享,长幼咸集;移孝作忠,盖世世罔替也。

至于首对奥山、尾注大瀛,出大门(村别名)、望山翠、登波上、观海澜,则游人之适情者多吟咏焉。其天钟秀于兹,以俟唐人之居而开百世之盛者欤!不书所由,使胜迹郁堙,是贻"唐荣"之愧;故记之。

骈 体
拟贺万寿表
郑孝德

伏以圣德日新,兼三才而立极;皇仁天覆,合万国以长春。乐动南熏,歌重华于舜日;尊倾北斗,祝多寿于尧年。庆洽冰天,欢腾燠地!钦惟皇帝陛下聪明睿智,文武圣神。继百代之心传,惟精惟一;综千秋之治鉴,丕显丕承。戬谷颂九如,正日月升恒之始;捧觞称万寿,符乾坤策数之全。纯嘏缉熙,至诚无息。臣某备封属国,叨列东藩。碧海波恬,遥仰圣人有道;青云彩焕,恭称天子万年!伏愿受祜益隆,绥猷弥笃!高明博厚,允符悠远之征;易简确赜,常表贞观之象。将见宏开寿宇,永占运会之盛隆;敬答天休,长溢声名于中外矣。臣某无任瞻天仰圣、踊跃欢忭之至。谨奉表称贺以闻。

拟恭谢天恩赏赐缎三匹、貂四张表
郑孝德

伏以圣泽旁流,喜推恩于有永;皇仁广被,庆锡类以无疆。颁文绮于九天,鸡林彩焕;锡丰貂于三殿,虎观春回。喜气腾霄,欢声动地。钦惟皇帝陛下德孚穹昊,诚贯神明。集符瑞于四方,歌颂遍尧民之衢壤;平妖氛于万里,祥和挥舜陛之熏弦。景运日中,昌期天保。兹盖恭逢皇太后、陛下坤道长宁,天慈覃被。亿年受祜,着不息之休征;万国来王,颂无垠之景命。则天因地,大泽既沛于无加;育物诚民,鸿恩更覃乎靡外。陪臣孝德远从岛屿,近侧辟雍;久被荣光,欣逢盛会。叨随虎拜,祝紫闼之鸿禧;钦迓銮舆,仰天颜之燕喜:千秋罕觏,万古希闻。刻厚德之自天,荷深恩以如海。珍颁内府,篚锡外藩。缉鹤图云,宁同挟纩；堆金珥玉，奚但披裘！真教负用铜仙，难胜贶重；虽使量来玉尺，莫罄恩长！望凤阙以山呼，敬伸葵悃；随鹓班而兽舞，恭谢天恩！伏愿纯嘏缉熙，至诚无息。车书一统，弥恢九有之文明；玉帛万方，常颂八纮之清晏：则后三光而不老，长享太平；与万物以皆春，永跻寿域矣。陪臣孝德无任瞻天仰圣、激切屏营之至。谨奉表称谢以闻。

拟贺万寿表

蔡世昌

伏以鼎业灵长，隆运占乾坤交泰；璇图永茂，瑞符比天地贞观。庆圣德之日新，山称"万岁"；歌皇仁之天覆，水建千年。喜溢人区，欢腾海表！钦惟皇帝陛下绥猷咸五，建极登三。文德覃敷，启前代难通之土宇；武功赫濯，绥累朝未服之苍黎；悠久无疆，令闻不已。臣穆新承宠命，世受隆恩；欣值西戎即叙之年，恭逢万寿无期之会。遥瞻舜日，惟赓复旦之歌；远望尧天，窃效三多之颂！伏愿鸿庥益懋，纯嘏弥崇：如日初升，永集亿年之祜；似川方至，长昭恒月之辉！将见寿宇宏开乎八荒，不数羲、黄纪岁；声名洋溢乎万国，直同覆载长春矣。臣某无任瞻天仰圣、踊跃欢忭之至。谨奉表称贺以闻

拟恭谢天恩赏赐缎三匹、貂四张表

蔡世昌

伏以圣孝格天，启无疆之运会；皇仁遍地，洽有截之臣民。万国仰慈晖，溥介禧以锡类；八荒开寿宇，宣徽训以推恩。欢洽寰区，庆流中外。钦惟皇帝陛下心同虞舜，道迈周文。合九有以来王，弥广照临之德；奉三无而出治，益宏亭育之仁。故教化浃于海隅，而声灵震于月窟。欣逢圣母届七旬之万寿，恭惟圣人合万国之欢心：如日之升，诗进南山之颂；以天下养，晏开北斗之樽。率土沾恩，举欣欣而有喜；穹天载德，实荡荡以难名！陪臣从学虎闱，仰瞻金阙；欣逢昌会，喜厕末班。仰凤辇之璇晖，山呼以拜；瞻銮舆之仙仗，鱼贯而前。既叨就日之荣，更荷自天之宠：赐丰貂于内府，春暖鲛人；颁文绮于尚方，月辉蜃岛。洵万古难逢之旷典，实千秋未有之荣光。望阙三呼，拜恩九叩：伏愿鸿庥天保，景运日新！福如海而无涯，永绥繁祉；寿齐天而不老，长享太平。将见囿致文麟，复睹轩皇之嘉瑞；阶生神荚，重开唐帝之休祥矣。

恩赐衣帽谢表

蔡世昌

伏蒙圣恩特赐貂帽、羔裘等项者,章服饰容,仰儒冠之炳焕;毳裘蔽体,欣法服之光华。自顾何人,亦逢盛典!瞻天俯偻,望阙拜扬。伏念陪臣绝徼愚氓,荒陬寒士:原思露肘,俄成绮旭之辉;季路缊袍,忽现彤霞之彩。兹盖伏遇皇帝陛下裁成中外,覆被华夷。念南岛之樗材,入北都之槐市;施之以需泽,教之以鸿文。因怜鹤氅之寒,特赐貂狐之暖。服之无斁,深知衣锦之荣;文而得中,更觉被恩之重!

大学课艺题辞

蔡世昌

恭承王命,敬执圣经;遥偕海国之朋,侧听天都之诲。九衢来往,瞻云日之光辉;三载步趋,仰斗山之模范。喜沾化雨,欢坐春风!况夫夏葛冬裘,锡玄黄于内府;朝饔夕飧,颁米粟于天仓。圣德宏深,难纪栽培之遍;皇恩浩荡,讵忘乐育之隆!爰乃采徐、庚之词华,常惭绠短;寻洛、闽之流派,屡恨途迷!然而远自迩、高自卑,惟循阶而布武;长其善、救其失,渐去故以生新。是以聊比雕虫,强同鸣缶。石经追而成玉,功在先生;砂由拣以得金,感深弟子!偶有咏而必录,期积久以无忘。

卷之四终

(潘相:《琉球入学见闻录》(卷一),汲古阁藏板,早稻田大学图书馆藏书。
潘相:《琉球入学见闻录》(卷二、卷三、卷四),
选自《台湾文献丛刊》:第 299 种《清代琉球纪录续辑》,
台湾银行经济研究室辑。)

17.《使琉球记》

1800年（清嘉庆五年）

初五日，丙戌，晴，连日皆南风，以水浅，待潮乃行。辰刻至怡山院，奉谕祭文，致祭于天后海神，分胙于两船兵役，问船户，知祭黑沟羊、豕，官未之备；因与介山捐资购之，潮至，仍行。

初六日，丁亥，晴，无风，巳刻，过管头金牌门。领兵总兵许廷敬来谒，谕令严申纪律，以待风信。是夜，总兵探得五虎门外有艇船。

初七日，戊子，晴，无风，同介山祷于天后。祷毕，风微至。时总兵札陈都司云："艇匪尚在海口，不宜开船。"余细视报单，乃系浙江来信，语皆悬揣，无实据，因饬都司："如果有艇匪，许总兵带兵千余，配船四十只，便宜出海驱逐，何尚观望！无西南风，则已；有风，即开洋。"巳刻，西南风大至，潮亦盛；令都司传谕许总兵排定船只，各执器械，分三起出口，先锋船十二只为一起，若遇贼，视贼船扬帆来，即落帆让之；如贼船落帆，我船即扬帆直过，不必打仗。俟二起接着打仗，闻连珠炮，即将船转回，前后夹攻。二起为封舟，配战船二十只。三起炮船八只，左右接应，令船户车杉板置于舟右。杉板者，舟之小船，泊时渡人者也。布置已定，令张帆，午刻，开洋。

旧例，洗炮应在五虎门内；因闻有贼，故令出口再洗，借以壮声势、摄贼胆。丁未风，乘潮出五虎门。日入，过官塘。越进士门，水浅，起舵尺许，乃过；亦竟不见贼，随遣户送船回。封舟无玻璃漏，前经屡饬海防同知备办，亦置不理；至是，舟人以香代，具文而已。入夜，接封大夫梁焕率其国伙长二人主针，目不转瞬，与舵工相依为命。午风，单辰针，计行船五更。

初八日，己丑，晴，午风大，日出，无甚异，所谓"不识庐山真面目，只缘身在此山中"也。黎明，有二百鸟绕船而飞。午刻，丁风，仍用辰针，计行四更，申刻，过米糠洋。璇皆圆，波浪密而细，如初筛之米，点点零落；"米糠"字，极有形容。日落，计又行三更。船伙长云："鸡笼山、花瓶屿去船远，不应见。"是夜，用乙辰针，行船六更。船中吐者甚多，余日坐将台，初不觉险，饮食如常。

初九日，庚寅，晴，卯刻，见彭家山，山列三峰，东高而西下，计自开洋行船十六更矣。由山北过船，辰刻，转丁未风，用单乙针，行十更船。申正，见钓鱼台,三峰离立如笔架,皆石骨。惟时水天一色,舟平而驶;有白鸟无数绕船而送,不知何自来。入夜,星影横斜,月光破碎,海面尽作火焰,浮沉出没;木华《海赋》所谓"阴火潜燃者"也。舟人禀祭黑水沟,按汪舟次《杂录》:"过黑水沟,投生羊、豕以祭,且威以兵。"今开洋已三日,莫知沟所。琉球伙长云:伊等往来不知有黑沟,但望见钓鱼台,即酬神以祭海。随令投生羊、豕,焚帛,奠酒以祭,无所用兵。连日见二号船在前,约数十里。

初十日,辛卯,晴,丁未风,仍用单乙针,东方黑云蔽日,水面白鸟无数。计彭家至此,行船十四更。辰正,见赤尾屿;屿方而赤,东西凸而中凹,凹中又有小峰二。船从山北过,有大鱼二,夹舟行,不见首尾,脊黑而微绿,如十围枯木附于船侧;舟人举酒相庆。巳刻,微雨从南来,雷一发,雨倏止。午刻,大雨;雷以震,风转东北。柁无主,舟转侧,甚危。接封大夫梁焕请曰:"水井漏,淡水将竭;如此风不止,当乘风回五虎门,再图风利。"余闻大鱼夹舟,若有神助,行海最吉;因令人视大鱼,尚附舟未去。意者风暴将起,鱼先来护舟;因与介山潜焚藏香,跪祷于天后曰:"使者闻命,有进无退;家贫亲老,志在藏事速归!神能转风,当吁请于皇上加封神之父母。鼎元自元旦发愿,时刻不忘;想蒙神鉴!"祷毕,不半刻,霹雳一声,风雨顿止。申刻,风转西南,且大;合舟之人举手加额,共叹神力感应如响。是夜,行六更,仍用单乙针。

十一日,壬辰,阴。丁未风,仍用单乙针。计赤尾屿至此,行十四更船。午刻,见姑米山——山共八岭,岭各一、二峰,或断、或续;舟中人欢声沸海。未刻,大风,暴雨如注。俗传十一日为天帝龙王朝玉皇之期,又十三为关帝飓,发于前后三日,殆其验也;然雨虽暴而风顺。酉刻,舟已近山,计又行五更船。球人以姑米多礁,黑夜不敢进,待明而行;亦不下椗,但将篷收回,顺风而立,则舟荡漾而不能进退。初使风时,各篷再加插花裤,大篷更加头巾顶,皆以布为之;插花附于篷侧、头巾附于桅梢;至此尽落之,惟大篷不落。海舟所恃,惟柁与篷;落篷下椗,舟行最忌。戌刻,舟中举号火,姑米山有火应之;问知为球人暗令:日则放炮、夜则举火,《仪注》所谓"得信"者,此也。丑刻,有小船来引导;乃放舟由山南行,始用乙卯针。

十二日,癸巳,晴。辰刻,过马齿山。山如犬牙相错,四峰离立,若马行空。计又行七更,船再用甲寅针,取那霸港。回望,见迎封船在后,共相庆幸。考历来针路所见,尚有小琉球、鸡笼山、黄麻屿;此行俱未见。问知琉球伙长,年已六十,往来海面八次,每度细审得其准的,以为不出辰、卯二位,而乙卯位、单乙针尤多。故此次最为简捷,而所见亦仅三山,即至姑米。针则开洋用单辰,行七更后用乙辰;自后尽用乙,过姑米乃用乙卯。惟纪更以香,殊难为据。念五虎门至官塘,里有定数;因就时辰表按时纪里,每时约行百有十里。自初九日未时开洋、讫十二日辰时,计共五十八时;初十日暴风停两时、十一日夜畏触礁停三时,实行五十三时:计程应得五千八百三十里,计到那霸港实洋面六千里有奇。据琉球伙长云:"海上行舟,风小固不能驶,风过大亦不能驶;风大则浪大,浪大力能壅船,进尺仍退二寸。惟风七分、浪五分,最宜驾驶;此次是也。从来渡海,未有平稳而驶如此者。"于时球人驾独木船以纤挽舟而行,迎封三接如仪。辰刻,进那霸港。先是,二号船于初十日望不见,至是乃先至;迎封船亦随后至,齐泊临海寺前。伙长云:"从来未有三舟齐到者。"众复惊喜。午刻,登岸。倾国人士聚观于路,世孙率百官迎诏如仪。……

（李鼎元：《使琉球记》，台湾文献史料丛刊，第三辑，第五十七卷，台湾大通书局。）

18.《槎上存稿》

奉命册封琉球国王,留别都中诸友

沧溟东去是琉球,飞楫来迎使者舟;万里鲸波劳远梦,五回龙节下炎洲(本朝册封中山,至此五次)。直教薄海沾皇泽,敢谓乘风惬壮游!辨岳山头回首望(辨岳,琉球山名),紫云天半护神州。

交到忘形信有缘,可堪此夕怅离筵!炎风朔雪怀人日,狯鸟蛮花异国天。利涉尽堪援往事,生还难必是何年(前使各有险阻,皆得无恙,然逾年始返)!从今独醉中山酒,一度相思一惘然!

至福州荷蒙恩命,以西僧班禅所进右旋白螺安奉舟中,用资利涉;祗领感恩恭纪

八孔玲珑脉右旋(螺身有八孔),灵渊胎孕是何年?来充西旅神僧笥,曾护东征上将船(前福大将军征台匪,曾奉命安奉随行)。白玉一拳随绛节,素蟾双照破苍烟。九重南顾真无已,却捧琅函泪泫然!

加封天后"垂慈笃佑"四字,命臣文楷于福州致祭;礼成恭纪

水德尊元后,神功遍大川;皇灵嘉惠若,祀典协幽元。有宋开基日,惟神降诞年;普陀现前世(相传天后是观音化身),湄屿应高骞(湄洲屿,天后降生之地)。照井神符出(少时照井,有神人捧符出,授之),持机父命全(据机而瞑,救父溺海)。冲虚方厌世,升举已飞仙。四海仁慈布,三朝祭祷虔;怀柔逢圣帝,崇奉配皇天(康熙二年,加封"天后"之号)。捍患灯光现,扶危雀羽翩;波涛随杖策,风雨应筵箑(神前杯珓最验)。近有鲸鲵在,遥看岛屿连;漂流歼贼窟,安稳护兵船(官兵剿艇匪,神助顺着灵)。恭默思无斁,加封命已宣;十行丹篆下,四字碧瑶镌。节使恭衔诏,祠官肃布筵;齐明奠牢醴,跪拜盛班联(福建文武官俱陪祭)。香雾云旗下,回飚翠盖悬;寿宫停要眇,归驭送连蜷。姑米沧溟外(姑米,琉球近岛),扶桑晓日边;臣心竭忠信,帝念为殷拳。册礼应时举,封舟定早旋;试瞻芝座上,漠漠起祥烟。

和庆晴村将军"送行"韵二首

鳌峰小别五经春(乙卯冬去闽,今五载矣),鸿爪泥中迹又新。三岛波涛怜远使,八闽节钺属亲臣;牙旗传令军先肃,茧纸挥毫句有神。咫尺不教风雨隔,铃辕来往许频频(寓馆与将军署最近)。

越王城畔水天同,螺女江头尽日风;此去好看樱岛碧(樱岛,琉球山名),竭来犹及荔支红。鲛人百道迎飞楫,海国千灵憺寿宫(时奉命谕祭天后,并祭海神);已信布帆归路稳,波恬不拟问弓隆(甲子神名弓隆,呼之,入水不溺)。

和汪稼门中丞韵

善俗由来藉大贤,如公清德直无前;筠帘昼静垂银蒜,铃阁春深长木莲。宽政不殊溟渤水,新诗犹忆建安年;如闻圣主纾南顾,褒玺时时到九仙(九仙,闽省山名)。

即看画鹢催飞急,深愧林乌反哺慈(原诗言及萱堂)!沧海经年劳鹤胫,青山一桁列蛾眉。楼台蜃气朝成市,风雨龙堂夜咏诗。此后回肠定何处,望仙阁上独醒时(望仙阁,在琉球崎山上)。

五月初七日开洋

旌旗鼓角动黄昏,使者楼船出海门;万里有家迷远梦,一身如叶去中原。云来岛屿形疑似,夜静鱼龙气吐吞。珍重此行劳圣虑,莫将奇险更轻论!

舟出五虎门

漭荡浮元气,微茫接太空;天风吹浪碧,海日射潮红。五石疑蹲虎,三山不度鸿。余心随挂席,已逐百川东。

过钓鱼台

大海苍茫里,何人钓巨鳌!老龙时卧守,夜夜浪头高。

渡海放歌行

舟至大洋,从人皆惧,哇吐者相枕藉。因登舟后将台,歌以作其气。

朝登南台舟,暮发五虎门;长风猎猎西南来,海天一气羲娥昏。手持龙节向东指,一别中原今始矣;借问何时却复还,海水直下千万里。黑沟之洋不可以径跨,雷隐隐兮在下。龙之来兮从如云,天吴海若争纷纷。雨翻盆而直注,浪山立而扑人。坎坎兮击鼓搥,大豕兮投肥牸;兵戈林立炮车轰,长鲸戢尾茹不吐。忽云雾而天开,见姑米之一柱。谁言沧海深,沧海终有底,政如地中覆杯水;不然安得有此山,我行正在地中耳。蓬莱瀛洲方丈山,山山相间虚无间,徐福一去不复还。秦皇、汉武何神仙?人生不死亦何有!不如生前开笑口,一时忧惧徒劳心,安问千秋万岁寿!东海有螺剖为樽,注以松醪容一斗;回头更语神仙叟,醉中少异壶中否?琼浆玉液吾何为,但愿此海成春酒!

十一日见姑米山(近中山矣)

三日天风便,遥看姑米山:五峰排水面,一线出云间。远目真空阔,狂涛若等闲。舟人齐举首,惊喜破愁颜!

李墨庄舍人自闽抚署携荔支二株渡海,种于使院

种向扶桑国,来从牧荔园(牧荔园,闽抚署贡荔支处);孤根托绝域,宿土忆中原。海雨新枝湿,闽烟旧干存。岛夷应护惜,毋用插篱藩!

知公有遗爱,即此是甘棠;涉海五千里,倾城十八娘(闽中荔支,以十八娘为佳种)。宿缘真不偶,异国亦何伤!郄羡重来者,新红任饱尝。

使馆楼中

海云漠漠树苍苍,楼对平山一桁长;雾隐帘前无鸟雀(中山少鸟雀),潮来窗外有帆樯(墙外,即那霸港。潮来时,诸岛贡舶皆至)。钟声隔院丁冬响(隔院,即下天后宫),花气巡檐自在香。高卧绳床消永昼,此身忘却在殊方。

游临海寺(在北炮台上)

海上何年寺,崚嶒倚炮台!沙堤晨雨润,石壁午潮来。设险形无缺(炮台两岸夹耸,港中皆铁板沙;中山险处也),凭高意转哀。可怜丰见垒,狼藉长莓苔(丰见城,系山南王故都)!

长沙僧寄尘以诗投赠,和韵四首

自笑非才奉简书,玉京科第愧卢储!空门有约抽簪后,海国今来拂褟初。莲社幸偕同志侣,鹤巢应共半年居。乞公缘觉公无惜,不说羊车说鹿车!

妙画通灵溢顾厨,新诗戛戛探骊珠(寄尘善画能诗)。烟云胸已忘湘曲,金石声犹彻海隅。太白旧传开士句,杜陵原是赞公徒(寄尘为墨庄同行者)。从今领取沧溟阔,不数君山万顷湖。

世界恒河不尽沙,谈空枉自住毘耶;手持香积如来钵,身上银河博望槎。酒肉岂能妨佛法,海天随处是吾家。闲云野鹤无心久,肯叹汪洋未有涯!

天风安稳趁溟鹏,何异凌虚八骏乘!破浪已堪酬壮志,咒龙端合仗高僧。中山酒熟休停盏,半夜诗成急剪灯;为语妙音须爱惜,莫教容易听迦陵!

随封游击将军陈瑞芳卒于琉球,以诗挽之

顿失同舟侣,偏怜人将才!旌旐三岛远,涕泪一军哀!炎海迷归路,悲风撼夜台。故乡千万里,犹自望君回!

二竖成夷鬼(陈殁前二日,二鬼守床前,状如琉球红帽官;兵役皆见之),孤魂泣海天!岛楖充马革(球无杉木,又不善制棺,寻以太平岛船楖,命随行匠人为之),蛮榇奠蛟涎。生死诚如寄,功名已足传;纵令终牖下,徒得妇人怜!

过那霸人家

编蒲席地竹帘栊,六扇屏开面面风;一种清香消不得,佛桑围在蛎墙中。

奥山龙渡寺(寺旁,昔有大蛇蟠窟中,异僧咒之,遂渡海去,故名)

言寻龙渡寺,来上奥山巅;苔色缘崖古,松阴偃盖圆。鹤头盘远势(山有峰,名鹤头),蛇窟闭经年。咒钵僧何往,无人解悟禅。

波上寺观海,用前使周海山先生韵(波上寺在辻山西北,一名笋崖)

云容天色黯如秋,渺渺波涛去不留;万里中原随浩荡,千年元气共沈浮。谁云问渡寻河鼓,我已忘机狎海鸥。好语山僧勤扫榻,重来拟作醉乡游!

放舟奥山

中山有小舟,其制刳独木。大者如野航,长短丈不足;四面去栏楯,亭亭有板屋。风雨不打头,云山欣寓目;我游爱此坐,转棹青溪曲。潮掀浪势高,风转波纹蹙。鹭鹚起我前,两两去相逐;小鱼白如银,翻飞落霜镞(水中有鱼能飞)。蛮榼余福酒(中山红酒,名福酒;出麻姑山),夷官馈山蔌。醉后新月高,清光衔岭縠;照此碧波心,频频以手掬。云来山骨青,烟净松阴绿;举手谢同游,吾欲从兹宿。

谕祭中山先王庙

松冈郁郁水湲湲,庙在真和安里村(首里西);紫帽车前趋相国,素衣道左拜王孙(中山王因未受封,尚称世孙)。千年带砺雄鲸海,百道香烟绕砺门;敬举一杯酬世德,须令存殁识君恩!

游龙洞(在龙渡寺旁。龙洞松涛,为中山八景之一)

奥山有龙洞,龙去不知年;惟有千松树,涛声惊夜眠。佛奇常闭阁(佛像多怪,皆闭阁中),僧老自安禅。钓得神龙子,归途雨满天(时于潭中得二鲤鱼以归)。

游东禅寺(在久米府南)

蕉衫蒲箑晚风凉,偶为寻幽到上方;禅榻不收松子落,佛灯初上篆烟香。阁前海气留残雨,花外钟声散夕阳;懒向夷僧频问讯,无言对我澹相忘。

中山七夕

此夕复何夕?佳期成古今。女牛光皎皎,风露夜沉沉。为问银河水,何如沧海深!闺中有少妇,相望泪沾巾。

夜起

寒藤古木作秋声,坐拥孤衾正二更;大海波涛乡梦断,殊方气候客心惊!

楼头月落鸺鹠语,檐角风多蛤蚧鸣;自起推窗望牛女,浓云薄雾不分明(壁间蛤蚧,终夜不住作声)。

七月十五日

海外中元夜,人家户不扃;招魂旛是纸(是日,以纸剪旛树庭中),迎祖炬如星(门皆列火炬)。鬼飓云阴黑(中元必有大风,名鬼飓),龙涛雨气腥;殊方欣见异,且莫叹飘零!

七月二十四日,行册封礼口号

瞳昽晓日馆门开,谒者传呼彩仗来;一道祥光东去疾,天书已过望仙台。

海东十丈红云起,照见波涛万顷丹;行到七星山顶上,万人回首一时看。

守礼坊前讙会门,拜迎犹自号"王孙";山龙赐服君恩重,始信藩王气象尊。

羽士欢呼拥节旌,归途落日下平皋;王人序在诸侯上,梯述宁辞拜送劳(球语,主人曰"梯述")!

册封礼成纪事,示中山主

积水东溟阔,朝天北极高;由来通岛屿,终不隔波涛。番舶时通鹢,夷官久贡獒;如闻封册请,常有制书褒。勒使三天下,章身一品叨(恩赐使臣正一品麟蟒服);鸾旗朱芉直,龙节绣衣韬。五日经沧海,双舟入近濠;川原夸衍沃,将卒戒惊骚。谕祭光楹桷,荣施奠醴醪(先择日行谕祭礼);缵戎光伟烈,贻厥及英髦(今国王乃以孙继祖者)。筮日宣纶绋,开门伐鼓鼛;一军披组练,夹道肃弓刀。松岭三竿日,泉崎五丈旄;瑞泉坊突兀,"刻漏"径周遭(瑞泉、刻漏,皆王宫门名)。拜跪开丹诰,传呼赐锦袍;赞襄惟一相,趋走是三曹(相国下,三法司官最贵)。赍及璃琚妃,欢腾髦首豪(是日,外岛酋豪门外列观)。迥翔衔诏凤,抃舞戴山鳌。宝翰观瞻遍(行礼后,王引使者于正殿三层楼上,瞻仰御书),层楼结构牢;缀联星斗灿,呵护鬼神劳。中殿仪皆备,南宫静不器(王肃客于南宫);肃宾供粉饵,宴客却檀槽(此次以国讳,传免筵宴作乐)。落日飞乌影,秋风拂雁毛;片帆看欲挂,归路咏将翱(此后惟候风信回朝矣)。帝德频沾溉,王心不怠敖;相思若潮水,终古去滔滔。

波上望中山形势

三山横踞水东流(前中山、山南、山北,国分为三;所谓三山也。今混一已三百余年矣),地比真丹一小州;天外丸泥增蒂芥,水中菰叶共沉浮。向来战斗争蜗国,尽日烟云护蜃楼。谁信吾生太奇绝,此间还作半年留!

约李墨庄游奥山

夜来风雨过,天气近新秋;沙路净如拭,山光翠欲流。鹤头环紫翠,龙洞阒清幽。为问青莲客,犹能乘兴不?

再游奥山

我爱中山游,就中奥山好:兀突压沧溟,天风吹浩浩。东临势壮阔,西眺境幽窅;其中若坳堂,一径出云表。松老森龙鳞,石奇蹲虎爪;修岩通曲港,潮汐争萦抱。苍茫碧无垠,飞来双白鸟;蝴蜨野花间,惊人去裊裊:物情各有适,生意不潦草。兴惬已重来,情深恣幽讨。白日忽西倾,薄雾生林杪;归舟雨冥冥,一棹烟波渺。

紫金大夫郑国枢和余波上寺诗,以此赠之

谁令空榖咏生刍,白首风流郑大夫;解语何曾讹鼠璞,论文信已得骊珠。老余壮志争骐骥,新有诗名属鹓鸰。须信相逢缘不偶,履声来往莫踟蹰!

游重岛蕉园(八景之一,在泉崎南。昔多芭蕉,今废)

旧迹蕉园在,芭蕉等劫灰;已无甘露采(蕉结实,名甘露),惟有粟兰开。海日飞残雨,溪烟漾碧苔;石梁骑马去,吾意更迟徊。

游壶家山(即城岳;在真和志古波藏村)

石磴盘青松,白日气萧爽;天风何冥冥,吹此惊涛响!松间有静地,草细平如掌;拂榻坐其间,瞻瞩神独往。夷官向我言,前年盛游赏;亭荒结构存,春至莓苔上。曲穴走清泉,平田多白壤。先王有尚丰,神智迈前往;一变抔饮风,师心事陶瓶(球前无磁器,王尚丰始以意为之。此地,其陶厂也)。猗嗟国有人,不愧蛮夷长!岩壑异阴晴,莎径披菰蒋;会待秋风生,重来挟藤杖。

秋色

秋色来沧海,萧萧一夜风;寺钟灯影外,客梦雨声中。发不经霜白,颜应借酒红。席帆已收拾,归路道山东(道山亭,在福州乌石山上)。

游辨岳(在崎山西南)

平生恨不陟昆仑,岂料扶桑看晓暾!山鬼一祠秋祭祀,海天五阜汉屏藩(此山及八头岳、佳楚岳、名护岳、恩纳岳,为中山五岳)。蓬瀛楼阁言皆幻,泰华儿孙势亦尊。三百年来余战垒,鼎分遗迹竟何存(山下有旧时战垒)!

球轿(细竹编成,以木横贯于顶上而昇之)

细竹编轻笼,肩承若等闲;坐应容宕漾,行不碍孱颜。疏箔宜摊卷,微风好看山。时逢溪上雨,歇在野花间。

中山王赠刀

刀购自日本,球人讳言与倭通,则曰"出宝岛"。其实宝岛、恶石岛、土噶剌,皆倭属也。

宝岛刀长四尺强,谁与赠者中山王;奚官当筵拔出囊,皎皎白日寒无光。青天无云赤蛇下,山精水怪争潜藏;从人惊顾毛发立,长风万里来虚堂。我行拜受纳入室,素壁高悬气萧瑟;横施双鼻制作奇,裹以鲛皮缘以漆。君不见:欧阳公赋日本刀,矜夸异域来何遥?此刀本出土噶剌,夷人讳倭不肯说。恶石之岛出精铁,中有清流泉出穴;碧瞳蛮奴投之困,深藏那复计岁月。七月七日鼓铸成,衅以千年老蛟血。生不愿提刀取封侯,不用三刀梦益州;刀来、刀来,与尔一杯酒,一生伴我长遨游!归舟渺渺秋涛碧,手把铦锋时一拍;雷声隆隆电惊飞,海若天吴都辟易。长鲸百丈尔何为?看取漫漫海流赤。

中秋,长风阁作(正使所居之楼,曰长风阁)

长风阁外海连天,天上婵娟月正圆;波浪声从檐际落,山河影向镜中悬。秋来鸿雁无传信,夜静鱼龙未稳眠;莫望中原叹离别,几人生到海东偏!

球女

异俗一何怪,南姑顶竹篮(球言,女曰"南姑"。以竹篮盛物顶于首,无论轻重,总不以手执也)!交通惟亥市(如中国之趁墟,皆女无男),负戴少丁男。赤脚拖三板(球履,名三板),青丝倒一簪(簪末向前);侏禽衣红绢,倚市更无惭(妓皆衣红以自别,土名"侏禽"——犹言倾城也)!

首里秀才向世德等晋谒馆中,分韵赋诗;题其后(向生等皆王亲族贵公子)

茧纸分题击钵催,挥毫诗就亦奇才;从今不数韩陵石,网得珊瑚海上来。

中山王招游东苑,值雨晚归(苑在崎山上)

海水空蒙里,斯园足静观:石楼环晚翠,松盖倚秋寒。橡桷淳风在(亭台皆坚朴),尊彝礼数宽。亭东才咫尺,未上舞雩坛(亭东土阜一邱,形如覆盂,是其国雩坛。因雨,未能上)。

海雨萧然至,浓阴晚不开;檐牙悬碧溜,屐齿滑苍苔。静室云烟入,归途灯火催。主人殊好客,携手约重来。

中山王送菊,却忆去年假归,友人送菊,值病不能饮;今又一年矣。

隔岁东篱菊,相看正病中;身来沧海外,花与故园同。岛石参差倚,溪烟浅澹笼。殷勤主人意,莫放酒尊空!

雨游砂岳(在小禄大岭村海中一里许。有巨石,枵然如屋,可容百余人)

黑云如席雨霏微,渺渺西风吹客衣;醉向砂川(在山下)寻石室,马蹄溅起浪花飞(马行海中,水深及腹而稳如舟)。

石洞天开一奥区,朝趋海若暮天吴;此间容我垂纶坐,万里烟波一钓徒。

垣花村(在仪间山下,多米廪)

策马仪间去,微风晓日初;孤村流水入,一径野花疏。米廪无防栅(地少盗贼,米廪皆在野,无防守者),秧田任隔渠。重阳看欲近,东作已菑畲(中山九月耕田,十月布秧)。

野鹰来(鹰以九月东北风,自外岛飘来;不久即去)

野鹰来,风萧骚,海天漠漠秋云高;盘空欲下复不下,禽兽走匿亡其曹。扶桑九月天犹热,十十五五争先发;翩然一击觉身轻,万里平芜洒毛血。野鹰来,来何处?云是伊平与由吕(琉璃属岛)。此外之水乃弱水,古来无人至其所。其中云有三神山,楼台璚树虚无间;凤皇鸾鹤好俦侣,何为舍此来人寰?肃肃复肃肃,飞来上我屋;似曾识我中原人,独立愁胡侧两目。此鹰亦非鹰,此是当时海东青(金、元间,市海东青于海上)。当时兴平为尔建大屋,金玉绦披彩翎;琵琶弹出新翻曲(曲名有"天鹅避海青",天山围坐千人听。方今圣人戒游豫,高拱深宫奏韶濩)太阿一拭封狼摧,那顾草间狐与兔。买鹰怀鹞非其时,尔纵奇姿终不遇。野鹰来,无久住;云飞海击入空冥,慎勿飞入中原去!

龙潭(在王城瑞泉下流汇处。水甚清,游鱼可数)

一泓澄澈映冰壶,深处鱼龙乍有无;欲探骊珠向潭底,眼前恨少水精奴!

游中山王新辟南园(在宫南近村)

南园台馆郁嵯峨,千骑游行载酒过;海上烟霞丹嶂远,山中草木白云多。蛟宫夜静惊灯火,锦石秋深媚绮罗。欲向洞元探玉诀,未知蓬岛近如何!

国相尚周园

辨岳归来晚,名园驻马蹄;苔痕随石阔,山影入檐低。尊酒衣香入,帷灯夜色迷;倚栏无限意,珍重壁间题!

王叔尚容园小饮

胆瓶新插菊花枝,共向花前醉一卮;归去马蹄沙路稳,西风吹我帽檐欹。

法司向天迪园

为有寻山约,言过郑、李庄;云阴迷鹤径,海雨润渔梁。静几时摊卷,高怀一举觞;菊花开太晚,明日是重阳。

龙虾

馆人供馈苦好异,就中有鰕形最奇。怪哉生平目未睹,贝锦映日光陆离:八足盘珊两目出,森森介胄张之而。人言此物是龙种,胡为入馔充朵颐!东海渔人潮下上,钓取巨鱼二十丈;中流有柱插天长,渔人识是鰕须张。移册缓避不畏惧,眼看奇物如寻常。海云漠漠雷且雨,恐有蛟螭来攫取!老饕急取付庖厨,快刀细研如飞缕!对酒当筵欣果腹,何如桂台老蛟肉!

寄生螺

天地本蘧庐,乃为众生窃;百年亦寄耳,过眼电光瞥。海螺有遗蜕,潮汐荡逾洁;有虫入其中,偶尔相联缀。日久形亦化,契合犹启楔;六足藏盘磴,一螯当户闑。缘壁如悬珠,爬沙类跛鳖;有时复惊人,退缩影倏灭。伟哉造化功,生理亦何别!鸠既夺鹊巢,蟹亦居蛇穴。入室任他人,千古同一辙。太息谓微虫,保身要明哲!

石松(生马齿山下海中,渔人泅水得之。石质,赤色;亦颇似柏)

君不见:马齿山下海千尺,海水中有古松柏?森然非柏亦非松,何人镂刻琅玕石?叶纤纤兮枝玲珑,血色万古洪涛中;巧匠咋舌噤无语,信是天巧非人工。冯夷之宫夜开晏,火树千枝万枝见;朱凤当筵怒尾张,赤龙绕座文鳞偃。挹娄赤玉难为色,石家珊瑚何足羡!渔人偷折一枝来,河伯惊呼走雷电。君不见:沧海桑田一劫灰,今朝波浪昔蒿莱?摩挲此石亦非石,恐是麻姑亲手栽!

海鳗

东海有蛇人不识,身如朽索色如墨!狞狞可畏势绝伦,对此生憎况复食!青丝缠缚翠筐陈,夷人以之羞嘉宾;自言致此亦不易,买得一两朱提银。问之何为尔,其味甘且旨?可以已大风,可以固牙齿。蝍蛆甘带鸱嗜鼠,啖象咀蛇何处所!吾宁异味失当前,性所不能难强茹;老齿未病身无风,安用毒物来相攻!

使馆即事,适首里毛生长芳等投诗,书此答之

天风东引碧牙幢,为策名王入海邦;雨露从知原不二,姓名休说是无双!楼头独醉银瓶酒,耳畔何来铁篦腔(时邻舍有遂声)?多谢诸生勤赠答,哑钟难得应蕤撞。

中山马

我闻青海之驹高八尺,龙种不许寻常识。岂知海外扶桑东,欻见当年好头赤!馆门晨开森画戟,黄帽奚官平屋幨;青鬃剪出三花高(球马皆剪发),当阶

牵来气无敌。双瞳回顾凡马惊,四蹄矗立如铁色;偶然振鬣一长鸣,秋天无云日色白。锦鞯丝辔金络头,我时骑向南山游;直渡浅海如舟浮,惟闻两耳风飕飕。我行万里半天下,恨不千金买骏马;怜才辜负九方歅,空见驽骀遍原野。岂如此马好骨相,路隔沧溟空怅望!若教飞取入中原,百战功成图阁上。中山地险无甲兵,昔日三分今荡平;可怜好马千万匹,脱衔负轭营春耕(中山牛少,耕田俱用马)!十月秧田青瑟瑟,芳草无边半斜日;时平皂骅老骍骝,努力耕田未为失!

秋已尽矣,溽暑犹如盛夏;晡时雨过凉生,喜而有作

雷声隐隐复隆隆,树杪微微少女风;山雨忽来收返照,海云初起落长虹。无情溽暑经秋后,未老衰颜满镜中。遥想长安词赋客,薄寒终日对帘栊。

中山王赠东洋纸

春蚓秋蛇若屈盘,云笺惠我胜流纨;兴来自作襄阳体,染得烟云在笔端。

又赠团扇

取次多情拜惠风,团团纨扇制成工;从今一事夸人说,明月携来大海东。

球俗

国俭无加赋,民醇不拾遗。入门皆跣足,举案定齐眉。关键成虚器,兵戈祇饰仪(国无盗贼,戈戟以木为之,备仪制而已)。官闲无一事,支枕更围棋。

终朝惟蓣饭(仕宦家食米,余皆饭薯蓣),十月尚蕉衣(民冬、夏皆蕉布为衣)。鱼蟹形模异,蚊虫旦暮飞(蚊甚多,惟巳、午二时不出)。怪云知蜃出,骤雨识龙归:始信沧溟阔,还家梦亦稀。

东禅寺见王梦楼前辈壁间题句,有怀其人(丙子册封正使全穆斋前辈,请先生为从客)东禅寺里闻钟处(诗有"来听东禅寺里钟"之句),壁上留题四十年。莲幕偶随沧海使,槐厅原是玉堂仙。文名自昔鸡林重,诗板于今麝橙悬(球人刻公诗于板,并佛像悬之。《表异录》:"麝橙,谓绣佛也")。惆怅当时裙屐客,相逢话旧各华颠(当时贵戚子弟歌舞奉客,如翁、毛各公子皆曾侍先生酒筵;今皆官于王朝,黄冠白首。为言旧事,闻之怅然)!

留别中山王

九月涛声卷暮烟,秋风秋雨怅离筵!东来沧海疑天末,西去长安近日边。鸿迹偶留成胜概,蜃楼亲见是前缘;圣朝中外无遐迩,珍重他年令德传!

中山王至馆送行,手奉金扇为别;书此报谢

海上暮云合,归潮一夜生;青山离梦在,落日故园明。拜赐诚无已,藏珍未

敢轻;由来溟渤水,不及主人情。

留别中山士大夫

东风昨夜,萧然旅客之魂;秋雨连朝,凄绝离人之绪。仆乘楂东至,持节西归;挂海上之孤帆,望刀头之明月。然而浮屠桑下,欲别殊难;那霸江边,重来未必! 诸大夫惠而好我,举国人皆不弃予;荷长亭折柳之情,值大海回澜之候。经年为客,慨援笔以增愁;七子从君,请赋诗以见志。倘能报玖,定拟藏珠。

七星山上望中原,瘴雨蛮烟气吐吞;甲帐未应留梦住,弓衣见说有诗存。路经马齿看山色,天入龙沙落涨痕。十丈蒲帆风力健,去来安稳载君恩。

相逢倾盖忍言归,后会重期是也非? 雪渚鸿泥迟我迹,海天龙雨湿人衣。一尊酒尽寒潮急,九月霜清木叶飞;珍重漫湖堤下水,垂杨垂柳最依依!

登舟后,国王以生世子告;漫成四绝贺之

一朵红云匝地开,欢声环岛响如雷;翻思昨夜西风紧,知是瑶池送得来!

浴出兰汤绣裸新,恰逢天上降恩纶;明年凤诏衔来处,彩幄从添后拜人。

回朝使节拜临轩,定有周咨许尽言;一事博来当宁喜,海东新得小屏藩。

三日扁舟滞海滨,去来迟速定前因;归途赢得逢人说,亲见炎洲产凤麟。

吾师介山先生,禀刚直之性,负开达之材;少习幕务,谙练政事。今上御极之元年,以第一人及第,中外以名臣期之。岁庚申,诏举可册封琉球者,金以先生对;遂与李公墨庄偕行。约束严明,举动得体;成礼而后天子嘉之,将大用焉。试以吏事,出为山西雁平道。任事四年,遽卒于官。先生气体素壮,自海外归,心往往而悸,言笑异于他日。盖风波危险,夺人神髓,调养猝难平复也。公子孟然过苏,出《槎上存稿》一册见示。金钊受而读之,清雄旷迈,力摹大家;一种俊伟伉爽之概,恍然侍几席而听言谭也。先生以大有为之才,遭际圣明,未竟其用;区区以吟咏传于后,良可慨已! 一鳞一爪,又忍听其散佚乎! 爰亟付之梓,而志其梗概于此。

嘉庆二十四年(岁在己卯)秋九月既望,受业汤金钊拜手谨识于江苏学使署之崇素堂。

(赵文楷:《槎上存稿》,《清代琉球纪录集辑》(上),《台湾文献丛刊》(292),台湾银行经济研究室,1971年。)

19.《琉球朝贡考》

　　琉球一国,在东瀛海中,几若黑子弹丸。其开国之始,并无甲子可稽。国朝定鼎燕京,琉球率先归附,不敢自王,敦请袭封。嗣后贡职恪共,世守藩属。凭藉宠灵镇抚荒徼,享祚绵长,作东南屏蔽以迄于今,尚称贡献之邦而预共球之列;则谓琉球非我属国者,非也。

　　第考琉球之所由来,其世次亦多茫昧,其间禅革互乘,匪特《隋书》欢斯之称查无可据,即如洪、永初封亦非姓尚,今详为核审:上自天孙递至今日,嗣位之王,其统绪约略可言也。琉球始祖,其初有一男、一女生于大荒,自成夫妻,曰阿摩美久,生三男、二女,长男即天孙氏,开国始祖也;此男为诸侯始,三男为百姓始。长女曰君君,次女曰祝祝,为国守护神;一为天神,一为海神——今寺院有三首六臂女神手执日月,名曰"天海大自在神",盖即此也:此亦荒诞不经之尤者也。传二十五代,姓氏俱无考。起洪荒乙丑至宋淳熙十三年丙午,逆臣利勇鸩而弑之,篡位自立。浦添按司舜天讨之,利勇死。诸按司群奉为王,天孙氏遂亡。舜天为日本人皇后裔,三传而外禅于英祖。自英祖至西咸,凡五传。察度氏兴,贤德素著,人心悦服,遂代其国,二传,而为山南王思绍所并。以后则世为尚氏,至今弗替。明初,太祖遣使慰谕,始称臣入贡,世为属国。景泰元年,国王思达遣百佳尼入贡。二年,遣察祈等入贡,已又遣亚间美等入贡。频年以来,轺车在道,赆琛献异,包匦筐篚络绎来庭,史不绝书:未曾与明绝也。惟考日本史,明万历三十七年,义久取琉球。其后书琉球入贡者十:日本宽文十一年(当中国康熙元年)、天和二年(当康熙五十年)、享保三年(当康熙五十七年)、宽延二年(当乾隆十四年)、宽政二年、明和元年(当乾隆二十九年、乾隆五十五年)、又八年(当嘉庆元年)、文化三年(当嘉庆十一年)、天保三年(当道光十二年)、天保十三年(当道光二十二年)。然其时琉球虽入贡于日本而亦内属我朝,其贡舶之来、使臣之至,固彰彰可考也。况其朝贡日本之时,久已臣服中朝,永备屏翰;事在盟府,薄海咸知。如是,日本安得私琉球为已有也哉!

　　兹者,其国民船遭风,飘泊我朝;本当加以抚恤,何容日本为之置词!即其遇台湾野番之难,其人外于王化,虽归中国之版籍,非属中国之民人;如英、美诸国航海者无不遇之,未闻其与我中国相龃龉也。日本藉端生衅,远遣使臣以相诘难,其谓我中国无人邪!琉球之为我藩属,日本非不知之;乃必以此为辞,其志在蓟灭琉球可知矣。岂真爱惜琉球也哉！是不得考之史册,以与之辨(不数年,日本竟灭琉球,改为冲绳县)。

（王韬:《琉球朝贡考》,台湾文献史料丛刊,第三辑,第五十七卷,台湾大通书局）

20.《琉球向归日本辨》

琉球,东瀛小国也,在日本萨峒马岛之南,岛屿纡蟠,皆海中拳石,周环三十六岛,如虬龙流动之形,故称为"流虬",后乃改为琉球。贫弱特甚,世受役日本,自古未通中国。隋时有海船望见之,始知有其地;唐、宋以后,渐通中土。明初入贡,太祖赐以闽人善操舟者三十六姓,修职贡甚谨。我朝煦育寰瀛,体恤尤至,其贡舟三年一至,许其贩鬻中土之货,免其关税,举国赖此为生。资本皆贷于日本,贩回各货运日本者十之八九,其国人贫甚不能买也。国分三路:曰首里、曰久米、曰那霸。王居首里;而商贾萃集为大都会者,则推那霸。土硗瘠,产米绝少,非官与耆老,不能得食。民间,惟以地瓜为粮,地无麻、絮,以蕉为布,有类织蒲。其民性惰,耕作贸易皆以妇女为之;男子则携茶具,擎孺子相聚于树林之下,绿荫掩映,细语喁喁,不啻羲王以上人也。

日本虽雄视东瀛,要不能使之隶入版图;则以累世效职贡、受正朔,籍中朝之威灵,作东海之藩服,以迄于今日。自日本用兵台湾,意为琉球问罪生番;明目张胆,遂以琉球为内属。通国之人,皆谓琉球向已臣服日本,列于屏藩;而其入贡于中国也,则不过二百余年间耳。此言也,未知其所自来?如谓出自日本史册,则实有大谬不然者。彼谓唐开元二十三年,日本圣武天皇天平七年,琉球已纳税贡于日本;日人测量琉球海面浅深,建立石牌。今按此言,实由杜撰。考日本史:文德天皇仁寿三年秋,僧圆珍附唐商钦良晖舶赴唐,路遭飓风漂至琉球,遥见数十人执戈矛立岸上。良晖哀号曰:"我等将为琉球所噬,若何?"圆珍祈佛,忽得东南风,获免。按其时为唐宣宗大中七年,相距彼言纳贡之时一百十八年,日本人应与之久相稔熟;何以祈佛求免,一若从未相通者邪?此其可疑者,一也。测量海道志其浅深,此泰西诸国立约通商之后,航船舟师方传此法。在唐千余年前,何得有此?盖伪造之言,一时流露于不自觉,此其可疑者,二也。彼谓明正统六年,日本后花园天皇嘉吉元年,萨峒摩将军统兵征讨高丽,借粮于琉球;又谓万历三十七年,日本后阳成天皇庆长十四年,以琉球国土封萨峒摩将军,征其地税,岁贡米千石,定律十有五条。此说亦殊荒谬,而事非无因!考日本史:萨摩人河边通纲乖赖朝旨(日本关白),亡匿鬼界岛中(琉球别名);后岛羽天皇文治四年,即宋淳熙十三年,遭兵击鬼界岛降之。此为琉球始通日本之证。至日本曾取琉球,亦见于史。庆长十四年,义久(或作岛津家久)取琉球;然十六年,即书"琉球入贡",则其立即释归可知矣。若其要立条约,亦事之所有,要不能如是之苛细也。考日本史云:"及足利氏执兵权,琉球遣使贡方物;自后以时来贡,萨摩岛津氏世掌接伴云",此即彼所谓日本王将琉球封萨峒摩将军者也(将军当作"藩侯"译误),不知世掌接伴,不过职贡之年使臣入境中,彼为之接伴耳。日史纪载甚明,岂得妄云以"国土界之"也哉!"纳米千石",盖即入贡礼物;琉球地瘠民贫,别无所产也。"定律十五条",如彼所云,殊不足据! 又尝考之日本别史:琉球一名阿儿奈波岛,居海岛之中;东西狭,南北长,距萨摩南二百里许。其俗以剽掠为事。世以为啖人之国,相传其始为天孙氏,当日本孝谦天皇天平胜宝五年,即唐玄宗天宝十二年,使臣藤原自中国回,漂流琉球候风十余日,得南风而发:是则日本之通于琉球,实后于我国矣。日史又云,长宽承安间,即中国宋孝宗时,十二岛中内属者五,不属者七。嗣有叛人逃匿岛中,乃率师讨之以慑服岛人,掠一人而还;于是岁纳绢百匹足。足利氏立,始贡方物。考足利为上将军,盖在元季、明初,其时琉球久为我国贡献之邦矣。然则琉球之在日本,地虽相接而会朝聘问反在中国之后;今据其史册稽之,斑斑具在,夫岂能与我争哉! 且其可辨者,殊不止于是也。自明以来,琉球臣服中朝极为恭顺,入贡有定期,立王有敕封。岂三百余年来日本如聩如聋,毫无闻知邪。其可笑,一也。日本未与泰西诸国通商之先,琉球已与西人往来。英国牧师波白于道光末年至彼传教,赁居数年;是时日人方深恶外教,琉球既为其内属诸侯,何不即往责问而乃任其如是! 其可笑,二也。当美国以兵舰至日本强请通商,日人始不肯从。美国水师戴当泊舟于琉球境上,购置食物,与之交际往来,互通使问;琉人告之曰:"国事一切由王自主,不归日本统辖。"当时未闻日人让诘琉球一言,其可笑,三也。美国公使柏利既至日本立约,复往琉球;一千八百五十四年七月十七日,立约于琉球之那霸。当时未闻日本谓其内属诸侯,毋庸立约也;则琉球为自主之国,明矣。其可笑,四也。前时,美国公使柏利、副使卫廉与日议和定约,其往来文牍云:"琉球先王与日本,有亲戚之谊、姻娅之欢。"然即揆诸所云,亦不得以为臣属也。即如英国长王子娶于啵、二王子娶于俄。试问俄、啵二国当为英所属乎? 其可笑,五也。日本诸藩纳还版籍在明治元年,琉球既为内藩,何以至十二年始以兵威胁之? 考日本内国史略,明治五年九月,琉球使尚建等参朝,献方物;乃册琉球王尚泰为藩王,列于华族,赐赉优厚:则知前此琉球未尝为内藩矣,且内藩从未闻有称王者。柄据昭然,何容掩饰! 其可笑,六也。一千三百七十二年,中国征服琉球，岁时贡献，史不绝书；迄至今日，未有或贰：是则琉球之臣服我朝，遐迩无不闻知。如《中山传信录》、《琉球国志》、《使琉球记》、《琉球入学见闻录》，日本国中久已刊行；儒士引用，据为掌故，几于家喻而户晓，讵有不知！乃曰："琉球安有一国事两主？"此不但欲掩天下之耳目，并欲塞一国中民人之见闻：其可笑，七也。至讨罪台湾，尤昧于理。其始托言劫掠小田县民，继乃及琉球漂民；我朝大度包容，勉徇英国公使之请而成和议。其所定条款两端，未尝一字及琉球；载在盟府，人所共见。乃遂欲以此指琉球为日本属地，掩耳盗铃！其可笑，八也。向时，日人曾著论刊之日报曰："我国以琉球航海之人遭风被戕，为台湾生番所害，遂兴师旅往征台湾；究未知琉球或属日本、或属中国，未有明文。据琉球人云：'事中朝如父，日本如母'，或则云：'琉球所属，岂有一定！惟强可以庇民者是从耳'。考之日本史籍，琉球于上世即属日本；但近代以来，不过入贡土物耳，非臣服也。而其在中朝，则列于屏藩、世受册封，称为贡献之邦，共球之国。"然则东瀛日报出诸日人之口，所云尚如此，何况其他！远征之前事既如彼，近证之人言又如此；琉球之属于中国也，明矣。要之，据理而言，琉球自可为两属之国；既附本朝，又贡日本。今考日本国史，于琉球入贡年月，厘然可考。然要不过与渤海三韩、新罗、百济同列于外诸侯而已。又乌得藉口于奉藩纳土，比于内诸侯一例，而遽灭其国、俘其王、兼并其地，夷而为县也哉！

　　日本史官所纪载，在明治纪元以前，皆信而可徵。源光《日本史》成于我朝康熙九年，即日本后西天皇宽文十年，其时相距庆长十四年已六十而载，乃独列琉球于《外国列传》；则可知琉球为自立之国矣。盖琉球之于日本，要不过盟聘往还、贡献不绝而已。即使蕞尔弹丸弱小不能自强，亦当相与共保之，俾得守其千余年来自立之国：斯乃所以联唇齿而固屏藩之义，今反剪灭而倾覆之，挟诈弥缝，嗫嚅掩饰，以便其私！将以此欺天下乎，而天下不任受其欺也；将以此诳邻国乎，而邻国不任受其诳也。呜呼！彼作伪者，曷不即将其国史而一考之也哉！

　　考琉球内贡日本，明景泰二年——日本后花园天皇宝德三年、耶稣一千四百五十一年，琉球遣使来；明万历十一年——日本正亲町皇天正十一年、耶稣一千五百八十三年，琉球入贡；明万历三十九年——日本后阳成天皇庆长十六年、耶稣一千六百十一年，琉球入贡；我朝顺治六年——日本后光明天皇庆安二年、耶稣一千六百四十九年，琉球入贡；我朝顺治十年——日本后光明天皇承应二年、耶稣一千六百五十三年，琉球入贡；我朝康熙十年——日本灵天皇宽文十一年、耶稣一千六百七十一年，琉球入贡；我朝康熙二十一年——日本灵元天皇天和二年、耶稣一千六百八十二年，琉球入贡；我朝康熙五十三年——日本中御门天皇正德四年、耶稣一千七百十四年，琉球入贡；我朝康熙五十七年——日本中御门天皇享保三年、耶稣一千七百十八年，琉球入贡；我朝乾隆十三年——日本桃园天皇宽延元年、耶稣一千七百四十八年，琉球入贡；我朝乾隆十七年——日本桃园天皇宝历二年、耶稣一千七百五十二年，琉球入贡；我朝乾隆二十九年——日本后樱町天皇明和二年、耶稣一千七百六十四年，琉球入贡；我朝乾隆五十五年——日本光格天皇宽政二年、耶稣一千七百九十年，琉球入贡；我朝嘉庆元年——日本光格天皇宽政八年、耶稣一千七百九十六年，琉球入贡；我朝嘉庆十一年——日本光格天皇文化三年、耶稣一千八百六年，琉球入贡；我朝道光十二年——日本仁孝天皇天保三年、耶稣一千八百三十二年，琉球入贡；我朝道光二十二年——日本仁孝天皇天保十三年、耶稣一千八百四十二年，琉球入贡。

（王韬：《琉球向归日本辨》，台湾文献史料丛刊，第三辑，第五十七卷，台湾大通书局）

21.《二知轩文存》

1878年，清光绪四年

台湾地势番情纪略

台湾南北径二千五百里，东西或五百里，或二百里不等。其形椭似鱼，连山若脊，以天象衡之，界赤道迤北，八卦则位于巽，四时皆春，无大寒燠，冬日南陆距台近故不寒，夏日北陆距台远，故不燠。民冬夏无异衣，土著者寥寥，潮嘉漳泉客民居之甚，伙人鲜白发，亦鲜髭须，女则妍丽以双镮绾于足，巽为长女，理或然欤。风俗游惰，田则膏腴，宜五谷，一岁三熟，无霜无冰雪多飓台，以地震卜丰稔所产地瓜、甘蔗、落花生之属，一种可获数秋。此华彼实，终岁累累实硕，且甘草本与木相肖弗枯，弗凋奇葩，异卉不可名状。山罕猛兽猿羊獐鹿千百为群，其地山川半之未垦之，田三已成阡陌者，十之二人迹不到之。区阴霾蔚荟瘴疠尤烈，中土之民望而裹足。招徕匪易煤铁金银富哉厥矿，近则台北鸡笼已伐山取石炭矣，海涌有定期。每岁以四月二十六日为始，奔胜澎湃、乾坤震荡。至霜降乃平，谣曰涌门开闭洵乎不爽，鹿耳门为至险，其次则旗后口初仅一小港，道光间一夕风涛冲刷，口门忽宽，两崖夹峙中，梗块垒象人之喉，旁皆暗礁番舶不能出入，其殆天之所以限华夷耶，惟鸡笼山阴有钓鱼屿者，舟可泊。是宜设防琅桥，云有火山，凡山之西，平壤独隘，山内暨山之东则尽生番，志分为三，中曰秀姑，峦北曰岐莱，南曰卑南，觅番之种类不一，有耳贯大环者，有臂刺花纹者，有雕题劓面者。男则束布于腰，曰水幔。女则衣短袖衫著袴发盘而不结以山果穿丝为饰，土人曰求抚，女故衣裹亦如男之裸也，穴洞而居，死则就洞中坎地痊之，甃石而生者，寝处其上，虽子于父母亦然男女婚配，不假媒妁，女与男遇相和而歌，如其意，则女随男去，生子伯从父姓，仲与叔以所居为姓，东则姓东，西则姓西。王字番至，尊诸番莫敢伍，男女皆魁梧喜文采⋯⋯

（方浚颐：《二知轩文存》（卷二十一），清光绪四年刻本，中国基本古籍库）

索　引

B

八重山岛　245,298,429,459
《白鹿洞教条》　475
百济　76,77,91,461,472,479,507,533
《裨海记游》　390
笔架山　12,21,25,26,36-38,40,43

C

蔡瀚　49,61,62,112,146,308
蔡浩　473
蔡牵　390,391,406
蔡世昌　420,421,423,466,475,503-505,511,513,514
蔡廷会　115,309,310
蔡廷美　51,61,62,113,145,308,309,468,473
蔡温　317,318,323,327,437,460,492
蔡文溥　317,344,345,457,460,463,464,474,494
蔡哲　112,178,280,305,433
沧溟　57,63,109,129,155,199,206,207,417,435,489,499,518,520,523,527
《操舟记》　124,204,215,422,433

察度　59,136,158,208,215,264,280,289,294,296-300,313,321,324,329,332,339,342,423,425,426,432,440,441,459,460,467,472,491,529
柴山　112,149-151,178,276,280,301,302,328,432
长史　49,51-57,59,61,62,67,106,112-115,117,120-123,136,138,140,145-147,151-153,158,161,184,190,198,209,211,215,216,220,221,224,279,294,299,300,303,305-311,313,329,332,335,338-340,343,363,425,438,440,441,450,473,474
朝鲜　55,63,72,76,77,95,96,98,99,101,102,154,158,176,265,306,309,366,421,426,429,498
陈傅　178,280,303
陈侃　47-50,71,72,111,112,122,129,132,142,143,145,148,154,178,206,246,266,270,272,273,276,278,281,288,294,308,309,360,422,433,437
陈稜　58,375,432
陈谟　112,178,280,304,433

索　引

陈义　308,329,330
程顺则　241,242,245,259,262,292-294,317,318,321,323,343,344,421,427,457,460,493,511
《池北偶谈》　422,437,470,472
赤坎(赤崁)　2,3,12,19-28,31,39,44,75,76,84,86,87,89,107,228,366,368,374,413
《赤嵌集》　385,403,405
赤屿　44,52,106,107,113,115,129,146,206,227-229,240,245,276,434
崇爻　371,381,389,390,393,396,397,399,410,415

D

打鼓港　384,395,396,401,402
大安禅寺　149,328
大成　31,294,296,342,422,423,459,480
大琉球　62,72,74,75,80,107,227,228,329,461
《大明会典》　64,141,214
《大明一统志》　58,135,207
淡水　15,29,37,38,74,78,83,85,86,88,115,376,379-381,383,384,389,392,394,396-402,407,409,410,413,414,429,435,516
《岛上附传》　385,402,403
钓鱼台(钓鱼屿)　11,44,52,74,75,106,107,113,115,193,227-229,240,243-245,269-271,321,322,371,381,390,393,396,397,399,410,415,417,432,434,435,516,519,535
定海　45,58,81,91,100,114,116,119,128,182,183,189,196,205,218,234,244,269,272,273,277,327,383,386,387,398,400,404,433-435
东海　58,75-77,79,81,84,91,93-97,103,135,150,153,167,176,180,189,207,231,376,385,403,446,493,498,519,526,531
《东溟文集》　409
东沙山　10,19-21,163,193
东涌山　21,214,244,245
董旻　112,132,178,281,307
杜三策　237,264,266,273,281-283,314,433,486
对马　46,77,289

F

法司官　53,54,56,59,62,113,114,116,118,121,136,196-199,284,286,287,343,439,441,446,522
凤山　367,370,371,376,378-381,384,387,390,395-397,399,401,402,410,413,415
佛郎机　51,92-94,96,98,126
福建　2,5,10,19,20,24,44,45,50,58,63,72,91,92,95,96,100-102,107,114,117,135,143-147,150,179,180,182,188-190,207,227,228,231,245,246,249,259,262,280,281,302,304-315,318,320,321,333,338,339,345,348,370,375,376,393,417,422,424,425,429,432,435,445,446,466,471,473-475,518
《福建海防考》　385,402
福州　10,21,50,51,59,61,79,115,127,128,135,137,187,190,191,202,211,

243,244,249,265,269,272,273,278,
291,293,306,317,318,322,333,338,
339,352,353,367,372,373,376,382-
385, 387, 395, 397 - 401, 403, 404,
406,407,423,428,429,431,433,434,
436,473,474,518,523

G

噶玛兰　391-393,406-408,412,414,415

高澄　47-49,71,112,124,129-132,145,
148,178,206,215,246,266,281,308,
422,433

给事中　47-50,63,72,91,108-112,114,
117, 132, 134, 141 - 150, 176 - 180,
182,183,185,188,189,207,213,246,
275,280,281,303-314,432,433

宫古岛　245,298,429,459

姑巴甚麻山　244,269

古米山（粘米山、姑米山、久米岛）　52,53,
58, 60, 75, 106, 107, 113, 115, 125,
129, 131, 193 - 195, 206, 210, 212,
227 - 229, 243 - 246, 269 - 271, 273,
276, 318 - 320, 322, 335, 417, 429,
431,434-436,446-448,506,516,519

《古文真宝》　453,457

关白　176,190,216,312,531

观保　466,467,471,495

官荣　112,178,281

官塘　10, 19, 20, 45, 195, 244, 269, 417,
435,515,517

广石　65, 110, 113 - 115, 117, 130, 132 -
134, 143, 145, 156, 178, 188, 192, 218,
229,232

郭汝霖　106,114,116,123,129,132,146,
152,154,178,206,270,273,276,281,
282,310,311,422,433,437,511

国子监　236, 298 - 300, 307, 308, 312,
419,422,461,463-470,472,473

H

海宝　19, 265, 277, 278, 285, 287, 293,
294, 318, 345, 424, 429, 435, 446,
463,465

韩文　112, 178, 281, 306, 388, 422, 433,
457,481,508

鹤顶山　20,25,27,39

鹤寿　460,461

黑水沟　383, 385, 398, 400 - 403, 417,
435,516

洪启禧　498

洪武　54,58,61,63,64,91,95,101,103,
130, 135, 137, 138, 141, 207, 211, 213,
214, 222, 245, 246, 264, 268, 279, 280,
289, 297 - 301, 303, 304, 321 - 323,
344, 352, 366, 375, 423, 425, 429, 430,
432, 437, 441, 445, 459, 461, 467, 472 -
475,487

洪熙　150,236,276,280,301,302,432

胡靖　264, 266, 273, 281, 422, 433,
486,487

胡宗宪　93,97,98,100,107

花瓶屿　44, 193, 207, 243 - 246, 269, 271,
276,322,432,434,515

《皇朝武功纪盛》　414

黄麻屿　75,107,227,228,243,244,516

黄尾屿（黄毛屿）　52,113,193,240,243,
244,269,271,434

会稽（绍兴）　76,77,90,91,97,246,275

索　引　539

J

鸡笼（鸡笼山、基隆）　16,24,31,41-43,74,107,164,193,227,228,243,244,269-271,322,366-369,371,375,376,381,384,385,389,390,392,396,397,399,402,403,409-411,413,414,417,432,434,435,515,516,535

鸡屿　40-43,369

《集事渊海》　62,139,212,264,422

嘉靖　47-50,71,72,91,92,94,96-102,106,107,112,114,115,126,128,129,131,132,145,146,148,154,155,178,206,215,246,263,264,266,270,272,273,276,278,280-283,288,308,310,311,313,323,338,339,360,375,424,426,433,437,460,468,473,474,511

嘉庆　390,393,406-409,515,528,529,534

《教子规》　476

《近思录集解便蒙详说》　453,455,456

《敬斋箴》　476

久米村　283,332,339,341,344,436,445,446,453,460,473,511

K

康熙　230,231,237,239-242,245-247,249,261,263-266,268,270,272,273,275-278,280,281,283,285,287-289,292-294,314-317,323,340,341,343-346,366,369-371,373,375,381,382,388,390,397,399,410,411,424,426,429,434,435,437,445,446,457,460-468,470,471,474,475,518,529,533,534

昆仑　11,12,14,19-23,25-28,37,38,41,42,139,432,448,480,523

昆崒　25-33,36-39,42-44

L

乐浪　76,77

李秉彝　112,178,433

李际春　114,129,178,206,276,281,310,311,433

梁成楫　317,345,426,462,464,465,468,470,471,474

梁炫　106,115,309,310,468,474

梁允治　466,468,469,475,505

林麟焻　266,280,281,283,294,316,345,424,434,461,488

林爽文　391,409

灵山大佛　8,11,19-23,31,39

刘俭　112,178,280,304,433

刘逊　112,178,280,303,432

琉球（流求、流虬、瑠求、冲绳）　5,44,45,47-52,55,58-64,67,68,71,72,74-76,91,92,95,106,108-115,117,119,123-126,129-132,135,137-143,145-149,151-154,158,159,161,163,168,176-180,183-185,188-190,193,194,199,205-208,210-215,220,224,226,228-231,233,235-240,242-247,249,261-265,268-273,276-279,282,283,285,287-289,292-295,297-322,327,328,330,331,333,341,344-347,352,360,363,365,375,382,385,

390,397,399,402,403,411,417 -
426,428,429,432 - 437,441 - 443,
445,446,448 - 450,452,453,456,
461 - 475,479,480,484,491,493,
495 - 497,500,507,508,514 - 520,
528 - 534

硫黄山　60,75

龙亭　53 - 55,59,120,121,145,146,166,
196,197,233,279,283,284,286,287,
437 - 439,487

鹿耳门　370,371,375,376,379 - 384,
387,391,394 - 402,535

吕宋　5,37,40 - 43,376,385,387,402,
403,405

《嬴虫录》　61,137,210,264,422

M

妈祖宫澳　368,369

麻姑山　320,335,521

马齿山(古巴山、马呙山、马昂山)　44,45,
60,75,107,199,210,227,228,244,
245,271,319,359,431,434,435,447,
489,510,516,526

马良弼　122,149,190,312

毛烈　93,94,99,100

梅花所　58,61,118,128,137,139,147,
182,187,188,193,205,211,212,214,
232,233,270,390,411

艋舺　389,391,406,409,410,414

闽安镇　21,115,117,232,268,269,383,
384,387,398,400,401,404

明伦堂　283,344,446,511

N

那霸(哪霸)　53,59,60,75,106,114,116,
118,120,136,147,193,196,199,202,
208,209,215,228,244,245,247,249,
264,269 - 273,277,279,283,286,
289,296,320,322 - 325,327,328,
332,335,339 - 341,345 - 347,349,
352,417,429 - 431,433 - 437,440,
441,444,446 - 448,453,460,491,
506,510,516,517,520,521,528,
531,532

南澳(南澳山)　5,10,19 - 22,40,78,81,
93,94,97,101,102,378,387,391,
395,404,406

南杞山　244,269,272,434,435

宁波(明州)　72,77,79,91,92,95,103,
105,116,266,345,386,403,404,471

P

潘承炳　506

潘承焯　506

潘承炽　505

潘承炜　506

潘荣　112,151,178,280,305,433

潘相　423,441,461,466,467,472,484,
498 - 500,506 - 508,514

攀安知　298 - 300,302

彭家山(彭嘉山、彭佳山)　16 - 18,27,30,
39,44,107,227,228,240,243 - 245,
269 - 271,321,322,432,434,515

澎湖(彭湖山)　40,139,247,322,369,
375,376,381 - 385,390,397 - 402,
411,413,414,423,428,432

毗舍那国　62,139,212

平嘉山　52,113,229

浦添　291,295 - 297,301,313,324,330,

423,429,430,436,458-460,529

Q

七州洋　6,8,11,21,22

崎山　322,327,328,343,378,429,431,436,437,445,492,519,523,524

千佛灵阁　149,150

乾隆　376,381,394,395,407,410,417-419,424,428,435,442,446,449,458,465-468,471,472,474,475,507,508,529,534

乔毅　280,304,433

庆长　313,459,460,531,533

《求放心斋铭》　477

全魁　425,435,465-467,471

泉州　5,10,23,42,43,58,59,62,135,139,207,212,275,322,338,371,375,384-386,391,395,402,403,406,473

R

热壁山　75,145

日本(扶桑、东瀛)　5,41,42,44-46,53,56,62,64,67,72-83,86,88,90-105,107,113,138,139,152,153,161,162,166,167,171,176,187,190,198,210,212,214,224,227,228,231,233,236,270,282,295,302,306,308,311-313,330,346,352,355,357,360,362,363,376,385,390,402,403,411,412,422,423,426,429,432,435,443,451-454,458,460,484,485,487,491,493,497,503,505,506,518,520,523-526,529-534

《日东交市记》　221,268

阮维新　317,345,463-465,474

S

洒露堂　149,152,153,282,437

萨峒摩(萨峒马、萨摩)　45,72,78,83,86,88,98,102,268,313,435,460,531,532

三宝太监　77

三五郎覃(三吾良覃)　299-301,467

色兰山　31,34,35

山北王　58,64,135,141,207,214,215,264,289,296-302,326,423,429,432,437,459

山南王　58,64,135,141,207,214,215,289,296-302,325,423,425,429,432,436,437,459,467,472,520,529

尚巴志　112,178,213,264,280,294,299-301,303,305,342,424,429,432,459

尚纯　280,281,294,317,342,343

尚德　112,140,178,280,294,305,306,328,342,433,446,459

尚丰　281,294,313,314,342,343,424,433,446,523

尚金福　112,178,280,288,294,304,306,342,433,459

尚敬　279-281,287,289,292-294,317,338,346,424,425,427,435,446,460,463

尚穆　424,428,435,465-467

尚宁　176,177,179,183,185,188-190,281,294,312-314,342,343,433,446,447,459

尚清　47-50,106,112,114,145,146,148,154,178,281,288,294,308,310,

323,342,433,446,447,459

尚思达　112,178,213,280,288,294,303,305,342

尚泰久　112,178,280,294,304-306,342,433,459

尚贤　281,294,314,342,426,446,459

尚象贤　295,457,460

尚益　280,281,284,285,293,294,317,322,342,343,424,446,489

尚永　108,109,117,147,149,177-179,188,190,281,294,311-313,342,424,433,446

尚元　106,109,110,114,117,132,146,147,155,178,281,294,310,311,327,342,343,433,446,460

尚圆　112,178,264,281,294,305-307,309,320,324,330,342,343,423,424,433,437,446,459

尚贞　280,281,284,285,293-295,315-317,323,342,343,345,423,424,434,446,460-463,465,489

尚真　47-49,112,140,145,178,281,294,306-309,312,324,329-331,342,343,424,425,446,455,459

尚质　280,281,288,294,295,314-316,342,343,424,426,434,446,459-461

尚忠　112,140,178,213,280,294,303,342,432

圣庙　343,344,498

施琅　376

时中　280,299,423,425,432

《使琉球录》　47,71,108,145,148,154,175,176,207,226

《使录补遗》　193,205

《使职要务》　63,141,213

《视箴》　476

首里　121,136,197,209,264,291,296,306,322-327,330-332,334-336,338-341,343-346,348,349,429-431,436,441,444,445,447-449,453,457,459,460,521,524,526,531

舜马顺熙　294,295,342,423

舜天　264,294-296,342,360,421,423,446,452,458,529

思绍　112,178,280,294,300,301,305,342,424,432,459,529

苏澳　389,391,393,406,410,414,415

《隋书》　264,422,423,428,443,444,447,529

T

台湾　40,105,175,226,229,235,239,246,247,276,278,321,322,366,367,369-371,373-376,381,384-389,391-399,401,403,405,407,409-414,416,429,432,456,491,508,514,517,528-531,533-535

《台湾志略》　385,402,411

《台邑志》　390,411

太仓　5,72,77,164

太平山　60,139,210,212,245,317,319-322,353,356,357,432,442,443,447

太武　2,5,10,19-22,31,32,40-44,244,366,369,383,398,400

天妃（妈祖）　6,10,51,52,57,58,64,80,116,124,129-134,156,191,193,195,201,206,207,219,231,232,234,235,237,238,242,243,245-248,

250,251,259-262,265-267,274-279,283,289,318,328,344,348,352,372,435,440,446,453,457,458,511

天皇　79,104,531-534

天界寺　56,238,286,330,342,343,346,444,446,449

天使馆　53,120,145-147,152,153,167,188,196,220,237,279,282-286,289,292,293,325,352,359,437,438,440,446

天孙氏　264,290,295,296,306,341,423,424,446,458,492,529,532

《通典》　62,139,213,264,422

童守宏(董守宏)　112,178,280,433

W

外罗　8,11,20-24

万历　108-110,117,133,145,147,149,176,177,179,180,182-184,188,190,206,215,228,229,246,264,266,268,270,273,276,278,280-283,298,311-314,323,329,338,339,344,348,352,361,366,375,425,426,433,444,454,459,460,468,473,474,529,531,533

万祥　112,178,280,303,432

汪楫　240,265,266,270,272,273,278,280,281,283,284,286,289,294,295,299,316,317,329,342,345,424,432,434,436,437,444,461-463,465,487,488

汪应祖　299,300,325

王垓　231,235,280,281,283,314,315,424,434

王士祯　177-179,183,189,207,246,281,283,312,313,433

王直　92-94,96-102

温州　79,102,269,272,386,404,434,435

文莱　4,5,38,41-43

倭(倭奴、倭国)　57,60,61,64,65,67-69,73,76,77,79,80,82,87,91-104,115,122,126,132,136,138,146,160,161,176,179,183,184,187-189,194,199,209,211,212,214-216,220-226,236,298,308,310,312-314,337,351,353,361-363,366,375,424,432,447,449,450,454,459,491,524

乌筠林　392

屋久(屋久岛)　74-76,78,80,83

五虎门　10,19,20,116,189,196,235,240,244,246,269,272,273,277,278,376,383,385-387,390,398,400,403,404,411,417,433-435,515-517,519

武宁　279,280,294,298-300,342,423,424,432,437,459

X

西威　294,296,297,342,423,459

夏子阳　177-180,182,183,185,188-190,196,199,203,205,207,210-214,226,246,264,270,273,280,281,283,312,313,328,341,347,348,352,355,361,422,429,433,434

厦门　246,367,371,375,381-387,395,397-404,411

暹罗　2-4,12,20,21,25,26,37,61,62,

64,139,212,214,385,402

向龙翼　292-294,318,427

萧崇业　108-112,117,120,123,126-129,133,134,137-144,147-149,152,155,162-165,167-175,179,206,246,264,270,273,278,281,282,289,311,352,355,422,433

小琉球　41,44,52,62,74,80,97,99,106,107,113,115,139,193,212,227-229,244,245,271,320,322,390,412,432,516

《小学题辞》　476

谢必振　231-234,283,314

谢杰　109-111,117,134,149,153,162-167,169-171,173-175,179,183,206,215,246,281,282,311,433

新罗　76,77,91,104,461,472,479,484,507,533

《星槎胜览》　11,13,34,47,61,138,154,211,264,422

行人　47-49,63,64,108-112,114,117,124,130-132,134,141,145,146,148-150,154,176-180,189,190,205,207,213,231,246,268,276,277,280,281,297-301,303-308,310-315,348,389,410,423-425,432,433,459

徐葆光　265,277-279,285,287,293-295,318,331,345,347,421,424,429,432,435,444,457,463,489-493

徐海　93,94,97-99

《续文献通考》　385,390,402,411

《学古斋铭》　477

《学则》　476

Y

亚嘉尼施　473

亚兰鲍　297-299

严诚　280,304

《言行总箴》　477

杨抡　281,283,314,433

杨载　280,297,423,432,459

姚启圣　376

叶璧山　113,116,118,139,147

叶宗满　93,94,97,99-102

怡山院　246,269,272,277,446,515

宜兰　389,392

义本　264,294-296,305,324,342,423,424,436,458

英慈　294,296,342,423,459

英祖　294-297,342,423,458,459,529

永乐　1,6,63,64,72,77,80,95,96,102,103,130,132,141,150,213-215,219,245,246,276,280,283,299-305,307,309,322,329,352,423,425,429,432,459,461,467,472

俞忭　112,178,280,303,432

玉城　294,296,306,325,327,342,343,423,429-431,459

圆觉寺　56,198,212,291,328-331,342,343,346,446,449,487,510

Z

张若霍　471,496,497

张祥　112,132,178,281,307

张学礼　230,231,235,239,265,266,270,273,275,280-285,294,314,315,321,352,361,422,424,434

张元观　497,498

彰化县　394,413,414

《彰化志》　411

漳州　10,58,112,115,119,124,127,128,
　　178,203-205,244,309,339,384,
　　385,402,403,473,474

《漳州府志》　385,402

浙江　92,93,95-97,99-102,112,178,
　　183,190,231,234,266,269,276,281,
　　302,307,313,367,371,386,395,403,
　　434,470,471,499,515

真籼　25-27,36,37

镇海　74,299,366,368,371,383,387,
　　391,395,398,400,404,503

正德　50,92,111,142,198,307,310,338,
　　455,468,473,534

正议大夫　106,114,117,147,184,190,
　　242,249,260,261,269,279,307-
　　318,332,335,338-340,345,441,
　　474,475

郑秉哲　428,463-466,468,470,471,474

郑迥　138,208,313,460

郑绍言　508

郑舜功　44,72,82,90,98-100,104,105

郑孝德　420,421,423,436,464,466,467,
　　471,472,474,475,500-503,505,
　　509,510,512

《指南广义》　241,242,262,269-271,
　　275,422,434,435,457

中国　11,61,63,72,73,76,78,79,81-
　　83,86,91,92,94,95,98-103,106,
　　107,116,118,136,138,140,142,146,
　　148,153,158,159,168,183,184,195,
　　197-199,208-211,213-216,220,
　　221,227-229,234,236-238,263,
　　264,268,279,290,297,299,300,305,
　　309-311,319,327,329,331,336,
　　339,342,344,346-349,351-360,
　　375,387,405,425,432,443,445,449,
　　452,453,472,480,488,524,529,531-
　　533,535

《中山传信录》　263,264,421,422,533

《中山世鉴》　264,265,280,288,295,297-
　　301,303-306,308,309,314,322,
　　343,422,423,426,428,457,460

中山王　47-50,58,60,64,106,108-112,
　　114,117,135,141,145-149,176,
　　177,183,185,188-190,207,214-
　　216,233,235,237,238,242,247,249,
　　261,263,264,279,280,285-287,
　　289,292,293,296,299-301,303-
　　317,321,326,330,423-425,429,
　　432,437,441,459,461-467,472,
　　474,487,489,491,508,521,524,
　　525,527

《周官》　222,432,470,483

周煌　417,421,425,432,435,465,467

朱宽　58,135,159,207,322,375,423,432

苎盘山　12,18,19,23,26,28,37

紫金大夫　236,238,261,263,279,289,
　　292-294,315,317,318,321,332,
　　335,337,339,340,343,344,427,438,
　　440,441,446,453,458,460,474,475,
　　511,523

图书在版编目(CIP)数据

明清文献 / 董为民,殷昭鲁,徐一鸣编. — 南京：南京大学出版社,2016.6
(钓鱼岛问题文献集 / 张生主编)
ISBN 978-7-305-17137-6

Ⅰ. ①明… Ⅱ. ①董… ②殷… ③徐… Ⅲ. ①钓鱼岛问题－史料－明清时代 Ⅳ. ①D823

中国版本图书馆 CIP 数据核字(2016)第 136641 号

项目统筹	杨金荣　官欣欣
装帧设计	清　早
印制监督	郭　欣

出版发行　南京大学出版社
社　　址　南京市汉口路22号　　邮　编　210093
出 版 人　金鑫荣

丛 书 名　钓鱼岛问题文献集
主　　编　张　生
书　　名　明清文献
编　　者　董为民　殷昭鲁　徐一鸣
责任编辑　陈晓清　李鸿敏
照　　排　南京南琳图文制作有限公司
印　　刷　南京爱德印刷有限公司
开　　本　718×1000　1/16　印张 36.5　字数 597 千
版　　次　2016 年 6 月第 1 版　2016 年 6 月第 1 次印刷
ISBN 978-7-305-17137-6
定　　价　182.00 元

网址：http://www.njupco.com
官方微博：http://weibo.com/njupco
官方微信号：njupress
销售咨询热线：(025) 83594756

* 版权所有,侵权必究
* 凡购买南大版图书,如有印装质量问题,请与所购图书销售部门联系调换

ISBN 978-7-305-17137-6

南京大学出版社
新　学　衡